Maja Murza
Urheberrecht von Choreografen

Maja Murza

Urheberrecht von Choreografen

Eine rechtsvergleichende Studie

De Gruyter

Dr. iur. *Maja Murza*, Department for Business, Innovation & Skills, London, UK

Diese Arbeit entstand mit freundlicher Unterstützung von:
Dr. Christiane Theobald, Rainer Witzenbacher und *Jaques Boncompain*, die sich zu Interviews mit der Verfasserin bereit erklärten.

Sämtliche Übersetzungen, die nicht mit einem Quellenverweis versehen wurden, stammen von der Verfasserin. Fehler gehen allein zu ihren Lasten.

Die Verwendung der Fotos erfolgt mit freundlicher Genehmigung von *Marion Schöne und Steffi Scherzer*.

ISBN 978-3-11-026751-8
e-ISBN 978-3-11-026762-4

Bibliografische Information der Deutschen Nationalbibliothek

Die Deutsche Nationalbibliothek verzeichnet diese Publikation in der Deutschen Nationalbibliografie; detaillierte bibliografische Daten sind im Internet über http://dnb.d-nb.de abrufbar.

Datenkonvertierung: Werksatz Schmidt & Schulz GmbH, Gräfenhainichen
Druck: Hubert & Co. GmbH & Co. KG, Göttingen
∞ Gedruckt auf säurefreiem Papier

Printed in Germany

www.degruyter.com

Danksagung

Diese Arbeit über das Urheberrecht von Choreografen hat einen langen Weg der Entstehung hinter sich. Zum Gelingen haben viele Menschen beigetragen, deren großzügige Hilfe mir zuteil geworden ist. Meinem Doktorvater Prof. Dr. Wandtke gilt an dieser Stelle mein besonderer Dank. Ein weiteres Dankeschön geht an Prof. Dr. Schwintowski. Stellvertretend für all die guten Geister, die mir Freiräume zum Arbeiten geschaffen, einen Platz zum Schlafen auf meinen Reisen bereitgehalten oder großzügig ihr Wissen und ihre Zeit zur Verfügung gestellt haben, möchte ich meinem Mann Gerd Woweries für seine unendliche Geduld und Unterstützung danken.

Das Buch ist meinem Vater, Dr. Gerhard Murza, gewidmet.

Im Mai 2012 Maja Murza

Inhaltsverzeichnis

Einführung

1. Methodik 2
2. Ein Blick in die Rechtsgeschichte 7
3. Zur Abrundung: Soziologische Aspekte 8

1. Kapitel
Grundlagen und Geschichte des urheberrechtlichen Schutzes choreografischer Werke

1. Abschnitt: Grundlagen 11

I. Geschichte des Tanzes 11
II. Entwicklung der Tanzschriften 18
1. Kurzer historischer Abriss 18
2. Kurze Einführung in die Laban Notation (Kinetographie) 20

2. Abschnitt: Rechtsgeschichtliche Entwicklung des Schutzes choreografischer Werke 22

I. Berner Übereinkunft 22
1. Berner Übereinkunft vom 4. Mai 1886 22
2. Revidierte Berner Übereinkunft (RBÜ) vom 13. November 1908 24
3. Konferenz von Stockholm 1967 und aktuelle Fassung der RBÜ 24
II. TRIPS Abkommen von 1995 und WIPO Urheberrechtsvertrag von 1996 . . . 25
III. Entwicklung der Schutzfähigkeit der Choreografie in Deutschland, Frankreich und den USA 26
1. Geschichte der Entwicklung des urheberrechtliches Schutzes der Choreografie in Deutschland 26
a) Reichsgesetz vom 11. Juni 1870 26
b) Literaturrurheberrechtsgesetz (LUG) von 1901 28
c) Novelle des LUG von 1910 29
d) Reformentwurf von 1932 30
e) Urheberrechtsgesetz der BRD von 1965 31
f) Urheberrechtsgesetz der DDR 33
2. Geschichte der Entwicklung des Urheberrechtsschutzes für choreografische Werke in Frankreich 34
a) Die Gesetze von 1791 und 1793 34
b) Rechtstheoretische Entwicklung im 19. und frühen 20. Jahrhundert . . 36

c) Erste gerichtliche Entscheidungen zu choreografischen Werken im 19. und zu Beginn des 20. Jahrhundert 40
d) Code de la Proprieté Intellectuelle 1957 44
e) Code de la Proprieté Intellectuelle 1985 45
3. Geschichte der Entwicklung des urheberrechtlichen Schutzes choreografischer Werke in den USA 45
a) Einführung 45
b) Anfänge des urheberrechtlichen Schutzes und Copyright Act von 1909 46
c) Reformbestrebungen 49
d) Copyright Act 1976 50
IV. Zusammenfassung 51

2. Kapitel
Choreografie als urheberrechtliches Werk

1. Abschnitt: Begriffsbestimmungen 53

I. Die Stimme aus der Praxis – Umfrageergebnisse zum Thema Schutzvoraussetzungen für choreografische Werke und Fixierung 53
II. Kunstbegriff 54
III. Choreografie 55
1. Charakteristische Merkmale einer Choreografie und Abgrenzung zur Pantomime 55
2. Versuche einer Definition 56
3. Schöpfung und Interpretation 57

2. Abschnitt: Das choreografische Werk 59

I. Schutzvoraussetzungen in Deutschland 59
1. Werkbegriff 59
a) Funktion des Werkbegriffs und seine Grenzen 59
b) Werke der Tanzkunst 61
c) Persönliche Schöpfung geistigen Gehalts 62
(1) Menschlich-gestalterische Tätigkeit 62
(2) Geistiger Gehalt 64
d) Formgebung und individuelle Gestaltung 68
(1) Dichotomie von Form und Inhalt 68
(2) Individuelle Gestaltung 70
(3) Gestaltungshöhe und „Kleine Münze" 71
e) Schutz einzelner Bewegungen oder Tanzschritte? 74
2. Allgemeine Schutzvoraussetzungen 75
a) Gesetzliche Vorgaben 75
b) Schutz von Improvisationen 76
II. Schutzvoraussetzungen in Frankreich 76

1. Einführung 76
2. Das Kriterium der originalité 78
a) Klassische Theorie 79
b) Anwendung des Kriteriums originalité durch die Gerichte 80
3. Übertragung dieser Grundsätze auf das choreografische Werk 81
a) Feststellung der Originalität (originalité) bei choreografischen Werken . 81
b) Schutzfähigkeit von Tanztechniken und Tanzschritten 83
c) Rahmen der Aufführung eines choreografischen Werkes 84
d) Verhältnis von Choreografie und Zirkusdarbietungen 85
4. Allgemeine Schutzvoraussetzungen 87
a) Entstehung des Schutzes, Veröffentlichung 87
b) Fixierungserfordernis 87
c) Schutz von Improvisationen 89
III. Schutzvoraussetzungen in den USA 90
1. Federal Copyright 90
a) Originality 91
(1) Ausschluss urheberrechtlichen Schutzes für „social dancesteps and simple routines" – Schutz einzelner Bewegungen oder Tanzschritte 93
(2) Notwendigkeit einer dramatischen Handlung für die Schutzfähigkeit eines choreografischen Werkes? 96
b) Works of autorship 97
c) Dichotomie „idea – expression" 98
d) Allgemeine Schutzvoraussetzungen 99
(1) Fixierung 99
(2) Veröffentlichung (publication) 103
(3) Registrierung und Hinterlegung 105
(4) Copyrightvermerk 105
2. Common Law Copyright 106
a) Schutzbereich des Common Law Copyright 106
b) Schutzvoraussetzungen Common Law Copyrights 107
(1) Original works of autorship 107
(2) Veröffentlichung 108
c) Anwendbarkeit des Common Law Copyright auf choreografische Werke 109
d) Schutz von Improvisationen 112
IV. Zusammenfassung und Zwischenergebnis des Rechtsvergleichs 113

3. Abschnitt: Grenzbereiche choreografischer Werke – Folklore und sportliche Leistungen 118

I. Urheberrechtlicher Schutz von Folklore? 118
1 Begriffsbestimmung 118
2. Rechtslage in Deutschland, Frankreich und den USA 120

3. Gesetzliche Modelle zum Schutz von Werken der Folklore auf internationaler Ebene 122
4. Schlussfolgerung und Zwischenergebnis der Rechtsvergleichung 125
II. Urheberrechtlicher Schutz sportlicher Leistungen? 127
1. Deutschland 128
2. Frankreich 130
3. USA 132
4. Schlussfolgerung und Zwischenergebnis des Rechtsvergleichs 136

3. Kapitel
Der Choreograf als Urheber

1. Abschnitt: Urheberschaft am choreografischen Werk 139

I. Deutschland 139
1. Einführung 139
2. Miturheberschaft 140
a) Gesetzliche Regelung 140
b) Miturheberrecht 141
c) Anwendung dieser Grundsätze auf choreografische Werke 141
3. Werkverbindung 143
4. Bearbeitung 145
a) Gesetzliche Regelung 145
b) Anwendung dieser Grundsätze auf choreografische Werke 146
5. Freie Benutzung 149
a) Gesetzliche Regelung 149
b) Anwendung dieser Grundsätze auf choreografische Werke 150
6. Urheberschaft im Anstellungsverhältnis 151
a) Begriff des Arbeitnehmers 151
b) Urheberrechtliche Implikationen 152
c) Tarifvertragliche Regelungen im NV-Bühne 154
II. Frankreich 156
1. Einführung 156
2. Urheberschaft am choreografischen Werk – Librettist oder Choreograf? . 156
3. Kann auch der Choreologe (notateur) die Stellung eines Urhebers beanspruchen? 159
4. Œuvres de collaboration (gemeinschaftlich geschaffene Werke) 160
a) Voraussetzungen 160
b) Rechte der Miturheber 161
c) Anwendung dieser Grundsätze auf choreografische Werke und Darstellung der „Dreispitz" (Tricorne) Entscheidung 161
5. Œuvres composite (zusammengesetze Werke) 166
a) Voraussetzungen 166
b) Anwendung dieser Grundsätze auf choreografische Werke 166

6. Œuvre derivée (Bearbeitungen) 167
a) Gesetzliche Regelung 167
b) Wiederaufnahmen oder Rekonstruktion bereits bestehender Choreografien 168
7. Urheberschaft im Angestelltenverhältnis 169
III. USA 172
1. Einführung 172
2. Gemeinschaftliche Werke (joints works) 173
a) Voraussetzungen für das Entstehen eines joint works 173
b) Was bedeutet inseparable bzw. interdependent? 175
c) Rechtspositionen der Miturheber 175
d) Anwendung dieser Grundsätze auf choreografische Werke 176
3. Bearbeitungen (derivative works) 177
a) Rechtsnatur einer Bearbeitung 177
b) Anforderungen im Hinblick auf die Schutzvoraussetzung „originality“ 177
c) Rechtmäßige Nutzung der Elemente des bearbeiteten Werkes 178
d) Anwendung dieser Grundsätze auf choreografische Werke 179
4. Works made for hire 181
a) Einführung 181
b) Work made for hire im Arbeitsverhältnis 182
(1) Voraussetzungen für ein Werk, das als Arbeitnehmer geschaffen wird 182
(2) Nachträglicher Wegfall des Arbeitsverhältnisses 183
c) Auftragswerke 184
d) Anwendung der „work made for hire doctrine“ auf Choreografen . . . 185
e) Die „Martha Graham“ Urteile und ihre Auswirkungen 186
(1) Darstellung der Entscheidungen 186
(2) Konsequenzen der Urteile 189
IV. Exkurs: Tänzer als Urheber? 192
V. Zusammenfassung und Zwischenergebnis der Rechtsvergleichung 193

2. Abschnitt: Abgrenzung der Tätigkeit von Choreograf und Regisseur – Schutz der Inszenierung 196

I. Rechtslage in Deutschland 198
1. Darstellung des Meinungsstandes 198
2. Urheberrechtliche Qualifikation der Regie 200
II. Rechtslage in Frankreich 201
1. Darstellung des Meinungsstandes 201
2. Urheberrechtliche Qualifikation der Regie 204
III. Rechtslage in den USA 205
1. Darstellung des Meinungsstandes 205
2. Urheberrechtliche Qualifikation der Regie 208
IV. Zwischenergebnis der Rechtsvergleichung 209

4. Kapitel
Urheberpersönlichkeitsrechte und Verwertungsrechte des Choreografen

1. Abschnitt: Urheberpersönlichkeitsrechte . . . 212

I. Deutschland . . . 212
1. Einführung . . . 212
2. Veröffentlichungsrecht . . . 213
3. Recht auf Anerkennung der Urheberschaft und Namensnennung . . . 214
4. Werkintegritätsrecht und Änderungsbefugnisse . . . 215
a) Darstellung des Meinungsstandes und Stellungnahme . . . 216
b) § 14 UrhG als Integritätsschutznorm . . . 217
c) Integritätsschutz im Einzelnen . . . 218
(1) Nutzungen ohne Bearbeitungscharakter . . . 218
(2) Nutzungen mit Bearbeitungscharakter- vertragliche Änderungsmöglichkeiten gemäß § 39 UrhG . . . 220
5. Rückrufsrecht . . . 222
6. Zugangsrecht . . . 223
II. Frankreich . . . 223
1. Einführung . . . 223
2. Veröffentlichungsrecht (droit de divulgation) . . . 225
3. Recht auf Achtung des Namens und der Urheberschaft (droit au respect de sa qualité et droit au respect de son nom) . . . 226
4. Recht auf Achtung des Werkes – Integritätsrecht (droit au respect de l'œuvre) . . . 227
a) Allgemeine Grundsätze . . . 227
b) Änderungen mit Bearbeitungscharakter . . . 228
c) Änderungen ohne Bearbeitungscharakter . . . 229
d) Rechtsprechung bzgl. choreografischer Werke . . . 230
5. Rückruf- bzw. Rücktrittsrecht (droit de repentir où de retrait) . . . 231
6. Lehre vom Rechtsmissbrauch (abus de droit) bei der Ausübung des droit moral . . . 232
III. USA . . . 234
1. Einführung . . . 234
2. Veröffentlichungsrecht (right of initial dissemination) . . . 237
3. Recht auf Anerkennung der Urheberschaft (right of attribution/right of paternity) . . . 238
4. Integritätsrecht (right of integrity) . . . 240
IV. Zwischenergebnis der Rechtsvergleichung . . . 242

2. Abschnitt: Verwertungsrechte . . . 244

I. Deutschland . . . 244
1. Einführung . . . 244
2. Wiedergabe in unkörperlicher Form . . . 245

a) Aufführungsrecht . . . 245
(1) Begriff der Öffentlichkeit . . . 245
(2) Aufführungsrecht bei choreografischen Werken . . . 246
b) Senderecht . . . 248
3. Wiedergabe in körperlicher Form . . . 249
a) Vervielfältigungsrecht . . . 249
b) Verbreitungsrecht . . . 251
4. Bearbeitungsrecht . . . 252
5. Schrankenregelungen . . . 254
a) Einführung . . . 254
b) Vervielfältigung zum eigenen Gebrauch . . . 255
c) Zitatrecht . . . 257
d) Bild- und Tonberichterstattung über Tagesereignisse . . . 258
II. Frankreich . . . 259
1. Einführung . . . 259
2. Recht der Wiedergabe (droit de représentation) . . . 259
3. Vervielfältigungs- und Verbreitungsrecht (droit de reproduction et droit de destination) . . . 260
4. Bearbeitungsrecht . . . 261
5. Schranken bzw. Grenzen der Nutzungsrechte . . . 262
a) Private unentgeltliche Aufführungen . . . 262
b) Privatkopie . . . 263
c) Zitatrecht . . . 265
d) Fazit . . . 266
III. USA . . . 267
1. Einführung . . . 267
2. Aufführungsrecht (performance right) . . . 268
3. Ausstellungsrecht/Vorführrecht (display right) . . . 269
4. Vervielfältigungsrecht (reproduction right) . . . 270
5. Verbreitungsrecht (distribution right) . . . 271
6. Bearbeitungsrecht (adaptation right) . . . 271
7. Schrankenregelungen . . . 272
a) Fair Use Doctrine . . . 272
(1) Zweck und Charakter der Nutzung (purpose and character of the use) . . . 273
(2) Nature of the copyrighted work . . . 274
(3) Umfang und Menge des verwendeten Materials (amount and substantiality of the portion used) . . . 275
(4) Effect upon the plaintiff's potential market . . . 275
b) Weitere Schrankenregelungen . . . 276
IV. Exkurs: Urheberrechtsverletzung durch die ungenehmigte Verwendung von Fotografien aus Choreografien? . . . 279
1. Darstellung und Bewertung der Entscheidung „Godspell" . . . 279
2. Darstellung der Entscheidung Horgan v. MacMillan Inc. . . . 280

3. Bewertung des „Horgan“-Urteils . . . 282
V. Zusammenfassung und Zwischenergebnis des Rechtsvergleichs . . . 283

5. Kapitel
Der Vergütungsanspruch des Choreografen sowie Möglichkeiten der Rechtswahrnehmung

1. Abschnitt: Vergütungsanspruch . . . 285

I. Einführung . . . 285
II. Die Stimme aus der Praxis – Umfrageergebnisse . . . 286
1. Unterscheidung von Gage und Tantiemen . . . 286
2. Pauschale oder prozentuale Vergütung . . . 286
III. Deutschland . . . 286
1. Allgemeine Praxis zur Urhebervergütung des Choreografen . . . 286
2. Urhebervergütung im Fall von verbundenen Werken . . . 287
3. Urhebervergütung für angestellte Ballettmeister, Ballettdirektoren und Choreografen . . . 287
a) Allgemeine Grundsätze . . . 287
b) Tarifvertragliche Regelungen im Normalvertrag Bühne . . . 291
4. Urhebervergütung für Tänzer-Choreografen im Anstellungsverhältnis . . . 295
5. Das Staatsballett Berlin – ein positives Beispiel aus der Praxis . . . 295
IV. Frankreich . . . 296
1. Allgemeine Grundsätze . . . 296
2. Urheber gemeinschaftlicher Werke . . . 298
3. Urheber im Anstellungsverhältnis . . . 298
V. USA . . . 299
1. Ausgestaltung des Vergütungsanspruchs . . . 299
2. Tarifvertragliche Regelungen . . . 300
a) Grundsätze . . . 300
b) Vorstellung der tarifvertraglichen Regelungen . . . 301
VI. Zwischenergebnis der Rechtsvergleichung . . . 302

2. Abschnitt: Individuelle und kollektive Rechtswahrnehmung – Verschiedene Wege und Möglichkeiten in Deutschland, Frankreich und den USA . . . 305

I. Die Stimme aus der Praxis – Traditionen der kollektiven Rechtswahrnehmung . . . 305
II. Deutschland . . . 306
1. Status quo der individuellen und kollektiven Rechtswahrnehmung . . . 306
2. Bühnenverlage . . . 306
3. Verwertungsgesellschaften . . . 307
a) Historische Entwicklung der Verwertungsgesellschaften in Deutschland . . . 307
b) Wahrnehmungsgrundsätze der Verwertungsgesellschaften . . . 308

(1) Wahrnehmungszwang 308
(2) Abschlusszwang 308
(3) Wahrnehmungsvertrag und Verteilung der Einnahmen 309
(4) Möglichkeiten der Rechtswahrnehmung choreografischer Werke in der Praxis 309
4. Fazit für Deutschland 310
III. Frankreich 310
1. Historische Entwicklung der Société des Auteurs et Compositeurs Dramatiques (SACD) 310
2. Rechtliche Stellung der Verwertungsgesellschaften, insbesondere der SACD 313
a) Einführung 313
b) Status 313
c) Übertragung und Wahrnehmung der Rechte 314
(1) Einführung 314
(2) Wahrnehmungsverträge 315
(3) Übertragung der Rechte auf die Verwertungsgesellschaft 315
(4) Kein Wahrnehmungszwang 316
d) Verteilung der Einnahmen 317
e) Verwendungsbestimmung gemäß Art. L. 321-9 CPI 317
f) Rechtsbeziehungen zu den Verwertern – Contrat général de représentation oder individueller Nutzungsvertrag 318
3. Aufgaben und Ziele der SACD 318
4. Aspekte der Teilhabe für den Choreografen an der kollektiven Rechtsverwertung der SACD 320
5. Fazit für Frankreich 323
IV. USA 324
1. Der „Balanchine Trust" – ein Beispiel für die gezielte individuelle Verwaltung und Lizenzierung von Rechten an Choreografien 324
2. Verwertungsgesellschaften 326
a) Einführung 326
b) Amerikanische Verwertungsgesellschaften 327
c) Wahrgenommene Rechte 328
3. Society for Stage Directors and Choreographers (SDC) 328
a) Einführung 328
b) Organisation der SDC 329
c) Politische und praktische Zielsetzungen 330
d) Tarifvertragliche Regelungen 331
4. Dance Notation Bureau 333
5. Fazit für die USA 334
V. Zwischenergebnis der Rechtsvergleichung 335

Zusammenfassung der Ergebnisse der Arbeit 337

Sachregister 363

Abkürzungsverzeichnis

1909 Act	Act of March 4, 1909, Chapter 320, 35 Statute 1075 (amerikanisches Urheberrechtsgesetz von 1909)
17 U.S.C.	US Code, Title 17 (aktuelle Fassung des amerikanischen Urheberrechtsgesetzes)
a. A.	andere Auffassung
a.a.O.	am angegebenen Ort
Abs.	Absatz
AfP	Zeitschrift für Medien- und Kommunikationsrecht
AGMA	American Guild of Musical Artists
Alt.	Alternative
Anm.	Anmerkung
ArbuR	Arbeit und Recht
BCIA	Berne Convention Implementation Act of 1988
Bd.	Band
BOSchG	Bühnenoberschiedsgericht
bspw.	beispielsweise
BVerfG	Bundesverfassungsgericht
BGH	Bundesgerichtshof
bzw.	beziehungsweise
bzgl.	bezüglich
CA	Cour d'Appel
CA 1976	Copyright Act 1976
Cal.	California
Circ.	circuit
CISAC	Confédération Internationale de Sociétés d'Auteurs et Compositeurs
Cong. Rec.	Congress Records
Corp	corporation
CPI	Code Propriété Intellectuelle
EuGH	Europäischer Gerichtshof
F.	Federal
Fasc.	Fascitule
FS	Festschrift
GRUR (Int)	Gewerblicher Rechtsschutz und Urheberrecht (Internationaler Teil)
GvL	Gesellschaft zur Verwertung von Leistungsschutzrechten
h.M.	herrschende Meinung
Hrsg.	Herausgeber

H.Rep.	The House Report (House of Reprensentatives) No. 94-1476, 94th Congress, 2nd Session, 1976
H. Rep. (BCIA)	House Report (House of Reprensentatives) No. 100-609, 100th Congress, 2d Session, 1988
JCP	Juris Classeur Pratique
JZ	Juristen Zeitung
KUR	Kunstrecht und Urheberrecht
Loi 1957	französisches Urheberrechtsgesetz von 1957
NV	Normalvertrag
RBÜ	revidierte Berner Übereinkunft
Reg. Rep.	Report of the Register of Copyrights on the General Revision of the U.S. Copyright Law: 87th Congress, 1st Session, Copyright Law Revision, 1961
Reg. Supp. Rep.	Supplementary Report of the Register of Copyrights on the General Revision of the U.S. Copyright Law: 1965 Revision Bill, 89th Congress, 1st Session, Copyright Revision Part 6
RIDA	Revue Internationale de Droit d'Auteur
RiLi	Richtlinie
s.	siehe
SACEM	Société des Auteurs, Compositeurs et Éditeurs de Musique
SIAE	Società Italiana degli Autori ed Editori
S. Rep.	Senate Report No. 107-31, 107th Congress, 1st Session, 2001
SDC	Society for Stage Directors and Choreographers
TGI	Tribunal Grande Instance
TRIPs	Trade Related Aspects of Intellectual Property Rights
u.a.	unter anderem
UFITA	Archiv für Urheber-, Film-, Funk- und Medienrecht
UrhG	Urheberrechtsgesetz
UrhWG	Urheberrechtswahrnehmungsgesetz
Verf.	Verfasser
VG	Verwertungsgesellschaft
vgl.	vergleiche
Vol.	Volume
WIPO	World Intellectual Property Organisation
ZEuP	Zeitschrift für Europäisches Privatrecht
ZVglRWiss	Zeitschrift für Vergleichende Rechtswissenschaft
z.T.	zum Teil
ZUM	Zeitschrift für Urheber- und Medienrecht

Einführung

„Die Poesie, die Mahlerey und der Tanz sind oder sollten wenigstens nichts anderes seyn, als getreue Abbildungen der schönen Natur. Nur durch die Wahrheit dieser Nachahmungen sind die Werke eines Racine, eines Raphaels, auf die Nachwelt gekommen; nachdem sie, was noch weit seltner ist, auch den Beyfall ihres Jahrhunderts erlangt hatten. Warum können wir den Namen dieser großen Männer nicht auch die Namen der Ballettmeister, die zu ihrer Zeit die berühmtesten waren, beyfügen."

Jean-George Noverre, Tanztheoretiker (1727–1810)

Obwohl Tanz zu den ältesten Kunstformen der Welt gehört, wurde die Choreografie erst im Lauf des 20. Jahrhunderts als eigene Kategorie urheberrechtlich geschützter Werke in Deutschland, Frankreich und den USA in die jeweiligen Gesetze aufgenommen[1]. Dieser Schritt war sehr wichtig, galt es doch die Werke einer Kunstgattung gesetzlich zu schützen, die insbesondere seit dem 19. Jahrhundert immer mehr an Bedeutung gewinnt. Choreografen erhielten damit die Chance, ihre Rechte – z.B. vor unberechtigter Wiedergabe ihrer Werke – effektiver wahrnehmen zu können[2]. Aber eine rein juristische Anerkennung genügt nicht, um das Erbe choreografischen Schaffens zu bewahren: Einige Choreografien verschwinden für immer mit ihren Protagonisten. So war es z.B. bei *Martha Grahams* frühen Choreografien. Vergleichbare Arbeiten existierten nicht in der Fachliteratur über Tanz und *Graham* selbst choreografierte nie wieder in dieser Art und Weise[3]. Genauso wichtig ist also, dass die dem Tanz verbundenen Künstler sich ihrer Geschichte bewusst werden und sie bewahren[4]. Die gesetzliche Anerkennung stellt in diesem Zusammenhang nur einen Baustein zum Schutz dieser Werke dar. Teil dieser Arbeit ist es deshalb Möglichkeiten aber auch Grenzen urheberrechtlichen Schutzes aufzuzeigen.

---

1 Eine Übersicht zu Definitionen urheberrechtlich geschützter Werke in Urheberrechtsgesetzen ausgewählter Länder findet sich im Annex dieser Arbeit.

2 Vgl. den Streit im Oktober 2011 um die Choreografie von Beyoncés Musikvideo zu „Countdown", www.futureofcopyright.com/…/belgian-choreographer-demands-ban-on-music-video-beyonce.html (zuletzt besucht am 12.2.2012).

3 S. Mirell, 793, 794.

4 Beispielhaft sei das in Frankreich ansässige Europäische Zentrum für Choreografie genannt. Es versteht sich als ein Ort für theoretische und praktische Recherchen im Zusammenhang mit Choreografie.

1. Methodik

Aus dem Vergleich verschiedener Urheberrechtssysteme und ihrer Integration von choreografischen Werken können Erkenntnisse zur Verbesserung und Zukunft des Schutzes dieser Werkart gewonnen werden. Eine Darstellung sämtlicher urheberrechtlicher Aspekte, die im Zusammenhang mit dem Schutz choreografischer Werke und der Rechtsposition ihrer Urheber auftauchen, kann diese Arbeit allerdings nicht anbieten. Die Untersuchung musste auf einige wesentliche Aspekte eingegrenzt werden. Einen besonderen Schwerpunkt bilden die beiden Fragen, welche Schöpfungen für den Schutz als choreografisches Werk in Betracht kommen und wie sich die Urheberschaft ihrer Schöpfer darstellt (Abgrenzung der Stellung als Miturheber, Urheber verbundener Werke, Bearbeiter und Arbeitnehmerurheber). Um das Bild abzurunden wird auch ein Blick auf Urheberpersönlichkeitsrechte, Verwertungsrechte und ihre Rechtswahrnehmung sowie den Vergütungsanspruch eines Choreografen geworfen – allerdings nicht mit der Ausführlichkeit, die den beiden zuerst genannten Aspekten gewidmet wird.

Dieses breite Themenspektrum wird innerhalb von 5 Kapiteln dargestellt. Im ersten Kapitel werden die Grundlagen gelegt. Es dient sowohl der Darstellung der Tanzgeschichte und der Entwicklung von Tanzschriften als auch der Erläuterung der Historie des urheberrechtlichen Schutzes von choreografischen Werken. Das zweite Kapitel widmet sich einem besonderen Schwerpunkt der Arbeit. Die rechtlichen Grundlagen für den Schutz als choreografisches Werk werden im Detail beleuchtet. Daran anschließend untersucht Kapitel 3 die wichtige Frage der Einordnung des Choreografen als Urheber. Dazu werden die unterschiedlichen Formen des Schöpfungsprozesses analysiert. Das 4. Kapitel reißt die Rechte, die dem Choreografen als Urheber eines Werkes erwachsen, an. Aufgrund der Vielfalt der gesetzlich geschützten Rechte werden die für choreografische Werke typischen Aspekte vertiefter dargestellt. Das letzte Kapitel beschäftigt sich schließlich mit den wirtschaftlichen Fragen der Vergütung und Rechtswahrnehmung.

Die vorliegende Arbeit beschäftigt sich nicht nur mit der Rechtslage in Deutschland. Schon von *Zweigert* und *Kötz* wurde zu Recht darauf hingewiesen, dass es nicht zielführend ist, „Lösungsvorschläge und Argumente nur deshalb außer Betracht zu lassen, weil sie zufällig von ausländischen Richtern oder Autoren stammen.[5]" Es gilt deshalb zu untersuchen, inwieweit es sich lohnt, zur Stärkung der Position der in Deutschland arbeitenden Choreografen in urheberrechtlicher oder ganz praktischer Hinsicht für ihren Arbeitsalltag auf Lösungsansätze aus anderen Ländern zurückzugreifen.

---

[5] Zweigert/Kötz, Einführung in die Rechtsvergleichung, 19; s. auch Ulmer GRUR Int 1968, 1, 2.

Gegenstand der Rechtsvergleichung sind nicht nur die gesetzlichen Vorschriften eines Landes, sondern „das lebendige Recht, wie es sich aus dem Zusammenwirken von Gesetz, Rechtsprechung und Wissenschaft ergibt[6]". Zu Beginn der modernen Rechtsvergleichung ging es darum, den Charakter des Rechts herauszuarbeiten. *Kohler* forschte bspw. nach Rechtskulturen[7]. Die aktuelle Rechtsvergleichung zeigt eine neue Strömung: Die Suche nach einem neuen, besseren Recht wird als zu optimistisch empfunden, denn der Erkenntnisgewinn ist relativ und hängt maßgeblich vom Betrachter und seinem kulturellen Hintergrund ab[8]. Ein Verdienst der modernen Rechtsvergleichung ist es, dass auch Elemente von Religion, Sprache und Geografie im Verhältnis zum Recht Eingang in die Betrachtung finden können[9].

Die heutige Rechtsvergleichung beschäftigt sich vorrangig mit konkreten Problemen aus einzelnen Gebieten des privaten oder öffentlichen Rechts bzw. Methoden des juristischen Denkens oder der Rechtsfindung[10]. Heutzutage wird dafür vielfach die Methode funktioneller Rechtsvergleichung angewandt[11]. Ihr Ausgangspunkt ist die Untersuchung wirtschaftlicher und/oder sozialer Probleme bzw. die Zweckbestimmung von Normen[12]. Sie werden anhand der gesellschaftlichen Funktion des jeweiligen Rechtsinstituts analysiert und geprüft, inwieweit die verfolgten Zwecke der einzelnen Normen in den jeweiligen Rechtssystemen erreicht werden. Es soll dabei ermittelt werden, ob die Funktion adäquat ausgefüllt wird oder ob eine andere Gestaltung der Normen die Funktion besser bedienen würde[13]. Dafür kann auch die Frage eine Rolle spielen, welche Konsequenzen die Beibehaltung oder Abschaffung einer gesetzlichen Regelung hat[14]. Der weltweite „Vorrat" an Lösungen liefert zum Teil Anhaltspunkte, wie das eigene Recht zu bewerten ist. Ein etwas anderer Weg ist die so genannte Auslandsrechtskunde bzw. der Länderbericht. Bei ihr geht es vorrangig um eine deskriptive-analytische Untersuchung fremden Rechts. Sie wird daher oft zu vorbereitenden Studien für einen Rechtsvergleich nach der funktionellen Methode genutzt[15].

Der Ansatz dieser Arbeit ist es, bestimmte Rechtsinstitute zu vergleichen und Erkenntnisse darüber zu gewinnen, welche Funktionen die jeweiligen Rechtsinstitute

---

6 Rheinstein, Einführung in die Rechtsvergleichung, 12.
7 S. Großfeld/Theusinger, RabelsZ 64 (2000), 696ff.
8 Vgl. Grosswald Curran, 46 Am J. Comp. Law (1998), 43, 91; Kötz, JZ 2002, 257ff.
9 Jayme, RabelsZ 67 (2003), 211ff.; Großfeld, JZ 1984, 1ff.
10 Rheinstein, Einführung in die Rechtsvergleichung, 15.
11 Zweigert/Kötz, Einführung in die Rechtsvergleichung, 43.
12 Coing, Aufgaben der Rechtsvergleichung in unserer Zeit, NJW 1981, 2601, 2604; Rheinstein, Einführung in die Rechtsvergleichung, 15.
13 Vgl. Zweigert/Kötz, Einführung in die Rechtsvergleichung, 6.
14 Rheinstein, Einführung in die Rechtsvergleichung, 26.
15 Zweigert/Kötz, Einführung in die Rechtsvergleichung 6.

erfüllen. In erster Linie handelt es sich also um einen Länderbericht. Derartige Untersuchungen können zeigen, dass in einzelnen Rechtssystemen verschiedene Mittel eingesetzt werden, um ähnliche soziale oder wirtschaftliche Ziele zu erreichen. Allerdings ist das Instrumentarium für gesetzgebende Institutionen nicht unbegrenzt und daraus ergeben sich häufig – wie auch diese Arbeit zeigen wird – Ähnlichkeiten bzw. Verwandschaften bei der Wahl der Mittel[16]. Sie beruhen vielfach auf gleichen historischen Entwicklungen (Traditionen), bewusster Rezeption oder Paralellentwicklungen. Auch aus diesem Grund wird in Kapitel 1 ein rechtsgeschichtlicher Bogen gespannt, um die Evolution des Urheberrechts von choreografischen Werken näher zu beleuchten.

Die Disziplin der Rechtsvergleichung wird immer noch als so „jung" bezeichnet, dass ein gesicherter Methodenkanon weiterhin im Werden ist[17]. Daher erscheint es möglich, sich im Einzelfall an den Weg heranzutasten. Oder andersherum ausgedrückt: Es gelingt nicht immer, Grundlagen, Methoden und Ziele der Rechtsvergleichung aus ihrem systematischen Ansatz heraus a priori zu bestimmen[18]. Dreh- und Angelpunkt jeder rechtsvergleichenden Arbeit ist ein konkretes Sachproblem. In dieser Arbeit ist es ein recht breit gefächertes, weil die Fragestellung lautet: Wie ist bzw. kann die Arbeit eines Choreografen geschützt werden?

Eine wichtige Entscheidung für die Beantwortung dieser Frage ist die Wahl der zu vergleichenden Rechtsordnungen. Es wäre nicht geeignet gewesen, eine Makroanalyse in Form einer Gegenüberstellung des Common Law mit dem kontinentalen Rechtssystem des Civil Law durchzuführen[19]. Unter einer Makrorechtsvergleichung wird im Wesentlichen verstanden, dass der Stil verschiedener Rechtsordnungen bzw. die in ihnen gebräuchlichen Denkmethoden und Verfahrensweisen verglichen werden[20]. Eine dazu erfolgte Einteilung unterscheidet nach Rechtskreisen: der Civil Law und Common Law Rechtskreis sowie dessen hybride Formen (bspw. Südafrika oder Griechenland)[21]. Diskutiert werden u.a. aber auch südamerikanische[22]

---

16 S. auch Ulmer, Rechtsvergleichung und Grundlagenforschung im Urheberrecht und gewerblichen Rechtsschutz, GRUR Int 1968, 1, 3.

17 Zweigert/Kötz, Einführung in die Rechtsvergleichung, 32.

18 Zweigert/Kötz, Einführung in die Rechtsvergleichung, 32.

19 Auch wenn dadurch der Versuch unternommen wird – was letztlich auch ein Sinn der Rechtsvergleichung sein soll – die Welt nach juristischen Gesichtspunkten in verschiedene Gebiete einzuteilen.

20 Rheinstein, Einführung in die Rechtsvergleichung, 31 und 33ff.; Zweigert/Kötz, Einführung in die Rechtsvergleichung, 4; zum Urheberrecht s. auch Ulmer, Rechtsvergleichung und Grundlagenforschung im Urheberrecht und gewerblichen Rechtsschutz, GRUR Int 1968, 1, 4f.

21 Heiss, ZVglRWiss 2001, 396, 408ff.; Kötz, ZEuP 1998, 493, 494.

22 Tobenas, 25 Comparative Juridical Review (1988), 105ff.

und afrikanische Rechtskreise[23] sowie ein fernöstlicher Rechtskreis bestehend aus China und Japan, der durch die konfuzianische Kultur zusammengehalten wird[24]. In jüngerer Zeit hat die Rechtskreislehre Kritik erfahren, weil sie u.a. die bestehende Konvergenz zwischen Civil Law und Common Law nicht genügend berücksichtigt[25]. Daher wurde vorgeschlagen, nur noch nach säkularen (bspw. West-/Mitteleuropa), politischen und traditionellen Rechtsordnungen (bspw. Japan) zu unterscheiden[26]. Auch hier bleibt jedoch die Frage von hybriden Systemen bestehen, z.B. ist das israelische Recht, was als säkular verstanden wird, stark durch das hebräische Recht als traditioneller Rechtsfom geprägt.

Die Mikrorechtsvergleichung wendet sich hingegen einzelnen Rechtsinsituten bzw. Rechtsproblemen zu[27]. Die Grenzen zwischen beiden Methoden sind heute teilweise fließend, weil bspw. Folgefragen des Prozessrechts mit bedacht werden müssen[28]. Festzuhalten ist jedoch, dass es in der heutigen Rechtswirklichkeit nur noch bedingt zutreffend erscheint, danach abzuschichten, dass Civil Law Systeme vorrangig eine Tendenz zur Abstraktion bzw. Generalisierung haben und großzügig konzipierte Begriffe verwenden. Das Richterrecht mit durchaus induktiven Ansätzen gewinnt auch in diesen Rechtsräumen an Bedeutung – nicht zuletzt in der EU durch die Bindungswirkung der Entscheidungen des EuGH. Es wäre aber auch verkürzt dargestellt, allein auf das Common Law als induktiv-improvisatorische Methode zu verweisen, wo konkrete Rechtsbedürfnisse durch „ad hoc“ ersonnene Rechsfiguren adressiert werden. Der Einfluss von Gesetzen, die abstrakte bzw. generalisierende Ansätze verfolgen, ist auch in Staaten des Common Law gewachsen.

Für den Rechtsvergleich wurden Frankreich und die USA gewählt. Frankreich gilt auf dem Gebiet des Privatrechts als „Mutter“ des romanischen Rechtskreises[29]. Italien, das auch bereits frühzeitig interessante Ansätze zum Urheberrechtsschutz von choreografischen Werken verfolgte, ist dazu „nur“ eine Tochterrechtsordnung, so dass auf eine gesonderte Betrachtung verzichtet wurde. Für den Rechtskreis des „Common Law“ bildet zwar England die Mutterrechtsordnung und das Rechtssystem der USA ist als Tochter anzusehen. Die USA haben innerhalb dieser Rechtsfamilie jedoch einen sehr eigen geprägten Stil entwickelt, der eine gesonderte Betrachtung rechtfertigt.

---

[23] Bryde, JuS 1982, 8ff.

[24] Lubman, 39 American Journal for Comparative Law (1991), 293ff.

[25] Berger, ZEuP 2001, 4, 17ff.; Gordley, ZEuP 1993, 498ff.

[26] Mattei, 45 American Journal for Comperative Law (1997), 5, 10ff.

[27] Rheinstein, Einführung in die Rechtsvergleichung, 31 und 32f.; Zweigert/Kötz, Einführung in die Rechtsvergleichung, 4.

[28] Rheinstein, Einführung in die Rechtsvergleichung, 31; Zweigert/Kötz, Einführung in die Rechtsvergleichung, 5.

[29] Zweigert/Kötz, Einführung in die Rechtsvergleichung, 40.

Kennzeichnend für alle drei Länder, die in der Untersuchung betrachtet werden, ist die Tatsache, dass die juristischen Quellen nicht unbedingt sprudeln. Dies mag auch damit zusammenhängen, dass die Choreographie für relativ lange Zeit in den betroffenen Ländern eine Art Schattendasein geführt hat[30]. Die Quellenlage stellt sich am besten für Frankreich dar, wo das choreografische Werk bereits seit dem 19. Jahrhundert nicht nur künstlerisch etabliert war, sondern auch erste rechtliche Anerkennung fand. Juristische Fragestellungen im Kontext des Urheberrechtsschutzes von choreografischen Werken wurden sowohl von den Gerichten als auch in der Rechtsliteratur ausführlicher diskutiert. In Anbetracht dessen, dass choreografische Werke in den USA erst durch die ausdrückliche Aufnahme dieser Werkart im Copyright Act von 1976 volle urheberrechtliche Anerkennung auf bundesgesetzlicher Ebene fanden, erstaunt schon fast die recht umfängliche Rezeption in der Rechtsliteratur. Allerdings ist die Bedeutung der Tanzszene in den USA auch stetig gestiegen[31]. Am ungünstigsten stellt sich die Quellenlage für Deutschland dar. Sowohl die gerichtlichen Entscheidungen, als auch die Stimmen in der Literatur, die sich mit den rechtlichen Aspekten zum Thema choreografischer Werke ausführlicher befasst haben, sind sehr überschaubar. Mit dieser Darstellung soll daher aufgearbeitet werden, auf welchem Wissens- und Forschungsstand sich die jeweilige juristische Diskussion befindet.

Im Fokus der Auseinandersetzung stehen drei nationale Rechtsordnungen und kein gesondert betrachtetes europäisches Recht. Es ist zwar so, dass der europäische Einfluss auf das Urheberrecht beständig zunimmt. Seit mehr als 3 Jahrzehnten befasst man sich auf europäischer Ebene mit dem Urheberrecht. Diese Anstrengungen fanden Ausdruck in verschiedenen Richtlinien, wie bspw. Richtlinie 2001/29/EG, die verschiedene vermögensrechtliche Kernbefugnisse der Urheber harmonisierte. Zu dieser Entwicklung haben verschiedene Faktoren beigetragen[32]. Einen besonderen Antrieb bildeten sicherlich die technischen Entwicklungen auf dem Gebiet des geistigen Eigentums – seien es die Vervielfältigungs- und Kommunikationstechniken oder der urheberrechtliche Schutz von Software sowie Datenbanken.

Da der EG-Vertrag keinen Auftrag zur vollständigen Harmonisierung des Urheberrechts enthielt, spielte das Subsidiaritätsprinzip (ehemals Art. 5 EG-Vertrag) eine große Rolle. Hinzu kam, dass Art. 30 EG-Vertrag den Anwendungsbereich des Verbots von mengenmäßigen Beschränkungen und Maßnahmen gleicher Wirkung (ehemals Art. 30, 31, 28, 29 EG-Vertrag) zugunsten des „gewerblichen und kom-

---

30 Vgl. hierzu den historischen Abriss im 1. Kapitel 1. Abschnitt.

31 S. Cook, Moving, UCLA Law Review 1977, 1287.

32 Ausführlich Loewenheim/*Loewenheim* § 53, Rn. 2ff.

merziellen Eigentums" einschränkte[33]. Art. 295 EG-Vertrag regelte, dass die Eigentumsordnung in den Mitgliedstaaten unberührt bleibt. Diese rechtlichen Rahmenbedingungen waren sicherlich ein wichtiger Grund, warum auf Initiative der EU-Kommission bislang nur Teilaspekte des Urheberrechts in Form von Richtlinien harmonisiert wurden. Bis jetzt formt also das europäische Sekundärrecht die nationalen Urheberrechtsgesetze Stück für Stück ein bisschen „europäischer". Durch den am 1. Dezember 2009 in Kraft getretenen Lissabon-Vertrag könnte sich die Sachlage ändern. Mit Art.118 des Lissabon-Vertrages soll nunmehr eine rechtliche Grundlage bestehen, ein europäisches Urheberrecht zu schaffen. Aus der Kommission waren entsprechende Ankündigungen zu hören[34], bis jetzt liegen jedoch noch keine konkreten Vorschläge auf dem Tisch. Man könnte daher konstatieren, dass ein europäisches Urheberrecht „im Werden" ist. Auch viele wissenschaftliche rechtsvergleichende Arbeiten tragen ihr Scherflein zur Entwicklung einer europäischen Rechtskultur bei[35]. Nichtsdestotrotz sind die einzelnen Urheberrechtsgesetze der Mitgliedstaaten der EU noch deutlich national geprägt. Dies betrifft bspw. den Werkbegriff. In dieser Untersuchung wird daher „nur" an relevanten Stellen im deutschen oder französischen Urheberrecht auf EU-rechtlich harmonisierte Regelungen eingegangen. Ergänzend sei darauf hingewiesen, dass – auch aufgrund der Entwicklungen im Internet – im Urheberrecht noch internationaler gedacht werden muss. Ein mittelbarer, fast weltweiter grundlegender Harmonsierungseffekt tritt durch die Regelungen der Revidierten Berner Übereinkunft (RBÜ) ein, die aus diesem Grund kurz in Kapitel 1 vorgestellt wird.

2. Ein Blick in die Rechtsgeschichte

Es fällt schwer, die Disziplin der Rechtsgeschichte von der Rechtsvergleichung klar abzugrenzen. Zu vereinfachend wäre die Aussage, dass sich die Rechtsvergleichung mit gegenwärtigen Rechtssystemen beschäftigt und die Rechtsgeschichte nur die Vergangenheit im Blick hat. Beide Disziplinen sind „Holz vom gleichen Stamm"[36], weil die Rechtsgeschichte oft vergleichend – auch mit gegenwärtigem Recht – arbeitet, und die Rechtsvergleichung, wenn sie mehr als eine Bestandsaufnahme bieten

---

33 Loewenheim/*Loewenheim,* § 53 Rn.1.

34 Bspw. Pressemitteilung des DAV vom 16.11.2009, die auf Äußerungen von Justiz-Kommissarin Viviane Reding anlässlich der Digitalen Agenda der Kommission verwies, wo sie europäisches Urheberrecht oder einen europäischen Lizenzierungsprozess für geistiges Eigentum in Aussicht stellte.

35 MüKo BGB/*Sonnenberger*, Einleitung Rn. 350; Junker, JZ 1994, 921ff.; Mansel JZ 1991, 529ff.

36 Zweigert/Kötz, Einführung in die Rechtsvergleichung 20.

will, die historischen Bedingungen im Auge behalten muss, unter denen sich verschiedene Rechtssysteme bzw. Rechtsinstitute entwickelt haben[37]. Der Blickwinkel wäre zu kurz, wenn man Rechtsnormen oder Rechtsinstitute nur als Erscheinungen der jeweiligen Gegenwart und ohne historische Tiefe werten würde. Vermeintliche Rechtsfortbildungen können sich als Fortentwicklungen älterer Rechtsinstitute erweisen und auch anscheinend neue Rechtsprobleme wurden teilweise bereits in der Vergangenheit diskutiert und gelöst[38]. Es wird daher lebhaft diskutiert, ob es nicht gerade der rechtsgeschichtlichen Betrachtung bedarf, um aktuelle Rechtsfiguren oder Lösungsansätze zu überprüfen[39]. Zur rechtsvergleichenden Aufarbeitung der urheberrechtlichen Fragen für den Schutz von choreografischen Werken wird daher in Kapitel 1 ein Blick „rückwärts in die Geschichte" geworfen.

3. Zur Abrundung: Soziologische Aspekte

An verschiedenen Stellen wird Bezug auf nicht repräsentative, punktuelle Umfragen unter Choreografen bzw. Verwertungsorganisationen genommen. Inwieweit das Recht die Bedürfnisse von Choreografen adressiert bzw. inwiefern sie überhaupt über ihre rechtliche Position informiert sind, wird mit Hilfe dieser Umfragen bzw. Interviews aus der Praxis etwas genauer beleuchtet. Dadurch soll diese Arbeit nicht zu einer rechtssoziologischen werden – auch wenn die Methodik von Rechtssoziologie und Rechtsvergleichung zum Teil ähnlich ist. Der Anspruch der Rechtssoziologie ist, Wechselbeziehungen zwischen Rechtsnormen und gesellschaftlichen Normen bzw. Gegebenheiten zu erforschen[40]. Es geht darum, vor dem Hintergrund sozialer Bedingungen die Ursachen für Unterschiede bzw. Ähnlichkeiten von Rechtsnormen zu untersuchen und damit letztlich um die Reaktion des Rechts auf sozialen Wandel. Soweit ins Detail will diese Darstellung jedoch nicht gehen. Mit der für diese Arbeit gewählten vorrangig deskriptiven Herangehensweise bei der Rechtsvergleichung geht es in erster Linie um eine Darstellung von Gemeinsamkeiten und Unterschieden des urheberrechtlichen Schutzes von choreografischen Werken in verschiedenen Rechtsordnungen.

Soweit sie existieren, bietet es sich für die Darstellung der rechtlichen Modelle durchaus an, empirische Daten zu verarbeiten[41]. Wie bereits im vorangegangenen

---

[37] Zweigert/Kötz, Einführung in die Rechtsvergleichung 20.

[38] S. Kroeschell, Deutsche Rechtsgeschichte, Band 1, 8.

[39] A.a.O. Ein etwas anderer Ansatz findet sich bspw. noch bei Wieacker, Privatrechtsgeschichte der Neuzeit, 16.

[40] Rheinstein, Einführung in die Rechtsvergleichung, 12.

[41] Rheinstein, Einführung in die Rechtsvergleichung, 20f.; Zweigert/Kötz, Einführung in die Rechtsvergleichung, 12.

Abschnitt erläutert, lässt die Rechtsvergleichung ein gewisses Herantasten an das Thema zu – und genau dafür sollen die „soziologischen Einsprengsel" dienen. Die soziologische Komponente in Form der Umfragen wurde in erster Linie dazu gewählt, an ausgewählten Stellen die rechtstheoretischen Ausführungen durch einen Blick in die Praxis, bspw. der Verwertungsgesellschaften, oder die Wahrnehmung ihrer Werke durch Choreografen zu illustrieren. Dies soll – ähnlich wie der Ausflug in die Rechtsgeschichte – zum Verständnis der rechtswissenschaftlichen Diskussion über den Urheberrechtsschutz choreografischer Werke beitragen. Er ist leichter zu verorten, wenn man sich die allmähliche Evolution des Urheberrechts für choreografische Werke an ausgewählten Aspekten vor Augen führt.

Es ist Ziel dieser Arbeit, nicht nur eine rechtswissenschaftliche Darstellung anzubieten. Sie soll auch von den Vertretern der Tanzszene genutzt werden können und für sie praktische Probleme anreißen. Es wäre begrüßenswert, wenn diese Arbeit einen Beitrag zur Akzeptanz choreografischer Werke als Gegenstand urheberrechtlichen Schutzes leisten kann.

1. Kapitel
Grundlagen und Geschichte des urheberrechtlichen Schutzes choreografischer Werke

„Unsere Geschichte schwindet unter den sterbenden Füßen unserer Tänzer dahin.“
Clive Barnes, Tanzkritiker (1927–2008)

1. Abschnitt: Grundlagen

I. Geschichte des Tanzes

Tanz ist so alt wie das menschliche Leben auf der Welt – seit Menschengedenken drückten sich Kulturen durch Tänze aus. Tanzrituale halfen bei der Bitte um Regen, Jagd- oder Kriegsglück. Geburt, Tod oder Vermählung wurden mit Tänzen begangen. Tanz war Ausdruck dramatischen Geschehens. Seit Entdeckung von steinzeitlichen Höhlen[1] im 19. Jahrhundert konnte genaueres Wissen über die damaligen Tänze gewonnen werden. Die Tanzbilder des Neolithikums (8.000 bis 5.000 v. Chr.) unterschieden bereits Gruppen- oder Solotänze. Alle zeigen sehr körperbewusste Tänze, die gesteigerte Emotionen zum Ausdruck brachten.

Die Bildzeugnisse des antiken Griechenlands oder Ägyptens belegen die Bedeutung des Tanzes für Kult und Geselligkeit[2]. Ritualtänze waren in Ägypten mit weltlichen Tänzen verknüpft[3]. Tanzende Priesterinnen dienten spirituellen Zwecken ebenso wie weltlichem Vergnügen, auch wenn alle Tänze sehr formalistisch waren[4]. In Griechenland stand der Tanz im Zentrum des kulturellen Lebens[5]. Tanzunterricht bildete den Mittelpunkt des Bemühens, das Ideal von Harmonie zwischen Körper und Seele zu erreichen. Zudem besaßen Tanz und Theater eine enge Ver-

---

1 Z.B. die Höhlen von Lascaux bzw. Trois Frères in Frankreich oder Altamira in Spanien.
2 Liechtenhan, 11.
3 S. Lee, Entertainment and Intellectual Property Law, § 8:1.
4 Vgl. auch de Mille, The Book of Dance, 38. Der erste Solotanz wurde im alten Ägypten bereits 2400 v.Chr. dokumentiert (a.a.O.).
5 De Mille, The Book of Dance, 40f.

bindung[6]. Bei den Römern spielte der Tanz allerdings nur eine untergeordnete Rolle. *Cicero* brachte diese Einstellung auf den Punkt: „Nemo fere saltat sobrius – Kein Nüchterner tanzt!“[7].

Auch im alten Testament fand der Tanz Erwähnung. Beschrieben ist zum Beispiel Davids Tanz um die Bundeslade, oder im 2. Buch Moses der Tanz um das von Aaron gegossene goldene Kalb. In der antiken Welt genoss der Tanz gesellschaftliche Wertschätzung und einen zum Teil herausgehobenen Stellenwert. Diese Einstellung änderte sich in der frühchristlichen Zeit und im Mittelalter. Die Urkirche akzeptierte Tanz nur bedingt als angemessene Art religiöse Feiern abzuhalten[8]. Vor dem Sinnesrausch durch Tanz warnte bereits der *heilige Augustinus*[9]. Die Kirche wollte den Tanz als Überbleibsel heidnischer Zeit verbieten – allerdings nur mit mäßigem Erfolg[10]. Es erschienen verschiedene verdammende Schriften[11]. Durch diesen Einfluss der Kirche verweltlichte sich der Tanz allerdings und die weltliche Obrigkeit wurde damit befasst, gegen Tänze als „heidnisches Werk“ einzuschreiten[12]. Beim Volk war der Gemeinschaftstanz beliebt (z.B. als Reigen) und der höfische Paartanz begann sich zu entwickeln. In der Renaissance erlebten Tanz sowie die Ideale der Antike eine Wiedergeburt. An den europäischen Höfen arbeiteten Tanzmeister und in ihren Lehrtraktaten[13] finden sich die ersten Vorläufer von Tanznotationen[14]. In der Systematik der Tanzkunst vollzog sich eine immer deutlichere Abgrenzung zwischen „einfachen“, „natürlichen“ Tänzen und dem im „gehobenen“ Gesellschaftsleben praktizierten viel stilisierterem Tanz[15]. Mit der Aufzeichnung der höfischen Tänze des 17. und 18. Jahrhunderts gelang *Raoul A. Feuillet* die

---

6 Die Anerkennung des Tanzes spiegelt sich auch in der griechischen Mythologie wider. Terpsichore ist die Muse des Tanzes (ursprünglich der Tanzchöre), Erato die Muse der getanzten Liebeslieder. Apollo diente als Beschützer der ruhigen, friedlichen und bewusst aufgeführten Tänze. Nur zu Ehren von Dionysos waren ekstatische Tänze erlaubt.

7 Zitat aus Liechtenhan, 15.

8 Liechtenhan, 18; Panzer, 12; s. auch de Mille, The Book of Dance, 44.

9 Liechtenhan, 18.

10 Im französischen Roussillon wurde noch bis ins 18. Jahrhundert in der Kirche getanzt. Auf den Straßen Sevillas finden heute noch religiöse Tänze statt.

11 Z.B. meinte 1569 der Pfarrherr Florian Daul in seinem Traktat „Tanzteuffel – Das ist wider den leichtfertigen, unverschempten Welttanz und sonderlich wider die Gottszucht und ehrvergessene Nachttänze“, dass Tanz wahrlich ein Instrument des Teufels ist und auf dem Nachhauseweg vom Tanzboden die Sünde zur vollen Entfaltung käme. Martin Luther schrieb dagegen, dass kleine Kinder ohne Arg tanzen und man selbst auch zum kleinen Kinde werden solle und am Tanz dann nichts Verwerfliches wäre (vgl. Liechtenhan, 19).

12 Noch bis 1653 waren z.B. in Nürnberg deswegen die Johannistänze verboten (s. Panzer, 13).

13 Z.B. „Il Ballerino“ von Marco Fabrilio von 1581.

14 Jeschke, Tanzschriften, Ihre Geschichte, Ihre Methode, 22.

15 De Mille, The Book of Dance, 60f.; Schroedter, 411.

erste grundlegende Tanzschrift[16]. *Feuillet* wünschte sich Tänze zu verschicken wie einen Brief[17].

Bereits seit dem Mittelalter hatte das Recht in Deutschland Einfluss auf die Tanzvergnügen. Es war Teil der landesherrlichen Befugnisse, Tanzgebote und Tanzverbote zu erlassen. Daran angeknüpft waren Tanzsteuern und Tanzbußen[18]. In den Städten gehörten die Tänze schon sehr früh zu den Polizeisachen und wurden vom Stadtrat durch Verordnungen geregelt. Besonders in Süd- und Westdeutschland sowie in Österreich wurde das „Tanzrecht" sehr streng gehandhabt[19]. In vielen Polizeiordnungen hieß es: „Wer offene tänz anstellet ohne erlaubnutz der obrigkeit, wird gestraft[20]". Vom Erlaubnisvorbehalt umfasst waren sowohl Kirchweih- und Fastnachtstänze als auch Hochzeiten mit „Mahl und Tanz." In Brno ging man sogar soweit auch die Zulässigkeit von Privatbällen und Hauskomödien von einer Erlaubnis abhängig zu machen. Tänze hatten jedoch außer ihrer Bedeutung als Teil von Lustbarkeiten noch einen weiteren Zweck. Sie dienten als Auftakt zur Ordnung von Rechtsangelegenheiten. Zum Beispiel markierte der 1. Mai, an dem überall getanzt wurde, auch den Erledigungstag für verschiedene Gemeindeangelegenheiten wie z.B. der Rechnungslegung[21].

Neben den gesellschaftlichen Tänzen begann sich das Ballett[22] in einem langen Prozess aus dem Zusammenspiel verschiedener Elemente des dramatischen Kunstschaffens zu entwickeln. Seit dem 15. Jahrhundert sind mythologische Tanzspiele und so genannte Trionfi[23] historisch belegt. Einfluss auf die Entstehung des Balletts hatten ebenfalls Moresken[24] oder die italienische commedia dell'arte, aus der die späteren Ballettkomödien hervorgingen[25]. Zentrum der damaligen ballettartigen Spiele war der Hof der Medici. *Katharina von Medici* brachte 1533 anlässlich ihrer Hochzeit mit dem französischen König *Heinrich II.* aus Italien die Tanzkunst an den Hof in Paris[26].

---

16 Sie trug den Titel „Choreographie où l'Art d'écrire la Danse".

17 Oscar Bie, Der Tanz als Kunstwerk, 27.

18 Panzer, 1.

19 Vgl. Panzer, 3.

20 Panzer 3.

21 Panzer, 105.

22 Der Begriff ‚Ballett' geht auf das italienische ‚balletto', den Diminutiv von ‚ballo' (Tanz) zurück und bezeichnete zunächst kleinere Tanzeinlagen in musik-theatralen Formen (vgl. Kieser/Schneider, 21).

23 Trionfi waren Freilufttanzspiele auf Prunkwagen, in denen stets Tiergestalten in übernatürlicher Größe auftraten.

24 Als Moresken wurden dramatische Spiele über den Kampf der spanischen Christen gegen die Mauren bezeichnet.

25 Vgl. auch de Mille,The Book of Dance, 61.

26 De Mille, The Book of Dance, 82.

Als erstes Ballett der Geschichte wird das Werk „Ballet comique de la Reine“ von 1581 bezeichnet, das *Baltasarini* anlässlich der Vermählung des *Herzogs von Joyeuse* in Paris aufführte[27]. Es war im Barock typisch, dass die Choreografen auch die Ballettmusik schufen oder zumindest dem Komponisten Rhythmen vorgaben[28]. Vom französischen Hof breitete sich im 17. Jahrhundert eine wahre Ballettepidemie aus. Bis 1610 kamen rund 800 Hofballette zur Aufführung[29]. *Ludwig der XIV.* ist in die Kunstgeschichte als großer Förderer des Balletts[30] und verschiedener Choreografen eingegangen. Er erkannte, dass Laiendarsteller nicht mehr den technischen Anforderungen der Ballettchoreografien genügten und gründete 1661 die professionelle Académie Royale de la Danse[31]. Durch *Molière* wurde die Ballettkomödie populär und nach Entstehung der Oper schufen kreative Choreografen die Sonderform der Ballettoper. Barocke Aufführungen dauerten viele Stunden und die Adeligen verbrachten viel Zeit im Theater.

Parallel dazu entwickelte sich insbesondere in Frankreich das Jahrmarkttheater. Bedingt durch den großen Erfolg beim Publikum wurde den Schauspielern jedoch verboten, Dialoge zu sprechen[32]. Als Mittel dagegen wandten die Darsteller mimisches Spiel an und Tänze wurden integriert. Die Kunst der stummen Darstellung gewann an Bedeutung und förderte die Entwicklung des Handlungsballetts. Zwischen den Tanzmeistern des Rokoko war umstritten, wer das Handlungsballett „erfunden“ hat. Die neuere Tanzforschung weiß, dass sich auch das Handlungsballett in einem längeren Prozess entwickelte[33]. Die „Lettres sur la Danse“ (1759) von *Jean-Georges Noverre* prägten die neue Ballettästhetik entscheidend mit[34]. Während

---

27 Die Aufführung eines Ballettes kostete damals ein Vermögen. Für „Ballet Comique de la Reine“ wurden dreieinhalb Millionen Franc ausgegeben (de Mille, The Book of Dance, 87).

28 Kieser/Schneider, 21.

29 Liechtenhan, 34.

30 Als 13 Jähriger trat er bereits im Ballett „Cassandra“ auf. Mit 15 Jahren verkörperte er im „Ballet Royal de la Nuit“ die Sonne – diese Rolle brachte ihm den Beinamen Sonnenkönig ein. Erst 1670 gab er wegen zunehmender Beleibtheit den Bühnentanz auf. 20 Jahre lang nahm er täglich Tanzstunden bei seinem Tanzlehrer Beauchamp (de Mille, The Book of Dance, 84).

31 Kieser/Schneider, 22.

32 Liechtenhan, 48f.

33 Auf die Entwicklung des Handlungsballetts nahmen die beiden größten Tänzerinnen der Epoche – Marie Sallé (berühmt für ihre Ausdruckskraft) und Marie-Anne Cupis (bekannt für ihre technischen Neuerungen) – großen Einfluss.

34 Er stellte verschiedene Grundsätze auf, die sich wie folgt zusammenfassen lassen: Ein Choreograf muss zugleich Maler, Dichter und Historiker sein. Tänzer sind zwar völlig stumm, müssen aber dennoch sprechen. Musik muss malen und sprechen können – ist sie stumm, kann man ihr nicht nachsprechen. Damit der Tanz erhaben werde, ist es unabdingbar, dass Tänzer ihre Zeit und ihre Studien zwischen Geist und Körper teilen. (Die Übersetzung der Briefe erfolgte durch Gotthold Ephraim Lessing, Auszüge finden sich bei Liechtenhan, 55).

der französischen Revolution und der Aufklärung fand eine Abkehr von mythologischen Gestalten hin zur Darstellung von „wahren" Menschen im Ballett statt[35].

Auch wenn Frankreich im 18. Jahrhundert das Zentrum der Tanzkunst blieb, wuchsen in anderen Regionen ebenfalls Virtuosen heran[36]. Der Franzose *Didelot* ließ sich in Russland nieder und begründete die dortige Ballettkunst, die noch bis heute erhalten ist. Im 19. Jahrhundert verlagerte sich schließlich das Schwergewicht kreativen tänzerischen Schaffens nach Italien. Die Technik des heute bekannten klassischen Tanzes geht direkt[37] und indirekt[38] auf den Neapolitaner *Carlo Blassis* zurück.

Nichtsdestotrotz ist wiederum Frankreich Geburtsland des so genannten romantischen Balletts[39]. Diese Art von Ballett war eng mit dem Aufkommen des Spitzentanzes verbunden[40]. Von der Blüte des Balletts in der ersten Hälfte des 19. Jahrhunderts war in Deutschland jedoch wenig zu spüren. Das Ballett entwickelte sich nicht zu einer Kunstgattung, die mit der Oper oder dem Schauspiel konkurrieren konnte[41]. Die Ensembles dienten bis zum Ende des Zweiten Weltkrieges vornehmlich dazu, in Opern oder Operetten Tanzeinlagen zu übernehmen.

Die zweite Hälfte des 19. Jahrhunderts brachte einen allgemeinen Niedergang des klassischen Balletts mit sich. Durch eine übermäßige Technisierung kam es zu

---

Noverre lehnte auch die bis dahin üblichen Gesichtsmasken für Tänzer ab und wollte damit den ganzen Körper des Tänzers zu einem ausdrucksstarken Medium machen.

35 Das erste dieser Ballette ist das noch heute bekannte „La Fille mal gardée" (Das schlecht behütete Mädchen).

36 Z.B. die Deutsche Anna-Friederike Heinel oder die Italienerin Barberina Campanini, die beide für sich in Anspruch nahmen, „Erfinderinnen" der Pirouetten zu sein.

37 Er schuf 1820 das theoretische Standardwerk „Elementarlehrbuch theoretischer und praktischer Art für den Tanz".

38 Der Ballettpädagoge Cecchetti, der Schüler von Blassis war, formte die großen Künstler der Ballets Russes wie die Ballerinen Pavlova, Karsawina oder Preobrajenska bzw. die Tänzer Fokine, Massine und Nijinski.

39 Zur Uraufführung von „La Sylphide" trug Marie Taglioni in der Hauptrolle ein enges Mieder, Gazerock, gescheitelte Haare und wurde so zum Inbegriff der Ballerina. Damit begann das Zeitalter der romantischen Ballette, in denen die Ballerina dominierte. Die Konkurrentinnen der Taglioni hielten dagegen – Fanny Elßler wurde mit „La Fille mal gardée" und „Esmeralda" berühmt. Carlotta schuf die Figur der Giselle. Die meisten dieser romantischen Ballette sind noch heute populär.

40 Die Taglioni setzte diese Technik als Erste öfter gezielt ein, so dass es lange hieß, sie habe den Spitzentanz geschaffen. Allerdings wurde verschiedentlich zwischen 1815 und 1820 von Tänzerinnen mit dem Spitzentanz experimentiert (vgl. Kieser/Schneider, 24).

41 Zwar versuchten auch die deutschen Höfe Prunk und Pracht ihrer französischen Nachbarn nachzueifern, der Unterhalt einer Ballettkompanie war jedoch sehr kostspielig. Der Erzherzog von Würtemberg musste z.B. seine Balletttruppe von 60 Leuten, die er mit Hilfe von Noverre gebildet hatte, aus Kostengründen wieder auflösen (Liechtenhan, 115).

einem Mangel an künstlerischer Substanz[42]. Der Berufsstand der Tänzerinnen wurde als moralisch zweifelhaft und anrüchig angesehen, da die so genannten „Foyer de la Danse“ (Aufenthaltsräume für die Tänzerinnen zwischen den Auftritten) immer mehr zu einem Sammelplatz für Verehrer gerieten. Zwei Ballettenklaven (Russland und Dänemark) blieben jedoch erhalten und „retteten“ das klassische Ballett ins 20. Jahrhundert. In Russland wirkte der Choreograf *Marius Petipa*, der z.T. gemeinsam mit seinem Assistenten *Lew Iwanow* und in Zusammenarbeit[43] mit den Komponisten *Tschaikowski* und *Glasunow* mehrere „Klassiker“[44] des Balletts schuf[45]. Der Impresario *Serge Diaghilew* formte schließlich mit mehreren der exzellent ausgebildeten russischen Tänzer die „Ballets Russes“, die in Westeuropa auf Tournee gingen und das dortige Ballett mit neuen Impulsen versahen.

Diaghilew wurde selbst nie künstlerisch tätig, sondern war nur Initiator und Organisator. Unter seiner Ägide traten die Choreografen *Fokine*[46] und *Nijinski* sowie *Massine* hervor. *Diaghilew* gelang die Umsetzung der Idee vom Ballett als Gesamtkunstwerk[47]. Nach seiner Auffassung waren alle Beiträge zum Ballett – Choreografie, Musik und Ausstattung – gleichberechtigt. Sein Verdienst als Impresario war es, avantgardistische Kunstströmungen für den Tanz fruchtbar zu machen und publikumswirksam zu präsentieren. Durch den Tänzer und Choreografen *Nijinski* fanden Elemente des modernen Tanzes Eingang ins klassische Ballett. Nach dem Tode

---

[42] De Mille, The Book of Dance, 123ff.; Liechtenhan, 84.

[43] Vera Petipa berichtete wie folgt über die Zusammenarbeit ihres Vaters mit Tschaikowski: „Mon père commencait par concevoir le sujet et prévoir les grands traits de la composition des danses. C'est ne qu'après cela qu'il s'entretenait avec le compostiuer. D'habitude Piotr Illitch arrivait chez nous dans la soirée et jouait morceaux de l'œuvre tandis que mon pére écoutait en accordant à la musique ses fantaisies chorégraphiques … C'e n'est qu'après cela que papa travaillait à la mise en scène lors de répétitions. Il s'occupait d'abord des premiers et seconds roles, puis de l'ensemble du corps de ballet …“ (Zitat aus Jaques Boncompain, Le Chorégraphe – Auteur sur la Pointe de Pieds, 18).

[44] Z.B. die „weißen“ Bilder (2. und 3. Akt) des Balletts „Schwanensee“ sind noch bis heute das Maß aller Dinge bei der Umsetzung dieses Werks.

[45] Dazu zählen weiterhin die Ballette „Nussknacker“, „Raymonda“, „Dornröschen“, „La Bayadère“ und „Don Quixote“ .

[46] Auf Michail Fokine geht das Choreografische Manifest, das 1914 in der Zeitung „The Times“ veröffentlicht wurde, zurück. Darin heißt es u.a. „Für jeden Fall muss, statt das man lediglich die bereits feststehenden und bewährten Schritte mit einander kombiniert, eine neue Bewegungsform gefunden werden, die dem Gegenstand, der Zeit und dem Charakter der Musik entspricht. Solange Tanz und Musik kein Ausdrucksmittel der Handlung sind, haben sie im Ballett keinen Sinn. Die konventionellen Bewegungen sind nur dann angebracht, wenn es der Sinn des Balletts erfordert … Ein Tänzer kann und soll von den Händen bis zu den Füßen ausdrucksvoll sein …“. (Übersetzung Rudolf Liechtenhan).

[47] Musterbeispiel für die Umsetzung dieser Vorstellung ist das Ballett „Parade“. Die Idee stammte von Jean Cocteau, Musik von Eric Satie. Die Ausstattung schuf Pablo Picasso und die Choreografie Leonide Massine.

Diaghilews fehlte allerdings der Zusammenhalt innerhalb der Truppe und die „Ballets Russes“ zerfielen. Der Choreograf *Georges Balanchine*, der noch bei den „Ballets Russes“ mit seiner Arbeit begonnen hatte, folgte schließlich einer Einladung in die Vereinigten Staaten von Amerika, wo er seinen Weltruhm begründete. Er gilt als Meister der technisch anspruchsvollen Ballette ohne Inhalt, die eine perfekte Harmonie von Raum und Bewegung schaffen[48].

Die Tanzbegeisterung in den USA begann erst richtig mit den Gastspielen der Ballerina *Fanny Elßler* im 19. Jahrhundert[49]. Das klassische Ballett wurde jedoch zunächst nicht zu einem Meilenstein der USA in der Ballettgeschichte. Vielmehr trat *Isadora Duncan* auf und sagte dem klassischen Tanz den Kampf an. Sie war der Auffassung, dass nur der ekstatische Tanz den Menschen befreien kann[50]. Sie wollte mehr Gefühl im Tanz. Dabei basierte ihr Bewegungsvokabular indirekt auf ethnischen Bewegungsabläufen[51]. Mit ihrem Begehren erreichte sie zweierlei: Zum einen erinnerte sie die Protagonisten des klassischen Balletts, dass Gefühl trotz bzw. gerade mit Technik zum Ausdruck gebracht werden kann[52]. Zum anderen legte sie den Grundstein für den Ausdruckstanz. Die eigentliche Gründerfigur des amerikanischen Modern Dance wurde jedoch *Ruth St. Denis*. Ihr folgten bspw. *Martha Graham*[53], die vom deutschen Ausdruckstanz[54] beeinflusst wurde, und *Merce Cunningham* als international bekannte Vertreter des Modern Dance nach. Hinter der Theorie des Modern Dance stand die bewegungsphilosophische Überlegung, dass der Zuschauer eine Bewegung auf der Bühne nicht nur als physische Aktion wahrnimmt, sondern auch deren innewohnende Bedeutung assoziiert[55]. Dies geschieht im Unterbewusstsein. Auch der Tänzer kann den Bedeutungsgehalt seiner Bewegungen nicht aktiv beeinflussen. Auf diesem Austausch von nicht genau fixierbaren Inhalten zwischen Darsteller und Zuschauer basieren die Grundlagen des Modern Dance. Seine Konzentration auf die inneren Vorgänge im Menschen drückt sich

48 Z.B. mit seinen Werken „Sinfonie in C“, „Jewel“, „Barocco“, „Apollon musagète“.

49 Sogar der U.S. Congress unterbrach einmal seine Sitzung um die Ballerina Fanny Elßler zu sehen. Mehr zu den zwei jährigen Auftritten Elßlers bei de Mille, The Book of Dance, 121f.

50 Der Franzose Delsarte erforschte Tanz und Bewegung und legte als Erster Zusammenhänge zwischen der Psyche und Bewegung offen (Liechtenhan, 90).

51 Sie ließ sich z.B. von Abbildungen auf hellenistischen Vasen und Skulpturen inspirieren, vgl. Jeschke, Tanzschriften, Ihre Geschichte, Ihre Methode, 28.

52 Liechtenhan, 90.

53 Sie forderte auch für den Modern Dance eine gewisse Regelhaftigkeit und entwickelte die Technik der „Contraction – Release“. Der Kontrolle des Atems maß sie große Bedeutung bei. Bekannte Werke sind z.B. „Limitations“, „Appalachian Spring“ oder „Primitive Mysteries“.

54 In der Fachwelt wird er auch als German Dance bezeichnet.

55 Jeschke, Tanzschriften, Ihre Geschichte, Ihre Methode, 28.

auch in seiner Bewegungstechnik aus[56]. Der moderne Tanz zeichnet sich durch die Freiheit in seiner Bewegungssprache aus.

Die Ideen der *Isadora Duncan* wurden nicht nur in Amerika sondern auch in Deutschland sehr stark aufgegriffen. *Rudolf von Laban* setzte ihre Vorstellungen in ernstzunehmende Theorien um. Seine Prinzipien von Raum, Zeit und Energie beeinflussten wiederum auch den amerikanischen Modern Dance[57]. Daneben schuf er die heute bekannteste Tanznotation. Er nannte sie Kinetographie, verwendet wird sie jedoch unter dem Begriff Laban Notation. *Labans* Schülerin *Mary Wigman* ist zur Ikone des Ausdruckstanzes geworden[58]. Ihre Schülerin *Gret Palucca* bildete mit ihren heiteren, unbeschwerten Tänzen den Gegenpart zu *Wigman*. Der Labanschüler *Kurt Joos* gewann mit seinen Stück „Der grüne Tisch" 1932 den Pariser Choreografenwettbewerb. Aber je einflussreicher die Nationalsozialisten in Deutschland wurden, umso mehr wandte sich das Publikum vom angeblich „undeutschen" Ausdruckstanz ab und entwickelte eine Vorliebe für so genannte Kammertänze[59]. Nach dem Ende des zweiten Weltkrieges erwachte der Tanz erst wieder in den sechziger Jahren zum „Leben". Wie schon Jahrzehnte zuvor entstand wieder eine neue Tanzform – das Tanztheater – als Gegenbewegung zu den bereits etablierten Kunstformen. In Deutschland wirkende Choreografen von Weltrang waren und sind z.B. *John Cranko*, *John Neumeier* oder *William Forsythe* aus der Sparte des klassischen Tanzes, bzw. *Pina Bausch, Johannes Kresnik* oder *Susanne Linke* als Protagonisten des Tanztheaters.

II. Entwicklung der Tanzschriften

1. Kurzer historischer Abriss

Die Inhalte des Begriffes „Tanz" wandelten sich im Lauf der Geschichte. Dementsprechend haben sich diese Veränderungen auch auf den Inhalt der einzelnen Tanzschriften ausgewirkt. „Notation will nur die jeweilig existenten Bewegungserscheinungen bestimmter geschichtlicher Epochen festhalten, eben das was man zu den verschiedenen Zeiten unter Tanz versteht. Wenn die Inhalte von ‚Tanz' einem Wandel unterworfen sind, so sind es auch die Inhalte von Tanzschrift[60]". Der Begriff

[56] Wie z.B. der von Martha Graham entwickelten Technik des „Contraction – Release" für das Becken.
[57] Liechtenhan, 91.
[58] Kieser/Schneider, 16.
[59] Liechtenhan, 104.
[60] Jeschke, Tanzschriften, Ihre Geschichte, Ihre Methode, 22.

Tanz umfasst im heutigen Sprachgebrauch zumeist drei Bereiche: Volkstanz, Gesellschaftstanz und Theatertanz. Der Volkstanz wird von der Entwicklung des Theatertanzes nicht absorbiert und kann dadurch seine Bedeutung wahren. Da er grundsätzlich ohne Einflussnahme eines Choreografen allein zur Freude der Tanzenden entsteht, erscheint die Überlieferung mittels Notationen überflüssig. Sobald der Volkstanz jedoch einen bestimmten traditionsgebundenen Stil entwickelt, Technik terminologisch fixiert und Schulen für seine Weitergabe entstehen, ergibt sich auch für ihn die Notwendigkeit der Aufzeichnung der Bewegungsabläufe[61]. In diesem Stadium haben die Volkstänze den Schritt von ursprünglicher Spontaneität zu ‚ethnischen Tänzen' vollzogen. Diese Entwicklung zeigte sich z.B. in Osteuropa[62].

Die für den ursprünglichen Volkstanz getroffene Feststellung bezüglich der Notwendigkeit von Notation gilt teilweise auch für moderne Gesellschaftstänze. Zur Wiedergabe dieser Tänze sind die ersten Tanzschriften entstanden. Mit der Trennung von Ballett und Gesellschaftstanz büßte letzterer jedoch einiges von seiner Bedeutung als Kunstform ein. Der erste dokumentierte Versuch einer Notation stammt von *Thoinot-Arbeau* aus dem Jahr 1588[63]. In seiner „Orchésographie" werden die Positionen und Schritte beschrieben und zur Verdeutlichung mit Namen sowie begleitenden Zeichnungen versehen. Erwähnenswert ist an nächster Stelle *Feuillets* grundlegendes Buch über Tanzschrift „Chorégraphie ou l'art d'écrire la danse par caractères, figures et signes démonstratif"[64]. Der Aufzeichnung von Theatertanz in all seinen Facetten widmet sich die Mehrzahl der Tanznotationen des 19. Und 20. Jahrhunderts. Exemplarisch soll eine Tanzschrift, die sowohl zur Aufzeichnung klassischer Ballette als auch des Modern Dance geeignet ist[65], im nächsten Abschnitt kurz vorgestellt werden. Die meisten der heute bekannten Tanznotationen können allerdings keiner praxisbezogenen Überprüfung mehr unterzogen werden, da das vorhandene Datenmaterial nur unzureichend ist[66]. Viele Tanzschriften sind niemals über das Stadium eines theoretischen Vorschlags hinausgekommen.

Nicht immer wird die Möglichkeit der Aufzeichnung von Choreografien als Mittel ihrer Überlieferung von Choreografen begrüßt. Schon der große Tanztheoretiker *Noverre* freundete sich nicht mit dem System der Tanzschrift an[67]. Er machte auf die Gefahr leerer Gesten durch Überbetonung von Ballettästhetik und Technik

---

[61] Jeschke, Tanzschriften, Ihre Geschichte, Ihre Methode, 26.
[62] Weitere Nachweise bei Jeschke, Tanzschriften, Ihre Geschichte, Ihre Methode, 26 Fn. 14.
[63] Laurent Carrière, Choreography and Copyright, 11.
[64] Erschienen im Jahr 1700.
[65] S. Ann Hutchinson, Labannotation, 15.
[66] Vgl. Jeschke, Tanzschriften, Ihre Geschichte, Ihre Methode, 47.
[67] Oscar Bie, Der Tanz als Kunstwerk, 39.

aufmerksam[68] und erinnerte an den dramatisch-theatralischen Auftrag des Balletts. Da Darstellung und Virtuosität einer Tanzaufführung nicht aufgezeichnet werden können, lehnen einige Choreografen die Verwendung von Tanznotationen ab[69]. Als gängiges Argument gegen eine Aufzeichnung wird angeführt, dass Tanz als dreidimensionale Kunst so komplex ist, dass die Bewegungsabläufe und Interaktionen nicht ausreichend in ein Zeichensystem übertragbar sind. Verfechter dieser Auffassung sind der Meinung, dass eine Rolle von Tänzer zu Tänzer weitergeben werden sollte, damit die wirkliche Absicht eines Choreografen überliefert wird[70]. Gerade der Partiturcharakter von Notationen wird von den Befürwortern als Vorteil gesehen, weil die Aufzeichnung eines choreografischen Werkes nur die wichtigsten Strukturen der Körperbewegungen und Raum- bzw. Zeiteinteilung enthalten muss[71] und für Interpretationen genügend Raum bleibt.

2. Kurze Einführung in die Laban Notation (Kinetographie)

Die Laban-Notation ist heute gemeinsam mit der in den fünfziger Jahren von *Benesh* entwickelten Methode die am weitesten verbreitete Tanzschrift zur Aufzeichnung von choreografischen Werken. Während die Laban-Notation sowohl zur Beschreibung klassischen als auch modernen Tanzes geeignet ist, kann mit der Benesh-Notation besonders gut klassisches Ballett „aufgeschrieben" werden. *Rudolf von Laban* schuf seine Tanznotation in dreißigjähriger Praxis und Forschung[72]. Die Tanzschrift beruht auf folgenden Grundprinzipien:

a) Die Grundelemente jeder Bewegung, die als Übertragung und Geste bezeichnet werden, sind das Wesentliche. Laban definiert jede Bewegung mit Veränderung des körperlichen Schwerpunktes als Übertragung und jede Bewegung ohne Körpergewichtsübertragung als Geste[73]. Mit Hilfe dieser Unterteilung können die Bewegungen, die Bewegungsmöglichkeiten des Ober- und Unterkörpers sowie der einzelnen Glieder allein und die Funktionen der Gelenke erfasst werden[74].

---

[68] Vgl. Fn. 70.
[69] S. auch Brandstetter, Bewegte Geschichte, Tagesspiegel vom 17.12.2007, 25.
[70] Ness, Sinn für Geschichte, 69, 70.
[71] Brandstetter, Bewegte Geschichte, Tagesspiegel vom 17.12.2007, 25.
[72] Einen sehr guten Überblick über diese Tanznotation und die für sie verwendeten Schriftzeichen erhält man unter http://user.uni-frankfurt.de/~griesbec/LABAN.HTML (zuletzt besucht am 12.2.2012).
[73] Laban, 631, 632.
[74] A.a.O.

b) Mithilfe der Tanzschrift werden ebenfalls die wechselnden Beziehungen des Körpers zum Raum (die Richtungen) festgehalten.
c) Durch bestimmte Variationen der Richtungszeichen wird außerdem auch der Rhythmus der Körperbewegungen dargestellt.

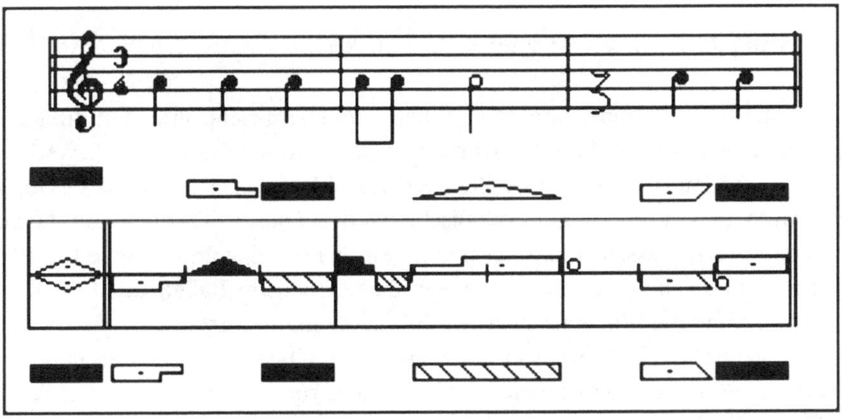

Vergleich zwischen einer Musiknotation und einer Laban Notation (zeitliches Element)[75]. Die Laban Notation ist allerdings anders als die Musiknoten senkrecht zu lesen.

Analog zur Musiknotenschrift verwendet *Laban* ein Fünfliniensystem. Die Schrift ist von oben nach unten zu lesen, dabei bildet die mittlere Linie die Trennung der beiden Körperhälften. Bewegungen und Stand der Füße werden in den beiden inneren Bahnen von der Mittellinie aufgeschrieben. Bewegungen des Unterkörpers ohne Gewichtsübertragung finden in den äußeren Zwischenräumen Platz. Gleichlaufende Oberkörper- und Armbewegungen werden an der Außenlinie notiert. Verlaufen sie unterschiedlich, müssen sie abstehend vom Liniensystem aufgeschrieben werden. Die Schriftzeichen selbst sind Balken. *Laban* entwickelte ein System von Schriftzeichen, das aus 4 Grundzeichen und 27 Variationen besteht[76]. Durch Variation der Balken werden die Raumrichtungen vorwärts, rückwärts etc. dargestellt. Die Zeitdauer der Bewegungen kann durch Verlängerung oder Verkürzung der Balken reguliert bzw. festgelegt werden[77].

---

[75] Quelle: Rebecca Staro, The Recording of the Time Element in the Laban System of Notation, http://www.muspe.unibo.it/period/ictm/articles/staro.htm (zuletzt besucht am 7. Juli 2008).
[76] Laban, 631, 633.
[77] Jeschke, Tanzschriften, Ihre Geschichte, Ihre Methode, 402.

2. Abschnitt: Rechtsgeschichtliche Entwicklung des Schutzes choreografischer Werke

I. Berner Übereinkunft

1. Berner Übereinkunft vom 4. Mai 1886

Die Berner Übereinkunft von 1886 führte choreografische und pantomimische Werke nicht explizit auf. In Art. 4 wurde erläutert, was die Bestimmung „Werke der Literatur und Kunst" umfassen sollte. Die Aufzählung enthielt u.a. die Gattungen dramatisch und dramatisch musikalische Werke. Dieser Wortlaut konnte auch Choreografien umfassen, allerdings nur soweit sie über eine dramatische Handlung verfügten. Unzweifelhaft war jedoch nur, dass bei einem Ballett das Libretto als Schriftwerk und die Musik urheberrechtlichen Schutz genossen[78].

Im italienischen Urheberrecht kam auch der Choreografie ausdrücklich der Schutz als geistiges Eigentum zu[79]. Aus diesem Grund stellte der italienische Gesandte *Rosmini* auf der im Jahr 1885 abgehaltenen zweiten internationalen Konferenz zum Schutz der Werke der Literatur und Kunst den Antrag, Choreografien in den Schutzbereich des Abkommens aufzunehmen[80]. Er begründete diesen Antrag mit dem Hinweis, dass nicht allein Libretto oder Musik, d.h. das „Beiwerk in einem Ballett", sondern auch die eigentlich „erfundene" choreografische Leistung geschützt werden sollte: „Der echte Choreograph ist Dichter und Künstler; er schafft den Vorwurf, ordnet die Szenen, Dekorationen, Kostüme, Szenerien, Farben, den Fortgang, die Intriguen, die Entwicklung der Pantomimen und Tänze, welche das phantastische, mythologische oder geschichtliche Drama ausdrücken; das ist ein eigentliches Kunstwerk, während das Ganze ein dramatisch-musika-

---

[78] Pouillet, 867.

[79] Aus diesem Grund versuchten die Italiener auch in dem Deutsch-Italienischen Literarvertrag von 1884 die Choreografie als eigenständige Werkkategorie aufzunehmen. Mit diesem Anliegen scheiterten sie jedoch. Im Schlussprotokoll heißt es dazu lediglich unter Nr. 2: „Auf den von dem italienischen Bevollmächtigten im Namen seiner Regierung zu erkennen gegebenen Wunsch, die choreografischen Werke nach Art. 8 der Übereinkunft gegen öffentliche Aufführung zu schützenden Werkarten ausdrücklich beizuzählen, hat der deutsche Bevollmächtigte erklärt, dass er diesem Wunsche nicht zu entsprechen vermöge, da es nach dem Geiste der deutschen Gesetzgebung, welche die choreografischen Werke nicht erwähnt, den Gerichten überlassen bleiben muss, eintretenden Falles zu beurteilen, ob der den dramatischen oder den dramatisch-musikalischen Werken gegen unerlaubte Aufführung gewährte Schutz sich auch auf die choreografischen Werke erstreckt oder nicht." (Zitat aus Hinschius, 185, 188).

[80] Vgl. Hinschius, 185, 188.

lisches Werk bildet“[81]. Auch wenn die Arbeit eines Choreografen in dieser Aussage etwas mit der eines Regisseurs vermengt wird, trifft sie jedoch den Kern der Problematik, dass in der damals aktuellen Gesetzgebung dem künstlerischen Schaffen eines Choreografen keine Gerechtigkeit widerfuhr.

Der deutsche Abgesandte *Reichardt* lehnte diesen Vorschlag vehement ab, denn aus seiner Sicht blieben durch einen urheberrechtlichen Schutz von Libretto und Musik als möglicher Schutzgegenstand nur die reinen Tänze, Posen und Figurenbilder übrig. Nicht jeder in einem Zirkus oder einer Jahrmarktsbude aufgeführte Tanz verdiente nach seiner Auffassung urheberrechtlichen Schutz, sondern nur Werke, die einen inneren dramatischen oder dramatisch-musikalischen Gehalt aufwiesen[82]. Da eine genaue Umschreibung choreografischer Werke weder in Wissenschaft noch Gesetzgebung existierte und man diese Schöpfungen auch nicht ohne Vorbehalt oder Unterscheidung schützen sollte, befand er, dass die Frage den Gerichten überlassen werden muss, ob ein choreografisches Werk in die Kategorie dramatisch bzw. dramatisch-musikalisches Werk fällt oder nicht[83]. Dementsprechend wurde nach den Mehrheitsbeschlüssen durch die Teilnehmer in das Abschlussprotokoll der Konferenz vom 18. September 1885 nur unter Nr. 2 aufgenommen, dass in den Ländern, in denen choreografische Werke implizit unter die dramatisch-musikalischen Werke fallen, diese auch den Schutz unter dem Abkommen genießen können. Die Auslegungshoheit darüber verblieb jedoch bei den jeweiligen nationalen Gerichten[84]. Diese Ergänzung konnte jedoch nur unter der Prämisse volle Wirksamkeit entfalten, dass in den Ländern, die choreografischen Werken urheberrechtlichen Schutz zubilligten, auf den Grundsatz der Reziprozität verzichtet wurde und grundsätzlich alle choreografischen Werke, die in dem Verbandsstaat aufgeführt wurden, von der entsprechenden Regelung profitierten[85]. Soweit choreografische Werke ausdrücklich in den jeweiligen Urheberrechtsgesetzen genannt wurden, genossen sie ipso jure Schutz. Wichtig war die Anknüpfung im Schlussprotokoll an den Art. 9 der Berner Übereinkunft, da dadurch ausdrücklich auf den Schutz des Aufführungsrechtes Bezug genommen wurde.

---

81 Zitat aus Röthlisberger, Die Berner Übereinkunft zum Schutz von Werken der Literatur und Kunst und die Zusatzabkommen, 175.

82 Röthlisberger, Die Berner Übereinkunft zum Schutz von Werken der Literatur und Kunst und die Zusatzabkommen, 175.

83 Despatys, 246; Hinschius, 205, 206.

84 Hinschius, 205, 206.

85 Vgl. auch Allfeld, 343; Röthlisberger, Die Berner Übereinkunft zum Schutz von Werken der Literatur und Kunst und die Zusatzabkommen, 177.

2. Revidierte Berner Übereinkunft (RBÜ) vom 13. November 1908

Durch die Neufassung des Art. 2 der RBÜ erweiterten die Verbandsstaaten den Anwendungsbereich des Abkommens. Art. 2 Abs. 1 benannte die zu schützenden Werkarten, wobei die Aufzählung auch um choreografische und pantomimische Werke ergänzt wurde. Allerdings fügte man für letztere die Bestimmung hinzu, dass der Bühnenvorgang schriftlich oder auf andere Weise festgelegt sein müsse. Die italienische Delegation schlug eine neue Definition der geschützten Werke, die auch Choreografien und Pantomimen ohne weitere Vorbedingung in den Schutzbereich der RBÜ aufnimmt, vor[86]. Dieses Ansinnen war allerdings nicht mehrheitsfähig. Der deutsche Vorschlag zur Regelung des Schutzes choreografischer und pantomimischer Werke beinhaltete eine Übernahme der Voraussetzungen nach deutschem Recht (LUG von 1901[87]), wonach choreografische Werke nur als Schriftwerke geschützt waren[88]. Von anderer Seite wurde jedoch darauf hingewiesen, dass der Schutz auch für solche Werke wünschenswert war, die auf andere Art fixiert wurden, insbesondere im Hinblick auf die Entwicklung des Films bzw. der Kinematographie[89]. In der deutschen Rechtsliteratur traf das Fixierungserfordernis der RBÜ teilweise auf Ablehnung, da zu Recht angemerkt wurde, dass damit immer noch Improvisationen der Konventionsschutz versagt wurde[90]. Als Kompromiss zwischen der deutschen und italienischen Position einigte man sich schließlich darauf, dass die Fixierung auch auf andere als schriftliche Art erfolgen kann. Die von den Verbandsstaaten verabschiedete Neuregelung stellte jedoch in jedem Fall einen wichtigen Fortschritt dar.

3. Konferenz von Stockholm 1967 und aktuelle Fassung der RBÜ

Auf der Konferenz von Stockholm wurde darüber diskutiert, die Definition für geschützte Werke erneut abzuändern. Hintergrund war die Erwägung, dass allein der Schutz choreografischer Werke und Pantomimen mit der zusätzlichen Voraussetzung des Fixierungserfordernisses versehen war. Aus diesem Grund wurde vorgeschlagen, die Notwendigkeit der Fixierung zu streichen, um alle Werkarten hinsichtlich der Schutzvoraussetzungen gleich zu behandeln. Interessanterweise

---

86 Livre du Centenaire de Berne: 1886–1986, Hrsg. WIPO, 160f.

87 S. dazu auch unter Kapitel 1 III. 1 b).

88 Daude, 205.

89 Daude, 206.

90 Willy Hoffmann, Die Berner Übereinkunft zum Schutze von Werken der Literatur und Kunst, 55.

wandte sich ausgerechnet Frankreich gegen eine entsprechende Anpassung des Konventionstextes[91]. Die Situation wurde durch einen Kompromissvorschlag Großbritanniens gerettet. Danach sollte es allen Mitgliedern der RBÜ offen stehen, ob sie in ihrer jeweiligen Gesetzgebung eine Festlegung zur Voraussetzung des urheberrechtlichen Schutzes für alle oder einzelne Werkkategorien fordern. Mit Hilfe dieser Quasi-Erweiterung der Möglichkeit eines Fixierungserfordernisses wollte man der Gleichbehandlung der Werkarten ein Stück näher kommen.

Das fakultative Festlegungserfordernis der Fassung der revidierten Berner Übereinkunft von 1967, das noch bis heute wirksam ist, trägt also zum einen den Rechtsordnungen Rechnung, die davon ausgehen, dass eine materielle Realisierung erforderlich ist, um ein Werk zu identifizieren und jede Verwechslung mit Leistungen Dritter auszuschließen. Die Fixierung ist für diese Rechtsordnungen konstitutive Voraussetzung für den Erhalt urheberrechtlichen Schutzes. Zum anderen wird davon auch die dogmatische Auffassung erfasst, die eine Festlegung des Werkes auf einem materiellen Träger nur als Beweismittel fordert.

Aufgrund dieser divergierenden Meinungen und im Hinblick darauf, dass es dem nationalen Gesetzgeber überlassen bleiben soll, die Schutzvoraussetzungen für ein Werk im Einzelnen zu bestimmen, nimmt die Konvention zu dieser Problematik keine Stellung und nötigt die nationalen Gesetzgeber dementsprechend auch nicht zu einer bestimmten Grundhaltung[92].

Für den Schutz choreografischer Werke sieht die Rechtslage also wie folgt aus: Verweigert das inländische Recht die urheberrechtliche Anerkennung, kann sich der Verbandsurheber auf das ius conventionis berufen. Schützt das inländische Recht choreografische Werke nur unter der Voraussetzung einer Fixierung, muss das jeweilige Werk auch dieser Anforderung genügen.

II. TRIPS Abkommen von 1995 und WIPO Urheberrechtsvertrag von 1996

Im TRIPS Abkommen vom 15. April 1995 wird in Art. 9 Abs. 1 auf die Schutzvoraussetzungen der RBÜ in der Pariser Fassung vom 24. Juli 1971 verwiesen. Durch die Meistbegünstigungsklausel des Art. 4 TRIPS ist eine ökonomische Absicherung aufgenommen worden, die allen urheberrechtlich geschützten Werkarten, also auch choreografischen Werken, zu Gute kommen soll.

---

91 Livre du Centenaire de Berne: 1886–1986, Hrsg. WIPO, 231.

92 Claude Masouyé, Kommentar zur Berner Übereinkunft (Pariser Fassung von 1971), Art. 2 Abs. 2, Rn. 2.11.

Art. 9 Abs. 2 TRIPS Abkommen und Art. 2 WIPO Urheberrechtsvertrag vom 20. Dezember 1996 bestimmen, dass die Schutzvoraussetzungen sich nicht auf Ideen, Methoden, Gedanken oder Verfahren beziehen, sondern auf die Ausdrucksformen des jeweiligen Werkes. *Wandtke*[93] kommt daher zu Recht zu dem Schluss, dass bzgl. der Schutzfähigkeit choreografischer Werke auf internationaler Ebene weder auf einen Sinngehalt noch auf einen intellektuellen Überbau abzustellen ist und urheberrechtlich geschützte Werke der Tanzkunst auch allein ihrem Selbstzweck dienen können[94].

III. Entwicklung der Schutzfähigkeit der Choreografie in Deutschland, Frankreich und den USA

1. Geschichte der Entwicklung des urheberrechtliches Schutzes der Choreografie in Deutschland

a) Reichsgesetz vom 11. Juni 1870

Im 19. Jahrhundert gewann die Lehre vom geistigen Eigentum, die sich zunächst besonders in Frankreich ausgebreitet hatte,[95] zunehmend auch in Deutschland an Einfluss. Dadurch war der Weg zur gesetzlichen Anerkennung eines Aufführungsrechtes für dramatische und dramatisch-musikalische Werke in § 50 des Gesetzes betreffend das Urheberrecht an Schriftwerken, Abbildungen, musikalischen Kompositionen und dramatischen Werken vom 11. Juni 1870[96] nicht mehr weit. § 50 Abs. 1 des genannten Gesetzes bestimmte, dass „das Recht, ein dramatisches, musikalisches oder dramatisch-musikalisches Werk öffentlich aufzuführen, dem Urheber und dessen Rechtsnachfolgern ausschließlich zusteht." Dieses Gesetz, das auf einem Entwurf des Börsenvereins des Deutschen Buchhandels von 1857 basierte, wurde zunächst nur vom Norddeutschen Bund erlassen[97]. Das Deutsche Reich übernahm die Regelungen, nachdem die Reichsverfassung vom 16. April 1871 den Schutz des geistigen Eigentums der Gesetzgebungskompetenz des Reiches zugewiesen hatte[98]. Das erste Gesetz zeichnete sich durch eine ganze Reihe dogmatischer

[93] Wandtke, FS Raue, 745, 754.
[94] Zur Problematik der Schutzvoraussetzung eines Sinngehalts oder intellektuellen Überbaus im deutschen Recht ausführlich in 2. Kapitel 2. Abschnitt I 1. c) (2).
[95] Vgl. Kapitel 1 III 2.
[96] BGBl. 1870, 339.
[97] Schricker/*Vogel*, Einleitung, Rn. 73.
[98] A.a.O.

Unzulänglichkeiten aus. Die Begrifflichkeiten waren noch stark an der Nachdruckgesetzgebung orientiert[99]. Verwertungsrechte und auch Urheberpersönlichkeitsrechte wurden nur in Ansätzen geregelt. Fortschritte in der Rechtswissenschaft, eine zunehmende Rechtsprechung über urheberrechtliche Befugnisse und die Gründung der Berner Union ließen die Mängel der anfänglichen urheberrechtlichen Regelungen immer offener zu Tage treten.

Verschiedene Stimmen in der Literatur äußerten die Auffassung in Bezug auf dramatische Werke, dass es für die Beurteilung der urheberrechtlichen Schutzwürdigkeit nicht darauf ankommen könne, ob der Handlungsablauf mit Mitteln der Sprache, oder ausschließlich durch körperliche Ausdrucksmittel wie Gestik, Mimik bzw. Bewegung dargestellt wird[100]. Sie führten für ihre Auffassung an, dass sich dem Gesetz nicht entnehmen lässt, dass der Begriff „dramatisch" nur auf die literarische Gattung beschränkt sein sollte. Ferner widersprachen sie der Auffassung, die der deutsche Gesandte *Reichardt* bei den Verhandlungen zur Berner Union bzgl. der Notwendigkeit des Schutzes choreografischer Werke vorgebracht hatte[101]. Der urheberrechtliche Schutz des Librettos sei keinesfalls ausreichend, da dieses Werk nur gegen Nachdruck aber nicht gegen eine unbefugte öffentliche Aufführung geschützt war[102]. In einer Konsultation am 1. Februar 1886 brachte eine Expertenkommission zum Ausdruck, dass choreografische Werke vom Schutz des § 50 des Deutschen Reichsgesetzes betreffend das Urheberrecht an Schriftwerken, Abbildungen, musikalischen Kompositionen und dramatischen Werken profitieren können[103]. Diese Meinung gewann bis zur Jahrhundertwende immer mehr an Einfluss, so dass sich schließlich in der Rechtsliteratur die Auffassung durchsetzte, dass auch das durch tänzerische Ausdrucksmittel dargestellte dramatische Bühnenwerk urheberrechtlichen Schutz verdiente[104]. Allerdings beschränkte sich diese positive Haltung meist auf Handlungsballette. *Kohler* stellte fest: „Eine lyrische (Anm. der Verf. nicht dramatische) Tanzform aber ist nicht Gegenstand des Autorrechts, denn der lyrische Tanz ist keine Form des individuellen Ideenausdrucks, sondern ein allgemeiner Rhythmus, ein künstlerischer Gestus, welcher nicht einen einzelnen Seelenvorgang, sondern den psychischen Charakter selbst zur Darstellung bringt.[105]"

---

99 A.a.O.

100 Dernburg, Lehrbuch des deutschen Privatrechts, Bd. 2, in Fn. 29; Hinschius, 185ff.; Kohler, Das Autorenrecht – eine zivilistische Abhandlung, 187f.; ders., Das literarische und artistische Kunstwerk und sein Autorschutz – eine juristisch-ästhetische Studie, 167ff.

101 S. hierzu auch unter 1. Kapitel 2. Abschnitt I. 1.

102 Hinschius, 185, 187.

103 Vgl. Gibaux, 98.

104 Neben den Autoren in Fn. 110 nun auch Kuhlenbeck, Urheberrecht, 73; Müller, Das deutsche Urheber- und Verlagsrecht, 19.

105 Kohler, Das Autorenrecht – eine zivilistische Abhandlung, 188f.

Das andere Meinungsspektrum lässt sich an der Auffassung des Deutschen Gesandten der Konferenz in Bern 1885[106] verdeutlichen. Er machte geltend, dass gar kein Bedürfnis für den Schutz choreografischer Werke bestehe, da das Gesetz bereits Musik und Libretto schütze und darüber hinaus kein weiteres Objekt für urheberrechtlichen Schutz bestehe. Die Gegner der Anerkennung eines Urheberrechts an choreografischen Werken führten außerdem an, dass die Kunst des Choreografen nicht zum Schutzgegenstand des Urheberrechts gehöre und verglichen seine Arbeit mit der eines Schauspielers bzw. Schauspielregisseurs[107]. *Hinschius* ließ jedoch in seinem Aufsatz anklingen, dass es an einigen Theatern bereits üblich war, auch Choreografen Tantiemen zu zahlen[108]. Insofern erschien es konsequent, dass sich der Gesetzgeber bei der Schaffung des Literaturheberrechtsgesetzes auch mit der Schutzwürdigkeit choreografischer Werke befasste.

b) *Literaturheberrechtsgesetz (LUG) von 1901*

Allerdings führte das Literaturheberrechtsgesetz vom 19. Juni 1901[109] das choreografische Werk noch nicht ausdrücklich in der Aufzählung der geschützten Werkarten auf. D.h. mit dem LUG von 1901 blieb der Kreis der geschützten Werke formal noch gleich, nur die Verwertungsrechte der Urheber wurden entscheidend erweitert. § 1 LUG nannte Schriftwerke, Werke der Tonkunst und Abbildungen wissenschaftlicher oder technischer Art, die ihrem Hauptzweck nach keine Kunstwerke sind. In § 11 Abs. 2 LUG fand sich die direkte Erwähnung von Bühnenwerken. Die Motive ordneten choreografische Werke den Bühnenwerken zu, denen Schutz gegen unbefugte öffentliche Aufführung gewährt wurde[110]. Choreografien konnten urheberrechtlichen Schutz jedoch nur unter der Voraussetzung erlangen, dass sie eine „dramatische Handlung zur Darstellung bringen“ und der Ablauf schriftlich festgelegt war[111]. Der Bühnenvorgang musste zwar nicht in jedem Detail, aber doch in seinen wesentlichen Grundzügen schriftlich fixiert sein[112]. Sie waren somit nur als Schriftwerke geschützt[113]. Es wurde in der Kommentarliteratur zum Teil immer noch vertreten, dass der Schutz nur für das Libretto gewährt würde und die Umsetzung des Librettos durch den Ballettmeister/Choreografen bzw. die einzelnen

---

106 S. 1. Kapitel 2. Abschnitt I. 1.
107 Z.B. Mandry, Das Urheberrecht an literarischen Erzeugnissen und Werken der Kunst, 308.
108 Hinschius, 205, 212.
109 RGBl. 1901, 227.
110 Vgl. auch Allfeld, 37.
111 Motive, Reichstagsdrucksache II 1900/1901, Nr. 97, 14.
112 Daub, 12.
113 Daub 12.

Tänze, Posen oder Tableaus nicht dem Urheberrechtsschutz zugängig sind[114]. Ein in der Gesetzgebungskommission gestellter Antrag, die Bühnenwerke neben den Schriftwerken als Schutzobjekte in § 1 LUG besonders zu nennen und damit mimischen Darstellungen einen weitergehenden Schutz, insbesondere gegen die unbefugte Wiedergabe durch Kinematographen zu gewähren, scheiterte am Widerstand der Regierungsseite[115].

Bezüglich der Fixierung ist anzumerken, dass zu dieser Zeit noch keine allgemein gebräuchliche Tanzschrift existierte. Zwar entstanden seit der Renaissance verschiedene Notationen[116], die aber immer nur partielle Verbreitung fanden. Viele Choreografen entwickelten ihre eigenen Kürzel oder grafischen Darstellungen als Gedächtnisstütze zur Umsetzung ihrer Choreografien. Allerdings konnten Dritte diese Aufzeichnungen kaum verstehen oder wieder in Bewegungen umsetzen. Erst mit der vom Tanztheoretiker *Rudolf von Laban* Ende 1920 entwickelten Labannotation gelang es auch Dritten, choreografische Werke anhand von Aufzeichnungen zu rekonstruieren.

c) *Novelle des LUG von 1910*

Die Entwicklung der Kinematographie führte 1908 nicht nur zu einer Revision der Berner Übereinkunft in Berlin, sondern veranlasste den deutschen Gesetzgeber bei der Novellierung des Literaturrheberrechtsgesetzes auch dazu, choreografische und pantomimische Werke ausdrücklich in den Kreis der geschützten Werkarten aufzunehmen. Daneben wurde auch das Festlegungserfordernis aufgelockert. § 1 LUG stellte nunmehr im neu eingefügten Abs. 2 fest, dass „choreographische und pantomimische Werke auch dann wie Schriftwerke geschützt werden, wenn der Bühnenvorgang auf andere Weise als schriftlich festgelegt ist."[117] Mit dieser gesetzlichen Fiktion erstreckte sich der Urheberrechtsschutz auch auf filmisch oder grafisch fixierte choreografische Werke[118]. Interessant ist, dass der Gesetzgeber choreografische und pantomimische Werke immer noch unter die Kategorie Schriftwerke subsumierte. Offenbar hielt man die wortschriftliche Wiedergabe dieser Werke trotz gegenteiliger Argumente noch für den praktischsten Weg[119]. Als

114 Allfeld, 117.
115 Allfeld, 37.
116 Jeschke, Tanzschriften, Ihre Geschichte, Ihre Methode, 21.
117 Gesetz vom 22. Mai 1910 zur Ausführung der revidierten Berner Übereinkunft zum Schutze von Werken der Literatur und Kunst, RGBl. 1910, 793.
118 Vgl. Wilhelm Borchardt, Das Aufführungsrecht an dramatischen und musikalischen Werken, 33.
119 Laban, 635.

schutzwürdig wurden Choreografien nach Auffassung der Rechtsliteratur angesehen, wenn ihnen eine „eigentümliche Formgestaltung“ innewohnte[120]. Teilweise wurde auch diskutiert, ob eine Urheberrechtsverletzung von choreografischen Werken überhaupt möglich ist, da infolge der Verschiedenheit des persönlichen körperlichen Ausdrucksvermögens das Entstehen einer kongruenten Tanzschöpfung durch Nachahmung nicht möglich erscheint[121]. Diese Diskussion verkennt jedoch, dass es bei der Prüfung einer Urheberrechtsverletzung von choreografischen Werken nicht um die Art der persönlichen Ausführung, sondern die Kopie der Bewegungsabfolgen geht.

Allerdings umfasste der urheberrechtliche Schutz durch das LUG von 1910 trotzdem nicht alle Facetten choreografischen Schaffens. Improvisationen oder die Vielzahl der nicht schriftlich bzw. filmisch festgelegten Werke waren nicht vom Urheberrechtsschutz erfasst. In zunehmendem Maß wurden statt der klassischen Ballette auch moderne, abstrakte Choreografien geschaffen, die den Anforderungen eines dramatischen Werkes nicht genügten, weil sie nicht über eine geschlossene Handlung verfügten, sondern innere Vorgänge, z.B. Gefühle und Gedanken, zum Ausdruck brachten. Diese Schutzlücken sollten während weiterer Reformarbeiten geschlossen werden.

Verschiedene bedeutsame Prinzipien des Urheberrechts, die schließlich im Gesetz von 1965 ihren Niederschlag fanden, wurden in dieser Zeit von Lehre und Rechtsprechung entwickelt. Dazu gehörten zum einen sowohl die Erweiterung der urheberpersönlichkeitsrechtlichen Befugnisse durch die Rechtsprechung[122], als auch zum anderen die von der Rechtswissenschaft entwickelte Lehre der Zweckübertragung, die schließlich auch von den Gerichten[123] anerkannt wurde.

d) *Reformentwurf von 1932*

Bereits seit 1927 setzten wieder Reformarbeiten am deutschen Urheberrechtsgesetz ein. Ein Entwurf des Reichsjustizministeriums von 1932 schuf bereits eine eigene Kategorie für „choreographische und pantomimische Werke“[124]. Außerdem gab es Überlegungen, das Fixierungserfordernis komplett entfallen zu lassen, weil es eine

---

[120] Vgl. Allfeld, 65; Oehmke, Studien zum künstlerischen Urheberrecht – Motiv – Regie – darstellerische Kunst, 50.

[121] Oehmke, Studien zum künstlerischen Urheberrecht – Motiv – Regie – darstellerische Kunst, 50f.

[122] Recht auf Namensnennung in RGZ 110, 393; zur Werkentstellung RGZ 79, 397.

[123] RGZ 118, 282, 285.

[124] Entwurf des Reichsjustizministeriums von 1932, 33; s. auch Willy Hoffmann, Der Urheberrechtsschutz der Tanzkunst, Schrifttanz, 51.

nicht zu rechtfertigende Ungleichbehandlung choreografischer und pantomimischer Werke gegenüber den anderen Werkarten darstelle[125]. Man war sich zwar bewusst, dass die Festlegung hohe praktische Relevanz für die Nachweisbarkeit von Urheberrechtsverletzungen bei choreografischen und pantomimischen Werken hatte, allerdings sollte dieser Aspekt keine Rechtfertigung darstellen, den Schutz dieser Werke von der Fixierung abhängig zu machen[126]. Die begonnenen Reformarbeiten gerieten durch den Kriegsbeginn jedoch ins Stocken.

e) *Urheberrechtsgesetz der BRD von 1965*

Nach dem Krieg wurden die unterbrochenen Reformarbeiten wieder aufgenommen und fanden mit der Verabschiedung des Urheberrechtsgesetzes vom 9. September 1965 ihren Abschluss. Durch Rechtsprechung und Literatur wurde dem Gesetzgeber unter Berufung auf das Konzept eines naturrechtlich begründeten geistigen Eigentums der Weg gewiesen, ein Urheberrecht zu schaffen, das nicht nur umfängliche urheberpersönlichkeitsrechtliche Regelungen enthält, sondern auch darauf abzielte, die vermögensrechtlichen Befugnisse des Urhebers soweit auszugestalten, dass möglichst jede Werknutzung vergütungspflichtig gemacht werden kann[127]. Einem ersten Referentenentwurf von 1954 folgte 1962 der Regierungsentwurf, der schließlich in das Gesetz von 1965 mündete.

§ 1 UrhG schützt generalklauselartig die Werke der Literatur, Wissenschaft und Kunst. In der beispielhaften Aufzählung des § 2 UrhG werden in Abs. 1 Nr. 3 explizit „pantomimische Werke einschließlich der Werke der Tanzkunst" aufgeführt. Sie fallen unter den allgemeinen Oberbegriff der Werke der Kunst, in denen Gedanken oder Gefühle mit anderen als sprachlichen Mitteln zum Ausdruck gebracht werden. Die geänderte Gesetzesterminologie in § 2 Abs. 1 Nr. 3 UrhG vom „choreografischem Werk" zum „Werk der Tanzkunst" ist auf eine bereits in den 30er Jahren erfolgte Eindeutschung des Begriffs zurückzuführen, die nicht rückgängig gemacht wurde[128]. Mit dem neu eingeführten Oberbegriff „pantomimische Werke" wollte man klarstellen, dass „die Werke der Tanzkunst zu den pantomimischen Werken gehören"[129]. Damit weicht der deutsche Gesetzgeber von der Terminologie des

---

125 Entwurf des Reichsjustizministeriums, 33.

126 A.a.O.; Schlatter-Krüger, GRUR Int 1985, 299, 301.

127 Vgl. amtliche Begründung UFITA (Band 45), 1965, 240, 260.

128 S. Schlatter-Krüger, GRUR Int. 1985, 299, 301. Im NS-Entwurf von 1934 hieß es „Werke der Tanz- und Bewegungskunst", 1939 nahm man in den Entwurf nur noch den Begriff „Tanzkunstwerke auf (Akademie für Deutsches Recht (Hrsg. W. Schubert), Bd. IX, 1999, 534 bzw. 589); Vgl. zu den Reformentwürfen im Dritten Reich auch Wandtke, Einige Aspekte zur Urheberrechtsreform im Dritten Reich, UFITA Bd. 2002/II, 451, 453ff.

129 Referentenentwurf 1954, 81.

Art. 2 Abs. 1 RBÜ ab, der von „choreografischen Werke(n) und Pantomimen" spricht.

Der erste bedeutende in Deutschland dokumentierte Rechtsstreit über ein choreografisches Werk wurde im Jahr 1951 vom LG Essen entschieden[130]. In dem einstweiligen Verfügungsverfahren befanden die Richter über eine Verletzung der Urheberrechte des Choreografen *Kurt Joos* an seinem Werk „Der grüne Tisch". Das Werk behandelt die Schrecken des Krieges. In Anfang- und Schlussszene versinnbildlichen Tänzer in rhythmischen Bewegungen mit stilisierten schwarzen Gehröcken und weißen Gamaschen eine erfolglose diplomatische Beratung. Diese Szene wurde nach Auffassung des Gerichtes in einem Film bis hin zur Bekleidung der Interpreten nahezu identisch übernommen, auch wenn die entsprechende Szene das Treffen einer Sittlichkeitskommission zur Zulässigkeit eines neuen Tanzes darstellen sollte. Das Gericht subsumierte das Werk unter § 1 Abs. 2 LUG (1910) und billigte ihm urheberrechtlichen Schutz zu, da ein Gedankengang mit den künstlerischen Mitteln des Tanzes zum Ausdruck gebracht worden ist. Bemerkenswert an dem Urteil ist sein Umgang mit dem Festlegungserfordernis. Dem Gericht genügte zur Erfüllung des Fixierungserfordernisses die Vorlage eines Manuskripts zur Choreografie von *Joos*. Ansonsten fand die Beweisaufnahme durch einen Vergleich der Filmsequenz und der entsprechenden, zu Beweiszwecken vorgetanzten, Ballettszene statt.

Ein weiteres Urteil setzte sich 1974 mit dem Werkbegriff und der erforderlichen Schöpfungshöhe kritisch auseinander. Vor dem OLG München wurde der Rechtsstreit über die Schutzfähigkeit von Aufführungen an brasilianische Folklore angelehnter Tänze als choreografische Werke verhandelt[131]. Dabei ist nach dem Willen des Gerichtes nicht von einer allgemeinen Schutzfähigkeit von Werken der Folklore auszugehen, sondern im Fall der Gruppe „*Brasiliana*" bejahte das OLG die Werkqualität, da die entsprechenden Tänze „nur" auf Volkstänzen basierten und es sich ansonsten um eine eigenständige choreografische Schöpfung handelte. In einem späteren Rechtsstreit[132], der ebenfalls die Gruppe „Brasiliana" betraf, ging es um eine mögliche Urheberrechtsverletzung durch eine Fotografie von einer Aufführung der Gruppe auf einem Plattencover. In diesem Fall lehnte das Gericht die Urheberrechtsverletzung ab, da Abbildungen nicht für eine Wiedergabe eines choreografischen Werkes in seiner originalen Formgestaltung geeignet seien.

130 UFITA (Nr. 18), 1954, 243ff.

131 UFITA (Nr. 74), 1975, 320ff.

132 LG München, GRUR 1979, 852.

f) Urheberrechtsgesetz der DDR

Zunächst behielt in der DDR das „alte" Urheberrechtsgesetz seine Geltung, d.h. es war weiterhin das LUG von 1910 anwendbar. Bis zum Inkrafttreten der Urheberrechtsgesetze in DDR und BRD Mitte der sechziger Jahre herrschte also formale Rechtseinheit.

Schon seit den fünfziger Jahren gab es Bestrebungen zu einer Neugestaltung des Urheberrechts. Federführend war das 1954 gegründete Ministerium für Kultur, dessen erster Kulturminister, der Dichter Johannes R. Becher, im Jahr 1957 mit dem damaligen Justizminister vereinbarte, dass das Urheberrecht in den Kompetenzbereich seines Ministeriums fiel[133]. Das Ministerium für Kultur bildete 1958 eine Kommission zur Reform des Urheberrechts. Im Jahr 1959 wurde ein erster Arbeitsentwurf veröffentlicht und in der Presse zur Diskussion gestellt[134]. Den zweiten Entwurf diskutierte man 1960 auf breiter Ebene bevor schließlich das Gesetz über das Urheberrecht der DDR in zweiter Lesung von der Volkskammer verabschiedet wurde[135] und 1966 in Kraft trat.

Das Urheberrechtsgesetz von 1965[136] ging von einer Interessenübereinstimmung zwischen Urheber und Verwerter aus, da es kein Privateigentum mehr geben sollte und auch keine Ausbeutung[137]. Dabei wandte sich das Urheberrecht der DDR aber nur scheinbar von den bürgerlichen Theorien ab. *Püschel* lehnte die dualistische Form des Urheberrechts (Persönlichkeits- und Vermögensrechte) ab und versuchte ein neues Konzept vorzulegen, das das Urheberrecht als Persönlichkeitsrecht wertet, mit dem gewisse vermögens- und nichtvermögensrechtliche Befugnisse verbunden sind. Dieser Gedanke fand schließlich im § 13 URG der DDR seinen Niederschlag. Allerdings wurden mit den Begriffen „vermögens- und nichtvermögensrechtliche Befugnisse" nur andere Worte für Verwertungsrechte und Urheberpersönlichkeitsrechte gefunden. Das Urheberrecht der DDR stellte die Persönlichkeitsrechte des Urhebers gegenüber seinen materiellen Interessen in den Vordergrund[138]. All das bedeutete jedoch nicht, dass dem Eigentum grundsätzlich ein anderer Stellenwert als in der Marktwirtschaft zugewiesen wurde.

Gesetzessystematisch ist hinzuzufügen, dass der Werkbegriff in seiner Struktur dem der vorangegangenen deutschen Urheberrechtsgesetze ähnelte. In § 2 Abs. 2

---

133 Wandtke, Zur Entwicklung der Urhebergesellschaften in der DDR bis zur Wiedervereinigung Deutschlands, FS Kreile, 789.

134 Münzer, Entwurf des neuen Urheberrechtsgesetzes liegt vor, Erfindung- und Vorschlagswesen (Ausgabe B), 161ff.; Püschel (Hrsg.), Urheberrecht der DDR, 43.

135 A.a.O.

136 Gesetzblatt I, Nr. 14, 209.

137 Püschel, 45; Wandtke, FS Kreile, 789, 791.

138 Wandtke, FS Kreile, 789, 791.

URG wurden exemplarisch Werkkategorien aufgeführt. Der Gesetzgeber subsumierte choreografische Werke unter die Gattung Bühnenwerke. Zu den Bühnenwerken gehörten grundsätzlich alle Werke der Literatur und Musik, die zu einer Aufführung bestimmt sind. Es zählten jedoch auch choreografische und pantomimische Werke dazu[139]. Durch die Unterteilung in choreografische und pantomimische Werke hat der Gesetzgeber der DDR, anders als im Urheberrechtsgesetz der BRD, die Zweiteilung des § 1 Abs. 2 Nr. 3 LUG aufrechterhalten, die auch im Einklang mit den Begrifflichkeiten des Internationalen Urheberrechts war. Im Urheberrecht der DDR existierte, ebenso wie im entsprechenden Recht der BRD, kein Fixierungserfordernis.

2. Geschichte der Entwicklung des Urheberrechtsschutzes für choreografische Werke in Frankreich

a) *Die Gesetze von 1791 und 1793*

Mit zwei kurzen Gesetzen hat in Frankreich die Geschichte der Urheberrechtsgesetzgebung begonnen. Art. 3 des Gesetzes vom 13. Januar 1791 besagte: *Die Werke (les ouvrages) lebender Urheber können von den öffentlichen Theatern in ganz Frankreich nicht ohne deren ausdrückliche und schriftliche Genehmigung aufgeführt werden; dies gilt unter Strafe eines vollständigen Einzugs der Aufführungseinnahmen zugunsten der Autoren*[140]. Das Gesetz vom 13. Juli 1793 bestimmte im ersten Artikel: *Die Urheber von Geschriebenem aller Art, die Komponisten sowie die Maler und Zeichner, die ihre Bilder oder Zeichnungen drucken lassen, genießen ihr ganzes Leben das ausschließliche Recht, ihre Werke innerhalb des Staatsgebietes zu verkaufen, verkaufen zu lassen oder zu vertreiben und das Eigentum daran ganz oder in Teilen abzutreten*[141].

Die französische Rechtswissenschaft des 15. bis 18. Jahrhunderts war durch die Rezeption romanistischen Rechtsdenkens geprägt. Das römische Rechtssystem enthielt aber noch keine Vorschriften zum Schutz von Erzeugnissen des Geistes[142]. Erst

---

139 Püschel, 100.

140 Übersetzung durch Christian Sprang in Grand Opéra vor Gericht, 21. Der Originaltext lautet „Les ouvrages des auteurs vivants ne pourront etre représentés sur toute l'étendue de la France sans le consentement formel et par écrit des auteurs, sous peine de confiscation du produit total des réprensentations au profit des auteurs."

141 A.a.O. Der Text im Original lautet: Les auteurs d'écrits en tous genres, les compositieurs de musique, les peintres et les dessinateurs qui feront graver des tableaux ou dessins …

142 Marie-Claude Dock, Étude sur le Droit d'Auteur, 52.

mit dem Beginn der Lehre vom geistigen Eigentum vermochte sich die Rechtslehre eine Brücke zu schaffen[143], die schließlich zu den beiden ersten französischen Gesetzen Ende des 18. Jahrhunderts führte. D.h. die Vorstellung einer *propriété littéraire et artistique* liegt beiden zitierten französischen Gesetzen zugrunde[144]. Das französische Gesetz von 1791 kodifizierte zwar zum ersten Mal ein Aufführungsrecht für die Urheber – allerdings waren die ersten Urhebergesetze noch nicht zum Schutz von choreografischen Werken intendiert.

Kernpunkt der Auslegung ist die Bedeutung des Begriffs „ouvrage" in Art. 3 des Gesetzes von 1791. Choreografische Werke passen streng genommen nicht in den Bedeutungskatalog des Begriffs „ouvrage", weil es sich bei Choreografien zumeist um reine Bewegungsabläufe ohne Worte, Verse o.ä. handelt[145]. Aus der Betonung des Verbalen im Begriff „ouvrage" entstand in der späteren Rechtsliteratur des 19. Jahrhunderts die Bewertung, dass Ballettlibrettisten zu den Urhebern gezählt werden können, jedoch nicht die Choreografen, da ihre Tätigkeit nicht unter den Begriff „ouvrage" subsumiert werden kann[146].

Streitigkeiten zwischen Autoren[147] und Schauspielern auf der einen Seite und Theatern auf der anderen Seite führten zum ersten Gesetz von 1791[148]. Vor dieser Zeit waren ein etwaiges Aufführungsrecht, das zu lizenzieren wäre und eine entsprechende Bezahlung nicht geregelt[149]. Bis 1680 waren Pauschalhonorare üblich[150]. Erst danach bürgerte sich die prozentuale Beteiligung an den Einnahmen ein[151]. Später wurden auch Librettisten auf eine Stufe mit Dramatikern gestellt und vom Gesetz von 1791 erfasst. Ballettmeister kamen in den Überlegungen zum urheber-

---

143 Vgl. hierzu auch Pohlmann, Frühgeschichte, 151ff.

144 Sprang, 25.

145 Bozzoni, 32.

146 Vgl. Gastambide, 228.

147 Eine treibende Kraft auf Seiten der Autoren war Beaumarchais. Er wurde bereits 1776 von Richelieu beauftragt eine Untersuchung zur Lage der Autoren dramatischer Werke durchzuführen. Beaumarchais war über die Willkürlichkeit der Tantiemenabrechnung der Comédie Francaise gegenüber den Autoren empört. Er führte deshalb nicht nur einen Rechtsstreit mit der Comédie Francaise, den der Conseil du Roi 1780 beendete, sondern mit Schreiben vom 27. Juni 1777 lud er auch die Schauspielautoren zu einem gemeinsamen Treffen ein, bei dem am 3. Juli 1777 eine gemeinsame Interessengemeinschaft gegründet wurde (vgl. Schwab, 20f.; Sprang, 30).

148 Alsne, 2, 6.

149 Marie-Claude Dock, Étude sur le Droit d'Auteur, 101.

150 Molière erhielt z.B. 1000 Livreen für „Les Precieuses", 968 für „Don Garcie de Navarre" (Nachweis bei Marie-Claude Dock, Étude sur le Droit d'Auteur, 101).

151 Dann bekam Molière für „Le Misantrophe" 33 Livreen bei Gesamteinnahmen von 879,10 Livreen. (Nachweis bei Marie-Claude Dock, Étude sur le Droit d'Auteur, 106).

rechtlichen Schutz auch deshalb zunächst nicht vor, weil sie traditionell mit den Theaterleuten assoziiert wurden[152].

Die in den Gesetzen von 1791 und 1793 kodifizierten Rechte wurden 1810 durch eine strafrechtliche Regelung flankiert. Art. 428 des Strafgesetzbuches bestimmte, dass jeder Theaterdirektor oder Veranstalter, der dramatische Werke aufführte ohne die gesetzlichen Regelungen zu den Urheberrechten zu achten, eine Geldstrafe von mindestens 6.000 und maximal 60.000 Francs zahlen musste und seine Einnahmen konfisziert wurden.

b) *Rechtstheoretische Entwicklung im 19. und frühen 20. Jahrhundert*

Adrien Gastambide schrieb 1837, dass der Ausdruck „Werke" sich sowohl auf Musikkompositionen als auch für das Theater adaptierte Literatur oder Ballettlibretti beziehen kann[153]. Er war ebenfalls der Auffassung, dass Urheber von Balletten unautorisierte Aufführungen ihrer Werke verhindern konnten[154]. *Gastambide* betrachtete demnach eher die Ballettlibrettisten als die Choreografen als eigentliche Urheber von Balletten. Dabei ist interessant, dass er sehr wohl einen rechtlichen Schutz für dramatische Improvisationen anerkennt, so dass nach seiner Auffassung deren Aufführung von der Zustimmung des Urhebers abhängig ist[155]. Dieser Gedanke lässt sich jedoch nicht mit seiner Einschätzung in Einklang bringen, dass für Werke der Tanzkunst nur der Librettist Urheberrechte genießen kann, denn Improvisationen in Balletten entstehen regelmäßig erst bei der tänzerischen Umsetzung auf der Bühne. Für die urheberrechtliche Schutzfähigkeit von Improvisationen sprach sich ebenfalls *Blanc* in seiner Abhandlung von 1855 aus[156].

Durch ein Urteil des *Tribunal civil de la Seine* im Jahr 1862 wurde die urheberrechtliche Schutzfähigkeit von choreografischen Werken auch vor Gericht anerkannt[157]. Eine entsprechende Rezeption in der Rechtsliteratur ließ jedoch noch eine Weile auf sich warten. Erst 1894 erschien das Buch *Eugéne Pouillets* zum Urheberrecht, in dem er sich auch mit der Schutzfähigkeit von Werken der Tanzkunst

---

152 Alsne, 2, 6.
153 Gastambide, 229, Nr. 208
154 Gastambide, 245, Nr. 230.
155 Gastambide, 243, Nr. 226.
156 Blanc, Traité de la Contrefaçon, 219.
157 Dabei handelt es sich um den Fall Perrot v. Petipa, der im nächsten Abschnitt ausführlicher besprochen wird. Maurice Petipa ging nicht nur in die Geschichte als begnadeter Choreograf ein, sondern er war auch Beklagter in besagtem Rechtsstreit. Für seine Frau wollte er für einen Auftritt an der Pariser Grand Opéra eine Choreografie von Jules Perrot benutzen. Perrot lehnte ab, aber Petipa integrierte seine Choreografie trotzdem in eines seiner Ballette. Als Perrot davon erfuhr, strengte er einen Prozess gegen Petipa an.

auseinandersetzte[158]. In der Kommentierung zur Berner Übereinkunft von 1886 schrieb er, dass für Ballette dem Komponisten rechtlicher Schutz für die Musik gebührt, das Libretto als dramatisches oder literarisches Werk geschützt ist, aber darüber hinaus noch mehr Elemente in einem Ballett existieren und das italienische Recht auch die Choreografie selbst schützt. Davon umfasst sind alle Schritte, Bewegungen, Gesten etc., die die Gedanken des Autors verdeutlichen – nach *Pouillet* kurzgefasst „l'art de la mise en scène"[159]. *Pouillet* ordnete die Choreografie also als ein Element der Regie ein. Choreografie war von einem Libretto abhängig und nur dann schutzwürdig, wenn sie über ein besonderes Maß an Eigentümlichkeit verfügte. Aufführungen, die auf demselben Libretto basieren, weisen nach Auffassung *Pouillets* zwar oftmals gewisse Ähnlichkeiten auf, sie sind jedoch grundsätzlich voneinander unterscheidbar, soweit keine sklavische Nachahmung vorliegt[160]. Aus den Gedankengängen *Pouillets* zum Zusammenspiel von Libretto und dessen Umsetzung in Bewegungen kann für die Schutzfähigkeit choreografischer Werke geschlussfolgert werden, dass nach seiner Auffassung nur Choreografien für Handlungsballette urheberrechtsschutzfähig waren.

Schon bald nachdem die Schutzfähigkeit choreografischer Werke erste juristische Anerkennung erhielt, setzte auch der vorübergehende Niedergang dieser Kunstgattung in Frankreich ein[161]. Weitere Gerichtsentscheidungen drückten deswegen einige Bedenken bzgl. der urheberrechtlichen Schutzfähigkeit choreografischer Werke aus[162]. Um 1900 wurden diese Bedenken auch in der rechtswissenschaftlichen Literatur laut. Der Rechtsanwalt *Louis Gibaux* schrieb in einer Studie im Zusammenhang mit choreografischen Werken: „Wenn der Schutz für choreografische Werke immer noch relativ neu ist, wenn der Sinn dieses Schutzes immer noch in Frage gestellt wird und wenn noch immer eine Anzahl von Gesetzen diesen Schutz nicht gewähren, hängt dies vor allem mit dem Status dieser Werke, ihrem künstlerischen Wert und der Art, in der sie durch ihre Urheber geschaffen werden, zusammen"[163]. *Gibaux* rechtliche Einschätzungen scheinen teilweise auch durch die Dis-

158 Pouillet, Traité Théoretique et Pratique de la Propriété Littéraire et Artistique et du Droit de Representation.

159 Pouillet, Nr. 873.

160 Pouillet, Nr. 798.

161 Vgl. 1. Kapitel, 1.

162 Z.B. *Tribunal de Commerce de Rouen* Urteil vom 12. Juli 1875, Annales Propriété Industrielle 1877, 211.

163 Gibaux, 93f. Der Text lautet im Original: *Si l'idée d'une protection à accorder aux oeuvres chorégraphiques est de date relativement récente, si le principe même de cette protection est encore discuté, et si différentes legislations ne le consacrent pas encore, cela tient surtout à la qualité de ces oeuvres, à leur merite, à la façon dont les auteurs les ont comprises.*

kussionen auf internationaler Ebene beeinflusst worden zu sein[164]. Darüber hinaus kam es zu dieser Zeit zu bedauerlichen Verwechslungen bzw. der Vermischung des Konzepts der urheberrechtlichen Schutzwürdigkeit von choreografischen Werken mit Zirkusparaden, sportlichen Leistungen und auch dem Zähmen und Trainieren von Tieren. Auch aufgrund dieser Faktoren dürfte sich die endgültige Anerkennung von Choreografien als schutzwürdiges urheberrechtliches Werk verzögert haben[165]. *Gibaux* vertrat jedenfalls die Position, dass auch diese Produktionen Schutz verdienten – unabhängig von ihrem künstlerischen Wert. Mit klaren Worten sprach er aus, dass es nicht Sache der Gerichte sein dürfe, darüber zu befinden, ob ein Werk urheberrechtsschutzwürdig ist oder nicht. Das Gesetz müsse hierzu eindeutige Regelungen treffen[166]. Er zeigte Unverständnis für die starken Vorbehalte, die das *Tribunal de Commerce de Rouen* in der Entscheidung *Paul v. Loissel* gegenüber der Schutzwürdigkeit von choreografischen Werken zum Ausdruck gebracht hatte[167]. In der Studie führte *Gibaux* auch in sein Konzept eines choreografisch-musikalischen Werkes ein[168]. Er stellte fest, dass sich die Frage des Urheberrechtsschutzes eher an der Verbindung der Ballettschritte zu einem Gesamtwerk als dem Libretto entscheidet. Allerdings ist der Schutz seiner Meinung nach auf dramatische Werke begrenzt.

Neben *Gibaux* vertrat *Baudin* ebenfalls eine progressive Ansicht zur Schutzfähigkeit choreografischer Werke. Er verglich Ballette mit dramatisch-musikalischen Werken[169]. Letztere resultierten seiner Ansicht nach aus der Zusammenarbeit eines Komponisten und Librettisten. Beim Ballett ist es laut *Baudin* ähnlich, denn das choreografische Werk resultiert aus dem Zusammenspiel von der vom Komponisten geschaffenen Musik und den Gesten bzw. Bewegungsabläufen, die von dem Choreografen zur Musik entwickelt werden. Er ist deshalb der Auffassung, dass ohne Zustimmung beider Koautoren kein Ballett aufgeführt werden kann und berief sich dafür auf die frühen Gerichtsurteile[170]. Nichtsdestotrotz hinterlässt das Urteil im Fall *Paul v. Loissel* auch beim ihm einen bitteren Beigeschmack, wenn er feststellt, dass Ballette und Pantomimen, die von Musik begleitet werden, als zu unbedeutende Genre angesehen werden, um rechtlichen Schutz zu verdienen[171].

Noch 1922 gab es Stimmen in der französischen Rechtsliteratur, die dem Choreografen nur ein abgeleitetes Urheberrecht zugestehen wollten, indem sie ihn mit

---

164 Vgl. Alsne, 2, 16.
165 Gibaux, 93f.
166 Gibaux, 100.
167 Gibaux, 100.
168 Gibaux, 93, 100 (Fn. 2).
169 Baudin, Le Droit des Compositeurs de Musique sur l'Exécution des leur Œuvres, 32.
170 A.a.O.
171 Baudin, Le Droit des Compositeurs de Musique sur l'Exécution des leur Œuvres, 44.

einem Übersetzer gleichsetzten[172]. Im Jahr 1925 erschien jedoch die Schrift *Marcel Grentes* über den Schutz dramatischer Werke, in der er zum Ergebnis gelangte, dass Theaterstücke, wie z.B. Opern, Ballette, Pantomimen direkt von den revolutionären Gesetzen geschützt werden, da sie über eine dramatische Handlung verfügen[173]. Diese Analyse etwa anderthalb Jahrhunderte nach dem Erscheinen der ersten französischen Urheberrechtsgesetze ist zwar positiv für den Status des Choreografen, entsprach aber wohl weniger dem Gedankengut der revolutionären Gesetzgeber[174]. *Grente* sieht den Choreografen eines Handlungsballettes als Miturheber in Gemeinschaft mit Komponist sowie Librettist und plädiert auch für ein Namensnennungsrecht auf Plakaten, Theaterprogrammen etc[175].

Wichtige Schritte für die Anerkennung der Rechte des Choreografen waren neben den frühen Gerichtsentscheidungen und der langsamen Evolution in der Rechtstheorie die den Revolutionsgesetzen nachfolgenden Gesetze. Beispielhaft sei eine Verordnung[176] des Königs vom 18. Januar 1816 genannt, die sich den Rechten und Pflichten der Autoren und Komponisten von Werken, die in der Académie Royale de Musique aufgeführt wurden, widmete. Sie befasste sich u.a. auch mit den Rechten eines „compositeur de ballet". Es ist nicht klar, ob damit der Librettist oder Choreograf gemeint sein sollte. Fest steht jedoch, dass damit nicht der Komponist der Ballettmusik adressiert worden ist, denn zu seinen Rechten legt Art. 5 der Verordnung fest: „les honoraires du compositeur de musique resteront à la charge du compositeur des ballets.[177]" Finanzielle Rechte wurden dem Choreografen im kaiserlichen Erlass vom 24. Dezember 1860 zugestanden, der die Rechte der Autoren und Komponisten der kaiserlichen Oper regelte. Art. 4 bestimmte, dass im Falle eines Balletts die Tantiemen zwischen dem Komponisten der Musik, dem Autor und dem Choreografen zu dritteln waren[178]. Eine Frage war zu diesem Zeitpunkt je-

---

172 Vaunois, Lettre de France, Le Droit d'Auteur, 31.

173 Grente, 34f.: „Sont considerées comme pièce de théâtres, les œuvres avec ou sans musique, destinées à la représentation, jouées par les acteurs, comportant une action dramatique et une mise en scène (opéra, opéra-comique, opéra-bouffe, opérette, ballet, pantomime, tragédie, drame, vaudeville, revue, féerie)."

174 Vgl. die Ausführungen im Abschnitt III. 2. a) dieses Kapitels; Bozzoni, 37.

175 Grente, 62.

176 Commission spéciale des théâtres royaux, Recueil des Ordonnances, Décrets et Documents divers.

177 Freie Übersetzung: Das Honorar des Musikkomponisten besteht zu Lasten des compositeur de ballet.

178 Der Originaltext lautet: „Les droits d'auteurs et compositeurs, fixés par les articles qui précèdent, sont partagés par moitié entre l'auteur du poème et le compositeur de la musique s'il s'agit d'un opéra; et sil s'agit d'un ballet, ils sont partagés par tiers entre le compositeur de la musique, l'auteur du programme et le compositeur de la chorégraphie."

doch noch nicht abschließend geklärt: Wer ist Urheber eines Ballettes – der Librettist oder der Choreograf?

c) *Erste gerichtliche Entscheidungen zu choreografischen Werken im 19. und zu Beginn des 20. Jahrhunderts*

Die Gerichte im 19. und frühen 20. Jahrhundert zeigten sich grundsätzlich etwas aufgeschlossener als die frühe Rechtsliteratur bzgl. des urheberrechtlichen Schutzes choreografischer Werke, wobei den Urteilen z.T. die Einstellung zu Grunde lag, dass Choreografien rechtlichen Schutz verdienten, es sich jedoch dabei um Werke minderer Art handelte[179]. Anhand der Diskussion einiger Entscheidungen soll verdeutlicht werden, wie sich die Anerkennung der Urheberrechte des Choreografen langsam herauskristallisiert hat.

Am 29. März 1861 entschied das Tribunal Civil de la Seine den Fall *Lorderau v. Petipa/Royer*[180]. Streitgegenstand war das Ballett „Le Marché des Innocents", das *Petipa* für das Theater in St. Petersburg geschaffen hatte. *Petipa* wollte dieses Ballett auch an der Pariser Oper zur Aufführung bringen. Dazu waren allerdings einige Modifikationen erforderlich, da die Pariser Bühne andere Dimensionen als die St. Petersburger hatte. Diese sollte *Lorderau* realisieren. Er klagte schließlich, weil sein Name nicht auf den Ankündigungen genannt wurde, er sich aber als Co-Choreograf betrachtete. Das Gericht befand nicht nur über die Rechtsposition *Lorderaus*, zusätzlich erkannte es auch die Position *Petipas* als Urheber an. Der Richter entschied, dass „Le Marché des Innocents" ein einfaches Werk Petipas ist[181], für dessen Anpassungen an die Pariser Bühne *Lorderau* eine finanzielle Entschädigung gebührt aber nicht der Titel eines Miturhebers.

Bereits ein Jahr später fand sich *Petipa* erneut vor dem Tribunal Civil de la Seine wieder, das am 11. März 1862 die Klage *Jules Perrots* wegen unbefugter Nutzung des Tanzes „Cosmopolitana" entschied[182]. „Cosmopolitana" war eine Ansammlung von Tänzen verschiedener Länder und Teil des Balletts „Gazelda", das *Perrot* in St. Petersburg geschaffen hatte. Die *Ehefrau Petipas*, eine Tänzerin, wollte „Cosmopolitana" auch an der Pariser Oper tanzen, aber *Perrot* lehnte dieses Ansinnen ab. Daraufhin integrierte *Petipa* den Tanz in sein Ballett „Le Marché des Innocents" unter dem Titel „Cosmopolite". Der Anwalt *Petipas* argumentierte, dass das Libretto zwar urheberrechtlichen Schutz genießen könne, aber diese rechtliche Qua-

---

179 Bozzoni, 39.

180 Annales Propriété Industrielle 1861, 288.

181 Im Originalwortlaut schrieb der Richter: „le marché des innocents est l'œuvre primitive de Petipa."

182 Annales Propriété Industrielle 1863, 235.

lifikation sei weder für einen einzelnen Tanz aus einer Choreografie noch für ein gesamtes choreografisches Werk angemessen, da damit „nur" das Libretto umgesetzt würde. Wäre er mit dieser Einschätzung bei den Richtern durchgedrungen, hätte auch *Petipa* nur einen Pyrrhussieg errungen, da er selbst auch als Choreograf arbeitete. Darüber hinaus argumentierte der Anwalt auch mit dem Spannungsverhältnis Idee-Eigentümlichkeit-Neuheit. Nach seiner Auffassung kann eine Idee nicht urheberrechtlich geschützt werden, sondern nur ihre Formgebung in einem Werk mit Neuheitscharakter.

Das Gericht folgte diesen Einschätzungen nicht. Der Richter befand, dass der von *Marie Petipa* aufgeführte Tanz eine Kopie aus der Choreografie *Perrots* ist. Zwar stellte er fest, dass Ballettfassungen von Volkstänzen verschiedener Länder schon eine Weile auf den Theaterbühnen aufgeführt werden, nichtsdestotrotz kann die Anordnung der Schritte in einer Choreografie volkstümlicher Tänze soviel Eigentümlichkeit besitzen, dass sie gesetzlich geschützt ist. Konsequenterweise sprach das Urteil aus, dass die Choreografie Eigentum seines Urhebers ist und nicht ohne sein Einverständnis aufgeführt werden kann. Dieses Recht *Perrots* wurde von Petipa nicht respektiert und er musste dementsprechend Schadenersatz leisten. Interessant ist, dass im Urteil, so wie es dokumentiert wurde, das Ballett als solches nie Gegenstand der Diskussion war. Offenbar ging das Gericht ganz automatisch davon aus, dass untechnisch gesprochen der Tanz in seiner abstrakten Form geschützt war – unabhängig vom Inhalt des Librettos[183].

Nachdem die Weichen durch die vorangegangenen Urteile positiv für die Anerkennung der Urheberrechte von Choreografen gestellt wurden, entschied das Tribunal de Commerce de Rouen am 12. November 1875 den Fall *Paul v. Loissel*, auch bekannt unter dem Namen „La Vengeance de Djelma L'Indienne"[184]. Zwar sprach das Gericht choreografischen Werken nicht insgesamt die urheberrechtliche Schutzfähigkeit ab, es stellte jedoch fest, dass es sich bei Balletten oder Pantomimen nicht um Werke von großer Bedeutung handelt, die Ausdruck des Geistes bzw. hohen Könnens ihrer Urheber sind. Diese Beurteilung zeigt eine gewisse abschätzige Meinung der Richter gegenüber diesen Werkarten, wobei ungerechtfertigterweise zum einen Pantomime und Ballett einfach miteinander vermischt werden, und zum anderen rein subjektiv über den Wert dieser Werke geurteilt wird. Es steht nunmehr ausdrücklich im französischen Urheberrecht in Art. L. 112-1 CPI, dass es auf den Wert (mérite) eines Werks nicht ankommt.

Der nächste interessante Fall wurde am 12. Februar 1879 vor dem Tribunal Civil de la Seine entschieden[185]. Streitgegenstand war das Stück „Le Voyage dans la

---

183 Vgl. Annales Propriété Industrielle 1863, 236.

184 Annales Propriété Industrielle 1877, 211.

185 Le Droit vom 14. Februar 1879, s. auch Bozzoni, 48.

Lune", das im Théâtre du Chatelet aufgeführt wurde. *Justament* behauptete Urheberrechte an diesem Werk zu besitzen, da er zwei Balletteinlagen, die im Stück verwendet wurden, geschaffen hatte. Er wollte aus diesem Grund auch an der Verteilung der Aufführungstantiemen teilhaben. Das Gericht wies diese Auffassung *Justaments* zurück. Diese Beurteilung überrascht und verdeutlicht ein Problem, dem sich Choreografen bis heute ausgesetzt sehen[186]. *Justament* war als Ballettmeister am Théâtre du Chatelet angestellt. Diese Position konnte ihm nach Meinung des Gerichts keine Urheberrechte eintragen, denn er hatte seine Arbeitskraft dem Theater zur Verfügung gestellt und dazu gehörte es auch Ballette einzustudieren/zu choreografieren. Alle vermögensrechtlichen Ansprüche waren daher nach Auffassung der Richter mit dem vertraglich vereinbarten Gehalt abgegolten. Das Gericht vermischte an dieser Stelle die Arbeit eines Ballettmeisters und Repetitors mit dem kreativen Schaffen eines Choreografen. Auf diese automatische Gleichsetzung zweier Wirkungsbereiche eines Ballettdirektors bzw. Ballettmeisters trifft man noch heute in allen drei Ländern, die für diesen Rechtsvergleich herangezogen werden[187].

Der eben vorgestellte Rechtsstreit bildete eine Art Vorspiel zum Fall „La Fête chez Thérèse", der als erster Rechtsstreit in der französischen Rechtsgeschichte über ein choreografisches Werk in die Berufung ging. Streitgegenstand war die Verteilung der Urheberrechte und Tantiemen am Ballett „La Fête chez Thérèse". Die Musik wurde von *Reynaldo Hahn* komponiert, das Buch schrieb *Catulle Mendès* und die Choreografie schuf Demoiselle *Stichel*, die als Ballettmeisterin an der Pariser Oper angestellt war. Nur *Hahn* und *Mendés* wurden aber namentlich als Urheber genannt und erhielten die entsprechende Vergütung. *Stichel* bat zunächst bzgl. der Namensnennung die SACD um Hilfe, deren Mitglied sie seit 1891 war. Die Verwertungsgesellschaft verwies sie allerdings auf Art. 17 ihrer Statuten, in dem geregelt war, dass ein Werk der Operá nicht unter dem Namen eines dort angestellten Künstlers aufgeführt werden konnte. Daraufhin strengte sie einen Gerichtsprozess an. In der erstinstanzlichen Entscheidung vor dem Tribunal Civil de la Seine vom 10. Februar 1911[188] grenzten die Richter Handlungsballette von Divertissements (Balletteinlagen) in Opern ab. Nur in ersterem Fall wollte das Gericht dem Choreografen eine Miturheberschaft zugestehen. Diese Unterscheidung ist für sich betrachtet kritikwürdig, da sie die urheberrechtliche Schutzfähigkeit eines choreografischen Werkes praktisch an dessen zeitlicher Dauer bemisst. Nichtsdestotrotz fiel das Gesamturteil positiv für die Choreografin aus, da es sich bei dem streitgegenständlichen Werk um ein Handlungsballett handelte, an dessen Erfolg sie mit ihrer

---

[186] Vgl. auch Kapitel 3 Abschnitt 1 II. 3. c).
[187] A.a.O.
[188] Le Droit d'Auteur 1911, 38–40.

Choreografie nicht unerheblichen Anteil hatte. Die Richter qualifizierten sie daher als Miturheberin und billigten ihr die entsprechenden Rechte zu (das Recht auf Namensnennung und ein Drittel der Tantiemen). In der Berufung beschäftigte sich der Cour d'Appel de Paris intensiver mit der Definition von Zusammenarbeit (collaboration) und Miturheberschaft. Das Gericht urteilte am 5. Juli 1919[189], dass ein Zusammenwirken in der gemeinsamen Durchführung der Arbeit besteht und ihm als Gegenstück der gemeinsame Genuss der Vorteile und Erfolge aus der Zusammenarbeit innewohnt[190]. Ein derartiges gewolltes Zusammenwirken konnte das Berufungsgericht nicht im Fall der Demoiselle *Stichel* erkennen. Zu ihren Lasten wog, dass sie ihren Teil der Arbeit in einer abhängigen Position – als Angestellte der Pariser Oper geschaffen hatte – und diese Situation für das Gericht nicht zu der für ein „œuvre de collaboration" erforderlichen Zusammenarbeit führen sollte. Zudem distanzierten sich *Hahn* und *Mendès* von ihr. Nach Auffassung der Richter kann es keine aufgezwungene Zusammenarbeit geben – in diesem Fall sicherlich eine denkwürdige Einschätzung. Das Gericht urteilte ebenfalls, dass die Einstudierung von Choreografien zum Tätigkeitsbereich einer Ballettmeisterin gehört und außerdem aus dem Libretto *Mendès* und den Anweisungen *Hahns* schon präzise choreografische Anweisungen zu entnehmen waren. Daraus folgerte das Gericht, dass *Stichel* dem Gesamtwerk nicht wirklich ihren Stempel aufdrücken konnte und auch deshalb nicht als Miturheber anzusehen sei. D.h. die Richter sprachen der Choreografie ihren eigenständigen Werkcharakter de facto wieder ab. Diese rechtliche Beurteilung schwächte die Position des Choreografen nicht unerheblich, denn insbesondere die Einschätzung, dass sich aus einem Libretto klare Hinweise für die Entwicklung der Choreografie ergeben, ist zweifelhaft.

Einen positiven Abschluss findet die Vorstellung der ersten französischen Gerichtsurteile zum Thema Choreografie mit der Entscheidung vom 17. Februar 1926 des Tribunal Civil de la Seine im Fall *Chasles v. Soutzo*[191]. *Chasles* war die Choreografin des Balletts „Les Trois Sultanes" und *Soutzo* eine der Tänzerinnen. Sie entschied, statt eines von *Chasles* choreografierten Tanzes einen anderen im Ballett aufzuführen. Gegen diese Eigenmächtigkeit wehrte sich *Chasles* vor Gericht mit Erfolg. Das Gericht urteilte, dass durch die Handlung von *Soutzo* das Urheberpersönlichkeitsrecht (droit moral) *Chasles* verletzt wurde, da *Soutzo* über keine Autorisierung zur Bearbeitung verfügte. Gesamtfazit dieses Abschnitts ist daher, dass sich in Frankreich zunächst die Rechtsprechung für den Schutz choreografischer Werke stark gemacht hat.

---

189 Annales de la Propriété Industrielle 1920, 9.

190 Der Originalwortlaut ist: „elle implique nécessairement l'exécution d'un travail en commun et l'accord réciproque de partager les avantages et bénéfices qui peuvent en résulter."

191 Le Droit d'Auteur 1926, 53.

d) *Code de la Proprieté Intellectuelle 1957*

Nachdem sich Gerichte und Rechtsliteratur für die Rechte des Choreografen ausgesprochen hatten, öffnete sich auch langsam die SACD als zuständige Verwertungsgesellschaft für diese Künstler. 1935 gelang *Serge Lifar* als erstem Choreografen der vollwertige Beitritt zur SACD[192]. Die Kommission der SACD war zunächst skeptisch gegenüber der Aufnahme *Lifars*, der daraufhin auf einen Tisch vor der Kommission stieg und mit den Worten « Messieurs, voilà ce qu'est la Danse » den Herrschaften auf dem Tisch etwas vortanzte[193].

Erste konkrete Schritte für eine gesetzliche Anerkennung wurden mit dem Beginn des Projekts für eine Urheberrechtsreform im Jahr 1947 unternommen[194]. Das Urheberrechtsgesetz aus dem Jahr 1957 nahm choreografische Werke ausdrücklich in seinen Schutzbereich auf. Sein Wortlaut besagte, dass zu den Werken, die im Sinn des Gesetzes als geistiges Eigentum bezeichnet werden, auch choreografische und pantomimische Werke gehören, deren Darstellung schriftlich oder auf andere Weise festgelegt ist[195]. Die einschneidenste Änderung des Gesetzes von 1957 bildete diese Einführung eines Fixierungserfordernisses. So eine Schutzvoraussetzung ist nach dem entsprechenden Vorbehalt in Art. 2 Abs. 2 RBÜ zulässig. Sie stand allerdings im Widerspruch zu dem Grundprinzip des französischen Urheberrechts, dass das Recht bereits durch Kreation eines schutzfähigen Werkes entsteht. Das entsprach dem geltenden Gesetz[196] und war im Einklang mit dem damals bereits existierenden Fallrecht[197]. Die Gesetze von 1791 und 1793 verlangten zwar eine Hinterlegung der Werke, damit der Schutzbereich eröffnet wurde. Die Gerichte waren in dieser Hinsicht schon lange sehr großzügig. Bereits im Fall Paul v. Loissel[198] wurde entschieden, dass eine Hinterlegung für choreografische Werke verzichtbar sei. Das Festlegungserfordernis des Gesetzes von 1957 bildete ein Novum im französischen Urheberrecht. Unklar wurde damit das rechtliche Schicksal von Improvisationen. Vor dem Inkrafttreten des Urheberrechtsgesetzes von 1957 erachtete man auch sie als schutzwürdig und schutzfähig. Diese Auffassung lässt sich bereits der Entschei-

[192] S. Bozzoni, 70.
[193] A.a.O.
[194] Federführend war eine Kommission des Ministère de la Jeunesse, des Arts et des Lettres. Auch die SACD wirkte am Reformprozess mit.
[195] Der Originalwortlaut des Art. L. 112-2 CPI heißt auszugsweise: „... *sont considerées notamment comme œuvres de l'esprit, ... les œuvres chorégraphiques ... dont la mise en œuvre est fixée par écrit ou autrement.*
[196] Art. L. 111-1 Abs. 1 CPI.
[197] Vgl. dazu die Ausführungen aus dem vorangegangenen Abschnitt.
[198] Annales Propriété Industrielle 1877, 211.

dung im Fall *Perrot v. Petipa* entnehmen[199]. Die Neufassung des französischen Urheberrechtsgesetzes wirft dazu nunmehr Fragen auf[200].

e) Code de la Proprieté Intellectuelle 1985

Die Urheberrechtsreform von 1985 erweiterte den gesetzlichen Schutzbereich des Urheberrechts, so dass auch Zirkusnummern und Zirkuskunststücke (numéros et tours de cirque) erfasst werden. Diese Werkarten wurden im Gesetz zwischen choreografischen und pantomimischen Werken verankert. Die Anordnung impliziert, dass für diese nun erstmalig geschützten Schöpfungen das Festlegungserfordernis ebenfalls gilt, weil sie inhaltlich im Zusammenhang mit den beiden anderen Werkkategorien gesehen werden. Der ausdrückliche Schutz von Zirkusnummern geht über die in Art. 2 der RBÜ aufgezählten Werkarten hinaus. Für die Beantwortung der Frage, warum der Schutzbereich des Urheberrechts in dieser Richtung ausdrücklich erweitert wurde, kann es von Bedeutung sein, dass aus einem historischen Blickwinkel betrachtet, körperliche Ausdrucksformen, die in den verschiedenen Theatergenres geschaffen wurden und in deren Nähe auch die Wurzeln der Zirkusdarbietungen liegen, urheberrechtlichen Schutz genießen sollten. Allerdings mag der französische Gesetzgeber auch eine klarere Abgrenzung im Auge gehabt haben[201].

3. Geschichte der Entwicklung des urheberrechtlichen Schutzes choreografischer Werke in den USA

a) Einführung

In den USA muss zwischen Bundesgesetzgebung und den Gesetzen der einzelnen Bundesstaaten unterschieden werden. Der Kongress als Bundesgesetzgeber ist nur im Rahmen der verfassungsmäßigen Ermächtigungen legitimiert, ein für alle amerikanischen Bundesstaaten verbindliches Gesetz zu verabschieden. Für den Bereich des Urheberrechts ergibt sich diese Befugnis aus der so genannten Intellectual Property Clause[202]. Laut Verfassung der USA ist der Kongress gemäß Art. I § 8 Nr. 8 ermächtigt, den Fortschritt der Wissenschaft und nützlichen Künste zu fördern, in dem er für einen festgesteckten zeitlichen Rahmen Autoren „... das ausschließliche

---

199 Annales Propriété Industrielle 1863, 234, 236; vgl. Alsne, 2, 50; Gastambide, 230, Rn. 210.
200 Vgl. dazu 2. Kapitel 2. Abschnitt II. 4. b).
201 Vgl. Alsne, 2, 62.
202 Sie wird teilweise auch als Copyright Clause bezeichnet.

Recht an ihren jeweiligen Schriften und Entdeckungen gewährt"[203]. Die darüber hinaus bestehenden Gesetze der einzelnen Bundesstaaten werden auch als Common Law Copyright bezeichnet. Neben all diesen gesetzlichen Regelungen darf für die Bewertung des amerikanischen Urheberrechts die Bedeutung des „Case Law" nicht unterschätzt werden – obwohl das kodifizierte Recht jetzt faktisch Überhand genommen hat.

b) Anfänge des urheberrechtlichen Schutzes und Copyright Act von 1909

Erste Ansätze für den Schutz von Bühnenwerken lassen sich im 19. Jahrhundert finden. 1856 wurde das so genannte „stage right" vom Gesetzgeber verabschiedet[204]. Das „stage right" bestand darin, ein Drama auf der Bühne oder in der Öffentlichkeit darstellen, aufführen oder spielen zu dürfen bzw. die Aufführung desselben zu gestatten[205]. Im 19. Jahrhundert entschieden Gerichte die ersten Fälle, die das Urheberrecht von choreografischen oder pantomimischen Werken betrafen, nach dem Common Law Copyright. In *Daly v. Palmer*[206] wurde die Schutzwürdigkeit für eine pantomimische Szene grundsätzlich anerkannt, da das in Rede stehende Werk über eine dramatische Handlung verfügte[207]. Der richterlichen Auffassung aus *Daly v. Palmer* schloss sich der Supreme Court in der Entscheidung *Kalem v. Harper*[208] an. Das Gericht urteilte, dass eine ungenehmigte Aufführung des Stummfilms „Ben Hur" gegen das Urheberrecht verstößt, weil der Stummfilm eine Dramatisierung des Buchs mit dem gleichnamigen Titel darstellt. Dagegen wurde in der Entscheidung *Martinetti v. Macguire*[209] die Ausdehnung urheberrechtlichen Schutzes auf ein choreografisches Werk abgelehnt, weil es nicht als schutzwürdig erachtet wurde. In diesem Fall stritten die Inhaber von zwei Musical Theatern in San Francisco über die Rechte am Musical „The Black Crook". Der vorsitzende Richter musste

---

[203] Der Text der Verfassung lautet auszugsweise im Original: „*... to promote the Progress of Science and useful Arts, by securing for limited Times to Authors ... the exclusive Right to their respective Writings and Discoveries.*" Constitution of the U.S. of America, Art. I, Section 8, Clause 8.

[204] Taubman, 495. Mit dem Gesetz von 1870 wurde das Konzept des stage rights beibehalten und nur die sprachliche Formulierung etwas geändert.

[205] 84th Congress, 1st Sess., Chap. 169; Taubman, 495. Das Urheberrechtsgesetz von 1870 führte eine geänderte Sprachfassung und eine Erweiterung der Rechte ein.

[206] 6 Fed. Cas. 1132, No. 3552 (C.C.S.D.N.Y. 1868).

[207] Im Urteil heißt es auszugsweise: „A written work, consisting wholly of directions, set in order for conveying the ideas of the author on a stage or public place, by means of characters who represent the narrative wholly by action, is as much a dramatic composition designed or suited for public representation as if language or dialogue were used in it to convey some of the ideas." (a.a.O., 1136)

[208] Kalem Co. v. Harper Bros., 222 U.S. 55ff. (1911).

[209] 16 F. Cas. 920ff. (C.C.D. Cal. 1867).

zunächst feststellen, dass es auf beiden Seiten genügend Beweise gab, die nahe legten, dass beide Parteien das Libretto auf illegalem Weg erhalten hatten. In einem weiteren Schritt beschäftigte sich der Richter mit der Frage, ob es sich um ein schutzwürdiges Werk handelte. Er war der Auffassung, dass nur Werke mit moralisch einwandfreiem Inhalt urheberrechtlichen Schutz verdienen und dem Musical daher der Schutz zu versagen war. Das Urteil lautete auszugsweise: „But further, the Act of Congress provides that a „dramatic composition" to be entitled to be copyrighted, must be „suited for public representation." ... What is intended by the word „suited?"... I am inclined to think it means something more; that to be suited to public representation, it must be fit to be represented. I do not for a moment suppose or pretend that Congress has the power to interfere directly and prescribe a standard of good morals on this subject. But the benefit of copyright is a privilege conferred by Congress ... I suppose that that it is both proper and constitution for Congress so to legislate, as to encourage virtue and discourage immorality ..."[210]. Diese aus rechtspolitischer Sicht sehr fragwürdige Entscheidung beeinflusste die Gerichte in den kommenden Jahren. Statt nach objektivem Maßstab zu prüfen, ob ein schutzwürdiges Werk vorliegt, wurde von den Spruchkörpern oftmals ein subjektives Kriterium angewandt – der jeweilige moralische Standard[211].

Das erste Urteil, dass sich mit einem Tänzer als Urheber befasste, erging im Jahr 1892. Die amerikanische Vorreiterin des modernen Tanzes, *Loie Fuller*, suchte rechtlichen Schutz für ihr Werk „Serpentine Dance". Dabei kombinierte die Künstlerin tänzerische Bewegungen mit Lichteffekten. Der Effekt ihrer Bewegung wurde durch den wallenden Stoff ihres Kleides unterstützt, der die so genannten Serpentinen ergab. In *Fuller v. Bemis*[212] wurde die Urheberrechtsfähigkeit für eine abstrakte Choreografie mit der Begründung abgelehnt, dass es ihr an einer Handlung

---

210 Übersetzung: „Darüber hinaus bestimmt das Gesetz des Kongresses, dass ein dramatisches Werk geeignet für die öffentliche Aufführung sein muss um in den Genuss urheberrechtlichen Schutzes zu kommen?... Was ist mit dem Wort „geeignet" gemeint? ... Ich bin geneigt zu denken, dass es etwas mehr bedeutet. Um für eine öffentliche Aufführung geeignet zu sein, muss es tauglich zur Aufführung sein. Ich nehme nicht für einen Moment an oder gebe vor, dass der Kongress die Macht hat sich einzumischen und einen Standard für die gute Moral in dieser Sache zu setzen. Aber der Vorteil des Copyright ist ein Privileg, dass durch den Kongress gewährt wurde ... Ich nehme an, es ist sowohl angemessen als auch verfassungsgemäß für den Kongress gesetzgeberisch so tätig zu werden, dass die Tugend gefördert und Unmoralität verhindert wird."

211 So lässt sich auch nur die Passage in einem Aufsatz aus dem Jahr 1965 erklären, die für die Schutzfähigkeit von choreografischen Werken unter common law copyright vier Voraussetzungen nennt: 1) Das Werk verfügt über Originalität; 2) Es ist fixiert; 3) Das Werk ist nicht unmoralisch oder gegen die öffentlichen Sitten verstoßend; 4) Es wurde noch nicht veröffentlicht (Quelle: Gary D. Ordway, Choreography and Copyright, 225, 228).

212 50 F. 926 (S.D.N.Y. 1892).

mangele. Das Urteil lautete auszugsweise: „… It is essential to such a composition that it should tell some story. The plot may be simple. It may be but the narrative or representation of a single transaction but it must repeat or mimic some action, speech, emotion, passion or character, real or imagery …“[213]. Der Richter berief sich auf die Entscheidung *Daly v. Palmer*, in der ein dramatischer Inhalt gefordert wurde. Diese Linie der Gerichte wurde auch in den folgenden Jahrzehnten beibehalten[214]. Die Entscheidung *Fuller v. Bemis* diente in späteren Fällen als Rechtfertigung dafür, dass ein erzählerischer Inhalt zu fordern ist, um in den Genuss urheberrechtlichen Schutzes zu gelangen. Keiner dieser Fälle befasste sich jedoch im engeren Sinne mit einer Choreografie oder Pantomime[215].

Auch der Copyright Act von 1909 brachte keine eindeutige Klärung der rechtlichen Situation für choreografische Werke. Obwohl musikalische oder dramatische Werke explizit gesetzlich geschützt wurden, enthielt die Aufzählung der geschützten Werkarten des Copyright Acts von 1909 keine Kategorie der choreografischen oder pantomimischen Werke. Die Zurückhaltung des Kongresses choreografische Werke ausdrücklich mit in den Schutzbereich des Copyright Act aufzunehmen lässt sich zum Teil mit den verfassungsrechtlichen Grenzen, die dem Bundesgesetzgeber auferlegt sind, begründen. Die Copyright Clause ermächtigt den Kongress, urheberrechtlichen Schutz für diejenigen Werke zu schaffen, die nützlich für die Gesellschaft sind[216]. Dem damaligen Zeitgeist folgend interpretierten die Gerichte das Merkmal „nützlich“ zumeist im Sinne von moralisch einwandfrei – Tanz wurde jedoch häufig als moralisch zweifelhaft angesehen[217]. Diesen Einschätzungen konnte oder wollte sich auch der Kongress nicht vollständig verschließen. Zwischen 1924 und 1940 lehnte der Kongress immer wieder Gesetzgebungsvorschläge zur Erweiterung des Urheberrechts auf choreografische Werke ab[218].

---

213 50 F. 926, 929 (S.D.N.Y. 1892). Übersetzung: „Es ist für so eine Komposition essentiell, dass sie eine Geschichte erzählt. Der Inhalt kann einfach sein. Es muss nicht mehr als die Erzählung oder Wiedergabe einer einzigen Transaktion sein. Aber es muss die Wiederholung oder Darstellung von Handlung, Rede, Gefühl, Leidenschaft oder Charakter – real oder erfunden sein …“

214 Vgl. z.B. Seltzer v. Sunbrock, 22 F. Supp. 621, 629 (S.D. Cal. 1938), wo das Gericht feststellte, dass die Gerichte an den alten Prinzipien festhalten und die Definition von „Drama“ nicht erweitern, um auch anderen Ausdrucksformen, die über keinen Inhalt verfügen, urheberrechtlichen Schutz zu ermöglichen.

215 S. Mirrell, 792, 809.

216 Art. I, § 8, Clause 8 U.S. Constitution.

217 Hilgard, 757, 761. Auch in der Rechtsliteratur taucht dieser Maßstab auf, selbst in progressiven Aufsätzen, die sich für den Schutz choreografischer Werke einsetzen (vgl. Mirrell, 792, 795; Overton (594, 608) führt diese „Voraussetzung noch 1982 an.).

218 Beispielhaft seien nur die Dallinger Bill von 1924, die Perkins Bill von 1925, die Vestal Bill aus dem Jahre 1931, die Duffy Bill von 1935 oder die Sirovich Bill aus dem Jahr 1936 genannt. Vgl. Singer, 288; Swack, 265, 275.

c) *Reformbestrebungen*

Die strenge Auslegung des Copyright Acts von 1909 in Bezug auf choreografische Werke wurde nach dem Zweiten Weltkrieg aufgelockert. Das Copyright Office, das für die Registrierung urheberrechtlicher Werke verantwortlich war, teilte 1947 mit, dass choreografische Werke registriert werden können, wenn sie entweder als dramatische oder dramatisch-musikalische Werke klassifizierbar sind[219]. Circular 41 des Copyright Office zum damaligen amerikanischen Urheberrechtsgesetz hielt fest, dass choreografische Werke unter zwei Voraussetzungen registrierbar waren: „The dance must convey a dramatic concept or idea, and must be complete enough for performance without further development. The particular movements and physical actions of which the dance consists must be fixed in some sort of legible written form ...“[220]. Für Handlungsballette oder Musicals war damit eine wichtige Hürde auf dem Weg zum urheberrechtlichen Schutz genommen. Anders verhielt es sich mit abstrakten Choreografien. Sie konnten nicht in diese Kategorie fallen, weil sie, anders als vom Copyright Office vorausgesetzt, keine „Geschichte erzählten“[221]. Unter dem Copyright Act von 1909 waren eine Registrierung und damit urheberrechtlicher Schutz für abstrakte choreografische Werke nur dann denkbar, wenn sie entweder in Form eines Buches oder Films vorlagen[222]. Um sich für urheberrechtlichen Schutz zu qualifizieren, musste das Buch eine textliche Beschreibung des choreografischen Werkes enthalten, während der Film auch ein nicht dramatisches Werk darstellen konnte[223]. Die Choreografen *Georges Balanchine* und *Ruth Page* nutzten diese beiden Kategorien, um ihre Werke urheberrechtlich zu schützen[224]. *Balanchine* versuchte zunächst 1953 sein Ballett *„Sinfonie in C“* mit Hilfe schriftlicher Aufzeichnungen in Form von Notationen zu registrieren, aber das Copyright Office lehnte die Registrierung ab. 1961 versuchte er es noch einmal, wobei er einen Film zur Registrierung vorlegte und war damit erfolgreich. *Page* erlangte Schutz für ihre Choreografie *„Beethoven Sonate“* mit Hilfe einer Registrierung als Buch. 1952

---

219 Vgl. auch Copyright Office, Circular Nr. 41, Choreographic Works 1 (1977). Darin wird ausgeführt, dass vor der Verabschiedung des Copyright Acts 1976 das Copyright Office ein choreografisches Werk als ein Ballett oder ähnliches Theaterwerk definierte, das eine Geschichte erzählt, einen Charakter entwickelt oder ein Thema bzw. Gefühl mit den Mitteln spezieller Tanzbewegungen oder physischer Handlungen zum Ausdruck bringt.

220 Zitiert aus Taubman, 219, 221f. Übersetzung: „Der Tanz muss ein dramatisches Konzept oder eine Idee beinhalten. Er musste vollständig genug sein um eine Aufführung ohne weitere Entwicklungen zu ermöglichen. Die speziellen Bewegungen und physischen Aktionen aus denen der Tanz besteht müssen in irgendeiner lesbaren Art schriftlich fixiert sein.“

221 A.a.O.

222 Swack, 265, 274.

223 Swack, a.a.O.

224 Vgl. van Camp, 59, Fn. 2.

war *Hanya Holm* die erste amerikanische Choreografin, die ihr choreografisches Werk für das Broadway Musical „*Kiss me Kate*“ als dramatisch-musikalische Komposition registrierte, in dem sie eine Tanznotation beim Copyright Office einreichte[225]. In den frühen sechziger Jahren begann sich das Copyright Office für eine Novellierung des Urheberrechts einzusetzen, die jegliche Art von choreografischem Werk unter urheberrechtlichen Schutz stellt[226]. Die einsetzenden Reformarbeiten führten schließlich zu einem umfassend überarbeiteten Urheberrecht.

d) *Copyright Act 1976*

Der Copyright Act 1976[227], der am 1. Januar 1978 vollständig in Kraft trat, erkannte choreografische und pantomimische Werke als eigene, umfassend schutzwürdige Werkart an[228]. Damit wurde der gesetzliche Schutz nicht nur für Handlungsballette sondern auch für abstrakte Choreografien verankert[229]. Der Kongress nahm jedoch Abstand davon zu definieren, was ein urheberrechtlich schutzwürdiges choreografisches Werk darstellt. Sowohl das Repräsentantenhaus als auch der Senat begründeten die Entscheidung damit, dass der Begriff „Choreografie“ eine hinreichend bestimmte Bedeutung[230] hat[231]. Das Repräsentantenhaus stellte zusätzlich klar, dass der Copyright Act Choreografien im weitesten Sinne anerkennt und das laut des Berichts des Repräsentantenhauses *„choreography would be broadened further by explicit recognition of all forms of choreography…“*[232].

---

[225] Swack, 265, 275.

[226] Reg. Rep., 17: „*… we see no reason why abstract dance, as an original creation of a choreographer's authorship , should not be protected as fully as a traditional ballet presenting a story or a theme …*“, s. auch Hilgard, 757, 764; Swack, 265, 275.

[227] Das Gesetz findet sich heute unter Title 17 United States Code (U.S.C.).

[228] In der Literatur wurden drei Gründe angeführt, warum der Urheberrechtsschutz explizit auf choreografische Werke erweitert wurde. Erstens die Ausbreitung des amerikanischen Modern Dance als anerkannte Kunstform. Zweitens die Ausbreitung technischer Hilfsmittel, die die Fixierung choreografischer Werke erleichterten sowie drittens die unzureichende finanzielle Entlohnung der Choreografen, die vorwiegend in Künstlerkreisen Anerkennung für ihr kreatives Schaffen fanden (vgl. auch Hilgard, 757, 763f.; Singer, 287, 289; Swack, 265, 276; Traylor, 227, 229f.).

[229] Diese Auffassung hat sich noch nicht in allen Ländern, die dem Copyright System folgen, durchgesetzt. In Australien verweist man z.B. noch heute auf das „tell a story“ Erfordernis (Information Sheet G 72 „Choreography and Copyright“ vom Februar 2006 des Australian Copyright Council). Auch in Kanada hat es bis zur Urheberrechtsreform im Jahr 1988 gedauert eine Klarstellung zu erreichen, dass nicht nur Handlungsballette bzw. Choreografien, denen eine dramatische Handlung zu Grunde lag, vom Urheberrechtsgesetz erfasst wurden (Laurent Carrière, Choreography and Copyright, 5).

[230] Im Originalwortlaut: „*… a fairly settled meaning …*“.

[231] S. Rep. Nr. 473, 52 (1975); s. auch Swack, 265, 276.

[232] Die sinngemäße Übersetzung lautet: „… Choreografie als geschützte Werkart würde darüber

IV. Zusammenfassung

Die Darstellung der rechtsgeschichtlichen Entwicklung in allen drei Ländern hat gezeigt, wie schwer sich der Gesetzgeber getan hat, choreografischen Werken urheberrechtliche Anerkennung zu zollen. Künstlerische Geringschätzung oder Bedenken hinsichtlich moralisch-sittlicher Standards, die den handelnden Akteuren bei Gericht bzw. bei den gesetzgebenden Organen zu Eigen waren, erwiesen sich für diese Werkart als nicht leicht zu nehmende Hürden.

Die unterschiedlichen Konzeptionen der Urheberrechtssysteme in den einzelnen Ländern brachten z.T. neue Stolpersteine für die rechtliche Anerkennung choreografischer Werke mit sich. Das Copyrightsystem der USA war lange Zeit (letztlich bis zum Beitritt zur RBÜ) sehr formalistisch ausgerichtet. Das bekamen Choreografen zu spüren, wenn sie ihre Werke beim Copyright Office registrieren wollten. Mit der gesetzlichen Anerkennung choreografischer Werke in Frankreich war ebenfalls die Einführung des Erfordernisses einer Fixierung verbunden, welches vorher durch die französischen Gerichte nie gefordert wurde und in die Systematik des Gesetzes von 1957 auch nicht passte. Die Rechtsnatur dieses Fixierungserfordernisses wird in Kapitel 2 daher genauer zu beleuchten sein. Auch der deutsche Gesetzgeber tat sich schwer mit der Aufnahme choreografischer Werke und gewährte ihnen zunächst nur über den Umweg des Schutzes als Schriftwerk urheberrechtliche Anerkennung. Sobald für diese Werkart jedoch ein eigenständiger Schutz im Gesetz verankert wurde, zeichnete sich die deutsche Lösung durch einen Verzicht auf jegliche Formalien aus.

Trotz der unterschiedlichen rechtlichen Konzeptionen des Urheberrechtsschutzes in den USA und Frankreich zeigte sich – bedingt durch die ältere französische Rechtsprechung – zunächst eine gewisse Parallele bei der Behandlung von Arbeitnehmerurhebern. Während das US-Gesetz noch heute den Arbeitgeber privilegiert, ist die französische Entscheidung „La Fête chez Thérèse“ ein Einzelfall geblieben. Welche weiteren Implikationen sich aus dieser historischen Ausgangssituation ergeben, bleibt den Erläuterungen in Kapitel 3 vorbehalten.

Dieser Ausflug in die Rechtsgeschichte zeigt sehr deutlich die Schwierigkeiten für Schöpfer choreografischer Werke urheberrechtlichen Schutz zu finden. Der steinige Weg zur gesetzlichen Anerkennung markiert allerdings nicht den Endpunkt. Die Umsetzung des urheberrechtlichen Schutzes in der Praxis wirft vielfältige neue Fragen auf, deren Beantwortung in den folgenden Kapiteln versucht werden soll.

---

hinaus erweitert durch die ausdrückliche Anerkennung aller Arten von Choreografien ...“; H. R. Rep. Nr. 1476, 52 (1976).

2. Kapitel
Choreografie als urheberrechtliches Werk

„Dancing is a perpendicular expression of an horizontal desire.[1]“
George Bernard Shaw, Schriftsteller (1856–1950)

„Les danses modernes? C'est plus de la danse, c'est de la décadence.[2]“
Alfred Capus, Journalist und Autor (1857–1922)

1. Abschnitt: Begriffsbestimmungen

I. Die Stimme aus der Praxis – Umfrageergebnisse zum Thema Schutzvoraussetzungen für choreografische Werke und Fixierung

Verschiedentlich wurden Choreografen gebeten zu erläutern, welche Schutzvoraussetzungen Werke der Tanzkunst aus ihrer Sicht erfüllen müssten[3]. Dabei kamen von den Protagonisten u.a. die folgenden Antworten: Anerkennung der Arbeit durch den Choreografen, um dessen Werk es sich handelt; transparente konstitutive Schutzvoraussetzungen bzw. die genaue Definition eines choreografischen Werkes; Registrierung des Werkes in Notation, Text oder Video bzw. Deklarierung bei einer Verwertungsgesellschaft; Existenz eines Aufführungsvertrages; Vorliegen einer persönlichen Schöpfung, die Originalität aufweist. Zu ähnlichen Ergebnissen kam *Singer*, die eine Anzahl von amerikanischen Choreografen zum gleichen Thema interviewte[4].

---

1 Übersetzung: „Tanzen ist ein aufrechter Ausdruck eines horizontalen Verlangens."

2 Übersetzung: „Moderne Tänze? Das ist mehr als Tanz. Das ist Dekadenz."

3 Z.B. von Jaques Boncompain im Vorfeld der europäischen Konferenz zu den Rechten von Choreografen im Jahr 1992. Dabei haben Choreografen aus Frankreich, Deutschland, Spanien, Irland, Rumänien, der Schweiz, Niederlanden, Ungarn und Italien geantwortet. Der Fragebogen wurde an etwas mehr als 20 Choreografen verschickt, von denen sich 10 zurück gemeldet haben, so dass diese Befragung nicht als repräsentativ sondern nur als Indiz gewertet werden kann.

4 Singer, 287, 297.

Von rechtswissenschaftlichem Interesse ist die Feststellung mehrerer Choreografen, dass ihre Arbeit nicht mit der eines Regisseurs gleichgesetzt bzw. von dieser Arbeit abgegrenzt werden muss[5]. Ebenfalls aufschlussreich ist, dass von mehreren Choreografen aus verschiedenen Ländern Wert auf irgendeine Art von Registrierung oder Niederlegung des Werkes gelegt wurde, denn die von einigen nationalen Urheberrechtsgesetzen geforderte Fixierung ist immer wieder von rechtswissenschaftlicher Seite kritisiert worden[6]. Bzgl. der Fixierung von Choreografien auf Film, Video oder in Notation gab es ein klares Votum aus der Praxis: Für die Mehrheit der befragten Choreografen ist die Festlegung von Choreografien durchaus ein verbreitetes Mittel, wobei Videoaufnahmen als Fixierungsmöglichkeit absolut dominieren.

II. Kunstbegriff

Pablo Picasso beantwortete die Frage nach der Definition von Kunst mit den Worten: „Wenn ich wüsste, was das ist, würde ich es für mich behalten[7]." Einigkeit herrscht bis heute in der Diskussion über das Wesen von Kunst nur darüber, dass es unmöglich ist, Kunst objektiv und allgemeingültig zu bewerten bzw. ästhetisch zu beurteilen. Gesetzgebung und Rechtsprechung sehen sich jedoch in allen drei hier zu betrachtenden Rechtsordnungen vielfach vor der Aufgabe, zumindest negativ abzugrenzen, ob es sich bei einer bestimmten Darstellung um Kunst handelt oder nicht.

Die Beurteilung einer Leistung als (Kunst)Werk hängt oftmals davon ab, ob sie als besonders und individuell bzw. originell angesehen werden kann. Dies lässt sich nicht ohne eine gewisse subjektive Wertung feststellen, denn ein Werk wird erst dadurch besonders, weil es die Menschen so empfinden. Die menschlichen Sinne werden durch eine Schöpfung angeregt, sie nehmen sie wahr und stufen ein Werk schließlich als etwas Besonderes ein. Menschen und ihre Sinne reagieren jedoch recht unterschiedlich auf verschiedene schöpferische Gestaltungen. Was von einem bereits als genial empfunden wird, hält der nächste für recht banal. In diesem Spannungsfeld von Kriterien, die objektiv sein sollen aber subjektiven Wertungen unterliegen, bewegt sich das Urheberrecht mit seinem Werkbegriff in allen drei hier zu betrachtenden Rechtsordnungen. Sehr zutreffend wurde von *Nordemann* diese Problematik charakterisiert, wenn er sagt, dass Kunst „keine nach objektiven Gesichts-

[5] Dazu mehr im 3. Kapitel 2. Abschnitt.

[6] S. dazu in diesem Kapitel die Ausführungen in den Teilabschnitten zu Frankreich und den USA.

[7] Zitiert aus Steiner, 65.

punkten messbare Größe"[8] ist. Die Unmöglichkeit Kunst normativ zu bestimmen ohne die garantierte Kunstfreiheit selbst zu verletzen, sollte in letzter Konsequenz zu dem von *Grunert* zutreffend formulierten Grundsatz „in dubio pro arte" führen, der im Zweifel für eine Bejahung der Kunsteigenschaft plädiert. Unter diesem Leitgedanken sind die in diesem Kapitel dargestellten Ausführungen zum Werkbegriff zu verstehen.

III. Choreografie

1. Charakteristische Merkmale einer Choreografie und Abgrenzung zur Pantomime

Etymologisch betrachtet handelt es sich bei dem Begriff „Choreografie" um eine Verbindung von Tanz und Schrift. Er setzt sich aus den Bestandteilen „choreia" (tanzen) und „graphikos" (schreiben) zusammen und bezeichnet also rein formal eine Tanzschrift oder notierten Tanz. Darin scheint auf den ersten Blick ein Paradox zu liegen, denn die Tanzgeschichte beweist, dass choreografische Werke in erster Linie mündlich überliefert wurden. Allerdings kann sich die Art von Kommunikation, die durch den Wortbestandteil „schreiben" signalisiert wird, auch in Zeichen widerspiegeln. Zeichensprache ist schon lange ein Mittel der Verständigung und ist Tanz nicht die Kommunikation in Zeichen, die durch körperliche Bewegungen ausgedrückt werden?

Lange Zeit wurde die Grenze zwischen Pantomime und Choreografie nicht genau gezogen. *Théophile Gautier*, ein Vorreiter für die Rechte von Choreografen, schrieb bspw.: „Madame *Ferraris* … jouait un ballet composé pour elle par *Perrot*, le chorégraphe sans rival … Là, pas de causeries, de ricanements, d'oeillades aux avant-scènes ou à l'orchestre. C'est bien le monde de la pantomime, d'où la parole est absente …[9]." Choreografie und Pantomime zeichnen sich dadurch aus, dass die Körpersprache das Instrument der Kommunikation zwischen dem Schöpfer und dem Publikum ist. Choreografen stehen als Ausdrucksmittel für ihre Schöpfungen körperliche Bewegungen zur Verfügung[10]. Sowohl für den Tanz als auch für die

---

[8] Wilhelm Nordemann, Zur Abgrenzung des Geschmacksmusterschutzes vom Urheberschutz, 906, 909.

[9] Voyage en Russie, XII. Übersetzung: „Madam Ferraris … hat in einem von Perrot für sie komponierten Ballett gespielt, der Choreograph ohne Rivale … Dort gab es kein Geplauder, kein Gekicher, keine Seitenblicke zur Orchesterloge oder zum Orchester. Genau das ist die Welt der Pantomime, wo die Sprache nicht existiert …".

[10] LG München I, GRUR 1979 852, 853; Bozzoni, 131; Loewenheim/*Schlatter* § 9 Rn. 88; Obergfell, ZUM 2005, 621, 622.

Pantomime hat sich eine eigene Körpersprache entwickelt. Die Pantomime lebt von stimmlosen Gebärden und Mimik während choreografische Werke z.B. durch Schrittkombinationen, Drehungen, Sprünge oder Hebungen gekennzeichnet sind[11]. Die Grenzen zwischen Pantomime und Tanz verwischen sich, wenn auch Gebärdensprache Eingang in die Schöpfung findet[12]. Dies ist z.B. manchmal in klassischen Balletten wie „Schwanensee" oder „Giselle" der Fall, in verstärktem Maß aber bei Werken des Tanztheaters. Choreografische Werke zeichnen sich also durch den Einsatz körperlicher Bewegungsabläufe als künstlerisches Gestaltungsmittel aus.

2. Versuche einer Definition

Das Dictionary of Dance bezeichnet den Choreografen als Schöpfer von Tänzen und Choreografie als Erfindung und Arrangement von Tanzbewegungen in einer für eine Aufführung geeigneten Form[13]. Die Tänzerin und Choreografin *Agnes de Mille* war eine große Befürworterin der Aufnahme choreografischer Werke als eigenständige Kategorie im US-amerikanischen Urheberrecht und charakterisierte die Kunst des Choreographierens detaillierter. In einem Brief von 1959 für die Studie „On Copyright of Choreographic Works" von *Borge Varmer* schrieb sie, dass Choreografie weder Drama noch Geschichtenerzählen bedeutet. „Es ist eine eigene Kunstgattung. Es ist ein Arrangement in Zeit und Raum, wobei der menschliche Körper als Grundlage für die Gestaltung genutzt wird. Es kann dramatisch oder nicht dramatisch sein oder auch eine Geschichte erzählen ... Auf die gleiche Weise, wie manche Musik eine Geschichte mitteilt oder in ein Programm passt, erzählen manche Tänze Geschichten – allerdings der größere Teil des Tanzes tut das im Gegensatz zur Musik nicht[14]."

---

[11] Mestmäcker/Schulze/*Obergfell* § 2 Rn. 94; Wandtke, ZUM 1991, 115, 117.

[12] Boncompain schrieb dazu, dass es Tänze gibt, die „nur" dem reinen Selbstzweck dienen, also z.B. Ausdruck von Lebenslust und Freude sind. Daneben existieren auch die so genannten „danses pantomimes", die Worte zum Ausdruck von Gefühlen oder Gedanken in Körperbewegungen transformieren (Le Chorégraphe – Auteur sur la Pointe des Pieds, Assises Européennes du Droit d'Auteur du Chorégraphe, 4). Historisch betrachtet entwickelte sich über die Stufe der Tanzpantomimen das Ballet en Action aus dem Ballet de Cour, da die Tanzpantomimen in der Lage waren durch ihre gestisch-mimische Bewegungssprache komplexere Inhalte umzusetzen (vgl. zu dieser Entwicklung auch die Darstellung von Schroedter, 411).

[13] Susan McPherson, Dictionary of Dance. Die Definitionen lauten im Originalwortlaut: Choreographer → a maker of dances; Choreography → The invention and arrangement of dance movements into a set form for performance.

[14] Zitat aus Johnson, Martha Graham's legacy: Analysis of the Intellectual Property Law Protection for Dance, 7. Das Zitat lautet im Original: „Choreography is neither drama nor

Im Gegensatz zu dieser poetischen Umschreibung definiert das U.S. Copyright Office[15] Choreografie wie folgt: „Choreografie ist die Anordnung und das Arrangement von Tanzbewegungen und Schrittfolgen, die zumeist mit Musik begleitet werden[16].“ Großzügiger fällt die Definition von *Wandtke* aus: „Choreografische Werke sind tänzerische Kompositionen, die als Raum- und Bewegungschoreografien rhythmisch, metrisch und tempogebend vom Choreografen gestaltet werden und objektiv wahrnehmbar sind.[17]“ *Bozzoni* versucht ebenfalls etwas allgemeiner wesentliche Aspekte für choreografische Werke zu erfassen: „La chorégraphie est un assemblage creatif de pas de danse ou des pas semblables à la danse destinés à être interprétés par des êtres humains.[18]“ Es existieren natürlich noch weitere Definitionsvorschläge vergleichbarer Art, wie die eben zu Illustrationszwecken zitierten. Jedoch erweist sich der Versuch, die Vielfalt dieser Kunstform in eine kurze, prägnante Definition fassen zu wollen, als anspruchsvolle Aufgabe, wie das folgende Kapitel demonstrieren soll. Insbesondere wenn eine Definition zu speziell/konkret ausfällt, besteht die Gefahr, dass höchst innovative und kreative Werke in der Praxis aus ihrem Anwendungsbereich herausfallen.

3. Schöpfung und Interpretation

Zwischen den Begriffen „Schöpfung“ und „Interpretation“ scheint rechtlich gesehen ein Ausnahmeverhältnis zu bestehen. Das würde bedeuten, ein Interpret könnte nicht schöpferisch tätig werden[19]. Dieser rigorose Standpunkt wird durch die Systematik des Urheberrechts in Deutschland und Frankreich unterstützt. Das Urheberrecht schützt traditionell den Schöpfer von Werken, während für die ausübenden Künstler ein eigener Abschnitt mit dem Urheberrecht verwandten Schutzrechten geschaffen wurde. Die Gruppe der Künstler wird dadurch im Gesetz praktisch zwei-

---

storytelling. It is a separate art. It is an arrangement in time-space, using human bodies as a unit of design. It may or may not be dramatic or tell a story ... In the same way that some music tells a story, or fits a „program“, some dances do tell stories – but the greater part of music does and the greater part of dancing does not.“

15 Vgl. US Copyright Office, Compendium II: Compendium of Copyright Office Practises, § 450.

16 US Copyright Office unter www.copyright.gov/register/performing.html (zuletzt besucht am 12.2.2012). Das Zitat lautet im Originalwortlaut: „Choreography ist the composition and arrangement of dance movements and patterns usually intended to be accompanied by music.“

17 Wandtke, FS Raue, 745, 748.

18 Bozzoni, 131. Übersetzung: „Die Choreographie ist eine kreative Zusammenstellung von Tanzschritten oder von Schritten, die mit dem Tanz vergleichbar und zur Interpretation durch die Menschen bestimmt sind.“

19 Ulmer, 160.

geteilt in die Schöpfer und diejenigen, die Schöpfungen wiedergeben. Auf den ersten Blick entspricht diese gesetzessystematische Aufteilung der Praxis im Kunstbetrieb: Es gibt Choreografen, die etwas schaffen und Tänzer, die es darbieten. Nicht immer lässt sich diese scharfe Trennung aufrechterhalten oder rechtfertigen. Der Regisseur ist im heutigen Theaterbetrieb oftmals jemand, der ein Werk nicht einfach nur wiedergibt, sondern es schöpferisch interpretiert[20]. Besonders bei der Wiederaufnahme historischer Choreografien wird von ihm viel Einfühlsamkeit verlangt[21]. Zudem kann es nicht mehr als reine Interpretation bezeichnet werden, wenn eine Choreografie bzw. ein sonstiges Werk als Ausgangspunkt für eine andere Fassung (mit einem anderen Aussagegehalt) dient. Im Gegensatz zu solch tief greifenden Änderungen an einem Werk deuten geringfügige Korrekturen oder Anpassungen an die örtlichen Gegebenheiten eines Theaters oder sonstigen Aufführungsortes auf eine bloße Interpretation hin.

[20] Zur Problematik eines Urheberrechtsschutzes für den Regisseur 3. Kapitel 2. Abschnitt.
[21] Zur rechtlichen Einordnung von Wiederaufnahmen s. 3. Kapitel 1. Abschnitt I. 4. b).

2. Abschnitt: Das choreografische Werk

> „No ballet can be notated until it is composed – at least not at the moment as choreographers are not yet notators. This means the initial composition is worked out on the dancers. A movement that lasts three minutes may take anything up to an hour before it is basically composed in a satisfactory way, and before any serious study and development can be achieved … At the moment we choreographers, to put it brutally, indulge in a form of improvisation, and leave the stabilising of our works to the dancers, notators and répétiteurs[22]."
>
> Ninette de Valois, Tänzerin, Choreografin, Gründerin des Royal Ballet London (1898–2001)

I. Schutzvoraussetzungen in Deutschland

1. Werkbegriff

a) *Funktion des Werkbegriffs und seine Grenzen*

Das deutsche Urheberrecht schützt durch seinen programmatischen ersten Paragrafen „Werke der Kunst." An die Kunsteigenschaft knüpfen sich allerdings keine urheberrechtlichen Konsequenzen, sondern der zentrale Begriff in § 1 UrhG ist der des Werks. Die entscheidende Frage für den urheberrechtlichen Schutz ist daher, ob das jeweilige (Kunst)Erzeugnis ein Werk i.S.d. Urheberrechts ist oder nicht. Einige Werkarten werden in § 2 Abs. 1 UrhG exemplarisch aufgezählt. § 2 Abs. 2 UrhG bietet als Definition für den Werkbegriff die Formel „Werke sind persönliche geistige Schöpfungen" an. Diese Definition lässt keine klare Abgrenzung zu, verdeutlicht jedoch Elemente des Werkbegriffs, wie sie von Rechtsprechung und Literatur im Diskurs herausgearbeitet wurden. Es muss sich um eine persönliche Schöpfung geistigen Gehalts handeln, die in einer konkreten Form Gestalt angenommen hat und der Individualität ihres Schöpfers Ausdruck verleiht[23]. Durch die von Recht-

---

[22] Übersetzung: „Kein Ballett kann notiert werden bis es fertig gestellt ist – jedenfalls nicht zum aktuellen Zeitpunkt, weil Choreografen noch keine Choreologen sind. Das bedeutet, die Ausgangsfassung einer Choreografie wird an den Tänzern erarbeitet. Eine Bewegungsfolge, die 3 Minuten dauert, kann alles bis zu einer Stunde brauchen bis sie in zufrieden stellender Art und Weise choreografiert ist und bevor ernsthafte Studien oder Weiterentwicklungen erreicht werden … Momentan ergeben wir Choreografen uns, um es brutal auszudrücken, einer Form von Improvisation und überlassen die stabilisierende Arbeit unseren Werken Tänzern, Choreologen und Repetitoren."

[23] H.M., s. nur Schack, Rn. 157; Schricker/Loewenheim § 2 Rn. 11ff.; speziell zu choreografischen Werken vgl. Obergfell, ZUM 2005, 621, 623; Wandtke, ZUM 1991, 115, 119.

sprechung und Literatur verwendeten Merkmale Individualität, eigenschöpferische Prägung bzw. schöpferische Eigentümlichkeit und die Forderung nach einer bestimmten Schöpfungs- bzw. Gestaltungshöhe wird versucht, die nicht sehr aussagekräftige Formel der „persönlich geistigen Schöpfung" zu erhellen und eine Schutzuntergrenze zu bestimmen.

Diese Grenzziehung zwischen einem urheberrechtlich schutzfähigem Werk und einem Produkt der Alltagkunst ist jedoch nicht frei von Werturteilen, die nicht nur Schwankungen unterworfen sein können, sondern auch möglicherweise umstritten sind. Denkbar ist daher eine Kollision der herrschenden Auslegung des Werkbegriffs mit dem verfassungsrechtlichen Verbot einer Niveau- oder Inhaltskontrolle aus Art. 5 GG. Das Postulat der Kunstfreiheit aus Art. 5 Abs. 3 GG verbietet es, ein Werk subjektiv als wertvoll oder „gute" Kunst zu bewerten. Lässt sich auch ein wertendes Element nicht gänzlich vermeiden, müssen die von Rechtsprechung und Literatur verwendeten Indizien so gewählt werden, dass nicht der Vorwurf von Willkür und Rechtsunsicherheit erhoben werden kann bzw. nicht der Anschein einer Inhaltskontrolle der Kunst durch das Recht hervorgerufen wird. Eine weitere Grenze des Werkbegriffs tut sich bei der Einordnung moderner Kunst[24] auf, deren urheberrechtlicher Schutz am Erfordernis der Schöpfungshöhe scheitern könnte. Durch eine großzügige Auslegung des Werkbegriffs kann dieses Ergebnis jedoch verhindert werden[25].

Aufgrund der eben dargestellten Grenzen des traditionellen Werkbegriffs wurden in der Literatur vereinzelt Versuche unternommen, andere Kriterien als die eben genannten für die Feststellung der urheberrechtlichen Schutzfähigkeit zu entwickeln[26]. *Kummer* hat z.B. die Präsentationslehre entwickelt, die das Erfordernis von Individualität als statistische Einmaligkeit versteht. Damit soll vermieden werden, dass einer Schöpfung durch die Anforderung einer gewissen Eigenart eine Qualitätsanforderung vorgegeben wird[27]. Nach dieser Lehre soll es für die Schutzfähigkeit bereits genügen, wenn vom Urheber etwas Vorgefundenes als Werk präsentiert und durch ihn verdeutlicht wird, dass er dafür Rechtsschutz begehrt[28].

---

24 Z.B. Minimal Art.

25 Vgl. Dietz, Urheberrechtsprobleme der neueren Kunstentwicklung, Film und Recht 1978, 90ff.

26 Kummer (Das urheberrechtlich schützbare Werk, 75) wollte mit seiner Präsentationslehre an Stelle des objektiven Werkbegriffes die subjektive Bestimmung des Urhebers setzen. Ihm zustimmend Steiner, 63. Schmieder (Geistige Schöpfung als Auswahl und Bekenntnis, 107, 113,) wiederum unternahm den inzwischen von ihm wieder aufgegebenen Versuch, den Werkbegriff an der „Marktfähigkeit" und „Billigung" durch den Werkschöpfer aufzuhängen.

27 Steiner, 77.

28 Kummer, Das urheberrechtlich schützbare Werk, 75.

Diese Theorie ist auf überwiegende Ablehnung gestoßen[29]. Das Urheberrecht soll die schöpferische Leistung schützen und es kann daher dem Urheber nicht selbst überlassen werden, ob er etwas als urheberrechtsschutzfähiges Werk versteht oder nicht.

Eine umfassende Kritik des Werkbegriffs würde über das Thema dieser Arbeit weit hinausgehen und ist auch an dieser Stelle nicht notwendig: Mit Hilfe des Werkbegriffs soll zum einen bestimmt werden, ob das geistige Erzeugnis Ausschließlichkeitsschutz durch das Urheberrecht verdient, oder ob auf andere Schutzmöglichkeiten zurückgegriffen werden sollte. Zum anderen dient der Werkbegriff dazu, all diejenigen Handlungen oder Äußerungen für alle frei verfügbar zu erhalten, die so wenig Individualität aufweisen, dass eine Monopolisierung durch einen Schöpfer nicht angemessen erscheint. Diese Abgrenzung leistet der traditionelle Werkbegriff grundsätzlich in ausreichender Art und Weise. Es gilt daher in den folgenden Abschnitten zu untersuchen, ob die „klassischen" Merkmale des Werkbegriffs an ihre Grenzen bei der Einordnung choreografischer Werke in das Schutzsystem des deutschen Urheberrechts stoßen bzw. zu Wertungswidersprüchen führen.

b) Werke der Tanzkunst[30]

Zu den exemplarisch in § 2 Abs. 1 UrhG aufgezählten Werkarten gehören unter Nr. 3 auch Werke der Tanzkunst. Entgegen des allgemeinen Sprachgebrauchs und der Terminologie im internationalen Urheberrecht[31] werden im deutschen Urheberrechtsgesetz „pantomimische Werke" als Oberbegriff für alle Schöpfungen verwendet, die sich mit körperlichem Ausdruck durch Bewegungen befassen[32]. D.h. choreografische Werke werden als Unterform pantomimischer Werke angesehen[33]. Diese Einordnung ist sachlich unzutreffend, da sie nicht berücksichtigt, dass Choreografien Gedanken- und Gefühlsinhalte durch tänzerische Bewegungen ausdrücken, die sich, anders als bei der Pantomime im engeren Sinne, nicht an die gesprochene Sprache anlehnen[34]. Tanz hat sich eine eigene Sprache geschaffen. Darü-

---

29 S. nur Schricker/*Loewenheim* § 2 Rn. 16; Wandtke/Bullinger/*Bullinger* § 2 Rn. 15; zustimmend v. Büren, Gedanken zum Werkbegriff in der Praxis des Bundesgerichts und im Entwurf für eine Totalrevision des schweizerischen Urheberrechtsgesetzes, GRUR Int. 1985, 385, 387ff.; Steiner, 66ff., 97ff.

30 Die Begriffe „choreografische Werke" und „Werke der Tanzkunst" werden in dieser Arbeit als deckungsgleich angesehen und entsprechend verwendet.

31 Vgl. 1. Kapitel 2. Abschnitt III. 1. e).

32 Diese Einteilung ist historisch erklärbar. Im Nachkriegsdeutschland waren die Pantomimen von Marcel Marceau wesentlich bekannter und beliebter als klassische Ballette (Loewenheim/*Schlatter* § 9, Rn. 82).

33 Mestmäcker/Schulze/*Obergfell* § 2 Rn. 93.

34 A.a.O.

ber hinaus liegt der Schwerpunkt künstlerischen Schaffens in der Praxis eindeutig im Bereich der choreografischen Werke. Die ursprüngliche Zweiteilung in pantomimische und choreografische Werke ist daher vorzugswürdig[35].

Choreografische Werke werden auch zu den Bühnenwerken gezählt, die allerdings keine besondere Werkart darstellen. Bzgl. der Schutzfähigkeit einer Schöpfung als urheberrechtliches Werk der Tanzkunst wird mit dieser Einteilung lediglich ausgesagt, dass das jeweilige Werk zur bühnenmäßigen Aufführung bzw. zur Präsentation vor einem Publikum geeignet sein muss[36]. *Ulmer* bezeichnete Choreografien auch als „stumme Bühnenwerke“[37]. Der Ort, der für die Darbietung gewählt wird, ist für die Einordnung irrelevant[38]. Es kann sich also um eine offene Straße, Fabrikhalle oder die klassische Bühne handeln. Auch eine Eisfläche wurde als geeigneter Aufführungsort angesehen[39].

c) Persönliche Schöpfung geistigen Gehalts

(1) Menschlich-gestalterische Tätigkeit

Als persönliche Schöpfungen werden Leistungen von Menschenhand angesehen[40]. Bei choreografischen Werken zeigt sich die gestalterische Tätigkeit in menschlicher Körpersprache und Bewegungen. Die „Circus Polka“[41] von *Balanchine* zur Musik *Strawinskys* für 50 Zirkuselefanten und 50 „beautiful girls“ wäre also im deutschen Recht kein klarer Fall eines choreografischen Werkes. Zum Thema der urheberrechtlichen Schutzfähigkeit von Tierdressuren musste sich im Jahr 1967 auch das LG München äußern[42]. Der Entscheidung lagen folgende Fakten zugrunde: Der Kläger trat als Artist mit seinem Elefanten auf, der von seiner Tochter vorgeführt wurde. Der dressierte Elefant beantwortete Fragen durch Kopfbewegungen und löste einfache, vom Publikum an ihn gestellte Rechenaufgaben, indem er das Ergebnis durch Klopfen mit einem Hammer, den er in seinem Rüssel hielt, mitteilte.

---

35 So auch Loewenheim/*Schlatter* § 9 Rn. 82; Mestmäcker/Schulze/*Obergfell* § 2, Rn. 93; Schlatter-Küger, GRUR Int. 1985, 299, 306, Wandtke/Bullinger/*Bullinger* § 2 Rn. 74; Wandtke, ZUM 1991, 115, 117f.

36 Loewenheim/*Schlatter* § 9, Rn. 87; Obergfell ZUM 2005, 621, 624; Mestmäcker/Schulze/Obergfell § 2 Rn. 95; Schlatter-Krüger, GRUR Int 1985, 299, 304.

37 Ulmer, 143.

38 Loewenheim/*Schlatter* § 9, Rn. 87; Obergfell ZUM 2005, 621, 624; ders. § 2 Rn. 95; Wandtke ZUM 1991, 115, 118.

39 Ulmer, 144.

40 H.M., s. nur Schricker/*Loewenheim* § 2 Rn. 11.

41 Sie wurde 1942 von Balanchine für den Zirkus Barnum & Bailey geschaffen. Weitere Informationen dazu bei van Camp, 60.

42 UFITA Band 54 1969, 320.

Darüber hinaus wählte er Speisen und Getränke aus und rauchte mit einer großen Spitze eine Zigarette. Gestritten wurde vor Gericht über die Frage, inwieweit der Tourneevertrag mit dem Kläger auch die Rechte zur unbegrenzten Auswertung der Zirkusnummer im Fernsehen beinhaltete. Zur Beantwortung dieser Frage musste sich das Gericht damit auseinandersetzen, ob die Darbietung eines dressierten Elefanten ein urheberrechtliches Werk darstellen kann. Die Klassifizierung als urheberrechtlich schutzfähiges Werk wurde von den Richtern mit dem Argument abgelehnt, dass die Kunststücke „Monis" zwar eine beeindruckende Dressurleistung darstellen. Diese Arbeit wird jedoch nicht allein dadurch zu einer eigenschöpferischen Leistung, die die Wahrnehmungen, Gedanken und Gefühle des Klägers in Form von Bewegungen des menschlichen Körpers darstellt[43]. Zudem treten die Bewegungen der mitwirkenden Personen völlig hinter die des Tieres zurück[44].

Eine andere Bewertung wäre denkbar, wenn die Tierdressur von einem vorherbestimmten Bewegungsablauf lebt[45]. Besteht Gestaltungsspielraum für eine individuelle Leistung, soll auch das Urheberrecht offen stehen[46]. Allerdings wird auch von dieser Meinung die Schutzfähigkeit für die meisten Tierdressuren abgelehnt – und zwar mit dem Argument, dass in der jeweiligen Darbietung meist ein bekanntes Repertoire präsentiert wird, dem die nötige Individualität fehlt[47]. Insgesamt sind sich Rechtsprechung und Literatur einig, dass Tierdressuren im Allgemeinen nicht die Anforderungen für urheberrechtlichen Schutz erfüllen, wenn nicht das künstlerische Element ausnahmsweise im Vordergrund steht[48].

Wie auch bei anderen Kunstformen haben aleatorische Elemente in den Schaffensprozess des Choreografen Eingang gefunden. Des Zufallsprinzips hat sich z.B. *Merce Cunningham* in seiner Arbeit bedient[49]. Er befragte auch das I-Ging[50]. Für den Umgang mit Maschinen oder Computern gelten für die Arbeit des Choreografen die Grundsätze, die schon für andere Bereiche der Kunst im Urheberrecht entwickelt wurden[51]. Eine Maschine bzw. ein Computer kann kein urheberrechtlich schutzfähiges Werk erschaffen[52]. Der Schöpfer darf sich allerdings aleatorischer

---

43 UFITA Band 54 1969, 320, 323.

44 A.a.O.

45 Als Beispiel werden oft Pferdedressuren angeführt.

46 Dreyer/Kotthoff/Meckel/*Dreyer* § 2 Rn. 26 formulieren es so, dass sich der Mensch des Tieres als Hilfsmittel bedient bzw. die Dressur nicht im Vordergrund steht. Fromm/Nordemann/Axel *Nordemann*, § 2 Rn. 134; Gernot Schulze, 219.

47 Gernot Schulze, 219.

48 Fromm/Nordemann/Axel *Nordemann* § 2 Rn. 134; Schricker/*Loewenheim* § 2 Rn. 129; Wandtke/Bulinger/*Bullinger* § 2 Rn. 15.

49 Vgl. Kieser/Schneider, 18 u. 545.

50 A.a.O.

51 Z.B. computergestützte Kunst.

52 Fromm/Nordemann/Axel *Nordemann* § 2 Rn. 21; Schricker/Loewenheim § 2 Rn. 12.

Elemente oder eines Computers als Hilfsmittel bedienen, solange der Mensch die gestalterische Tätigkeit übernimmt. Auch beim Einsatz eines Zufallsgenerators muss der Mensch aus den entstandenen bzw. möglichen Versionen eine Auswahl treffen und damit als Werk konkret bestimmen[53]. Für die Kreation eines choreografischen Werkes bedeutet das: Der Schöpfer muss den Schaffensprozess insgesamt steuern und kann nur einzelne Elemente, wie Schrittkombinationen oder die Aufteilung im Raum, nach dem Zufallsprinzip auswählen, um sie in seine eigene Schöpfung zu integrieren[54]. Zur Begründung dieses Ergebnisses wird von der Rechtsliteratur zutreffend angeführt, dass kreatives Arbeiten oftmals von einem bestimmten Maß an Zufälligkeit beeinflusst ist[55].

(2) Geistiger Gehalt

Das Erfordernis eines geistigen Gehalts beinhaltet kurzgefasst, dass eine Gedankenäußerung vorliegen muss[56]. Der geistige Gehalt eines Werkes ist aber nicht durch den Begriff der Ästhetik im Sinne von „Schönheitssinn“ bestimmt[57]. Er ist vielmehr mit einer aus der geistigen Arbeit entstandenen, sinnlich wahrnehmbaren eigenschöpferischen Formgebung gleichzusetzen[58]. Irrelevant für den Charakter eines choreografischen Werkes sind also Grazie oder Anmut der Bewegungen. Ein Werk soll die Sinne des Betrachters anregen, auf sein Bewusstsein ansprechen. Es darf dabei auch provozieren oder unharmonisch sein. Angewendet auf Choreografien bedeuten diese Grundsätze, dass Werke der Tanzkunst schöpferischer Ausdruck von Empfindungen durch menschliche Körperbewegungen sind[59]. Alternativ wurde vorgeschlagen danach abzugrenzen, ob ein „geistiger, emotionaler oder ästhetischer Sinngehalt mittels Körpersprache“[60] präsentiert wird.

Es kommt für die Schutzfähigkeit nicht darauf an, dass ein in sich geschlossener Handlungsablauf vorliegt[61]. Zwar forderte *Schulze* für Situationen, in denen die körperlichen Ausdrucksmittel technisch beschränkt sind, wie z.B. beim Eiskunst-

---

[53] Wandtke/Bullinger/*Bullinger* § 2 UrhG Rn. 17; a. A. Schricker/*Loewenheim* § 2 UrhG Rn. 14.
[54] So auch Obergfell, ZUM 2005, 621, 623.
[55] Schricker/Loewenheim § 2 Rn. 14, 16; Obergfell ZUM 2005, 621, 623.
[56] Fromm/Nordemann/*Axel Nordemann* § 2 Rn. 25.
[57] Anders z.T. in der älteren Literatur. Dort wurde z.B. von einem „geistig-ästhetischen“ Gehalt gesprochen (vgl. von Gamm, § 2 UrhG Rn. 6, 8 bzw. 15).
[58] BGH GRUR 1985, 1041, 1047 – Inkasso Programm; Wandtke, ZUM 1991, 115, 116.
[59] LG München I, GRUR 1979, 852, 853; Dreier/Schulze/*Schulze*, § 2 Rn. 143; Loewenheim/*Schlatter* § 9 Rn. 88; Mestmäcker/Schulze/*Obergfell* § 2 Rn. 97; Wandtke/Bullinger/*Bullinger* § 2 Rn. 74; Wandtke ZUM 1991, 115, 117.
[60] Mestmäcker/Schulze/*Obergfell* § 2 Rn. 97; so auch Loewenheim/*Schlatter* § 9 Rn. 88.
[61] So schon Ulmer, 143ff.

lauf, wo die Arme zum Gleichgewichthalten dienen und mit den Beinen gleitende Bewegungen zur Fortbewegung zwingend erforderlich sind, dass ein gewisser zu einer Einheit verbundener Handlungsablauf vorliegt[62]. Diese besondere Anforderung ist jedoch abzulehnen, da sie weder aus dem Urheberrechtsgesetz noch aus den Voraussetzungen für den Werkbegriff entnommen werden kann. Sie findet ihren Ursprung in den Gedanken zur Abgrenzung choreografischer Werke von rein sportlichen Leistungen bzw. technischem Können. Dieser Thematik widmet sich Abschnitt 3 II. dieses Kapitels ausführlicher.

Das OLG München hatte 1974 im Fall „Brasiliana" Gelegenheit, sein Verständnis vom Werkbegriff zu äußern[63]. Dem Urteil lagen folgende Fakten zugrunde: Der Antragsteller organisierte seit Jahren unter der Bezeichnung „Brasiliana" Aufführungen, die sich an brasilianische Volkstänze anlehnten. Die Antragsgegnerin hatte ihm 21 Tänzer abgeworben, mit denen sie nun ein nahezu identisches Programm mit dem Titel „Fiesta in Brasilia 74" präsentierte. Das Gericht merkte kritisch an, dass Grenzziehungen zwischen Kunst und etwas handwerklich Gelungenem Werturteile erforderten, die umstritten sein können und im Zug der Zeit auch Schwankungen unterworfen werden[64]. Zum Thema Kunstwerk äußerte sich das Gericht wie folgt: „... Der Senat versteht unter einem Kunstwerk die in einer konkreten Form verkörperte, das Alltägliche erheblich übersteigende, eigenpersönliche und schöpferische Leistung des Urhebers, mittels Worten, Tönen ... oder ähnlichen Gestaltungsmitteln seine Wahrnehmungen, Gefühle und Gedanken derart zu erläutern, dass der ... Betrachter einen charakteristischen, sein eigenes tieferes Empfinden wesentlich anregenden Sinneseindruck empfängt[65]." Diesen hohen Maßstab fand das Gericht bei der streitgegenständlichen Schöpfung erfüllt, auch wenn die präsentierten Tänze auf lateinamerikanischer Folklore beruhten. Ausschlaggebend war für die Richter, dass der dramaturgische Ablauf eine eigene Schöpfung des Antragstellers darstellt. Sehr kurz stellten die Richter mit dem Hinweis auf das eingeholte Sachverständigengutachten fest, dass der Tanzshow eine Choreografie zu Grunde liegt, die nicht Volkskunst sein kann[66]. Sie erläuterten jedoch nicht, worin die choreografischen Elemente, die nicht auf Folklore beruhen, bestehen sollen[67]. Die Entscheidung ist insofern etwas unglücklich, weil man durch die Ausführungen des Gerichtes auf den Gedanken kommen kann, dass allein die Kreation von Rah-

---

62 Gernot Schulze, 216.
63 UFITA 74 (1975), 320ff.
64 UFITA 74 (1975), 320, 321.
65 OLG München UFITA 74 (1975), 320, 322.
66 OLG München UFITA 74 (1975), 320, 322.
67 Kritisch dazu Schlatter-Krüger GRUR Int 1985, 299, 303; Gernot Schulze, 54.

menbedingungen für die damals streitigen Folkloretänze als schöpferisch anzusehen ist und urheberrechtlichen Schutz rechtfertige[68].

Der BGH musste sich in Deutschland noch nicht direkt mit dem Thema der urheberrechtlichen Schutzfähigkeit choreografischer Werke auseinandersetzen. Die Entscheidungen Eisrevue I[69] und II[70] befassten sich in erster Linie mit der Frage, ob Eistanzdarbietungen, die einzelne Operettenszenen zur Originalmusik darstellen, eine Verletzung der Aufführungsrechte an den Operetten sein können. Nur in einem Nebensatz wurde in der Entscheidung Eisrevue I zur Verneinung einer bühnenmäßigen Aufführung vom BGH darauf hingewiesen, dass sich die Annahme einer solchen Aufführung auch nicht dadurch rechtfertigen lasse, dass „pantomimische Eistänze, denen eine entsprechende Choreografie zugrunde liegt, ihrerseits ein gemäß § 1 Abs. 2 LUG (1910) geschütztes Bühnenwerk darstellen“[71] können.

In Bezug auf das choreografische Werk fordern *Obergfell* und *Schlatter* im Einklang mit der älteren Rechtsliteratur[72], dass den urheberrechtlich schutzfähigen Körperbewegungen eine gewisse künstlerische Aussage oder Sinngehalt innewohnen muss[73] – auch wenn eine ästhetische oder sittliche Beurteilung außen vor bleiben soll. Neben dem eben angesprochenen Abgrenzungskriterium des Gedanken- bzw. Sinngehalts wird von *Schlatter* das Kriterium eines „intellektuellen Überbaus“ vorgeschlagen, um dadurch auszuschließen, dass „Tanz als Selbstzweck“[74] urheberrechtlichen Schutz erlangen kann[75]. Steht also z.B. die Präsentation von Geschicklichkeit oder Körperbeherrschung im Vordergrund, soll grundsätzlich kein urheberrechtlicher Schutz gewährt werden[76]. Einen ähnlichen Gedankengang verfolgte auch *Wandtke* als er schrieb, dass Leistungen der Artistik oder des Sports nicht die Anforderungen für ein choreografisches Werk erfüllen, weil sie keinen „Sinn und Inhalt in Form von Körperbewegung und Gebärden, insbesondere durch Tanz“ ausdrücken[77].

Allein diese Art der Abgrenzung wirft bei choreografischen Werken Probleme auf. Zunächst ist nicht erkennbar, wie der „intellektuelle Überbau“ sich von der Forderung nach einer künstlerischen Aussage abschichten soll. Daher wurde auch

68 So schon Schlatter-Krüger, GRUR Int. 1985, 299, 307.
69 BGH GRUR 1960, 604ff.
70 BGH GRUR 1960, 606ff.
71 BGH GRUR 1960, 604, 605.
72 von Gamm, Urheberrechtsgesetz, § 2 Anmerkung 18; Gernot Schulze, 54; Ulmer, 143.
73 Mestmäcker/Schulze/*Obergfell* § 2 Rn. 94, Loewenheim/*Schlatter* § 9 Rn. 88.
74 Schlatter-Krüger, GRUR Int. 1985, 307.
75 Loewenheim/*Schlatter* § 9 Rn. 88.
76 A.a.O.
77 ZUM 1991, 115, 118.

vertreten, dass beide Merkmale gleichbedeutend verwendet werden[78]. Fordert man einen Sinngehalt in Form von Gedanken- oder Gefühlsäußerungen, besteht außerdem die Gefahr, dass rein abstrakte choreografische Werke nicht vom Werkbegriff erfasst werden können, da bei ihnen kaum Gedanken- oder Gefühlsäußerungen feststellbar sind. Beispielhaft sei auf die brillanten Choreografien *Balanchines* verwiesen, die sich durch technische Präzision, beeindruckende tänzerische Kompositionen und einen kreativen Umgang mit dem Element Raum auszeichnen[79]. Für *Balanchine* war in einigen Werken in erster Linie der ästhetische Reiz der Körpersprache von Bedeutung. Eine ähnliche künstlerische Auffassung vertrat auch *Cunningham.* Für ihn stand „die Bewegung an und für sich im Zentrum des Interesses[80], der ‚Tanz um des Tanzes willen'."[81] *Schlatter* hat diese Problematik erkannt und darauf verwiesen, dass in diesen Fällen eine intellektuelle Leistung erkennbar ist und die künstlerische Konzeption entsprechend gewürdigt werden muss[82]. Ihr Alternativvorschlag des „intellektuellen Überbaus" sah sich jedoch der Kritik ausgesetzt, dass das Kriterium „intellektuell" kaum Trennschärfe bei der Abgrenzung vermitteln kann. Auch *Obergfell* schreibt einschränkend, dass zwar für abstrakte Choreografien ohne in sich geschlossenen Handlungsablauf ein Sinngehalt in Form der Darstellung äußerer oder innerer Vorgänge durch tänzerische Bewegungen erforderlich ist. Dieser sei jedoch gegeben, da die jeweilige Individualität des Urhebers in abstrakten Choreografien zumeist hinreichend zum Ausdruck gebracht wird[83]. Differenzierter geht nunmehr *Wandtke* vor. Er führt aus, dass choreografische Werke ihren geistigen Gehalt durch die Körperbewegung und Gebärden zum Ausdruck bringen[84]. Nach seiner Auffassung sind „die Eigenart der Kombination der Tanzschritte, Sprünge und Drehungen sowie die Anordnung und Zuordnung der Tänzer für die Schutzfähigkeit des choreografischen Werkes entscheidend[85]."

Das Merkmal „geistiger Gehalt" bzw. „Sinngehalt" sollte daher bei choreografischen Werken dahingehend ausgelegt werden, dass die kreative Arbeit mit den Elementen Bewegung, Körpersprache, Raum und Tempo den Anforderungen genügt. D.h. die äußere Formgebung steht im Vordergrund. Auch schöpferische Be-

---

78 So Mestmäcker/Schulze/*Obergfell* § 2 Rn. 102.

79 Dazu gehört z.B. „Sinfonie in C".

80 Cunningham ging dabei so weit, dass er seine Arbeiten oft in aller Stille choreografierte – unabhängig von musikalischen Vorlagen. Musik kam oft erst bei der Aufführung hinzu. Das Zusammenkommen von Bewegung und Musik war daher oft zufällig.

81 Nehring, Tagesspiegel vom 28.7.2009, 24.

82 Schlatter-Krüger, GRUR Int. 1985, 299, 307.

83 Obergfell, ZUM 2005, S. 621, 624.

84 Wandtke, ZUM 1991, 115, 118.

85 Wandtke, FS Raue, 745, 750.

wegungsabfolgen allein können durch ihre Harmonie oder Dissonanz ohne weitere geistige oder gefühlsmäßige Aussage des Choreografen beim Betrachter Empfindungen bzw. Emotionen auslösen. Eine engere Auslegung birgt die Gefahr, nicht die gesamte Vielfalt choreografischen Schaffens erfassen zu können, ohne an anderer Stelle dogmatische Umwege nehmen zu müssen. Dem Argument, dass dadurch die Schutzuntergrenze für choreografische Werke zu niedrig angesetzt wird, kann entgegnet werden, dass eine andere Herangehensweise, der im Ergebnis die Gefahr einer Verweigerung urheberrechtliches Schutzes innewohnen würde, zu einer Pönalisierung kreativen choreografischen Schaffens führe und es im Interesse der Tanzkunst sei, für sie eine umfassende urheberrechtlichen Anerkennung zu ermöglichen. Die Gefahr eines ausufernden urheberrechtlichen Schutzbereiches besteht zudem nicht, weil banalen Schrittfolgen oder alltäglichen Bewegungen auch bei dieser Auslegung kein urheberrechtlicher Schutz zukommen kann.

d) Formgebung und individuelle Gestaltung

(1) Dichotomie von Form und Inhalt

Die Werkschöpfung muss eine Form besitzen, in der sie der Wahrnehmung durch die menschlichen Sinne zugänglich ist[86]. Für die Formgebung genügt es, wenn eine Idee zu etwas geworden ist, das von Dritten, z.B. im Wege einer Darbietung, wahrgenommen werden kann. Es ist nicht erforderlich, dass das Werk in irgendeiner Art und Weise körperlich festgehalten wird[87]. Die Form muss noch nicht vollendet sein: Auch Skizzen, Entwürfen oder unvollendeten Werken kann bei entsprechender Individualität urheberrechtlicher Schutz zukommen[88]. Diese Feststellung ist für choreografische Werke von Bedeutung, da sie in einem längeren Schöpfungsprozess entstehen. Dabei verwenden einige Choreografen Notizen[89], andere gehen direkt in den Ballettsaal und probieren die Bewegungen selbst aus bzw. erarbeiten sie mit ihren Tänzern[90]. Das jeweilige Werk ist also bereits vor Fertigstellung einer Vielzahl von Personen bekannt und daher auch entsprechend für Verletzungen anfällig. Für die Umsetzung ist irrelevant, ob das choreografische Werk auf einem Libretto be-

---

[86] Schricker/*Loewenheim* § 2 Rn. 20.

[87] Ganz h.M., s. nur Dreier/Schulze/*Schulze*, § 2 Rn. 13; Dreyer/Kotthoff/Meckel/*Dreyer* § 2 Rn. 35.

[88] Vgl. in Bezug auf choreografische Werke z.B. LG Essen, UFITA Band 18 (1954), 243, 247.

[89] Twyla Tharp sammelt z.B. erst Material in Boxen (Lula, 177, 191).

[90] So arbeiteten bspw. Paul Taylor oder Agnes de Mille. Sir Frederick Ashton sagte: … When I start rehearsals I have a fairly clear picture on my mind of what I got to do – the story has to be told, the characters that have to be created, the formal dances that have to be composed – I erect the scaffolding so to speak (Zitat aus Lopez de Quintana, dort in Fn. 43.).

ruht oder ein Musikstück tänzerisch interpretiert. Entscheidend ist die tänzerische Transformation bestimmter Bewegungsabläufe zu einem künstlerischen Gesamtbild. D.h. vom urheberrechtlichen Schutz sind z.B. auch Werke des modernen Tanzes umfasst, deren Darstellung gänzlich ohne Musik auskommt.

Die Gelegenheit, zur Dichotomie von Form und Inhalt in Bezug auf choreografische Werke Stellung zu nehmen, erhielt im Jahr 1951 das LG Essen in einem einstweiligen Verfügungsverfahren über die Verletzung der Urheberrechte von *Kurt Joos* an seinem Werk „Der grüne Tisch“[91]. Das Gericht befand, dass es sich bei der betreffenden Schöpfung auch unter der Geltung des LUG in der Fassung von 1910 um ein schutzfähiges choreografisches Werk handelt. Zum Thema Form und Inhalt führte das Gericht aus: „... Geschützt ist nicht die Idee, verhandelnde Männer an einem Beratungstisch dazustellen, sondern die Formgestaltung. Nicht darauf kommt es an „was“ dargestellt wird, sondern „wie“ es dargeboten wird. ... Beim Tanze vollzieht sich die Gestaltung des gedanklichen Inhalts durch die Aufeinanderfolge rhythmischer Bewegungen und Gesten, wobei der Wechsel von Verharren und Bewegung, die Abstimmung des gleichzeitigen Verhaltens mehrerer Personen zueinander und der einzelnen nacheinander den in der Vorstellung des Schöpfers lebenden Empfindungs- und Gedankengehalt sinnfällig machen soll.[92]“

Es wurde lange vertreten, dass Urheberrechtsschutz nur für die gewählte Form, jedoch nicht den Inhalt bzw. die schöpferische Idee erlangt werden kann[93]. Die Idee sollte nach dieser Auffassung gemeinfrei bleiben. Es gelingt jedoch kaum, die Abgrenzung zwischen Form und Inhalt konsequent bei der Beurteilung der urheberrechtlichen Schutzwürdigkeit eines Werkes umzusetzen. Form und Inhalt lassen sich nicht immer urheberrechtlich zweifelsfrei voneinander trennen. Die Rechtsprechung hat daher zunächst für literarische Werke anerkannt, dass auch der Inhalt ausschlaggebend für die urheberrechtliche Schutzfähigkeit sein kann[94]. Der Gesetzgeber hat diese Problematik erkannt und die Verbindung von Inhalt und Form als schutzfähig akzeptiert[95]. Ein ähnliches Meinungsspektrum zeigt sich auch bei der Beurteilung choreografischer Werke. Für diese Werke wird vertreten, dass nur der konkrete Bewegungsablauf, d.h. die Körperbewegungen und Schrittfolgen im räumlichen und zeitlichen Ablauf, vom urheberrechtlichen Schutz umfasst sind.

---

91 UFITA 18 (1954), 243ff.

92 LG Essen UFITA 18 (1954), 243, 247.

93 Vgl. Schack, Rn. 160.

94 BGHZ 141, 267, 279 mwN – Laras Tochter; OLG München NJW-RR 2000, 268f. – Das doppelte Lottchen. Nach der Begründung des Regierungsentwurfs ist eine persönlich geistige Schöpfung durch „ihren Inhalt oder durch ihre Form oder durch die Verbindung von Inhalt und Form“ gekennzeichnet (RegE BTDr IV/270, S. 38).

95 BT-Drucksache IV/270/38.

Der jeweils zum Ausdruck gebrachte Inhalt kann jedoch nicht geschützt werden[96]. Die andere Auffassung betont die Einheit von Inhalt und Form[97]. Unter dem Gesichtspunkt, dass gerade bei modernem Tanz oftmals die Bewegung selbst die dahinter stehende Idee verkörpert, ist das Zusammenfallen von Inhalt und Form bei choreografischen Werken praxisnaher. Die abstrakten Ballette *Georges Balanchines*, wie z.B. „Sinfonie in C", sind wiederum ein gutes Beispiel zur Illustration dieser Aussage.

(2) Individuelle Gestaltung

Wichtiger als die Unterscheidung von Form und Inhalt ist das Merkmal der individuellen Gestaltung. Die Voraussetzung der „persönlichen Schöpfung" des § 2 Abs. 2 UrhG indiziert, dass ein Werk vom individuellen Geist seines Urhebers geprägt sein muss. Ein Werk soll spürbarer Ausdruck der schöpferischen Persönlichkeit seines Urhebers sein. Für die Schutzfähigkeit ist nicht entscheidend, ob das Werk „die Handschrift seines Schöpfers" zu erkennen gibt oder von der Persönlichkeit seines Schöpfers bestimmt ist[98]. Die persönliche Schöpfung muss jedoch als Ausdruck individuellen Geistes gewollt und empfunden werden[99]. Der Choreograf prägt also eine tänzerische Komposition, indem er sein künstlerisches Konzept auf die Tänzer überträgt und mit Hilfe der verschiedenen Bewegungsvarianten unterschiedliche Wirkungen erzielt[100].

Das Merkmal der Individualität wird oft als Kern des urheberrechtlichen Werkbegriffes angesehen[101]. Individualität bedeutet aber nicht, dass ein Werk objektiv neu sein muss. Der potentielle Urheber baut zumeist auf dem auf, was an Kulturgütern vorhanden ist. Fast jedes schöpferische Werk, das nicht Bearbeitung oder freie Benutzung eines anderen ist, entsteht aus der Kombination gemeinfreier Elemente. Diese Feststellung gilt in besonderem Maße für choreografische Werke, denn das Bewegungsvokabular mit dem ein Choreograf arbeitet, ist nicht für urheberrechtlichen Schutz geeignet[102]. Zu fordern ist jedoch zumindest eine Andersartigkeit des neu geschaffenen Werkes gegenüber bereits Bestehendem[103], denn der

---

96 Dreier/Schulze/*Schulze* § 2 Rn. 144; Obergfell § 2 Rn. 97.

97 Möhring/Nicolini/*Ahlberg* § 2 Rn. 58; indirekt ausgedrückt bei Wandtke/Bullinger/*Bullinger* § 2 Rn. 76; noch klar vertreten Wandtke/Bullinger/*Bullinger* 1. Auflage, § 2 Rn. 75; Wandtke ZUM 1991, 115, 116.

98 Fromm/Nordemann/*Axel Nordemann* § 2 Rn. 22.

99 Schack, Rn. 157.

100 Wandtke, FS Raue, 745, 748.

101 So Fromm/Nordemann/*Axel Nordemann* § 2 Rn. 25; Loewenheim/*Loewenheim* § 6 Rn. 13; Schack, Rn. 161, Schricker/*Loewenheim* § 2 Rn. 23; Ulmer, 132.

102 S. dazu auch unter 2. Kapitel 2. Abschnitt I. 1. e).

103 BGHZ 44, 288, 292 – Apfelmadonna; Dreier/Schulze/*Schulze*, § 2 Rn. 17.

Begriff „Schöpfung" impliziert, dass etwas Eigenes entsteht. In diesem Zusammenhang ist oft von schöpferischer Eigentümlichkeit oder Originalität die Rede[104]. Etwas zu vereinfachend charakterisiert *Steiner* diesen Prozess, wenn er schreibt, dass bspw. eine Ballerina in die Individualität hineintanze, wenn gemeinfreies Bewegungsvokabular nur über einen ausreichend langen Weg aneinandergereiht wird[105]. Entscheidend für die Schutzfähigkeit eines Werkes ist außerdem der vorhandene Gestaltungsspielraum bzw. wie von ihm im Einzelfall Gebrauch gemacht wurde. Eine individuell-schöpferische Gestaltung ist, wie schon *Wandtke* zutreffend schrieb, dann gegeben, „wenn sie das Merkmal eigenständiger künstlerischer Prägung im Sinne gestalterischer Originalität aufweist.[106]"

(3) Gestaltungshöhe und „Kleine Münze"

Die Individualität des Urhebers kann sich im jeweiligen Werk auf sehr unterschiedliche Weise zeigen. Das eine Ende des Spektrums wird durch die Werke geprägt, die gewissermaßen den Stempel der Persönlichkeit des Urhebers tragen. Am anderen Ende finden sich die Werke, deren Individualität, wie bei der kleinen Münze, auf ein Minimum beschränkt ist. Dieses unterschiedliche Niveau wird im deutschen Urheberrecht oftmals mit dem Begriff der Gestaltungshöhe[107] umschrieben[108]. Der Begriff „Gestaltungshöhe" wird erst seit relativ kurzer Zeit verwendet[109]. So wie die Erfindungshöhe im Patentrecht als Maßstab zur Schutzfähigkeit verwendet wird, so sollte es im Kunsturheberrecht die Gestaltungshöhe sein[110]. Ursprünglich wurde das Merkmal der Gestaltungshöhe nur für Werke der angewandten Kunst genutzt, um damit zu bestimmen, ob der notwendige Grad an Leistung vorliegt, um urheberrechtlichen Schutz zu rechtfertigen oder ob nur Geschmacksmusterschutz in Betracht kommt[111]. In der späteren Lehre und Rechtsprechung[112] wurde der Begriff

---

104 S. Dreier/Schulze/*Schulze*, § 2 Rn. 18; Schricker/*Loewenheim* § 2 UrhG Rn. 23 m.w.N.; Wandtke/Bullinger/*Bullinger* § 2 UrhG Rn. 21.

105 Steiner, 106. Ergänzend sei angemerkt, dass dieser Autor das Merkmal Individualität im Zusammenhang von Kummers Präsentationslehre verwendet.

106 Wandtke, ZUM 1991, 115, 119.

107 Alt. wird auch der Begriff der Schöpfungshöhe verwendet.

108 Z.B. BVerfG GRUR 2005, 410 – Laufendes Auge; BGH GRUR 1991, 449, 451 – Betriebssystem; BGH GRUR 1990, 669, 673 – Bibelreproduktion; Dreier/Schulze/*Schulze* § 2 Rn. 20; Wandtke/Bullinger/*Bullinger* § 2 Rn. 23.

109 Ulmer berichtete 1959 von der Entstehung dieser Schutzvoraussetzung und übernahm dieses Kriterium in sein Urheberrechtslehrbuch.

110 Ulmer, Der Schutz der industriellen Formgebung, GRUR Int. 1959, 1, 2.

111 Schricker, FS Kreile, 715, 716.

112 Anzumerken ist jedoch, dass der BGH den strengeren Maßstab an die künstlerischen Anforderungen nicht bei allen Werkarten in gleicher Art und Weise angelegt hat.

jedoch umfassender für andere Werkarten angewendet um abzugrenzen, ob die notwendige Eigentümlichkeit einer Schöpfung in Bezug auf die urheberrechtliche Schutzfähigkeit gegeben ist[113]. Konsequenz der Ausweitung des Anwendungsbereichs des Merkmals der Gestaltungshöhe war eine Verschärfung der Anforderungen an die künstlerische Leistung. Dafür besteht allerdings kein systematischer Bedarf, da die Möglichkeit des urheberrechtlichen Schutzes auch bei der so genannten „kleinen Münze" besteht. Von der Rechtsliteratur wurde der Begriff der Gestaltungshöhe daher zu Recht mit den Argumenten in Frage gestellt, dass sich dafür kein Anhaltspunkt im Gesetz finde und der Gestaltungshöhe neben der Individualität keine schutzbegründende Funktion mehr zukommt[114]. Ist Individualität vorhanden, wird die Gestaltungshöhe nicht als zusätzliches Element benötigt. Das Ausmaß an Individualität kann und soll nur bei der Bestimmung des Schutzumfangs eine Rolle spielen[115].

Zum Thema Schöpfungshöhe bei der Beurteilung eines choreografischen Werkes äußerte sich das OLG München in der bereits im vorangegangenen Abschnitt dargestellten Entscheidung „Brasiliana". Das Gericht forderte für choreografische Werke eine „das Alltägliche erheblich übersteigende eigenpersönliche und schöpferische Leistung des Urhebers"[116]. Auf die Arbeit eines Choreografen angewendet bedeutet diese Feststellung streng genommen, dass Schöpfungen mit geringerer eigenschöpferischer Prägung, wie z.B. kleinere Tanzeinlagen in Varietéshows o.ä. Veranstaltungen, nicht vom Urheberrechtsschutz erfasst werden. Diesem Maßstab ist das Gericht in seinem Urteil aber selbst nicht wirklich treu geblieben, da es bereits in dem dramaturgischen Ablauf der Show „Brasiliana" eine eigene Schöpfung des Antragstellers erkennen konnte, die über das alltägliche, rein handwerkliche Arbeiten hinausging.

Konsequenz einer Beurteilung der Schutzfähigkeit choreografischer Werke nach einem künstlerischen Gedankeninhalt[117] ist die Notwendigkeit den Grenzbereich urheberrechtlichen Schutzes auszuweiten, der auch als „kleine Münze"[118] bezeichnet wird, um die Choreografien vom Urheberrechtsschutz erfassen zu können, de-

---

113 Schricker, FS Kreile, 715, 716.

114 Schricker, FS Kreile, 715; Schricker/*Loewenheim* § 2 Rn. 25.

115 Z.B. bei der Bestimmung, ob eine freie Benutzung vorliegt. Dazu ausführlich in 3. Kapitel 1. Abschnitt I. 5.

116 OLG München UFITA 1974 (1975), 320, 322.

117 Dazu ausführlicher unter c) (2) in diesem Abschnitt.

118 Der Begriff der „kleinen Münze" wurde von Elster geprägt, der 1921 in seinem Lehrbuch zum gewerblichen Rechtsschutz schrieb, dass es für den Gegenstand des Urheberrechts unerheblich sei, „ob große oder kleine Münze ist, was da geschaffen ist" (Elster, Gewerblicher Rechtsschutz, 40).

nen nach diesem Maßstab nur ein geringer Grad an Eigentümlichkeit innewohnen kann[119]. Als kleine Münze werden die Schöpfungen bezeichnet, die als gerade noch urheberrechtsschutzfähig angesehen werden können[120]. Dementsprechend sind auf diesem Weg Tanzeinlagen in Varieté, Oper bzw. Operette oder Schauspiel urheberrechtlichem Schutz zugängig[121]. In den Grenzbereich urheberrechtlichen Schutzes können auch Paraden fallen[122]. Die Zuordnung zur kleinen Münze ist jedoch rechtlich nicht relevant, entscheidend ist allein die urheberrechtliche Schutzfähigkeit einer Schöpfung. Diese regelt das Urheberrechtsgesetz einheitlich für alle Werke – seien es nun Grenzfälle oder nicht[123]. Voraussetzung ist also „nur", dass ein Mindestmaß an schöpferischer Gestaltung gegeben ist, das über die „rein handwerklichen Fähigkeiten hinausgeht"[124]. Es bleibt also auch für diese Bereiche choreografischen Schaffens für den urheberrechtlichen Schutz bei der zutreffenden Gesamtfeststellung *Wandtkes*[125]: Künstlerische und schöpferische Leistung können nicht einfach gleichgesetzt werden bzw. eine gewisse künstlerische Qualität darf nicht Voraussetzung für den Urheberrechtsschutz sein[126]. Choreografien sind also allein anhand ihrer Individualität als urheberrechtsschutzfähige Werke zu klassifizieren. Dazu ist entscheidend, ob ein Gestaltungsspielraum für den Choreografen besteht und wie er ihn nutzt. Zu einem vergleichbaren Ergebnis gelangt man – wie die folgenden Abschnitte zeigen werden – wenn wie im französischen oder amerikanischen Recht auf das Merkmal der Originalität Bezug genommen wird.

---

119 Für einen Schutz als „Kleine Münze" Mestmäcker/Schulze/*Obergfell* § 2 Rn. 99; Schulze, 213ff.

120 BGH GRUR 1995, 581, 582-Silberdistel; BGH GRUR 1981, 267, 268 – Dirlada; Schricker/*Loewenheim* § 2 Rn. 38.

121 Schulze sieht die kleine Münze bei Werken der Tanzkunst im Grenzbereich zu sportlichen, kabarettistischen und artistischen Leistungen (Schulze, 213). Bezüglich sportlicher Leistungen ist diese Aussage zu pauschalisierend, wie im 2. Kapitel 3. Abschnitt II dargelegt werden soll.

122 Bejahend Schulze (218), soweit die Parade eine gedankliche Aussage verfolgt.

123 Die Einordnung der „Kleinen Münze" in das Urheberrechtsgesetz ist in erster Linie eine Frage der Terminologie. Denn auch wenn es sich bei den jeweiligen Werken um Grenzfälle urheberrechtlich schutzfähiger Schöpfungen handelt, sind für sie letztlich die gleichen gesetzlichen Vorgaben zu prüfen wie für Werke mit starker eigenschöpferischer Prägung. Vgl. auch Schulze, Die kleine Münze und ihre Abgrenzungsproblematik bei den Werkarten des Urheberrechts, 3.

124 Mestmäcker/Schulze/*Obergfell* § 2 Rn. 99.

125 ZUM 1991, 115, 118.

126 Auch der BGH hat bereits formuliert, dass nicht nach dem künstlerischen Wert abgegrenzt werden dürfe (BGH, UFITA 51 (1968), 295, 305 – Haselnuss).

e) *Schutz einzelner Bewegungen oder Tanzschritte?*

Weitgehend Konsens besteht in der deutschen Rechtsliteratur, dass der Formenschatz, mit dem Choreografen arbeiten, keinen urheberrechtlichen Schutz genießen kann[127]. Das LG Essen hat 1951 ähnlich geurteilt, als es ausführte, dass „... die Ausdrucksmittel, hier der Tanz, und die einzelne tänzerische Bewegung oder Gebärde ... nicht dem Urheberrechtsschutz unterliegen.[128]" D.h. einzelne Schritte, Drehungen, Hebungen oder sonstige Bewegungen gehören zum Allgemeingut, das nicht monopolisiert werden kann. Diese choreografischen Grundelemente können also ebenso wenig geschützt werden wie eine ungewöhnliche Pose oder eine sonstige tänzerische Haltung, denn für ein Werk der Tanzkunst ist gerade die Bewegung in Raum und Zeit charakteristisch[129]. D.h. Figuren des klassischen Balletts oder Gesellschaftstanzes sind ebenso wenig urheberrechtsfähig wie neu kreierte Tanzfiguren.

Fraglich ist, ob die Kombination gemeinfreier Schrittfolgen oder Tänze Urheberrechtsschutz zugängig ist. Eine Auffassung kann keine schöpferische Prägung erkennen und lehnt deshalb die urheberrechtliche Schutzfähigkeit für solche Leistungen ab[130]. Darunter fallen nach *Schlatter* u.a. Volks- und Gesellschaftstänze oder der Formationstanz als Showeinlage bei Tanzwettbewerben[131]. Das andere Meinungsspektrum bejaht die Möglichkeit urheberrechtlichen Schutzes, soweit es sich um eine eigenschöpferische Kombination der gemeinfreien Elemente handelt[132]. *Obergfell*[133] und *Wandtke*[134] führen diese Argumentationslinie dahingehend weiter, dass Formations- oder Gesellschaftstänze nur vom urheberrechtlichen Schutz ausgeschlossen sind, wenn deren tänzerischer Formenschatz nicht dergestalt kombiniert wird, dass zumindest Schutz als „Kleine Münze" in Betracht kommt.

---

127 S. nur Schlatter-Krüger GRUR Int 1985, 305; Wandtke, ZUM 1991, 115, 117; ders., 745, 749.

128 LG Essen, UFITA 18 (1954), 243, 247.

129 Vgl. aber auch die Entscheidung OLG Köln, 6 U 189/97, in der es um die Urheberrechtsverletzung an einem Lichtbildwerk ging, das eine Klammerpose einer Tänzerin darstellte. Die Richter äußerten sich auch zur Eigenart und Üblichkeit dieser Klammerposen im modernen Tanz und befanden, dass es sich bei der streitgegenständlichen Pose nicht um eine solche handelt, die üblicherweise im modernen Ballett zu finden ist, so dass dem Lichtbildwerk des Klägers entsprechend Urheberrechtsschutz zugebilligt wurde.

130 Loewenheim/*Schlatter* § 9 Rn. 90.

131 A.a.O.

132 OLG München UFITA 74 (1975), 320, 322 – Brasiliana; Fromm/Nordemann/*Axel Nordemann* § 2 Rn. 27; Obergfell, ZUM 2005, 621, 623; Schack, Rn. 193; Wandkte/Bullinger/*Bullinger* § 2 Rn. 80; Wandtke ZUM 1991, 115, 118.

133 Mestmäcker/Schulze/*Obergfell* § 2 Rn. 102.

134 Wandtke, ZUM 1991, 115, 118.

Zutreffend wird angenommen, dass auch im Bereich des Gesellschaftstanzes durchaus die Möglichkeit von Gestaltungsspielräumen gegeben ist, die ein Choreograf für sich nutzen kann[135]. Wird also der gemeinfreie Formenschatz der Körpersprache individuell bzw. mit gestalterischer Originalität kombiniert, verdienen auch Formations-, Gesellschafts- oder an Volkstänze angelehnte Choreografien urheberrechtlichen Schutz.

Die Beurteilung des technischen Könnens eines Tänzers, d.h. seine körperliche Leistungsfähigkeit, hat allerdings bei der Betrachtung der urheberrechtlichen Schutzfähigkeit außen vor zubleiben. Wie die einzelnen Tanzschritte oder sonstigen Bewegungen gehört sie zu den „schutzlosen Grundelementen jedes choreografischen Werkes[136].“ Konsequenz der Gemeinfreiheit einzelner Schritte und Bewegungen ist ebenfalls, dass auch ein durch besondere Technik gekennzeichneter Tanzstil bzw. eine allgemeine Methode oder Lehre nicht urheberrechtsschutzfähig sein können. Diese Aussage gilt also z.B. sowohl für das Bewegungsvokabular des klassischen Ballettes als auch für die Methode der „Spannung-Entspannung“ von *Martha Graham*.

2. Allgemeine Schutzvoraussetzungen

a) *Gesetzliche Vorgaben*

Das Urheberrecht entsteht unmittelbar mit der Schöpfung des Werks. Eine Veröffentlichung ist nicht erforderlich. Unter einer Veröffentlichung gemäß § 6 Abs. 1 UrhG versteht man jeden Akt, durch den das Werk der Öffentlichkeit zugänglich gemacht wird. Das Recht zur Veröffentlichung ist im deutschen Urheberrecht als Urheberpersönlichkeitsrecht ausgestaltet und wird in Bezug auf choreografische Werke genauer im 4. Kapitel 1. Abschnitt I. 2. erläutert. Da das Urheberrecht zusammen mit dem Werk entsteht, spielt es für die Schutzfähigkeit also keine Rolle, wann das Werk veröffentlicht wird[137]. Die Werkschöpfung ist ein Realakt, deshalb ist auch kein auf die Entstehung des Urheberrechts gerichteter Wille des Schöpfers notwendig. Außerdem erfordert das deutsche Urheberrecht keine schriftliche oder anderweitige Fixierung des Werks, so wie es noch das LUG von 1901 tat. Es zeich-

---

[135] So Wandtke ZUM 1991, 115, 118.

[136] Mestmäcker/Schulze/*Obergfell* § 2 Rn. 102; ebenso Dreier/Schulze/*Schulze* § 2 Rn. 144; Loewenheim/*Schlatter* § 9 Rn. 88.

[137] Anders war es z.B. im amerikanischen Urheberrecht. Das Federal copyright hing lange Zeit von der Veröffentlichung des Werkes ab. Neben diesem gesetzlichen Urheberrecht existierte ein so genanntes ewiges Common Law Copyright (vgl. unten IV.)

net sich also durch den völligen Verzicht auf jegliche Förmlichkeiten, wie Registrierung, Hinterlegung oder den Copyrightvermerk aus. D.h. die einzige formale Schutzvoraussetzung ist die visuelle Wahrnehmbarkeit des Geschehensablaufes[138].

b) Schutz von Improvisationen

Soweit sie die Anforderung einer persönlichen geistigen Schöpfung erfüllen, können auch Improvisationen unkompliziert vom Urheberrechtsschutz erfasst werden, da eine Fixierung des Werks im deutschen Urheberrecht nicht erforderlich ist[139]. Dadurch wird ein wichtiger Bereich choreografischen Schaffens erfasst, denn moderner Ausdruckstanz oder experimentelles Tanztheater beruhen zu einem nicht unerheblichen Teil auf Improvisationen. Das französische und amerikanische Recht stehen an dieser Stelle vor größeren Problemen diese Werke in ihr Urheberrecht zu integrieren, weil beide Systeme von der Notwendigkeit einer Fixierung ausgehen[140]. Im deutschen Recht kann es in Bezug auf Improvisationen allerdings zu Abgrenzungsschwierigkeiten kommen, ob Allein- oder Miturheberschaft von Tänzer und Choreograf vorliegen[141].

II. Schutzvoraussetzungen in Frankreich

1. Einführung

Ausgangspunkt für die Betrachtung der Voraussetzungen urheberrechtlichen Schutzes im französischen Recht ist die Prämisse, dass ein Werk eine sinnlich wahrnehmbare persönliche Schöpfung geistigen Gehalts darstellen muss. Die Grundvoraussetzungen sind also vergleichbar zu den bereits für das deutsche Recht vorgestellten Anknüpfungspunkten. Im Detail gilt es aber auch für das französische Urheberrecht zu bestimmen, inwiefern seine Schutzvoraussetzungen bzw. Anforderungen geeignet sind, choreografische Werke zu erfassen bzw. inwiefern man dabei an Grenzen stößt. Art. L. 111-1 Abs. 1 CPI formuliert sehr großzügig, dass das durch das Urheberrecht geschaffene Monopol dem „… auteur d'une œuvre de l'esprit" zukommt. Es herrscht jedoch allgemeiner Konsens darüber, dass nicht je-

---

138 Loewenheim/*Schlatter* § 9 Rn. 89.

139 So Obergfell ZUM 2005, 621, 624; Dreyer/Kotthoff/Meckel/*Dreyer* § 2 Rn. 213; Wandtke/Bullinger/*Bullinger* § 2 Rn. 75.

140 Ausführlich dazu für Frankreich in II 4. b) und c) und die USA in III. 1. d) (1) und 2. d).

141 Dazu mehr im 3. Kapitel 1. Abschnitt I. 2. zur Miturheberschaft im deutschen Urheberrecht.

der Autor eines œuvre de l'esprit urheberrechtlichen Schutz genießen soll[142]. Daher stellt sich die Frage, nach welchen Kriterien im französischen Recht die Schutzfähigkeit eines Werkes bestimmt wird.

Recht unbestritten ist die Feststellung, dass Ideen keinen urheberrechtlichen Schutz genießen können. Schon *Gastambide* schrieb 1837, dass der Autor eines Plots (im Sinne einer Ideensammlung) sich darüber beschweren könnte, dass jedermann diese Ideen verwenden kann und ihm kein rechtlicher Schutz zusteht – allerdings darf nicht jede vage Idee für ein Theaterstück dazu führen, dass ähnliche Stücke von anderen Autoren untersagt werden können[143]. Deshalb soll nach *Gastambides* Auffassung rechtlicher Schutz nur dann gerechtfertigt sein, wenn der Autor/Urheber seine Gedanken auf eine präzise Art und Weise zum Ausdruck gebracht hat[144]. In der jüngeren Rechtsliteratur brachte *Lyon-Caen* die Rechtslage zur Dichotomie Idee-Formgebung wie folgt auf den Punkt: „L'idée si puissante, si originale soit-elle, ne saurait tomber sous l'emprise du droit d'auteur"[145].

Zur Illustration dieser Problematik in der Rechtspraxis soll das Urteil im Fall *Jodorowsky Alejandro bekannt als Alexandre v. Marcel Mangel bekannt als Marcel Marceau* herangezogen werden[146]. Gestritten wurde über die Urheberschaft an den pantomimischen Szenen „Le Fabricant de Masque" und „La Cage". Die Handlung für beide Szenen wurde von *Alexandre* beigesteuert. Er verklagte *Marcel Marceau*, weil dieser die Stücke aufführte ohne ihm Tantiemen zu zahlen und sich als alleiniger Urheber gerierte. Das Gericht gab der Klage *Alexandres* statt. Die Richter befanden, dass *Marceau* den Handlungsstrang beider Stücke weiterentwickelte und finalisierte, sowie Schöpfer eines essentiellen Teils des Werkes war, ohne den die Aufführung nicht möglich wäre. Nichtsdestotrotz wurde *Alexandre* aufgrund seines Beitrages als Miturheber eingestuft. Vom Gericht wurde die Frage nicht erörtert, was den von *Alexandre* beigesteuerten Handlungsablauf zu einem so wichtigen Teil der pantomimischen Szenen machte, der seine Miturheberschaft rechtfertigte. Angelehnt an *Gastambides* Auffassung wäre es erforderlich gewesen, dass die Handlung von *Alexandre* präzise genug zum Ausdruck gebracht wurde, um die Stufe einer nicht schutzfähigen Idee zu überschreiten. D.h. sein Beitrag müsste bereits Züge einer Art Libretto getragen haben. *Desbois* stützt diese Einschätzung zum Teil, wenn er schreibt, dass in der figurativen Kunst derjenige, der die Ideen vorgibt, dies sehr detailliert tun muss, um als Miturheber angesehen zu werden. Außerdem

142 S. nur Lucas/Lucas Traité, 54ff., 60f.
143 Gastambide, 243, Nr. 226.
144 A.a.O.
145 In Desjeux, 43, 55. Übersetzung: Eine Idee, egal wie kraftvoll oder eigentümlich sie auch ist, kann keinen urheberrechtlichen Schutz genießen.
146 Tribunal de Grande Instance, RIDA Nr. 61 1968, 106ff.

hat er sicherzustellen, dass seinen Vorgaben gefolgt wird[147]. Im Gegensatz dazu ist nach Auffassung von *Desbois* die Realisation selbst – z.B. ein Bühnenbild – unmittelbar urheberrechtlich geschützt[148]. Er hält diesen Gedankengang auch für choreografische Werke anwendbar, obwohl sie ohne Fixierung einen flüchtigen Charakter haben und durch die Tänzer visuell umgesetzt werden müssen – also nicht figurativ sind.

Zur Abgrenzung einer nicht schutzfähigen Idee stellt sich also die Frage nach den Charakteristika für ein Werk. Die Zugehörigkeit zu einer der in Art. L. 112-1 CPI aufgeführten Werkarten (le genre) ist, wie im deutschen Recht, nicht zwingende Schutzvoraussetzung. Die Einteilung des Gesetzes in Werke der Literatur, Kunst und Musik ist allein historisch gewachsen[149]. Kurz gesagt, kein Werk ist aus Prinzip vom Urheberrechtsschutz ausgeschlossen, und keines automatisch durch die Aufzählung geschützt. Ebenso unerheblich ist der Zweck eines Werks (le mérite) bzw. die Zweckrichtung (la destination) oder die Art des Ausdrucks (la forme d'expression). Dementsprechend bildet Art. L. 112-1 CPI eine Art „Negativliste" wenn er im Wortlaut ausführt, dass „... toutes les œuvres de l'esprit, quels qu'en soient le genre, la forme d'expression, le mérite ou la destination ..." urheberrechtsschutzfähig sind. Zu Recht stellt sich dann die Frage, an welchem positiven Unterscheidungskriterium die Messlatte für Urheberrechtsschutz angelegt werden soll. Nach einhelliger Auffassung ist dies das Merkmal der Eigentümlichkeit eines Werkes (originalité), dem sich der folgende Abschnitt widmen will.

2. Das Kriterium der Originalité

Weder im Gesetz noch in den frühen urheberrechtlichen Entscheidungen wird originalité bzw. Originalität als Schutzvoraussetzung erwähnt. Auch in der juristischen Literatur wurde dieses Merkmal bis zum Jahr 1950 nicht benutzt[150]. Doch durch das Erscheinen von *Desbois* Abhandlung wird die Einordnung einer Schöpfung als urheberrechtliches Werk systematisiert und zur Abgrenzung die Theorie von der Eigentümlichkeit entwickelt[151]. Mit Hilfe der „originalité" eines Werkes ist zwar ein Abgrenzungskriterium gefunden – so wie sich das deutsche Recht auf das vergleichbare Kriterium einer individuellen Gestaltung stützt. Das Merkmal der

---

[147] Desbois, Chroniques de Legislation et de Jurisprudence française II, Revue Trimestrielle de Droit Commercial 1958, 776, 769f.

[148] A.a.O.

[149] Vgl. Wortlaut des Gesetzes von 1793, Kapitel 1 III. 2.

[150] Lucas/Lucas Traité, 71ff.

[151] A. Lucas/ Sirinelli, L'originalité en droit d'auteur, JCP 93, I, 3681.

Originalität ist jedoch wiederum auslegungsbedürftig, um eine Einordnung von Werken damit vornehmen zu können. Dem Begriff „originalité" selbst fehlt es dazu an der notwendigen Trennschärfe. Damit ist ein Problemkreis im französischen Urheberrecht zur Bestimmung der Schutzfähigkeit von künstlerischen Schöpfungen bereits angerissen. So wie es in ähnlicher Weise im vorangegangenen Abschnitt für die Schutzvoraussetzungen im deutschen Urheberrecht geschildert wurde, bestehen auch in Frankreich z.T. widerstreitende Tendenzen zur Auslegung dieses Rechtsbegriffs. Es existiert eine so genannte klassische Theorie (dazu sogleich unter a), die zwar nicht als überholt gilt, jedoch mit der Rechtswirklichkeit teilweise kontrastiert (dazu im Unterabschnitt b).

a) Klassische Theorie[152]

Die Basis der so genannten klassischen Theorie ist einfach, denn sie versteht originalité als Ausdruck der Persönlichkeit des Urhebers, auch wenn die sprachlichen Formulierungen etwas variieren[153]. In der Rechtsliteratur herrscht Einigkeit über die sehr subjektive Dimension des Kriteriums „originalité"[154]. Versuche einer Objektivierung bzw. einer größeren Trennschärfe bei den Begrifflichkeiten führen nicht immer zu der gewünschten Wirkung. *Gautier* will bspw. die Voraussetzungen für das Vorliegen eines urheberrechtlich schutzwürdigen Werkes folgendermaßen definieren: „… tout effort d'innovation de l'esprit humain, conduisant à une production intellectuelle, qui peut tendre vers un but pratique, mais doit comporter un minimum d'effet esthéthique, la rattachant d'une quelconque façon à l'ordre des beaux-arts"[155]. Damit versucht *Gautier* wieder eine stärkere künstlerische Komponente in den Werkbegriff zu integrieren – offenbar um Tendenzen im Urheberrecht entgegenzuwirken, jeglicher Art von Leistung, sei sie auch noch so geringwertig, Urheberrechtsschutz zuzubilligen. Unter dem Aspekt, dass das Urheberrecht für den Schöpfer bzw. sonstigen Berechtigten zeitliche Monopole bzgl. der Auswertung der Leistung schafft, ist dieses Bestreben sicherlich begrüßenswert. Das Kriterium „effet estéthique" beinhaltet allerdings einen subjektiv bewertenden Charakter, d.h. von dritter Seite wird beurteilt, ob einer Schöpfung eine gewisse ästhetische Wir-

---

152 Diese Begrifflichkeit wurde von Lucas/Lucas, Traité, 86 übernommen.

153 Vgl. Lucas/Lucas, Traité, 73; Henri Desbois, Commentaire, Recueil Dalloz 1957, 350, 353; de Jonquéres, Les Droits D'Auteur, Rn. 44.

154 Lucas/Lucas, Traité, a.a.O.

155 Gautier, 70. Übersetzung: Jedes Bemühen den menschlichen Geist zu erneuern, führt zu einer geistigen Produktion, die nach einem praxisnahen Zweck strebt, aber ein Minimum an ästhetischer Wirkung enthalten muss, die sich auf beliebige Weise der Ordnung der schönen Künste anschließt.

kung zukommt oder nicht. Damit würde zuviel vom persönlichen Geschmack/Gefallen abhängen, so dass diese Abgrenzungsvariante mehr Probleme aufwirft, als Lösungen schafft.

Auch im französischen Urheberrecht wird, wie in seinem deutschen Pendant, Originalität von Neuheit abgegrenzt. Es ist nicht erforderlich, dass etwas neu im Sinne von noch nie da gewesen ist[156]. Damit ist jedoch noch nichts über das erforderliche Maß an Originalität gesagt. Die Stimmen in der Literatur zu dieser Frage lassen sich vereinfacht wie folgt auf den Punkt bringen: Wichtig ist nicht das Maß an Originalität, sondern der Fakt, dass sie überhaupt dem jeweiligen Werk innewohnt[157]. *Renouard* beobachtete daher gar eine „Hingabe der Gerichte noch für die dürftigsten/geringwertigsten Produkte[158]". Diese Werke mit einem geringen Maß an Originalität werden auch im französischen Recht als „kleine Münze" (petite monnaie) beschrieben. In der Praxis macht man es sich mit der Abgrenzung teilweise recht einfach: Viele Werke erhalten so etwas wie Vorschusslorbeeren, d.h. es wird zu ihren Gunsten zunächst angenommen, dass sie die notwendige Originalität besitzen.

b) *Anwendung des Kriteriums originalité durch die Gerichte*

Die Feststellung der ungeschriebenen Schutzvoraussetzung „originalité" obliegt den Instanzgerichten. Die meisten Gerichtsentscheidungen nutzen ein Vokabular, das der klassischen Theorie zur Eigentümlichkeit eines Werkes entspricht. Es lässt sich jedoch feststellen, dass über die Jahre der ursprüngliche Gehalt des Begriffes „originalité" abgenommen hat[159] und die Schutzschwelle abgesenkt wurde. Diese Tendenz lässt sich kurz an einigen Beispielen verdeutlichen. Im Bereich der angewandten Kunst wird zwischen den Kriterien Originalität und Neuheit nicht immer sauber unterschieden. Dies führte zu einer Vermischung beider Konzepte in einer Vielzahl von Entscheidungen[160]. Bei Sammelwerken zeigten sich ähnliche Entwick-

---

[156] Desbois (Le Droit d'Auteur en France) brachte das in der französischen Rechtsliteratur berühmt gewordene Beispiel von zwei Malern, die nacheinander ohne zusammenzuwirken jeweils ein Bild gleichen Inhalts malen. Es stimmen Perspektive, Ausschnitt, Farben etc. überein. Das zweite Bild erfüllt nicht mehr das Kriterium der Neuheit, es ist jedoch trotzdem eigentümlich.

[157] Statt vieler s. nur Lucas/Lucas, 75.

[158] Das Zitat lautet im Original: „la solicitude des tribunaux pour les plus chétives productions", aus Lucas/Lucas, Traité, 75.

[159] Lucas/Lucas Traité, 77f.

[160] S. nur Cour Cassation Civil 1942, Annales proprieté industrielle 1940–1948, 383; Cour Cassation Commercial 1965, Gazette du Palais 1965, 2, 81; Cour Cassation 1re civil 1991, Juris-Data Nr. 002928.

lungen. In Ermangelung anderer Abgrenzungsmöglichkeiten greift die Rechtsprechung doch auf den Begriff „Neuheit“ zurück[161] oder auf die Art der Präsentation, die sich so nicht von selbst so aufdrängen dürfe[162]. Insgesamt lassen sich vergleichbare Entwicklungen wie im deutschen Recht feststellen[163]. Es wird daher ebenso wie im deutschen Recht diskutiert, ob die Schutzhöhe je nach Werkart unterschiedlich zu bestimmen ist. *Jonquères* sprach in diesem Zusammenhang zum ersten Mal von „ l'originalité á géométrie variable“[164]. Kritiker äußerten nicht zu Unrecht, dass die Originalität nicht von der Natur der Werkart abhängen kann bzw. je nach Werkart wechselt[165]. Die Situation in Frankreich und Deutschland lässt also folgende Feststellung zu: Von einer Harmonisierung des urheberrechtlichen Werkbegriffs kann im Geltungsbereich des europäischen Rechts also noch nicht gesprochen werden, aber offenbar von ähnlichen Anwendungsproblemen[166].

3. Übertragung dieser Grundsätze auf das choreografische Werk

a) Feststellung der Originalität (originalité) bei choreografischen Werken

Die vorangegangenen Ausführungen zum Thema Originalität verdeutlichen, dass bei der Bestimmung, ob ein schutzfähiges urheberrechtliches Werk vorliegt, eine allgemeingültige Definition kaum erreichbar ist. Viel hängt im französischen ebenso wie im deutschen Recht von der Umsichtigkeit und dem Verständnis der mit urheberrechtlichen Streitigkeiten befassten Richter ab. Interessant ist in diesem Zusammenhang die großzügige Herangehensweise in Frankreich, so dass nicht nur für „klassische“ choreografische Werke, wie z.B. Ballette, urheberrechtlicher Schutz anerkannt wird, sondern auch Defilées bei Modenschauen geschützte Werke darstellen können[167]. Für die Präsentation auf dem Laufsteg ist teilweise ein Choreograf und/oder Regisseur verantwortlich, der für seine Arbeit gewisse Rechte genießen soll.

---

161 Z.B. Cour Cassation Commercial 1965, Bulletin Civil III, Nr. 228.

162 Cour Cassation 1re civ., 1987, RIDA April 1988, Nr. 136, 140.

163 S. 2. Kapitel 2. Abschnitt I.

164 Rapport du Conseiller Jean Jonquères, Revue du Droit de la Propriété Industrielle 1986, 191, Rn. 56.

165 Lucas/Lucas, Traité, 83.

166 Erste Schritte in Richtung eines einheitlichen europäischen Werkbegriffs wurden bspw. durch die Richtlinien zu Computerprogrammen (91/250/EG), Datenbanken (96/9/EG) und Fotografien (Schutzdauer-Richtlinie 93/98/EG) bereits getan. Sie formulierten einheitliche Schutzuntergrenzen.

167 Vgl. hierzu JurisClasseur Communication Fasc. 6130.

Um die Anforderungen, die an das Kriterium der Originalität im frankophonen Rechtskreis gerichtet werden, etwas genauer zu beleuchten, soll das Urteil des Cour d'Appel de Bruxelles aus dem Jahr 1998 herangezogen werden[168]. Gestritten wurde darüber, ob eine Choreografie von *Maurice Béjart* mit dem Titel „Le Presbytère" aus dem Jahre 1996 eine urheberrechtsverletzende Nachahmung des Werkes „La Chute d'Icare" von *Frédéric Flamand* aus dem Jahre 1989 darstellt. Im „Flug des Ikarus" trat ein geflügelter Tänzer mit Fernsehern, die an seine Füße gefesselt waren, auf und überquerte damit das Plateau einer Bühne. Bei *Béjart* trug der Tänzer Sportunterhosen und hatte Flügel, die als Symbol für einen Engel dienen sollten. Auch er war mit Fernsehern beschuht, die Videos von der Gruppe *Queen* zeigten. Er überquerte damit die Bühne von rechts nach links. Das Gericht urteilte, dass die Gestaltung eines Tänzers mit Flügeln und Fernsehern an den Füßen durch *Flamand* eine geistige Anstrengung („effort intellectuel") zeigt, die urheberrechtlichen Schutz rechtfertigt. Dabei betonte das Gericht, dass es ihm bei der Prüfung der Schutzfähigkeit als urheberrechtliches Werk nicht nur um das visuelle Bild des geflügelten Tänzers mit Fernsehern anstatt Schuhen ging, sondern um die neue Interpretation der Ikarussage durch *Flamand*[169]. Durch die Bewegungen des Tänzers, die das Gefesselte zum Ausdruck bringen, die Ausstattung der Szene und Gestaltung des Charakters auf der Bühne kommt nach Auffassung der Richter eine große Symbolik zum Ausdruck[170]. Die Kombination der Elemente formt ein Ganzes, dem urheberrechtliche Schutzfähigkeit zukommt. Die Gesamtheit darf also für die rechtliche Beurteilung nicht in ihre Einzelteile zerlegt werden – auch wenn es zutreffend ist, dass die einzelnen Komponenten wieder aus dem Schutzbereich des Urheberrechts herausfallen können – denn die meisten Werke bestehen aus Elementen, die für sich betrachtet, nicht urheberrechtsschutzfähig sind[171]. Dieser Argumentationslinie folgend stellt die gewählte Szenerie von *Béjart* eine Urheberrechtsverletzung dar, weil sie die charakteristischen Merkmale in ihrer Gesamtheit aus der Choreografie *Flamands* übernimmt. Das Urteil ist unter zwei Aspekten besonders interessant. Es verdeutlicht zum einen, dass für den Schutz choreografischer Werke nicht die einzelnen Schritte oder Gesten relevant sein können, sondern ihre Anordnung in der Bewegungsabfolge. Zum anderen geht das Gericht soweit, Elemente der Ausstattung (Flügel bzw. Fernseher) mit in die Bewertung der Originalität der Schöpfung einzubeziehen, weil die Richter der Auffassung waren, dass ihnen für die Darstellung des Werkes große Bedeutung zukommt. Damit wurden allerdings Elemente

[168] RIDA Nr. 179 Januar 1999, 372ff.
[169] RIDA Nr. 179 Januar 1999, 372, 373.
[170] A.a.O.
[171] RIDA Nr. 179 Januar 1999, 372, 374.

aufgegriffen, die streng genommen eher der Regie als der Choreografie im engeren Sinne (Kreation von Bewegungsfolgen) zuzuordnen sind. Das Urteil bestätigt die anfänglich geäußerte Annahme, dass für die Bestimmung der urheberrechtlichen Schutzfähigkeit von Schöpfungen viel von dem künstlerischen Einfühlungsvermögen der mit der jeweiligen Streitigkeit befassten Richter abhängt.

Bei der Prüfung, ob einem Werk ausreichend Originalität innewohnt, muss man sich, wie in diesem Abschnitt unter II. 2. dargestellt, auch mit Frage auseinandersetzen, ob die jeweilige Schöpfung Ausdruck der Persönlichkeit ihres Urhebers ist (l'empreinte de la personalité de son auteur). Dabei geht es weder um die Form des Ausdrucks noch um den Zweck des jeweiligen Werkes. Nicht zu Unrecht wurde jedoch in der französischen Rechtsliteratur dazu angemerkt, dass Richter zuweilen trotzdem Tendenzen zeigen, ein Werk nach seinem Zweck zu beurteilen und damit einhergehend die Gefahr besteht, dass die Einschätzung der urheberrechtlichen Schutzwürdigkeit einer Schöpfung ein Element der Willkürlichkeit erhält[172].

In der französischen Rechtsliteratur wurden daher Alternativvorschläge unterbreitet. *Alsne* möchte auf das künstlerische Ziel (destination artistique) als Abgrenzungskriterium abstellen[173]. Aber auch auf diesem Weg kann aufgrund des subjektiven Gehalts des Merkmals „destination artistique" keine wertneutrale Abgrenzung zwischen geschützten und nicht geschützten künstlerischen Leistungen vorgenommen werden. Man darf außerdem bei der Diskussion um mögliche Abgrenzungskriterien für die Gewährung urheberrechtlichen Schutzes die Vorgabe des französischen Urheberrechtsgesetzes nicht aus den Augen verlieren, auf ästhetische Vorgaben oder eine Beurteilung des Zwecks eines Werks zu verzichten. Andernfalls tritt ein Widerspruch zu Art. L 112-1 CPI auf, der dies untersagt. Genau diese Gefahr besteht jedoch bei der Anwendung von *Alsnes* Vorschlag.

b) Schutzfähigkeit von Tanztechniken und Tanzschritten

Wie auch im deutschen oder amerikanischen Recht wird bei der Auslegung des französischen Art. L. 111-1 Abs. 1 CPI diskutiert, ob Schritten, bestimmten Gesten oder Tanztechniken urheberrechtliche Schutzfähigkeit zukommen kann. Das Tribunal de Grande Instance von Nanterre musste sich 1994 im Fall *Lergenmuller v. Decouflé* bei der Prüfung der „originalité" eines choreografischen Werkes mit dieser Fragestellung ausführlicher befassen[174]. Streitpunkt war ein Teil der Eröff-

---

172 Bozzoni, 117; André Françon, Cours de Propriété littéraire, artistique et industrielle, 1996/1997, 157; Lucas/Lucas, Traité, 83f.

173 Alsne, 3.

174 Das Urteil wurde nicht veröffentlicht. Fakten und Urteilsgründe wurden aus Bozzoni, 114ff. entnommen.

nungszeremonie der Olympischen Spiele von Albertville 1992, die von *Decouflé* verantwortet wurde. Im Einzelnen ging es um einen Teil des Aufmarsches, in dem Tänzer so mit elastischen Bändern verbunden waren, dass einige von ihnen wie „menschliche Jojos" in die Luft gingen, während andere sie am Boden stabilisierten und die Ausdehnung der elastischen Bänder ermöglichten. Neben der Bestimmung der urheberrechtlichen Schutzfähigkeit ging es auch darum, sportliche Leistungen von Kunst abzugrenzen[175].

Lergenmuller von der Vereinigung der „Elastonauten" warf *Decouflé* vor, seine choreografischen Werke verletzt zu haben, da er schon seit langer Zeit mit der Technik der elastischen Bänder arbeitete. Dieser Auffassung folgten die Richter allerdings nicht. Die Technik selbst ist nicht geeignet, jemandem ein geistiges Eigentum daran zu verschaffen und kann dementsprechend auch nicht urheberrechtlichen Schutz erhalten[176]. D.h. *Decouflé* hat kein choreografisches Werk *Lergenmullers* allein durch die Verwendung dieser Technik verletzt. Allerdings hat er sich nach Auffassung des Gerichts die Erfahrungen *Lergenmullers* zu nutze gemacht und ist ihm daher aus einer anderen Norm des französischen Zivilrechts schadenersatzpflichtig.

Die Einschätzung des Gerichts ist aus urheberrechtlicher Sicht begrüßenswert, denn sie stellt klar, dass es nicht Schutzgegenstand des Urheberrechts sein kann, einzelne Bewegungstechniken oder Schritte bzw. Gesten mit einem urheberrechtlichen Monopol zu versehen. Schutzwürdig ist bei einem choreografischen Werk die Anordnung der Schritte bzw. Nutzung der Bewegungstechniken zur Aneinanderreihung der Bewegungsfolgen. Hätte *Decouflé* sich in dieser Hinsicht bei den Werken *Lergenmullers* bedient, könnte man über eine Urheberrechtsverletzung nachdenken, soweit man den Werken *Lergenmullers* ausreichend Originalität für einen urheberrechtlichen Schutz zu billigen will. Sicherlich mag man darüber nachdenken, ob derjenige rechtlichen Schutz verdient, der eine Technik als erster entwickelt und nutzt. Allerdings muss man sich dann auch die berechtigte Frage stellen, ob eine derartige Monopolisierung gewollt sein kann, denn sie würde die Weiterentwicklung der Kunst behindern, wenn nur Einzelne gewisse Techniken verwenden dürften und andere sich teure Lizenzen besorgen müssten.

c) Rahmen der Aufführung eines choreografischen Werkes

Von der Rechtsprechung wurde bei der Prüfung der Schutzfähigkeit eines choreografischen Werkes vereinzelt auf den Rahmen der Vorführung solcher Schöpfungen

---

175 Dazu ausführlich in 2. Kapitel 3. Abschnitt II.

176 Vgl. Bozzoni, 115.

abgestellt. Ein Urteil des Tribunal de Grande Instance de Paris aus dem Jahr 1990 zog dieses Kriterium zur Entscheidungsfindung heran[177]. In dem Rechtsstreit ging es um das Spektakel, das *Jean-Paul Goude* für die 200-Jahr-Feier der französischen Revolution geschaffen hatte und das unter dem Titel „La Marseillaise“ am 14. Juli 1989 auf den Champs-Elysées in Paris aufgeführt wurde. Die Richter lehnten im Ergebnis einen urheberrechtlichen Schutz dieser Live-Show aufgrund des Rahmens (gewähltes Aufführungsdatum, öffentliche Show vor Staatsgrößen und einer großen Menschenmenge), in dem sie präsentiert wurde, ab. Aus ihrer Sicht durfte kein urheberrechtlicher Schutz eingreifen, weil es inhaltlich um ein bedeutendes historisches Ereignis ging[178]. Im Ergebnis wurde also nicht das Spektakel selbst dahingehend untersucht, ob es genügend Eigentümlichkeit besitzt, um urheberrechtlichen Schutz zu genießen, sondern die Show wurde in den Kontext der Umstände ihrer Aufführung gestellt, der ein für die Franzosen wichtiges Ereignis bildete. Daraus rechtfertigte das Gericht die Ablehnung jeglicher Monopolisierung der Schöpfung durch das Urheberrecht. Diese Begründung fordert Kritik heraus und wirft die Frage auf, warum das Gericht nicht einfach das Vorliegen eines choreografischen Werkes geprüft hat, sondern sogleich auf diese etwas seltsam anmutende Herleitung der besonderen Bedeutung des historischen Ereignisses ausgewichen ist[179].

d) Verhältnis von Choreografie und Zirkusdarbietungen

Im französischen Urheberrechtsgesetz hat der Gesetzgeber ebenso wie im deutschen oder amerikanischen Gesetz auf eine Definition der Werkart Choreografie verzichtet. Anders als im deutschen oder amerikanischen Urheberrecht ist im französischen Recht das choreografische Werk jedoch nicht nur von der Pantomime abzugrenzen sondern auch von zirzensischen Darbietungen (numéros et tours de cirque), die seit der Urheberrechtsreform von 1985 ebenfalls Schutz genießen. Es lässt sich gerade noch dogmatisch stringent argumentieren, dass einige Zirkusdarbietungen aus dem Bereich der Akrobatik zu den körperlichen Ausdrucksformen gehören, deren Techniken als Bewegungsvokabular regelmäßig gemeinfrei sind. Bei anderen, wie z.B. Tierdressuren, ist auch durch den französischen Gesetzgeber nicht klargestellt worden, ob bzw. wie sie sich in das System des urheberrechtlichen

---

177 TGI Paris, RIDA Oktober 1990, Nr. 190, 307.

178 Das Urteil lautet auszugsweise: „attendu que le choix de la date … du parcours … de l'heure … la présence des chefs d'Etat et du gouvernement et celle innombrable et patiente d'une foule communiant dans l'ardeur du souvenir et la joie de l'instant faisait de ce spectacle non seulement un signe rituel de commémoration, mais aussi un événement, c'est-à-dire un fait historique non susceptible d'approbation ou d'exclusivité.“

179 Ebenso Kéréver, Anmerkung zum Urteil TGI Paris, RIDA Oktober 1990, Nr. 190, 315.

Schutzes integrieren sollen. Gerade im Zirkus kommt es, ähnlich wie bei vielen sportlichen Darbietungen, mehr auf die Präsentation körperlicher Höchstleistungen und schwieriger Kombinationen bzw. Übungen an, als das die urheberechtliche Tatbestandvoraussetzung „originalité" erfüllt werden soll/kann. Der erste französische Rechtsstreit zur Urheberrechtsfähigkeit einer zirzensischen Nummer betraf interessanterweise den Bereich der Zauberkunst und hier speziell die Aufführung des so genannten „fliegenden Mannes[180].

Der urheberrechtliche Schutz von Zirkusnummern ist in Frankreich nicht auf ungeteilte Zustimmung gestoßen. *Kéréver* brachte zum Ausdruck, dass für ihn der Schutzbereich des Urheberrechts durch die Aufnahme dieser neuen Werkkategorie nicht zwangsläufig erweitert wurde, da die Aufzählung der Werkarten in Art. L. 112-2 CPI sowieso keinen abschließenden Charakter enthält und sich der Urheberrechtsschutz immer an dem Merkmal „originalité" ausrichtet[181]. *Belinguard* war allerdings der Auffassung, dass die grundsätzliche Ausweitung urheberrechtlichen Schutzes auf den Bereich der Zirkuskunst nicht ganz ohne Risiko ist, weil Sportorganisationen dann gleiche Rechte für ihren Bereich fordern könnten, z.B. für die Übertragung von Fußball- oder Rugbyspielen[182]. Andere argumentierten, dass es nicht konsequent wäre, artistischen Darbietungen die Möglichkeit urheberrechtlichen Schutzes einzuräumen, sportliche Leistungen, z.B. aus dem Bereich der Gymnastik oder des Eiskunstlaufens, jedoch nicht explizit in den Schutzbereich des Urheberrechts aufzunehmen[183]. Für sportliche Darbietungen wird die Richtigkeit dieser Aussage in einem gesonderten Abschnitt in diesem Kapitel überprüft[184].

---

[180] TGI Paris 1996, RIDA Nr. 173 Juli 1997, 351. Im Jahr 2003 wurde durch den Cour d'Appel de Paris einer weiterer Rechtsstreit über die Nummer eines Magiers entschieden (Dominique Webb v. Dani Levy genannt Bittoun (unveröffentlicht), s. Propriétés Intellectuelles Nr. 10, 2004, 537).

[181] Kéréver, Un Aspect de la Loi du 3 Juillet 1985: la Modernisation de la Loi du 11 Mars 1957, RIDA Nr. 127, 1986, 17ff.

[182] Bericht der Spezialkommission zum Gesetzgebungsprojekt, von der Nationalversammlung angenommen, Sénat Nr. 212, 2. außerordentliche Sitzung 1984, Band 1, 93.

[183] Vgl. Bozzoni, 94.

[184] S. 2. Kapitel 3. Abschnitt II.

4. Allgemeine Schutzvoraussetzungen

a) *Entstehung des Schutzes, Veröffentlichung*

Mit der Schöpfung des Werkes entsteht der urheberrechtliche Schutz gemäß Art. L. 111-1 Abs. 1 CPI. In Art. L. 111-2 CPI wird dieser rechtliche Ansatz dahingehend präzisiert, dass dies unabhängig vom Zeitpunkt der Veröffentlichung der Fall ist, wenn die Vorstellung des Urhebers, sei es auch nur unvollständig, verwirklicht ist. Im französischen Urheberrecht werden im Zusammenhang mit der öffentlichen Präsentation eines Werkes die Worte „divulgation" und „publication" verwendet. Durch den Begriff „divulgation" soll der Akt verdeutlicht werden, mit dem das Werk nach dem Willen des Urhebers/Berechtigten zum ersten Mal der Öffentlichkeit zugänglich gemacht wird[185]. Bei choreografischen Werken wird dies regelmäßig durch eine öffentliche Darbietung geschehen. Das Recht, das Werk der Öffentlichkeit zugänglich zu machen, steht dem Urheber gemäß Art. L. 121-2 CPI als droit moral zu[186]. Für die Entstehung des urheberrechtlichen Schutzes ist die Veröffentlichung im Sinne des Begriffes „divulgation" jedoch ohne Bedeutung, sondern allein der Akt der Schöpfung ist relevant. Allerdings ist anzumerken, dass die Vermögensrechte erst im Augenblick der „divulgation" entstehen, d.h. wenn das Werk die „private Sphäre verlässt und in die Sphäre wirtschaftlicher Verwertung eintritt"[187]. Der Begriff der „publication" hat in diesem Zusammenhang keine Bedeutung, da das französische Urheberrechtsgesetz damit meint, dass das Werk der Öffentlichkeit durch Inverkehrbringen vervielfältigter Exemplare zugänglich gemacht wird (ähnlich dem deutschen Begriff des Erscheinens)[188].

b) *Fixierungserfordernis*

Das Erfordernis, ein Werk mit den Sinnen wahrnehmbar zu veranschaulichen, impliziert nicht, dass die jeweilige Schöpfung auf irgendeine Art und Weise fixiert sein muss. Im Gegenteil: Art. L. 111-1 Abs. 1 CPI stellt fest, dass der Urheberrechtsschutz bereits mit der Schöpfung des Werks entsteht. Daraus wird die Schutzfähigkeit rein mündlicher Werke hergeleitet[189]. Umso erstaunlicher war der Schritt des

---

185 Möhring/Schulze/Ulmer/Zweigert, Quellen des Urheberrechts, Gesetzestexte aller Länder, Band 2 Frankreich/I, 9.

186 Hierzu ausführlicher im 4. Kapitel 1. Abschnitt II. 2.

187 Möhring/Schulze/Ulmer/Zweigert, Quellen des Urheberrechts, Gesetzestexte aller Länder, Band 2 Frankreich/I, 10.

188 A.a.O.

189 Vgl. Lucas/Lucas Traité, 62.

französischen Gesetzgebers in Art. 3 Loi 1957 (nunmehr Art. L. 112-2 Nr. 4 CPI) ein Festlegungserfordernis für choreografische Werke einzuführen[190].

Die Notwendigkeit einer sonstigen, nicht zwangläufig schriftlichen Fixierung soll nach dem Willen des Gesetzgebers, so jedenfalls die Auslegung in der Rechtsliteratur, allein die Beweislast für die Urheberschaft erleichtern[191]. In diesem Sinne urteilte jüngst auch der Cour d'Appel de Paris[192]. Diese Anforderung steht aber trotzdem im Widerspruch dazu, dass Art. L. 112-2 Nr. 2 CPI „conférences, allocutions, sermons, plaidoiries et autres œuvres de même nature (Vorträge, Ansprachen, Predigten, Plädoyers und andere Werke gleicher Art) weiterhin ohne Fixierung schützt[193]. In dieser Widersprüchlichkeit bei der Behandlung einzelner Werkarten mag einer der Gründe liegen, weshalb sich die französische Rechtsliteratur so bemüht, das französische Fixierungserfordernis von anderen, insbesondere dem US-amerikanischen, abzugrenzen[194]. Im US-amerikanischen Recht ist die Fixierung der Werke im Einklang mit Art. 2 RBÜ Schutzvoraussetzung und keine Beweisregel[195].

Die eben dargestellte Auslegung des Fixierungserfordernisses als Beweiserleichterung grenzt nicht deutlich zwischen der Schutzfähigkeit eines Werkes und dem Nachweis einer Urheberrechtsverletzung ab. Letztere ist bei nicht schriftlich oder anderweitig fixierten Werken ohnehin oftmals schwerer zu führen[196]. Die systematische Stellung des Festlegungserfordernisses im französischen Urheberrechtsgesetz bei der Darstellung der geschützten Werkarten spricht eher dafür, dass es sich um eine Schutzvoraussetzung handelt. Unterstellt man, dass der französische Gesetz-

---

190 Alsne (Alsne, 55) erklärt diese Vorgehensweise wie folgt: Von französischer Seite wurde 1908 bei der Reform der RBÜ der Vorschlag eingebracht, die verschiedenen Arten von Bühnenaufführungen zu schützen, wenn sie entsprechend fixiert sind. Damit sollte auch der Schutz von Regieleistungen erreicht werden. Um choreografische Leistung und Regiearbeit von einander trennen zu können, wurde das Fixierungserfordernis für sinnvoll erachtet.

191 Vgl. Bozzoni, 136; Gendreau, Le critère de fixation en droit d'auteur, RIDA Januar 1994, 111; André Lucas/Pierre Sirinelli, Droit d'Auteur, Droits Voisins, Propriétés Intellectuelles, Nr. 10, 2004, 537; Pollaud-Dulian, Le Droit d'Auteur, 147; Collection Juris Classeurs, Propriété Intellectuelle et Artistique, Bd. 2, Fasc. 1135.

192 Unveröffentlicht, s. auch Propriété Intellectuelle Nr. 10, 2004, 537.

193 Colombet, Proprieté littéraire et artistique et droits voisins, 65. Vgl. auch Desbois, Commentaire, Recueil Dalloz 1957, 350, 355; Bernard Edelman, Actualité Législative Dalloz 1987, 14.

194 Gendreau, Le critère de fixation en droit d'auteur, RIDA Januar 1994, 111; Pollaud-Dulian, Le Droit d'Auteur, 147; Jaques Boncompain im Interview vom 26.10.2007; ders., Chorégraphe – Auteur sur la Pointe des Pieds, 27.

195 Dazu ausführlich in Kapitel 2 unter III. 1 d (1). Anderer Auffassung ist Alsne, die das Fixierungserfordernis als inhaltliche Begrenzung des Schutzes choreografischer Werke versteht (Alsne, 53).

196 S. auch Lucas/Lucas, Traité 2. Auflage, 74. Die Autoren verweisen zu Recht darauf, dass diese Unterscheidung nicht immer sauber vorgenommen wird.

geber sich 1957 an den Vorgaben der RBÜ orientieren wollte, die das Fixierungserfordernis als mögliche, aber nicht notwendige Schutzvoraussetzung postuliert, erscheint eine Auslegung als Tatbestandsvoraussetzung noch wahrscheinlicher.

Unabhängig davon welcher der beiden möglichen Auslegungen gefolgt werden soll, ist das Fixierungserfordernis mit der Bestimmung des Art. L 111-1 CPI, dass das Recht des Urhebers an seinem Werk bereits mit der Schöpfung entstehe, unvereinbar[197]. Selbst wenn man es so verstünde, dass die Fixierung des Werks nur erforderlich sein soll, um dessen Existenz zu beweisen, berührt dieses Erfordernis doch praktisch den urheberrechtlichen Schutz. Denn was nützt das Urheberrecht, wenn es ohne Fixierung des Werkes niemandem entgegengehalten werden kann? Daher handelt es sich bei dem Festlegungserfordernis jedenfalls de facto um eine systemwidrige formale Voraussetzung innerhalb des französischen Urheberrechts.

Trotz aller Widersprüchlichkeiten und der Uneinigkeit bzgl. der Rechtsnatur des Fixierungserfordernisses besteht zumindest inzwischen darüber Einigkeit, dass eine Festlegung nicht nur schriftlich erfolgen kann, sondern auch mit Hilfe der Nutzung audiovisueller Medien. Zwar wurde dagegen angeführt, dass die Fixierung durch Film oder Video nicht das eigentliche Werk fassbar macht, sondern nur eine Interpretation davon[198]. Diese Argumentation wurde jedoch zu Recht abgelehnt[199]. Der Cour d'Appel von Paris führte dazu aus: „S'en tenir au seul système à défaut d'écrit, de notation invoquée par les intimés reviendrait à méconnaître l'évolution des techniques notamment d'enregistrement audiovisuel, qui sont de nature à permettre à un auteur de prouver la consistance de son oeuvre ...“[200].

c) *Schutz von Improvisationen*

Im Gegensatz zum deutschen Recht ist die Möglichkeit urheberrechtlichen Schutzes für tänzerische Improvisationen aufgrund des Fixierungserfordernisses nicht ohne weiteres zu bejahen. Denkbar ist das Szenario eines Urheberrechtsschutzes nur für den Fall, dass das Festlegungserfordernis nicht als Schutzvoraussetzung angesehen wird. Insofern muss der Urheberrechtsschutz für Tanzimprovi-

---

197 Edelman, Commentaire de la loi du 3 juillet 1985, Actualité législative Dalloz, Numéro speziale, 1987, 14.

198 Collection Juris Classeurs, Propriété Intellectuelle et Artistique, Bd. 2, Fasc. 1135.

199 CA Paris Urteil vom 17. Dezember 2003, Collection Juris Classeurs, Propriété Intellectuelle et Artistique, Bd. 2, Fasc. 1135; Gautier, 96.

200 CA Paris Urteil vom 17. Dezember 2003, Collection Juris Classeurs, Propriété Intellectuelle et Artistique, Bd. 2, Fasc. 1135. Übersetzung: Sich an das einzige System mangels Schrift, mangels angeführter Notiz durch die Berufungsbeklagten zu halten, läuft auf das Verkennen der technischen Entwicklung insbesondere der audiovisuellen Aufzeichnung hinaus, die es dem Autor von Natur aus erlaubt, die Konsistenz seines Werkes zu beweisen.

sationen im französischen Recht also mit einem Fragezeichen versehen werden. Vor dem Inkrafttreten des Code de la Proprietelle Intellectuelle 1957 und seiner Einführung des Fixierungserfodernisses war die Rechtslage eindeutiger, weil auch für Improvisationen die Möglichkeit urheberrechtlichen Schutzes offenstand, soweit sie die sonstigen Anforderungen an ein urheberrechtlich schutzwürdiges Werk erfüllten.

III. Schutzvoraussetzungen in den USA

1. Federal Copyright[201]

Im Vergleich zu Deutschland oder Frankreich fällt das System urheberrechtlichen Schutzes für choreografische Werke in den USA noch komplexer aus. Neben der Möglichkeit eines federal copyrights (dazu unter 1.) gilt es auch zu prüfen, ob Schutz auf bundesstaatlicher Ebene (dazu unter 2.) in Betracht kommt. In beiden Systemen besteht wiederum eine ähnliche Grundfrage – so wie sie schon für Deutschland und Frankreich in unterschiedlichen Nuancen aufgeworfen wurde: Verfügt eine Schöpfung über die notwendige „originality" oder nicht? Bei der Auslegung bestehen, wie die folgenden Abschnitte demonstrieren werden, in den USA wieder andere Tendenzen als in den beiden bereits vorgestellten Rechtssystemen.

Bzgl. des federal copyright ist auffällig, dass nur relativ wenige Choreografen in den USA die Möglichkeit nutzen, ihre Werke beim Copyright Office zu registrieren. Im Jahr 1980 betrafen von 464.743 angemeldeten Werken gerade 63 Choreografien, 1982 waren es 132 von 468.149 Werken. Inzwischen ist das Copyright Office[202] sogar davon abgekommen choreografische Werke separat in der Statistik aufzuführen, da die entsprechenden Fallzahlen zu gering sind[203]. In den folgenden Abschnitten soll daher u.a. untersucht werden, ob das amerikanische Urheberrecht Choreografen besondere Hindernisse in den Weg legt, um rechtliche Anerkennung für ihre Schöpfungen zu erlangen.

---

[201] Der Begriff „Copyright" wird synonym zum Begriff „Urheberrecht" verwendet.

[202] Vom US Copyright Office wurde 1984 das so genannte Compendium II herausgegeben, das u.a. verschiedene Definitionen und Regulationen zum Urheberschutz choreografischer Werke enthält, darunter auch die zu Beginn dieses Kapitels zitierte Definition von Choreografie. Auch wenn die Ausführungen des Copyright Office keinesfalls bindend sind, nutzen sie Gerichte immer wieder für ihre Entscheidungsfindung. So z.B. auch in dem wichtigen Fall über Urheberrechte an choreografischen Werken Horgan v. MacMillan Inc. 789 F.2d 157 (2d Circ. 1986). Daher wird an geeigneter Stelle auch darauf Bezug genommen.

[203] Lula, The Pas de Deux between Dance and Law, Chicago-Kent Journal of Intellectual Property 2006, 177, 180.

a) Originality

Der Urheberrechtsschutz im amerikanischen Recht erstreckt sich gemäß 17 U.S.C. § 102 (a) auf „… original works of authorship". Der unbestimmte Rechtsbegriff „original" wurde mit Bedacht nicht definiert, wie der House Report zum Copyright Revision Act ausführt[204], denn man wollte den Standard, den die Gerichte entwickelt hatten, unangetastet lassen. Zwei Fragen drängen sich – so wie auch im deutschen oder französischen Urheberrecht – bzgl. einer Eingrenzung des Begriffs „original" auf[205]: Erstens, wie verhält er sich zum Merkmal Neuheit? Und zweitens, welches Maß an „originality" ist für urheberrechtlichen Schutz erforderlich? Frage eins lässt sich relativ leicht beantworten, denn es ist nunmehr ganz herrschende Auffassung, wie auch im deutschen oder französischen Recht, dass Originalität von Neuheit unterschieden werden muss[206]. Die im amerikanischen Urheberrecht erforderliche Originalität begründet sich allein auf einer unabhängigen geistigen Schöpfung[207], nicht auf dem Merkmal Neuheit. D.h., ein Werk muss seine Wurzeln in der unabhängigen Arbeit seines Urhebers haben, ohne von anderen Werken kopiert zu sein[208]. Mit dieser Herangehensweise verfolgt das amerikanische Recht ähnliche Ansatzpunkte wie das deutsche und französische Urheberrecht.

Die Frage nach dem Maß an kreativer Eigenleistung lässt sich schon nicht mehr so einfach beantworten. Von den Gerichten wurden Grenzen für dieses Kriterium gezogen, die sehr großzügig ausfallen und nur das ganz „offensichtlich Untaugliche" vom Urheberrechtsschutz ausschließen wollen. In *Bleistein v. Donaldson Lithographing Co.* urteilten die Richter, dass jede unterscheidbare/abgrenzbare Variation eines vorangegangenen Werkes ausreichend Originalität besitzt, um urheberrechtlichen Schutz zu rechtfertigen, soweit sie das Produkt unabhängiger, eigener Anstrengung des Schöpfers ist und die Arbeit nicht als lediglich trivial eingeschätzt werden muss[209]. Auf dieser Linie bewegt sich auch die Entscheidung in *Alfred Bell & Co. v. Catalda Fine Arts Inc*[210]. Nach Auffassung des Gerichts be-

---

[204] H. Rep., 51.

[205] Vgl. auch Ausführungen zum deutschen und französischen Urheberrecht in diesem Kapitel in Abschnitt 2 unter I. und II.

[206] S. z.B. H. Rep., 51: „… this standard (of originality) does not include elements of novelty …"; Doran v. Sunset House Distribution Corp., 197 F. Supp. 940 (S. D. Cal. 1961).

[207] In der amerikanischen Rechtsliteratur wird in diesem Zusammenhang gern von „independent creation" gesprochen. Vgl. H. Rep., 51; Cook, 1287, 1293f.; Fisher, Technical Analysis, 145, 149.

[208] Feist Publications Inc. v. Rural Telephone Service, 499 U.S. 340 (1991). Deutsche Übersetzung und Zusammenfassung in GRUR Int. 1991, 933 mit Anm. Hoebbel.

[209] 188 U.S. 239, 250 (1903).

[210] 191 F. 2d 99 (2d Circ. 1951).

inhaltet das Kriterium „originality“ nur wenig mehr als das Verbot des eigentlichen Kopierens. Dabei soll es keine Rolle spielen, wie geringfügig die eigene Schöpfung des „Urhebers“ ist. Es genügt, dass sie seine eigene Anstrengung darstellt. Auch die Grundsatzentscheidung *Feist Publications Inc. v. Rural Telephone Services Co.*[211] brachte keine Trendwende für die Beurteilung der Originalität. Zwar forderten die Richter einen geringen Grad an Kreativität. Durch die Aussage, dass die Anforderungen dafür sehr gering sind, ruderten sie jedoch praktisch wieder zurück. Die Konsequenz aus dieser Rechtsprechung ist, dass nur ein eng begrenzter Korridor existiert, wo eine Schöpfung als zu unbedeutend und trivial angesehen werden muss, um urheberrechtlichen Schutz zu rechtfertigen.

Trotz dieser sehr niedrigen Hürde zum Erreichen des urheberrechtlichen Schutzes wird von der Rechtsliteratur z.T. immer noch ein Minimum an Kreativität gefordert, das über den reinen Prozess eigener schöpferischer Arbeit hinausgeht[212]. Diesen beiden Faktoren soll eine gewisse Reziprozität zu Grunde liegen. Je geringer die schöpferische Arbeit des Urhebers ausfällt, umso größer muss der kreative Funke sein[213]. Insgesamt ist die Anwendung des Merkmals „Kreativität“ nicht unumstritten, denn Kreativität impliziert einen künstlerischen Standard, den Gerichte nur ungern bereit sind anzuwenden[214] – zu Recht, da dieses Merkmal zu einer subjektiven Bewertung einer Arbeit durch außen stehende Dritte (Richter) führt. Trotzdem hat der Supreme Court entschieden, dass eine Schöpfung das Ergebnis von „creative intellectual or aesthetic labor“ sein muss[215]. *Abitabile & Picerno* vertreten daher in Bezug auf choreografische Werke, dass die Basis für Originalität „in the physical setup, composition and execution of the choreography“[216] liegt. *Traylor* geht noch weiter und versteht Choreografie bzw. Tanz sehr großzügig als jede Art von geplanter Bewegung[217]. Der Kern eines choreografischen Werkes besteht auch im amerikanischen Rechtsverständnis in der menschlichen Bewegung. Nichtsdestotrotz wurden Stimmen in der Rechtsliteratur laut, die auch diese Voraussetzung als zu eng kritisierten, weil Tierdressuren oder Reglosigkeit dadurch nicht als choreografisches Werk erfasst werden könnten[218]. So wie es schon für das deutsche

---

[211] 499 U.S. 340 (1991). Deutsche Übersetzung und Zusammenfassung in GRUR Int. 1991, 933 mit Anm. Hoebbel.

[212] So bspw. Nimmer on Copyright, § 2.01, 2-14.

[213] A.a.O.

[214] Der House Report führt daher auch aus: „…does not include requirements of novelty, ingenuity, or aesthetic merit, and there is no intention to enlarge the standard of copyright protection to require them“. H. Rep., 51.

[215] Goldstein v. California, 412 US 546, 561 (1973).

[216] Abitabile/Picerno, 39, 44.

[217] Traylor, 227, 229.

[218] van Camp, 60.

Recht diskutiert wurde, führt diese Auffassung zu weit, denn durch das Urheberrecht soll gerade nicht jede Art der Bewegung oder regloser Pose monopolisiert werden können.

Konsequenz aus dieser Auslegung der Voraussetzung „original" im amerikanischen Urheberrecht ist, dass es im Vergleich zum deutschen Recht komplett an der Anforderung einer gewissen Gestaltungshöhe für ein Werk fehlt[219]. Daher wird in der Literatur vertreten, Eiskunstlaufen, Zirkusshows, marschierenden Musikgruppen in Paraden urheberrechtlichen Schutz als choreografisches Werk zuzusprechen, da sie geplante Bewegungsabläufe darstellen, die in einem vorgegebenen Zeitrahmen zur Unterhaltung der Zuschauer dargeboten werden[220]. Allerdings muss man sich die berechtigte Frage stellen, ob diese Schöpfungen nicht aufgrund dessen, dass „social dancesteps and simple routines" grundstätzlich nicht copyrightfähig sein sollen, trotzdem vom Schutz ausgenommen sind (dazu sogleich unter (1)). In Bezug auf das Kriterium der Originalität für choreografische Werke kann festgehalten werden, dass es für den Erhalt des Copyrights genügt, wenn die Arbeit des Choreografen einen gewissen individuellen Stempel bzgl. des Umgangs mit Rhythmus, Raum und Bewegung zeigt. Es ist dann auch unerheblich, ob der Choreograf der Kreation seiner Bewegungsfolgen wohlbekannte Schritte bzw. Posen zu Grunde legt[221].

(1) Ausschluss urheberrechtlichen Schutzes für „social dancesteps and simple routines" – Schutz einzelner Bewegungen oder Tanzschritte

Auch in den USA wird, wie in Deutschland oder Frankreich, darüber diskutiert, ob einfache Schrittfolgen oder einzelne Bewegungen urheberrechtsfähig sein können. Die Gesetzeserläuterung des House Committee führt aus, dass das Gesetz von 1976 nicht jegliche Art von Bewegungsabläufen unter urheberrechtlichen Schutz stellen will, und insbesondere „social dancesteps and simple routines" vom Schutz ausgeschlossen sein sollen[222]. Der Bericht des Registers of Copyrights, der den Gesetzgebungsprozess vorbereitet hat, verfolgt eine ähnliche Linie. Er enthält allerdings

---

219 So auch Weiche, 67. Auf ein interessantes Urteil zum Thema „exotic Dancing" (Anm. des Verf.: Damit werden Tänze ohne bzw. mit spärlichster Bekleidung umschrieben) soll in diesem Zusammenhang auch verwiesen werden. Der 7th Circuit befand, dass diese Form des Tanzes, auch wenn sie künstlerisch und ästhetisch geringwertiger als Ballett anzusehen ist, urheberrechtlichen Schutz verdient (Miller v. Civil City of South Bend 904 F. 2d 1081 (7th Circ. 1990); aus anderen Gründen geändert in der Revision vor dem Supreme Court 501 U.S. 560 (1991)).

220 Traylor, 227, 229.

221 Singer, 287, 300.

222 H. Rep., 54.

keine Definition des Begriffs „Choreografie" bzw. eine Abgrenzung zum Bereich der „social dancesteps" oder „simple routines"[223]. Im Supplementary Report des Copyright Office heißt es sogar[224]: „... since „choreographic works" has a fairly definite meaning that excludes social dancesteps and simple routines, and since the phrase recommended by the Report (Anm. der Verf.: Gemeint ist ein Bericht des Copyright Office vier Jahre vor dem Supplementary Report.), „prepared for presentation to an audience", might be unnecessarily restrictive, we decided against any definition of the term." Diese Einschätzung beherrschte den gesamten Gesetzgebungsprozess[225]. Von der eben dargestellten Linie ist das Copyright Office bis heute nicht abgewichen[226].

Der Ausschluss von einfachen Schrittfolgen wurde von mehreren Seiten kritisiert, weil er unnötige Unsicherheiten[227] bei der Bestimmung des Schutzbereichs von choreografischen Werken schafft[228]. Teilweise wurde diese gesetzgeberische Entscheidung in Beziehung zu den ersten Urteilen – insbesondere *Fuller v. Bemis* – über die Schutzfähigkeit von choreografischen Werken gesetzt[229]. Auch in *Fuller v. Bemis* wurde die urheberrechtliche Schutzfähigkeit von reinen Bewegungsabfolgen abgelehnt, allerdings unter dem Gesichtspunkt, dass keine Handlung vorliegt[230]. *Cook* nimmt daher an, dass der Ausschluss der eben genannten Schrittfolgen der Auffassung des Gesetzgebers, dass diese Schritte nicht über das notwendige Maß an Kreativität verfügen, geschuldet ist[231]. Sie lehnt jede der zwei aus ihrer Sicht möglichen

---

[223] Vgl. Reg. Supp. Rep, 6.

[224] Übersetzung: Da der Begriff „choreografische Werke" eine recht festgelegte Bedeutung hat, die Gesellschaftstanzschritte und einfache Bewegungsfolgen ausschließt und da die durch den Report vorgeschlagene Definition „vorbereitet für eine öffentliche Aufführung sonst unnötig restriktiv wäre, haben wir uns gegen eine Definition entschieden. Der Bericht des Register vier Jahre vor dem Supplementary Report unternahm noch den Versuch einer Definition des Begriffs Choreografie.

[225] S. Taubman, 219, 233f.

[226] Copyright Office, Compendium II, 1984, § 450.06.

[227] In Kanada wurde das Problem, ob social dancesteps vom Urheberrechtsschutz ausgeschlossen sein sollten, in einem Rechtsstreit angerissen, aber keiner Lösung zugeführt. Gestritten wurde in dem Fall über den so genannten „East Texas Style Dancing" (Rocky Mountain Dance Co. v. Brookes, 19 C.P.R. (3d, 1987), 131).

[228] Cook, Moving, 1287, 1298ff., Fisher, Technical Analysis, 145, 148f., Taubman, 219, 238f. Taubman schreibt in seinem Aufsatz a.a.O.: „... Movement as social steps, is not included because it is not deemed to be a choreografic work. The latter term is not defined because it has a fairly settled meaning. However, the fairly settled meaning is obtained by not defining it for fear that a broader definition might comprehend social steps. The rationale has all the markings of syllogistic reasoning."

[229] Taubman, 219, 238.

[230] Vgl. 1. Kapitel 2. Abschnitt III. 3. b).

[231] Cook, Moving, 1287, 1299.

Interpretationen des House Reports bzgl. des Ausschlusses von Gesellschaftstanzschritten/einfachen Schrittfolgen ab[232]: Falls gesetzgeberische Bedenken dahingehend bestanden, dass ohne den Ausschluss dieser Tanzschritte jede Art von öffentlich aufgeführter Tanznummer Urheberrechtsschutz genießen würde, blieben einige Schutzlücken. Z.B. in Musicals werden oftmals Schritte aus Gesellschaftstänzen zu komplexen und anspruchsvollen Choreografien zusammengefügt, die sehr wohl urheberrechtlichen Schutz verdienen. Gern zitiertes Beispiel in diesem Zusammenhang sind die Tanzeinlagen von *Ginger Rogers* und *Fred Astaire*. Falls jedoch der Gesetzgeber ein Minimum an Kreativität wahren wollte, schließt dieses Ziel nach Auffassung *Cooks* einfache Schrittfolgen und Abfolgen von Gesellschaftstanzschritten nicht per se vom urheberrechtlichen Schutz aus, denn die Voraussetzung eines kreativen Funkens kann vom Choreografen durch die Anordnung und Kombination dieser Elemente erfüllt werden. Das letzte Argument hat einiges Gewicht unter der Prämisse, dass einzelne Schritte oder Bewegungen für den Choreografen nur die Grundlage bzw. das Werkzeug sind, seiner Idee Ausdruck bzw. eine Form zu verleihen. Zu weitgehend wäre allerdings eine Interpretation, die nicht nur Schrittfolgen sondern auch einzelnen Schritten Urheberrechtsschutz zusprechen will. Insofern muss also differenziert werden und es zeigt sich, dass auch im amerikanischen Urheberrecht eine ähnliche Linie wie in Deutschland oder Frankreich bzgl. des Schutzgegenstandes choreografischer Werke favorisiert wird (dazu sogleich im nächsten Absatz). Da das Gesetz bewusst vage im Hinblick auf die Definition choreografischer Werke geblieben ist, sollte jede Art von Interpretation vermieden werden, die eine spezifische Art von Tanz von vornherein vom urheberrechtlichen Schutz ausnimmt.

Die vorangegangenen Ausführungen zu Gesellschaftstanzschritten und einfachen Bewegungsabläufen illustrieren den Gedanken, dass einzelne Schritte, Posen, Drehungen, Hebungen etc., die für eine Choreografie genutzt werden, grundsätzlich nicht die Anforderungen, die an das Kriterium der Originalität gestellt werden, erfüllen können[233]. Sie sind im Regelfall allein die technischen Mittel bzw. das Vokabular, um die Ideen des Choreografen sichtbar werden zu lassen, vergleichbar den Noten und Tönen in der Musik, wo erst das Arrangement dieser Elemente ein ur-

---

232 Cook, Moving, 1287, 1300.

233 Wallis merkt deshalb auch an, dass der Hinweis des Copyright Office, dass einfache Schrittfolgen und „social dance steps“ keinen Urheberrechtsschutz genießen können, überflüssig ist, weil von vornherein feststeht, dass ihnen die notwendige Originalität fehlt (Wallis, 1442, 1452). Diese Äußerung ist etwas missverständlich, denn es ist zwar korrekt, dass das Bewegungsvokabular selbst gemeinfrei ist. Daraus kann jedoch ein copyrightfähiges Werk entstehen.

heberrechtlich schutzfähiges Werk hervorbringt[234]. Circular 41 des Copyright Office zum Copyright Act von 1909, das sich mit der Registrierung dramatischer Werke befasste, führte bereits explizit aus, dass Urheberrechtsschutz für einzelne Tanzschritte oder Variationen davon nicht gewährt wird[235]. Das Compendium II des Copyright Office hält diese Auffassung aufrecht[236]. Dieser Grundsatz gilt ebenfalls für neu geschaffene Bewegungen bzw. Schritte – auch wenn sie vielleicht besonders originell ausfallen[237]. *Wallis* ist allerdings der Auffassung, dass die Möglichkeit urheberrechtlichen Schutzes für einzelne Tanzschritte nicht ausgeschlossen werden sollte, da auch einer Bewegung die notwendige Originalität innewohnen kann[238]. Sie erläutert jedoch nicht, in welchen Situationen sie dies für denkbar hält. Ihre Auffassung ist nicht unproblematisch, da die urheberrechtliche Monopolisierung einzelner Bewegungen kaum noch im Einklang mit dem verfassungsmäßigen Ziel der Förderung der Künste stehen kann[239]. Im Ergebnis ist daher festzuhalten, dass das von einem Choreografen genutzte Bewegungsvokabular in aller Regel gemeinfrei ist, in seiner Kombination durch den Choreografen als Teil seiner künstlerischen Leistung zu einem urheberrechtsfähigen Werk führen kann.

(2) Notwendigkeit einer dramatischen Handlung für die Schutzfähigkeit eines choreografischen Werkes?

Da auch für die aktuelle Fassung des Copyright Act keine Definition der Kategorie choreografisches Werk geschaffen wurde, wird in der Rechtsliteratur immer noch besprochen, ob ein erzählerischer Gehalt bzw. „dramatic content" für choreografische Schöpfungen zu fordern ist[240]. Die Wurzeln dieser Diskussion sind in den frühen Gerichtsentscheidungen und Circulars des Copyright Office zur Urheberrechtsfähigkeit choreografischer Werke zu suchen, die bereits im 1. Kapitel 2. Abschnitt III 3. b) erläutert wurden. Sowohl die Gerichte als auch das Copyright Office haben bei der Einordnung einer Choreografie als schutzwürdiges Werk auf den „dramatic content" abgestellt. Aus den Materialien zur Reformgesetzgebung

---

234 So auch Mirrell, 792, 795.

235 Auszug in Taubman, 219, 223.

236 Copyright Office, Compendium II, 1984, § 450.06.

237 Van Camp differenziert jedoch zwischen etabliertem Bewegungsvokabular, dem keine Originalität innewohnt und neuen Bewegungskreationen, die nach ihrer Auffassung durchaus die Anforderung „original" erfüllen können. Zu Recht lehnt sie im Ergebnis jedoch die Schutzfähigkeit ab, weil auch neue Schritten zu den Methoden der Ausführung eines Werkes gehören, die nicht schutzfähig sind (van Camp, 59, 64).

238 Wallis, 1442, 1454.

239 Zur Regelung in der amerikanischen Verfassung vgl. 1. Kapitel 2. Abschnitt III 3. a).

240 Vgl. nur Nimmer on Copyright, § 2.07 2-69.

von 1976 lässt sich eindeutig entnehmen, dass es dem gesetzgeberischen Willen entspricht, jeglicher Form von Choreografie urheberrechtlichen Schutz offen zu halten. Der House Report führt aus, dass der Geltungsbereich des Urheberrechtsgesetzes von 1909 durch die ausdrückliche Anerkennung jeder Art von Choreografie erweitert werden soll[241]. Im Zuge der Vorbereitung für die Urheberrechtsnovellierung von 1975, stellte das Copyright Register klar, dass auch „abstrakte" Choreografien vom Schutzbereich des Urheberrechts umfasst sein sollten. Es wäre zudem kein Grund ersichtlich, warum ein Handlungsballett rechtlich anders behandelt werden soll, als die eben genannten Werke[242]. Mithin ist dieses Merkmal seit dem Inkrafttreten des Copyright Act von 1976 obsolet geworden.

b) Works of authorship

Nachdem sich der vorangegangene Abschnitt mit dem Merkmal „original" auseinandergesetzt hat, will sich der nun folgende Abschnitt mit der Voraussetzung „works of authorship" und damit dem zweiten Kriterium des 17 U.S.C. § 102 zu wenden. Der House Report deutet an, dass zu den schutzfähigen Werkarten im Urheberrecht auch diejenigen gehören können, die zwar schon seit Generationen bzw. Jahrhunderten bekannt sind, aber erst nach und nach als schöpferisch kreativ anerkannt wurden und damit als urheberrechtlich schützenswert[243]. Diese Aussage scheint zu implizieren, dass Werke, für die die vorangegangene Charakterisierung zutreffend ist, nur geschützt werden sollen, wenn sie ausdrücklich unter eine der im Copyright Act aufgezählten Werkarten fallen, auch wenn die Liste des 17 U.S.C. § 102 (a) nicht als abschließend angesehen wird. Am Beispiel der Choreografie lässt sich dieser Ansatz gut verdeutlichen. Ein schriftlich oder anderweitig fixiertes choreografisches Werk erfüllt zwar die verfassungsmäßige Anforderung „writings". Es war jedoch früher, anders als heutzutage, kaum möglich, für eine Choreografie urheberrechtlichen Schutz zu erlangen[244], da diese Werkart im Copyright Act von 1909 nicht aufgezählt wurde – anders als es nunmehr im Copyright Act von 1976 der Fall ist.

---

241 H. Rep., 52: „... the coverage of the present (1909) statute ... would be broadened further by the explicit recognition of all forms of choreography ..."

242 Reg. Rep., 17: „... Treating choreographic works as a species of „dramatic compositions", has one serious shortcoming. Many choreographic works present „abstract" dance movements in which, aside from their esthetic appeal, no story or specific theme is readyily apparent. Whether such „abstract" dances qualify as „dramatic compositions" is uncertain. We see no reason why an „abstract" dance, as an original creation of a choreographers authorship, should not be protected as fully as a traditional ballet presenting a story or a theme."

243 H. Rep., 51.

244 Vgl. Kapitel 1 III 3.

c) Dichotomie „idea – expression“

Ähnlich wie im deutschen oder französischen Urheberrecht ist grundsätzlich nicht die Idee geschützt, sondern der jeweilige Ausdruck der Idee bzw. ihre Formgebung im jeweiligen Werk. Der Begriff „expression“ hat seine Wurzeln im § 4 des Copyright Act von 1909, wo er Ausdruck der Voraussetzung „in writing“, d.h. der verfassungsmäßigen Grenze bundesrechtlichen Urheberrechtsschutzes, war[245]. Das amerikanische Urheberrecht hat für die Fälle, in denen eine Idee nur auf eine Art bzw. durch sehr limitierte Variationen zum Ausdruck gebracht werden kann, die so genannte Doctrine of Merger entwickelt[246], die genau dann den Urheberrechtsschutz für die Formgebung versagt, damit die Weiterentwicklung der Kunst nicht durch ein zu eng gefasstes urheberrechtliches Monopol behindert wird. Im amerikanischen Recht wird der Grundsatz, dass eine Idee kein Gegenstand urheberrechtlichen Schutzes sein kann, zum einen aus der Garantie des First Amendment (freedom of speech) hergeleitet. Zum anderen wird argumentiert, dass diese Unterscheidung als Messlatte zur Bestimmung des Grades an Ähnlichkeit zwischen zwei Werken dient. D.h. dadurch wird festgestellt, ob ein Fall unautorisierten Kopierens vorliegt, der eine Urheberrechtsverletzung rechtfertigt[247]. In 17 U.S.C. § 102 (b) findet diese Unterscheidung ihren aktuellen gesetzlichen Widerhall.

Bei der Auslegung, ob ein Element Teil der Idee bzw. nur Methode zur Umsetzung der Idee war oder bereits Ausdruck und Formgebung der Idee in einem bestimmten Werk ist, stellt sich erneut die Frage nach der Einordnung von Tanzschritten und kurzen Bewegungsabfolgen. Führt man den Gedanken des amerikanischen Urheberrechts, dass nur der in irgendeiner Form fixierte Ausdruck einer Idee urheberrechtlichen Schutz genießen kann, konsequent zu Ende, kommt man auch an dieser Stelle zu dem Ergebnis, dass Tanzschritte etc. in den nicht urheberrechtsschutzfähigen Bereich fallen können. Die Trennung zwischen Form und Idee verschwimmt jedoch im Bereich choreografischer Werke wieder, wenn der Tanz bzw. die Bewegung selbst die Idee transportiert, wie es z.B. in vielen modernen Choreografien der Fall ist[248].

---

[245] S. auch Circular 41 des U.S. Copyright Office zum Copyright Act von 1909: „ideas, plans, methods, systems or devices, as distinguished from the particular manner in which they are expressed or described in wiriting … are not subject to copyright.“ Zitat aus Taubman, 219, 223.

[246] Morrissey v. Procter&Gamble Co, 379 F. 2d 675, 678 (1st Circ. 1967); Nimmer § 2.18 (C) (2).

[247] S. Nimmer on Copyright, § 2.03, 2-34.

[248] So auch van Camp, 59, 67f. Vgl. auch die Ausführungen zum deutschen Recht in diesem Kapitel in Abschnitt 2 unter I. 1. d) (1).

d) Allgemeine Schutzvoraussetzungen

Über viele Jahrzehnte unterschied sich das amerikanische Urheberrecht von den meisten anderen Rechtssystemen in der Welt insbesondere dadurch, dass großer Wert auf Formalitäten gelegt wurde. Falls den formalen Anforderungen nicht Genüge getan wurde, verlor man entweder den gesamten Urheberrechtsschutz oder einzelne Rechte daraus[249]. Diese Situation hat sich mit dem Beitritt der USA zur RBÜ im März 1989 gewandelt. Der Copyrightvermerk als Schutzvoraussetzung wurde bspw. abgeschafft. Nichtsdestotrotz sind einige formale Anforderungen erhalten geblieben oder führen zu einer Besserstellung des Urhebers bzw. sonstigen Berechtigten.

(1) Fixierung

Der Wortlaut des 17 U.S.C. § 102 (a), der das Festlegungserfordernis statuiert, führt zu dieser Voraussetzung urheberrechtlichen Schutzes aus, dass ein Werk auf materielle und wahrnehmbare Art und Weise fixiert sein muss[250]. Erst wenn diese Voraussetzung erfüllt ist, wird im amerikanischen Recht urheberrechtlicher Schutz gewährt[251]. Aufgrund der verfassungsmäßigen Basis über die Kompetenz zur Bundesgesetzgebung kann bundesrechtlich nur urheberrechtlicher Schutz für Werke, die das Merkmal „Geschriebenes“ („writings“) erfüllen, gewährt werden[252]. Bei der Auslegung dieser Voraussetzung sind die Gerichte großzügig. In der Rechtsprechung wurde der Terminus „writings“ so definiert, dass er jegliche Art körperlichen Ausdrucks von Schöpfungen kreativer Art umfasst[253]. Nach ganz herrschender Meinung stellt die private oder öffentliche Aufführung eines Werkes jedoch noch keine Fixierung i.S.d. Gesetzes dar[254].

Die weite Auslegung durch die Gerichte dürfte *Traylor* inspiriert haben, das Fixierungserfordernis für choreografische Werke bereits dann als erfüllt anzusehen, wenn die Schritt- bzw. Bewegungsabfolgen, so wie sie die ausführenden Künstler vom Choreografen gelernt haben, von den Tänzern verinnerlicht worden sind[255]. *Traylor* will die vom Gesetzgeber verwendeten Begriffe „copy“ und „tangible me-

---

249 S. Nimmer on Copyright § 7.01(A) 7-8.

250 Wortlaut ist: „fixed in a tangible medium of expression … from which it can be perceived“.

251 Eine vergleichbare Konstruktion wählt der kanadische Copyright Act in § 2 (s. Carrière, Choreography and Copyright, 10).

252 Vgl. Kapitel 2. Abschnitt III 3. a).

253 Bleistein v. Donaldson Lithographing Co, 188 U.S. 239 (1903): „… any physical rendering of the fruits of creative or aesthetic labour …“.

254 Vgl. hierzu auch die Ausführungen im 2. Kapitel 2. Abschnitt III 1. d) (2) zu Publication.

255 Traylor, 227, 234f.

dium of expression“ so auslegen, dass auch die ausübenden Künstler, in dem sie die Bewegungsabfolgen verinnerlichen, darunter fallen[256]. Allerdings wirft diese Auffassung nicht nur Probleme bei der Auslegung unter dem Gesichtspunkt des Sinns und Zwecks des Fixierungserfordernisses auf. Es fällt bereits schwer dieses Ergebnis unter die gesetzliche Definition von „fixation“ zu subsumieren[257]. Daher wird dieser Vorschlag in der Literatur ganz überwiegend abgelehnt[258]. *Wallis* und *Donat* schlagen dagegen vor, für choreografische Werke eine großzügige Ausnahmeregelung im Gesetz zu verankern, die sie vom Fixierungserfordernis ausnimmt[259]. Dieser Ansatz lässt sich nicht so einfach mit der zu Beginn dieses Abschnitts vorgestellten verfassungsmäßigen Anforderung für die Gesetzgebungskompetenz des Bundesgesetzgebers in Einklang bringen. Es wird allerdings auch argumentiert, dass „writings“ nicht notwendigerweise ein Fixierungserfordernis konstituiert[260]. Dabei wird der Begriff so verstanden, dass auch eine öffentliche Aufführung diese Anforderung erfüllen könne[261]. Der Geschichte der Gesetzgebung zum amerikanischen Urheberrecht lässt sich entnehmen, dass der historische Gesetzgeber den Begriff „writings“ so interpretierte, dass davon allein die Schöpfungen des jeweiligen Urhebers umfasst wurden[262]. Diese Argumentation bildet jedoch (noch) eine Mindermeinung.

Zur Festlegung eines Werkes kommen, wie auch im französischen Recht, Tanznotation oder sonstige schriftliche Fixierung bzw. Film- und Videoaufnahmen in Betracht[263]. Die Fixierung muss so detailliert ausfallen, dass es möglich ist, das Werk nach dieser Beschreibung aufzuführen[264]. Der Umfang der Aufnahmen bzw. Aufzeichnungen kann das Ergebnis eines Prozesses über Urheberrechtsverletzun-

---

256 A.a.O.

257 17 U.S.C. § 101 stellt folgendermaßen fest: „a work is fixed in a tangible medium of expression when its embodiment in a copy … is sufficiently permanent or stable to permit it to be perceived, reproduced, or otherwise communicated for a period of more than transitory duration.“

258 Vgl. z.B. Cook, Moving, 1287; Fisher, Technical Analysis, 145, 151; Taubman, 219, 241ff.

259 Wallis, 1442, 1461f.; Donat, Fixing Fixation, 1363, 1402.

260 Capitol Records Inc. v. Mercury Records Corp., 221 F. 2d 657, 664 (2d Circ. 1955) (Judge Hand dissenting); CBS Inc. v. DeCosta, 377 F.2d 315, 320 (1st Circ. 1967).

261 Capitol Records Inc. v. Mercury Records Corp., 221 F. 2d 657, 664 (2d Circ. 1955) (Judge Hand dissenting).

262 Donat, Fixing Fixation, 1363, 1399.

263 Für die Erfüllung der Schutzvoraussetzung „fixation“ durch Home-Video schon Overton, Unraveling the Choreographer's Copyright Dilemma, Tennessee Law Review Nr. 49, 1982, 594, 596.

264 So Micro Star v. Formgen Inc., 154 F. 3d. 1107 (9th Circ. 1998); Joyce/Patry/Leaffer/Jaszi, Copyright Law, 179.

gen an einem choreografischen Werk beeinflussen, denn aufgrund des spärlichen Fallrechts in den USA ist der Maßstab über die notwendige Originalität für choreografische Werke nicht genauer bestimmt[265]. Zudem erleichtern detaillierte Aufzeichnungen bzw. Aufnahmen den Nachweis einer Rechtsverletzung. Diese Ausführungen dürfen jedoch nicht darüber hinwegtäuschen, dass das Fixierungserfordernis im amerikanischen Recht Schutzvoraussetzung ist. Ihm wohnt nicht nur eine Nachweis- bzw. Beweiserleichterungsfunktion inne. Die eindeutige Bestimmung des U.S. Copyright Acts kontrastiert mit dem französischen Recht, wo innerhalb der Lehre Uneinigkeit über die Einordnung dieses Merkmals besteht[266]. Allerdings wird auch in der amerikanischen Rechtsliteratur die Trennung zwischen Beweisfunktion und Schutzvoraussetzung der Fixierung nicht immer eingehalten. Die Frage des Nachweises einer Urheberrechtsverletzung wird oftmals dann angeführt, wenn die Notwendigkeit der Voraussetzung einer Festlegung bei choreografischen Werken begründet werden soll[267].

Welche Art auch immer der Urheber für die Fixierung seines Werkes wählt, sie ist in jedem Fall mit Aufwand und Kosten verbunden[268]. Diese Faktoren werden in der amerikanischen Rechtsliteratur in erster Linie als Begründung herangezogen, dass nur von relativ wenigen choreografischen Werken Aufzeichnungen beim Copyright Office hinterlegt wurden bzw. werden[269]. Daneben wird bei Film- und Videoaufnahmen oft zusätzlich das Argument angeführt, dass es mit diesen Medien nicht wirklich gelingt den Charakter bzw. das gesamte Werk einzufangen[270]. Mit einer Kamera, die in einem bestimmten Winkel installiert ist, fällt es schwer, jede Bewegung bzw. jeden Schritt aufzuzeichnen, der jedoch unter Umständen erforderlich ist, um das Werk später vollständig zu rekonstruieren. Einige Choreografen haben

---

265 S. dazu auch Weinhardt, Copyright Infringement of Choreography: The legal Aspects of Fixation, Journal of Corporation Law 1988, 839, 846.

266 Vgl. 2. Kapitel 2. Abschnitt II 4. b).

267 S. z.B. van Camp, 59, 70f.; Fisher, Technical Analysis, 145, 158f.

268 Die Notation von 20 Min. Tanz kann bis zu $ 12.000 kosten (Quelle: Lakes, A Pas de Deux for Choreography and Copyright, New York University Law Review 2005, 1829, 1854).

269 Vgl. Cramer, Copyright Protection for Choreography: Can it ever be en pointe?, Syracuse Journal of Legislation and Policy 1995, 145, 149f.; Lula, The Pas de Deux between Dance and Law, Chicago-Kent Journal of Intellectual Property 2006, 177, 182.

270 Eine gute Diskussion der Grenzen von Filmaufnahmen choreografischer Werke findet sich bei Ann Hutchinson, 57f. Sie zieht eine Analogie zwischen Schallplattenaufnahmen und Musiknotation bzw. Filmaufnahmen und Tanznotationen. Beide Formen der Aufnahme sind aus ihrer Sicht wenig nützlich für die „Wieder"erschaffung eines musikalischen oder choreografischen Werkes. Peter Martins, Ballettmeister am New York City Ballet, führte aus, dass im Fernsehen die Vorstellung vom Raum fehlt und das Werk deshalb nur unzureichend wiedergegeben wird (s. Cramer, Copyright Protection for Choreography: Can it ever be en pointe?, Syracuse Journal of Legislation and Policy 1995, 145, 150).

dementsprechend Bedenken und Vorbehalte geäußert, ihre Werke aufzeichnen zu lassen[271]. Film- und Videoaufnahmen können außerdem stilistische Besonderheiten der Tänzer oder nicht beabsichtige Schrittvariationen festhalten, die nicht Teil der Originalchoreografie sind. Diese praktischen Hindernisse werden aber nur einen Teil der eigentlichen Gründe ausmachen, warum choreografische Werke nur einen Bruchteil der in den USA registrierten Werke ausmachen. In der Realität dürfte oftmals eine Rolle spielen, dass sich manche Choreografen nicht über den Wert ihrer Arbeit und ihrer Rechte vollends bewusst sind[272] und dementsprechend wenig für ihren Schutz unternehmen. Außerdem widerspricht die Festlegung einigen Traditionen innerhalb der Tanzszene der USA. In Tanzkompanien wird z.T. viel Wert gelegt auf die Weitergabe von Tänzer zu Tänzer bzw. Lehrer zu Schüler. Es existieren dafür manchmal speziell benannte Tänzer, die die besondere Aufgabe haben Choreografien zu verinnerlichen, um sie bei Zweifeln der Bewegungsabfolgen bzw. Neueinstudierungen abrufen zu können[273]. Um ein Werk jedoch für spätere Generationen wirklich lebendig zu erhalten, bieten sich Notation oder audiovisuelle Aufnahmen an.

Aktuelle Trends beschäftigen sich mit der Aufzeichnung von choreografischen Werken am Computer. *Merce Cunningham* war der erste Choreograf, der das Programm „Life Forms“ nutzte, um ein gesamtes Werk zu schaffen[274]. *Michael Bloom*, Director der Merce Cunningham Dance Company führte allerdings aus: „The computer is information. The computer is not art. The law understands information. The law does not understand art.“[275] Computerfans wie *Merce Cunningham* mussten auch zugeben, dass die Kreation von Werken am Computer mühsam sein kann: „To put it all (into the computer) would take years …“[276]. Daher löst auch die Notation am Computer (noch) nicht das Problem der Festlegung.

---

[271] Georges Balanchine hatte z.B. das Gefühl, dass die Videoaufzeichnung seiner Choreografie vom Ballett „Der Nussknacker“ nicht alle notwendigen Elemente des Werks wiedergab (Weinhardt, Copyright Infringement of Choreography: the legal Aspects of Fixation, Journal of Corporation Law 1988, 839, 854). Seine Assistentin Barbara Horgan ergänzte: „Video is cruel to dance.“ (Flatow, The Balanchine Trust: Guardian of Legacy, Dance Magazine 1990, 58, 61).

[272] Diese Erkenntnis konnte auf dem an der Humboldt Universität zu Berlin im Jahr 2005 veranstaltetem Tanzsymposium gewonnen werden.

[273] Vgl. Fisher, Technical Analysis, 145, 155. Diese Tradition gibt es nicht nur in den USA sondern auch in Europa (vgl. Ness, Sinn für Geschichte, ballettanz 1/2008, 69, 70).

[274] Cramer, Copyright Protection for Choreography: Can it ever be en pointe?, Syracuse Journal of Legislation and Policy 1995, 145, 150.

[275] Cramer, Copyright Protection for Choreography: Can it ever be en pointe?, Syracuse Journal of Legislation and Policy 1995, 145, 154.

[276] Zitat aus Lakes, A Pas de Deux for Choreography and Copyright, New York University Law Review 2005, 1829, 1855.

Ein weiterer wichtiger Aspekt, der in der amerikanischen Rechtsliteratur nur am Rande Erwähnung findet[277], besteht darin, dass choreografische Werke oftmals ständig weiterentwickelt und modifiziert werden, um z.B. in einem anderen Theater in anderer Besetzung aufgeführt zu werden. Das notierte Werk stimmt dann nicht mehr mit dem Aufgeführten überein. Diese ständige Arbeit an der Choreografie ist Teil des kreativen Prozesses, dessen Antithese der gesetzgeberische Wunsch nach Fixierung in der finalen Form bildet[278]. Das Fixierungserfordernis bei choreografischen Werken bildet also ein Hindernis für einen Schutz dieser Werke. Die Hinwendung zu formalen Erfordernissen für den Schutz geistigen Eigentums wird zu Recht immer dieser Kritik ausgesetzt sein[279].

(2) Veröffentlichung (publication)

Das Konzept der Veröffentlichung war zur Zeit der Geltung des Copyright Act von 1909 von immenser Bedeutung, da es die Trennlinie zwischen dem Schutzbereich des Common Law Copyright und dem des Federal Copyright bildete[280]. Die Unterscheidung, die von den Gerichten dafür entwickelt wurde, war jedoch viel limitierter und formalisierter als die Definition im Copyright Revision Act von 1976. In letzterem Gesetz wird der Zeitpunkt des Urheberrechtsschutzes an der Fixierung festgemacht. Zur Zeit der Geltung des Gesetzes von 1909 war die Veröffentlichung mit dem Copyrightvermerk erforderlich. In einer der wenigen Definitionen des Copyright Acts von 1909 wurde der Zeitpunkt der Veröffentlichung als frühester Zeitpunkt, zu dem Kopien zum Verkauf oder öffentlichen Vertrieb bereitstanden, bezeichnet[281].

Durch die fast vollständige Abschaffung des Common Law Copyright mit der Preemption Clause des 17 U.S.C. § 301 verlor das Merkmal Veröffentlichung an Wichtigkeit[282]. Nichtsdestotrotz kommt ihm immer noch eine gewisse Bedeutung

---

277 Roth, 75, 77; Taubman, 219, 246.

278 So führte auch Circular 41 des Copyright Office von 1977 nach Inkrafttreten des neuen Urheberrechts zu choreografischen Werken aus, dass sie nur registriert werden können, wenn der Tanz ohne weitere Entwicklung zur Aufführung geeignet ist.

279 Der amerikanische Choreograf Eliot Field kommentierte das Procedere der Copyright Anmeldung wie folgt: „ I started the process but didn't follow through … I thought, „This is boring, and I ain't dead yet." (Zitat aus Johnson, 45). Diese Aussage verdeutlicht, dass neben einem günstigen juristischen Umfeld für den Schutz choreografischer Werke auch ein grundsätzlicher Wertewandel bei den Choreografen erforderlich ist, die sich mit dem Schutz ihrer Werke genauer auseinandersetzen müssen.

280 Nimmer on Copyright § 4.01 4-3.

281 Vgl. Taubman, 219, 221.

282 Vgl. hierzu auch die Ausführungen zum Common Law unter 2. Abschnitt III. 2. a) in diesem Kapitel.

zu, weil einige Rechtsfolgen des amerikanischen Urheberrechts an den Zeitpunkt der Veröffentlichung eines Werkes anknüpfen[283]. Eine Definition des Konzepts Veröffentlichung lässt sich sowohl aus dem Gesetzestext und als auch dem amerikanischen Fallrecht ableiten. Von der Rechtsprechung wird von Veröffentlichung gesprochen, wenn mit dem Einverständnis des Urheberrechtsinhabers das Original oder materielle Kopien des Werkes verkauft, verliehen, weg gegeben oder sonst für die Öffentlichkeit zugänglich gemacht werden[284]. Das heißt, ein choreografisches Werk gilt nach dieser Definition erst als veröffentlicht, wenn es auf irgendeine Art und Weise mit Zustimmung des Rechtsinhabers fixiert wurde und der Öffentlichkeit zugänglich gemacht ist[285]. In 17 U.S.C. § 101 wird festgestellt, dass eine öffentliche Vorführung oder Ausstellung eines Werkes keine Veröffentlichung darstellt. Durch diese Regelung wurde das bereits existierende Fallrecht[286] in Gesetzesform gebracht. In der Rechtsliteratur wird nicht zu Unrecht die Frage gestellt, ob der eben geschilderte Grundsatz, dass eine öffentliche Aufführung keine Veröffentlichung darstellt, noch für das derzeit geltende Urheberrecht angemessen ist, da das Federal Copyright automatisch entsteht, sobald das Werk auf irgendeine Art fixiert wurde[287]. Diese Anmerkung erscheint umso gerechtfertigter, wenn man sich vergegenwärtigt, dass der Hintergedanke der Definition von „publication" darauf beruht, einen Akt kommerzieller Nutzung eines Werkes als Veröffentlichung darzustellen. 17 U.S.C. § 101 ist in der Praxis nicht bedeutungslos, denn die Norm führt zu einer eindeutigen Unterscheidung zwischen Aufführung und Veröffentlichung, die für die Anwendung des common law copyrights auf choreografische Werke relevant ist[288].

---

283 Dabei handelt es sich z.B. um die Möglichkeit der Gewährung eines prima facie Beweises zum Beweis der Gültigkeit des Urheberrechts, wenn 5 Jahre nach der ersten Veröffentlichung eine Registrierung beim Copyright Office vorgenommen wurde (17 U.S.C. § 410 (c). Statutory Damages und attorney's fees sind für unveröffentlichte Werke nur erhältlich, wenn sie vor der Urheberrechtsverletzung registriert wurden. Bei veröffentlichten Werken muss die Registrierung dafür 3 Monate nach Erstveröffentlichung oder vor der Urheberrechtsverletzung erfolgen (17 U.S.C. § 412).

284 American Vitagraph Inc. v. Levy, 659 F. 2d 1023 (9th Circ. 1981); Kramer v. Newman, 749 F. Supp. 542, 549 (S.D.N.Y. 1990).

285 So auch Cook, Moving, 1287, 1308.

286 Der so genannte „leading case" des Supreme Courts zu dieser Problematik ist Ferris v. Frohmann (223 U.S. 424 (1912). Danach stellte die Aufführung eines Schauspiels keine Veröffentlichung dar.

287 Nimmer on Copyright § 4.08 4-50.

288 S. hierzu gleich unter 2. Kapitel 2. Abschnitt III. 2.

(3) Registrierung und Hinterlegung

Sind alle geschilderten Voraussetzungen erfüllt und das choreografische Werk fixiert, entsteht der Federal Copyright Schutz automatisch. Die Registrierung beim Copyright Office ist keine Schutzvoraussetzung mehr, allerdings führt sie zu erheblichen Beweiserleichterungen und sie ist erforderlich, wenn aufgrund einer Urheberrechtsverletzung geklagt werden soll[289]. 17 U.S.C. § 411 (a) schreibt vor, dass „no action for the infringement of copyright in any United States work shall be instituted until registration of the copyright claim has been made.[290]" Die Registrierung eines amerikanischen Werkes ist also nicht Grundbedingung für einen urheberrechtlichen Schutz, jedoch für den Rechtsschutz durch ein amerikanisches Gericht. Als ein „United States work" wird jedes Werk verstanden, dass in den USA veröffentlicht wurde[291].

Zusätzlich zur Registrierung ist gemäß 17 U.S.C. § 407 (a) die Hinterlegung einer Kopie bei der Library of Congress erforderlich. Sinn und Zweck dieser Regelung ist, einen materiellen Beweis für die Urheberschaft an einem Werk zu haben[292]. Die Hinterlegung eines Werkes ist nur zwingend erforderlich für veröffentlichte Werke. Falls ein Werk jedoch registriert wird, muss es auch hinterlegt werden. Werke, die nicht in den USA veröffentlicht wurden, fallen ebenfalls nicht in den Anwendungsbereich von 17 U.S.C. § 407 (a).

(4) Copyrightvermerk

In jedem amerikanischen Urheberrechtsgesetz seit 1790 waren Regeln zur Copyright Notice enthalten[293], so auch im Copyright Act von 1976. Erst mit dem BCIA von 1988 wurde der Copyrightvermerk als zwingende Voraussetzung für den Erhalt des Federal Copyright Schutzes abgeschafft. Aufgrund des minimalistischen Ansatzes dieses Reformgesetzes bleibt der Copyrightvermerk in einigen besonderen Teilbereichen, die für Choreografen als Urheber jedoch nicht einschlägig sind, noch intakt[294]. Für den Urheber besteht trotzdem noch ein gewisses Interesse sein Werk mit einem Copyrightvermerk zu versehen, denn der entsprechende Vermerk ent-

---

289 Von einigen Choreografen wurde Schutz durch das Federal copyright gesucht. Es ist bekannt, dass Agnes de Mille, Georges Balanchine oder Antony Tudor eine große Zahl ihrer Werke beim Copyright Office registriert haben (vgl. Singer, 287, 290).

290 Kein Klageverfahren über die Urheberrechtsverletzung an einem US Werk soll begonnen werden bis die Registrierung des Urheberrechtsanspruchs erfolgt ist.

291 Zu publication vgl. 2. Kapitel 2. Abschnitt III. 1. d) (2).

292 Nimmer on Copyright § 7.17 7–190.4.

293 H. Rep., 143.

294 Z.B. 17 U.S.C. § 108 in Bezug auf die Wiedergabe von Werken durch Bibliotheken.

kräftet die Verteidigung, dass der Verletzer in Unkenntnis bzw. ohne Verschulden gehandelt hat. Diese Verteidigung wird gern vorgetragen, um in einem Urheberrechtsverletzungsprozess die Höhe des Schadenersatzes zu reduzieren[295].

2. Common Law Copyright

Um in den Genuss des Schutzes des Federal Copyright zu gelangen, müssen die Werke von Choreografen – so wie im vorangegangenen Abschnitt dargestellt – einige Hürden überwinden. Ein Hindernis stellt sicherlich das Fixierungserfordernis im Zusammenhang mit dem Merkmal „Veröffentlichung" dar. Darüber hinaus ist zu bedenken, dass die Fassungen, in denen viele choreografische Werke aufgeführt werden, weder eine finale noch eine endgültige Version darstellen[296]. Anpassungen werden oft von den Urhebern selbst oder bei Neueinstudierungen des Werkes vorgenommen. Im folgenden Abschnitt soll daher diskutiert werden, ob und wenn ja unter welchen Voraussetzungen Common Law Copyright für choreografische Werke eine Alternative bieten kann.

a) Schutzbereich des Common Law Copyright

Im amerikanischen Recht existierten über lange Zeit zwei Ebenen des Urheberrechts: die Bundesgesetzgebung und das Common Law, womit etwas ungenau das Recht der einzelnen Bundesstaaten umschrieben wird[297]. Der Copyright Revision Act von 1976 beendete diese Dichotomie größtenteils mit der so genannten „preemption clause" (17 U.S.C. § 301). Generell gilt, dass der urheberrechtliche Schutz eines Werks unter Common Law verloren geht, sobald es veröffentlicht ist[298]. 17 U.S.C § 301 (a) und (b) umschreiben dieses Konzept mit der Regelung, dass die

---

[295] Nimmer on Copyright, § 7.02, 7-16f.

[296] Choreografien werden oft auf die Tänzer der Kompanien modelliert, für die das Werk geschaffen wird. Der Choreograf richtet sich bei der Umsetzung seiner Aussagen in Bewegungen nach den Fähigkeiten der Tänzer. Dies gilt insbesondere, wenn für spezielle Tänzer Soli geschaffen werden. Wechselt die Besetzung oder möchte eine andere Ballettkompanie das choreografische Werk aufführen, können teilweise die originalen Bewegungsabläufe nicht übernommen werden, weil nicht alle Tänzer dasselbe technische und darstellerische Können besitzen. Nicht jeder Choreograf kann es sich erlauben, die strenge Auslese zu treffen, die der Balanchine oder Robbins-Trust vornimmt. Bevor ein Werk dieser Choreografen aufgeführt werden darf, wird zunächst überprüft, ob die jeweilige Ballettkompanie technisch in der Lage ist, das gewünschte Werk originalgetreu umzusetzen.

[297] Vgl. 1. Kapitel 2. Abschnitt III. 3. a).

[298] S. z.B. § 980a Cal. Civil Code; Capitol Records Inc. v. Naxos of Am. Inc., 372 F. 3d 471, 477 (2nd Circ. 2004); Nimmer on Copyright, § 2.02, 2-19.

preemption clause (Regel des Vorrangs) keine Anwendung findet, wenn das Kriterium der Festlegung nicht erfüllt ist. Dieses Ergebnis lässt sich aber nicht nur aus 17 U.S.C. § 301 herleiten. Es ist auch Konsequenz der verfassungsmäßigen Vorgaben der Intellectual Property Clause[299]. Die amerikanischen Bundesstaaten sind also nicht gehindert, durch Common Law Copyright Choreografien zu schützen, die weder gefilmt noch notiert wurden[300], denn das von der Verfassung vorgegebene Kriterium „writings" findet nach richtiger Ansicht[301] für Common Law Copyright keine Anwendung. 17 U.S.C. §§ 301, 303 stellen also lediglich fest, dass die Anwendung des Common Law Copyright nicht durch Bundesrecht ausgeschlossen wird. Damit ist jedoch noch nichts über die Existenz eines Common Law Copyright für choreografische Werke gesagt[302].

b) Schutzvoraussetzungen des Common Law Copyright

(1) Original works of authorship

Wie beim Federal Copyright kommt urheberrechtlicher Schutz nur in Betracht, soweit es sich um ein Werk handelt, dass in eigener Anstrengung vom jeweiligen Urheber geschaffen wurde[303]. Es genügt ebenfalls bereits ein Minimum an Kreativität, um den Schutz unter Common Law Copyright zu rechtfertigen[304]. D.h. es besteht auch im Common Law Copyright nur ein relativ enger Bereich, wo die individuellen Anstrengungen als zu trivial angesehen werden müssen, um noch einen urheberrechtlichen Schutz zu rechtfertigen.

Die entscheidende Frage für den Choreografen als Urheber ist jedoch, ob es ihm mit Hilfe des Common Law Copyright gelingen kann, das bundesgesetzliche Fixierungserfordernis zu umgehen. Von einigen Seiten wurde die Auffassung zum Ausdruck gebracht, dass nur konkret fassbare Werke Schutz unter Common Law Copyright erhalten können[305]. Diese Meinung basiert auf der Annahme, dass das Urheberrecht die Form und nicht die Idee schützt[306]. Letzteres Konzept bezieht sich jedoch auf den Inhalt und nicht die äußere Form eines Werks. Der Ausdruck einer

---

299 So auch Fisher, Technical Analysis, 145, 164.

300 So ausdrücklich der H. Rep., 131. S. auch Paul Goldstein, Copyright, Patent, Trademark and related State Doctrines, New York, 1997, 173.

301 Hierzu gleich unter b).

302 Eine Analyse des Fallrechts wird in Abschnitt c) vorgenommen.

303 Feist Publications Inc. v. Rural Telephone Service, 111 US 1282, 1296 (1991); Burrow-Giles Lithographic v. Sarony, 111 U.S. 53 (1884).

304 Vgl. die Ausführung im 2. Kapitel 2. Abschnitt III. 1. a).

305 Palmer v. de Witt 47 N.Y. 532 (1872); Dane v. M. & H. Co, 136 U.S.P.Q. 426.

306 Vgl. Nimmer on Copyright, § 2.02, 2-22f.

Idee kann sehr konkret und detailliert in einem Werk dargestellt werden, ohne fixiert zu sein. Von einigen Gerichten bzw. Autoren wurde diese Abgrenzung jedoch nicht so klar vorgenommen, so dass sich die Bedeutung des Merkmals „concrete" im Hinblick auf den Schutzgegenstand des amerikanischen Urheberrechts zu einer synonymen Verwendung mit dem Begriff „tangible" i.S.v. festgelegt verschoben hat[307]. Kalifornien hat dieses Problem erkannt und deshalb explizit in seinem Landesgesetz geregelt. Im Cal. Civil Code § 980 (a) (1) werden ausdrücklich Werke geschützt, die nicht fixiert sind. Von den Gerichten wurde diese Problematik noch nicht abschließend entschieden, lediglich die Entscheidung der Berufungskammer (Appellate Division) des New Jersey Superior Court in der Rechtssache *Rove v. Golden W. Television Prod.*[308] begrenzte 1982 den Common Law Copyrightschutz auf Werke, die irgendeine materialisierte Form angenommen haben. Die Argumentation der Entscheidung kann nicht überzeugen, weil es Sinn und Zweck des Common Law Copyright ist, Urheberrechtsschutz für alle Produkte aus einem geistigen Schöpfungsprozess zu gewähren, unabhängig davon ob sie eine festgelegte Form besitzen oder nicht[309]. Unter den genannten Voraussetzungen ist der größte Vorteil des Common Law Copyright für den Urheber, dass keinerlei formale Voraussetzungen erfüllt werden müssen, um urheberrechtlichen Schutz zu erlangen[310].

(2) Veröffentlichung

Common Law Copyright kann nur für die Werke Anwendung finden, die noch nicht veröffentlicht sind[311]. Für die Anforderungen an die Veröffentlichung eines Werkes sei auf den 2. Abschnitt III. 1. d) (2) dieses Kapitels verwiesen. Die öffentliche Aufführung eines Werkes wird generell nicht als Veröffentlichung i.S.d. Urheberrechts angesehen[312]. Diese Regel ist bereits im 19. Jahrhundert für dramatische Werke formuliert worden[313]. Konsequenterweise kann also nach den heute geltenden Bestimmungen ein unveröffentlichtes Werk theoretisch unendlich öffentlich

307 A.a.O.

308 1982 Copyright Law Decisions (CCH), 25, 391.

309 Vgl. hierzu auch Nimmer on Copyright, § 2.02 2-26.

310 Roth, 75, 79.

311 Aronson v. Baker, 43 N. J. Eq. 365 (1887).

312 Ferris v. Frohman, 223 U.S. 424 (1912); Cook, Moving, 1287, 1308; Leon I. Mirrell, 792, 798f.; Roth, 75, 79. Jetzt auch ausdrücklich in 17 U.S.C. § 101 geregelt (vgl. auch 2. Kapitel 2. Abschnitt III 1. d) (2).

313 Vgl. Mirrell, 792, 799, der Justice Story „Commentaries on Equity Jurisprudence" von 1836 zitiert.

aufgeführt werden[314], ohne jemals den Common Law Copyright Schutz zu verlieren[315].

c) *Anwendbarkeit des Common Law Copyright auf choreografische Werke*

Basis des Common Law Copyright ist der Gedanke, dass der Autor eines Werkes die Früchte seines kreativen Schaffens genießen sollte. Choreografische Werke, die die Anforderung „original" erfüllen, verdienen also genauso den Schutz des Common Law Copyright wie alle anderen Werkarten. In zwei bekannten Gerichtsentscheidungen, *Savage v. Hoffman*[316] und *Dane v. M. & H. Co.*[317], beriefen sich die Kläger auf den Schutz des Common Law Copyright. Beide Klagen wurden zwar abgewiesen, weil das jeweilige Werk von den Richtern nicht als urheberrechtsfähig angesehen wurde. Keine der Entscheidungen spricht jedoch dagegen, dass auch für choreografische Werke die Möglichkeit eines Schutzes unter Common Law Copyright besteht.

Im *Savage-Fall* war der Kläger Eigentümer der exklusiven Rechte, die Oper „Die lustige Witwe" in den USA und Kanada zu produzieren. Die Beklagten führten Imitationen und Burlesken der Oper als Teil ihrer Varieté Show auf. Dabei benutzten sie nicht nur Kostüme, die identisch mit denen aus der Inszenierung des Klägers waren, sondern imitierten auch die Darbietung der Arien aus der Oper sowie die in der Operninszenierung des Klägers aufgeführten Tänze[318]. Die Oper war nicht veröffentlicht im Sinne des US-amerikanischen Urheberrechts. Der Kläger beantragte, dass den Beklagten sowohl untersagt wird, die Posen der Darsteller seiner Aufführung zu imitieren, als auch die Arien aus der Oper zu singen sowie die Orchestrierung zu benutzen[319]. Das Gericht wies die Klage im ersten Punkt ab. Es begründete seine Entscheidung damit, dass der „Kläger kein geistiges Eigentum an der Art und Weise, in der *Barbanell* und *Brian* (Anm. des Verf.: die beiden Stars der klägerischen Inszenierung) tanzen oder posieren, hat. Sie haben, wenn überhaupt je-

---

314 Der House Report führt aus, dass die Bundesstaaten das Recht haben, „choreography that has never been filmed or notated …", in den Schutzbereich des Common Law Copyright aufzunehmen. (H. Rep., 131).

315 Allerdings muss an dieser Stelle darauf hingewiesen werden, dass Globalisierung und weltweiter Handel bereits begonnen haben, die starren Grenzen des amerikanischen Verfassungsrechts aufzuweichen. Obwohl unfixierte Werke nicht den Anforderungen als „writings" genügen können, hat der Kongress trotzdem urheberrechtsähnliche Rechte für nicht fixierte Musikvorführungen gewährt (Vgl. Nimmer on Copyright § 1.01 1-53 und § 8 E.05).

316 Savage v. Hoffman, 159 F. 584 (C.C.S.D.N.Y. 1908).

317 Dane v. M. & H. Co., 136 U.S.P.Q. 426.

318 Roth, 75, 80.

319 Savage v. Hoffman, 159 F. 584 (C.C.S.D.N.Y. 1908).

mand, das Recht zu klagen. Die Art und Weise der Darstellung jedes Tänzers und Schauspielers ist individuell ...[320]"[321]. Die Begründung dieses Urteils wurde in der rechtswissenschaftlichen Literatur z.T. als undurchsichtig bezeichnet[322]. Aus den Urteilsgründen ist erkennbar, dass das Gericht nicht darüber entschieden hat, ob choreografische Werke für den Schutz unter Common Law Copyright in Frage kommen[323]. Der Wortlaut des Urteils legt allerdings die Vermutung nahe, dass das Gericht sich in der Begründung mit der Möglichkeit auseinandersetzte, ob für einen darstellerischen Vortrag Urheberrechte erlangt werden können, anstatt die Frage eines urheberrechtlichen Schutzes für die Tanzeinlagen, die in der Oper des Klägers aufgeführt wurden, zu klären. Soweit das Gericht also überhaupt die rechtliche Schutzwürdigkeit von Tänzen respektive deren Choreografien diskutierte, wurde diese Problematik aus dem falschen Blickwinkel behandelt.

Der *Dane Fall* betraf eine Tanznummer im Musical „Gypsy". Die Klägerin tanzte für eine Rolle in der Show vor, die von den Beklagten produziert wurde. Sie wurde vertraglich verpflichtet, ihre Nummer in dem Musical aufzuführen und erhielt eine wöchentliche Bezahlung für ihre Dienste. Mit der Klage machte sie einen Anspruch auf Tantiemenzahlung für die Nutzung ihrer Tänze in dem Musical geltend. Sie führte zur Begründung aus, dass es sich bei ihrer Tanznummer um ein choreografisches Werk handele, das unter Common Law Copyright geschützt sei. Die Shownummer der Klägerin bestand darin, verschiedene militärische Posen einzunehmen (wie z.B. stramm zu stehen oder zu salutieren) und danach zu der Militärmusik typische Stripbewegungen vorzuführen. Der Höhepunkt der Nummer war, dass die Klägerin ihr Hinterteil dem Publikum zuwandte und dabei das Wecksignal auf einem Signalhorn zwischen ihren Beinen blies. Während ihrer Showeinlage legte die Klägerin kein Kleidungsstück ab. Sie argumentierte, dass zumindest in dieser Hinsicht ihre Nummer einzigartig sei. Die Klägerin trug weiterhin vor, dass sie ein choreografisches Werk geschaffen hat, weil ihre Arbeit Musik derart mit Bewegungen kombiniere, dass Gefühle hervorgerufen wurden, ein Charakter dargestellt und eine Geschichte erzählt würde. Dazu sagte sie aus, dass es in ihrer

---

320 Im Originalwortlaut urteilten die Richter folgendermaßen: „... complainant has no literary property in the manner in which Barbanell and Brian dance or posture. They, if anyone, have the right to complain. The manner and method of every dancer and actor is individual ..."

321 Savage v. Hoffman, 159 F. 584, 585 (C.C.S.D.N.Y. 1908).

322 Vgl. Roth, 75, 81.

323 Mirrell umschrieb die Problematik wie folgt: Die Basis der Entscheidung ist nicht völlig frei von Kritik. Während das Gericht vor sich die Frage hatte, ob die Tanzeinlagen Common Law Copyright Schutz genießen können, wurde die Antwort darauf nach den Maßstäben des Federal Copyright gegeben (Mirell, 792, 796).

Nummer um ein Mädchen geht, dass sich, um das Beste für ihr Land zu tun, entschied zur Armee zu gehen. Dort blies sie unter verschiedenen Umständen das Signalhorn[324]. Das Gericht entschied, dass ihre Shownummer kein urheberrechtlich schutzfähiges Material enthielt[325], denn die Arbeit sei lediglich eine exzellente Bühneneinlage, die jedoch nicht die verfassungsrechtliche Bedingung der Förderung des wissenschaftlichen Fortschritts und nützlichen Künste erfüllt. Sie enthielt nach Auffassung der Richter nichts, was literarischen, dramatischen oder musikalischen Charakter hätte, um das Publikum emotional oder intellektuell zu inspirieren bzw. zu fordern.

Diese Entscheidung wurde aus verschiedenen Gründen in der amerikanischen Rechtsliteratur kritisiert[326]. Es wurde argumentiert, dass die Urteilsbegründung gefährlich nahe an eine Beurteilung der urheberrechtlichen Schutzfähigkeit eines Werkes auf der Basis von Geeignetheit und künstlerischem Wert heranreicht[327]. Zudem wurde im Urteil explizit auf den verfassungsmäßigen Standard der Copyright Clause Bezug genommen, obwohl sich die Klägerin gerade nicht auf Federal sondern Common Law Copyright berief. Common Law Copyright wird jedoch weder aus der Verfassung noch Bundesgesetz hergeleitet. Die herrschende Meinung ist der Auffassung, dass Common Law Copyright gerade für die Werke Anwendung finden soll, die nicht dem Maßstab des Federal Copyright genügen[328].

Darüber hinaus übernimmt das Urteil außerdem fälschlicherweise den „tell a story/portray a character/depict an emotion“ Test, um die urheberrechtliche Schutzfähigkeit der Shownummer der Klägerin festzustellen. Der vorgenannte Test wurde von den Gerichten während der Geltungszeit des Copyright Acts von 1909 entwickelt, um im Rahmen des Federal Copyright die Schutzfähigkeit von Choreografien als dramatische Werke zu bestimmen[329]. Er ist aber nicht zwingend für die Einordnung eines choreografischen Werkes im Common Law Copyright, weil dort nicht die engen Grenzen des Federal Copyright gesetzt werden. Mit der Reform des Federal Copyright durch den Copyright Act von 1976 wurde dieser Test insgesamt obsolet. Neben diesen Schwächen der Urteilsbegründung enthält die *Dane* Entscheidung jedoch auch ein wichtiges Dictum, das die Anwendbarkeit des Common Law Copyright für choreografische Werke, die zwar aufgeführt aber nicht fixiert worden sind, unterstützt. Das Gericht stellte fest, dass der Show-Act niemals fixiert

---

324 Roth, 75, 82.
325 34 Copyright Office Bulletin, 115, 119f.; vgl. auch Roth, 75, 82.
326 Cook, Moving, 1287, 1305; Fisher, Technical Analysis, 145, 165.
327 Roth, 75, 82.
328 Nimmer on Copyright § 2.02 2-21ff.
329 Roth, 75, 83.

wurde, aber dass „das allein die Klägerin nicht von ihrem Recht ausschließen würde, das Eigentum für ihr Stück geltend zu machen[330]".

In der Literatur wurden diese Entscheidungen nicht immer übereinstimmend kommentiert. Dabei will niemand explizit die Existenz eines Common Law Copyright für nicht fixierte choreografische Werke ausschließen[331]. *Taubman* brachte die Problematik folgendermaßen auf den Punkt: „Thus, if a choreographic work is not notated, or reproduced audiovisually or not set forth verbally or in some other forms of „writings", it is protected perpetually under common law copyright, *if* choreography may be protected at all under common law copyright. Here lies the paradox. The literature *assumes* common law protection[332]".

Es kann daher nicht die von *Roth* und *Mirell* formulierte Schlussfolgerung gezogen werden, dass Common Law Urheberrechtsschutz für choreografische Werke selbstverständlich existiert[333], sondern aufgrund des wenigen Fallrechts müsste etwas vorsichtiger formuliert werden: Common Law Copyright Schutz für Choreografien sollte existieren.

d) Schutz von Improvisationen

In den Genuss des Federal Copyrights können weder Improvisationen noch unfertige choreografische Werke kommen. Da das Erfordernis der Fixierung im amerikanischen Urheberrecht Schutzvoraussetzung ist, scheitern solche künstlerischen Arbeiten grundsätzlich an dieser Hürde. Federal Copyright ist also ungeeignet, der flüchtigen Natur von Improvisationen gerecht zu werden und ihnen urheberrechtlichen Schutz zu ermöglichen. Damit stellt sich die Frage, ob der Kongress als Bundesgesetzgeber Improvisationen gezielt den urheberrechtlichen Schutz verweigern wollte. Es gibt Anzeichen dafür, dass diese Aussage nicht zutreffend ist. Der House Report zum Copyright Revision Act von 1976 erkennt ausdrücklich an, dass auch

---

330 34 Copyright Bulletin, 115, 120; Das Gericht urteilte im Originalwortlaut: „... this alone would not preclude the plaintiff from her right to assert her ownership to the piece of property ...".

331 Fisher, Technical Analysis, 145, 166f.; Lee, Entertainment and Intellectual Property Law 5:37; Mirrell, 792, 794; Nimmer on Copyright § 2.02 2-26; Roth, 75, 83ff.; Taubman, 219, 248.

332 Taubman, 219, 248. Übersetzung: Wenn ein choreografisches Werk nicht notiert oder audiovisuell vervielfältigt oder schriftlich bzw. auf sonstige Art fixiert ist, ist es ununterbrochen durch common law copyright geschützt – wenn choreografische Werke überhaupt durch common law copyright schützbar sind. Hierin liegt das Paradox. Die Literatur *nimmt* common law Schutz an.

333 Roth, 75, 85f. Er schreibt im Original: „... it is clear that any completed choreographic work that ist he original, creative product of ist choreographer is entitled to common law copyright so long as it remains unpublished". Mirrell, 792, 794.

Improvisationen „original works of authorship" sein können[334]. D.h. der Bundesgesetzgeber sah sich eher durch die verfassungsmäßigen Grenzen der Intellectual Property Clause dazu gehalten, kein Urheberrecht für unfixierte Werke zu normieren. Um Improvisationen vom Federal Copyright erfassen zu können, schlägt *Donat* vor, das Merkmal „tangible form" des Fixierungserfordernisses anzupassen[335]. Er will die gesetzliche Definition dahingehend erweitern, dass auch (menschliches) Verhalten, Sprache oder Geräusche ausreichen, soweit sie vom durchschnittlichen Verhalten abgrenzbar sind[336]. Diese Auffassung würde zwar zu einer erheblichen Lockerung des Fixierungserfordernisses führen, nach gegenwärtigem Meinungsstand in Rechtsprechung und Literatur ist sie jedoch nicht mehrheitsfähig[337].

Daher kann ein Ausweg eher über den Weg des Common Law Copyright gefunden werden. Von den US-Bundesstaaten, die ihr Common Law Copyright kodifiziert haben, hat zumindest Kalifornien eine ausdrückliche Regelung zum Schutz von Improvisationen aufgenommen[338]. Allerdings existiert, wie schon im vorangegangenen Abschnitt dargestellt, so gut wie kein Fallrecht zum Common Law Copyright, so dass über den Nutzen und die Effektivität der Regelung in der Praxis keine gesicherte Aussage getroffen werden kann[339].

IV. Zusammenfassung und Zwischenergebnis des Rechtsvergleichs

Die „persönliche geistige Schöpfung" kennzeichnet im deutschen Urheberrecht den Werkbegriff. Zum Teil wird in Rechtsprechung und Literatur auch von der „schöpferischen Eigenart" oder einer „eigenschöpferischen Prägung" gesprochen. Auch im französischen Urheberrecht muss einem Werk zum Erhalt urheberrechtlichen Schutzes „originalité" in dem Sinne innewohnen, dass sie Ausdruck der Persönlichkeit des Schöpfers ist. Etwas anders geht das amerikanische Copyright mit den Anforderungen an einen urheberrechtlichen Schutz um. Die Voraussetzung „original"

---

334 H. Rep., 52. Der House Report spricht an dieser Stelle von einen „unfixierten urheberrechtlichen Werk wie einer Improvisation" (an unfixed work of authorship such as an improvisation).

335 Donat, Fixing Fixation, 1363, 1401f.

336 A.a.O.

337 Vgl. auch H. Rep., 52: „an improvisation...would not be eligible for Federal statutory protection"; s. 2. Kapitel 2. Abschnitt III. 1. d) (1). Kritische Haltung bzgl. Einer Fixierung von Improvisationen auch Mann (Columbia Journal of Law and the Arts 2011, 202ff.), weil es bei Improvisationen mehr um den kreativen Prozess als das Endprodukt gehen soll. Mit Copyrightschutz soll eine Zuweisung des Eigentums einhergehen, die sich nicht positiv auf den sog. „cultural citizenhsip" auswirkt.

338 § 980 (a) (1) Ca. Civil Code.

339 Donat, Fixing Fixation,1363, 1376.

bedeutet nichts weiter, als dass eine eigenständige Leistung im Unterschied zum Kopieren gefordert ist. Nach dem Investitionsschutzprinzip genügt grundsätzlich bereits jede Anwendung von „knowledge, skill, judgment and labour". Die amerikanische Grundsatzentscheidung im Fall *Feist Publications Inc. v. Rural Telephone Service*[340] modifizierte diesen Grundsatz nur dahingehend, dass eine irgendwie geartete intellektuelle Bemühung des Urhebers erkennbar sein muss, um das Kriterium der Originalität zu erfüllen. Die Anforderungen des kontinentaleuropäischen Schöpferprinzips und des Investitionsschutzgedankens werden bei der überwiegenden Mehrheit von choreografischen Werken zu gleichen Ergebnissen führen, da auch im deutschen bzw. französischen Recht keine hohen Anforderungen an die Individualität bzw. an die eigenschöpferische Prägung gestellt werden. Etwas anderes kann sich nur in Randbereichen choreografischen Schaffens, d.h. bei Schöpfungen mit geringerer künstlerischer Individualität (z.B. der Choreografie von Bewegungsabläufen für Modenschauen der Haute Couture), ergeben. Während in den USA und etwas überraschenderweise auch in Frankreich[341] urheberrechtlicher Schutz recht unproblematisch bejaht wurde, arbeitet das deutsche Recht in diesem Bereich für choreografische Werke (noch) mit höheren Anforderungen.

Das Kriterium der Gestaltungshöhe zur Abgrenzung, ob das notwendige Maß an Eigentümlichkeit bzw. Individualität für urheberrechtlichen Schutz vorliegt, ist ein Begriff des deutschen Urheberrechts. Sowohl Frankreich als auch die USA haben sich, zwar jeweils mit unterschiedlichen Anforderungen, allein für das Merkmal der Originalität zur Abgrenzung entschieden. Wie die vorliegende Untersuchung zeigt, ist das Ergebnis eine „großzügige Gewährung urheberrechtlichen Schutzes bei nur minimalen schöpferischen Leistungen"[342]. Frankreich erreicht dieses Ergebnis in erster Linie durch eine sehr großzügige Rechtsprechung. In den USA werden an das Merkmal „originality" selbst so geringe Anforderungen gestellt, dass nur ein sehr enger Korridor verbleibt, wo urheberrechtlicher Schutz nicht mehr in Frage kommen kann. *Dietz* plädierte deshalb bereits für eine Anhebung des Schutzstandards unter Ausklammerung der „kleinen Münze", die einem gesonderten Schutz zugängig gemacht werden soll[343]. Dieser Ansatz ist sicherlich zu begrüßen, um den Sinn und Zweck des Schutzes künstlerischer Leistungen, den das Urheberrecht innehaben sollte, zu bewahren. Er würde jedoch zu erheblichen neuen Abgrenzungsproblemen führen. In der europäischen Rechtsharmonisierung findet die

---

340 111 US 1282, 1296 (1991).

341 In Frankreich ist die Problematik der kleinen Münze nicht in Bezug auf choreografische Werke Gegenstand einer rechtlichen Diskussion.

342 Zitat aus Dietz, Das Urheberrecht in der Europäischen Gemeinschaft, 62. Ähnliche Ansätze verfolgen Rehbinder, Rn. 61; Schack Rn. 261ff.

343 Dietz, Das Urheberrecht in der Europäischen Gemeinschaft, 62ff.

Theorie von *Dietz* keine Bestätigung[344]. Es wird vielmehr ein geringeres Schutzniveau postuliert. Diese Tendenz ist Ausdruck des Gedankens, dass „Urheberrecht nicht nur Kulturrecht sondern auch Wirtschaftsrecht“[345] ist und daher der vollen Bandbreite persönlichen Schaffens in Wissenschaft, Kultur und Kunst zustehen soll. Wird also der Schutz der „kleinen Münze“ beibehalten und nimmt man den Trend aus Europa als Maßstab, ist auf Dauer kein Platz mehr für die Gestaltungshöhe im deutschen Urheberrecht[346]. Zukünftig wird man sich bei der Abgrenzung eher allein auf das Merkmal der Originalität oder Individualität verlassen. Ausgehend von der eingangs geäußerten Kritik am traditionellen deutschen Werkbegriff und um Wertungswidersprüche zu vermeiden[347], wäre diese Anforderung dahingehend zu präzisieren, dass bei künstlerischen Erzeugnissen auch eine nur in geringem Maße individuelle Leistung den Anforderungen genügt[348].

Bei all diesen Erwägungen darf nicht außer Acht gelassen werden, dass das Vorliegen eines Werkes möglichst objektiv beurteilt werden soll, vom Gericht also als Rechtsfrage entschieden wird. Die Bestimmung einer urheberrechtsschutzfähigen choreografischen Leistung nach den in diesem Kapitel vorgestellten Maßstäben ist jedoch immer mit einem gewissen wertenden Element innerhalb jeder (richterlichen) Einordnung verbunden[349]. Woran sollte sich die (richterliche) Beurteilung einer Werkqualität bei Choreografien orientieren? Die Nutzung der Elemente Rhythmus, Zeit und Raum sowie die Gestaltung der Bewegungen/Bewegungsabläufe umschreiben die Arbeit eines Choreografen. Diese Feststellung gilt für alle Choreografien, seien es Werke des klassischen oder modernen Tanzes.

Weitgehende Einigkeit herrscht in allen drei Rechtsordnungen, dass Tanzschritte bzw. Tanzmethoden grundsätzlich keinen urheberrechtlichen Schutz begründen können. D.h. ein besonderer Tanzstil, wie z.B. der moderne Ausdruckstanz nach der Methode *Martha Grahams,* ist nicht schutzfähig. Dieser Begrenzung urheber-

---

344 Vgl z.B. RiLi 91/250EWG zum Schutz von Computerprogrammen von 1991, Art. 1 Abs. 3.

345 Schricker, FS Kreile, 715, 718.

346 So Schricker in FS Kreile, 715, 719.

347 Es ist kaum zu rechtfertigen, Softwareprogrammierern oder Datenbankerstellern für jede selbstständige Leistung urheberrechtlichen Schutz zu gewähren und von Urhebern künstlerischer Schöpfungen qualitativ anspruchsvollere, d.h. individuelle i.S.v. sich vom Durchschnitt abhebende, Werke zu verlangen.

348 Ähnlich Karsten Schmidt, Urheberrechtlicher Werkbegriff und Gegenwartskunst – Krise oder Bewältigung eines gesetzlichen Konzepts, UFITA 77 (1976), 1 ff., der sich ausführlich mit der Lehre Kummers zur statistischen Einmaligkeit auseinandersetzt.

349 Insgesamt ist festzuhalten, dass die Beurteilung und Einordnung choreografischer Werke in das System des Urheberrechts durchaus von der künstlerischen Sensibilität der mit dem jeweiligen Rechtsstreit befassten Richter abhängt.

rechtlichen Schutzes wohnt der zutreffende Gedanke inne, dass das mit dem Urheberrecht gewährte Monopol nicht die Kreativität hemmen soll, indem bestimmte Bewegungsformen von der freien Benutzung ausgeschlossen sind bzw. lizenziert werden müssen.

Auf Formalien kann bzgl. der Gewährung urheberrechtlichen Schutzes für choreografische Werke verzichtet werden. Dabei ist unerheblich, ob das Erfordernis der Fixierung als Schutzvoraussetzung oder allein als Beweisregelung verstanden wird. Wie die deutsche Entscheidung im Fall „Der grüne Tisch“ zur Choreografie von *Joos* zeigt, kann auch die Inaugenscheinnahme durch Vortanzen der relevanten Szenen für die Beurteilung durch die Richter, ob ein urheberrechtliches Werk bzw. die Verletzung eines solchen vorliegt, genügen[350]. Für die USA ist allerdings zu berücksichtigen, dass der Bundesgesetzgebung durch die Verfassung mit ihrer Anforderung „writing“ in der Copyright Clause gewisse Grenzen bzgl. eines kompletten Verzichts auf das Fixierungserfordernis gesetzt sind. Den Choreografen sollte daher in jedem Fall zusätzlich die Möglichkeit urheberrechtlichen Schutzes durch das Common Law Copyright gewährt werden. Aufgrund der heutigen technischen Möglichkeiten, mit denen auch recht preiswert ein choreografisches Werk festgehalten werden kann, dürfte sich die Bedeutung des Fixierungserfordernisses als Hindernis für den urheberrechtlichen Schutz choreografischer Werke verringert haben.

Die Sonderstellung choreografischer Werke im französischen Recht im Hinblick auf das Festlegungserfordernis ist jedoch kaum zu rechtfertigen.

Abseits von allen juristischen Bedenken zum Fixierungserfordernis soll an dieser Stelle nicht unerwähnt bleiben, dass Choreografie eine vergängliche Kunst ist, deren Werke schnell in Vergessenheit geraten können[351]. Zur Bewahrung dieser lohnt

---

[350] Traylor schlägt diese Vorgehensweise auch für den amerikanischen Rechtskreis vor (Traylor, 227, 244).

[351] Juri Grigorowitsch, der nach Petipa am Kirow Theater arbeitete, schrieb in diesem Zusammenhang: „… Quant á la chorégraphie proprement dite, il faut honnêtement avouer que tout va mal avec l'héritage Petipa. Même dans le fond de ballet Petipa au Théâtre Marie (heute das Kirow – Anm. der Verf.), ses œuvres étaient déjà déformées et mutilées au debut de ma carriere là-bas … Beaucoup de choses ont été irrémédiablement perdues. C'est la triste spécificité de notre profession…Il nous faut rapidement créer une cinémathèque des tous les ballets préservés. De tels documents cinématographiques seront une vraie mine pour l'avenir.“ (Zitat aus Jaques Boncompain, Le Chorégraphe – Auteur sur la Pointe des Pieds, 30). Übersetzung: In Bezug auf die Choreographie selbst muss man ehrlich zugeben, dass alles schlecht läuft mit dem Erbe Petipas. Im Grunde sogar beim Ballett Petipa am Theater Marie wurden am Anfang meiner Karriere dort seine Werke bereits verunstaltet und verstümmelt… Vieles ist hoffnungslos verloren gegangen. Das ist die traurige Spezifität unseres Berufes. Wir müssen schnell ein Filmarchiv mit all den erhaltenen Balletts errichten. Derartig viele Filmdokumente sind eine wahre Fundgrube für die Zukunft.

es sich, sie auf welche Art auch immer zu fixieren, ohne das diese Festlegung urheberrechtlich vorgegeben wird.

In der amerikanischen[352] und französischen Rechtsliteratur[353] wurde jeweils kritisiert, dass der Gesetzgeber keine Definition des Begriffs „Choreografie" vorgenommen hat. Diese Kritik und die damit einhergehende Befürchtung, dass der Anwendungsbereich dieser Werkart nicht klar umrissen worden ist, darf nicht unwidersprochen stehen bleiben. Eine Weiterentwicklung der Tanzkunst wäre möglicherweise nicht mehr in Einklang mit dem rechtlichen Schutz von Choreografien durch das Urheberrecht zu bringen, wenn durch den Gesetzgeber eine sehr detaillierte, präzise Vorgabe für ein choreografisches Werk erfolgt. Besser ist es mit Indikatoren zu arbeiten. Daher sei unter Berücksichtigung aller in diesem Kapitel vorgestellten Aspekte eine Umschreibung für choreografische Werke zur Darstellung des gegenwärtigen Erkenntnisstandes angeboten. Ein choreografisches Werk zeichnet sich durch folgende Charakteristika aus: rhythmische, Tempo gebende Körperbewegungen im Raum, die zu Bewegungsabfolgen verbunden werden und für das Auge des Betrachters objektiv wahrnehmbar sind. Mit diesen bewusst allgemein gehaltenen Voraussetzungen kann einerseits neuen Entwicklungen im Tanz Raum gegeben werden. Andererseits können auch Grenzbereiche choreografischen Schaffens, wie z.B. sportliche Leistungen, erfasst werden.

---

352 Z.B. Cook, Moving, 1287, 1288f.; Lee, Entertainment and Intellectual Property Law § 8:4; Wallis, 1446, 1455.

353 Bozzoni, 90.

3. Abschnitt: Grenzbereiche choreografischer Werke – Folklore und sportliche Leistungen

I. Urheberrechtlicher Schutz von Folklore?

1. Begriffsbestimmung

Ein zentrales Problem und damit auch ein Streitpunkt jeglicher Regelung zum Schutz von Folklore ist die Definition des selbigen Begriffs. Bis heute wurde keine Beschreibung für Folklore gefunden, die annähernd mehrheitsfähig ist[354]. Eine genaue Bestimmung des Schutzgegenstandes ist jedoch Voraussetzungen für einen effektiven (urheberrechtlichen) Schutz. Zu diesem Ergebnis kam bereits die Arbeitsgruppe, die sich 1967 mit der Reform der RBÜ befasste[355]. Aufgrund der angedeuteten Differenzen soll auch an dieser Stelle nicht versucht werden, eine allgemeingültige Begriffsbestimmung vorzunehmen. Der Regelungsgegenstand wird anhand des aktuellen Wissenstandes im Zusammenspiel mit den Definitionen von WIPO und UNESCO in den Musterregelungen zum Schutz von Folklore genauer umrissen[356]. 1976 wurde ein erster Definitionsversuch von WIPO und UNESCO mit dem Tunis Model Law[357] gewagt: Section 18 (iv) bestimmt: „… folklore means all literary, artistic and scientific works created on national territory by authors presumed to be nationals of such countries or by ethnic communities, passed from generation to generation and constituting on of the basic elements of the traditional

---

[354] S. bspw. Zusammenfassung des Meinungsstandes durch den Australian Copyright Council, Protecting Indigenous Intellectual Property: A Discussion Paper, 12f.

[355] Nordmann, 41.

[356] Ein Überblick zur historischen Entwicklung des Begriffes „Folklore“ findet sich bei Nordmann, 42ff. Ursprünglich umfasste der Begriff zwei Kriterien: Gesellschaftsschicht und Qualität der Arbeit, die noch bis in die zweite Hälfte des 20. Jahrhunderts als bestimmende Merkmale angesehen werden. Die Bezeichnung Folklore wurde erstmals vom Engländer William John Thoms verwendet, wobei der Bestandteil „folk“ sich auf die gesellschaftlich niedriger stehenden Volksschichten bezog und „lore“ die Gesamtheit des traditionellen Wissens und Glaubens zu einem bestimmten Thema bedeutet. Diese etwas abwertende Beurteilung traditioneller Kunst und Kultur hat sich erst allmählich im Zuge der sich zunehmend durchsetzenden Erkenntnis, dass ein derartiges Begriffsverständnis nicht den künstlerischen und sozialen Gegebenheiten der betroffenen Gemeinschaften gerecht wird, gewandelt. Folklore wird jetzt nicht nur unter ethnologischen sondern auch ästhetischen Gesichtspunkten beurteilt.

[357] Mit diesem am 2. März 1976 von UNESCO und WIPO geschaffenen Mustergesetz sollte für Entwicklungsländer eine Unterstützung bei der Abfassung eigener Urheberrechtsgesetze gegeben werden.

cultural heritage." Die deutliche Bezugnahme auf den Faktor Nationalität in dieser Definition zeigt den Zweck der Vereinbarkeit des Modellgesetzes mit der RBÜ. Systematisch lehnt sich diese Begriffsbestimmung von Folklore eng an urheberrechtliche Grundsätze an. Die Model Provisions for National Laws on the Protection of Expressions of Folklore against Illicit Exploitation and other Prejudicial Actions (im folgenden Model Provisions) von UNESCO und WIPO aus dem Jahr 1982 gehen einen anderen Weg zur Erläuterung von „expressions of folklore"[358]. Ihre Definition in Section 2 lautet auszugsweise: „... „expressions of folklore" means productions consisting of characteristic elements of the traditional artistic heritage developed and maintained by a community of (name of country) or individuals reflecting the traditional artistic expectations of such a community in particular: ... (iii) expressions by action, such as folk dances, plays and artistic forms or rituals, whether or not reduced to a material form ...". Geschützt ist also nicht die abstrakte Überlieferung einer Gemeinschaft sondern deren künstlerische Ausdrucksform. Außerdem wird zwischen den einzelnen Folkloreformen unterschieden[359].

Ausgehend von diesen Definitionen wird von einer Meinungsströmung in der Forschung ein enges Verständnis von Folklore propagiert, die eine Echtheit der Ausdrucksformen voraussetzt und nur solche Folkloreformen erfassen will, die von westlichen oder kommerziellen Einflüssen unberührt geblieben sind[360]. Praxisnaher, da mit dem ersten Ansatz das kulturelle Erbe eines Großteils ethnischer Gemeinschaften der Welt vom Schutz ausgenommen bliebe, ist das großzügigere Verständnis der anderen Meinungsrichtung, die Folklore als „künstlerische Kommunikation in kleinen Gruppen"[361] versteht. Allerdings sollte die Abgrenzung so verstanden werden, dass i.S.d. Model Provisions zeitgenössische Kunst nur erfasst wird, wenn sie auf traditionelle Elemente einer Gemeinschaft gestützt ist[362]. Bezogen auf den Tanz bedeutet diese Feststellung, dass traditionelle Volks- und Gesellschaftstänze als Folklore verstanden werden, ihre zeitgenössischen Abwandlungen jedoch nur, wenn sie auf traditionellen Wurzeln beruhen.

[358] Die Definitionen werden gegenwärtig von der WIPO überarbeitet. Neue Entwürfe zur Bestimmung von „Traditional Cultural Expressions" sind bereits im Internet unter http://www.wipo.int/tk/en/folklore/ verfügbar (zuletzt besucht am 12.2.2012). Da sie aber noch nicht verabschiedet wurden, bezieht sich diese Arbeit noch auf die Model Provisions.

[359] In der noch aktuelleren Definition einer UNESCO Empfehlung aus dem Jahr 1989 (Recommendation on the Safeguarding of Traditional Culture and Folklore) ist man jedoch von dieser Untergliederung wieder abgekommen.

[360] S. Nordmann, 49 m.w.N.

[361] Nordmann, 49.

[362] So auch Nordmann, 64.

2. Rechtslage in Deutschland, Frankreich und den USA

Einleitend sei an dieser Stelle festgestellt, dass der Schutz von Folklore durch das Urheberrecht neben inhaltlichen Fragen auch bedeutenden formalen Problemen, wie z.B. der Bestimmung von Urheber und Schutzdauer, ausgesetzt ist. An dieser Stelle sollen sich die Ausführungen jedoch besonders auf inhaltliche Fragen eines möglichen Schutzes konzentrieren.

Zur der Beurteilung der Rechtslage in Deutschland zum Schutz von Volkstänzen sei erneut auf das „Brasiliana" Urteil des OLG München verwiesen, das sich mit der urheberrechtlichen Schutzfähigkeit einer Tanzshow, die auf brasilianischer Folklore basierte, auseinandersetzen musste. In der Rechtsliteratur wurde das Urteil so verstanden, dass das OLG München nicht generell von einer Schutzfähigkeit von Folkloretänzen ausgehen wollte, da von den Richtern auf eine eigenständige choreografische Leistung des Antragstellers verwiesen wurde[363]. Mit dieser Interpretation des Urteils befinden sich Rechtsprechung und Schrifttum auf einer Linie, denn auch von der deutschen Rechtsliteratur wird grundsätzlich der Urheberrechtsschutz für überlieferte Volkstänze abgelehnt[364]. Schon *Kohler* hat bzgl. „lyrischer Tänze" geschrieben, dass sie nicht Äußerungen des Gestaltungswunsches des einzelnen Individuums sondern des ganzen Volkes sind. Sie gehören also nicht zur Psychologie des Einzelnen sondern zur „Volkspsychologie"[365]. Ein anderer Standpunkt wird in der Rechtsliteratur nur für den Fall vertreten, dass das Bewegungsvokabular aus dem Bereich der Folklore lediglich als Basis dafür genommen wird, ein Werk mit einer eigenschöpferischen Prägung zu schaffen[366]. Diese zutreffende Ansicht darf jedoch nicht so verstanden werden, dass der Rahmen der Darbietung als Indiz für die urheberrechtliche Schutzfähigkeit gewertet wird. Allein eine „ballettartig-dramaturgische"[367] Gestaltung genügt nicht für urheberrechtlichen Schutz, wenn nur gemeinfreie Tänze präsentiert werden. Anders ausgedrückt: Eine Aneinanderreihung von Volkstanznummern macht aus einer Show noch kein Werk der Tanzkunst. Aber genau diese Schlussfolgerung konnte aus dem „Brasiliana" Urteil ge-

---

363 Schlatter-Krüger, GRUR Int 1985, 299, 303; Gernot Schulze, 218.

364 Mestmäcker/Schulze/*Obergfell* § 2 Rn. 102; Loewenheim/*Schlatter* § 9 Rn. 90; Schlatter-Krueger, GRUR Int. 1985, 299, 307.

365 Kohler, 187. Bereits von ihm wurde auch schon das Problem aufgeworfen, für Volkstänze überhaupt einen Urheber zu bestimmen.

366 Mestmäcker/Schulze/*Obergfell* § 2 Rn. 102. Fromm/Nordemann/*Axel Nordemann* § 2 Rn. 136 u. 23/24 Rn. 32, 66ff. Er argumentiert sogar ähnlich in Bezug auf das gesamte Volksgut früherer Jahrhunderte. Die Lieder, Märchen etc. sind zwar gemeinfrei, können aber in eine Form gebracht werden, die urheberrechtlich schutzfähig ist.

367 Gernot Schulze, 217.

zogen werden. Im Kontext der Änderungen der Leistungsschutzrechte ausübender Künstler durch den Art. 2a WPPT könnte sich jedoch auch im deutschen Recht die bisher geltende Regel, dass Volkstänze nur ausnahmsweise urheberrechtlichen Schutz genießen, ändern. In der aktuellen Fassung des § 73 UrhG genießen ausübende Künstler auch dann Leistungsschutzrechte, wenn sie eine „Ausdrucksform der Volkskunst"[368] aufführen. Um systematische Dissonanzen[369] zu glätten, wäre eine Einbeziehung von Folklore in den urheberrechtlichen Schutzbereich denkbar, wenn zumindest eine geringfügige eigenschöpferische Bearbeitung vorliegt.

Auch im französischen Recht wurde die Frage aufgeworfen, ob Werke aus dem Bereich der Folklore insgesamt in den Bereich der domaine public fallen. Dies wird zum Teil sowohl von Rechtsprechung[370] als auch Rechtsliteratur[371] bejaht. *Gautier* sieht zumindest in den Fällen die Möglichkeit urheberrechtlichen Schutzes, wo Improvisationen Werken der Folklore entlehnt sind[372]. Nicht ersichtlich ist allerdings, warum er diese Möglichkeit nur für Improvisationen anspricht. Sie besteht im Grunde für alle Schöpfungen, die auf Werken der Volkskunst beruhen, jedoch genug Eigentümlichkeit aufweisen, um urheberrechtlichem Schutz zugängig zu sein.

Für das amerikanische Recht springt als erstes die notwendige Schutzvoraussetzung der Fixierung als Hürde für den Copyrightschutz von Volkstänzen ins Auge. Wie der 2. Abschnitt III. d) (1) dieses Kapitels gezeigt hat, ist dies jedoch kein besonderes Problem für den urheberrechtlichen Schutz von Folkloretänzen, sondern gilt allgemein für choreografische Werke. Aufgrund der geringeren Anforderungen an die Originalität[373] wird die Schwelle zu einem urheberrechtlich schutzfähigen Werk einfacher überschritten, so dass Bearbeitungen gemeinfreien Materials aus dem Bereich der Folklore auf diesem Weg auch im amerikanischen Urheberrecht Schutz eingeräumt werden kann. Etwas weiter geht *Farley*[374], wenn sie unter Be-

---

368 Kritisch zur Wortwahl des deutschen Gesetzgebers äußert sich Schlatter (Loewenheim/*Schlatter* § 72 Rn. 8). Sie moniert, dass der deutsche Gesetzgeber nicht den international gebräuchlichen Begriff der Folklore verwendet hat. Aus diesem Grund sieht sie die möglich Gefahr, dass durch den Terminus „Volkskunst" der Anschein erweckt wird es müsste sich um Kunst i.S.d. § 1 UrhG handeln.

369 Bisher war der Erwerb eines Leistungsschutzrechtes nur möglich, wenn ein urheberrechtlich schutzfähiges Werk aufgeführt wurde. Die Ergänzung um Volkskunst bricht diese Systematik. Vgl. Loewenheim/*Schlatter* § 72 Rn. 8.

370 Cour de Cassation, RIDA Januar 1973, 127.

371 Pascale des Jonquéres, Rn. 103.

372 Gautier, 94.

373 Ausführlich dazu in 2. Kapitel 2. Abschnitt 1. a).

374 Haight Farley, Protecting Folklore of Indigenous Peoples: Is Intellectual Property the Answer?, Connecticut Law Review 1997, 1, 25. Sie sieht jedoch insgesamt das Copyright zum Schutz von Folklorewerken nur bedingt als geeignet an.

rufung auf die Entscheidung *Alfred Bell & Co. v. Catalda Fine Arts*[375] auch reine Reproduktionen von Folklore mit urheberrechtlichem Schutz versehen will, soweit dafür anspruchsvolle künstlerische Tätigkeiten erforderlich sind. Diese Auffassung ist jedoch durch die aktuellere US-Rechtsprechung[376] in dieser Form nicht haltbar, da zumindest ein geringer kreativer, d.h. eigenschöpferischer, Funke gefordert wird.

Das Fazit der Betrachtung lautet also: Ein effektiver Schutz traditioneller Folkloretänze durch das Urheberrecht ist nur möglich, wenn in die bestehenden Urheberrechtsgesetze von Deutschland, Frankreich und den USA Sondervorschriften integriert würden, da Folklore sich oft durch eine genaue Wiedergabe des bereits Bestehendem auszeichnet[377]. Vom gegenwärtig geltenden Urheberrecht können folkloristische Tänze nur erfasst werden, wenn durch einen Choreografen eine schöpferische Bearbeitung von Volkstänzen, die über ausreichend Individualität/Originalität verfügt, erschaffen wird.

3. Gesetzliche Modelle zum Schutz von Werken der Folklore auf internationaler Ebene

Erste Bemühungen der internationalen Staatengemeinschaft zum Schutz von Folklore schlugen sich bereits 1967 in Art. 15 Abs. 4 RBÜ und den Vorschriften zu Folklore des Tunis Model Law[378] aus dem Jahr 1976 nieder. In beiden Fällen handelte es sich um Modelle, die versuchten, den Schutz von Folklore in die bestehenden Urheberrechtssysteme zu integrieren. Bevor Art. 15 Abs. 4 RBÜ verabschiedet wurde, befasste sich eine Arbeitgruppe mit verschiedenen Schutzmöglichkeiten[379]. Von Entwicklungsländern wurde zunächst vorgeschlagen, dass Folklore als eigene Werkart in den Werkkatalog des Art. 2 Abs. 1 RBÜ aufgenommen wird[380]. Aufgrund von Abgrenzungsschwierigkeiten zu Werken der Literatur und Kunst wurde

---

375 191 F. 2d 99 (2d Circ. 1951).

376 Feist Publications Inc. v. Rural Telephone Service, 111 US 1282, 1296 (1991).

377 S. von Lewinski, 747, 758f.; Nordmann, 99; Torsen, „Anonymous, Untitled, Mixed Media": Mixing Intellectual Property Law with other Legal Philosophies to Protect Traditional Cultural Expressions, 53 Journal of the Copyright Society of the USA 2005–2006, 287.

378 Damit sollte u.a. für afrikanische Länder ein Mustergesetz für die nationale Gesetzgebung zur Verfügung gestellt werden, das auch die speziellen Bedürfnisse dieser Länder adressiert und RBÜ kompatibel ist.

379 Bergström, Erster Bericht über die Arbeiten der Hauptkommission I der Stockholmer Konferenz von 1967 über geistiges Eigentum (materiell-rechtliche Bestimmungen in der Berner Übereinkunft – Art. 1-20), UFITA 1969, 196, 249ff.

380 Die indische Delegation schlug vor, „works of folklore" in die nicht abschließende Liste von geschützten Werkarten des Art. 2 (1) RBÜ aufzunehmen, vgl. von Lewinski, 747, 752; Nordmann, 24.

jedoch die in Art. 15 Abs. 4 RBÜ manifestierte Lösung favorisiert[381]. Durch diese Vorschrift sollen die Verbandsländer in die Lage versetzt werden, eine Art Clearingstelle zu bestimmen, die die Rechte derjenigen Urheber wahrnimmt, deren Identität nicht zu ermitteln ist[382]. Allerdings kann ein Großteil von Folkloreformen i.S.d. der unter 1. vorgestellten Definition nicht von dieser Vorschrift erfasst werden, so dass man sie nicht als „Folkloreschutzrecht" im eigentlichen Sinne bezeichnen kann. Das Modell der RBÜ war in der Praxis nicht erfolgreich, lediglich Indien hat die notwendigen Schritte nach Art. 15 Abs. 4 RBÜ ergriffen[383].

In einigen Rechtsordnungen wurde daher explizit der Schutz von Folklore verankert. Entsprechende Vorschriften finden sich bevorzugt in Entwicklungs- und Schwellenländern und sind in die jeweiligen Urheberrechtsgesetze integriert[384]. Dabei lassen sich drei Lösungswege unterscheiden: Ein urheberrechtliches Modell,

---

381 Viele Delegationen unterstützten zwar die Aufnahme von Folkloreformen als eigene Werkart. Aber von verschiedenen Seiten wurden Bedenken angemeldet, da durch nationales Urheberrecht und RBÜ einzelne, identifizierbare Schöpfer geschützt werden sollen, s. von Lewinski, 747, 752, Nordmann, 24.

382 Art. 15 Abs. 4 RBÜ bestimmt in Unterabsatz a: „In the case of unpublished works where the identity of the author is unknown, but where there is every ground to presume that he is a national of a country of the Union, it shall be a matter for legislation in that country to designate the competent authority which shall be entitled to protect and enforce his rights in the countries of the Union. Deutsche Fassung: „Für die nicht veröffentlichten Werke, deren Urheber unbekannt ist, bei denen jedoch aller Grund zu der Annahme besteht, dass ihr Urheber Angehöriger eines Verbandslands ist, kann die Gesetzgebung dieses Landes die zuständige Behörde bezeichnen, die diesen Urheber vertritt und berechtigt ist, dessen Rechte in den Verbandsländern wahrzunehmen und geltend zu machen."

383 Von Lewinski, 747, 752f.

384 In Australien wird die Möglichkeit eigener, spezieller moral rights für Aborigine Gemeinschaften geprüft (s. McDonald, Indigenous Communal Moral Rights, Australian Intellectual Property Rights Law Bulletin, 16.3.2003, www.copyright.org.au/pdf/acc/articles/A03n24.pdf). 2007 folgte ein Bericht über indigene Kunst, der auch Empfehlungen für einen besseren Schutz und Rechtsreform enthielt. Der Bericht kann unter http://www.copyright.org.au/news-and-policy/details/id/1825/ eingesehen werden (zuletzt besucht am 12.2.2012).
Z.T. ist der Schutz von Folkloreformen auch auf halber Strecke stecken geblieben. China bemühte sich bereits seit den 80er Jahren seine traditionellen Kunstformen national zu schützen. In dem 1990 verabschiedeten und verkündeten Urheberrechtsgesetz existiert mit Art. 6 eine Vorschrift, die sich dem Schutz von Werken der Volkskunst und Volksliteratur widmet. In dieser Norm ist geregelt, dass eine Spezialregelung erlassen werden soll, die sich dem Schutz von Folklore widmet. Ihre Umsetzung bereitet aber mangels funktionierender Vorbilder Schwierigkeiten und wird auch nicht mit besonderer Dringlichkeit gesehen (vgl. zur Urheberrechtsreform in China auch Dietz, Zum neuen Urheberrechtsgesetz der VR China – Eine Einführung, GRUR Int. 1990, 905; ders., Die neuen Durchführungsvorschriften im chinesischen Urheberrechtsgesetz – Eine Einführung, GRUR Int. 1991, 703). 2001 wurde eine revidierte Fassung des chinesischen Urheberrechtsgesetzes verkündet, aber noch immer existiert kein gesonderter Folkloreschutz.

eine domaine public payant oder eine Kombination aus beidem[385]. Nach den Erfahrungen von WIPO und UNESCO waren jedoch all diese Lösungen in der Praxis wenig effektiv[386]. Aus diesem Grund sollten die Model Provisions als eine Art sui generis Rechtsschutz Abhilfe schaffen. Ein zentraler rechtlicher Mechanismus der Model Provisions ist der in Section 3 für bestimmte Nutzungen vorgesehene Zustimmungsvorbehalt[387]. Bzgl. der Frage nach der Rechtsinhaberschaft für Folklorewerke eröffnen die Model Provisions zwei Alternativen: Entweder erhält die betroffene Gemeinschaft unmittelbare Kontrolle über ihre Folkloreformen oder die Ausübung der Kontrollrechte wird durch eine vom Staat bestimmte Stelle ausgeübt. Um die ideellen und kommerziellen Interessen der betroffenen Gemeinschaften effektiv zu wahren, wäre die erstere Alternative vorzugswürdig – soweit die Ausdrucksformen von Folklore gewissen Gemeinschaften eindeutig zugeordnet werden können. In der Praxis gilt allerdings auch für die Model Provisions, was bereits für Art. 15 Abs. 4 RBÜ festgestellt wurde: Sie haben kaum Einfluss auf die nationalen Konzepte zum Schutz von Folklore gezeigt[388].

Unabhängig davon welches System zum Schutz von Folklore in den einzelnen Ländern propagiert wird, hat sich in der Praxis bei (größeren) Gruppen, die z.T. auch länderübergreifend leben, das Problem der Vergabe von Lizenzen und Vertei-

---

385 Vorreiter beim Schutz von Folklore war Bolivien, das quasi urheberrechtliche Regelungen zum Schutz von Folklore bereits 1967 verabschiedete (s. Jabbour, 10, 12). Ein eigenständiges Schutzsystem wurde z.B. in Panama eingeführt. Dort können autochthone Gemeinschaften ihre traditionellen Güter im nationalen Urheberrechtsbüro des Bildungsministeriums registrieren lassen. Der Schutz besteht ohne zeitliche Grenze. Schutz und Lizenzierung erfolgt nach dem Gewohnheitsrecht jeder Gemeinschaft, die allerdings auch beim Urheberrechtsbüro anerkannt und registriert werden müssen. Ein ähnlicher Ansatz findet sich im indonesischen Recht, wo ebenfalls gewohnheitsrechtliche Regelung Eingang in das System zum Schutz von Folklore gefunden haben. Zu bedenken ist jedoch, dass das Gewohnheitsrecht nur innerhalb einer Gemeinschaft wirkt und seine Kontrollwirkung außerhalb der Gemeinschaft nachlässt (vgl. Kuruk, 769, 786f.).
Ein eigenes Gesetz zum Schutz von Folklore wurde in den Philippinen mit dem Indigenous Peoples Rights Act von 1997 verabschiedet. Das Gesetz erkennt zwar das Konzept von Gemeinschaftseigentum an, allerdings hielt man es trotzdem für notwendig zur Durchführung des Gesetzes eine staatliche Stelle zu schaffen (s. Kutty, 27).
Die meisten afrikanischen Staaten haben ihren Folkloreschutz in das Urheberrecht integriert. Die Erlaubnis zur Nutzung von Folklore wird von verschiedenen staatlichen Autoritäten erteilt (z.B. durch den Kulturminister in Malawi oder Tunesien oder das Copyright Office in Senegal bzw. Kongo). Basis für die Bestimmung von Lizenzgebühren ist meistens die Existenz einer domaine public payant (Ngombe, 437, 447).

386 UNESCO/WIPO, Erläuterungen zu den Model Provisions, Absatz 10.

387 Zustimmungsverfahren sind im Bereich des Folkloreschutzes durchaus bekannt, vgl. UNESCO/WIPO Erläuterungen zu den Model Provisions, Absatz 40 mit dem Verweis auf Peter Banki, Report to the Australian Copyright Council, 1978, 7.

388 Zu den Erfahrungen in Asien vgl. z.B. die Studie für die WIPO von Kutty, 32.

lung daraus erwirtschafteter Einnahmen gezeigt[389], das noch nicht abschließend gelöst ist[390]. Um zu gerechten Ergebnissen zu gelangen ist eine ständige, Ländergrenzen übergreifende, Zusammenarbeit unausweichlich. Auch aus diesem Grund sind weitere Initiativen zum Schutz von Folklore geplant, allerdings fällt das weltweite Engagement dazu sehr unterschiedlich aus. Besonders aktiv sind die Entwicklungsländer[391], da sie ihre Geistesgüter durch das von den Industrienationen propagierte System des Urheberrechtes nur ungenügend schützen können[392]. Seitens der Industrieländer besteht nur wenig Interesse an einem sui generis Folkloreschutz[393]. Auch dadurch bedingt fehlt es bis jetzt an einem nachhaltigen Schutz von Folkloreformen und damit auch von Volkstänzen auf internationaler Ebene[394].

4. Schlussfolgerung und Zwischenergebnis der Rechtsvergleichung

Wie die vorangegangenen Ausführungen illustriert haben, ist das Urheberrechtssystem in den zu betrachtenden Ländern in seiner jeweiligen Struktur nur bedingt geeignet schutzwürdige Formen von Folklore zu erfassen. Aufgrund der Zielsetzungen des Urheberrechts ist dieser Umstand jedoch nicht unbedingt als Mangel zu

---

389 Nicht frei von Kritik ist dabei das weitgehend von den afrikanischen Staaten, aber auch in asiatischen Ländern praktizierte System, dass nicht die betroffene Gemeinschaft die Rechte verteilt und verwertet, sondern durch den Staat eine verantwortliche Clearingstelle eingerichtet wird, die die Lizenzgebühren einzieht. Dadurch erfolgt eine Kommerzialisierung, die an den Betroffenen vorbei geht, die nicht bzw. nur in Teilen an den Einnahmen beteiligt sind (kritisch auch Kuruk, 769, 805, 831).

390 Ausführlich zu dieser Problematik in Afrika: Ngombe, 437, 440ff.

391 Von afrikanischen Staaten wurde ein regionaler Schutz im Rahmen der Urheberrechtssysteme durch Anhang VII der Bangui Abkommen, basierend auf Art. 59, verabschiedet (s. Ngombe, 437).

392 Daher überrascht es nicht, dass die meisten aktuellen Arbeiten und Stellungnahmen zum Thema Folkloreschutz von Autoren aus Entwicklungsländern stammen. Beiträge aus Europa sind eher dünn gesät. Eine mittelnde Stellung nehmen Länder wie Australien, Neuseeland oder die USA ein, wo Kolonialkulturen auf starke autochthone Gemeinschaften treffen (Aborigines, Maoris bzw. Indianer).

393 Als Grund für das geringe Interesse an einem umfassenden Schutz von Folklore wird das Ziel einer freien Verbreitung von Folklore angeführt und darauf verwiesen, dass der Schutz gemeinfreier Leistungen dem Urheberrecht widerspricht (s. Nordmann, 267).

394 Zwar wurde im Zuge der Verabschiedung der WIPO Verträge von 1996 (WCT und WPPT) auch das Thema des Folkloreschutzes erneut aufgegriffen. Der auf der Konferenz in Phuket, Thailand, beschlossene Aktionsplan stellte sich aber als zu ambitioniert dar (s. von Lewinski, 747, 755). Zudem traf er nicht auf breiten Konsens. Die USA und Großbritannien distanzierten sich sogar ausdrücklich davon (s. Nordmann, 266). Und nun beschäftigt sich bereits seit dem Jahr 2000 eine Arbeitsgruppe bei der WIPO mit den Möglichkeiten eines verbindlichen internationalen Schutzes von Folklore.

werten. Soweit auf Folklore basierende Schöpfungen vom Urheberrecht erfasst werden können, ist diese Möglichkeit begrüßenswert, da auch die traditionelle Kunst zunehmend kommerzialisiert wird, ohne das diejenigen, deren Traditionen vermarktet werden, immer angemessen beteiligt sind[395]. Daher ist auch die Forderung nach einem effektiven Schutz von Folklore berechtigt, denn es besteht ein grundsätzliches Interesse der Gemeinschaften[396] im Falle einer kommerziellen Nutzung ihrer künstlerischen Ausdrucksformen für ihren Beitrag an Schaffung und Wahrung kompensiert zu werden[397]. Auf dieser Ebene vermag das „klassische" Urheberrecht die Bedürfnisse der betroffenen autochthonen Gruppen allerdings nicht zu befriedigen, da es in seinem Kern individualistisch geprägt ist[398]. Falsch wäre es, das Urheberrecht mit kulturpolitischen Belangen zu befrachten, die individualrechtliche Befugnisse von Urhebern im Interesse der Gemeinschaft beschränken. Schon 1968 hat *Dietz*[399] in seiner Untersuchung zum droit moral konstatiert: „Man muss hier die mittelbare, kulturfördernde Zielsetzung und die unmittelbare, Privatinteressen ausgleichende Zielsetzung der Urheberrechtsgesetze unterscheiden."

Die vorangegangenen Abschnitte haben verdeutlicht, dass ein eigenes Schutzsystem für Leistungen aus dem Bereich der Folklore aus systematischen Gründen vorzugswürdiger ist: Das individualrechtlich geprägte Urheberrecht ist nicht in der Lage, die ggf. komplexen kollektiven Berechtigungen der betroffenen Gemeinschaften angemessen zu adressieren und es widerspricht Funktion und Wesen des Urheberrechts Allgemeininteressen zu hoch zu gewichten[400]. Eines der zentralen Anliegen des Folkloreschutzes ist es jedoch, kollektive Rechtspositionen für betroffene Gemeinschaften zu schaffen. Wie von *Nordmann*[401] zutreffend dargestellt wurde, besteht seitens autochthoner Gruppen ein besonderer Wunsch darin, ihre ideellen In-

---

[395] Die praktischen Auswirkungen dieses Trends werden von Nordmann am Beispiel der nordamerikanischen Indianer dargestellt (Nordmann, 40).

[396] Vgl. Studien z.B. von Jabbour, 10, 12; Kamal Puri, Preservation and Conservation of Expressions of Folklore, 39, 42.

[397] Ein möglicher positiver Effekt wäre es, wenn dadurch auch gegen Arbeitslosigkeit oder Armut in den betroffenen Gemeinschaften gewirkt werden könnte.

[398] Genau dieses Konzept ist vielen autochthonen Gemeinschaften fremd. Z.B. kommt nach der Vorstellung der Tulalip Indianer aus dem Staat Washington das Wissen vom Schöpfer. Es gibt keine klare Unterscheidung zwischen heiligem Wissen und anderen Formen. D.h. etwas Vergleichbares wie eine domaine public oder der Schutz eigenkreativer Leistung ist nicht bekannt. Ähnliche Vorstellungen besitzen die neuseeländischen Maori, vgl. Torsen, 287, 292f.

[399] Dietz, Das Droit Moral des Urhebers im neuen französischen und deutschen Urheberrecht, 173f.

[400] Farley, 1, 4; Kuruk, 769, 793ff.; Nordmann, 159ff.

[401] Nordmann, 85f., 263.

teressen bspw. an geheimen oder religiösen Folkloreformen zu schützen[402] – wie es z.B. für die rituellen Tänze des Stammes der Barbaig in Tansania gilt[403]. Traditionelle Tänze, deren Urheber nicht bekannt sind, können durch die aktuellen Fassungen der Urheberrechtsgesetze grundsätzlich nicht erfasst werden. Es stellt sich in diesem Zusammenhang nicht nur die Problematik, dass der Berechtigte nicht bekannt oder die mögliche Maximalschutzdauer für Werke abgelaufen ist. Einen weiteren Stolperstein bildet die Voraussetzung, eine Schöpfung von Individualität bzw. Originalität zu schaffen. Traditionelle Schritte, Drehungen o.ä. Bewegungen sind zum einen als tänzerisches Grundvokabular nicht schutzfähig. Zum anderen entstehen Folkloreformen in einem kontinuierlichen Prozess kreativer Aktivität, der oftmals auf einer genauen Nachahmung von Generation zu Generation beruht. Urheberrechtlicher Schutz kommt daher nur in Frage, wenn ein Choreograf sich die traditionellen Ausdrucksformen als Basis für seine Inspiration nimmt und daraus etwas Eigenschöpferisches entwickelt.

II. Urheberrechtlicher Schutz sportlicher Leistungen?

In seinem Werk „Sutra“ versuchte der Choreograf *Sidi Larbi Cherkaoui* mit 17 Mönchen aus dem Shaolin Kloster in China, die in dem Stück ihre Kampfkunst vorführen, der spirituellen Grundlage des Shaolin[404] und seiner Beziehung zum Kung Fu[405] auf den Grund zu gehen. Ist die Darstellung von Kampfkunst und ihre schöpferische Verbindung mit Bewegungen zu klassischer Musik als choreogra-

---

402 Jabbour (Copyright Bulletin XII.1 1983, 10, 11) beschreibt beispielhaft, wie heilige Tänze, die eigentlich nur einigen ausgewählten Tänzern bekannt sein sollten, in Industrieländern veröffentlicht und aufgeführt wurden, ohne auf die spirituellen Befindlichkeiten der Gemeinschaften, aus denen diese Tänze stammen, zu achten.

403 Alexandre & Sonia Poussin, Afrika zu Fuß, 322ff. Die *doumda* ist ein geheimes Tanzritual, das Symbole der Initiation, der Brautwerbung und des Kriegswesen in sich vereint.

404 Mit dem Begriff Shaolin wird zumeist das Kloster am Berg Songshan gemeint, das für seine Kampfkunst (Shaolin Quanfa) und Qigong berühmt ist. Es gilt auch als Geburtsstätte des Chan Buddhismus, der wiederum der Vorläufer des Zen Buddhismus ist. Die Kampfkunst wird dabei als Teil der buddhistischen Praxis verstanden. In der westlichen Welt ist das Shaolin Kloster durch seine Wushu Showgruppen besonders bekannt. Wushu ist im chinesischen der Oberbegriff für Kampfkunst. Im westlichen Raum wird dafür oft fälschlicherweise der Begriff Kung Fu verwendet.

405 Als Shaolin Kung Fu werden die chinesischen Kampfkunststile bezeichnet, die sich in irgendeiner Art und Weise auf das chinesische Shaolin Kloster beziehen. In engerem Sinne werden davon nur die Kampfkunststile erfasst, die im Shaolin Kloster in den Songshan Bergen der chinesischen Provinz Henan entstanden sind. Bei einem weiteren Verständnis sind auch die Stile erfasst, die durch andere, mit dem Shaolin verbundene Klöster oder Wandermönche entstanden sind.

fisches Werk urheberrechtsschutzfähig? Oder handelt es sich um rein sportliche Leistungen, denen dieser Schutz verweigert werden muss? Dieses Beispiel beweist, dass die Grenzen fließend verlaufen können. Tatsache ist, dass in einigen Sportarten eine Leistung auch künstlerische Elemente aufweisen kann. Die sportlichen Aktivitäten finden also in einer Art „Grauzone" zwischen Kunst und reinem Sport im Sinne von körperlicher Höchstleistung statt. Beispiele dafür wären das Eiskunstlaufen oder die rhythmische Sportgymnastik. Bei einer Eiskunstlaufkür kann sehr wohl darüber diskutiert werden, ob sportliche oder tänzerische Elemente im Vordergrund stehen. Daher stellt sich nicht zu Unrecht die Frage, ob für gewisse Bereiche des Sports auch die Möglichkeit eines urheberrechtlichen Schutzes der Leistung als choreografisches Werk eröffnet ist.

1. Deutschland

Für den deutschen Rechtsraum wurde die Frage gerichtlich noch nicht abschließend beantwortet, ob sportlichen Leistungen Urheberrechtsschutz als choreografisches Werk zukommen kann. Das LG Hamburg stellte richtigerweise sehr deutlich klar, das kein Urheberrecht an Fußballspielen besteht[406]. Teamsportarten waren bisher in Deutschland, anders als in den USA, noch nicht Teil der juristischen Debatte zum Urheberrechtsschutz für sportliche Leistungen. Zwei weitere interessante Entscheidungen sollen an dieser Stelle Erwähnung finden. Das Bundessozialgericht musste sich im Jahr 2006 mit der rechtlichen Einordnung des argentinischen Tangos befassen[407]. Die Klägerin betrieb eine Tanzschule für argentinischen Tango und klagte auf Aufnahme in die Künstlersozialversicherung. Voraussetzung dafür ist, dass man sich der Lehre darstellender Kunst widmet. Nachdem die Klägerin in den ersten beiden Instanzen mit dem Argument gewonnen hatte, dass argentinischer Tango, anders als sein Verwandter aus dem Bereich des Standardtanzes, nicht auf festgelegten Schrittfolgen sondern auf tänzerischen Improvisationen beruht, die einen emotionalen Gehalt zum Ausdruck bringen, unterlag sie vor dem Bundessozialgericht. Das Gericht wollte den argentinischen Tango nur dann zur darstellenden Kunst zählen, wenn er in einer Tanzschule zur Ausbildung für den Bühnentanz bzw. Showtanz gelehrt wird. Ansonsten zählt er nach Auffassung der Richter zum Sport (Breitensport, Turniertanzsport), weil er wettkampfmäßig ausgeübt werden kann, wie auch andere Tanzdisziplinen, zu denen Standardtänze oder Eistanz gezählt wurden. Auf den Umfang des gestalterischen Spielraumes und der Krea-

---

406 LG Hamburg, ZUM 2002, 655ff. – Hörfunkrechte an Fußballspielen.
407 B 3 KR 11/06 R.

tivität kommt es nach dem Urteil der Richter nicht an. Überträgt man die in diesem Urteil geäußerten Gedankengänge auf das Urheberrecht zeigt sich, dass eine statische Abgrenzung unter der Prämisse, dass eine sportliche Leistung keine künstlerische Arbeit darstellen kann, nicht sachgerecht ist. Gerade der von den Bundessozialrichtern abgelehnte Gedanke eines künstlerischen Gestaltungsspielraumes zeichnet die Schöpfung eines Werkes aus. Es ist also nicht überzeugend, den argentinischen Tango nur dann zur darstellenden Kunst zählen, wenn er für die Showbühne gelehrt wird. Allein die Möglichkeit einer Darbietung im Wettkampf kann nicht das ausschlaggebende Argument gegen die Annahme einer künstlerischen Leistung sein. Etwas anders urteilte 2007 das OLG Köln[408]. Es erkannte einer kompositorischen Darbietung im Berliner Friedrichstadtpalast, in der die Tänzerinnen ihre Körper so verbogen, dass es den Anschein hatte, es handele sich um Menschen ohne Knochen, in ihrer Gesamtheit den Schutz als choreografisches Werk zu, weil über die bloße Akrobatik hinaus auch ausdrucksstarke Bewegungselemente und stilisierte Anspielungen auf die indische Gottheit Vishnu in dem Werk enthalten waren.

Die wohl h.M. in der Rechtsliteratur ist bzgl. sportlicher Darbietungen immer noch der Auffassung, dass der Anwendungsbereich des Urheberrechts im sportlichen Bereich nicht eröffnet wird[409]. Dabei wird argumentiert, dass eine sportliche oder auch artistische Leistung in erster Linie von der Demonstration exzellenter Körperbeherrschung dominiert wird und es weniger um die Präsentation eines künstlerischen Gedankeninhalts oder Sinngehalts geht. Ziel des Sportlers sei es vielmehr eine bestimmte Übung, technische Figur so akkurat wie möglich darzustellen. Nach dieser Auffassung handelt es sich z.B. bei einer Eiskunstlaufkür oder einer Übung der rhythmischen Sportgymnastik „nur“ um das Zurschaustellen gemeinfreier Elemente. Wie bereits im 2. Abschnitt dieses Kapitels unter I. 1. e) dargestellt, fallen die einzelnen Bewegungen als Grundvokabular choreografischen Arbeitens aus dem Schutzbereich des Urheberrechts heraus. Eine Ausnahme vom Grundsatz der Schutzlosigkeit will *Schulze* nur für die Situation gelten lassen, dass beim Eiskunstlauf ein geschlossener Handlungsablauf gezeigt wird, d.h. auf dem Eis „Theater gespielt wird“[410]. In diesem Fall mangelt es nicht mehr an einem Sinngehalt. Zutreffend ist sicherlich, dass es bei Werken der Tanzkunst nicht allein um die De-

---

408 OLG Köln, GRUR-RR 2007, 263, 264 – Arabeske.

409 Dreier/Schulze/*Schulze* § 2 Rn. 146; teilweise differenzierend Dreyer/Kotthoff/Meckel/*Dreyer* § 2 Rn. 47, 85, 214; Fromm/Nordemann/*Axel Nordemann* § 2 Rn. 134; Loewenheim/*Schlatter* § 9 Rn. 90; Schlatter-Krüger, GRUR Int. 1985, 299, 307; Schricker/*Loewenheim* § 2 Rn. 129; Wandtke/Bullinger/*Bullinger* § 2 Rn. 78; Wandtke ZUM 1991, 115, 118, ders. differenzierend in FS Raue, 745, 753.

410 Schulze, 216.

monstration von Körperbeherrschung sondern vor allem um Körpersprache geht. Einer sportlichen Leistung diese Eigenschaft grundsätzlich abzusprechen ist jedoch zu wenig differenziert.

Aus diesem Grund wird der eben dargestellte recht absolute Standpunkt von einigen Stimmen in der Rechtsliteratur, wie z.B. *Obergfell*[411], dahingehend modifiziert, dass beim Zusammentreffen von sportlicher Leistung und künstlerischem Ausdruck die Möglichkeit urheberrechtlichen Schutzes offen stehen soll. Allein der Fakt, dass neben einer künstlerischen Interpretation auch eine sportliche Höchstleistung geboten wird, spricht nicht gegen die Annahme der Schutzfähigkeit[412]. Diskutiert wird diese Möglichkeit etwa für den Eistanz oder den Tanzsport. *Wandtke* geht ebenfalls differenzierter vor und gesteht sportlichen Leistungen dann die Möglichkeit urheberrechtlichen Schutzes zu, wenn die sportlichen oder artistischen Elemente mit tänzerischen Variationen verbunden werden[413].

Diese Gedanken führen in die richtige Richtung, denn bei aller Diskussion über den künstlerischen Ausdruck oder Gedankeninhalt darf nicht vergessen werden, dass auch bei den „klassischen choreografischen Werken" der Urheber bestrebt ist, das technische Können seiner Darsteller hervorzuheben. Ein Choreograf wird versuchen die Leistungsfähigkeit seiner Tänzer in seinem Werk optimal auszunutzen. Unter diesem Gesichtspunkt sind Sportler und Tänzer nicht so weit voneinander entfernt. Sie alle erbringen körperliche Höchstleistungen. In Bezug auf die Forderung nach einem Sinngehalt im choreografischen Werk sei auf das 2. Kapitel 2. Abschnitt 1. c) (2) verwiesen, wo dargelegt wurde, dass dieses Kriterium nicht zur Einordnung choreografischer Werke in den Schutzbereich des Urheberrechts geeignet ist. D.h. die Möglichkeit urheberrechtlichen Schutzes sollte dann offen stehen, wenn die sportliche Leistung nach Maßgabe der im 2. Kapitel 2. Abschnitt 1. c) (2) dargestellten Anforderungen über die notwendige Individualität bzw. Originalität verfügt. Insbesondere ist dabei zu überprüfen, ob ein gestalterischer Spielraum vorliegt und wie von ihm Gebrauch gemacht wurde.

2. Frankreich

In Frankreich existiert ebenfalls noch keine eindeutige richterliche Klärung der Frage einer urheberrechtlichen Schutzfähigkeit von sportlichen Leistungen, allerdings findet sich in der Rechtsliteratur immer wieder die Berufung auf den Wett-

---

411 Mestmäcker/Schulze/*Obergfell* § 2 Rn. 102.
412 So auch Möhring/Nicolini/*Ahlberg* § 2 Rn. 17.
413 Wandtke, FS Raue, 741, 753.
414 JurisClasseur Civil Annexes, Fasc. 1425, Rn. 25.

kampfgeist als Argument gegen Urheberrechtsschutz[414]. Damit ist gemeint, dass die Vorführung der jeweiligen Leistung während eines Wettkampfes stattfindet und sich der künstlerische Charakter einzelner Elemente insbesondere an die Jury richtet. Dies kann zumindest dann nicht mehr überzeugen, wenn die jeweilige Leistung nicht in einem Wettkampfkontext steht, sondern bspw. bei einem Eiskunstlauf Schaulaufen vorgeführt wird. Z.T. wird auch so formuliert: Die Bewegungsabfolgen des Tänzers dienen in erster Linie dem Gefallen des Auges, die des Sportlers der Demonstration seines athletischen Könnens[415]. Das Argument einer Vorführung von körperlichen Höchstleistungen im Sport ist allerdings, wie bereits im Abschnitt zu Deutschland dargestellt, nur bedingt tragfähig. Die ausdrückliche Möglichkeit urheberrechtlichen Schutzes zirzensischer Leistungen im französischen Recht spricht ebenfalls für die Schutzmöglichkeit einzelner sportlicher Leistungen, die nicht nur auf routinierten Bewegungsabläufen beruhen, sondern sich durch gestalterische Individualität auszeichnen. Eine Ungleichbehandlung derartiger sportlicher Darbietungen gegenüber urheberrechtlich geschützten artistischen Schöpfungen lässt sich kaum dogmatisch begründen. *Gautier* gesteht daher die Möglichkeit urheberrechtlichen Schutzes sportlichen Leistungen (z.B. aus dem Bereich der Gymnastik oder des Eiskunstlaufens) zu. Er weist allerdings auch zu Recht darauf hin, dass ein Teil dieser Leistungen vorgegeben ist (z.B. durch die Wettkampfbedingungen, Art der technischen Ausführungen)[416]. D.h. mittels gewisser vorgegebener Elemente soll eine gewisse Vergleichbarkeit des athletischen Könnens der einzelnen Sportler gewährleistet werden. Dieses Argument steht jedoch einer urheberrechtlichen Schutzfähigkeit sportlicher Leistungen nicht entgegen, da vorgegebene Einzelelemente wie z.B. bestimmte Sprünge, Drehungen oder Hebungen als Bewegungsvokabular im französischen Urheberrecht sowieso keinen Schutz genießen können. Schutzfähig wäre also allein die Kombination dieser vorgegebenen Elemente mit weiteren.

Bei Teamsportarten, wie z.B. Fußball oder Rugby, die an Regeln gebunden sind, kann trotz gewisser taktischer Vorgaben durch den Trainer, kein urheberrechtlicher Schutz angenommen werden, da sie letztlich allein vom Zufall abhängig sind[417]. Anderweitigen Gedankengängen[418] fehlt die juristische Tragfähigkeit, da der Spielablauf in diesen Sportarten auch durch Reflexhandlungen bedingt ist.

---

415 Bozzoni, 96.
416 Gautier, 96.
417 So auch Bozzoni, 95.
418 S. Alsne, 3, 103.

3. USA

In den USA wird insbesondere von der Rechtsliteratur zunehmend das Intellectual Property Law entdeckt, um rechtlichen Schutz für Sportereignisse zu begründen. Die Rechtslage stellt sich aber bei weitem nicht eindeutig dar. Z.B. wurde Urheberrechtsschutz für Baseballspiele von einem Gericht[419] gewährt und für Basketballspiele von einem anderen[420] abgelehnt[421]. Für Teamsportarten, in denen sich zwei gegnerische Mannschaften gegenüberstehen, ist der Coach von *Das* als Autor und Designer des Spiels bezeichnet[422] worden, da er die Spieler trainiert und sie seine Vorgaben im Spiel umsetzen[423]. Die Strategien, Spielzüge bzw. der Spielaufbau sollen dabei die schöpferische Leistung darstellen, die als „original work of authorship" urheberrechtlichen Schutz verdient[424]. Diese Einschätzung lässt nicht nur den Gedanken außer Acht, dass durch die Möglichkeit urheberrechtlichen Schutzes der Wettkampf und damit das fair play beeinträchtigt werden können. Der Spielablauf bei jeder Art von Teamsport mit einem Spielgerät, sei es Fußball, Rugby, Baseball oder Basketball, ist zu einem nicht unerheblichen Teil vom Zufall diktiert. Die Spieler können und sollen zwar versuchen, die Vorgaben ihres Trainers umzusetzen, die Interaktion mit dem gegnerischen Team beeinflusst jedoch ihr Handeln unmittelbar und auch spontan in jeder Situation des Spiels. Der Seventh Circuit Court teilte diese Einschätzung in der Entscheidung *Baltimore Orioles Inc. v. Major Baseball Players Association* jedoch nicht. Nach Auffassung des Gerichts stellt die athletische Darstellung während eines Baseballspiels eine urheberrechtsfähige Leistung dar[425]. Die Baseballspieler selbst erklärten zwar, dass ihre Handlungen nicht den erforderlichen künstlerischen Geist (artistic merit) vermitteln[426]. Dem stimmte das Gericht jedoch ebenfalls nicht zu. Die Richter befanden, dass bereits ein geringes Maß an Kreativität für den Copyrightschutz genügt. Dieses ist nach Auffassung der

---

419 Baltimore Orioles Inc. v. Major League Baseball Players Association, 805 F. 2d 663, 668 (7th Circ. 1986).

420 NBA v. Motorola Inc., 105 F. 3d 841, 843ff. (2d Circ. 1997).

421 Im Vergleich dazu wurde in Kanada eine klare Linie eingeschlagen, die den Urheberrechtsschutz für Sportereignisse ablehnt (Re Royalties for Retransmission Rights of Distant Radio & Television Signals (1990), 32 C.P.R. (3d) 97, 138 und FWS Joint Sports Claimants v. Canada (Copyright Board) (1991), 36 C.P.R. (3d) 483. In letzterem Fall nahm das Gericht jedoch Urheberrechtsschutz für die vom Trainer verfassten Spielpläne und Spielbücher an).

422 Vgl. Das, 1073, 1076.

423 A.a.O.

424 Das, 1073, 1085f.

425 805 F.2d 663, 682 (7th Circ. 1986).

426 805 F.2d 663, 691 (7th Circ. 1986).

Richter durch die Feldspieler erfüllt worden[427]. Die eben angesprochene Entscheidung bildet keinen Einzelfall. Im Jahr 1985 gelang es einem American Football Trainer eine Football Formation[428] beim Copyright Office zu registrieren[429]. Unbestritten blieb diese Einschätzung nicht, denn in der Entscheidung *NBA v. Motorola Inc.* erteilte das Gericht der Auffassung des Seventh Circuit eine klare Absage[430]. Das Gericht befand: „Sports events are not authored in any common sense of the word.[431]" und wird in dieser Auffassung auch in der Rechtsliteratur unterstützt[432]. Eine weitere gewichtige ablehnende Stimme findet sich in der Gesetzgebungshistorie zum Copyright Act von 1976. Das Register of Copyrights drückte in der Anhörung vor dem Kongress Zweifel aus, dass „the game itself, as a game and activities of the participants, the players are actually copyrightable.[433]"

In der amerikanischen Rechtsliteratur wurde die Entscheidung *Horgan v. MacMillan*[434] als Argument genutzt, dass bereits die Kombination von wenigen einzelnen Bewegungen Urheberrechtsschutz und die Möglichkeit einer Urheberrechtsverletzung eröffnen kann und daher auch sportliche Leistungen copyrightfähig sind[435]. Die Debatte im Schrifttum konzentrierte sich schnell auf die Chancen, einzelne Bewegungen urheberrechtlich schützen zu lassen[436]. Als Argument zum Schutz von Bewegungen wird ausgeführt, dass bereits jede Sportart über einen breiten Pool an gemeinfreien Bewegungsvokabular verfügt und kreative Neuschöpfungen daher urheberrechtlich monopolisiert werden könnten, ohne den Wettkampf insgesamt zu beeinträchtigen[437]. Falls einzelnen Bewegungen durch die physische Beschaffenheit des Menschen Grenzen gesetzt sind und sie nur auf eine Art und

---

427 805 F.2d 663, 676 (7th Circ. 1986).

428 Der Trainer bezeichnete sie als „I-Bone Formation". Sie ist eine Kreuzung aus den bereits bekannten American Football Formationen „power I" und „wishbone".

429 Das, 1073, 1087f.

430 105 F. 3d 841, 849 (2d Circ. 1997). Zur Entscheidung s. auch Nesnidal, The story of the National Basketball Association v. Motorola, DePaul Journal of Sports Law and Contemporary Problems 2011, 99ff. Ebenso die Entscheidung Hoopla Sports Entertainment Inc. v. Nike Inc. (947 F. Supp. 347, 354 (N.D. III 1996).

431 105 F. 3d 841, 846 (2d Circ. 1997). Übersetzung: Sportereignisse können entsprechend des allgemeinen Verständnisses dieser Begriffe nicht schöpferisch geschaffen (authored) werden.

432 Nimmer on Copyright, 2.09 (F).

433 94th Congress, 1823 (1975). Anhörungen zum H.R. 2223 vor dem Subcommittee on Courts, Civil Liberties and the Administration of Justice. Übersetzung: das Spiel selbst als ein Spiel und die Handlungen der Teilnehmer, der Spieler, sind urheberrechtsfähig.

434 Ausführlich diskutiert im 4. Kapitel 2. Abschnitt IV.

435 Kunstadt, Kieff, Kramer, Recent Copyright and Trademark Law Developments could suggest Novel IP Uses, The National Law Journal Nr. 38 vom 20. Mai 1996.

436 S. Weber, 317, 332.

437 Weber, 317, 337f.

Weise ausgeführt werden können, soll die so genannte Doctrine of Merger[438] greifen, die bestimmt, dass in einem derartigen Fall kein Copyright bestehen kann. Die Möglichkeit urheberrechtlichen Schutzes einzelner Sportbewegungen wurde von der Sportwelt als fixe Idee einiger Juristen abgetan und nicht im Sinne des Sport- bzw. Wettkampfgeistes angesehen[439]. Dabei darf in der Diskussion zudem nicht außer Acht gelassen werden, dass einzelne Schritte, Armbewegungen und Drehungen als Bewegungsvokabular grundsätzlich vom urheberrechtlichen Schutz ausgeschlossen sind[440]. D.h. nur die Frage kann erörert werden, inwieweit sportliche Bewegungsabläufe, d.h. die Kombination einzelner Bewegungsfolgen, im amerikanischen Urheberrecht geschützt werden können. Nachdem diese Frage für Teamsportarten, in denen sich zwei gegnerische Mannschaften gegenüberstehen, bereits zu Beginn dieses Abschnitts beantwortet wurde, soll sich nunmehr auch im amerikanischen Recht den Grenzbereichen zugewandt werden, in denen die Sportler Ästhetik und Kreativität unter Beweis stellen müssen.

Aktuellere Rechtsstreitigkeiten zur Urheberrechtsfähigkeit von Yogaübungen[441] werfen einen Lichtstrahl auf diese Grauzone des amerikanischen Copyrights[442]. Streitgegenstand waren u.a. die Übungsabfolgen im so genannten Bikram Yoga, die aus 26 Asanas[443] bestehen und immer in der gleichen Reihenfolge über 90 Minuten in einem beheizten Raum ausgeführt werden müssen[444]. Der „Erfinder" des Bikram Yoga, *Bikram Choudhury* behauptete, dass diese Übungsabfolgen beim U.S. Copyright Office als urheberrechtliche Werke registriert sind, allerdings ist die Art des Copyrights etwas unklar[445]. Er begann an verschiedene Yogalehrer Abmahnungen

---

438 Sie wurde vom Supreme Court im Fall Baker v. Selden (101 U.S. 99 (1879)) entwickelt. Näheres dazu im Abschnitt Dichtomie Idea-Expression, 2. Kapitel 2. Abschnitt III 1. c).

439 Weber, 317, 332f.

440 Ausführlich zu dieser Problematik im amerikanischen Urheberrecht 2. Kapitel 2. Abschnitt III 1. a) (1) und (2).

441 Das Wort „Yoga" hat seine Wurzeln im Sanskrit und bedeutet „sich vereinigen", „eins sein". All die vielen verschiedenen Arten von Yoga haben deshalb ein gemeinsames Ziel: Körper, Geist und Seele in Balance zu bringen. Ursprünglich wurde Yoga entwickelt, um den Körper auf die Meditation vorzubereiten. D.h. man lernte sich auf die Stille vorzubereiten und die physische Kraft zu erlangen, um seinen Geist ruhig werden zu lasen. Im Yoga gehen also Meditation und die verschiedenen Asanas Hand in Hand.

442 Open Source Yoga Unity v. Choudhury, Nr. C 03-3182, 2005 WL 756558 (N.D. Cal. 1. April 2005).

443 Als Asana werden die in Indien seit Jahrhunderten bekannten Posen des Hatha Yogas bezeichnet. Im Hatha Yoga sind insgesamt 84 Asanas bekannt.

444 Mehr Informationen zum Bikram Yoga unter www.bikramyoga.com.

445 Registriert wurde das Yoga Lehrbuch von ihm. Bikram behauptet, die Sequenz der Asanas als „supplemental registration" zu seinem Buch vorgenommen zu haben. Allerdings erweitern solche ergänzenden Anträge regelmäßig nur den Schutzbereich eines bereits registrierten Werkes. Vgl. zu den Copyright Registrierungen von Bikram Machan, Bending over back-

mit Unterlassenserklärungen (cease and desist letters) zu verschicken, weil sie seiner Meinung nach seine Urheberrechte verletzten und sein System nicht korrekt unterrichteten. Auf die Drohung *Bikrams* Prozesse einzuleiten, wurde die Open Source Yoga Unity (im Folgenden OSYU)[446] tätig und erhob vor dem nordkalifornischen District Court Feststellungsklage mit der sie die Copyright Registrierungen *Bikrams* angriff[447]. Der Fall wurde schließlich außergerichtlich beigelegt, nachdem das Gericht eine Begründung seiner Ablehnung von OSYU's Antrag auf Urteil im summarischen Verfahren (summary judgment) abgegeben hatte[448]. OSYU bezog sich in seiner Argumentationen gegen urheberrechtlichen Schutz von Abfolgen verschiedener Asanas auf die bereits diskutierte Entscheidung im Fall *NBA v. Motorola Inc.* Das kalifornische Gericht folgte dieser Argumentation nicht, da nach seiner Auffassung im Yoga, anders als im Basketball, der Wettkampfgedanke fehle und deswegen die *NBA v. Motorola Inc.* Entscheidung keinen vergleichbaren Präzedenzfall bilden kann[449]. *Bikrams* Anwalt verglich die Abfolgen der Asanas mit der Choreografie eines Balletts[450]. *Bikram* selbst versucht Yoga immer wieder als Tanz darzustellen[451] und benennt die kreativen Aspekte. Besonders hervorgehoben wurden jedoch sowohl von ihm als auch seinen Anwälten die funktionalen Attribute des Bikram Yoga[452]. Daher ist bedauerlich, dass der kalifornische District Court nicht der Auffassung von OSYU folgte. Nach den rechtlichen Grundlagen, die bereits in 2. Kapitel 2. Abschnitt III 1. a) (2) diskutiert wurden, können die Asanas selbst keinen Urheberrechtsschutz erhalten, denn sie sind in jedem Fall vergleichbar mit den Tanzschritten, die als Grundvokabular choreografischen Arbeitens grundsätzlich gemeinfrei bleiben. Diskutiert werden kann also nur die Frage, ob die Anordnung der Sequenz die Anforderungen an ein „original work of authorship" erfüllt. Zwar sind die Anforderungen an die Originalität im amerikanischen Recht nicht schwer zu erfüllen[453]. Die Sequenz der Asanas zeichnet sich jedoch durch

---

wards for Copyright Protection: Bikram Yoga and the Quest for Federal Copyright Protection of an Asana Sequence, UCLA Entertainment Law Review Herbst 2004, 29, 49. Mehr Informationen zur ergänzenden Registrierung der Übungsfolge (registration as compilation) finden sich bei Patry on Copyright, § 4:22.

446 Dabei handelt es sich um eine non-Profit Organisation von praktizierenden Yoga Anhängern und Studioeigentümern.

447 Jesien, Don't sweat it: Protection for Yoga … Are Exercise Routines next?, Cardozo Public Law, Policy and Ethics Journal, 2007, 623.

448 A.a.O.

449 Open Source Yoga Unity v. Choudhury, Nr. C 03-3182, 2005 WL 756558 (N.D. Cal. 1. April 2005), Rn. 3.

450 S. Susman, 245, 261.

451 Susman, 245, 268.

452 Susman, 245, 272.

453 Vgl. Kapitel 2. Abschnitt III. 1. a).

ihren funktionalen Charakter aus, so dass zu Recht die Möglichkeit urheberrechtlichen Schutzes von der Rechtsliteratur abgelehnt wird, weil ausdrucksstarke Elemente fehlen[454]. Allerdings kann auch dieser Satz nicht ohne Ausnahme im Raum stehen bleiben: Der Erfolg des in London basierten Tripsichore Yoga Theaters beweist, dass Yoga nicht nur zur eigenen körperlichen und spirituellen Ertüchtigung geeignet ist, sondern auch die öffentliche Bühne betreten kann[455]. Bzgl. der seit 1992 weltweit stattfindenden theatralen Yogaaufführungen[456] darf nicht allein darauf abgestellt werden, ob Yoga zu sportlichen Leistungen zu zählen ist, sondern es ist sachgerecht, Urheberrechtsschutz dann zu gewähren, wenn die Voraussetzungen an Originalität erfüllt sind.

Für den Schutz sportlicher Leistungen als urheberrechtliche Werke sind also zum einen die Anforderungen an die Originalität zu beachten und nicht als reine Formalie, wie vom Seventh Circuit im Fall der *Baltimore Orioles*, abzutun. Zum anderen soll sportlicher Wettkampf nicht durch das Copyright behindert werden. Um dem sportlichen Gedanken und dem Wettkampfgeist gerecht zu werden schlägt *Fishkin* deshalb vor, dass Choreografien im sportlichen Bereich, wie z.B. beim Eiskunstlaufen, Synchronschwimmen oder rhythmischer Sportgymnastik, die die Anforderungen an Originalität erfüllen, urheberrechtlicher Schutz zukommen kann, wenn sie nicht in einem Wettkampf aufgeführt werden[457]. Falls ein anderer Sportler diese Werke oder Teile davon für einen sportlichen Wettbewerb nutzen will, sollte die Fair Use Doctrine[458] so angepasst werden, dass eine derartige Nutzung davon erfasst werden kann[459].

4. Schlussfolgerung und Zwischenergebnis des Rechtsvergleichs

Das Fazit an dieser Stelle lautet trotz aller widersprüchlichen Tendenzen: Sportliche Leistungen können nur bedingt Adressat urheberrechtlichen Schutzes sein. Die Begründung gegen eine Annahme urheberrechtlichen Schutzes konzentriert sich im Wesentlichen auf das Argument, dass der Sportler zumeist körperliche Höchstleistungen in Form von Bewegungsroutinen vollbringt, die für sich betrach-

---

454 Machan, 29, 54; Susman, 245, 272f.

455 Das Theater stellt verschiedene Geschichten durch Yoga Choreografien dar. Es nimmt für sich in Anspruch „to inspir(e) the human spirit to literally see the incredible potential of both physical and mental realms" of yoga (www.triangleyoga.com/Tripsichore06.htm).

456 www.triangleyoga.com/Tripsichore06.htm (zuletzt besucht am 12.2.2012).

457 Fishkin, 331, 332.

458 Dazu ausführlich im 4. Kapitel 2. Abschnitt III. 8. a).

459 Fishkin, 331, 332.

tet nicht schutzfähig sind. Dazu zählen insbesondere auch Sportarten, die auf Spielregeln und Reflexhandlungen seiner Teilnehmer beruhen. Diesen sportlichen Leistungen fehlt es an der Individualität bzw. der Originalität als Voraussetzung für den Urheberrechtsschutz. Möchte man derartigen sportlichen (Einzel)Leistungen einen gewissen Schutz gewähren und die Möglichkeit finanziell verwertbarer Rechte schaffen, bietet sich die Möglichkeit eines separaten Stadiumsrechtes an, wie es z.B. in Brasilien innerhalb des Urheberrechts geregelt ist[460].

Grenzüberschreitungen zum Urheberrecht sind allerdings in den Sportarten möglich, wo nicht nur die Körperbeherrschung im Mittelpunkt steht, sondern auch Körpersprache, Bewegungsabläufe oder Rhythmus nicht zu vernachlässigende Elemente der jeweiligen Leistung darstellen. In diesen Fällen kann der Weg zum urheberrechtlichen Schutz eröffnet sein – vor allem außerhalb eines Wettkampfkontextes – sobald die jeweilige Leistung die Anforderungen an ein urheberrechtsfähiges Werk erfüllt, d.h. das notwendige Maß an Individualität bzw. Originalität besitzt. Eine ausgefeilte Eiskunstlaufdarbietung darf vom Recht nicht anders behandelt werden als ein abstraktes Ballett, dessen individuell-schöpferische Leistung sich, wie bei der Eiskunstlaufkür, in den Bewegungsabläufen ausdrückt. Existiert in diesen Fällen sportlicher Darbietungen also ein künstlerischer Gestaltungsspielraum und wird er entsprechend genutzt, besteht konsequenterweise auch die Möglichkeit Urheberrechtsschutzes. Billigt man diesen Leistungen urheberrechtlichen Schutzes zu, wird der sportliche Wettkampf auch nicht in unzulässiger Weise behindert, weil die einzelnen Elemente eines Werkes (Sprünge, Drehungen etc.) in allen drei Rechtsordnungen grundsätzlich nicht als urheberrechtsfähig angesehen werden, sondern gemeinfrei sind[461].

---

460 Art. 100 Brasilianisches Urheberrecht, Gesetz Nr. 5988 aus dem Jahr 1973.

461 Genau diese Gefahr sieht jedoch Kummer, 138f.

3. Kapitel
Der Choreograf als Urheber

„Das Tanzkunstwerk ist von unserer Zeit als neues Problem entdeckt worden. Jede Tänzerin muss heute selbstständig Gesetze und Mittel ihres Tanzes neu finden … Eine harmonische Einheit wird erst entstehen, wenn zum Tanz eine eigene Tanzmusik geschaffen wird, die ähnlich der Begleitung in der Lied-Komposition organisch mit dem Tanz verwächst wie jene mit dem Gesang, ohne für sich allein bestehen zu wollen.“

Gret Palucca, Tänzerin, Choreografin und Ausbilderin (1902–1993)

1. Abschnitt: Urheberschaft am choreografischen Werk

I. Deutschland

1. Einführung

Anders als in der französischen oder US-amerikanischen Rechtsliteratur wird in Deutschland die Frage diskutiert, wie in Grenzbereichen die schöpferische choreografische Arbeit von der rein interpretatorischen tänzerischen Leistung unterschieden werden kann. Diese Abgrenzung hat ganz praktische Hintergründe. Führt eine schöpferische Leistung zum Erhalt urheberrechtlichen Werkschutzes, stehen dem Tänzer für seine Interpretation regelmäßig allein die Leistungsschutzrechte als ausübender Künstler gemäß §§ 73ff UrhG zu. Die Aufteilung in Urheberrechte für Choreografen und Leistungsschutzrechte für Tänzer wird von der deutschen Rechtsliteratur in der Regel ohne weitere Differenzierung vorgenommen[1]. *Obergfell* weist zu Recht darauf hin, dass diese Zuordnung für den Fall des klassischen Balletts zwar ganz überwiegend zutreffend ist, sich jedoch beim modernen Tanz die Grenzen oftmals verwischen und feiner zu differenzieren ist, wenn Tänzer auch schöpferisch tätig werden[2].

---

[1] Vgl. z.B. BT-Drucks. IV/270, 90 und zum aktuellen UrhG BT-Drucks. 15/38, 23; Dreier/Schulze/*Dreier* § 73 Rn. 11; Fromm/Nordemann/*Schaefer* § 73 Rn. 13.

[2] Obergfell, ZUM 2005, 621, 625.

Im deutschen Urheberrecht enthält § 7 UrhG die zentrale Aussage zur Urheberschaft: „Urheber ist der Schöpfer des Werks." Die verschiedenen Ausformungen des Schöpferprinzips neben der Alleinurheberschaft werden für choreografische Werke in den folgenden Abschnitten diskutiert.

2. Miturheberschaft

a) *Gesetzliche Regelung*

Die Rechtsfigur der Miturheberschaft ist im deutschen Urheberrecht in § 8 UrhG geregelt. Für die Annahme von Miturheberschaft müssen drei Voraussetzungen erfüllt sein. Die Miturheber schaffen erstens ein einheitliches Werk, dessen Beiträge sich nicht gesondert verwerten lassen[3]. Die jeweiligen Beiträge müssen zweitens für sich gesehen urheberrechtsschutzfähig sein[4]. Und drittens ist ein Zusammenwirken bei der Schöpfung dahingehend erforderlich, dass sich die Mitwirkenden über ihre Aufgaben verständigt haben und ihren Teil der Leistung jeweils der Gesamtidee unterordnen[5].

Eine gesonderte Verwertbarkeit ist dann nicht mehr gegeben, wenn die jeweiligen Anteile keine selbstständige Verkehrsfähigkeit am Markt besitzen. Daher kann Miturheberschaft im deutschen Recht regelmäßig nur innerhalb derselben Werkart entstehen. Mit dieser sehr strikten Auffassung zur Einzelverwertbarkeit der Beiträge unterscheidet sich das deutsche Urheberrecht z.B. vom französischen[6]. Bzgl. des Erfordernisses der Zusammenarbeit ist zwar die Unterordnung der Mitwirkenden in das Gesamtkonzept und die dafür notwendige Verständigung erforderlich. Um dies auszudrücken müssen sie sich jedoch nicht rechtsgeschäftlich einigen oder einen rechtsgeschäftlichen Willen äußern[7]. Die Voraussetzung, dass der jeweilige Beitrag gesondert urheberrechtsschutzfähig sein muss, ist von nicht zu unterschätzender Bedeutung, denn dadurch werden all die Fälle aussortiert, wo Außenstehende Dritte allein eine Idee, Initiative oder Anregung zum Ausdruck gebracht haben[8]. Als Anregung wäre zu qualifizieren, wenn der Ideengeber auf einen Ein-

---

[3] Rehbinder, § 20 Rn. 254; Schricker/*Loewenheim* § 8 Rn. 5.

[4] BGH GRUR 1995, 47, 48 – Rosaroter Elefant; OLG Düsseldorf GRUR-RR 2001, 294, 295 – Spannring; Fromm/Nordemann/*Wilhelm Nordemann* § 8 Rn. 2, 6; Schricker/*Loewenheim* § 8 Rn. 4.

[5] BGH GRUR 2003, 231, 234; OLG Düsseldorf, ZUM 2004, 73 – Kopf-Skulptur; Schricker/*Loewenheim* § 8 Rn. 8f.

[6] Dazu mehr im 3. Kapitel 1. Abschnitt unter II. 3.

[7] Rehbinder § 20, Rn. 255; Schack § 10, Rn. 277.

[8] S. dazu BGH GRUR 2003, 231, 233 – Staatsbibliothek; OLG Hamburg GRUR-RR 2000, 6 – Hier ist DEA.

zelaspekt hinweist, ohne an der für das Werk wesentlichen Ausdrucksform mitzuarbeiten[9].

b) Miturheberrecht

Durch die gemeinsame Schöpfung entsteht ein Werk. An diesem einen Rechtsgegenstand kann auch nur ein Urheberrecht bestehen. Insofern war es konsequent vom deutschen Gesetzgeber, dass den Miturhebern gemäß § 8 Abs. 2 UrhG das Urheberrecht zur „gesamten Hand" gegeben wird. Rechtstechnisch ausgedrückt handelt es sich um eine modifizierte Bruchteilsgemeinschaft[10]. Die Gemeinschaft der Miturheber besteht jedoch nicht für alle Befugnisse. Sie bezieht sich nur auf das Veröffentlichungsrecht und die Verwertungsrechte[11]. D.h. die wirtschaftliche Verwertung des Werkes ist von der Einwilligung aller Miturheber abhängig[12]. Um eine Verwertung jedoch nicht ungebührlich zu erschweren, trifft § 8 Abs. 2 S. 2 UrhG Vorsorge, indem er regelt, dass die Einwilligung nicht wider Treu und Glauben verweigert werden darf. Die Nutzungserträge werden gemäß § 8 Abs. 3 UrhG zwischen den Miturhebern „nach dem Umfang ihrer Mitwirkung an der Schöpfung des Werks" verteilt. Da dieser Maßstab der Zuteilung unsicher ist, wird vorgeschlagen zumindest bzgl. der Beweislast auf die Regelung des § 742 BGB über die Festsetzung gleicher Anteile zurückzugreifen[13]. Die urheberpersönlichkeitsrechtlichen Befugnisse stehen bis auf das Veröffentlichungsrecht jedem Miturheber einzeln zu, so dass er allein über die Wahrung seiner Interessen entscheiden kann[14].

c) Anwendung dieser Grundsätze auf choreografische Werke

Im deutschen Recht sind die Möglichkeiten für eine Annahme von Miturheberschaft hinsichtlich choreografischer Werke sehr begrenzt. Auch die intensive Zusammenarbeit von Librettist, Choreograf und Komponist um ein spezielles Ballett zu erschaffen erfüllt nicht die Anforderungen für Miturheberschaft, da für die jeweiligen Anteile keine Untrennbarkeit bzgl. der wirtschaftlichen Verwertung angenommen werden kann. Es kommt daher allein eine Werkverbindung in Betracht. Denkbar ist Miturheberschaft also nur, wenn mehrere Choreografen oder Tänzer

---

9 Rehbinder § 20 Rn. 256.
10 Münchner Kommentar BGB/*Karsten Schmidt*, Bd. 5, § 741 Rn. 65.
11 So die ganz h.M.; s. nur Schricker/*Loewenheim* § 8 Rn. 10 m.w.N.
12 Genaueres zur Verwertung choreografischer Werke im 4. Kapitel 2. Abschnitt. I.
13 Schack § 10, Rn. 285.
14 So die ganz herrschende Meinung, s. nur Schricker/*Loewenheim* § 8 Rn. 10. Zum Urheberpersönlichkeitsrecht im deutschen Recht bei choreografischen Werken mehr im 2. Kapitel 1. Abschnitt I.

und Choreograf(en) an einem Werk der Tanzkunst zusammenarbeiten, ohne dass dieses den Charakter einer Werkverbindung erhält (also z.B. durch die Abfolge nicht untrennbar zusammenhängender Tänze gekennzeichnet ist).

In der Praxis sind folgende Varianten des Zusammenwirkens zwischen Tänzer und Choreograf denkbar: Ein Choreograf kann dem Tänzer die Möglichkeit einräumen, Teile des Werks zu improvisieren. Oder das gemeinsame Arbeiten kann sich ganz klassisch gestalten, indem der Tänzer den Choreografen im Ballettsaal bei der Erschaffung des Werks unterstützt und eigene Bewegungsfolgen einbringt, die in das entstehende Werk eingebunden werden. Nach *Schlatter* ist Miturheberschaft immer dann denkbar, wenn Choreograf und Tänzer bei der Erarbeitung des Werkes sehr eng miteinander zusammenarbeiten[15]. *Obergfell* will die bloße enge Zusammenarbeit nicht genügen lassen[16]. Sie hält es für erforderlich, dass der Tänzer einen eigenen Gestaltungsspielraum erhält, den er eigenschöpferisch ausfüllen kann[17]. Ob sich diese beiden Ansätze wirklich so stark von einander unterscheiden, darf bezweifelt werden, denn zur Annahme von Miturheberschaft ist erforderlich, dass der jeweilige Schöpfer einen eigenen urheberrechtsfähigen Beitrag erbringt. Diese Voraussetzung impliziert, dass der Tänzer dem Choreografen während ihrer Zusammenarbeit nicht nur Ideen mitteilt, sondern auch eigenschöpferisch tätig wird. Im Ergebnis ist für die Annahme von Miturheberschaft von Tänzer und Choreograf darauf abzustellen, ob ersterer schöpferisch gestaltend mitwirken kann. Hat der Tänzer nicht die Gelegenheit seine eigenen Ideen zum Ausdruck zu bringen, kommt lediglich eine Gehilfenschaft in Betracht. Den Tänzer(n) stehen in der Konstellation eines eigenen Gestaltungsspielraumes sowohl Urheber – als auch Leistungsschutzrechte zu. Die BGH-Entscheidung „Filmregisseur"[18] steht dieser Beurteilung nicht entgegen, da die Richter Leistungsschutzrechte alleine für den Fall ausschließen wollten, dass schöpferische und mitwirkende Leistung untrennbar zusammenfallen. Zwar kann es durchaus fraglich sein, wann schöpferische und darbietende Leistung zusammenfallen und wann sie sachlich auseinander zu halten sind. Für den mitgestaltenden Tänzer lässt sich diese Abgrenzung jedoch ziemlich eindeutig vornehmen. Die Kreation der Bewegungsfolgen begründet den Urheberrechtsschutz und deren Darbietung den Leistungsschutz als ausübender Künstler.

Die Annahme von Miturheberschaft für eigenständig gestaltende bzw. improvisierende Tänzer kann im deutschen Recht durch einen Vergleich mit anderen Werkarten untermauert werden. *Obergfell* hat zu Recht darauf hingewiesen, dass

---

[15] Schricker/*Loewenheim* § 8 Rn. 10.
[16] Obergfell ZUM 2005, 621, 625.
[17] A.a.O.
[18] GRUR 1984, 730, 732.

zwar die rechtliche Beurteilung tänzerischer Improvisationen bis jetzt kaum diskutiert worden ist, die Frage der Urheberschaft für Musikimprovisationen jedoch ausführlicher untersucht wurde[19]. Dies war schon allein deswegen erforderlich, um die Rechtsposition für die vor allem im Jazz häufig vorkommenden Solopassagen oder sonstigen Improvisationen zu klären. Rechtsprechung und Literatur nehmen für den Fall eines improvisierenden Jazzmusikers an, dass er nicht nur ausübender Künstler ist, sondern auch Miturheber des jeweiligen Musikwerks wird[20]. Die Ausgangssituation eines improvisierenden Jazzmusikers ist für einen improvisierenden Tänzer vergleichbar. Der Choreograf kann seinen Darstellern ebenso Gestaltungsräume eröffnen, die diese dann eigenständig und eigenschöpferisch mit Leben erfüllen.

Eine weitere Möglichkeit von Miturheberschaft ist für den Fall denkbar, dass auch dem Bühnenregisseur nicht nur Leistungsschutzrechte sondern auch Urheberrechte zugestanden werden[21]. Unter dieser Prämisse kann für die Zusammenarbeit eines Regisseurs und Choreografen an einer Produktion die Frage einer Miturheberschaft im Raum stehen[22]. Allerdings muss die weitere Entwicklung in Rechtsprechung und Literatur abgewartet werden, um von einer gesicherten urheberrechtlichen Position des Theaterregisseurs ausgehen zu können.

3. Werkverbindung

Choreografische Werke werden in der Regel mit anderen Werken gemeinsam aufgeführt. Für die mit einem choreografischen Werk gemeinsam aufgeführten Musikwerke, ihm zugrunde liegenden Libretti, jeweiligen Bühnenbilder oder hinzugefügte Videoinstallationen ist nur eine Werkverbindung gemäß § 9 UrhG denkbar[23] und keine Miturheberschaft, da aus den einzelnen Elementen kein untrennbares Ge-

---

[19] Obergfell, ZUM 2005, 621, 625.

[20] OLG München GRUR Int 1993, 85 – Abdullah Ibrahim; LG München GRUR Int 1993, 82 – Duo Gismonti-Vasconcelos; Fromm/Nordemann/*Schaefer* § 73, Rn. 26; Schack, Rn. 591; Schricker/*Krüger* § 73, Rn. 37. Eine differenzierte Darstellung dieser Problematik findet sich bei Schunke, Das Bearbeitungsrecht in der Musik und dessen Wahrnehmung durch die GEMA, 55ff. Er diskutiert diese Frage vom Ausgangspunkt einer Bearbeitung, d.h. die jeweiligen Musikinterpreten haben die Aufgabe oder Möglichkeit eine bestehende Komposition durch Hinzufügen einzelner Elemente zu ergänzen. Eine Miturheberschaft ist dann bzgl. der nach § 3 UrhG geschützten Bearbeitung zwischen Interpret und Komponist denkbar.

[21] Genaueres zur rechtlichen Position des Theaterregisseurs im 3. Kapitel 2. Abschnitt.

[22] So auch Obergfell, ZUM 2005, 621, 626.

[23] Mestmäcker/Schulze/*Obergfell* § 2 Rn. 103; Obergfell, ZUM 2005, 621, 626; Wandtke ZUM 1991, 115, 117 u. 119.

samtkunstwerk entsteht. Alle Beiträge der einzelnen Schöpfer sind immer noch wirtschaftlich selbstständig verwertbar. Bzgl. der zwischen den Urhebern bestehenden Verwertungsgemeinschaft gelten die Regeln zur Gesellschaft bürgerlichen Rechts[24]. Eine Werkverbindung zeichnet sich im Vergleich zur Miturheberschaft also dadurch aus, dass mehrere selbstständig verwertbare Werke im Einverständnis ihrer Urheber zu einer gemeinsamen Verwertung miteinander verbunden werden. Sie hat also, anders als die Miturheberschaft, nur schuldrechtliche Konsequenzen[25]. Trotz der Verbindung bleibt jedes Werk gesondertes Rechtsobjekt, so dass an jedem nach dem Schöpferprinzip auch nur das Urheberrecht des jeweiligen Autors bestehen kann. Recht unproblematisch bzgl. der Rechtsstellung des Choreografen ist die Werkverbindung aufgrund ausdrücklicher vertraglicher Vereinbarung, da die beteiligten Urheber ihre Rechte ausdrücklich festlegen können. Soweit keine ausdrücklichen Abreden getroffen wurden, die Werkverbindung aber im Einverständnis der betroffenen Urheber erfolgt ist, regelt § 9 UrhG, dass jeder vom anderen die Einwilligung zur Verwertung bzw. Änderung der verbundenen Werke verlangen kann, wenn ihm diese nach Treu und Glauben zumutbar ist. Der gesetzgeberische Zweck dieser Norm, die eventuell auftretenden Interessengegensätze auszugleichen, ist jedoch eher allgemeiner Natur. D.h. spezielle Wünsche oder Befindlichkeiten einzelner Urheber lassen sich dadurch nicht regeln.

Zu beachten ist daher für den Choreografen bzw. sonstige Urheber, dass aufgrund der grundsätzlich gegebenen getrennten Verwertbarkeit vertraglich durch (detaillierte) Absprachen Vorsorge getroffen wird, dass die einzelnen Beiträge nicht in einer ggf. sinnentstellenden Art und Weise anderweitig dargeboten werden. Dazu gehören nicht nur Regelungen zur Verwertung des verbundenen Werkes sondern auch Bestimmungen zur Nutzung des Werktitels.

Mögliche Friktionen fallen dabei unterschiedlich aus – je nachdem welche Art der Verbindung vorliegt. Werden mehrere urheberrechtliche Werke erst nachträglich miteinander verbunden, d.h. dem Publikum bzw. den beteiligten Verkehrskreisen sind z.B. Musik und Choreografie auch getrennt voneinander bekannt, fällt der Werkverbund nicht so stark aus. Korrelierend dazu sind auch die Treuepflichten der beteiligten Urheber zur ungehinderten Werkverwertung weniger ausgeprägt[26]. Das bedeutet, dass bei der grundsätzlich zulässigen gesonderten Verwertung der jeweiligen Werke auch eine konkurrierende Verbindung mit Werken anderer Art als üblich und meist zulässig anzusehen ist. Denkbar ist dabei der Fall, dass die Choreografie mit einer anderen Musik verwendet wird. In der Praxis wesentlich häufiger kommt

---

[24] Schricker/*Loewenheim* § 9 Rn. 9ff. m.w.N.; Loewenheim/*Schlatter* § 72 Rn. 67.
[25] Loewenheim/*Loewenheim* § 11 Rn. 9.
[26] So zu Recht Loewenheim/*Schlatter* § 72 Rn. 67.

jedoch die Konstellation vor, dass ein Musikwerk mit einer anderen Choreografie verbunden wird.

Eine andere rechtliche Beurteilung kann sich in der Situation ergeben, dass das verbundene Werk in Zusammenarbeit und ggf. in gemeinsamer enger Abstimmung zwischen Choreograf und Komponist entsteht. Auch wenn die neu geschaffene Musik gesondert vermarktet wird, ist das Musikwerk den interessierten Verkehrskreisen besonders in seiner Verbindung mit dem choreografischen Werk bekannt. Aus dieser Konstellation können sich stärkere Treuepflichten ergeben, da z.B. bei getrennter bzw. konkurrierender Verwertung auch die Ausbeutung des Rufs des nicht mehr beteiligten Originalurhebers denkbar ist[27]. In den eben beschriebenen Fällen empfiehlt sich also besonders entsprechende vertragliche Vorsorge zur Verwertung zu treffen.

4. Bearbeitung

a) Gesetzliche Regelung

In § 3 S. 1 UrhG wird die Bearbeitung eines Werkes geschützt, soweit sie eine persönliche, geistige Schöpfung des Bearbeiters darstellt. Bearbeitungen sind also schöpferische Gestaltungen eines bereits bestehenden Werkes. D.h. auch für eine Bearbeitung muss im Ergebnis Werkcharakter erreicht werden[28]. Dadurch bedingt ist für eine schutzfähige Bearbeitung eines Originalwerks mit besonders starker Eigenprägung erheblich mehr eigenschöpferische Leistung notwendig als bei einem Originalwerk mit geringerer Individualität[29]. Der Schutz als selbständiges Werk besteht nach dem Wortlaut des Gesetzes in § 3 S. 1 UrhG unabhängig vom Urheberrecht des bearbeiteten Werkes. Eine Bearbeitung existiert jedoch nur dann, wenn das bearbeitete Werk selbst urheberrechtsschutzfähig ist[30]. Ist dies nicht der Fall, weil die übernommenen Fragmente keine Werkqualität aufweisen, kann ein unmittelbar nach § 2 UrhG geschütztes Werk vorliegen[31]. Von einer Bearbeitung i.S.d. § 3 UrhG spricht man also, wenn ihr ein schutzfähiges Werk zugrunde liegt, dessen individuelle Züge bei der Bearbeitung noch durchschimmern[32]. Bearbeitungen sind

---

[27] Loewenheim/*Schlatter* § 72 Rn. 67.

[28] Schneider, Traditional, Entlehnung, Werkbegriff: Anmerkungen zu den Entscheidungen Brown Girl I/Brown Girl II des BGH; GRUR 1991, 82, 83.

[29] Schricker/*Loewenheim* § 3 Rn. 12.

[30] Hörnig, UFITA 99 (1985), 13, 23; Schicker/*Loewenheim*, § 3 UrhG Rn. 7; Wandtke/Bullinger/*Bullinger* § 3 Rn. 12.

[31] Wandtke/Bullinger/*Bullinger* § 3 Rn. 12.

[32] Dreier/*Schulze* § 3 Rn. 7; bzgl. der Abgrenzung zur freien Benutzung s. 3. Kapitel 1. Abschnitt I. 3.

in zwei Formen denkbar: als Umformungen, die das Originalwerk inhaltlich unberührt lassen (wie z.B. bei einer Verfilmung), oder als inhaltliche Gestaltungen, die zwar eigenschöpferische Elemente aufweisen, jedoch noch keine Neugestaltungen sind, weil das Originalwerk noch erkennbar bleibt[33]. Soweit die Bearbeitung die Anforderungen des § 2 Abs. 2 UrhG nicht erfüllt, handelt es sich um eine nichtschöpferische Umgestaltung, die dem Urheberrecht des Schöpfers des Originalwerks zugeordnet wird[34]. Das Bearbeiterurheberrecht erstreckt sich immer nur auf die von ihm eingebrachten Elemente[35]. Der Bearbeiter erwirbt keine Rechte am Originalwerk. Sein Urheberrecht ist insofern abhängig, weil die Benutzung des Originalwerks vorausgesetzt wird[36].

b) Anwendung dieser Grundsätze auf choreografische Werke

Eine Bearbeitung kann angenommen werden, wenn ein bestehendes choreografisches Werk an neue Tanztechniken oder ein geändertes Bewegungsvokabular angepasst wird[37]. Keinen Bearbeiterschutz genießen dagegen aufführungstechnisch bedingte Anpassungen oder Kürzungen eines Werkes[38]. In letztere Kategorie fallen beim choreografischen Werk kleinere Änderungen in den Bewegungsabläufen eines Charakters, die z.B. durch die Umbesetzung einer Rolle notwendig werden[39]. Anders sieht es jedoch in der Situation aus, wenn erhebliche Werkänderungen vorgenommen werden, um die Fähigkeiten eines Solisten besonders herauszustellen. In diesem Fall kommt der Status als Bearbeitung in Frage[40]. Bei Ballettfilmen handelt es sich regelmäßig auch um Bearbeitungen im Wege der Umformung, soweit nicht lediglich eine Ballettaufführung aufgezeichnet wird, für die nur der Schutz über § 95 UrhG als Laufbilder in Betracht kommt.

Zu diskutieren ist, wie die Rekonstruktion eines bereits geschaffenen, aber in Vergessenheit geratenen choreografischen Werkes vom deutschen Urheberrecht bewertet wird. Damit sind die Fälle gemeint, wo anhand alter Notizen oder sonstiger Do-

---

[33] Rehbinder, Urheberrecht, Rn. 216.

[34] Zur Terminologie und Abgrenzung Fromm/Nordemann/*Axel Nordemann* §§ 23/24 Rn. 9f.

[35] Rehbinder, Urheberrecht 15. Auflage 2008, Rn. 222; Schricker/*Loewenheim* § 3 Rn. 35.

[36] Schricker/*Loewenheim* § 3 Rn. 35.

[37] Loewenheim/*Schlatter* § 9 Rn. 93.

[38] BGH GRUR 1972, 143, 145; OLG Köln UFITA 87 (1980), 331, 332.

[39] Da Choreografien oft auf die Tänzer, die das Werk aufführen, modelliert werden, ergibt sich häufig aufgrund unterschiedlicher tänzerischer Fähigkeiten die Notwendigkeit zu kleineren Änderungen, wenn eine Um-/Neubesetzung einer Rolle vorgenommen wird. Das Gleiche gilt für den Fall, dass eine andere Tanzkompanie mit anderen Tänzerpersönlichkeiten das Werk aufführen will.

[40] So auch Loewenheim/*Schlatter* § 9 Rn. 93.

kumente ein Werk wieder zum Leben erweckt wird. Da auch einer Bearbeitung im Ergebnis Werkqualität innewohnen muss, ist eine persönliche geistige Schöpfung erforderlich, die den in 2. Kapitel 2. Abschnitt I. 1. beschriebenen Anforderungen genügt. Die Wiederaufnahme oder Rekonstruktion eines bestehenden Werkes durch einen Choreografen kann diesen Anforderungen zumeist nicht genügen, da die Kunstfertigkeit in diesem Zusammenhang darin besteht, durch Recherchen aus den vorhandenen Materialien so originalgetreu wie möglich zu arbeiten. Das Wirken des Choreografen ähnelt in dieser Situation eher der eines Kopisten. Weil die Aufzeichnungen vergangener Meister choreografischer Werke zum Teil nur schwer entzifferbar bzw. nur unzureichend dokumentiert sind, erfordert diese Arbeit in einigen Fällen sehr großes Fingerspitzengefühl[41]. D.h. im Ergebnis ist die Arbeit des Choreografen aus kunsthistorischer Sicht komplex und anspruchsvoll, dieser Fakt allein genügt jedoch nicht um einen urheberrechtlichen Schutz zu rechtfertigen.

Etwas schwieriger kann sich die Abgrenzung allerdings gestalten, wenn es sich um Konstellationen wie z.B. bei dem Ballett „La Sylphide" handelt. Die choreografische Fassung von *August Bournonville* hat sich bis heute im Repertoire des Königlich Dänischen Balletts gehalten[42], allerdings erfolgten regelmäßig Revisionen, erstmals von *Bournonville* selbst, später dann von den Ballettmeistern am Kopenhagener Theater. In diesen Fällen kann noch keine Bearbeitung angenommen werden, da es an der notwendigen kreativen Eigenleistung mangelt. Im Repertoire vieler klassischer Kompanien finden sich allerdings Fassungen, die „nur" auf *Bournonville* beruhen, wie z.B. die Fassung von *Peter Schaufuss* von 1979, die noch bis heute gespielt wird. Ob *Schaufuss* ein eigenes Bearbeiterurheberrecht zusteht, hängt also davon ab, wie stark er am Original geblieben ist[43].

Eine eindeutigere rechtliche Beurteilung ist in den Fällen möglich, wenn aus einer bestehenden Choreografie lediglich Teile (einzelne Akte oder Tänze) übernommen werden und im Übrigen das Werk neu geschaffen wird. Für diese Konstellationen ist entsprechend der Ausführungen zu den Voraussetzungen einer Bearbeitung bei entsprechender eigenschöpferischer Prägung ein Bearbeiterurheberrecht anzuneh-

---

41 Jeschke stellt in ihrer Arbeit zu Tanzschriften dar, dass viele von den von ihr aufgefundenen Tanznotationen speziell von einem Choreografen entwickelt wurden und heute deshalb nur noch schwer bzw. nicht mehr lesbar sind (vgl. Jeschke, 21). Daher gehen einige Choreografien unwiderbringlich verloren. Auch aus diesem Grund wird versucht, durch einheitlich anerkannte Tanzschriften wie Laban- oder Benesh Notation choreografische Werke für die Nachwelt zu erhalten. In den USA existiert zu diesem Zweck das Dance Notation Bureau (mehr Informationen zu dieser Organisation im 5. Kapitel 2. Abschnitt III.).

42 Kieser/Schneider zu La Sylphide, 470.

43 Zu differenzieren ist außerdem für den Fall, dass ein gemeinfreies Werk bearbeitet wird. Zu dieser Problematik ausführlicher im folgenden Absatz.

men. Diese Grundaussage ist für den Fall zu überprüfen, dass gemeinfreie, ihrer Schöpfungshöhe nach jedoch schutzfähige Werke, bearbeitet werden. Zur Illustration soll als Beispiel das Ballett „Schwanensee“ dienen, wo regelmäßig die Choreografie des II. und IV. Akts (die so genannten „weißen Bilder“) von *Petipa* und *Iwanow* übernommen wird, aber der I. und III. Akt von Choreografen immer wieder neu geschaffen werden. Es wird vertreten, dass in derartigen Fällen ein eigenständiges Werk entsteht, welches nicht die Rechte anderer Urheber berührt bzw. berühren kann[44]. Die Gegenauffassung in Rechtsprechung[45] und Literatur[46] nimmt hingegen die Anwendbarkeit von § 3 S. 1 UrhG an. Begründet wird dies mit der Feststellung, dass für den Fall eines nicht eigenständigen Schutzes als Bearbeitung die Fassung vom Urheberrechtsschutz des Originalwerks abhängig und dann mit diesem auch gemeinfrei wäre[47].

Diesem Argument wird entgegengehalten, dass kein urheberrechtlicher Regelungsbedarf besteht, weil der Urheber in der Verwertung eines Werkes, das zwar fremde, jedoch ungeschützte Element enthält, frei ist und somit der Regelungsgehalt des Bearbeiterurheberrechts gemäß § 3 S. 1 UrhG nicht betroffen sein kann[48]. Ein Wortlautargument mag für die Einordnung als Bearbeitung angeführt werden. § 3 UrhG geht in seiner Formulierung allgemein von Werken aus. Auch eine gemeinfreie Schöpfung verliert durch den Ablauf der Schutzfrist nicht ihren Werkcharakter. Sie kann lediglich nicht mehr mit Hilfe des Urheberrechts in ihrer Verwertung durch den Inhaber der Rechte monopolisiert werden. Insofern bildet auch bei Verwendung einer gemeinfreien Schöpfung die Basis immer noch ein bereits bestehendes Werk. Für die Rechtspraxis hat der Streit keine weitere Bedeutung, da beide Auffassungen zum gleichen Ergebnis gelangen: Eine eigenständige urheberrechtliche Schutzfähigkeit für Leistungen, die eine persönliche geistige Schöpfung darstellen, denen also praktisch Werkqualität innewohnt. Bei jeglicher Art der Bearbeitung, unabhängig von ihrer urheberrechtlichen Qualifikation, ist es in der Tanzszene üblich, dass sowohl der Originalchoreograf als auch der Bearbeiter genannt werden, also z.B. „Raymonda“, *Rudolf Nurejew* nach *Marius Petipa*.

Die eben dargestellte Problematik verdeutlicht ein bei Schlatter-Krüger dargestellter Fall, der die rechtliche Begutachtung des Balletts „Romeo und Julia“ betraf[49]. Der Choreograf *John Cranko* schuf 1962 die Ballettfassung, die das Werk

---

44 Wandtke/Bullinger/*Bullinger* § 3 Rn. 13.

45 BGH GRUR 1991, 456, 457 – Goggolore; BGH GRUR 1991, 533 – Brown Girl II.

46 Dreier/Schulze/*Schulze* § 3 Rn. 7; Fromm/Nordemann/*Axel Nordemann* § 3 Rn. 38; Schricker/*Loewenheim* § 3 Rn. 8.

47 Fromm/Nordemann/*Axel Nordemann* § 3 Rn. 38.

48 Wandtke/Bullinger/*Bullinger* § 3 Rn. 13.

49 Schlatter-Krüger, GRUR Int 1985, 299, 308.

weithin bekannt machte[50]. Im Vergleich zur ersten Realisierung des Handlungsballettes durch *Leonid Lawrowski* verdichtete *Cranko* den Stoff und schuf besonders intensive Massenszenen[51]. In einem Privatgutachten für ein deutsches Theaterunternehmen wurde ausgeführt, dass *Cranko* für seine Arbeit, wenn überhaupt, nur ein Bearbeiterurheberrecht zustehen kann, da das Handlungsballett bereits lange bekannt sei. Es ist zwar zutreffend, dass der Stoff von „Romeo und Julia" viele Choreografen zu einer tänzerischen Umsetzung angeregt hat[52], allerdings hat jeder der Choreografen eine eigene schöpferische Fassung geschaffen und, so wie auch *Cranko,* seine individuelle Form des Balletts gefunden. Da bei einem choreografischen Werk die tänzerische Umsetzung des Stoffes bzw. der Grundidee geschützt ist, steht auch *Cranko* ein eigenes originäres Urheberrecht zu – unabhängig davon, ob Musik oder Libretto schon von anderen Choreografen verwendet wurden. Die damalige Beurteilung im Gutachten resultiert also aus einer undifferenzierten Betrachtung von musikalischem, literarischem und choreografischem Werk, deren Schutzfähigkeit jeweils getrennt zu untersuchen ist, auch wenn sie als verbundenes Werk gemäß § 9 UrhG zur bühnenmäßigen Aufführung gebracht werden[53].

Die Darbietung eines choreografischen Werkes ist in einem Großteil der Fälle als Interpretation anzusehen, nicht als Bearbeitung[54]. Dieser Grundsatz findet allerdings seine Grenzen, wenn durch die Änderungen ein völlig neuer Gesamteindruck entsteht. Vorstellbar wäre ein Szenario, in dem der Choreograf/Regisseur den Tänzern bewusst einen Spielraum offen lässt, um die bereits existierende Choreografie ganz oder teilweise zu verändern. Solchermaßen improvisierte bzw. später hinzugefügte Bewegungsabläufe können als Bearbeitung schutzfähig sein. Diese Situation ist von der Miturheberschaft abgrenzbar, da die Bearbeitung sich dadurch unterscheidet, dass letztere nicht in einer Gemeinschaft geschaffen wird, sondern nachträglich zu einem bestehenden Werk entsteht.

5. Freie Benutzung

a) Gesetzliche Regelung

Soweit der Urheber ein Werk nur als Anregung benutzt, liegt eine so genannte freie Bearbeitung vor. Das neue Werk ist zwar tatsächlich in seiner Entstehung, nicht jedoch rechtlich von dem benutzten Werk abhängig. § 24 UrhG bestimmt, dass ein

---

50 Kieser/Schneider, 392.
51 A.a.O.
52 Kieser/Schneider, 391f.
53 So bereits Schlatter-Krüger, GRUR Int 1985, 299, 308.
54 Vgl. für Musikwerke KG GRUR-RR 2004, 129, 130 – Modernisierung einer Liedaufnahme.

in freier Benutzung geschaffenes Werk durch seinen Urheber veröffentlicht und verwertet werden kann, ohne dass die Zustimmung des Urhebers des benutzten Werkes erforderlich ist. Frei ist eine Benutzung nach Auffassung in Rechtsprechung und Literatur dann, wenn durch die Eigenart des neuen Werkes die entlehnten charakteristischen Züge des bereits existierenden geschützten Werkes verblassen[55]. Im Vergleich zur Bearbeitung muss eine freie Benutzung also quantitativ, jedoch nicht zwingend qualitativ, mehr Individualität besitzen. Ob eine abhängige Bearbeitung oder eine freie Benutzung vorliegen, hat der BGH immer allgemein unter Verweis auf das Kriterium der Gestaltungshöhe und unter der Annahme entschieden, dass die Eigenprägung besonders markanter Werke auch in Bearbeitungen kaum verblassen kann, während Werke mit geringer Gestaltungshöhe eher in einem nachfolgenden Werk aufgehen[56].

In der Praxis bedeutet dieses Konzept, das Werke am Rande der urheberrechtlichen Schutzfähigkeit korrelativ zur Gestaltungshöhe nur einen sehr engen Schutzbereich beanspruchen können. Die Arbeit mit dem Abgrenzungskriterium Gestaltungshöhe weist auch in diesem Zusammenhang die Probleme auf, die bereits im 2. Kapitel 2. Abschnitt I. 1. d) (3) diskutiert wurden. Aufgrund der z.T. unterschiedlichen Anforderungen der Rechtsprechung an die Gestaltungshöhe in einzelnen Werkarten[57] hat sich in der Praxis eine gewisse Inkonsistenz ergeben, die mit dem gesetzlich vorgesehenen einheitlichen Werkbegriff nicht in Einklang zu bringen ist. Gefordert wurden daher objektive Kriterien, wobei die Vorschläge teilweise in umfangreiche Kataloge mit verschiedenen Merkmalen mündeten[58], die für die praktische Anwendung nicht hilfreich erscheinen. Auf eine systematisch vertiefte Darstellung zur Abgrenzung bei choreografischen Werken kann an dieser Stelle verzichtet werden, da aufgrund der Natur dieser Schöpfungen die denkbaren Fälle recht eindeutig ausfallen, wie der folgende Abschnitt zeigt.

b) *Anwendung dieser Grundsätze auf choreografische Werke*

Soweit ein vorhandenes Libretto zur Schaffung eines eigenständigen choreografischen Werkes verwendet wird, handelt es sich um eine freie Benutzung[59]. Voraus-

---

[55] St. Rspr., s. bspw. BGHZ 122, 53, 60 – Alcolix; BGH GRUR 2011, 134 – Perlentaucher; Fromm/Nordemann/*Axel Nordemann* §§ 23/24 Rn. 9; Schack, Rn. 243, Schricker/*Loewenheim* § 24 UrhG, Rn. 10.

[56] Z.B. BGH GRUR 1958, 500, 502 – Mecki Igel; BGH GRUR 1981, 267, 269 – Dirlada; BGH GRUR 1991, 531, 532 – Brown Girl I.

[57] So z.B. BGH GRUR 1988, 690, 693 – Kristallfiguren; BGH GRUR 1981, 267, 269 – Dirlada.

[58] So z.B. Schneider, GRUR 1991, 82, 83; Schulze, Werturteil und Objektivität im Urheberrecht, GRUR 1984, 400ff.

[59] Ebenso Loewenheim/*Schlatter* § 9 Rn. 93.

setzung ist, dass derselbe Handlungsablauf durch eine eigene Kombination von Bewegungsabläufen und Gestik umgesetzt wird. Eher theoretischer Natur ist der weitere denkbare Fall einer freien Benutzung: Wird ein bereits bestehendes choreografisches Werk als Grundlage für ein neues Werk genutzt, kommt eine freie Benutzung nach den oben geschilderten Grundsätzen des BGH nur dann in Betracht, wenn nur wenig Gestaltungsspielraum bei der Schöpfung des bereits existierenden Werkes bestand bzw. der Choreograf seinen schöpferischen Spielraum kaum nutzte und es daher nur eine geringe Gestaltungshöhe aufweist. Außerdem gilt für den Fall, dass sich der Choreograf enger an den Bewegungsabläufen des vorbestehenden Werkes orientiert, dass nicht mehr von einem Verblassen dieses Werkes die Rede sein kann. Damit befände man sich wieder im Bereich der Bearbeitung.

6. Urheberschaft im Anstellungsverhältnis

a) *Begriff des Arbeitnehmers*

Der Arbeitnehmerbegriff wird durch § 43 UrhG vorausgesetzt. Die h.M. in der Rechtsliteratur versteht unter einem Arbeitnehmer die Personen, die verpflichtet sind, fremdbestimmte und unselbständige Arbeit zu leisten bzw. eine vom Arbeitgeber abhängige, weisungsgebundene Tätigkeit ausüben[60]. Von der Rechtsprechung werden zusätzlich noch weitere Indizien berücksichtigt, wie z.B. die Eigenart der jeweiligen Tätigkeit bei der Bestimmung der persönlichen Abhängigkeit[61]. Ein weiteres Kriterium ist das Bestimmungsrecht des Arbeitgebers zu Arbeitszeit und Tätigkeit[62]. Auf den schöpferisch tätigen Arbeitnehmer treffen diese Abgrenzungskriterien nicht unbedingt in aller Deutlichkeit zu. Der Gestaltung der Arbeitszeit oder auch des Weisungsrechts des Arbeitgebers sind im schöpferisch-kreativen Bereich naturgemäß gewisse Grenzen gesetzt. Bei künstlerischen Tätigkeiten spricht also die fachliche Weisungsungebundenheit nicht gegen die Annahme des Arbeitnehmerstatus[63].

---

60 St. Rspr., s. nur BAG NJW 2004, 461, BAGE 19, 324, 329ff.; Palandt/*Weidenkaff,* Einf. vor § 611 Rn. 7 m.w.N.; Schaub ArbRHdb/*Vogelsang,* § 8 Rn. 26ff.; Münchner Kommentar/*Müller-Glöge* § 611 Rn. 137. Entscheidend ist also eher die Art und Weise der Beschäftigung, vgl. z.B. BAG, BAGE 19, 324, 330.

61 Vgl. z.B. die Nachweise zur Rechtsprechung bei Wandtke/Bullinger/*Wandtke* § 43 Rn. 7.

62 BAG NJW 2004, 461, 462; BAG NJW 1993, 2458; BGH NJW 1999, 649, vgl. auch BVerfG, BVerfGE 59, 231, 245.

63 BAG DB 1980, 1996ff. zu Drehbuchautoren, Regisseuren; BVerfG, ZUM-RD 2000, 216 zu Rundfunk- und Fernsehmitarbeitern.

b) Urheberrechtliche Implikationen

Von dem Grundsatz des Schöpferprinzips aus § 7 UrhG wird auch beim angestellten Urheber nicht abgewichen[64]. Das deutsche Urheberrecht beweist an dieser Stelle wiederum seine Verankerung in der naturrechtlichen Theorie vom geistigen Eigentum[65]. Der Arbeitgeber ist also darauf angewiesen, sich an den vom Arbeitnehmer geschaffenen Werken die benötigten urheberrechtlichen Nutzungsrechte auf vertraglichem Weg einräumen zu lassen. Eine Rechtseinräumung kann zwar auch stillschweigend erfolgen, allerdings muss der entsprechende Wille unzweifelhaft zum Ausdruck kommen[66]. Der Zeitpunkt einer stillschweigenden Einräumung von Nutzungsrechten ist für choreografische Werke mit Übergabe, d.h. Fertigstellungserklärung der Tanzproduktion, anzunehmen[67]. § 43 UrhG wird gemäß der nach der h.M.[68] anwendbaren Zweckübertragungslehre und des § 31 Abs. 5 UrhG so ausgelegt, dass der Urheber mit dem Arbeitsvertrag stillschweigend die für den betrieblichen Zweck erforderlichen Nutzungsrechte überträgt[69]. Mit Hilfe der Zweckübertragungsregel wird also nicht nur geklärt, auf welche Art ein Werk genutzt werden kann, sondern auch die Frage beantwortet, ob ein Nutzungsrecht eingeräumt ist[70]. D.h. es besteht grundsätzlich nur die Pflicht, die Nutzungsrechte zu übertragen, die zur Erfüllung der Aufgaben des Theaters bzw. der Theaterproduktion erforderlich sind (betrieblicher Zweck)[71].

Bei einer stillschweigenden Vereinbarung kann es fraglich sein, ob der Choreograf die Nutzungsrechte bereits als Vorausverfügung über Rechte an künftigen Werken überträgt, oder ob lediglich eine Pflicht zur Rechtseinräumung angenommen werden muss. Im Regelfall wird es sich nur um eine Pflicht zur Rechtseinräumung handeln, da etwas anderes nur für den bei choreografischen Werken selten vorkommenden Fall gelten kann, dass der Arbeitgeber bereits berechtigt ist, auch Teile des Werkes zu nutzen und sie ggf. durch Dritte weiter bearbeiten bzw. zu Ende

---

64 So bereits BGH GRUR 1952, 257 – Krankenhauskartei.

65 Diese strikte Befolgung des „droit d'auteur" wird z.T. als an den wirtschaftlichen Realitäten vorbeigehend kritisiert (Nachweise bei Schack § 10, Rn. 268). Allerdings kann den berechtigten wirtschaftlichen Interessen auch anders als durch ein originäres Urheberrecht des Arbeitgebers oder Bestellers gedient werden.

66 BGHZ 24, 70 – Ledigenheim; Kraßer, 77, 93; Ulmer, 404.

67 S. Schricker/*Rojahn* § 43 Rn. 41.

68 BGH GRUR 1974, 480. 482 – Hummelrechte; BAG ZUM 1997, 67, 69; Dreier/Schulze/*Dreier* § 43 Rn. 17.

69 BGH GRUR 1974, 480, 482 – Hummelrechte; KG GRUR 1976, 264 – Gesicherte Spuren; Dreier/Schulze/*Dreier* § 43 Rn. 20; Kraßer, FS Schricker, 77, 91.

70 Loewenheim/*Jan-Bernd Nordemann* § 26 Rn. 44

71 BGH GRUR 1974, 480, 482 – Hummelrechte, Kraßer, FS Schricker 2000, 77, 84.

bringen zu lassen[72]. Soweit es sich um letzteren Fall handelt, kann einer stillschweigenden Vereinbarung jedoch der § 40 UrhG entgegenstehen, der für die Einräumung von Nutzungsrechten an künftigen Werken ein Schriftformerfordernis statuiert. Die Ansicht in der Rechtsliteratur[73], die den § 40 UrhG für typische Arbeitnehmer-Urheberverhältnisse nicht für anwendbar hält, ist abzulehnen, da kein Grund besteht zum Schutz des Arbeitnehmers auf die Warnfunktion des Schriftformerfordernisses zu verzichten[74].

Bei der Produktion choreografischer Werke ist zu untersuchen, ob ihre Schöpfung zum Inhalt der vereinbarten Tätigkeiten des Arbeitsvertrages gehört. Gemäß § 43 UrhG befindet man sich erst dann im Spannungsfeld zwischen Urheberrecht und Arbeitsrecht, wenn das Werk in Erfüllung der jeweiligen vertraglichen Verpflichtungen erbracht wird. Auch wenn es in der Praxis immer noch anders geregelt sein mag, sollte sich der Arbeitsvertrag detailliert zu Umfang und Inhalt der künstlerischen Arbeit äußern. Choreografien fest angestellter Choreografen werden heute zumeist als gesondert zu vereinbarende Auftragswerke qualifiziert, die nicht direkt vom Inhalt des Anstellungsvertrages erfasst werden[75]. Der Anstellungsvertrag umfasst dann oftmals nur rahmenvertragliche Vereinbarungen zur Schaffung einer gewissen Anzahl von neuen Werken pro Spielzeit. Schweigt der Arbeitsvertrag eines Ballettdirektors oder Ballettmeisters über eine Verpflichtung zu schöpferischer Arbeit, gilt die eben genannte Regel erst recht, denn Werke, die nicht in Erfüllung vertraglicher Pflichten, also ohne arbeitsvertragliche Grundlage, erschaffen werden, können die eben angesprochenen Fragen zur Verwertung nicht aufwerfen. In jedem Fall führt diese Konstellation zu der Konsequenz, dass die Schöpfung des choreografischen Werkes nicht mit der Gage abgegolten ist, sondern zusätzliche finanzielle Vereinbarungen getroffen werden müssen[76]. Unzutreffend ist daher die in der Praxis an Theatern z.T. vorkommende Ansicht, dass es zur Arbeit als Ballettdirektor bzw. Ballettmeister gehört, schöpferisch tätig zu werden. Die Aufgaben eines Ballettdirektors sind anderer Natur. Er ist in erster Linie planend und verwaltend tätig. Ein Ballettmeister muss sich mit der Einstudierung und Aufrechterhaltung der Qualität des Repertoires beschäftigen. Ebenso wie die Werke eines Ballettdirektors oder Ballettmeisters sind choreografische Werke von Tänzern zu qualifizieren. Für sie gilt ebenfalls, dass diese Tätigkeit nicht zu ihrem arbeitsvertraglichen Aufgabenbereich gehört.

---

72 Vgl. Ulmer, 402f.

73 Dreier/Schulze/*Dreier* § 43 Rn. 19; Loewenheim/*A. Nordemann* § 63, Rn. 36; Fromm/Nordemann/*Axel Nordemann* § 43 Rn. 49; Schricker/*Rojahn* § 43 Rn. 44.

74 Wandkte GRUR 1999, 390, 393; Wandtke/Bullinger/*Wandtke* § 43 Rn. 48.

75 So Loewenheim/*Schlatter* § 72 Rn. 49.

76 S. dazu ausführlich 5. Kapitel 1. Abschnitt II. 3.

Sofern die Nutzungsrechte auf den Arbeitgeber übertragen wurden, bleibt die Frage zu klären, ob die Einräumung der Nutzungsrechte mit der Beendigung des Arbeitsvertrages auch ein Ende findet. Die h.M. verneint diese Frage mit dem Argument, dass die Lohnzahlungen bereits den entsprechenden Ausgleich für die Einräumung der Nutzungsrechte bilden, deren laufende Ausübung auch nach dem Ende des Arbeitsverhältnisses keinen weiteren Vergütungsanspruch auslöst[77]. Ein anderer Teil der Rechtsliteratur teilt diese Auffassung nicht[78], wobei teilweise eine Begrenzung der Einräumung der Nutzungsrechte für den Zeitraum der abhängigen Beschäftigung angenommen[79] oder ein gesonderter urheberrechtlicher Vergütungsanspruch konstruiert wird[80]. Letzterer Ansicht gebührt der Vorzug, da eine zeitlich unbegrenzte Einräumung der Nutzungsrechte bedenklich ist, da mit dem Ende des Arbeitsverhältnisses jede Gegenleistung für die Nutzung des Werkes entfallen würde. Dies wäre wiederum nicht mit dem Grundsatz des Urheberrechts vereinbar, dass der jeweilige Schöpfer angemessen am wirtschaftlichen Ertrag seines Werkes beteiligt werden soll. Die weitere Nutzung ist also nur auf einer entsprechenden vertraglichen Basis als zulässig anzusehen.

c) *Tarifvertragliche Regelungen im NV-Bühne*

Soweit der Normalvertrag (NV) Bühne[81] aufgrund Tarifbindung oder individueller Vereinbarung im Arbeitsvertrag anwendbar ist[82], trifft er in § 8 Aussagen zur

---

77 BAG ZUM 1997, 67, 69; Arbeitsgericht Köln, BB 1981, 1032; Hunziker, Urheberrecht nach beendetem Arbeitsverhältnis, UFITA 101 (1985), 49, 68; Kraßer, FS Schricker, 77, 97.

78 Pakuscher, FS Gaedertz, 441, 453, speziell für Werke aus dem kunstgewerblichen Bereich; Wandtke GRUR 1992, 139, 144; ders. GRUR 1999, 390, 394.

79 Pakuscher, FS Gaedertz, 441, 453.

80 Wandtke GRUR 1992, 139, 144; ders GRUR 1999, 390, 394.

81 Der NV-Bühne gilt seit 1.1.2001 nach einer über zehn Jahre andauernden Bühnentarifvertragsreform. Zur Entstehung des Tarifvertrages und zum Reformbedarf im Bühnentarifrecht vgl. Rolf C. Hemke, Nach der Reform ist vor der Reform, Theater der Zeit 2/2003, 31. Ein Problem, das auch der nunmehr geltende Tarifvertrag nicht löst ist die Frage der Überregulierung, die sich aufgrund vielfacher gesetzlicher und administrativer Vorschriften z.B. aus den Bereichen des Arbeits-, Sozial- und Steuerrechts stellt. Außerdem bleibt der Nachteil bestehen, dass immer noch nicht eine einheitliche Regelung für alle Künstlergruppen gefunden wurde. Die Orchestermusiker verfügen trotz aller Vereinheitlichungsbestrebungen immer noch über einen eigenen Tarifvertrag. Mehr zu Fragen des bestehen gebliebenen Reformbedarfs im Bühnentarifrecht kann dem Interview mit Rolf Bolwin entnommen werden (Theater der Zeit 2/2003, 34). Ebenfalls kritisch zum NV-Bühne: Nix/Tietje, Der NV-Bühne – kein großer Schritt in die Zukunft, Theater der Zeit 2/2003, 35.

82 Anders als vorangegangene Bühnentarifverträge wurde er nicht gemäß § 3 TVG für allgemeinverbindlich erklärt. D.h. das Theater oder die Kommune bzw. das Bundesland, das Träger oder Teilträger eines Theater ist, muss Mitglied im Deutschen Bühnenverein sein (vgl. Nix/Hegemann/Hemke, § 1 Rn. 1). Zur Möglichkeit einer individuellen Bezugnahme: Kurz, Praxishandbuch Theaterrecht, 258; Schaub, ArbRHdb/*Schaub* § 208 Rn. 3, 8ff.

Rechtsübertragung. In § 8 Abs. 5 NV-Bühne ist bestimmt, dass „... die Nutzungsrechte an den Werken, die das Mitglied in Erfüllung seiner Verpflichtungen aus dem bestehenden Arbeitsverhältnis geschaffen hat, dem Arbeitgeber zustehen." Der Wortlaut dieser Formulierung legt eine umfassende Verpflichtung zur Nutzungsrechtseinräumung nahe. Allerdings ist fraglich, ob das mit dem geltenden Urheberrecht in Einklang gebracht werden kann. Eine Überprüfung gemäß § 31 Abs. 5 S. 1 UrhG ist nur dann nicht vorzunehmen, wenn bei der Rechtseinräumung die Nutzungsarten explizit einzeln aufgezählt werden. Nur in diesem Fall ist es also möglich, einer auf den Vertragszweck reduzierten Beschränkung der Nutzungsarten zu entgehen. Aus diesem Grund kann die Formulierung des § 8 Abs. 5 NV-Bühne zu den Nutzungsrechten nicht als umfassende Rechtseinräumung an allen möglichen Nutzungsarten verstanden werden. Eine derart pauschale Formulierung genügt nicht der Spezifizierungslast des Nutzungsrechtswerbers[83]. D.h. zusätzlich zu den im betrieblichen Zweck enthaltenen Befugnissen[84], könnte man allenfalls argumentieren, dass der angestellte Choreograf nach Sinn und Zweck des § 8 NV-Bühne die in § 8 Abs. 1 bis Abs. 3 NV-Bühne genannten Nutzungen einräumt. Ein direkter Rückgriff auf Abs. 1–3 des § 8 NV-Bühne ist nicht geboten, da die Regelungen erkennbar auf Leistungsschutzrechte abzielen[85].

Außerdem darf nicht außer Acht gelassen werden, dass individual-arbeitsvertragliche Vereinbarungen zur Einräumung von Nutzungsrechten vorrangig vor tarifvertraglichen Regelungen anzuwenden sind. Da durch den Tarifvertrag nur eine schuldrechtliche Verpflichtung über den Inhalt und Umfang der Rechtseinräumung getroffen werden kann und eine Übertragung von Nutzungsrechten auch ein Verfügungsgeschäft beinhaltet, ist eine individualarbeitsvertragliche Regelung erforderlich, die jedoch aufgrund der Vorgaben durch den § 8 NV-Bühne nach Treu und Glauben nicht verweigert werden kann[86]. Hintergrund dessen ist, dass beim Tarifvertrag die Vertragsparteien noch nicht hinreichend bestimmt sind.

---

83 Loewenheim/*Jan Bernd Nordemann* § 26 Rn. 43. Der Erwerber muss also darlegen und beweisen, dass die jeweilige Nutzungsart dem Vertragszweck entspricht (so BGHZ 131, 8, 14 – Pauschale Rechtseinräumung).

84 Dazu gehört in erster Linie ein Werk öffentlich aufzuführen.

85 Verdeutlicht durch den Wortlaut des § 8 Abs. 4 NV-Bühne, der einen direkten Hinweis auf die §§ 73ff. UrhG enthält.

86 Dies ist umstritten. Ebenso Schaub, HdbArbR/*Sack* § 102 Rn. 17; Vogel, Kollektives Urhebervertragsrecht unter besonderer Berücksichtigung des Wahrnehmungsvertrages, FS Schricker, 117, 131; Wandtke/Bullinger/*Wandtke* § 43 Rn. 127; Wandtke ZUM 2004, 508. Zweifelnd Nix/Hegemann/Hemke/*Nix/Fischer* § 8 Rn. 7; A.A.: Rehbinder, Rn. 639; Schack, Rn. 984; Schricker/*Rojahn* § 43 Rn. 47.

II. Frankreich

1. Einführung

Auch wenn Deutschland und Frankreich im Bereich des Urheberrechts eine gemeinsame Rechtstradition teilen, die auf der Lehre vom geistigen Eigentum fußt, werden die folgenden Abschnitte verdeutlichen, dass der französische Gesetzgeber für das Zusammenwirken mehrerer Urheber teilweise andere Lösungsansätze gefunden hat. Da u.a. die Rechtsfiguren der Miturheberschaft und des zusammengesetzten Werkes in der Praxis zu anderen Anwendungsproblemen als im deutschen Recht führen, darf die Frage gestellt werden, welche Konzeption eine bessere Balance zwischen der Weiterentwicklung choreografischen Schaffens und den Rechten der Schöpfer von choreografischen Werken gefunden hat. Ausgangspunkt der Diskussion zur Stellung als Urheber im französischen Recht wird nochmals die Frage der Urheberschaft an einem choreografischen Werk sein. Noch zu Beginn der zweiten Hälfte des 20. Jahrhunderts musste sich ein französisches Gericht mit diesem Problem befassen.

2. Urheberschaft am choreografischen Werk – Librettist oder Choreograf?

Bereits im ersten Kapitel wurde im historischen Abriss zum französischen Recht die Diskussion angeschnitten, wer als Urheber eines choreografischen Werkes anzusehen ist. In der Rechtstheorie tendierte man zunächst zum Librettisten, weil er sich leichter unter den Wortlaut der Gesetze von 1791 bzw. 1793 subsumieren ließ[87]. Aber auch nachdem choreografische Werke 1957 ausdrücklich in den Schutzbereich des französischen Urheberrechtes aufgenommen wurden, war die Diskussion um die Urheberschaft keinesfalls beendet, wie die Entscheidung im Fall *Eudes v. Jean Cocteau* vom 2. Juli 1958[88], die vom Cour d'Appel Paris am 8. Juni 1960[89] bestätigt wurde, beweist. Der Rechtsstreit drehte sich um Urheberschaft und Aufführungsrechte am Werk „Le Jeune Homme et la Mort". *Eudes* war Direktor und Programmverantwortlicher am Théâtre des Champs-Elysées, in dem das besagte Stück aufgeführt wurde. *Cocteau* hatte die Rolle des jungen Mannes speziell für den Tänzer *Babilée* geschaffen, der das Werk anderweitig aufführen wollte. Dagegen

[87] Vgl 1. Kapitel 2. Abschnitt III. 2. a). s. auch Guillot, 225.
[88] Revue Trimestrielle de Droit Commercial 1958, S. 766.
[89] La Semaine Juridique, Juris Classeur Périodique 1960 II.11710.

wandte sich *Eudes* mit seiner Klage, weil er der Auffassung war, dass ihm Urheberrechte an Bühnenbild, Kostümen und der Choreografie zustanden. Interessant ist im Zusammenhang mit dieser Entscheidung ein Teil des Wortlauts des Programms: „Tanz, Bühnenbild und Kostüme berichtet von *Jean Cocteau* an *Roland Petit*, Choreograf, *Wakhewitsch* Bühnenbildner, *Karinska* Kostümbildnerin, *Claire Sombert, Jean Babilée* Tänzer[90].“

Das Urteil trifft im ersten Teil zunächst die für das französische Urheberrecht eigentlich selbstverständliche Feststellung, dass ein Veranstalter, der ein Werk auf die Bühne bringt, nicht automatisch daran Rechte erwirbt, sondern eine entsprechende Übertragung durch den Urheber stattfinden muss. Interessanter ist der zweite Teil des Urteils, der sich mit der Herausarbeitung der Rechte des Choreografen beschäftigt. Dabei gelangten die Richter zu der positiven Überzeugung, dass die Choreografie das Herzstück („l'elément essentiel de l'œuvre“) des Werks bildet. Allerdings wurde „Le Jeune Homme et la Mort“ nicht unter den klassischen Begriff des Balletts subsumiert, sondern aufgrund seiner zurückgenommenen Bewegungen und pantomimischen Bestandteile als „mimodrame“ bezeichnet. Diese künstlerische Qualifikation kann im deutschen am ehesten mit der Werkart Tanztheater verglichen werden. Letztlich ist die Einordnung des Werkes zweitrangig, da juristisch kein Zweifel daran bestehen kann, dass *Petit* in seiner Position als Choreograf auch als Urheber angesehen werden muss. An dieser Stelle nimmt die gerichtliche Begründung jedoch dogmatisch merkwürdige Züge an. Denn nicht *Petit* wird als Urheber des Werks qualifiziert, sondern *Cocteau*. Dazu beriefen sich die Richter zum einen auf die Regeln der Verwertungsgesellschaft SACD[91], die zu diesem Zeitpunkt noch besagten, dass ein Choreograf nicht als Miturheber eines Ballettes angesehen werden kann[92]. Die SACD stand damals einer Teilung von Urheberrechten nicht offen gegenüber und eine Teilung war nur für den Fall der Zusammenarbeit zwischen Librettist/Textdichter und Komponist anerkannt[93].

Immerhin stellten die Richter am Rande fest, dass im Falle einer möglichen Teilung der Urheberschaft *Petit* als Urheber anzusehen wäre und keinesfalls *Eudes*[94].

---

[90] Im Original lautet der Auszug: „danse, décors et costumes racontés par Jean Cocteau à Roland Petit chorégraphe, Wakhewitch décorateur, Karinska costumier, Claire Sombert et Jean Babilée danseurs.“

[91] Dazu mehr im 5. Kapitel 2. Abschnitt III.

[92] Das Urteil lautete auszugsweise: „... que la règle génèralement admise, en la matière, par la Société des Auteurs et des Compositeurs Dramatiques, en vertu de laquelle les chorégraphes ne sont et n'ont jamais été admis comme coauteurs d'un ballet est donc parfaitement justifiée en la prèsente espèce.“

[93] S. Cour d'Appel de Paris, Juris Classeur Pratique 1960 II. 11710; Alsne, 79.

[94] A.a.O.

Noch interessanter ist jedoch die richterliche Einschätzung, dass *Cocteau* deshalb als alleiniger Urheber anzusehen ist, weil Choreograf, Bühnen- und Kostümbildner, wie der Programmbeschreibung zu entnehmen war, von ihm Anweisungen zur Gestaltung erhielten[95]. Der Sinngehalt des Wortes „berichtet" („racontés") weise außerdem auf eine aktive und dominierende Stellung *Cocteaus* bei der Gestaltung des Werkes hin. Zusätzlich beriefen sich die Richter auf die Aussagen *Cocteaus* zu dieser Choreografie in seinem Buch „La Difficulté d'être"[96], die sie als Beweis für seine Urheberschaft heranzogen[97]. Das Buch kann aber kaum als tauglicher Beweis dienen, da es erst nach Kreation des streitgegenständlichen Werkes geschrieben wurde und *Cocteau* zu diesem Zeitpunkt also auch die Choreografie *Petits* hinreichend bekannt war[98]. In den Augen der Richter war *Cocteau* also der kreative Geist hinter der Choreografie, der tänzerischen Interpretation, dem Bühnenbild und den Kostümen – allein *Bach* als Komponisten der verwendeten Musik wurde von den Richtern auch eine Position als Urheber zugebilligt.

Etwas überraschend ist, dass damals *Petit*, der sich später einen großen Namen als Choreograf machte, mit dieser Qualifizierung *Cocteaus* einverstanden war. Seine damalige Haltung lässt sich wohl am ehesten damit begründen, dass seine Stellung als Choreograf noch nicht sehr gesichert war, weil er erst am Beginn seiner Karriere stand. Inzwischen ist auch *Petit* Mitglied bei der SACD, aber erst 1987 ließ er sich im Bulletin der Verwertungsgesellschaft als Choreograf und Urheber des Werks „Le Jeune Homme et la Mort" aufnehmen. Seit 1948 war *Cocteau* als alleiniger Urheber bei der SACD registriert. Die Tantiemen werden jetzt zwischen beiden Künstlern hälftig geteilt[99].

In der Rechtsliteratur traf dieses Urteil auf berechtigte Kritik[100]. *Guillot*[101] konnte sich das Votum der Richter nur dadurch erklären, dass unter den gegebenen Umständen, insbesondere durch die Persönlichkeit Cocteaus, das Schweigen der

---

95 Die entsprechende Stelle im Urteil lautet: „... le ballet litigiuex a été conçu d'aprés und argument poétique de Cocteau ...; les divers éléments de l'œuvre ont été realisés selon les explications données par Jean Cocteau sur la façon de transposer en gestes, mimiques et jeux de scène le thème poétique de l'auteur; ... l'expression „racontés" tend a démontrer la participation active et prédominante de Jean Cocteau dans la conception et la réalisation de ces divers éléments de l'œuvre."

96 Jean Cocteau, La Difficulté d'être, Kapitel „d'un mimodrame", 163ff. Cocteau schrieb u.a., dass er Petit in der Rolle eines Übersetzers seiner Ideen sah und nicht als eigenen kreativen Geist.

97 Im Urteil heißt es dazu: „... s'il etait besoin confirmée par les déclarations mêmes de Cocteau dans son livre „la diffculté d'être ...".

98 Vgl. Bozzoni, 60.

99 Bozzoni, 64.

100 Z.B. Bozzoni, 60ff.; Guillot, 239.

101 Guillot, 239f.

Parteien zur Urheberschaft als eine Art Verzicht gewertet wurde[102]. Diese Einschätzung ist natürlich nicht mit dem geltenden französischen Urheberrecht und dessen Systematik in Einklang zu bringen. Insofern muss das Urteil „*Eudes v. Babilee und andere*“ als Sonderfall gewertet werden.

3. Kann auch der Choreologe (notateur) die Stellung eines Urhebers beanspruchen?

Ein Choreograf bleibt durch seine Werke späteren Generationen bekannt. Er kann also nur „weiterleben“, wenn sein Erbe lebendig und erhalten ist. Dabei hilft ihm z.B. ein Choreologe, der seine Werke notiert. Aufgrund des Fixierungserfordernisses[103] im französischen Recht wurde in der französischen Rechtsliteratur auch die Frage diskutiert, ob derjenige, der die Notation eines choreografischen Werkes vornimmt, ebenfalls den Schutz als Urheber eines Werkes genießen kann. D.h. kann die Notation als eigenständiges urheberrechtlich schutzfähiges Werk angesehen werden oder nicht[104]? Einige wollen die Arbeit eines Choreologen mit der eines Übersetzers vergleichen[105], dem regelmäßig ein Bearbeiterurheberrecht zugebilligt wird, weil er kreativ mit der Sprache arbeiten muss und seiner Schöpfung deshalb auch die notwendige Eigentümlichkeit für urheberrechtlichen Schutz innewohnt. Dieser Vergleich trifft den Charakter der Arbeit eines Choreologen jedoch nur bedingt, denn die Sprache des Tanzes ist universell und bedarf keiner Übersetzung. Seine Tätigkeit ist daher eher mit demjenigen, der ein Transkript verfasst, vergleichbar. Ähnlich wie ein Stenograf setzt er das, was ihm diktiert bzw. vorgegeben wird, in eine Umschrift bzw. Kurzschrift um. Auch wenn sich der Choreologe für seine Arbeit Kenntnisse in einer der komplexen Tanzschriften (bspw. Laban- oder Benesh- Notation[106]) aneignen muss, fehlt seinem Wirken die notwendige Eigentümlichkeit, um

---

[102] Das Urteil des Cour d'Appel de Paris führt dazu aus: „... il est constant, dit la Cour, que le ballet „Le jeune Homme et la Mort“ a été présenté au public comme l'œuvre de Jean Cocteau qui l'avait porté sur la scène avec le concours du chorégraphe R. Petit et qu'aucun de ces collaborateurs à l'exécution de l'œuvre n'a prétendu avoir un droit sur elle. Considérant dès lors qu'en l'absence de preuve contraire, il doit être considéré comme le seul auteur de cette œuvre, dans tous ses éléments et comme ayant seul le droit d'autoriser cette représentation.“

[103] S. dazu 2. Kapitel 2. Abschnitt II. 4. b).

[104] Ausführliche Studie zur Arbeit eines Choreologen und seiner rechtlichen Position von Jaques Boncompain, Notateur et Notation Chorégraphique: Raison d'Etre, Description, Nature, Consequences, Propositions Concretes, 1993, verfasst nach einem Seminar mit dem Titel „La Notation Chorégraphique.

[105] S. Bozzoni, 151.

[106] S. dazu auch die Erläuterungen im 1. Kapitel 1. Abschnitt 2.

seiner Schöpfung einen urheberrechtlich schutzwürdigen Werkcharakter zu verleihen. Das Gleiche gilt für die Situation, in der ein Choreologe daran mitwirkt, eine Choreografie zu rekonstruieren[107].

4. Œuvres de collaboration (gemeinschaftlich geschaffene Werke)

a) Voraussetzungen

In Art. L. 113-2 Abs. 1 CPI ist das œuvre de collaboration wie folgt definiert: Als gemeinschaftlich geschaffenes Werk wird ein Werk bezeichnet, bei dessen Schaffung mehrere natürliche Personen mitgewirkt haben[108]. Das œuvre de collaboration ist also von 3 Voraussetzungen abhängig: Mehrere natürliche Personen leisten einen Beitrag, um im Zusammenwirken ein Werk zu schaffen. Anders als im deutschen Urheberrecht ist es dabei ohne Bedeutung, ob sich die einzelnen schöpferischen Beiträge gesondert verwerten lassen oder nicht[109].

Bzgl. des zu leistenden Beitrages gilt, dass er schöpferischer Natur sein muss – das Gesetz selbst spricht von „création". Dazu gehört grundsätzlich auch, dass man nicht nur als Ideenlieferant wirkt, da Ideen nicht urheberrechtsschutzfähig sind[110]. Dieser Grundsatz wird allerdings von der Rechtsprechung nicht immer mit aller Konsequenz angewandt[111].

Festzuhalten ist weiterhin, dass das Merkmal „Zusammenarbeit" nicht impliziert, dass sie zum gleichen Zeitpunkt bzw. simultan erfolgen muss[112]. Eine zeitliche Abfolge bzw. Nachfolge der Beiträge der einzelnen Schöpfer ist möglich. Daher wurde z.B. einem Choreografen, dessen Ballettchoreografien aus einem Kabarett in Auszügen in einem Film erschienen, der Status eines Miturhebers zuerkannt[113]. Wichtig ist also vielmehr, dass dem geschaffenen Werk eine gemeinsame Inspiration der Urheber zu Grunde liegt, d.h. der Gesamtcharakter des Werkes darf nicht

---

107 Ausführlich dazu im 3. Kapitel II. 5.

108 „L'œuvre à la création de laquelle ont concouru plusieurs personnes physiques." Übersetzung aus Dreier/Krasser, Das französische Gesetzbuch des geistigen Eigentums, Anhang Gesetzestext.

109 Möhring/Schulze/Ulmer/Zweigert, Quellen des Urheberrechts, Gesetzestexte aller Länder, Band 2, Frankreich/I, 11. Vgl. auch 3. Kapitel 1. Abschnitt I. 2. zum deutschen Recht.

110 Lucas/Lucas, Traité, 154.

111 Z.B. hielt ein Gericht die Lieferung eines Oberthemas für ein Werk für einen Beitrag, der ausreichte, Miturheberschaft zu begründen. (TGI Paris, Recueil Dalloz 1984, 286).

112 Lucas/Lucas, Traité, 157.

113 Cour d'Appel de Paris 1986, JurisData 1986-024093. Zum Thema Choreografie im Fernsehen und Miturheberschaft vgl. auch die Entscheidung des Cour d'Appel de Paris von 2004, Juris Classeur Civil Annexes Fasc. 1190.

in den einzelnen Beiträgen, sondern er muss in der Werkeinheit zum Ausdruck kommen[114].

b) Rechte der Miturheber

Die Rechte am gemeinschaftlich geschaffenen Werk stehen gemäß Art. L. 113-3 Abs. 1 und Abs. 2 CPI den Miturhebern gemeinsam zu und können nur gemeinsam ausgeübt werden[115]. Im Falle fehlender Übereinstimmung entscheiden die Zivilgerichte. Von diesem Grundsatz ist in Art. L. 113-3 Abs. 4 CPI eine Ausnahme festgeschrieben. Gehören die einzelnen Beiträge verschiedenen Werkarten an und lassen sich trennen, können sie, vorbehaltlich entgegenstehender vertraglicher Abrede, von den Miturhebern gesondert verwertet werden, soweit diese Verwertung nicht die Verwertung des Gesamtwerks beeinträchtigt. Bei der Erläuterung der „Tricorne“ Entscheidung wird sich jedoch zeigen, dass diese Regelung nicht ohne Fallstricke ist. An dieser Stelle ist schließlich noch anzumerken, dass, wie auch im deutschen Recht, allen Miturhebern das droit moral einzeln zusteht[116].

c) Anwendung dieser Grundsätze auf choreografische Werke und Darstellung der „Dreispitz“ (Tricorne) Entscheidung

Klassischer Fall eines gemeinschaftlichen Werkes im französischen Recht ist also die Konstellation, in der alles neu geschaffen wird: Musik, Libretto und Choreografie[117]. Um die Bedeutung der Kategorie „œuvre de collaboration“ für das choreografische Werk genau zu erfassen, ist an dieser Stelle ein kurzer Exkurs zur rechtshistorischen Entwicklung des gemeinschaftlich geschaffenen Werkes erforderlich. In Kapitel 1 wurde im Abschnitt zur französischen Rechtsgeschichte dargestellt, dass die Rechtstheorie im 19. und zu Beginn des 20. Jahrhunderts davon ausging, dass choreografische Werke nur in Abhängigkeit von ihrem Libretto schutzfähig waren[118]. Diese dogmatische Annahme hing mit dem Konzept des „œuvre de collaboration“ zusammen. Aus rechtshistorischen Quellen ergibt sich, dass

---

[114] S. auch Desbois, Commentaire, Revue Trimestrielle de Droit Commercial 1966, 943, 945.

[115] Von einer gemeinsamen Verwertung des gemeinschaftlichen Werkes ging die französische Rechtsliteratur schon im 19. Jahrhundert aus – vgl. Blanc, 220. Am Beispiel einer Oper führt Blanc aus, dass der Autor des Librettos bzw. der Texte das Recht zur Publikation für seinen Beitrag lizensieren kann, nicht jedoch für die Musik. Beide Schöpfungen sind so unterschiedliche Werke, dass dem jeweiligen Urheber das Eigentum daran zusteht (Blanc, 89, 223).

[116] S. Art. L. 121-5 und 121-6 CPI. Vgl. auch Lucas/Lucas, Traité, 169.

[117] Dumas-Parmentier (103) und Guillot (225) z.B. definieren mit diesen Elementen ein Ballett und ordnen es als œuvre de collaboration ein.

[118] S. 1. Kapitel 2. Abschnitt III. 2. b).

die tatsächliche enge Zusammenarbeit zunächst das einzige Kriterium war, das als Maßstab für das Vorliegen eines gemeinschaftlich geschaffenen Werkes diente[119]. Aufgrund dieser persönlichen Zusammenarbeit der Urheber erschien es nur angemessen, das entstandene Werk als ein einheitliches Ganzes zu betrachten[120]. Dramatische Werke wurden als literarische, szenische und auch musikalische Produktionen angesehen, die dann zu einer gegenseitigen Abhängigkeit der Urheber voneinander führten, wenn die Schöpfung schon bei Fehlen eines Teilstücks nicht mehr aufgeführt werden konnte. Die Rechtstheorie sprach von der Unteilbarkeit des Werkes[121]. Für jedes Theatergenre musste also bestimmt werden, welche Beiträge zur Unteilbarkeit führten und wer daher als Miturheber anzusehen war. Der Rechtsstreit zwischen *Galipaux* und *Thomé* aus dem Jahr 1893 verdeutlicht diese Grundsätze. *Galipaux* hatte für sich eine pantomische Szene entwickelt, die er „Une Soirée chez le Sous-Préfet" nannte und bat *Thomé* ihm dafür Begleitmusik zu schreiben. Nach einigen Aufführungen zerstritten sich die Parteien und *Galipaux* wollte für weitere Aufführungen entweder die Musiknoten von *Thomé* oder seine Erlaubnis die Szene mit anderer Musik zu spielen. *Thomé* verweigerte beides. Bei der SACD waren beide als Urheber registriert. Da sich beide Seiten auch nicht mit Unterstützung der SACD einigen konnten, landete der Rechtsstreit vor dem Tribunal Civil de la Seine. Die Richter führten in ihrem Urteil aus, dass bei dem betreffenden Werk der fundamentale Beitrag die pantomimische Szene ist und die Musik nur als zweitrangig angesehen wird[122]. Konsequenterweise waren also der pantomimische Beitrag und die Musik nicht voneinander abhängig.

Die erste Entscheidung bzgl. choreografischer Werke zu diesem Thema betraf das Ballett „La Fête chez Thérèse". Sie erging noch vor der eindeutigen Verankerung dieser Werkart im französischen Urheberrecht und wurde bereits im ersten Kapitel ausführlicher dargestellt[123]. Besonders kritikwürdig an diesem Urteil war der Fakt, dass das Berufungsgericht es für die Ablehnung der Miturheberschaft für die Choreografin genügen ließ, dass sie selbst als Angestellte der Opéra Anweisungen Dritter unterworfen war und sich Hinweise zur Choreografie bereits im Libretto finden. Das Gericht nahm daher an, dass die Choreografie nur eine szenische Bearbeitung eines bereits existierenden Werkes darstellte und damit kein „œuvre de collaboration" entstanden sein konnte. Das Urteil des Cour d'Appel von

---

119 Alsne, 2, 24.

120 Grente schrieb in diesem Zusammenhang, dass bei dramatisch-musikalischen Werken der Komponist seine Musik nicht mit anderen Worten versehen kann und im Gegenzug der Dichter sein Werk nicht mit anderer Musik kombinieren (Grente, 67f.).

121 Grente, 67; Pouillet, Nr. 115.

122 Le Droit d'Auteur 1893, 107f.

123 Vgl. 1. Kapitel 2. Abschnitt III 2. c). Vgl. auch die Darstellung bei Guillet, 228ff.

Paris kann also dahingehend interpretiert werden, dass nicht nur die Unteilbarkeit eines Werkes Voraussetzung für das Vorliegen von Miturheberschaft ist, sondern auch eine willentliche Zusammenarbeit der einzelnen Schöpfer auf gleichrangiger Ebene. Die Entscheidung traf auch in der Rechtsliteratur auf Interesse. *Dumas-Parmentier* führt aus, dass der Choreograf, der seine Arbeit in einer abhängigen Position und nach den Anweisungen eines anderen schafft, keine Miturheberrechte erhalten kann, da er nur Angestellter oder in einer so untergeordneten Position ist, wo er für seine Arbeit ein festgesetztes Entgelt erhält. Gegenüber Dritten, die seine Schöpfung verwenden wollen, besitzt er jedoch Rechte[124]. Eine Begründung dieser Differenzierung erfolgte durch *Dumas-Parmentier* nicht.

Ob sich an der Einschätzung der Gerichte nach der expliziten Aufnahme choreografischer Werke in das französische Urheberrecht etwas geändert hat, soll die Analyse der Entscheidung im Fall *Massine v. Opéra de Nice*[125] zeigen. Bei diesem Fall ist schon der Spruchkörper interessant, denn *Massine* klagte nicht vor einem Zivil- sondern einem Verwaltungsgericht – dem Tribunal Administratif de Nice. Dieser etwas außergewöhnliche sachliche Gerichtsstand war aufgrund der rechtlichen Stellung der Beklagten möglich. Gestritten wurde über das Ballett „Le Tricorne". Die ursprüngliche Fassung des Balletts entstand in einer Zusammenarbeit von *Manuel de Falla* als Komponisten, *Martinez Sierra* als Librettisten, *Pablo Picasso* als Ausstatter und *Léonide Massine* als Choreografen. 1960 entschloss sich die Oper von Nizza dieses Ballett aufzuführen, allerdings wollte sie die Choreografie von *Massine* durch eine andere ersetzen. Dafür engagierte die Oper Madame *Françoise Adret*. *Massine* wandte sich daraufhin an die Oper, um die Aufführungen mit der Choreografie *Adrets* zu unterbinden. Er hatte damit allerdings keinen Erfolg. Ein ähnliches Bestreben der Pariser Oper, die 1950 eine neue Choreografie durch *Espanita Cortez* erarbeiten lassen wollte, konnte *Massine* noch mit Hilfe der SACD stoppen lassen[126]. In Nizza sah er sich zu einer Klage gezwungen.

Das Gericht stellte zunächst klar, dass *Massine* mit seinem Werk urheberrechtlichen Schutz genießt – und zwar als œuvre de collaboration, da alle drei Beteiligten konsensual zusammengearbeitet haben. Die Richter beriefen sich dazu auf die Definition des Art. 113-2 CPI (damals Art. 3 des Gesetzes von 1957). Als nächstes stellten sie fest, dass diese Werke gemäß Art. 113-3 Abs. 1 CPI (ehemals Art. 10 des Gesetzes von 1957) „la propriété commune des coauteurs" (gemeinsames Eigentum der Miturheber) sind. *Desbois* führte in seinem Kommentar zum Urteil aus, dass es sich bei dem an der Oper von Nizza aufgeführten Stück um kein anderes, neues Bal-

124 Dumas-Parmentier, 111f., 115ff.
125 RIDA 53, 1967, 40.
126 Vgl. Guillot, 232.

lett handelte, auch wenn die Choreografie nicht mehr von *Massine* war und nur die Musik von *Falla* genutzt wurde. Allerdings wird in einer derartigen Situation weder der Ruf des Choreografen noch sein Werk beeinträchtigt[127].

Zur Verteidigung berief sich die Oper von Nizza auf die Regelung des Art. 113-3 Abs. 4 CPI, nach der es möglich ist, dass die jeweiligen Urheber ihre Werkteile gesondert verwerten können, wenn sie verschiedenen Werkarten entstammen und die gemeinsame Verwertung des Gesamtwerks nicht darunter leidet. Das Gericht lehnte die Anwendung dieser Sondervorschrift mit der Begründung ab, dass in dem zu entscheidenden Fall eine gesonderte Verwertung einzelner Werkteile das Gesamtwerk beeinträchtigt. Die Richter sprachen in diesem Zusammenhang von einem unteilbaren Werk[128]. Der Pariser Cour d'Appel urteilte in einer anderen Entscheidung in vergleichbarer Art und Weise: „… Une œuvre lyrique est essentiellement composé par l'ensemble des paroles et de la musique qui les accompagne, comme l'est un ballet de la musique et de la danse (Anm.: Damit dürfte die Choreografie gemeint sein); L'œuvre ainsi réalisée forme un tout indivisible …"[129].

Im Ergebnis untersagten die Richter den „Austausch" der Choreografie nicht nur aus dem eben dargestellten Grund. Sie waren auch der Auffassung, dass die Neufassung einer Choreografie keine gesonderte Verwertung i.S.d. Art. L. 113-3 Abs. 4 CPI darstellt.

Die Stadt Nizza wurde verurteilt, *Massine* 1 symbolischen Franc Schadenersatz zu zahlen, allerdings nicht auf Basis einer finanziellen Einbuße (entgangene Lizenzgebühren)[130], sondern aufgrund eines entstandenen immateriellen Schadens durch die Substitution der Choreografie. D.h. der Schaden wurde im Bereich des droit moral angesiedelt. *Massine* berief sich für diesen Anspruch auf die urheberpersönlichkeitsrechtlichen Rechte des Art. 121-1 Abs. 1 CPI (Art. 6 RBÜ), der bestimmt, dass der Urheber das Recht auf Achtung seines Namens, seiner Urheberschaft und seines Werkes genießt. In seinem Kommentar zu diesem Urteil merkt *Desbois* zu Recht an, dass diese Herleitung des Schadenersatzanspruches kaum überzeugen kann, da die Choreografie *Massines* nicht entstellt wurde[131].

---

[127] Desbois, Revue Trimestrielle de Droit Commercial 1966, 943, 947.

[128] Tribunal Administratif de Nice, RIDA 53, 1967, 40, 41. Wohl ebenfalls in dieser Richtung: Guillot, 235.

[129] Cour d'Appel de Paris, Gazette du Palais 1965, 143. Übersetzung: Ein lyrisches Werk wird im Wesentlichen aus der Gesamtheit der Liedtexte und der Begleitmusik zusammengesetzt, wenn es ein Ballett ist aus der Musik und dem Tanz. Das realisierte Werk bildet folglich ein untrennbares Ganzes.

[130] Die SACD hatte die Lizenzgebühren bereits entsprechend umgeleitet.

[131] Desbois, Revue Trimestrielle de Droit Commercial 1966, 943, 945. Im Ergebnis begrüßt Desbois jedoch die Entscheidung der Richter aus Nizza.

Konsequent zu Ende gedacht bedeutet diese Entscheidung für gemeinschaftlich geschaffene Werke aus dem Bereich der Tanzkunst, dass keine getrennte Verwertung der Werkteile möglich wäre. D.h. der Komponist darf seine Musik keinem anderen Choreografen anbieten und der Choreograf seine Choreografie nicht mit einer anderen Musik zusammen verwenden. Im Ergebnis könnte jede Art der Neufassung durch einen der Miturheber verhindert werden. Dieses Resultat wäre nicht nur aus künstlerischer Sicht bedauerlich bzw. kritikwürdig. Es trifft außerdem auf rechtliche Bedenken. Entgegen der Auffassung der Richter aus Nizza ist es sehr wohl zweifelhaft, dass der Werkteil *Massines* – die Choreografie – durch die Schöpfung von *Adret* beeinträchtigt wurde. *Adret* hat schließlich an seiner Choreografie nichts geändert oder manipuliert. Darüber hinaus ist die richterliche Begründung nicht nachvollziehbar, dass bei Balletten die Vorschrift des Art. 113-3 Abs.4 CPI nicht zur Anwendung kommen soll. Eine getrennte Verwertung der Werkteile beeinträchtigt nicht in jedem Fall das Gesamtwerk sondern schafft Monopole, die der künstlerischen Weiterentwicklung der Werkart Tanzkunst nicht förderlich sind. Gerade diese weite Auslegung des unbestimmten Rechtsbegriffes „œuvre de collaboration“ durch das Gericht in Nizza ist daher im Verfahren auf Kritik seitens der Beklagten gestoßen. Aufgrund der großzügigen Fassung der Voraussetzungen für das Vorliegen eines gemeinschaftlichen Werkes durch den französischen Gesetzgeber von 1957 ist es erforderlich, dass dem Korrektiv des Art. L. 113-3 Abs. 4 CPI ein dementsprechender Anwendungsspielraum eingeräumt wird.

Abschließend sei in diesem Zusammenhang die Entscheidung des Cour de Cassation von 1968 erwähnt, in der die Richter befanden, dass Ausstattung und Kostüme eines Ballettes einen rein ergänzenden Charakter haben[132]. In diesem Fall ging es um die Ballette „Gala“ und „La Dame Espagnole et le Chevalier Romain“, deren Choreografien *Maurice Béjart* schuf. Für Kostüme und Ausstattung war *Salvador Dalí* verantwortlich, der sich vor Gericht ohne Erfolg dagegen wehren wollte, dass seine Kreationen „ausgemustert“ wurden.

Unabhängig von den vorangegangenen Ausführungen müssen sich die Miturheber eines gemeinschaftlichen Werkes jedoch auch bewusst machen, dass ihnen gemäß Art. L. 113-3 Abs. 1 CPI das gemeinsame Eigentum am Werk zusteht. Das französische Urheberrecht geht daher als Grundkonstellation auch von einer gemeinsamen Rechtsverwertung aus. Dies geht soweit, dass die Verfolgung von urheberrechtlichen Verstößen nicht allein durch einen Miturheber möglich sein soll, sondern durch alle geltend gemacht werden muss[133]. Nichtsdestotrotz ist die Un-

132 RIDA Juli 1968, 382.
133 S. Bozzoni, 187.

teilbarkeit der Rechte weder absolut noch schrankenlos[134]. Über die Regelung des Art. L. 113-3 Abs. 4 wurde bereits in den vorangegangenen Absätzen diskutiert.

5. Œuvres composite (zusammengesetze Werke)

a) *Voraussetzungen*

Das französische Urheberrecht regelt in Art. L. 113-2 Abs. 2 und Art. L. 113-4 CPI l'œuvre composite. Ein zusammengesetztes Werk wird in Art. L. 113-2 Abs. 2 CPI wie folgt definiert: Als zusammengesetztes Werk wird ein neues Werk bezeichnet, in das ein bestehendes Werk ohne Mitarbeit von dessen Urheber eingefügt worden ist[135]. Ein Einfügen liegt vor, wenn ein Werk ganz oder in schutzfähigen Teilen wahlweise unverändert übernommen oder in bearbeiteter Form integriert worden ist[136]. Dieser Grundsatz behält auch dann seine Gültigkeit, wenn die Gattung des bereits bestehenden Werkes verändert worden ist (z.B. wenn eine Choreografie in einen Film aufgenommen wird). Gemäß Art. L. 113-4 CPI stehen die Rechte des zusammengesetzten Werkes – unbeschadet der Rechte des Urhebers am vorbestehenden Werk – seinem Schöpfer zu. In der französischen Rechtsliteratur wird das œuvre derivée oftmals mit dem œuvre composite gleichgesetzt, da jeweils ein bereits bestehendes Werk integriert bzw. verwendet wird[137]. In dieser Arbeit wird zur Differenzierung der einzelnen Problemkreise bei choreografischen Werken genauer zwischen Bearbeitungen und zusammengesetzten Werken unterschieden.

b) *Anwendung dieser Grundsätze auf choreografische Werke*

Aufgrund der Voraussetzungen der Rechtsfigur des œuvre composite im französischen Urheberrecht gehören viele choreografische Werke, die im Zusammenspiel mit bereits bestehenden Musikwerken geschaffen wurden, zu dieser Kategorie. Grundsätzlich sind zwei Konstellationen zu unterscheiden, wenn ein neues choreografisches Werk unter Verwendung eines musikalischen Werkes entsteht. Gehört

---

[134] Durch diese besondere rechtliche Konstruktion im Urheberrecht können die Vorschriften des Code Civil (u.a. Art. 815-1ff.) für die Analyse des Grades an Unteilbarkeit für gemeinschaftliche Werke keine Anwendung finden. Die zivilrechtlichen Vorgaben unterscheiden sich zu sehr von denen des Urheberrechts, u.a. bzgl. der Dauer des gemeinsamen Eigentums.

[135] Übersetzung aus Dreier/Krasser, Das französische Gesetzbuch des geistigen Eigentums, Weinheim 1994, Anhang Gesetzestext.

[136] Lucas/Lucas, Traité, 199; Möhring/Schulze/Ulmer/Zweigert, Quellen des Urheberrechts, Gesetzestexte aller Länder, Band 2, Frankreich/I, 11.

[137] S. z.B. Guillot, „Les Œuvres de Collaboration“, 230; Lucas/Lucas, Traité, 199; Frédéric Pollaud-Dulian, Le Droit d'Auteur, 264).

das musikalische Werk in die „domaine public“, kann es frei verwendet werden; ist es noch geschützt, müssen die entsprechenden Rechte mit dem Urheber bzw. Inhaber der Verwertungsrechte geklärt werden. In keinem Fall erwirbt der Choreograf Rechte zur separaten Verwertung der Musik bzw. (soweit vorhanden) des Librettos[138].

In der Rechtsliteratur werden jedoch noch weitere Konstellationen im Zusammenhang mit der Qualifizierung als œuvre composite diskutiert. *Bozzoni* ist der Auffassung, dass die Grenze zwischen einem zusammengesetzten Werk und einer Bearbeitung fließend ist, da Choreografien oftmals auf vorbestehenden Schöpfungen beruhen[139]. Als Beispiel führt sie u.a. *Nijinskys* Choreografie „Le Spectre de la Rose“ nach dem Roman *Théophile Gautiers* oder seine statuesken Posen aus dem Ballett „Aprés-Midi d'un Faune“ nach einer Skulptur an. Dieser Gedankengang ist sicherlich interessant, es ist allerdings zu bedenken, dass nicht jedes Vorbild zur Ideenfindung für eine Choreografie sofort zur Qualifizierung als œuvre composite führen kann. Nach den im vorangegangenen Abschnitt beschriebenen Voraussetzungen ist erforderlich, dass das bereits bestehende Werk in Gänze oder zumindest in schutzfähigen Teilen in die neue Schöpfung eingefügt worden ist. Wo das bereits existierende Werk genau eingefügt wurde, ließe sich z.B. im Fall von „Le Spectre de la Rose“ trefflich debattieren, denn der Roman *Gautiers* wurde in erster Linie im Libretto zum Ballett von *Jean-Louis Vaudoyer* verarbeitet. Im deutschen Recht würde sich für das zweite Beispiel von *Bozzoni*, wenn überhaupt, die Frage nach einer freien Benutzung stellen, denn bei dem Ballett „Aprés-Midi d'un Faune“ diente die Skulptur nur als Inspirationsquelle für die Art der Bewegungsfindung bzw. Bewegungsausführung.

6. Œuvres dérivée (Bearbeitungen)

a) Gesetzliche Regelung

Art. L. 112-3 CPI legt fest, dass eine Leistung, die auf einem vorangegangenen Werk aufbaut, ein eigenes Bearbeiterurheberrecht begründen kann. Diese Norm ist mit dem deutschen § 3 UrhG vergleichbar. Auch im französischen Recht versteht man unter Bearbeitungen Schöpfungen, die ein urheberrechtsfähiges Werk ergänzen, indem sie andere Ausdrucksmittel verwenden oder es sonstigen veränderten Verhältnissen anpassen. Das Urheberrecht an der Bearbeitung ist also ein abhängiges Recht oder „œuvre derivée“. Die Eigenart bzw. originalité einer Bearbeitung

---

138 Guillot, 230.
139 Bozzoni, 195.

liegt darin, dass trotz eigener schöpferischer Leistung das Ausgangswerk als solches auch in der bearbeiteten Fassung erkennbar bleibt. Wie im deutschen oder amerikanischen Recht knüpft der Schutz des Bearbeiters lediglich an seine eigene Leistung an. Am Originalwerk selbst erwirbt er keine Rechte. Eine Bearbeitung kann nur mit Zustimmung des Urhebers des Ausgangswerkes vorgenommen werden. Bzgl. des Maßstabes, wann eine zustimmungspflichtige Bearbeitung vorliegt, herrscht in der französischen Rechtsliteratur keine einheitliche Auffassung. *Pouillet* schrieb dazu: „il est impossible de fixer une limite précise à laquelle s'arrête la contrefaçon punissable, à laquelle commence le plagiat toléré.[140]" *Desbois* wollte sich diesem Verdikt nicht unterwerfen und suchte nach Abgrenzungsmodellen. Auf sein Konzept der Komposition wird immer wieder zurückgegriffen[141]. Mit Hilfe dieses Modells wird versucht danach abzugrenzen, wie die an sich nicht schutzfähige Idee im Einzelfall in dem jeweiligen Werk umgesetzt wurde.

b) Wiederaufnahmen oder Rekonstruktion bereits bestehender Choreografien

In der französischen Rechtsliteratur wurde auch die Frage gestellt wie mit den Arbeiten umgegangen werden soll, die Wiederaufnahmen bzw. Rekonstruktionen bereits vorhandener Schöpfungen darstellen. Werden für Wiederaufnahmen Choreografen engagiert, die neben der Rekonstruktion des alten Werkes auch (kleinere) Ergänzungen oder Änderungen in der Choreografie vornehmen, sehen sich diese Künstler oftmals ebenfalls als Urheber. Fraglich ist jedoch, ob diese Einschätzung auch der rechtlichen Beurteilung im französischen Urheberrecht standhält. Das französische Urheberrecht folgt an dieser Stelle einem ähnlichen Konzept, wie es bereits für Deutschland in diesem Kapitel unter I. 4. b) dargestellt wurde. Einer Rekonstruktion oder Wiederaufnahme wird es im Regelfall an der notwendigen Originalität fehlen, weil derjenige, der die bereits geschaffene Choreografie wiederbelebt, gehalten ist, sich soweit wie möglich an das Original zu halten. Für den vergleichbaren Fall der Restauration einer Filmkopie hat der Cour d'Appel de Paris entschieden, dass dem Restaurateur kein Bearbeiterurheberrecht zusteht, da die Rekonstruktion „nur" der Wiederbelebung eines bereits existenten Werkes dient[142].

Die komplexen Anforderungen für denjenigen, der ein bereits existierendes Werk rekonstruiert, mögen *Edelman* zu der Aussage veranlasst haben, dass auch demjeni-

---

140 Pouillet, Rn. 536. Übersetzung: Es ist unmöglich eine klare Grenze zu ziehen, wo die strafbare Fälschung aufhört, und wo das geduldete Plagiat beginnt.

141 Desbois, Le Droit d'Auteur en France, Rn. 30ff. Aktuelle Aussagen zur genaueren Ausformung dieses Prinzips finden sich bei Lucas/Lucas, Traité, 244.

142 Cour d'Appel Paris, RIDA Oktober 1995, 302; Auszugsweise lautete das Urteil: „La restauration a pour but de faire revivre l'œuvre telle quelle était à l'origine."

gen, der ein urheberrechtlich geschütztes Werk rekonstruiert, eine „originalité relative“ zustehen kann[143]. Er vergleicht die Arbeit an einer Rekonstruktion mit der eines Übersetzers, der ein Werk aus einer Sprache in eine andere überträgt. Allerdings stellt sich die Frage, wie zwischen „originalité“ und „originalité relative“ abgeschichtet werden soll. In der Konsequenz kann die Anerkennung einer „originalité relative“ bei Rekonstruktionen nur dazu führen, dass diese auch als œuvre deriveé anerkannt werden, obwohl ihnen eigentlich das notwendige Maß an Eigentümlichkeit fehlt. Dies könnte zu unerwünschten Tendenzen in der Rechtsanwendung führen, denn auch im französischen Recht wird die Schwelle zum Erreichen urheberrechtlichen Schutzes immer wieder problematisiert[144] und einzelne Stimmen der Rechtsliteratur befürchten eine zu niedrige Schutzhöhe. Diese Einschätzung verliert auch nicht dadurch ihre Richtigkeit, dass *Edelman* – nicht ganz zu Unrecht – anmerkt, dass derjenige, der für ein Sammelwerk verantwortlich ist, vom Urheberrecht sehr wohl mit einem entsprechenden Schutz bedacht wird[145], obwohl seine Arbeit auch nicht unbedingt ein Mehr an Originalität aufweist im Vergleich zu einer Rekonstruktion[146].

Soweit durch denjenigen, der die Wiederaufnahme verantwortet auch die Inszenierung des Werks vorgenommen wird, stehen ihm zumindest Leistungsschutzrechte als Regisseur zu[147]. Wenn aus einer anderen Choreografie einzelne Tänze oder Akte übernommen werden, wie es am Beispiel von „Schwanensee“ in den Erläuterungen zum Bearbeiterurheberrecht im deutschen Recht vorgestellt wurde, kommt auch im französischen Recht die Qualifikation als œuvre deriveé bzw. als œuvre composite in Betracht[148]. Eine Differenzierung, ob das bearbeitete bzw. integrierte Werk gemeinfrei ist oder nicht, wird nicht vorgenommen. Ausschlaggebend ist allein, dass ein bereits bestehendes Werk genutzt wird.

7. Urheberschaft im Anstellungsverhältnis

Ebenso wie sein deutsches Pendant akzeptiert das französische Urheberrechtsgesetz die vollwertige Stellung als Urheber für einen angestellten Schöpfer. Der Weg zu dieser Anerkennung für den angestellten Choreografen war aber trotzdem

143 Anmerkung von Bernard Edelman zum Urteil des Cour d'Appel Paris vom 5. Oktober 1994, Recueil Dalloz 1996, 53.
144 Vgl. 2. Kapitel 2. Abschnitt II. 2. a).
145 Art. L. 113-2 Abs. 3 CPI.
146 Anmerkung von Edelman zum Urteil des Cour d'Appel Paris vom 5. Oktober 1994, Recueil Dalloz 1996, 53.
147 S. auch 3. Kapitel 2. Abschnitt.
148 Vgl. hierzu 3. Kapitel 1. Abschnitt I. 4.

durchaus steinig, wie der nächste Fall beweist. Die frühe französische Rechtsprechung zeigte in der Entscheidung des Pariser Cour d'Appel über das Ballett „La Fête chez Thérèse" die Tendenz dem angestellten Choreografen die Rechte als Urheber zu beschneiden, da er in einer abhängigen Position nach den Anweisungen anderer an seinem Werk arbeitete[149]. Bei Aufführungen von Werken angestellter Choreografen durch den Arbeitgeber durften diese keine Tantiemen verlangen, weil durch den Arbeitsvertrag alles abgegolten war. Von der Rechtsliteratur wurde dieser Gedankengang aufgenommen und erläutert, dass der Choreograf in diesem Fall aufgrund seiner untergeordneten Position als Angestellter mit festem Gehalt keine (Mit)Urheberrechte zugesprochen bekommen kann. Allein gegenüber Dritten, die sein Werk verwerten wollen, sollen ihm Rechte zu stehen[150]. Diese rechtliche Einschätzung ist nach dem heute geltenden französischen Urheberrecht nicht mehr tragbar.

Sowohl im deutschen wie im französischen Urheberrecht ist auch im Rahmen eines Arbeitsverhältnisses der Schöpfer eines Werkes gemäß Art. L. 111-1 CPI als dessen Urheber anzusehen. Die Vorschrift des Art. L. 111-1 Abs. 3 CPI führt aus, dass der Arbeitsvertrag (im Original heißt es „louage de service") keinerlei Auswirkung auf die in Abs. 1 der Vorschrift genannten Rechte als Urheber hat. Dieser Grundsatz kann sich in der Praxis jedoch in sein Gegenteil drehen, soweit die Abtretung von Rechten im Voraus für zulässig gehalten wird. Wie im deutschen Recht entsteht das Urheberrecht in der Person des Schöpfers – auch wenn dieser nach Anweisungen seines Arbeitgebers tätig geworden ist[151]. Bis jetzt wurde vergeblich versucht, ein unmittelbares Urheber- bzw. Verwertungsrecht für den Arbeitgeber herzuleiten[152]. Damit haben sich die Arbeitgeber jedoch nicht zufrieden gegeben. Sie wurden von einer Strömung in der Rechtsprechung und Literatur unterstützt, die Globalzessionen im Voraus für möglich hielt – sogar wenn sie nur konkludent erteilt wurden[153]. Dahinter stehen folgende Überlegungen: Die Übertragung der Rechte auf den Arbeitgeber erfolgt als Konsequenz des Arbeitsvertragsschlusses[154]. Von Teilen der Rechtsprechung wurde darauf aufbauend eine Art Automatismus durch eine konkludente Zession der Rechte angenommen[155]. Diese Lösung war aus

149 Ausführliche Darstellung dieses Falles im 1. Kapitel 2. Abschnitt 2. c).

150 Dumas-Parmentier, 111f, 115ff.

151 Lucas/Lucas, Traité, 140.

152 S. Lucas/Lucas, Traité, 140.

153 Vgl. Poullaud-Dulian, Le Droit d'Auteur, Rn. 271; Lucas/Lucas, Traité, 144.

154 Diese Konstruktion sah man bereits mit den Gesetzen von 1791 und 1793 in Einklang (vgl. Lucas/Lucas, Traité, 144).

155 Z.B. TGI Paris, RIDA Januar 1972, Nr. 71, 133; CA Colmar, Recueil Dalloz 1988, Sommaire, 394; CA Paris 1992, Juris Data Nr. 022055.

Sicht der Arbeitgeber sehr verlockend – ihr wurde jedoch vom Cour de Cassation eine Absage erteilt[156], da sie nach Meinung der Richter zu offen den Wortlaut und Geist des französischen Urheberrechtsgesetzes verletzte[157].

Gegen eine konkludente Rechtseinräumung spricht der Regelungsgehalt des Art. L. 131-3 Abs. 1, der bestimmt, dass „la transmission des droits d'auteur est subordonnée à la condition que chacun des droits cédés fasses l'objet d'une mention distincte dans l'acte de cession et que le domaine d'exploitation des droits cédés soit délimité quant à son étendue et á sa destination, quant au lieu et quant la durée[158]. Aufgrund dieser Vorgaben lässt sich kaum vertreten, dass eine konkludente Rechtseinräumung noch im Einklang mit den formalen Vorgaben des französischen Urheberrechtsgesetzes ist. Diese rechtliche Konstruktion bildet die Essenz des oben genannten Urteils vom Cour de Cassation[159], der entschied, dass eine Zession der Rechte den Anforderungen des Art. L. 131-3 Abs. 1 CPI genügen muss. Außerdem wurde die Zulässigkeit von Globalzessionen dafür kritisiert, dass sie den Anwendungsbereich des Art. L. 111-1 Abs. 3 CPI aushöhlt. Mit dem Argument, dass der Gesetzgeber eine andere gesetzliche Konstruktion hätte wählen können, wenn er gewollt hätte, dass ein Arbeitnehmer praktisch nicht in den Genuss des Urheberrechts kommen soll, wird die stillschweigende Abtretung aller Rechte abgelehnt[160].

Falls der Arbeitgeber eines Choreografen oder anderen Urhebers auf die Idee kommen sollte, den Abschluss des Arbeitsvertrages von einer ausdrücklichen Globalzession der Verwertungsrechte abhängig zu machen, wird auch dieser Weg kaum mit dem französischen Urheberrechtsgesetz vereinbar sein, da Art. L. 131-1 CPI „la cession globale des œuvres futures" verbietet. Diese Norm wird über ihren reinen Wortlaut hinaus von der Rechtspraxis sogar so verstanden, dass sie die Übertragung von Rechten an zukünftigen Werken verbietet[161]. D.h. der Arbeitgeber muss sich von Werk zu Werk die entsprechenden Rechte von seinem Arbeitnehmer verschaffen[162].

---

[156] Gouy v. Nortène, Cass, 1. Civ., Urteil vom 16.12.1992, Nr. 5.

[157] Poullaud-Dulian, Le Droit d'Auteur, Rn. 271; Lucas/Lucas, Traité, 145.

[158] Die Übertragung der Urheberrechte ist an die Bedingung geknüpft, das jedes der abgetretenen Rechte in dem Abtretungsvertrag besonders bezeichnet und dass der Verwertungsbereich der abgetretenen Rechte nach Umfang und Bestimmung ebenso wie nach Raum und Dauer abgegrenzt ist (Übersetzung aus Dreier/Krasser, Das französische Gesetzbuch des geistigen Eigentums, Anhang).

[159] So auch Lucas/Lucas, Traité, 2. Auflage, 167.

[160] Vgl. Lucas/Lucas, Traité, 2. Auflage, 167.

[161] S. CA Lyon, Gazette du Palais 1992, 275; Lucas/Lucas, Traité, 147.

[162] Diese Konstellation wird von Teilen der Rechtsliteratur als Systemschwäche gesehen. Lucas/Lucas schreiben: „... ce qui, on en conviendra, le place dans une position de faiblesse, sauf a décider arbitrairement que le refus du salarié présenterait un caractère fautif." (Traité, 147). Sie kritisieren die aktuelle französische Rechtslage als „ungesund".

Das Fazit für den Arbeitgeber eines Choreografen in Frankreich muss aufgrund der vorangegangenen Ausführungen also lauten: Die gesetzlichen Vorgaben der Art. 111-1 Abs. 3 CPI und Art. L. 131-3 Abs. 1 CPI dürfen als Vorschriften zum Schutz der Urheber nicht umgangen werden. Die Zession von Rechten auf den Arbeitgeber muss sich an diesen Vorgaben orientieren und kann nicht stillschweigend erfolgen, weil auf diesem Weg keine genaue Bezeichnung der abgetretenen Rechte i.S.d. Art. L: 131-3 Abs.1 CPI möglich ist[163]. D.h. vom Theater oder Produzenten wird praktisch erwartet, den Umfang der benötigten Rechte zu ermitteln und sich vom Arbeitnehmer von Fall zu Fall übertragen zu lassen.

III. USA

1. Einführung

Im kontinentaleuropäischen Rechtsraum wird das Urheberrecht individualrechtlich begründet und aus dem naturrechtlichen Postulat des geistigen Eigentums der Urheber in den Mittelpunkt der rechtlichen Überlegungen gerückt. Trotz aller in den beiden vorangegangenen Abschnitten dargestellten Unterschiede im Detail eint diese Gemeinsamkeit das deutsche und französische Urheberrecht im Vergleich zum US-amerikanischen. Dem amerikanischen Copyright liegt eine völlig andere Konzeption zugrunde – doch die in Bezug auf die Urheberschaft rechtlich zu beantwortenden Fragen sind teilweise ähnlicher Natur.

Die Copyright Clause der US Verfassung verdeutlicht, dass geistiges Eigentum in erster Linie geschützt wird, um die kreative Produktion in den USA zu fördern und dadurch sicherzustellen, dass der Allgemeinheit eine breite Palette an Dienstleistungen und Kulturgütern zur Verfügung steht. Das amerikanische Urheberrecht dient also in erster Linie der Förderung von Wissenschaft und Kultur und nicht dem Individualinteresse des Urhebers am Schutz seiner Schöpfung. Während sich das kontinentaleuropäische Urheberrecht also an einem möglichst umfassenden Schutz des Autors eines Werkes orientiert, steht im Copyright die Nützlichkeit des geistigen Eigentums im Vordergrund. Dementsprechend wird das Copyright nicht als ein von vornherein existierendes Recht angesehen, sondern ist ein vom Kongress geschaffenes. Die überragende Bedeutung des Werkes liegt im amerikanischen

---

[163] Pollaud-Dulian formuliert dieses Prinzip folgendermaßen: „... la cession des droits de propriété littéraire et artistique à l'employeur n'est pas implicite et suppose le respect des dispositions du Code de la propriété intellectuelle en matière de contrats d'exploitation, dispositions qui sont destinées à protéger l'auteur en imposant la délimitation des droits cédés ou encadrant les modalités de la rémunération" (Le Droit d'Auteur, Rn. 272).

Rechtsverständnis in seiner wirtschaftlichen Relevanz[164], d.h. Copyright bietet einen Investitionsschutz für den Urheber bzw. sonstigen Berechtigten. Der Urheber als Einzelperson ist erster und alleiniger Inhaber der Rechte an einem Werk, soweit dieses die Schutzvoraussetzungen erfüllt. Die Ausnahmen von dieser Grundkonstellation werden in den folgenden Abschnitten diskutiert.

2. Gemeinschaftliche Werke (joint works)

Ein gemeinschaftliches Werk kann vorliegen, wenn ein Werk von mehr als einem Schöpfer geschaffen wird oder nachträglich von einem Inhaber des Urheberrechts auf mehrere übertragen wird[165]. In 17 U.S.C. § 201 (a) wird ein so genanntes „joint work“ wie folgt definiert: „a work prepared by two or more authors with the intention that their contributions be merged into inseparable or interdependent parts of a unitary whole.[166]“ Diese Definition trifft den Kern der Sache nicht gänzlich, denn ein Gemeinschaftswerk ist mehr als die Miturheberschaft. Letztere setzt notwendigerweise die Existenz von mindestens zwei Urhebern voraus, während im amerikanischen Recht eine als gemeinschaftliches Werk zu qualifizierende Schöpfung auch lediglich von einer Person geschaffen werden kann, die ihre vollständigen Urheberrechte später auf mehrere überträgt[167]. Auch der Fall, dass ein Urheber von mehr als einer Person beerbt wird, führt im amerikanischen Recht zur Qualifizierung als joint work[168]. In dieser Arbeit wird allerdings nur die Konstellation einer Zusammenarbeit von Choreografen mit anderen Schöpfern genauer betrachtet.

a) Voraussetzungen für das Entstehen eines joint work

Zwei Grundvoraussetzungen müssen für die Annahme eines Gemeinschaftswerkes gegeben sein. An erster Stelle ist ein schöpferischer Beitrag mehrerer Personen zum Werk erforderlich. Umstritten ist, welche Qualität dieser schöpferische Beitrag haben muss. Konsens besteht insoweit, dass die jeweiligen Beiträge weder in Qualität

---

164 Bleistein v. Donaldson Lithographing Co., 188 U.S. 239, 250 (1903).

165 Nimmer on Copyright § 6.016-3. Diese Möglichkeit ist Ausdruck der Besonderheiten des amerikanischen Rechts im Hinblick auf die Übertragung des Urheberrechts, wie sie in der Einführung geschildert wurde.

166 Ein Werk, das von zwei oder mehreren Urhebern mit der Intention geschaffen wurde, dass ihre Anteile in untrennbare oder von einander abhängige Bausteine eines Ganzen verschmolzen werden.

167 Nimmer on Copyright § 6.016-3.

168 A.a.O.

noch Quantität völlig gleichwertig sein müssen[169]. Nach einer Ansicht soll bereits jede mitgestaltende Tätigkeit genügen[170]. Die wohl herrschende Auffassung fordert jedoch, dass der Beitrag jedes Schöpfers unabhängig von den anderen Werkteilen urheberrechtsfähig sein muss[171]. An diesen beiden Polen tariert sich nach der vermittelnden Ansicht die Voraussetzung eines schöpferischen Beitrags aus. Es muss sich zwar um eine intellektuelle, d.h. theoretisch durchaus urheberrechtsfähige, Tätigkeit handeln. Sie muss jedoch nicht eigenständig copyrightfähig sein[172]. Bzgl. letzteren Merkmals bestehen jedoch gewisse Abgrenzungsschwierigkeiten, soweit sich der Beitrag eines Mitwirkenden auf die Beisteuerung, wenn auch entscheidender, Ideen beschränkt, die für sich betrachtet nicht urheberrechtsfähig sind. In der amerikanischen Rechtsprechung gibt es teilweise die Tendenz auch in solchen Fällen ein Gemeinschaftswerk anzunehmen[173]. Mit dieser in Teilen praktizierten großzügigen Auslegung unterscheidet sich das amerikanische Recht vom deutschen. Zur Annahme von Miturheberschaft ist nach deutschem Urheberrecht ein urheberrechtsfähiger Beitrag jedes der Beteiligten erforderlich[174].

Außerdem muss ein voluntatives Element dergestalt hinzukommen, dass die mitarbeitenden Schöpfer bei der Entstehung des Werkes die Absicht haben, ihre Beiträge zu untrennbaren oder von einander abhängigen Teilen eines einheitlichen Ganzen zu verbinden[175]. Diese Voraussetzung läuft darauf hinaus, dass die Absicht des Urhebers darüber mitentscheidet, wie das entstandene Werk behandelt wird[176]. Liegt also das voluntative Element vor, existiert ein Gemeinschaftswerk; wenn nicht wird das zeitlich nachfolgende Werk z.B. als Bearbeitung oder Teil eines Sammelwerks behandelt. Allerdings ist diese Einordnung nicht immer zwingend vorgegeben, denn die amerikanische Rechtsprechung lässt es zum Teil auch genügen, dass sich der Wille ein joint work zu schaffen erst dann manifestiert, wenn bereits ein Urheber seinen Werkteil geschaffen hat[177]. Denkbar ist im US-amerikanischen Recht

---

169 Z.B. Maurel v. Smith, 271 Fed. 211 (2d Circ. 1921); DeBitetto v. Alpha Books, 7 F. Supp. 2d 330, 335f. (S.D.N.Y. 1998).

170 Words & Data Inc. v. GTE Communication Services, 765 F. Supp. 570, 575, Nimmer, § 6.07, 6-23.

171 Ashton-Tate Corp. v. Ross, 916 F. 2d 516, 520 (9th Circ. 1990); Childress v. Taylor, 945 F. 2d 500, 506f. (2d Circ. 1991).

172 Gaiman v. McFarlane, 360 F. 3d 644, 658f. (7th Circ. 2004); vgl. Nimmer on Copyright § 6.07 6-20ff.

173 Community for Creative Non-Violence v. Reid, 490 U.S. 730, 104 L. Ed. 2d 811 (1989) = GRUR Int. 1990, 876; Gaiman v. McFarlane, 360 F. 3d 644, 659 (7th Circ. 2004).

174 Vgl. hierzu 3. Kapitel 1. Abschnitt I. 2.

175 Legaldefinition in 17 USC § 201 (a).

176 H. Rep., 120.

177 Vgl. Shapiro, Bernstein & Co. v. Jerry Vogel Music Co., 221 F. 2d 569 (2d Circ. 1955). Typisches Beispiel wäre, dass zuerst der Songtext geschaffen wird und man sich danach ent-

sogar der Fall, dass der Wille später durch jemandem, dem das Copyright übertragen wurde, geäußert wird[178]. Diese Abhängigkeit von der Intention des Urheberrechtsinhabers, die sich auch nach der Schöpfung äußern kann, ist für ihre gewisse Willkürlichkeit bei der Verteilung von Urheberrechten nicht zu Unrecht auf Kritik in der Rechtsliteratur gestoßen[179].

b) Was bedeutet inseparable bzw. interdependent?

Die Kategorie der „joint works" umfasst im amerikanischen Recht zwei Fallgruppen. Ein gemeinschaftliches Werk wird bei Vorliegen der o.g. Voraussetzungen nicht nur für die untrennbar miteinander verbundenen Werkteile angenommen, sondern erfasst ist auch die Konstellation lediglich voneinander abhängiger Werk(teil)e. Was die Formulierungen „inseparable" bzw. „interdependent" genau umfassen sollen, wird jedoch weder im Copyright Act noch den entsprechenden Comittee Reports zur Gesetzgebung definiert. Der House Report[180] bringt als Beispiele für Untrennbarkeit eines Werks die Schaffung eines Romans oder Gemäldes und führt für die Abhängigkeit Film, Oper sowie die Worte und Musik eines Songs an. Es stellt sich allerdings die Frage, ob diese Unterscheidung relevant ist, da das Ergebnis praktisch gleich bleibt. Soweit es sich um das amerikanische Recht handelt, ist diese Aussage sicherlich zutreffend. Im Kontext vieler anderer Urheberrechtssysteme ist die Unterscheidung von Bedeutung, da ein Gemeinschaftswerk in einigen Rechtsordnungen nur dann angenommen werden kann, wenn die Beiträge untrennbar sind[181]. Der Anwendungsbereich für „joint works" ist im Vergleich zum deutschen Recht also verhältnismäßig breit gefächert.

c) Rechtspositionen der Miturheber

17 U.S.C. § 201(a) umreißt die rechtliche Grundposition: „The authors of a joint work are co-owners of copyright in the work." Soweit also keine anderweitige Vereinbarung besteht, sind alle Miturheber zu gleichen Teilen am Copyright beteiligt, auch wenn ihre Beiträge nicht gleichwertig waren. Die Miturheber bilden eine so genannte „tenancy in common"[182]. D.h. verstirbt ein Miturheber, treten seine Erben

---

schließt diesen mit Musik zu verbinden. Derjenige, der die Verse geschrieben hat, wusste und wollte von Anfang an, dass sie mit Musik zu einem Lied zusammengebracht werden.

178 A.a.O.

179 Keller, Collaboration in Theater: Problems and Copyright Solutions, 33 UCLA Law Review 1986, 891, 901ff.; Nimmer on Copyright, § 6.05, 6-13.

180 H.R. Rep., 120.

181 So z.B. in Deutschland, s. 3. Kapitel I. 2., Nimmer on Copyright § 6.04 6-11.

182 S. H. Rep., 121; Silverman v. Sunrise Pictures Corp., 273 F. 909 (2d Circ. 1909).

an seine Stelle. Jeder Miturheber kann ohne Zustimmung der anderen über seinen Teil am Werk verfügen[183]. Im amerikanischen Urheberrecht ist es außerdem möglich, dass jeder der Urheber ohne Einverständnis der anderen Miturheber des Werkes nicht exklusive Nutzungsrechte für das gesamte Werk oder Teile davon an Dritte vergeben kann. Ihn trifft dann lediglich die Verpflichtung, die anderen Urheber entsprechend zu informieren und abzurechnen[184]. Von diesem Grundsatz kann wirksam durch vertragliche Regelungen abgewichen werden, die z.B. verfügen, dass nur mit Zustimmung aller Urheber Lizenzrechte gewährt werden dürfen. Eine derartige vertragliche Regelung ist auch für den Dritten bindend, soweit er davon in Kenntnis gesetzt wird[185]. Konsequent angewendet bedeutet diese Anforderung, dass eine Hinterlegung einer entsprechenden Vereinbarung der Urheber beim Copyright Office für die Kenntnis (notice) Dritter genügen muss. Im Vergleich zum deutschen oder französischen Urheberrecht ist auffällig, dass in beiden genannten Rechtsordnungen die einfache Lizenz an einem Gemeinschaftswerk, die nur durch einen Urheber erteilt wurde, für eine wirksame Einräumung der Nutzungsrechte nicht genügt. Sie muss von allen Urhebern gewährt werden[186].

d) Anwendung dieser Grundsätze auf choreografische Werke

Ein Gemeinschaftswerk ist ganz unproblematisch immer dann anzunehmen, wenn mehrere Choreografen zusammenarbeiten. Es ist wohl auch in der Situation zu bejahen, dass mehrere Choreografen eine Abfolge von Tänzen choreografieren, wobei jeder Tanz nur von einem Choreografen verantwortet wird, solange das voluntative Element ein einheitliches Werk zu schaffen vorhanden ist. Es würde sich für Co-Choreografen in dieser Situation empfehlen, eine vertragliche Regelung aufzunehmen, die eindeutig den Status des zu schaffenden Werkes klärt. Um dem Dilemma zu entgehen, dass ein Miturheber ohne Zustimmung der anderen das Werk bzw. Teile davon weiterverwenden kann bzw. einfache Lizenzen an Dritte vergibt, sind ebenfalls entsprechende vertragliche Regelungen dringend anzuraten. Ähnlich wie im deutschen Recht kann auch der Fall eines oder mehrerer mitarbeitender Tänzer zur Annahme von Miturheberschaft führen. Dabei fällt die Begründung im amerikanischen Recht leichter, weil die Anforderungen an den zu leistenden Beitrag für das Vorliegen von Miturheberschaft etwas geringer sind.

---

183 Nimmer on Copyright, § 6.11; Perkins Spyke, 463, 483.
184 Perkins Spyke, 463, 470.
185 Clifford Ross Co. Ltd. v. Nelvana Ltd., 710 F. Supp. 517, 520 (S.D.N.Y. 1989).
186 Vgl. § 8 Abs. 2 UrhG, Art. L. 113-3 Abs. 2 CPI.

3. Bearbeitungen (derivative works)

a) *Rechtsnatur einer Bearbeitung*

17 U.S.C. § 103 (a) regelt, dass zum Schutzbereich des Urheberrechts auch Bearbeitungen gehören. Eine Bearbeitung bzw. derivative work wird definiert als:

„A work based upon one or more pre-existing works, such as a translation, fictionalization, motion picture version, sound recording, art reproduction, abridgment, condensation, or any other form in which a work may be recast, transformed, or adapted. A work consisting of editorial revisions, annotations, elaborations, or other modifications which, as a whole represent an original work of authorship, is a „derivative work“[187].

Diese Definition bedeutet, dass eine Schöpfung, welche im Ganzen oder zu nicht unerheblichen Teilen auf einem oder mehreren vorangegangenen Werken beruht, die außerdem die Voraussetzungen für die Annahme von Originalität erfüllt und selbst kein Urheberrecht eines anderen verletzt, einen eigenen Urheberrechtsschutz genießt. Zwar kann in einem weiteren Sinne angenommen werden, dass viele der heutzutage geschaffenen Werke auf vorangegangenen Schöpfungen beruhen, allerdings gilt im amerikanischen Urheberrecht als derivative work im technischen Sinne nur ein Werk, dass sich wesentlich einer anderen Schöpfung bedient hat[188]. Oder andersherum gesagt: Charakteristisch für eine Bearbeitung ist das Vorliegen einer Urheberrechtsverletzung, falls das übernommene Material nicht mit dem Einverständnis des jeweiligen Urhebers verwendet wird, oder das vorangegangene Werk gemeinfrei (part of the publich domain) geworden ist[189].

b) *Anforderungen im Hinblick auf die Schutzvoraussetzung „originality“*

Eine Bearbeitung zeichnet sich nach amerikanischem Rechtsverständnis dadurch aus, dass neues Material, welches die Anforderungen an das Kriterium „originality“ erfüllt, einem bestehenden Werk beigefügt wird, um es umzuwandeln (recast, adapt, transform)[190]. Um die Anforderungen an die Originalität zu erfüllen, muss

---

[187] 17 U.S.C. § 101. Übersetzung: Ein Werk, das auf einem oder mehreren bereits existierenden Werken basiert, wie z.B. einer Übersetzung, Roman-, Filmfassung, Musikaufnahme, Kunstreproduktion, Verkürzung, Zusammenfassung oder sonstigen Form in der ein Werk umgeformt, umgearbeitet oder adaptiert worden ist. Ein Werk bestehend aus einer editorialen Überarbeitung, Annotationen, Ergänzungen oder anderen Modifikationen, die als Ganzes eine originale Schöpfung darstellen, ist eine Bearbeitung.

[188] Nimmer on Copyright § 3.01 3-4.

[189] Pickett v. Prince 52 F. Supp. 2d 893 (N.D. III 1999).

[190] Asia Entertainment v. Nguyen 40 U.S.P.Q. 2d 1183, 1185 (C.D. Cal. 1996); Paramount Pictures Corp. v. Video Broadcasting System Inc., 724 F. Supp. 808, 821 (D. Kann. 1989); Nimmer on Copyright § 3.03 3-10.

mehr als eine minimale Eigenleistung vorliegen[191]. Für sich betrachtet ist dieses Kriterium nicht wirklich aussagekräftig und den schmalen Grat, auf dem sich die amerikanische Rechtsprechung teilweise bei der Abgrenzung, ob eine eigenständig schutzwürdige Bearbeitung vorliegt, bewegt, mögen zwei Entscheidungen im Zusammenhang mit Musikwerken illustrieren. Von der Rechtsprechung wurde es als zu geringe Eigenleistung bewertet, den Rhythmus und Titel eines Songs zu ändern und eine geringfügige Änderung bei der Begleitung vorzunehmen[192]; das neue Arrangement eines Folksongs[193] bzw. eines gemeinfrei gewordenen Liedes[194] verdienten aus Sicht der Rechtsprechung jedoch bereits wieder ein eigenes Bearbeiterurheberrecht. Übertragen auf choreografische Werke könnten demnach auch geringfügige Variationen in den Bewegungsfolgen die Möglichkeit eines Bearbeiterurheberrechts eröffnen. Derartig geringe Anforderungen bergen jedoch die Gefahr, dass kreatives Schaffen behindert wird, weil selbst geringwertigste Änderungen mit Bearbeiterurheberrechten und den dadurch einhergehenden Monopolisierungen versehen werden.

Ein weiteres von der Rechtsprechung verwendetes Kriterium zur Abgrenzung einer Bearbeitung ist die Vorgabe, dass eine unterscheidbare Variation (distinguishable variation) vorliegen muss, die mehr als rein trivial ist (more than merely trivial)[195]. Dieser sehr weit reichende Test für die Annahme einer Bearbeitung wurde von der jüngeren Rechtsprechung versucht einzugrenzen. In *Gracen v. Bradford Exchange*[196] urteilte das Gericht, dass der sehr liberale „distinguishable variation" Test von der Anforderung abgelöst wird, dass eine Bearbeitung „substantially different from the underlying work"[197] sein muss, um schutzfähig zu sein. Weitere Entscheidungen schlossen sich dieser Einschätzung an[198].

c) *Rechtmäßige Nutzung der Elemente des bearbeiteten Werkes*

Soweit das bereits existierende Werk, das als Basis für die Bearbeitung genutzt wurde, selbst noch den Schutz des Urheberrechts genießt, stellt eine unrechtmäßige Nutzung dieses Werks eine Urheberrechtsverletzung dar. Daraus ergibt sich die Frage, ob das amerikanische Urheberrecht auch ohne Einverständnis des Urhebers

---

191 Feist Publications Inc. v. Rural Telefon Service Co., 499 U.S. 340, 348 (1991).
192 Shapiro, Bernstein & Co. v. Jerry Vogel Music Co., 73 F. Supp. 165 (S.D.N.Y. 1947).
193 Italian Book Co. v. Rossi, 27 F. 2d 1014 (S.D.N.Y. 1928).
194 Plymouth Music Co. v. Magnus Organ Corp., 456 F. Supp. 676 (S.D.N.Y. 1978).
195 Alfred Bell & Co. v. Catalda Fine Arts Inc., 191 F. 2d 99 (2d Circ. 1951).
196 698 F.2d 300 (7th Circ. 1983).
197 D.h. sie muss wesentlich unterscheidbar vom zu Grunde liegenden Werk sein.
198 Pickett v. Prince 207 F.3d 402, 406 (7th Circ. 2000); Entertainment Research Group Inc. v. Genesis Creative Group Inc., 122 F. 3d 1211 (9th Circ. 1997).

des Ursprungswerks für die darauf beruhende neue Schöpfung ein Bearbeiterurheberrecht gewährt. In 17 U.S.C. § 103 (a) ist nunmehr ausdrücklich geregelt, dass das Urheberrecht nicht für die Teile einer Bearbeitung gewährt wird, die unrechtmäßig verwendet wurden. D.h. nur dem Teil einer Bearbeitung, der auf dem vorangegangenen Werk beruht, wird der Urheberrechtsschutz verwehrt. Konsequent angewendet bedeutet diese Regelung, dass Bearbeitungen, die im Ganzen von einem bereits existierenden urheberrechtlichen Werk beeinflusst wurden, keinen urheberrechtlichen Schutz genießen können. Anders sieht es für die Bearbeitungen aus, wo klar erkennbar ist, welche Teile komplett neu geschaffen wurden und welche auf einem vorangegangenen Werk beruhen. Diese Unterscheidung ist für choreografische Bearbeitungen nicht ohne Bedeutung, da viele dieser Werke in einzelne Nummern oder Akte eingeteilt werden können. Übernimmt ein Choreograf also widerrechtlich z.B. einen ganzen Akt, kann der Rest des von ihm geschaffenen Werkes nach dieser Auslegung gleichwohl urheberrechtlichen Schutz genießen.

Interessant ist in diesem Zusammenhang auch der genaue Wortlaut des Gesetzes. Die Verweigerung urheberrechtlichen Schutzes wird nicht an das fehlende Einverständnis des Urhebers des Ausgangswerkes geknüpft, sondern an dessen unrechtmäßige Nutzung[199]. Hintergrund ist, dass die nicht autorisierte Wiedergabe von Teilen eines Werkes trotzdem rechtmäßig sein kann, z.B. durch Anwendung der Fair Use Doctrine[200]. Die Möglichkeiten einer rechtmäßigen Nutzung der Bearbeitung sind von der Lizenz, die der Urheber des bearbeiteten Werkes gewährt hat, abhängig. Das Bearbeiterurheberrecht gewährt kein eigenes Eigentumsrecht, sondern mit Ende der Lizenzierung durch den Urheber des bearbeiteten Werks, kann der Bearbeiter das aus einem vorangegangenen Werk verwendete Material nicht mehr rechtmäßig nutzen. Die Diskussionen um eine so genannte „new property right theory“[201] mussten nach einer ablehnenden Entscheidung des U.S. Supreme Court[202] aufgegeben werden.

d) Anwendung dieser Grundsätze auf choreografische Werke

In der amerikanischen Literatur wurde diskutiert, wann eine Bearbeitung eines choreografischen Werkes vorliegen kann. Teilweise wird angenommen, dass bereits die Überarbeitung eines eigenen choreografischen Werkes eine Bearbeitung dar-

---

[199] Der Wortlaut von 17 U.S.C. § 103 (a) lautet auszugsweise im Original: „... does no textend to any part of the work in which such (Anm. des Verf.: i.S.v. bereits existierendes) material has been used unlawfully.“

[200] Vgl. auch H. Rep., 58; Nimmer on Copyright § 3.06, 3-34.32.

[201] Vgl. z.B. die Entscheidung Rohauer v. Killiam Shows Inc., 551 F. 2d 484 (2d Circ. 1977).

[202] Stewart v. Abend, 459 U.S. 203, 223 (1990).

stellt[203]. Aber aufgrund der im vorangegangenen Abschnitt dargestellten Voraussetzungen kann nicht mehr angenommen werden, dass jede minimale choreografische Änderung bereits den Status einer schutzwürdigen Bearbeitung genießen kann. Dies gilt sowohl für Änderungen eines Choreografen an seiner eigenen Choreografie als bei auch Änderungen durch Dritte.

Unzweifelhaft ist nach amerikanischem Urheberrecht eine Bearbeitung allerdings dann gegeben, wenn sich der Choreograf aus Teilen einer anderen Choreografie bedient. Dieser Grundsatz gilt auch für die Situation, dass die bearbeitete Choreografie bereits Teil der public domain ist[204]. Als Bearbeitung wird, wie auch im deutschen oder französischen Urheberrecht, die Ballettversion eines dramatischen Werkes oder der Transfer einer Choreografie in einen Film qualifiziert. In letzterem Fall können die Beiträge zweier Urheber betroffen sein – des Choreografen und Librettisten. In all diesen Konstellationen findet also 17 U.S.C. § 103 (b) Anwendung. Da auch im amerikanischen Recht das neue Material die Anforderungen des Merkmals „originality" erfüllen muss, können bei konsequenter Anwendung dieser Voraussetzung Rekonstruktionen bereits bestehender choreografischer Werke, ähnlich wie im deutschen oder französischen Recht, grundsätzlich keinen urheberrechtlichen Schutz genießen. Insofern wird an dieser Stelle auf die Ausführungen in den Abschnitten zum deutschen und französischen Recht verwiesen. In der Praxis dürften sich allenfalls Unterschiede in der Anwendung ergeben, da das amerikanische Recht an die Anforderung der Originalität keine hohen Ansprüche stellt und diese Voraussetzung bereits bei geringfügigen Eigenleistungen erfüllt ist.

Interessant wird der Schutz einer Bearbeitung eines choreografischen Werkes bzgl. der Voraussetzung der Fixierung, die im 2. Kapitel 2. Abschnitt III. 1. d) (1) für choreografische Werke diskutiert wurde. Aus der Systematik des amerikanischen Urheberrechtes lässt sich herleiten, dass auch eine Bearbeitung festgelegt sein muss, um in den Genuss des urheberrechtlichen Schutzes zu gelangen. Anders wird die Situation von Gerichten und den Gesetzgebungsmaterialien jedoch im Hinblick auf die Verletzung des Bearbeitungsrechts gesehen. Der House Report zum Copyright Act von 1976 stellte fest, dass „preparation of a derivative work such as a ballet, a pantomime, or improvised performance, may be an infringement even though nothing is ever fixed in tangible form"[205]. Im Urteil Galoob Toys Inc. v. Nintendo

---

203 So Fisher, Technical Analysis, 145, 178.

204 Vgl. auch die Grundsatzentscheidung in Alfred Bell & Co. v. Catalda Fine Arts Inc., 191 F. 2d 99 (2d Circ. 1951); Swack, 265, 283.

205 Die Vorbereitung einer Bearbeitung wie eines Ballettes, einer Pantomime oder improvisierten Aufführung können eine Verletzung darstellen, auch wenn nichts jemals in körperlicher Form fixiert wurde, H. Rep., 62; s. auch Edwina M. Watkins, May I Have this Dance: Estab-

of America Inc. wurde diese Einschätzung bestätigt: „A derivative work must be fixed to be protected under the Act, but not to infringe[206].“ D.h. für eine Urheberrechtsverletzung ist auch eine unfixierte Bearbeitung gut genug, nicht jedoch für den Erhalt urheberrechtlichen Schutzes! Aus wirtschaftlichen Gesichtspunkten[207] erscheint dieses Ergebnis folgerichtig, allerdings ist diese Art der Auslegung kaum mit dem Gesetzeswortlaut in Einklang zu bringen, denn sowohl die Definition des 17 U.S.C. § 103 zum urheberrechtlichen Schutz von Bearbeitungen als auch 17 U.S.C. § 106 (2), der das Bearbeitungsrecht für den Urheber des Ausgangswerks regelt, nutzen denselben Wortlaut. D.h. sowohl Schutzumfang für Bearbeitungen als auch für das Bearbeitungsrecht werden vom Gesetz gleich gesehen.

4. Works made for hire

a) Einführung

Die „works made for hire doctrine“ spiegelt die nur wenig ausgeprägte Verbindung des Urhebers mit seinem Werk im amerikanischen Urheberrecht wider. Im Falle eines work made for hire gilt gemäß 17 U.S.C. § 201 (b) der Arbeit-/Auftraggeber, für den das Werk geschaffen worden ist, als Urheber. Es ist möglich etwas anderes zu vereinbaren. Solche Abreden unterliegen allerdings dem Schriftformerfordernis und müssen ausdrücklich erfolgen. Nach der Legaldefinition in 17 U.S.C. § 101 ist ein Werk, das in einem Arbeitsverhältnis geschaffen wurde, ein „work made for hire“. Außerdem ist auch ein Werk, dass z.B. speziell als Bestandteil eines Spielfilms oder anderen audiovisuellen Werks oder als sonst in der Definition des 17 U.S.C. § 101 aufgezähltes Werk in Auftrag gegeben wurde, ein „work made for hire“. In letzteren Fällen ist allerdings eine ausdrückliche schriftliche Vereinbarung erforderlich, dass ein Auftragswerk vorliegen soll.

---

lishing a liability Standard for infringement of choreographic works, Journal of Intellectual Property Law Association, 437, 450. Die Autorin kommt allerdings zu dem wenig stringenten Ergebnis, dass aufgrund der Ausführungen des House Reports für einige Bearbeitungen praktisch auf das Fixierungserfordernis verzichtet wurde.

[206] 964 F. 2d 965 (9th Circ. 1992). Eine Bearbeitung muss fixiert sein, um Schutz durch das Gesetz zu erhalten, aber nicht um es zu verletzen.

[207] Urheberpersönlichkeitsrechte spielen im US-amerikanischen Recht eine wesentlich geringere Rolle als bspw. im französischen oder deutschen Urheberrecht.

b) Work made for Hire im Arbeitsverhältnis

(1) Voraussetzungen für ein Werk, das als Arbeitnehmer geschaffen wird

Die heutige Auslegung des Begriffs „work made for hire“ bei Arbeitsverhältnissen wird maßgeblich von der Grundsatzentscheidung des Supreme Court in *Community for Creative Non-Violence v. Reid*[208] bestimmt. Die vorangegangene Rechtsprechung[209] legte den Arbeitnehmerbegriff wesentlich weiter aus. In der Legaldefinition des 17 U.S.C. § 101 ist der Begriff „Arbeitnehmer“ enthalten. Zur Auslegung dieses Rechtsbegriffs wird auf die Grundsätze des common law of agency zurückgegriffen[210]. Es genügt daher nicht für die Annahme eines work made for hire, dass formal ein Arbeitsvertrag besteht, sondern es ist vielmehr erforderlich, dass anhand der jeweils vorliegenden Umstände ein tatsächliches Arbeitsverhältnis festgestellt wird[211]. Der Supreme Court führte dazu aus: „ in determining whether a hired party is an employee under the general common law of agency, we consider the hiring's party *right to control the manner and means* by which the product is accomplished[212].“ Dazu sind verschiedene Indizien heranzuziehen, allerdings hat keiner der Faktoren ausschlaggebendes Gewicht[213]. Zu den Umständen, die für das Vorliegen eines Arbeitsverhältnisses sprechen, gehören z.B. das Recht des Auftraggebers, die Ausführung des Werks zu überwachen, das Bereitstellen von Werkzeug und Werkstatt, das Recht zur Anweisung weiterer Arbeiten, Bestimmungsrecht bzgl. Arbeitszeit und -ort, regelmäßige Lohnzahlungen oder Zahlung von Sozialversicherungsbeiträgen.

Zwar sollen für die formale Qualifizierung als Arbeitnehmer ein monatliches Gehalt und monatliche Sozialbeiträge nach der Supreme Court Entscheidung nicht vorrangig ausschlaggebende Kriterien sein, nachfolgende Entscheidungen haben jedoch die Tendenz gezeigt, genau diese Voraussetzungen als ausschlaggebend zu werten[214].

---

208 490 U.S. 730, 104 L. Ed. 2d, 811 (1989) = GRUR Int. 1990, 876.

209 Sie zog insbesondere das Fallrecht, das zum Copyright Act von 1909 ergangen ist, zur Auslegung heran.

210 So der Supreme Court (490 U.S. 730, 740f. 104 L. Ed. 2d, 811 (1989) in Übereinstimmung mit dem Willen des Kongresses ; Nimmer on Copyright, § 5.03 5-21.

211 Supreme Court 490 U.S. 730, 104 L. Ed. 2d, 811 (1989).

212 490 U.S. 730, 104 L. Ed. 2d, 811 (1989). Übersetzung: Um abzugrenzen ob eine vertraglich gebundene Partei Arbeitnehmer i.S.d. common law of agency ist, beurteilen wir das Recht der bestellenden Vertragspartei die Mittel sowie Art und Weise wie das Produkt erschaffen wird zu kontrollieren.

213 A.a.O.

214 Vgl. Nimmer on Copyright § 5.03 5.28ff.

Zusätzlich zur Arbeitnehmereigenschaft muss die Schaffung des Werks auch in den Arbeitsbereich[215] des Beschäftigten fallen, um die Urheberschaft des Arbeitgebers herbeizuführen. Nach Rechtsprechung und Literatur ist dies der Fall, wenn der Arbeitnehmer (1) angestellt ist, um die Arbeiten wie das jeweils in Rede stehende Werk auszuführen, (2) die Arbeiten größtenteils zu den dafür vorgesehenen Zeiten in den dafür vorgesehenen Räumen stattfinden, und (3) die Schaffung des Werkes zumindest teilweise von dem Willen getragen ist, den Arbeitsvertrag zu erfüllen[216].

(2) Nachträglicher Wegfall des Arbeitsverhältnisses

Falls das Arbeitsverhältnis rückwirkend entfällt, stellt sich die Frage, ob sich dieser Umstand auch auf die Qualifizierung eines Werks als „work made for hire“ auswirken kann. Wenn das Arbeitsverhältnis als objektives Kriterium für die Qualifizierung eines Werks als Auftragswerk angesehen wird, könnten nachträgliche Änderungen im Arbeitgeber-Arbeitnehmer-Verhältnis die bereits erfolgte Qualifizierung des Werks nicht mehr beeinflussen[217]. Konsequenz dieser Ansicht wäre, dass der Arbeitnehmer gegenüber seinem Arbeitgeber auf vertragliche Ansprüche verwiesen würde. Eine andere Auffassung versteht 17 U.S.C. § 201 (b) als gesetzliche Vermutung einer Rechtsübertragung vom Arbeitnehmer auf den Arbeitgeber[218]. In der Praxis würde diese Ansicht dazu führen, dass mit dem Arbeitsvertrag auch die Vermutung der stillschweigenden Rechtsübertragung mit Wirkung ex tunc entfällt, so dass der Arbeitnehmer als Urheber für das von ihm geschaffene Werk angesehen würde[219]. Diese zutreffende Ansicht fand auch in einigen Entscheidungen ihren Widerhall[220]. Allerdings wurde die Möglichkeit der Rückübertragung bspw. von einem District Court in Kalifornien[221] auch ausdrücklich abgelehnt, so dass diese Auffassung in der amerikanischen Rechtspraxis in nächster Zeit wohl eher nicht als herrschende Meinung zum Durchbruch gelangen wird.

---

[215] Das Gesetz spricht im Originalwortlaut von „scope of employment“.

[216] Avtec Systems Inc. v. Peiffer, 21 F. 3d 568, 571 (4th Circ. 1994), Nimmer on Copyright, § 5.03, 5-33.

[217] Vgl. Weiche, 72.

[218] Nimmer on Copyright, § 5.03, 5-55f.

[219] A.a.O.

[220] Z.B. Black v. Pizza Time Theatres Inc., 1983 Copyright Law Dec. 25.569.

[221] Warren v. Fox Family Worldwide Inc., 328 F. 3d 1136, 1143 (9th Circ. 2003).

c) *Auftragswerke*

Ein Werk, dass speziell in Auftrag gegeben oder bestellt wurde und unter eine der Kategorien der Legaldefinition des 17 U.S.C. § 101 fällt, kann ein „work for hire" darstellen, soweit die Parteien eine schriftliche Vereinbarung über diesen Status getroffen haben. Die Formulierung des Gesetzes in 17 U.S.C. § 201 (b) stellt klar, dass der Anwendungsbereich der „work made for hire doctrine" auf die dort genannten Fälle begrenzt wird. Ist der Auftraggeber bestimmende Kraft für die Herstellung eines Werkes, gilt es nach Auffassung in der Rechtsprechung und Literatur als speziell bestellt bzw. in Auftrag gegeben[222].

Das Gesetz stellt zwar klar, dass eine schriftliche Vereinbarung über den Status derartiger Werke erfolgen muss, sehr umstritten ist jedoch die Frage, ob die nachträgliche schriftliche Fixierung einer mündlichen Vereinbarung diesem Erfordernis genügt. Teile der Rechtsprechung sind der Auffassung, dass eine nachträgliche schriftliche Vereinbarung die Rechtssicherheit und damit auch die Vermarktungsmöglichkeit der Urheberrechte beeinträchtigt und deshalb abzulehnen ist[223]. Die Gegenmeinung in der Rechtsprechung vertritt die Ansicht, dass auch eine nachträgliche Bestätigung erforderlich sein kann, um den Parteiwillen in allen Fallkonstellationen zu verwirklichen[224]. Für die Praxis ist der ersten Ansicht der Vorzug zu erteilen, denn der Auftraggeber wird bei Nichtvorliegen einer vorherigen schriftlichen Bestätigung nicht rechtlos gestellt. Stattdessen muss er eine rechtsgeschäftliche Übertragung der Rechte vom Urheber erwirken. Im Zweifel kann oftmals auch eine konkludent erteilte einfache Lizenz angenommen werden. Für den Fall eines vertraglichen Erwerbs der Urheberrechte ist er zwar der Kündigungsmöglichkeit des 17 U.S.C. § 203 ausgesetzt. Dies hat der Auftraggeber jedoch hinzunehmen, da er auch rechtzeitig eine Erklärung über den Status als work made for hire erwirken könnte. Das Interesse des Rechtsverkehrs an einer klaren Zuordnung über die Person des Rechtsinhabers hat Vorrang[225]. Der Streit hat in der Praxis durch die Einengung des Angestelltenbegriffs in der Entscheidung *Community for Creative Non-Violence v. Reid* an Bedeutung gewonnen. Da es die Rechtsprechung vor diesem Urteil genügen ließ, dass der Auftraggeber ein Recht zur Anleitung und Überwachung hatte, besaßen die Kategorien des 17 U.S.C. § 101 (2) kaum praktische

---

222 S. nur Playboy Enterprises Inc. v. Dumas 53 F. 3d 549, 559 (2nd Circ. 1995); Nimmer on Copyright § 5.03, 5-49.

223 Schiller & Schmidt Inc. v. Nordisco Corp. 969 F. 2d 410, 412f. (7th Circ. 1992).

224 Playboy Enterprises Inc. v. Dumas 53 F. 3d 549, 559 (2nd Circ. 1995).

225 Vgl. Community für Creative Non-Violence v. Reid 490 U.S. 730, 104 L. Ed. 2d 811 (1989) = GRUR Int. 1990, 876. Nach dem Willen des Gesetzgebers sollte mit dem Copyright Act von 1976 die Vorhersehbarkeit und Gewissheit über den Rechtsinhaber erhöht werden.

Bedeutung, weil in den meisten Fällen einem Auftraggeber selbstverständlich das Recht zur Anleitung oder Überwachung zugestanden wurde, so dass die Voraussetzungen des 17 U.S.C. § 101 (1) erfüllt waren.

d) Anwendung der „work made for hire doctrine" auf Choreografen

Aufgrund der Vielfalt der „dance industry" in den USA ist es für jeden Choreografen, der für eine Tanzkompanie oder ein Theater arbeitet, wichtig zu wissen, welche Implikationen die „work made for hire doctrine" beinhaltet, damit er den Verbleib der Urheberrechte entsprechend verhandeln und vertraglich festschreiben kann. Darüber hinaus wird er sich auch der Frage ausgesetzt sehen, ob seine Tätigkeit überhaupt in den Anwendungsbereich der entsprechenden gesetzlichen Regelungen fällt. Der Supplementary Report des Copyright Office nahm zur Frage des Status choreografischer Werke im Rahmen der „work made for hire doctrine" eine sehr großzügige Haltung ein, die den Schluss nahe legt, dass Choreografien nicht von diesen Regeln betroffen sein sollen. Nach Auffassung des Copyright Office muss zugestanden werden, dass viele Werke zwar als Auftragswerke geschaffen sind, aber trotzdem von den Gerichten nicht per se als „work made for hire" angesehen werden sollten[226]. Diese Einschätzung des Copyright Office ist zwar sehr positiv für die Choreografen, muss aber doch an der geltenden Rechtslage gemessen werden. Wird ein Choreograf als Arbeitnehmer qualifiziert, greift der gesetzliche Automatismus des 17 U.S.C. § 201 (b) ein. Handelt es sich dagegen um ein Auftragswerk, ist eine schriftliche Vereinbarung notwendig, wenn der Auftraggeber als Urheber angesehen werden soll, so dass der Choreograf im Sinne der Einschätzung des Copyright Office seine Urheberrechte wahren kann.

Taubman stellt in seiner Analyse des geltenden Rechts zutreffend fest, dass ein Choreograf, der als künstlerischer Direktor einer Tanzkompanie angestellt ist, nicht unter die oben genannte Regelung fällt, da seine choreografischen Werke nicht in seiner Eigenschaft als Angestellter der Kompanie geschaffen werden[227]. Diese Einschätzung wird man recht leicht für den etablierten Choreografen teilen bzw. beweisen können, da dessen Pflichten und Urheberrechte regelmäßig in einem detaillierten Vertrag festgeschrieben sein werden. Soweit jedoch in Verträgen mit Choreografen keine Sorgfalt auf die entsprechenden Klauseln verwendet wird, kann sich die Sachlage wesentlich undurchsichtiger darstellen. Es kommt immer noch zu oft vor, dass Verträge mit Choreografen zu vage und zweideutig gefasst werden[228]

---

226 Reg. Supp. Rep., 66.

227 Taubman, 219, 255, Fn. 132.

228 Vgl. Fisher, Technical Analysis, 145, 174f. In ihrem Beitrag schilderte die Autorin ein Bespiel über ein erfolgreiches Sommer Musical Theater, dass jeden Sommer einen Choreografen für

und somit die Gefahr besteht, dass sich ein Choreograf ungewollt einer Konstellation ausgesetzt sieht, in der er aufgrund der work made for hire doctrine die Rechte an seinem Werk praktisch verloren hat. Der so genannte Model Contract und die Tarifverträge der Society for Stage Directors and Choreographers (SDC)[229] bieten eine sinnvolle Hilfestellung, da sie u.a. speziell diese Problematik adressieren.

e) Die „Martha Graham Urteile" und ihre Auswirkungen

(1) Darstellung der Entscheidungen

Besonders wichtige Meilensteine, die die Rechte von Choreografen betreffen, sind die Entscheidungen *Martha Graham Foundation v. Martha Graham Center and School*[230] über das Erbe der weltberühmten Vorreiterin des modernen Tanzes *Martha Graham*. Der Ausgangsfall konzentrierte sich insbesondere auf das Arbeitgeber-Arbeitnehmer-Verhältnis. Die Fakten stellen sich wie folgt dar: *Martha Graham* war Zeit ihres Lebens sehr darauf bedacht, ihre Werke zu schützen und lizenzierte ihre Choreografien nur an wenige andere Tanzkompanien. In den späten 20er Jahren des vergangenen Jahrhunderts gründete sie ihre eigene Tanztruppe mit wenigen weiblichen Tänzern. Sie beschloss sich nicht etablierten Gruppen oder Theatern anzuschließen, da sie sehr der Avantgarde im Tanz verhaftet war und in der Lage sein wollte, ihre eigenen Vorstellungen choreografisch umzusetzen. Zwar konnte sie dadurch ihre künstlerischen Ziele umsetzen, es war jedoch schwer die Kompanie zu finanzieren. Um sich selbst von rechtlichen und finanziellen Sorgen zu befreien und um Steuerentlastungen in Anspruch nehmen zu können, nutzte sie seit den 40er Jahren non-Profit Organisationen als Basis für ihre Arbeit[231]. 1948

---

fünf Musical Shows verpflichtete. Der vollständige Vertrag lautete: „By the terms of this letter you are hereby engaged as the CHOREOGRAPHER for the (Jahr) Summer Season of (Name des Theaters). Your responsibilities will be those that are routine and usual for this position."

229 Dazu mehr im 5. Kapitel 2. Abschnitt IV. 3. d).

230 224 F. Supp 2d 567 (US Dist. 2002), Berufung am Second Circuit 380 F. 3d 624 (2d circ. 2004).

231 Auf solche non-profit Organisationen vertrauen in den USA viele Künstler. Non-profit Organisationen genießen das Privileg der Steuerfreiheit und haben die Möglichkeit umfassend an Spendenprogrammen teilzunehmen. Viele Stiftungen oder auch die US Corporate-Donor Programme geben finanzielle Zuwendungen nur an solche Organisationen. D.h. diese non-profit Organisationen ermöglichen Künstlern eine sichere Basis, um ihrer Arbeit nachzugehen. Es gibt einige Non-Profits, die von Choreografen speziell zu diesem Zweck gegründet wurden. Sie sind dann meist bei der Organisation angestellt. Ausführlicher hierzu Sharon Connelly, authorship, ownership, and control: balancing the economic and artistic issues raised by the Martha Graham copyright case, Fordham Intellectual Property, Media and Entertainment Law Journal 2005, 837, 848f.

wurde das *Martha Graham Center* gegründet und 1956 die dazugehörige Schule. *Graham* erhielt von Center und Schule immer wieder langfristige Verträge. Von 1956 bis 1965 war sie als „part-time employee“ bei Center und Schule beschäftigt. 1966 wurde sie als künstlerische Direktorin ernannt und in Vollzeitbeschäftigung übernommen. 1976 wurde ihr Vertrag wiederum erneuert und sie war bis zu ihrem Tod als „Artistic Director and Chief Executive of the School and Center“ tätig. Im April 1991 starb die Choreografin. In ihrem sehr kurzen Testament bestimmte sie *Ronald Protas* als einzigen Testamentsvollstrecker und Vermächtnisnehmer. Sie vererbte ihm kurz gefasst ihr gesamtes Eigentum[232]. Die Regelungen des Testaments wurden zunächst nicht durch das Center angegriffen[233]. Es erhielt von dem Trust, den *Protas* zur Verwaltung der Rechte *Grahams* gegründet hatte, entsprechende Lizenzen, um weiter operieren zu können. Im Gegenzug blieb *Protas* bezahlter Angestellter des Centers. Der Trust lizenzierte auch sonst die Werke *Grahams* an andere Kompanien. Im Jahr 2000 kam es zu einem Zerwürfnis zwischen beiden Seiten. Sowohl *Protas* und auch das Center versuchten Copyright Certificates für die Werke *Grahams* zu erhalten. *Protas* klagte schließlich gegen das Center, um es davon abzuhalten, *Martha Grahams* Namen, ihre Tanztechnik und ihre Choreografien zu nutzen.

Von den 70 Choreografien, über die zu entscheiden war, wurden 55 im Geltungszeitraum des Copyright Act von 1909 geschaffen. 36 Arbeiten schuf *Graham* vor der Gründung des Martha Graham Centers und Schule im Jahr 1956, als die Choreografin ihre Schule noch als Alleineigentümerin führte. Zehn dieser Werke sind

---

Daneben dienen die non-profit Tanzkompanien aber auch dazu, das künstlerische Erbe der Choreografen am Leben zu erhalten. Dazu sagte Carla Maxwell, künstlerische Leiterin der non-profit Organisation des Choreografen Jose Limon: „The overwhelming thing that hit us all when Jos(e) died was that if we disbanded an entire lifetime of work was going to disappear.“ (Zitat aus Sharon Connelly, authorship, ownership, and control: balancing the economic and artistic issues raised by the Martha Graham copyright case, Fordham Intellectual Property, Media and Entertainment Law Journal 2005, 837, 858).

232 Der Wortlaut ihres Testaments lautete auszugsweise: „The residue … of all my property, real and personal, of every kind and description and wherever situated, including all property which I may have power of appointment at the time of my death … and including all property not otherwise effectively disposed of hereunder … I give, devise and bequeath to my said friend Ron Protas, if he shall survive me, or if he shall not survive me, to the Martha Graham Center of Contemporary Dance, Inc. …“.

233 Protas erhielt von Rechtsanwälten den Rat, den Umfang des Erbes von Graham genau ermitteln zu lassen. Er schlug diesen Ratschlag jedoch in den Wind und nutzte die Unsicherheit der anderen aus um seine Position zu verbessern (Brendan McCarthy, Martha Graham Court Case, Ballet Magazine September 2002, www.ballet.co.uk/magazines/yr_02/sep02/bmc_martha_graham.htm).

nunmehr in der public domain, da die strengen Verlängerungsbestimmungen[234] für das Urheberrecht nach dem Copyright Act von 1909 nicht erfüllt wurden[235]. Weitere sieben dieser Werke waren Auftragsarbeiten für Musik- bzw. Kulturorganisationen, d.h. sie fielen nach dem damaligen Urheberrecht unter die „work-for-hire doctrine“, so dass nicht die Künstlerin sondern der Auftraggeber als Urheber angesehen wird. Die übrig gebliebenen finalen Werke Grahams fielen in den Geltungsbereich des Copyright Acts von 1976. Dazu gehören u.a. 15 Choreografien, die sie als künstlerische Direktorin von 1978 bis 1991 geschaffen hatte.

Im Ergebnis wurden dem Kläger *Protas* vom US District Court nur die Rechte an einer Choreografie, „Seraphic Dialogue“ von 1955, zugesprochen, während das Center die Rechte an 45 Choreografien erhielt[236]. Für dieses Urteil wandte das Gericht den so genannten „expense test“ an, um die work for hire Situation für die Arbeiten im Geltungszeitraum des Copyright Acts von 1909 zu analysieren. Unter Berufung auf andere Präzedenzfälle[237] stellte das Gericht fest, dass der ausschlaggebende Faktor für das Entstehen der Werke das Center als der Arbeitgeber war. Nach Auffassung der Richter war *Martha Graham* in ihrer Eigenschaft als künstlerische Direktorin für die Kreation neuer Werke sowie den Unterricht in ihrer Technik verantwortlich. Das vom Kläger vorgetragene Argument, Graham hätte für ihre Choreografien auch Tantiemen erhalten, überzeugte die Richter nicht, weil der Kläger für seinen Vortrag keine ausreichenden Beweise erbringen konnte, sondern es im Gegenteil glaubwürdige Zeugenaussagen über das Gegenteil gab.

Die verbleibenden nach 1956 geschaffenen Choreografien waren allein nach dem Maßstab des geltenden Urheberrechts zu beurteilen und damit kam es zu einer Überprüfung der work-for-hire doctrine anhand der Indikatoren aus der Entscheidung *Community for Creative Non-Violence v. Reid.* Angewendet auf die Stellung *Grahams* als künstlerische Direktorin des Centers kam das Gericht zum Ergebnis, dass die Künstlerin die Werke als Angestellte des Centers geschaffen hat, da fünf Faktoren für eine Beschäftigung am Center sprachen[238]:

1.) *Graham* genoss zwar künstlerische Freiheit, musste sich jedoch den finanziellen Rahmenplanungen des Centers unterwerfen.

---

[234] Das Gesetz von 1909 bestimmte, dass der Urheber oder sein Erbe befugt sind das Urheberrecht um weitere 28 Jahre zu erneuern und verlängern, wenn der Antrag für die Erneuerung und Verlängerung ein Jahr vor Ablauf des Copyrights an das Copyright Office gestellt wird.

[235] Beim Copyright Office existieren erst seit dem Jahr 2000 Registrierungsunterlagen über choreografische Werke Martha Grahams.

[236] 224 F. Supp 2d 567, 588–590 (US Dist. 2002).

[237] Brattleboro Publishing Co. v. Winmill Publishing Corp. 369 F. 2d 565, 567 (2d Circ. 1966); Siegel v. National Periodical Publications, Inc. 508 F. 2d 909, 914 (2d Circ. 1974).

[238] Vgl. hierzu auch Jayson A. Johnson, Martha Graham's legacy: Analysis of the Intellectual Property Law Protection for Dance Washington, 42.

2.) Sie erhielt ein regelmäßiges Gehalt, von dem Steuern und Sozialbeiträge abgezogen wurden.
3.) Darüber hinaus wurden ihr so genannte employment benefits (u.a. Zahlung ihrer Spesen und medizinischen Kosten) gewährt.
4.) *Grahams* hohe künstlerische Fähigkeit als Choreografin und ihr Status als senior full-time employee führten nicht zu einer Aufhebung des allgemeines Status als Angestellte.
5.) Das Board of Directors des Centers schlug teilweise Themen für neue Choreografien vor und *Graham* berichtete ihm regelmäßig über den Fortgang ihrer choreografischen Arbeiten.

Die Berufungsinstanz hielt das erstinstanzliche Urteil nur teilweise aufrecht. Sie hob das Urteil für die Choreografien, die zwischen 1956 und 1965 entstanden sind und dem Center zugesprochen wurden, auf. Der Second Circuit konnte u.a. keine work-made-for-hire Situation finden, weil *Graham* nur Teilzeitangestellte von Center und School war und noch nicht zur künstlerischen Leiterin ernannt[239]. Für die Begründung der work-made-for-hire Situation zwischen 1966 und 1977 bezog sich der Second Circuit Court sehr stark auf ihre neue Position als künstlerische Direktorin[240]. Dies erscheint etwas verwunderlich, weil Graham zwar nach außen mit einen neuen Titel bedacht wurde, diese Funktion(sbezeichnung) aber sicherlich wenig mit dem Schaffensprozess ihrer Choreografien zu tun hatte, der sich kaum von dem der Vorjahre unterschieden haben wird[241].

(2) Konsequenzen der Urteile

Zwar wurde vor Gericht offensichtlich die Frage behandelt, wem die Rechte an den Choreografien *Martha Grahams* zustanden. Es war jedoch sicherlich ein nicht zu vernachlässigender Faktor bei der gerichtlichen Entscheidungsfindung, dass durch ein Urteil zugunsten von *Protas* die Werke *Grahams* dem non- Profit Dance Center, das sie selbst gegründet hatte, entzogen worden wären. Ein entsprechendes Vorgehen hatte *Protas* bereits im Vorfeld angekündigt. Trotz dieser Umstände kann die Entscheidung aber sicher nicht als ein Ausnahmefall, sondern muss eher als ein Präzedenzfall für zukünftige Urteile gewertet werden, so dass sich auch Choreografen verstärkt mit der Frage auseinanderzusetzen haben, ob ihre Werke unter die work for hire doctrine fallen können[242].

---

[239] 380 F. 3d 624, 637 (2d circ. 2004).
[240] 380 F. 3d 624, 639f. (2d circ. 2004).
[241] So auch Braveman, 471, 485.
[242] Der amicus curiae Brief vom American Dance Festival (Mr. Gerald Arpino und Mr. Gordon Davidson) für den Kläger deutet auch an, dass die in der Graham Entscheidung behandelte

Es ist nur sehr schwer vorstellbar, dass *Graham* ohne das Center nicht in der Lage gewesen wäre ihre Choreografien zu schaffen, aber genau dies impliziert die Annahme eines „works made for hire“ Verhältnisses. Konsequent zu Ende gedacht bedeuten die Urteile, dass eine Organisation, die allein dafür geschaffen wurde, *Grahams* künstlerische Visionen zu unterstützen, in der Lage ist, sie praktisch all ihrer Urheberrechte zu entheben. Unter den Juristen hat die Entscheidung deshalb kritische Stimmen auf den Plan gerufen. Sie monieren, dass in diesem Fall keine klassische work-for-hire Situation vorlag, da *Graham* selbst die zentrale Figur der ganzen Organisation war und ihre besonderen Fähigkeiten und Kenntnisse gegen die Annahme einer „work for hire“ Konstellation sprechen[243]. Andere kritisieren den Second Circuit Court dafür, dass er den Status des Centers nicht richtig in Erwägung gezogen hat, welches in erster Linie zur Förderung der Kreation choreografischer Werke gegründet wurde und nicht um sich die Rechte daran anzueignen[244]. Auch der Supreme Court hat in der *Community for Creative Non-Violence v. Reid* Entscheidung den Status einer non- Profit Organisation in die Abwägung einbezogen, ob ein Abhängigkeitsverhältnis gegeben war[245].

Das Fazit der „Graham Urteile“ ist also eine sehr weitgehende Auslegung der work-for-hire Doctrine durch beide Instanzen. Die zutreffende Analyse *Taubmans*, dass es nicht die Aufgabe eines künstlerischen Direktors ist, choreografische Werke zu schaffen, d.h. diese Arbeit nicht innerhalb des „scope of employment“ stattfindet, wurde durch die Gerichtsentscheidungen bis auf weiteres überholt. Als Nebeneffekt zeigten die Urteile auch deutlich, dass Choreografen sich Gedanken über ihr künstlerisches Erbe machen müssen[246], denn einer der Gründe für den Rechtsstreit

---

Frage ein wiederkehrendes Problem sein wird, da viele Künstler für non-profit Organisationen arbeiten.

243 Johnson, 44.

244 So z.B. Braveman, 471, 473.

245 490 U.S. 730, 753 104 L. Ed. 2d 811 (1989).

246 Vor dem Rechtsstreit über das Erbe Martha Grahams waren jedoch „friedliche“ Lösungen in der Tanzszene üblich. Die Berechtigten aus den Testamenten der Choreografen Jose Limon (gest. 1972), Georges Balanchine (gest. 1983), Alvin Ailey (gest. 1989) und Jerome Robbins (gest. 1998) lizenzierten oder verkauften die Rechte an die Kompanien, für die der jeweilige Choreograf die Werke geschaffen hatte. Dadurch wurde deren urheberrechtlicher Status nie in Frage gestellt. Hätte Protas nicht versucht, das Graham Center aus allen Rechten zu verdrängen, das Recht Grahams, die Verwertungsrechte an ihren Werken an Protas zu vererben, wäre nie in Frage gestellt worden und er hätte die Werke auch an andere Tanzkompanien lizenzieren können (Sharon Connelly, authorship, ownership, and control: balancing the economic and artistic issues raised by the Martha Graham copyright case, Fordham Intellectual Property, Media and Entertainment Law Journal 2005, 837, 858f.). Der jüngst verstorbene Choreograf und Pionier des modernen Tanzes Merce Cunningham hat eine – vielleicht für ihn und seine Arbeitsweise typische – Verfügung über sein Werk und seine Tanztruppe ge-

war das nicht sehr ausführlich und klar gefasste Testament der verstorbenen Künstlerin[247].

Die gerichtlichen Entscheidungen stehen im Widerspruch zur Praxis der Arbeit einiger Choreografen, die ihre Werke für non-Profit Organisationen schaffen. In der amerikanischen Tanzszene wurde daher von mehreren Seiten die Besorgnis zum Ausdruck gebracht, dass diese Urteile negative Auswirkungen auf die Beurteilung der Urheberschaft von choreografischen Werken haben – namentlich das non-Profit Organisationen über die gesamten Rechte an den Choreografien verfügen, unabhängig davon was der Künstler gewollt hat[248]. Die erste Frage, die sich ein Choreograf in den USA daher heute stellen muss ist: Wem gehört meine Choreografie? Um in dieser Frage Rechtssicherheit zu ihren Gunsten zu schaffen, sollten Choreografen jetzt verstärktes Augenmerk auf die Gestaltung ihrer Verträge verwenden. Dance NYC, eine professionelle Tanzorganisation, hat auf die Graham Urteile unmittelbar reagiert und auf seine Website kurze Musterverträge gestellt, die den Künstlern helfen sollen, das Copyright zu behalten[249]. In Übereinstimmung mit den Anforderungen des Copyright Acts besagt das Muster: „... the parties mutually agree that the choreography shall not constitute a work made for hire. ... in the event that it should be determined that the choreography qualifies as work made for hire, the company will and hereby does assign to the choreographer all rights, title and interest.[250]" In ähnlicher Weise verfährt auch die SDC als Interessenvertretung der Choreografen in ihren Tarifverträgen[251].

---

troffen: Seine Kompanie wird für 2 Jahre mit seinen Werken touren, bevor sie sich auflösen soll (Schlagenwerth, Berliner Zeitung vom 28.7.2009, 24).

247 Grahams Testament ließ z.B. offen, ob sie selbst glaubte, Inhaber der Rechte an ihren Choreografien zu sein, vgl. Nancy S. Kim; Martha Graham, Professor Miller and the „work for hire doctrine": undoing the judicial bind created by the legislature, Journal of Intellectual Property Law 2006, 337, 339.

248 S. Johnson, 43. Auf der anderen Seite existieren aber auch Stimmen, die sich nicht von den Urteilen beeindrucken lassen. Paul Taylor hat z.B. genau dieses Gefühl zum Ausdruck gebracht und gesagt, dass er seine Choreografien sowieso der Kompanie, die er gegründet hat, hinterlassen will (Brendan McCarthy, Martha Graham Court Case, Ballet Magazine September 2002, www.ballet.co.uk/magazines/yr_02/sep02/bmc_martha_graham.htm).

249 Weitere Informationen unter www.dancenyc.org (zuletzt besucht am 12.2.2012).

250 Übersetzung: Die Vertragsparteien stimmen darin überein, dass die Choreografie kein work for hire darstellt ... für den Fall, dass die Choreografie als work made for hire qualifiziert wird, wird die Kompanie dem Choreografen alle Rechte, Titel und Interesse daran übertragen.

251 Dazu ausführlicher im 5. Kapitel 2. Abschnitt IV. 3. d).

IV. Exkurs: Tänzer als Urheber?

Mithilfe von Tänzern als ausübenden Künstlern werden die choreografischen Werke auf der Bühne lebendig. Für dieses künstlerische Schaffen werden ihnen bspw. in Deutschland Leistungsschutzrechte gewährt. Zum Teil wird jedoch auch die Frage diskutiert, inwieweit sie Anteil an der Choreografie haben und dadurch auch in den Genuss urheberrechtlicher Befugnisse kommen können bzw. sollen. In der amerikanischen Rechtsliteratur wird vertreten, dass Tänzer Urheber eines „joint work" sein können, wenn ihre Beiträge die entsprechenden Anforderungen erfüllen – dies gilt allerdings nur, wenn ihre Schöpfung nicht als „work made for hire" zu qualifizieren ist[252]. Der Cour d'Appel von Paris entschied 2003[253], dass Tänzer einer Choreografie zwar Gestik und Ausdruck verleihen, aber dadurch nicht die Position eines Urhebers gewinnen. Diese Auffassung ist zutreffend für den Fall, dass der Tänzer allein den Anweisungen des Choreografen folgt, also sein „gestalterisches Werkzeug" ist. Die eben beschriebene Konstellation findet sich regelmäßig im klassischen Ballett.

Im modernen Tanz verschwimmen jedoch öfter die Grenzen. Die Choreografin *Pina Bausch* ließ ihren Tänzern z.B. ungewöhnlich viel Spielraum und integrierte die tänzerischen Improvisationen in ihre tanztheatralen Werke. Daher kann die Rechtslage für den Bereich des Improvisationstanzes anders zu beurteilen sein, wenn der Fortgang des Werkes nicht unwesentlich auf der spontanen Entwicklung von Ausdruck und Bewegung durch die Tänzer beruht. Auch in einem derartigen Fall setzt der Tänzer zwar den künstlerischen Grundgedanken des Choreografen in Bewegungen um, dabei kann ihm jedoch ein nicht unerheblicher eigener Gestaltungsspielraum verbleiben. Nutzt er diesen Freiraum aus, vermag ihm das die Position eines Miturhebers zu eröffnen[254]. Soweit der Gestaltungsrahmen aber im Wesentlichen durch den Choreografen bestimmt bleibt und dem Tänzer auch im Rahmen der Improvisation kaum eigener künstlerischer Spielraum zur Umsetzung eigener Ideen zugestanden wird, ist seine Rolle jedoch wieder stärker die eines ausübenden Künstlers. *Obergfell* will zu Recht die Grenze dort ziehen, wo der Tänzer allein die Möglichkeit erhält, aus dem Bewegungsvokabular, dass durch den Choreografen vorgesehen wurde, auszuwählen und die Wahlfreiheit daher vom Choreografen insgesamt gesteuert wird[255]. Die Situation wird von ihr mit der Nutzung

[252] Lee, Entertainment and Intellectual Property Law, § 8:6.

[253] JurisData 2003-226240.

[254] So auch Mestmäcker/Schulze/*Obergfell* § 2 Rn. 104; ders., ZUM 2005, 621, 625; im Ergebnis ebenso Loewenheim/*Vogel* § 38 Rn. 56.

[255] Obergfell, ZUM 2005, 621, 625f.

aleatorischer Elemente verglichen, deren Muster jedoch zuvor vorgegeben und eigenschöpferisch erwählt und kombiniert werden[256].

V. Zusammenfassung und Zwischenergebnis der Rechtsvergleichung

Hinsichtlich der Miturheberschaft ist das deutsche Modell dem US-amerikanischen vorzuziehen, da es die Interessen der einzelnen Urheber besser adressiert und die Eigentumsrechte in einer sinnvolleren Art und Weise zuteilt[257]. Es werden keine Abhängigkeiten geschaffen, die nicht im Interesse der jeweiligen Schöpfer liegen können. Konsequenz des amerikanischen Rechts, das auch allein von einander abhängige und nicht nur untrennbare Beiträge als gemeinschaftliche Werke anerkennt, ist die Möglichkeit für einen Miturheber den Werkteil eines anderen für sich zu verwenden, ohne sein Einverständnis einholen zu müssen. Er hat ihn lediglich in Kenntnis zu setzen und abzurechnen. Das erleichtert zwar den Lizenzerwerb, drängt den betroffenen Urheber in seinem Bestimmungsrecht über die Verwertung seines Beitrags jedoch nicht unerheblich zurück. Für die Praxis ist in den USA auch nicht eindeutig geklärt, ob die Beiträge der Miturheber urheberrechtliche Qualität besitzen müssen oder nicht. Diese Frage wurde sowohl in Deutschland als auch Frankreich positiv beantwortet und daher herrscht in dieser Hinsicht größere Sicherheit bei der Rechtsanwendung.

Das Konzept der Miturheberschaft im französischen Recht wird anders interpretiert als im deutschen Rechtskreis. Sind im deutschen Urheberrecht nur Schöpfungen einer Werkart als gemeinsame Werke denkbar, besteht diese Möglichkeit im französischen Recht auch bei verschiedenen Werkarten, denn es ist unerheblich ob der jeweilige Beitrag gesondert verwertbar ist oder nicht. Dies führt zu nicht immer praxisgerechten Konsequenzen, wenn die Miturheber ihren Beitrag gesondert verwerten wollen. Der französische Gesetzgeber hat zwar, anders als sein deutsches Pendant, einen Vorbehalt bzgl. einer getrennten Verwertung der Werkteile getroffen. Seine Anforderungen fallen allerdings strenger aus als die des deutschen Urheberrechtsgesetzes für verbundene Werke. Das deutsche Konzept eines verbundenen Werkes ist an dieser Stelle der französischen Konstruktion einer Miturheberschaft mit Beiträgen verschiedener Werkarten inhaltlich näher. Es war für den deutschen Gesetzgeber bei der Regelung der Miturheberschaft entbehrlich etwas zur getrennten Verwertbarkeit zu bestimmen, da sich dieses Problem, anders als im französi-

---

[256] Obergfell, ZUM 2005, 621, 626.
[257] So auch Perkins Spyke, 463, 465.

sischen Urheberrecht, nicht mit der Schärfe stellte. Bedingt durch die Definitionen innerhalb des französischen Urheberrechts zum œuvre de collaboration, œuvre composite bzw. œuvre derivée werden die Grenzen zwischen diesen Formen der Beteiligung mehrerer Urheber in der Anwendung durch die Praxis verwischt.

Eine Bearbeitung ist in allen drei hier betrachteten Rechtsordnungen ähnlich definiert, so dass sich für den Bereich choreografischer Werke keine größeren Unterschiede in der Rechtsanwendung abzeichneten. Allerdings sticht die Einschätzung der amerikanischen Gerichte und Rechtsliteratur heraus, dass auch ein nicht fixiertes „derivative work" bereits geeignet ist, das Bearbeitungsrecht zu verletzen. In Deutschland und Frankreich wird dies praxisfreundlicher gehandhabt. Es steht den Schöpfern frei eine (urheberrechtliche geschützte) Bearbeitung auch ohne Einverständnis des Urhebers des vorbestehenden Werkes zu erstellen. Erst wenn es um die öffentliche Nutzung dieser Bearbeitung geht, ist eine Lizenz erforderlich. Damit werden sinnvollerweise 2 Fragen von einander getrennt beantwortet: 1) die urheberrechtliche Schutzfähigkeit der Bearbeitung und 2) deren Nutzungsmöglichkeiten.

Für die Schaffung choreografischer Werke in einem Arbeitnehmer- bzw. Abhängigkeitsverhältnis ist die kontinentaleuropäische Rechtskonstruktion dem amerikanischen Modell aus Sicht der Urheber vorzuziehen. An der works-made-for-hire Doctrine wird der Investitionsschutzgedanke des amerikanischen Urheberrechts besonders deutlich, denn das Urheberrecht ist von vornherein nicht für den eigentlichen Schöpfer designiert sondern seinen Arbeitgeber. Durch die z.T. großzügige Auslegung amerikanischer Gerichte bzgl. des Vorliegens einer work made for hire Situation sehen sich viele Schöpfer dem Problem ausgesetzt, die künstlerische Kontrolle über ihr Werk praktisch verloren zu haben. Mit der work made for hire doctrine wurde im amerikanischen Recht eine Rechtsfigur geschaffen, die das Urheberrecht dem Schöpfer praktisch entzieht und künstlich einem Dritten zuweist. Ein derartiger Rechtsgedanke ist sowohl dem deutschen als auch dem französischen Urheberrecht fremd. Aber auch in der amerikanischen Rechtsliteratur wurde angedeutet, dass durch diese Handhabung nicht mehr dem Sinn und Zweck des Copyrights gedient ist, weil immerhin der Schöpfer in erster Linie Nutzen aus dem Urheberrechtsgesetz haben soll[258]. Den jeweiligen Künstlern wäre allerdings schon damit gedient, wenn die gesetzliche Vermutung, dass der Arbeitgeber als Urheber des Werkes anzusehen ist, umgekehrt wird. Das würde bedeuten, dass dem Schöpfer die Urheberrechte zustehen, er sie aber durch schriftliche Vereinbarung kom-

258 Braveman, 471, 476; Borge Varmer, Study Nr. 13 Works Made for Hire and on Commission, Studies on Copyright 1958, 127, 139.

plett auf den Arbeitgeber übertragen kann. Diese Herangehensweise würde in Richtung der kontinentaleuropäischen Regelungen gehen – allerdings mit dem wesentlichen Unterschied, dass im amerikanischen Copyright eine komplette Loslösung des Schöpfers aus seinen Rechten möglich wäre[259].

[259] So z.B. Nancy S. Kim, Martha Graham, Professor Miller and the „work for hire doctrine": undoing the judicial bind created by the legislature, Journal of intellectual Property Law 2006, 337, 364ff.

2. Abschnitt: Abgrenzung der Tätigkeit von Choreograf und Regisseur – Schutz der Inszenierung

„Die Zukunft, oder was von mir bleibt, das interessiert mich doch gar nicht. Ich habe mich für Theater entschieden. Ich will auf der Bühne Themen aufarbeiten, die uns Menschen wirklich betreffen. Ich weiß, das ist ein alter Hut. Jeder Regisseur sagt von sich, dass ihn die großen Themen der Menschheit am stärksten interessieren. Mein Glück ist, dass ich Uraufführungen, neue Stücke machen kann. Das ist eine sehr glückliche Situation, ein unglaubliches Privileg, das ich habe.“

Johannes Kresnik, Regisseur und Choreograf

In der Rechtsliteratur Frankreichs wurde die Arbeit des Choreografen noch bis ins frühe 20. Jahrhundert mit der eines Regisseurs gleichgesetzt. *Pouillet* schrieb z.B.: „Dans les ballets ... la <u>chorégraphie pure</u>, c'est à dire l'ensemble des gestes, des attitudes, des pas, des pantomimes, des tableaux de figurants, qui expriment la pensée de l'auteur, en un mot, <u>l'art de la mise en scéne</u> (die Kunst der Regie) ...“[260]. Der Regisseur am Theater genießt in allen drei Rechtssystemen, die für diese Arbeit untersucht wurden, größtenteils nur den Leistungsschutz als ausübender Künstler. Bis jetzt ist ihm, insbesondere in Deutschland, nur in Ausnahmefällen der Schutz als Urheber zugebilligt worden[261]. Anders sieht es mit der Rechtsstellung eines Choreografen aus, dem für seine schutzfähigen Schöpfungen die umfassenderen Rechte als Urheber zustehen. Daher stellt sich die Frage nach der Abgrenzung der Arbeit eines Choreografen und der eines Regisseurs bei der Erarbeitung und Inszenierung eines choreografischen Werkes, auch wenn für beide Tätigkeitsfelder Personalunion bestehen kann und eine klare Trennung der Aufgaben schwer fällt. Bei der Inszenierung eines neuen choreografischen Werkes übernimmt der Choreograf zumeist auch die Aufgaben der Regie und beschäftigt sich z.B. mit der räumlichen Wirkung der Choreografie und ihrer Umsetzung auf der jeweiligen Bühne, der Besetzung der Rollen oder der Beleuchtung. Zur Verdeutlichung der Arbeit eines Ballettregisseurs mag folgendes Beispiel dienen: *Maurice Béjart* schuf eine weltbekannte Choreografie zu *Maurice Ravels* Musik „Boléro“. Von der Choreografie sind 3 Fassungen bekannt. In der Ausgangsversion tanzt eine Frau auf einem Tisch

---

260 Pouillet, Rn. 873. Anm.: Hervorhebungen durch die Verfasserin. Übersetzung: Im Ballett ... die reine Choreographie, das heißt, die Gesamtheit der Gesten, der Haltungen, der Schritte, der Statistenbilder, die den Gedanken des Autors ausdrücken, in einem Wort, die Kunst der Regie ...“

261 LG Leipzig ZUM 2000, 331, 333 – die Czárdásfürstin; BGH GRUR 1959, 379 – Gasparone; LG Frankfurt UFITA 77 (1976), 278 – Götterdämmerung; Cour d'Appel de Paris, RIDA 75, 1973, 134 – Darnel-Entscheidung.

umgeben von Männern. Später wurden auch Fassungen geschaffen, wo ein Mann auf dem Tisch tanzt und jeweils von Frauen oder Männern umgeben ist[262].

Erschwert wird die Abgrenzung zwischen Regie und Choreografie durch die besondere Art der Arbeit des Choreografen. In den allermeisten Fällen entwickelt er sein Werk mit den Tänzern. Daher wird auch vertreten, dass er Werkschöpfer und Inszenator in Personalunion ist[263]. Für *Wandtke* charakterisiert sich der Aufgabenbereich dergestalt, dass der Choreograf regelmäßig auch ein Regisseur ist, der bei abendfüllenden Tanz- oder Ballettinszenierungen ein Gesamtkunstwerk erschafft[264].

Übernimmt der Choreograf neben der Werkschöpfung auch Regieaufgaben oder ist er sogar noch als Darsteller tätig, müssen diese Aufgaben bei der Bestimmung einer angemessenen Vergütung im deutschen Recht gemäß §§ 32, 32a UrhG berücksichtigt werden[265]. *Stahl* will anders als *Wandtke* genau zwischen Choreografie und Inszenierung bei Werken der Tanzkunst abgrenzen[266]. Für ihn charakterisiert sich die Regieleistung durch folgende Punkte: Führung der Tänzer im Raum, Maske, Licht und Kostüm[267]. *Schlatter* schlägt vor, die beiden Tätigkeitsbereiche etwas allgemeiner wie folgt abzugrenzen: Die Gestaltung der Rahmenbedingungen einer tänzerischen Aufführung gehört zur Regieleistung und „alles, was mit der Gestaltung des tänzerischen Geschehens auf der Bühne in Verbindung steht“, ist Bestandteil des urheberrechtlich geschützten choreografischen Werkes[268]. Diese Einteilung wird möglicherweise nicht alle Facetten des künstlerischen Schaffens zur Realisierung der Aufführung eines choreografischen Werkes zuordnen können, sie bildet jedoch eine bedenkenswerte Grundregel. Über eine Ausweitung des rechtlichen Schutzes von Regieleistungen wird sowohl in Deutschland, Frankreich und den USA immer wieder debattiert. Der Meinungsstand zu dieser Thematik ist daher in den folgenden Abschnitten zusammengefasst.

---

262 Kieser/Schneider, Boléro, 92.

263 S. Wandtke, ZUM 1991, 115, 119.

264 Wandtke, 745, 751.

265 Ausführlich zum Vergütungsanspruch Kapitel 5, 1. Abschnitt. Vgl. auch Wild/Salagean, Das Zusammenfallen von Werkschöpfung und Werkdarbietung, ZUM 2008, 580, 584.

266 Stahl, Die Regie im Urheberrecht, 15. Er nimmt allerdings eine Verwischung der Grenzen zwischen Choreografie und Inszenierung an, wenn ein neues choreografisches Werk geschaffen wird (Stahl, Die Regie im Urheberrecht, 17).

267 Stahl, Die Regie im Urheberrecht, 15.

268 Schlatter-Krüger, GRUR Int 1985, 299, 307.

I. Rechtslage in Deutschland

1. Darstellung des Meinungsstandes

Von einigen besonders gelagerten Fällen[269] abgesehen wurden dem Opern- oder Schauspielregisseur von der deutschen Rechtsprechung allein Leistungsschutzrechte zugebilligt[270]. Zwar haben sich in aktuelleren Entscheidungen sowohl das LG Frankfurt[271] als auch das LG Leipzig[272] für die Möglichkeit eines Urheberrechtsschutzes des Regisseurs ausgesprochen. Die jeweiligen Berufungsinstanzen sind jedoch wieder einen Schritt zurück gegangen, auch wenn sich in beiden Urteilen immerhin ausdrückliche Hinweise auf die Möglichkeit eines Urheberrechtsschutzes finden[273].

In der Rechtsliteratur findet sich teilweise die Auffassung, dass sich der Gesetzgeber mit Einführung der Leistungsschutzrechte der §§ 73ff. UrhG für ausübende Künstler eindeutig gegen einen Urheberrechtsschutz von Regisseuren ausgesprochen hat[274]. Von anderen Stimmen der Rechtsliteratur wird aber schon seit den außerordentlichen Regieleistungen *Max Reinhardts* diskutiert[275], ob dem Bühnenregisseur generell bzw. nur in Fällen besonderer eigenschöpferischer Leistung ein Bearbeitungs- oder sogar originäres Urheberrecht zustehen kann[276]. In letzter Zeit gewinnt mehr und mehr eine vermittelnde Ansicht an Bedeutung, die in Fällen, wo sich die Arbeit des Regisseurs nicht auf die bloße Interpretation beschränkt, Urheberrechtsschutz annehmen will[277]. Urheber- und Interpreteneigenschaft sind

---

269 Andeutungen der Möglichkeit eines Urheberrechtsschutzes finden sich in BGH GRUR 1959, 379 – Gasparone; OLG Frankfurt GRUR 1976, 199 – Götterdämmerung. Offen geblieben ist die Frage z.B. in den Entscheidungen BGH GRUR 1971, 35, 37 – Maske in Blau oder BOSchG 10/42 UFITA 16 (1944), 148ff.

270 Z.B. OLG Koblenz GRUR Int. 1968, 164 – Liebeshändel in Chioggia; BGH NJW 1984, 1110, 1111 – Tonmeister.

271 UFITA 77 (1976), 278 – Götterdämmerung.

272 ZUM 2000, 331, 333 – die Czárdásfürstin.

273 OLG Frankfurt/Main GRUR 1976, 199, 201 – Götterdämmerung; OLG Dresden ZUM 2000, 955, 958 – die Czárdásfürstin).

274 Schulze, 262ff. Ablehnend ebenfalls Ulmer, § 28 IV 2; Depenheuer, Gegen den Urheberrechtsschutz des Theaterregisseurs, ZUM 1997, 734ff.; s. zum Streit in der Literatur auch Hieber, Urheberschutz des Theaterregisseurs – die Inszenierung als persönliche geistige Schöpfung, ZUM 1997, 17.

275 Zusammenfassung der Argumente für und gegen eine Anwendbarkeit des Urheberrechts für Regieleistung bei Grunert, Was folgt aus dem Urheberrecht des Theaterregisseurs, KuR 2000, 128, 130.

276 Wandtke/Bullinger/*Bullinger* § 2 Rn. 55 m.w.N.

277 Schack, Rn. 603f.; Schricker/*Loewenheim* § 3 Rn. 19f.

nach Auffassung der Rechtsprechung und der Rechtsliteratur grundsätzlich nur alternativ möglich, d.h. für dem Fall, dass schöpferische und darbietende Leistung zusammenfallen, kommt grundsätzlich nur das Urheberrecht in Betracht[278]. Allerdings wird hinsichtlich der Leistung des Theaterregisseurs ein Zusammentreffen von Urheberrechts- und Leistungsschutz für möglich gehalten[279]. *Schlatter* hält es jedoch aufgrund der BGH Entscheidung „Filmregisseur"[280] für zweifelhaft, dass einem Choreografen neben seinem Urheberrecht für die Regieleistung noch zusätzlich Leistungsschutzrechte zustehen können[281].

Systematisch sei an dieser Stelle zweierlei angemerkt: Zum einen haben Urheberrechts- und Leistungsschutz jeweils andere Schutzgegenstände – § 73 UrhG honoriert die Leistung der Darbietung und § 2 UrhG die schöpferische Gestaltung. Zum anderen verdeutlicht die Fassung des § 2 UrhG den Willen des Gesetzgebers, Entwicklungen Raum zu lassen, denn es fand eine Abkehr vom ursprünglichen festen Enumerationsprinzip zur beispielhaften Aufzählung statt[282]. Damit ist auch die Regieleistung am allgemeinen urheberrechtlichen Werkbegriff zu messen. Ausgangspunkt einer Diskussion über die urheberrechtliche Qualität einer Regieleistung sollte wiederum die Fragestellung nach der schöpferischen Qualität dieser Arbeit sein. Eine wichtige Rolle bei der Beantwortung dieser Frage spielt der inszenatorische Spielraum, der dem Regisseur zur Verfügung steht und wie von ihm Gebrauch gemacht wird. Im Einzelfall ist danach zu beurteilen, ob eine Regieleistung ein eigenständiges Geisteswerk darstellen kann oder nicht. § 80 Abs. 1 S. 1 UrhG steht dieser Einschätzung nicht entgegen, denn auch wenn das Urheberrechtsgesetz erkennbar von einer leistungsschutzrechtlich verstandenen Einwilligung des Regisseurs spricht, kann aus dieser Norm keine bindende Wertung über die Tätigkeit des Regisseurs abgeleitet werden[283]. Die urheberrechtliche Bewertung einer Regieleistung ist also anhand der Postulate des Werkbegriffs zum geistigen Gehalt, seines Ausdrucks in einer bestimmten Formgestaltung sowie des individuell-schöpferischen Charakters zu treffen[284]. Zusammenfassend lässt sich festhalten, dass in der deutschen Rechtsliteratur insoweit Einigkeit besteht, dass es „Ausnahme"inszenie-

---

[278] S. nur BGH, GRUR 1984, 730, 732; Schack, Rn. 591.

[279] Schricker/*Loewenheim* § 3 Rn. 18. S. auch Wild/Salagean, Das Zusammenfallen von Werkschöpfung und Werkdarbietung, ZUM 2008, 580, 585.

[280] GRUR 1984, 730. Der BGH hat allerdings bei der Ablehnung in der Urteilsfindung auf die besonderen Umstände des Streitfalls abgestellt.

[281] Schlatter-Krüger, GRUR Int. 1985, 299, 307.

[282] Vgl. BGH NJW 1985, 1633, 1634 – Happening.

[283] Kurz, Praxishandbuch, 521.

[284] Ausführlich zu diesen Merkmalen des urheberrechtlichen Werkbegriffs im 2. Kapitel 2. Abschnitt II. 1.

rungen[285] gibt, die schöpferischen Charakter haben und für den Regisseur in der Konsequenz zum Status als Urheber führen. In der Rechtsprechung hat diese Erkenntnis bis jetzt jedoch kaum Niederschlag gefunden.

2. Urheberrechtliche Qualifikation der Regie

Soweit dem Regisseur der Status als Urheber zugebilligt wird, versteht eine nicht unerhebliche Strömung im deutschen Schrifttum seine Leistung als Bearbeitung[286] und billigt ihm dementsprechend ein Bearbeiterurheberrecht zu[287]. Von denjenigen, die für eine Qualifikation als Bearbeitung votieren, wird die Regiearbeit prinzipiell als eine Art Übersetzung des theatralischen Textes bzw. der Choreografie verstanden – unabhängig von einer Änderung bzw. eines Eingriffs in das Werk selbst[288]. Hält man sich den Bearbeitungsbegriff des Gesetzes vor Augen, wird er durch diese Auffassung etwas überdehnt[289]. Ein nicht außer Acht zu lassendes Argument gegen eine Qualifikation als Bearbeitung stammt aus der Praxis. Die Notwendigkeit einer Einwilligung des Urhebers des Ausgangswerkes gemäß § 23 UrhG vor der Aufführung des Werkes belastet das Theater/ den Produzenten mit mehr Aufwand, weil es oftmals nur das Aufführungsrecht gemäß § 19 Abs. 2 UrhG besitzen wird. Zum Teil wird – vielleicht aus dem eben dargestellten Grund – für das Schaffen des Regisseurs die Möglichkeit einer originären Werkschöpfung als Werk sui generis gemäß § 2 Abs. 2 UrhG gesehen[290]. Führt man diesen Gedanken konsequent zu Ende, besteht zwischen choreografischem Werk und Inszenierung eine Verwertungsverbindung gemäß § 9 UrhG[291].

---

[285] Im allgemeinen Sprachgebrauch wird der Begriff der Inszenierung längst als eigenständiger Werkbegriff verstanden, wenn von Inszenierungen verschiedener Regisseure die Rede ist.

[286] Genaueres zur Bearbeitung im 3. Kapitel 1. Abschnitt I. 4.

[287] Z.B. Fromm/Nordemann/*Axel Nordemann* § 3, Rn. 31; Dreier/Schulze/*Schulze* § 3 Rn. 23; Schricker/*Loewenheim* § 3 Rn. 20.

[288] Raschèr, Werktreue und Werkqualität von Bühneninszenierungen aus der Sicht der analytischen Theaterwissenschaft, UFITA 117 (1991), 21, 38ff.

[289] Kurz, Praxishandbuch, Rn. 45.

[290] Wandtke/Bullinger/*Bullinger* § 2 Rn. 55.

[291] So auch Kurz, Praxishandbuch, Rn. 45.

II. Rechtslage in Frankreich

1. Darstellung des Meinungsstandes

In Frankreich wird die Beantwortung der Frage nach einer urheberrechtlichen Qualifikation von Regieleistungen ganz dezent an die Rechtspraxis abgegeben. Eine Vereinbarung der privaten Theater aus Paris aus dem Jahr 1986 geht ganz selbstverständlich von der Werkqualität von Regieleistungen aus und subsumierte sie unter die geschützten Werkarten des französischen Urheberrechtsgesetzes[292]. Von ministerieller Seite wurde jedoch 1988 ausgeführt, dass der Gesetzgeber keine grundsätzliche Listung der Regie im Urheberrechtsgesetz wollte, sondern es den Gerichten überlassen bleiben sollte im Einzelfall zu entscheiden, ob eine Schöpfung vorliegt, die den Werkbegriff erfüllt[293]. D.h. die französische Regierung wollte Regiearbeiten beim Vorliegen der notwendigen Originalität durchaus urheberrechtlichen Schutz zubilligen und sie offensichtlich sonst auf das Leistungsschutzrecht verweisen. Im Zuge der Urheberrechtsreform von 1985 hätte zwar die Möglichkeit bestanden, Druck auf den Gesetzgeber auszuüben, Regiearbeiten explizit als geschützte Werkart zu listen, aber bei den Regisseuren bestand offenbar zu wenig Interesse bzw. Initiative aktiv zu werden[294].

Die französischen Gerichte lehnten den Schutz einer Regiearbeit als urheberrechtliches Werk nicht per se ab, aber sie verhielten sich zunächst sehr zurückhaltend bei der Gewährung urheberrechtlichen Schutzes und wollten ihn eher auf Ausnahmefälle begrenzt sehen[295], wie der Umkehrschluss aus einem Auszug eines Urteils des Pariser Cour d'Appel aus dem Jahr 1958 zeigt: „Considérant ... qu'il (Anm.: der Regisseur) pourrait être protégé s'il etait l'auteur d'une création et d'une

---

[292] Vgl. Le Chevalier, 146.

[293] Response Ministerielle Nr. 333, Journal Officiel de la République Française, August 1988; Die Antwort lautet auszugsweise: „Si le législateur n'a pas souhaité introduire les mises en scène, sans doute a-t-il préféré laisser aux tribunaux le soin d'apprecier dans cette catègorie d'œuvres celles qu'il convient de considerer comme des œuvres de l'esprit et qui doivent être protégées ent tant que telles en raison de leur originalité et de l'empreinte de la personalité du metteur en scène."

[294] S. Le Chevalier, 189. Übersetzung: Bedenken wir ..., dass er (Anm.: der Regisseur) hätte beschützt werden können, falls er Autor einer Neuschöpfung und einer originellen Neuschöpfung gewesen wäre; erwägen wir, dass im Falle einer Operette diese originelle Kreation ziemlich außergewöhnlich sein wird, denn der Regisseur verfügt nicht über die Feinheit der Schöpfung, weil er der Gefangene des Handelns (der Einwirkung) und der gegebenen Hinweise der Autoren ist."

[295] Vgl. Bozzoni, 103; Rid, 28. Aus der Rechtsprechung seien z.B. die Entscheidungen des Tribunal de la Seine, Annales 1939, 205; Cour de Cassation, Recueil Dalloz 1964, 321ff.; Cour de Cassation, RIDA 93, 1977, 141ff.

création originale; considérant qu'en matière d'opérette cette création originale sera assez exceptionelle car le metteur en scène n'a pas la plenitude de la création, étant le prisonnier de l'áction et des indications données par les auteurs"[296]. In einer späteren bedeutenden Entscheidung[297] präzisierte der Pariser Cour d'Appel 1971 seine Rechtsauffassung: Theaterproduktionen können auch als geschützte Werke i.S.d. Urheberrechts angesehen werden, denn es besteht die Möglichkeit, dass sie durch die Mittel, die der Regisseur zur plastischen Umsetzung der Gedanken des Autors wählt, die notwendige Eigentümlichkeit erhalten[298]. Die Richter erkannten „originalité" u.a. in den Regieanweisungen, der Gestaltung und Nutzung der Requisiten und dem Auftritt und Abgang der Darsteller. Dem so genannten „Darnel Urteil" lagen folgende Fakten zugrunde: *Jean Darnel* produzierte 1963 die Oper *Ba-ta-clan* von *Offenbach* und *Halevy*, die seit ihrer Uraufführung 1855 nicht mehr gespielt wurde. Mit denselben Darstellern und Dirigenten brachte er das Werk 1965 in Rom erneut auf die Bühne und erklärte sich danach bereit, die Oper für das Festival im Marais in Paris zu inszenieren. Diese Verpflichtung sagte er kurzfristig ab. Aufgrund der bereits getroffenen Verpflichtungen sah sich die Festivalleitung gezwungen einen anderen Regisseur zu engagieren. *Emile Noel* brachte das Werk auf die Bühne, allerdings in einer Inszenierung, die der von *Darnel* stark ähnelte. Aus diesem Grund strengte *Darnel* ein Gerichtsverfahren gegen *Noel* und die Festivalleitung an. Die Ähnlichkeit wurde im Prozess durch zwei Experten bestätigt, die die Regieaufzeichnungen beider verglichen und als Konsequenz daraus zum einen der *Darnel* Schöpfung die notwendige Originalität für einen urheberrechtlichen Schutz attestierten, sowie zum anderen in der szenischen Umsetzung *Noels* eine Verletzung des Werkes von *Darnel* sahen.

In der Rechtsliteratur sind die Meinungen zu Regiearbeiten geteilt. *Desjeux* schreibt in ähnlichen Worten wie das Pariser Gericht im Jahr 1958, dass es dem Regisseur an kreativen Möglichkeiten mangelt, da er „Gefangener des Textes oder der Musik" ist[299]. Seine Arbeit folgt nur akzessorisch dem dramatischen Werk. Er sei daher in erster Linie ausübender Künstler, dem nicht per se Urheberrechte zugebilligt werden könnten. Vermittelnd meint er dann jedoch, es sei auch ungerecht, einer Regie, der die notwendige Eigentümlichkeit innewohnt, Urheberrechtsschutz generell abzusprechen. Ihm widerspricht zum Teil *Le Chevalier,* der betont, dass auch die Existenz eines vorangegangenen urheberrechtlichen Werkes (Musikwerk Libretto

---

[296] Cour d'Appel Paris, Gazette du Palais 1958, 312.

[297] RIDA 75, 1973, 134.

[298] Das Urteil lautete auszugsweise:"… l'originalité des moyens employés par le (metteur en scène) pour exprimer visuellement la pensée des auteurs de l'œuvre."

[299] Desjeux, La Mise en Scène estelle une Œuvre de l' Esprit?, RIDA 1973, 43.

etc.) nicht die Möglichkeit ausschließt, dass der Regisseur eine szenische Umsetzung dieses Werkes schafft, die das Erfordernis von „originalité" erfüllt[300]. Er bedauert, dass es keine klare gesetzgeberische Regelung in Bezug auf die Stellung des Regisseurs als Urheber gibt. Aufgrund seiner künstlerischen Leistung sieht er den Regisseur eher als Urheber denn als ausübenden Künstler – insbesondere da ihm der Status als ausübender Künstler kein droit moral gewährt und deshalb nicht die gleiche rechtliche Sicherheit bietet (z.B. um gegen contrefaçon vorzugehen)[301]. Eine ähnliche Linie vertreten *Edelman*[302] und *Gautier*[303]. Letzterer sieht den Regisseur auch nicht in der starken Abhängigkeit wie *Desjeux*, sondern vergleicht seine Arbeit eher mit der eines Übersetzers, dem ein gewisser kreativer Spielraum zusteht, auch wenn er an den Originaltext gebunden ist[304]. *Bozzoni* wiederum ist speziell zur Abgrenzung der Leistung von Choreograf und Regisseur der Auffassung, dass letzterer nicht etwas Kreatives schafft, sondern eine Hilfestellung bei der Umsetzung eines Werkes einnimmt[305], da sich ihrer Ansicht nach seine Tätigkeit im Regelfall auf die Interpretation beschränkt[306]. Die Stellung eines Regisseurs wird von Vertretern dieser Argumentationslinie gern mit der eines Dirigenten verglichen[307]. Um der höheren kreativen Leistung eines Regisseurs als ausübendem Künstler im Vergleich z.B. zu einem Tonträgerhersteller gerecht zu werden, schlägt *Bozzoni* folgende „Rechtspyramide" vor:

- Urheberrecht (u.a. für den Choreografen)
- „großes" Leistungsschutzrecht – incl. droit moral[308] (u.a. für Regisseure)
- „kleines" Leistungsschutzrecht – ohne droit moral[309].

Kein Argument gegen den urheberrechtlichen Schutz der Regieleistung ist die Berufung auf die Form der Regie – ihr „flüchtiger Charakter" ist ähnlich dem der Choreografie, soweit sie nicht notiert wurde. Eine derart formalistische Auffassung wurde jedoch noch 1958 vom Pariser Cour d'Appel vertreten[310]. 1970 stellte der Cour de Cassation klar, dass auch Improvisationen (in dem Fall des Gitarristen Manitas de Plata) urheberrechtsfähig sind[311], wodurch die formalistische Auffas-

---

300 Le Chevalier, 163.
301 Le Chevalier, 377.
302 Edelman, Le Droit Moral du Metteur en Scène de Théâtre, Recueil Dalloz 1997, 357.
303 Gautier, 97.
304 Gautier, 98.
305 Bozzoni, 101.
306 Bozzoni, 104.
307 S. Gautier, 97.
308 Vgl. hierzu auch die Ausführungen im 4. Kapitel 1. Abschnitt II.
309 Bozzoni, 106.
310 Cour d'Appel Paris, Gazette du Palais 1958, 312.
311 Recueil de Dalloz 1970, 734.

sung des Pariser Berufungsgerichtes praktisch überholt ist. Die SACD hat auf die Entwicklung der Rechtsprechung zum Status des Regisseurs reagiert und nimmt sie inzwischen auch als Urheber ihrer Regieleistungen in die Verwertungsgesellschaft auf[312].

2. Urheberrechtliche Qualifikation der Regie

Soweit man einer Regieleistung im französischen Recht also urheberrechtlichen Schutz zubilligen will, stellt sich die Frage der Qualifizierung dieses Werks im Hinblick auf das (choreografische) Werk, das in der Inszenierung umgesetzt wurde. Kaum Akzeptanz findet in der französischen Rechtsliteratur die Einordnung als unabhängige, für sich allein stehende Schöpfung. Eine Einordnung als gemeinschaftlich geschaffenes Werk wird höchstens in dem seltenen Fall in Betracht kommen, wenn der Autor, Komponist oder Choreograf schon bei der Kreation und dann bei der szenischen Umsetzung des Bühnenwerkes so eng mit dem Regisseur zusammenarbeiten, dass davon ausgegangen werden kann, dass auch der Regisseur viele eigene Elemente in das Stück selbst eingebracht hat[313]. Bleibt noch die Alternative des œuvre composite, wobei die Frage zu stellen ist, ob das vorangegangene Werk in die Regieleistung eingefügt worden ist, bzw. die Möglichkeit eines œuvre derivée[314]. Bei einer Bearbeitung wird das choreografische Werk adaptiert, transformiert oder arrangiert[315], d.h. kurz gesagt, der Regisseur müsste Modifikationen am Werk vornehmen. Für *Edelman* passt diese Einordnung nicht, denn das Werk wird durch die Regie allein öffentlichkeitswirksam wahrnehmbar gemacht, verbleibt in seiner Substanz jedoch gleich – anders als es z.B. der Fall ist, wenn ein Roman für einen Film adaptiert wird[316].

In der Regel interpretiert die Regie das Ursprungswerk[317]. Wirklich passend ist das œuvre composite also nur dann für die Regie, wenn der Regisseur stärker in die Substanz des Ausgangswerkes eingreift und Änderungen vornimmt. Dadurch wird allerdings die Problematik einer möglichen Verletzung des droit moral in Form des

312 Boncompain, Le Chorégraphe – Auteur sur la Pointe des Pieds, 26.
313 So auch Le Chevalier, 175; vgl. auch Edelman, Rn. 9.
314 Edelman, Recueil Dalloz 1997, Rn. 7ff.; Gautier, 98, der die schöpferische Leistung wahlweise als œuvre composite oder œuvre derivée ansehen will; Le Chevalier, 173, 380; s. auch Rid, 21.
315 Edelman, Rn. 7.
316 A.a.O.
317 Edelman, Rn. 8.

Integritätsrechts des Choreografen eröffnet[318], denn das Urheberpersönlichkeitsrecht des Regisseurs findet regelmäßig seine Grenze am droit moral des Choreografen[319].

III. Rechtslage in den USA

1. Darstellung des Meinungsstandes

Auch in den USA wird seit längerer Zeit die Diskussion um die Urheberrechtsfähigkeit der Regieleistung geführt. Anders als in Frankreich gibt es jedoch noch keine „landmark decision" zu dieser Rechtsfrage. Es wurden jedoch sowohl Regiearbeiten beim Copyright Office registriert als auch Klagen zur Verletzung von Urheberrechten an Regieleistungen rechtshängig gemacht. Unterstützung erhalten die Regisseure dabei von ihrer Gewerkschaft, der Society for Stage Directors and Choreographers (SDC) – beispielhaft sei auf den Fall *Gerald Gutierrez v. Tony Desantis, Gary Griffin & Drury Lane Oak Brook Theatre* verwiesen[320]. Mit Unterstützung der SDC brachte *Gutierrez* die Klage vor, dass die Produktion des Drury Lane Oak Brook Theatre von *Frank Loessners* Musical „Most Happy Fella" aus dem Jahr 1994 seine Regiearbeit desselben Musicals für das Goodspend Opera House im Jahr 1991 kopierte. Bereits im Jahr 1991 schrieb *Gutierrez* seine Regieanweisungen auf ein Skript des Musicals und registrierte sie beim Copyright Office. Nachdem die Klage über eine halbe Million Dollar Schadenersatz eingereicht war, erledigte sich der Fall außergerichtlich[321]. Aber nicht immer bewegt die Regisseure allein der finanzielle Aspekt. In vielen Fällen geht es auch um die künstlerische Anerkennung und gerade außerhalb New Yorks genügt es ihnen teilweise, wenn ihr Recht auf Urheberschaft und Namensnennung anerkannt wird, falls eine ganze Produktion oder Teile davon übernommen werden[322]. So hat z.B. der Regisseur *Joe Mantello* den ihm

---

318 S. hierzu ausführlich 4. Kapitel 1. Abschnitt II. 4.

319 Vgl. auch Edelman, Rn. 14.

320 Nr. 95-1949 (S.D.N.Y., rechtshängig am 22. März 1995).

321 In einem ähnlichen Rahmen bewegte sich die Klage von Joe Mantello gegen das Caldwell Theatre in Boca Raton, das mit seiner Produktion des Broadway Hits „Love! Valour! Compassion!" angeblich viele Elemente der New Yorker Aufführung, für die Mantello Regie führte, kopierte (s. David Leichtman, 683). Bei dem Fall Einhorn v. Mergatroyd Productions (426 F. Supp. 2d 189 (S.D.N.Y. 2006) ging es allerdings nur um die Frage, ob das Theater die Inszenierung eines Regisseurs, den es entlassen hat, noch benutzen darf.

322 Yellin, New Directions for Copyright: The Property Rights of Stage Directors, 21 Columbia VLA Journal of Law and the Arts 2001, 317, 321.

außergerichtlich gewährten Schadenersatz für eine Verletzung seiner Urheberrechte der SDC Foundation gespendet[323].

Eine klare gerichtliche Entscheidung zur urheberrechtlichen Schutzfähigkeit von Regieleistungen steht also noch aus. Zu gewissen Einzelaspekten finden sich jedoch Gerichtsurteile. Für nicht urheberrechtsfähig wurden in frühen Urteilen Bühneneffekte[324], Gesten und Posen[325] oder Charaktertypen[326] befunden. Ganz unwidersprochen bleibt diese Einschätzung nicht, denn das zuständige Gericht entschied in der Rechtssache *Daly v. Palmer*[327], dass auch eine inszenierte Stummfilmszene Urheberrechtsschutz genießen kann. In der jüngeren Rechtsliteratur ist die Auffassung zur Urheberrechtsfähigkeit von Regiearbeiten gespalten. Der Stimmungsbogen reicht wie in Deutschland oder Frankreich von vehementen Befürwortern[328] der Urheberrechtsfähigkeit bis zur ablehnenden Haltung[329], deren Vertreter nur in Ausnahmefällen Werkqualität anerkennen wollen. Die Argumentation folgt auf beiden Seiten im Wesentlichen bereits den aus Frankreich bekannten Linien.

Im amerikanischen Urheberrecht darf allerdings das konstitutive Fixierungserfordernis nicht ganz außer Acht gelassen werden[330]. Noch nicht eindeutig geklärt ist, ob Regieaufzeichnungen den Anforderungen an das Festlegungserfordernis genügen können. Im Zusammenhang mit dem anfangs geschilderten *Gutierrez* Fall äußerte sich das US Copyright Office wie folgt[331]: „The copyright law protects the expression of an author fixed in any tangible form. With regard to stage directions, this expression will generally be in the form of literary authorship. Reference to „stage directions" in an application however, does not imply any protection for a manner, style or method of directing, or for the actions dictated by them. The authorship on the application in this case is „text of stage directions"[332]. Der Wortlaut

---

323 A.a.O.

324 Daly v. Webster, 56 F. 483 (2d Circ.1892).

325 Savage v. Hoffman, 159 F. 584 (S.D.N.Y. 1908); Harold Lloyd Corp. v. Witwer 65 F. 2d 1 (9th Circ. 1933).

326 Lewys v. O'Neill, 49 F.2d 603 (S.D.N.Y. 1931).

327 6 F. Cas 1132, 1135 (C.C.S.D.N.Y. 1868).

328 Z.B. Litman, Copyright in the Stage Direction of a Broadway Musical, Columbia Journal of Art and the Law 1983, 309ff. Moderater fällt das Votum von Yellin aus (24 Columbia Journal of law and the Arts, 2001, 317ff.).

329 Z.B. Leichtman, 683ff.

330 Ausführliche Darstellung des Fixierungserfordernisses im 2. Kapitel 2. Abschnitt III. 2. d) (1)

331 Leichtman, 683, 724.

332 Das Urheberrecht schützt die Schöpfung eines Autors fixiert in einer körperlichen Form. Hinsichtlich von Regieanweisungen wird diese Art des Ausdrucks regelmäßig als literarisches Werk zu fassen sein. Die Referenz auf Regieanweisungen impliziert nicht, dass ein bestimmter Stil, eine Art oder Methode der Regie bzw. Regieanweisung durch sie geschützt ist. Die Urheberschaft bezieht sich in diesem Fall auf den Text der Regieanweisungen.

des Briefes ist nicht ganz eindeutig, er legt jedoch nahe, dass vom Copyright Office Urheberrechtsschutz für das promptbook als literarisches Werk gewährt wird. Damit ist jedoch nicht zwangsläufig die Inszenierung selbst erfasst[333]. *Litman* vermag diese Auffassung nicht zu teilen und sieht mit der Aufzeichnung der Regieanweisungen im promptbook das Fixierungserfordernis für das Regiewerk insgesamt als erfüllt an[334].

Soweit der Regieleistung urheberrechtlicher Schutz zugebilligt wird, sind ihr im amerikanischen Urheberrecht durch die „doctrine of merger“ sowie die „scènes à faire doctrine“ Schranken gesetzt. Von der „doctrine of merger“ werden all die Fälle erfasst, in denen es nur einen Weg bzw. eine eng begrenzte Zahl an Möglichkeiten gibt, etwas Bestimmtes auszudrücken[335]. Ein ähnlicher Filter wurde in den vierziger Jahren des vergangenen Jahrhunderts von der Rechtsprechung[336] speziell für literarische und dramatische Werke entwickelt. Durch die so genannte „scènes à faire doctrine“ sollen Standard Situationen gemeinfrei gehalten werden, die sich innerhalb des Handlungsablaufs für den Schöpfer praktisch aufzwingen[337]. Beide Lehren fallen inhaltlich recht ähnlich aus. Sie werden daher zumeist anhand ihres Anwendungsbereiches unterschieden[338]. Bei genauerer Betrachtung des Gehalts wird schnell deutlich, dass es sich jeweils um eine spezielle Ausformung der Dichotomie idea-expression handelt[339], sollen beide „doctrines“ doch dazu dienen, gewisse Grundkonzepte bzw. künstlerische Rezepte von der Monopolisierung durch das Urheberrecht auszunehmen.

---

333 Diese Herangehensweise erinnert an die frühen Versuche von Registrierungen choreografischer Werke beim Copyright Office, vgl. Kapitel 1, 2. Abschnitt II 3. c).

334 Litman, Copyright in the Stage Direction of a Broadway Musical, Columbia Journal of Art and the Law 1983, 309, 316.

335 Zur Merger Doctrine hat sich z.B. der First Circuit in Morrissey v. Procter & Gamble et al. ausführlich geäußert (379 F. 2d. 675, 678–679 (1st Circ. 1967)).

336 Z.B. Cain v. Universal Pictures Co., 47 F. Supp. 1013, 1017 (S.D. Cal. 1942).

337 Vgl. Gunderson, An unaccountable Familiarity: A Dual Solution to the Problem of Theft in Theatrical Productions, 31 Seattle University Law Review 2008, 667, 668f.; Leichtman, 683, 711.

338 Erstere wird besonders für utilitaristische Arbeiten benutzt, während letztere häufig im literarisch-dramatischen Bereich Anwendung findet. Vgl. auch Paul Goldstein, Goldstein on Copyright, § 2.3.2.

339 Hoehling v. Universal City Studios Inc., 618 F. 2d 972, 979 (2d Circ. 1980); Goldstein, Goldstein on Copyright, § 2.3.2.

2. Urheberrechtliche Qualifikation der Regie

Auch in der amerikanischen Rechtsliteratur folgt die Diskussion um die rechtliche Einordnung von Regieleistungen ähnlichen Wegen wie im deutschen oder französischen Urheberrecht.

Die Frage nach einer Miturheberschaft stellt sich nur ausnahmsweise, da der Werkautor und der Regisseur in den wenigsten Fällen beabsichtigt haben, ihre Werkteile zu einem Ganzen zu verbinden[340]. Sie wäre nur denkbar, wenn ein neues Stück erarbeitet wird[341]. Im Zusammenhang mit choreografischen Werken ist dieser Fall in der Praxis kaum denkbar, da bei neu zu erschaffenden Choreografien der Choreograf regelmäßig auch die Inszenierung verantwortet. Nahe liegender scheint daher der Weg, Regieleistungen als Bearbeitungen zu qualifizieren, wobei jedoch auch das Problem gesehen wird, dass in diesem Fall die Zustimmung des Urhebers des Ausgangswerkes zur Bearbeitung erforderlich ist[342]. Dabei wird von der Rechtsliteratur angeführt, dass zwar generell die Anforderung an die Originalität eines Werkes im amerikanischen Urheberrecht nicht all zu hoch gesetzt ist, für Bearbeitungen jedoch auch von der Rechtsprechung strengere Maßstäbe angewandt werden, die über triviale Variationen hinausgehen[343].

Choreografen und Regisseure, die von einem Produzenten von Projekt zu Projekt angeheuert werden, um eine Show, Musical, Ballett o.ä. auf die Beine zu stellen, sehen sich im amerikanischen Urheberrecht außerdem der unangenehmen Situation ausgesetzt, dass ihr Werk als work-made-for-hire qualifiziert wird und für sie ohne entsprechende Vereinbarung keine Rechte daran entstehen[344]. Die SDC hat entsprechend reagiert und in ihre Tarifverträge eine Klausel[345] aufgenommen, die den Künstlern Urheberrechte an ihren Werken zusichert[346].

---

340 Ausführlich zur Miturheberschaft im 3. Kapitel 1. Abschnitt III. 2.

341 Vgl. Litman, Copyright in the Stage Direction of a Broadway Musical, Columbia Journal of Art and the Law 1983, 309, 317.

342 Gunderson, An unaccountable Familiarity: A Dual Solution to the Problem of Theft in Theatrical Productions, 31 Seattle University Law Review 2008, 667, 684f.; Yellin, New Directions for Copyright: The Property Rights of Stage Directors, 21 Columbia VLA Journal of Law and the Arts 2001, 317, 334f.

343 David Leichtman, 683, 702f.

344 Genauere Informationen zur works-made-for-hire doctrine im 3. Kapitel 1. Abschnitt III. 4. In der Entscheidung Julien v. Society of Stage Directors and Choreographers Inc. befand das Gericht, dass „directors are employees of producers and not independent contractors" (1975 WL 975 (S.D.N.Y.)).

345 Clause XVII (A) –Property Rights – lautet: „In order to facilitate the Directors and/or Choreographer's ability to prevent unauthorized re-creation of direction and/or choreography, the Producer and the Director and/or Choreographer agree that, as between themselves, all rights in and to the Direction and Choreography created by the Director and/or Choreogra-

IV. Zwischenergebnis der Rechtsvergleichung

Der Vergleich der Rechtslage in allen drei Ländern hat gezeigt, dass man sich überall noch schwer tut, Regieleistungen am Theater als urheberrechtlich schützenswerte Werke einzuordnen – auch wenn sie die notwendige Originalität oder schöpferische Individualität aufweisen. In den USA stellt sich die Situation besonders zugespitzt dar, weil aufgrund der *Feist* Rechtsprechung die Anforderungen an die Originalität nicht besonders hoch anzusetzen sind[347]. Um kreative Spielräume zu sichern und eine Monopolisierung banaler „Theatertricks" zu verhindern, wurden die doctrine of merger und scènes à faire fruchtbar gemacht. Der besonders von der französischen und deutschen Rechtsliteratur entwickelten Auffassung ist zuzustimmen, dass eine Regieleistung, die Werkqualität erreicht, auch urheberrechtlichen Schutz verdient. Diese Aussage ist in der Gerichtspraxis Deutschlands jedoch noch nicht angekommen.

Neben dieser rechtlich unbefriedigenden Situation für einen Regisseur, stellt sich die Frage nach den praktischen Auswirkungen für einen Choreografen. Das Postulat der deutschen BGH Entscheidung „Filmurheber"[348], das einem Urheber grundsätzlich keine Leistungsschutzrechte zubilligt, stellt sich nicht mehr als Problem dar, wenn auch die Möglichkeit eines Urheberrechtsschutzes für Regiearbeiten etabliert wäre. Für die Praxis empfiehlt sich folgender Weg: Bei neu geschaffenen choreografischen Werken ist es wenig zielführend und kaum eindeutig möglich, eine trennscharfe Abgrenzung der Arbeitsbereiche Choreografie-Regie vorzunehmen, wenn die Produktion in Personalunion von einem Choreografen verantwortet wird. Daher sollte vertraglich festgehalten werden, dass Choreograf auch Aufgaben der Regie/Inszenierung übernimmt und dieser umfassende Arbeitsauftrag dementsprechend finanziell zu honorieren ist. Optimal wäre es, die Vergütung entsprechend aufzuteilen. Gleiches gilt in dem Fall, dass der Choreograf die Bearbeitung eines bestehenden Werks vornimmt und inszeniert. Die Frage der Urheberrechtsfähigkeit von Inszenierungen ist jedoch dann für einen Choreografen von Bedeutung, wenn er nur die Wiederaufnahme oder Rekonstruktion eines bestehenden Werkes verant-

pher in the course of the rendition of his/her services shall be, upon ist creation, and will remain the sole and exclusive property of the Director and/or Choreographer respectively …".

346 Dies gilt nicht nur für die New Yorker Theater on and off Broadway. Mit allen Theatern, die die SDC anerkennen, bestehen entsprechend ausgehandelte Verträge, die den Künstlern Rechte zusichern (z.B. mit der League of Resident Theatres oder dem Council of Stock Theatres). Darüber hinaus besteht noch ein so genannter spezial contract, der in den Fällen genutzt werden kann, in dem das Theater keinen der Verträge mit der SDC unterzeichnet hat.

347 Ausführlich dazu im 2. Kapitel 2. Abschnitt III. 1. a).

348 GRUR 1984, 730.

wortet und ihm allein dadurch noch kein Bearbeiterurheberrecht zustehen kann[349]. In diesem Fall besteht für ihn die Möglichkeit urheberrechtlichen Schutzes nur, wenn seine Inszenierungsleistung entsprechend qualifiziert wird.

Nicht ganz zu Unrecht wurde die Frage nach den praktischen Auswirkungen einer Anerkennung des Regisseurs als Urheber im deutschen Recht gestellt. *Kurz* ist der Auffassung, dass sie wesentlich überschätzt werden[350], da das Namensnennungsrecht für den Regisseur sowieso anerkannt ist, Veröffentlichungs- und Aufführungsrecht Gegenstand des Regievertrages sind und Änderungsverbot sowie die Zustimmung zur Weiterveräußerung oder Videoaufzeichnung einer Inszenierung zur obligation d'honneur der Theaterpraxis, unabhängig von konkreten vertraglichen Abreden, gehören. Diese Argumente dürfen sicherlich nicht unterschätzt werden, allerdings gilt das ebenso für eine ausdrückliche Anerkennung der Regieleistung als urheberrechtsschutzfähige Schöpfung. Soweit die Position des Regisseurs als Urheber nicht anerkannt ist, hat er besonderes Augenmerk auf seine Verträge mit den Theatern zu richten, da er dafür Sorge tragen muss, dass er sich all die Rechte zusichern lässt, die ihm aufgrund seiner Interpretenstellung nicht von vornherein vom Gesetz zustehen.

---

349 Zu dieser Problematik ausführlich in Kapitel 1. Abschnitt I. 4.; II. 5.; III. 3.

350 Kurz, Praxishandbuch, Rn. 44.

4. Kapitel
Urheberpersönlichkeitsrechte und Verwertungsrechte des Choreografen

„Don't show me anything you wouldn't want me to borrow![1]"
Martha Graham, Choreografin und Tänzerin (1894–1991) zu ihren Tänzern

In diesem Kapitel stehen die immateriellen und materiellen Rechte von Choreografen im Zentrum des Interesses. Es dient dazu, das Bild zur Position des Choreografen im System des Urheberrechts abzurunden. Ausführlicher dargestellt werden daher die Aspekte, die speziell für die Rechtswahrnehmung eines Choreografen-Urhebers interessant sind. Teilweise erfolgt die Darstellung allerdings nur sehr kurz und überblicksartig, da sich bzgl. der jeweiligen Rechte kaum Besonderheiten im Vergleich zu anderen Urhebern oder spezielle Praxisprobleme ergeben. In diesem Kapitel werden sich Chancen urheberrechtlichen Schutzes aber z.T. auch dessen Grenzen zeigen. Bereits in der Einleitung zu dieser Arbeit wurde angerissen, dass urheberrechtlicher Schutz choreografischer Werke nur einen – wenn auch wichtigen – Beitrag zur Bewahrung dieser Kunstform leisten kann.

1 Übersetzung: Zeig mir nichts, von dem Du nicht möchtest, dass ich es verwende!

1. Abschnitt: Urheberpersönlichkeitsrechte

I. Deutschland

1. Einführung

Die umfassende Neuregelung des Urheberrechts von 1965 bedeutete auch den „endgültigen Durchbruch des Urheberpersönlichkeitsrechts“[2]. Mit der ausdrücklichen Zusammenfassung des Rechts auf Anerkennung der Urheberschaft (§ 13 UrhG), des Veröffentlichungsrechts (§ 12 UrhG) sowie des Rechts auf Schutz gegen Entstellungen bzw. auf Integrität des Werkes (§ 14 UrhG) unter der Zwischenüberschrift „Urheberpersönlichkeitsrecht“ ist jedoch noch nicht der gesamte Bereich umrissen. Auch in anderen Abschnitten des deutschen Urheberrechtsgesetzes finden sich Rechte, die funktionell als Urheberpersönlichkeitsrechte verstanden werden müssen. Dazu zählen z.B. das Rückrufsrecht (§ 42 UrhG) oder der Grundsatz der Unübertragbarkeit des Urheberrechts gemäß § 29 UrhG.

Mit dem eben angesprochenen Grundsatz der Unübertragbarkeit wird jedoch nicht ausgesagt, dass keinerlei Verfügungen über einzelne Urheberpersönlichkeitsrechte getroffen werden können[3]. Explizit zulässig sind die in § 39 UrhG geregelten Rechtsgeschäfte[4]. Bzgl. weitergehender Verfügungen über urheberpersönlichkeitsrechtliche Befugnisse schweigt das Gesetz. Im Interesse eines freien Rechtsverkehrs mit geistigem Eigentum besteht allerdings durchaus ein Bedürfnis Urheberpersönlichkeitsrechte einzuschränken. Zu unterscheiden ist also zwischen den in Anlehnung an die Zweckübertragungslehre unzulässigen Pauschalverzichten und zulässigen Einzeleinwilligungen[5], die auszugsweise im folgenden Abschnitt bei dem jeweiligen Urheberpersönlichkeitsrecht vorgestellt werden.

Von Rechtsprechung und Literatur werden die Grenzen für die Zulässigkeit von Rechtsgeschäften über Urheberpersönlichkeitsrechte nicht einheitlich gezogen. Während nach der „Kerntheorie“[6] der Rechtsprechung und der Rechtslehre ein un-

---

2 Loewenheim/*Dietz* § 15 Rn. 1.

3 Ausführlich zu Rechtsgeschäften über Urheberpersönlichkeitsrechte Metzger, 20ff.

4 Vgl. Rehbinder, Rn. 542.

5 S. Loewenheim/*Dietz* § 15 Rn. 19.

6 Instruktiv zur Bestimmung des Kerns eines Urheberpersönlichkeitsrechts sind die Ausführungen des BGHs in der Entscheidung „Cosima Wagner“ (BGHZ 15, 249, 260f.), wonach der unverzichtbare Restbestand eines Urheberpersönlichkeitsrechts in der Berechtigung besteht, gegen schwerwiegende Beeinträchtigungen der geschützten Persönlichkeitssphäre vorgehen zu können. Dabei ermittelte das Gericht als besonders sensible Bereiche den Entstellungsschutz des § 14 UrhG sowie das Namensnennungsrecht des § 13 S. 2 UrhG.

verzichtbarer Kern des Urheberpersönlichkeitsrechts existiert[7], gehen im Anschluss an *Schricker* einzelne Stimmen der Literatur davon aus, dass auch im Kernbereich Dispositionen möglich sind, soweit die Interessenabwägung nicht dagegen spricht und es sich nicht um einen unzulässigen Pauschalverzicht handelt[8]. Diese Position muss sich allerdings die Kritik gefallen lassen, dass die Funktion des Urheberpersönlichkeitsrechts als Ausgleich zwischen der tarifvertraglich bzw. gesetzlich nicht ausreichend abgesicherten Position des Urhebers gegenüber dem, in vielen Fällen mit wesentlich mehr Verhandlungsmacht ausgestatteten, Verwerter damit zu sehr in Mitleidenschaft gezogen wird. Für die Erörterungen in den folgenden Abschnitten muss außerdem berücksichtigt werden, dass die monistische Deutung des Urheberrechts als ein einheitliches Stammrecht zur Folge hat, dass eine eindeutige Trennung persönlicher und wirtschaftlicher Interessen des Urhebers zwar größtenteils, aber nicht immer eindeutig, möglich ist[9].

2. Veröffentlichungsrecht

Das Veröffentlichungsrecht ist in § 12 UrhG an erster Stelle der Einzelbefugnisse des Urheberpersönlichkeitsrechts geregelt – zu Recht, denn es bildet die Grundlage des Urheberrechtsschutzes. Durch Ausübung des Veröffentlichungsrechts entscheidet der Urheber, wann ein Werk aus seiner Privatsphäre an die Öffentlichkeit gegeben wird. Der persönlichkeitsrechtliche Bezug dieses Rechts besteht darin, dass der Urheber bestimmt, ob und wie sein Werk veröffentlicht wird[10]. Eine Verfügung über das Veröffentlichungsrecht ist dergestalt möglich, dass einem Dritten die Ausübung dieses Rechtes gestattet wird.

Das Veröffentlichungsrecht ist verbraucht, wenn „die Allgemeinheit die Möglichkeit, das Werk mit dem Auge oder Ohr wahrzunehmen“[11] erhält. Das Merkmal

---

7 So spricht schon 1895 von Gierke von einem unveräußerlichen Kern der Persönlichkeitsrechte: „Die Persönlichkeitsrechte sind als solche keine Vermögensrechte. Sie können jedoch gleich den Rechten an anderer Persönlichkeit (den Familienrechten, den Körperschaftsrechten usw.) einen vermögensrechtlichen Inhalt aus sich entfalten oder in sich aufnehmen. In dem Maße, in dem ihr so erlangter Vermögenswert in den Vordergrund tritt, werden sie einer vermögensrechtlichen Ordnung zugänglich. Immer bleibt aber ihr personenrechtlicher Kern unversehrt. …“ (Deutsches Privatrecht, Band 1, 706).

8 Schricker, FS Hubmann, 409.

9 S. auch Hilty, Unübertragbarkeit urheberrechtlicher Befugnisse: Schutz des Urhebers oder dogmatisches Ammenmärchen?, FS Rehbinder, 259ff.

10 Loewenheim/*Dietz* § 16 Rn. 2.

11 Amtl. Begründung in BT-Drucks. IV/270, 40 zum Begriff der Veröffentlichung in § 6 UrhG, der jedoch auch nach h.M. auf § 12 UrhG anzuwenden ist (Schricker/*Kratzenberger* § 6 Rn. 15; Möhring/Nicolini/*Kroitzsch* § 12 Rn. 8.

der Öffentlichkeit bzw. Allgemeinheit ist allerdings dann nicht erfüllt, wenn die Darbietung vor einem geschlossenen miteinander verbundenen Personenkreis stattfindet[12]. Diese Situation ist für theaterinterne Proben bis hin zur nicht öffentlichen Generalprobe anzunehmen, nicht jedoch für frei zugängliche Voraufführungen.

Ist das Werk fertig gestellt, übt der Urheber sein Erstveröffentlichungsrecht oftmals durch den vorbehaltlosen Abschluss eines Nutzungsvertrages aus[13]. Für choreografische Werke ist auch typisch, dass eine (formlose) Fertigstellungserklärung vereinbart wird[14]. In derartigen Vereinbarungen oder Verträgen kann trotzdem keine vollständige Verfügung über das Veröffentlichungsrecht gesehen werden, da der jeweilige Urheber über die Ausübung immer noch selbst bestimmt, d.h. die Gestattung der Ausübung des Erstveröffentlichungsrechts durch einen Dritten kann nur in Ausnahmefällen angenommen werden[15].

Bzgl. des Veröffentlichungsrechts ergeben sich im Bereich der Tanzkunst keine Besonderheiten zwischen Uraufführungen, in denen sowohl Libretto, Musik und Choreografie erstmalig geschaffen werden, und sonstigen Tanzaufführungen, in denen zwar die Choreografie neu entsteht, aber z.B. ein bereits veröffentlichtes Libretto verwendet wird. In beiden Fällen übt der Choreograf durch die Vergabe des (Ur)Aufführungsrechts sein Veröffentlichungsrecht aus, wobei praktisch die Ermächtigung an das Theater erfolgt, den Rahmen der Veröffentlichung zu bestimmen[16]. Den Zeitpunkt der Veröffentlichung kann der Choreograf regelmäßig mitsteuern, da er in den allermeisten Fällen auch die Inszenierung verantwortet. Es bleibt dem Choreografen jeweils unbenommen vertraglich abzusichern, Eckdaten der Aufführung, wie z.B. die Besetzung der Hauptcharaktere, mitzubestimmen.

3. Recht auf Anerkennung der Urheberschaft und Namensnennung

In § 13 S. 1 UrhG ist das allgemeine Schutzprinzip formuliert, dass der Urheber ein Recht auf Anerkennung seiner Urheberschaft hat. Zu diesem Recht gehört gemäß § 13 S. 2 UrhG auch, dass er bestimmen kann, welche Urheberbezeichnung zu wählen ist. Aus dem Recht auf Namensnennung ist für den Choreografen eines urheberrechtlich geschützten Werkes herzuleiten, dass er nach seinem Wunsch (so ge-

---

12 Schricker/*Kratzenberger* § 6 Rn. 13 zur geschlossenen Vorführung für eine Theatergemeinde.

13 Loewenheim/*Dietz* § 16 Rn. 13.

14 So z.B. beim Berliner Staatsballett, Interview vom 2.2.2009 mit Dr. Christiane Theobald, Stellv. Intendantin u. Betriebsdirektorin des Staatsballetts Berlin.

15 S. Wandtke/Bullinger/*Bullinger* § 12 Rn. 3.

16 Vgl. auch BGHZ 15, 249, 257ff.-Cosima Wagner; Wandtke/Fischer/Reich, Theater und Recht, 87.

nanntes Bestimmungsrecht[17]) auf Plakaten, Programmheften etc. als Urheber zu bezeichnen ist. Dazu gehört auch die Möglichkeit sich mit einem Künstlernamen nennen zu lassen[18]. Allerdings richtet sich die Reihenfolge der Nennung einzelner Urheber in Programmen oder auf Plakaten nach der jeweiligen Branchenüblichkeit, wenn keine vertraglichen Abreden getroffen wurden[19]. Das Recht der Wahl einer Urheberbezeichnung kann jedoch vertraglich beschränkt werden, wie sich aus § 39 Abs. 1 UrhG herleiten lässt. Sinngemäß ergibt sich aus der urheberrechtlichen Zulässigkeit einer Änderung der Urheberbezeichnung auch die Möglichkeit Vereinbarungen über die (erste) Anbringung der Kennzeichnung der Urheberschaft bzw. des Weglassens zu treffen[20]. Für den Choreografen als Urheber kann sich die Frage einer Nicht-Nennung stellen, wenn für das Werk in der Öffentlichkeit kurz und knapp geworben wird bzw. die Öffentlichkeit durch Ankündigungen oder Anzeigen an das Werk herangeführt werden soll. Der vertragliche Verzicht auf die Anbringung der Urheberbezeichnung sollte sich jedoch auf den konkreten Fall beschränken. Eine vollständige vertragliche Aufgabe der Rechte aus § 13 UrhG ist aufgrund der Unverzichtbarkeit auf Urheberpersönlichkeitsrechte gemäß § 29 UrhG unwirksam. Eine Untersagung der Namensnennung durch den Urheber dürfte nur in den kaum praxisrelevanten Fällen von Bedeutung sein, wenn sich der Choreograf nicht mehr mit seinem Werk identifiziert und z.B. eine Wiederaufnahme ansteht[21].

4. Werkintegritätsrecht und Änderungsbefugnisse

Der Gestaltungsspielraum des Werkverwerters spielt sich im deutschen Urheberrecht im Spannungsfeld zwischen der integritätsrechtlichen Schutzvorschrift des § 14 UrhG und der Möglichkeit vertraglicher Änderungsvereinbarungen mit dem Urheber gemäß § 39 Abs. 1 UrhG bzw. Änderungen aus Treu und Glauben gemäß § 39 Abs. 2 UrhG ab. Die Änderungsbefugnis im deutschen Recht kann nicht generell bestimmt werden, sondern muss jeweils für den Einzelfall herausgearbeitet werden. D.h. der Gestaltungsspielraum für die Umsetzung einer Choreografie ergibt sich indirekt aus den §§ 14, 39 UrhG, deren systematisches Verhältnis zueinander umstritten ist.

---

17 Vgl. Schricker/*Dietz* § 13 Rn. 12ff.

18 So schon BOSchG 10/42 UFITA 16 (1944), 148ff.

19 Vgl. BGH GRUR 1963, 40, 42 – Straßen gestern und morgen; Kurz, Praxishandbuch, Rn. 53; Wandtke/Fischer/*Reich*, Rn. 181.

20 Schricker/*Dietz* § 13 Rn. 22; Wandtke/Bullinger/*Bullinger* § 13 Rn. 20f.

21 Ihm steht natürlich auch die Möglichkeit eines Rückrufs offen. S. 4. Kapitel 1. Abschnitt I. 5.

a) *Darstellung des Meinungsstandes und Stellungnahme*

Eine Strömung in der Rechtsliteratur versteht § 39 UrhG als Ausdruck des allgemeinen Änderungsverbotes gegenüber dem berechtigten Werknutzer, das zwar in engen Grenzen Ausnahmen zulasse, die sich jedoch wiederum an § 14 UrhG bzgl. ihrer Zulässigkeit messen lassen müssen[22]. Folglich stehen § 14 UrhG und § 39 UrhG mit eigenen Anwendungsbereichen nebeneinander. Nach anderer Auffassung gilt, dass § 39 UrhG Teil eines Gesamtkomplexes von änderungsrechtlichen Vorschriften ist[23]. § 39 UrhG stellt nach diesem Verständnis gegenüber dem berechtigten Verwerter lediglich den Integritätsschutz aus § 14 UrhG klar und ermöglicht ihm im Rahmen des nach § 14 UrhG Zulässigen Ausnahmen. Die Norm begrenzt also den allgemeinen Beeinträchtigungsschutz zugunsten des berechtigten Nutzers[24]. D.h. § 39 UrhG bringt in die bei der Anwendung des § 14 UrhG vorzunehmende Interessenabwägung weitere Wertungsgesichtspunkte ein[25].

Letzterer Auffassung ist der Vorzug zu gewähren, da sie den systematischen Erwägungen des deutschen Urheberrechts am besten gerecht wird. Nach der monistischen Lehre werden die immateriellen und materiellen Befugnisse als eine Einheit betrachtet. Insofern ist es nicht erforderlich beide Normen gegeneinander abzugrenzen[26], sondern in ihrer gemeinsamen Betrachtung ermöglichen sie die Bestimmung des Änderungsverbotes für den Urheber. D.h. § 14 UrhG normiert einen allgemeinen Beeinträchtigungsschutz, der durch § 39 UrhG in zweierlei Hinsicht konkretisiert wird. Zum einen stellt letztere Vorschrift klar, dass auch gegenüber dem berechtigten Werknutzer grundsätzlich das Änderungsverbot gilt. Zum anderen regelt § 39 UrhG Ausnahmen zugunsten eben dieses Nutzungsberechtigten. *Grunert* folgert deswegen, dass § 39 UrhG nicht nur eine deklaratorische Begrenzungsfunktion innewohnt, sondern der Vorschrift bzgl. der Änderungsbefugnisse auch eine Ermöglichungsfunktion zukommt[27].

---

[22] Möhring/Nicolini/*Spautz* § 39 Rn. 1; Rehbinder Rn. 246; Ulmer, 217.

[23] Fromm/Nordemann/*Axel Nordemann* § 39 Rn. 2; Schricker/*Dietz* § 14 Rn. 1.

[24] BGH GRUR 1971, 35, 37 – Maske in Blau; Fromm/Nordemann/*Axel Nordemann* § 39 Rn. 2; Schricker/*Dietz* § 39 Rn. 1; Schack, Rn. 351.

[25] Schricker/*Dietz* § 14 Rn. 1, 4; § 39 Rn. 1.

[26] Z.B. indem man ihre systematische Stellung betont: § 14 UrhG als Teil des Urheberpersönlichkeitsrechts, § 39 UrhG als verwertungsrechtliche Vorschrift.

[27] Grunert, Werkschutz contra Inszenierungskunst, 168.

b) § 14 UrhG als Integritätsschutznorm

Die Prüfung des § 24 UrhG erfolgt in einem mehrstufigen Verfahren[28]. Erste Stufe ist die Feststellung einer Entstellung oder sonstigen Beeinträchtigung. Nach ganz h.M.[29] wird die Beeinträchtigung als Oberbegriff verstanden und eine Entstellung bildet dementsprechend nur einen besonders schwerwiegenden Fall einer Beeinträchtigung. Aufgrund dieser methodischen Gleichbehandlung aller Fälle von Beeinträchtigungen erübrigt sich auch eine scharfe begriffliche Abgrenzung[30]. Unter einer Beeinträchtigung ist die Abwertung oder Verschlechterung eines Werkes in den Augen des unvoreingenommenen Durchschnittsbetrachters zu verstehen[31]. D.h. eine Beeinträchtigung eines choreografischen Werkes ist z.B. durch eine unvollständige oder veränderte Aufführung anzunehmen. In der zweiten Stufe ist dann am konkreten Einzelfall zu prüfen, ob die Beeinträchtigung zu einer Interessengefährdung geeignet ist. Die Eignung wird allerdings durch das Vorliegen der Beeinträchtigung bereits indiziert[32]. In einem dritten methodischen Schritt ist schließlich eine Interessenabwägung durchzuführen. Dabei ist der Ausgangspunkt das Bestands- und Integritätsinteresse des Urhebers. Allerdings muss der Urheber auch auf die Gewohnheiten im Verkehr, bzgl. choreografischer Werke also besonders auf die Belange der Theater, Rücksicht nehmen. Hat man die jeweils betroffenen Interessen festgestellt, sind sie in ihrer Werthaftigkeit zu bestimmen und miteinander zu vergleichen. Dabei spielt selbstverständlich nicht die subjektive Einschätzung der Betroffenen eine ausschlaggebende Rolle, sondern die Wertung muss vom Gericht objektiv und möglichst mit dem Anspruch der Allgemeingültigkeit festgestellt werden. Zur Quantifizierung wird auf verschiedene Indikatoren abgestellt, die bereits Indizwirkung für ein Rangverhältnis beinhalten können. Zu den Kriterien für eine Abwägung zählt z.B. die Intensität des Eingriffs[33], d.h. sachgerechte Änderungen hat der Urheber hinzunehmen. In der Rechtsliteratur wird auch auf die Kriterien der Gestaltungshöhe bzw. schöpferischer Eigenart und den künst-

---

[28] Von der Mehrheit der Rechtsliteratur wird ein dreistufiges Verfahren angewendet (s. nur Schricker/*Dietz* § 14 Rn. 18 m.w.N.).

[29] Schricker/*Dietz* § 14 Rn. 19 m.w.N.; a.A. Dreyer/Kotthoff/Meckel/*Dreyer* § 14 Rn. 36ff.

[30] OLG München, ZUM 1996, 165, 166 – Dachgauben; KG, ZUM 2001, 590, 591 – Gartenanlage; Dreier/Schulze/*Schulze* § 14 Rn. 5; Schricker/*Dietz* § 14 Rn. 20.

[31] Schricker/*Dietz* § 14 Rn. 21; Wandtke/Bullinger/*Bullinger* § 14 Rn. 3. Z.T. wird noch zwischen direkten Eingriffen in die Werksubstanz und indirekten Eingriffen durch Herstellung eines das Werk beeinträchtigenden Sachzusammenhangs abgestellt (vgl. Schricker/*Dietz* § 14 Rn. 23ff.).

[32] OLG München GRUR 1993, 332, 333 – Christoph Columbus; Schricker/*Dietz* § 14 Rn. 27.

[33] So ausdrücklich OLG München GRUR 1993, 332, 333 – Christoph Columbus.

lerischen Rang des jeweiligen Werkes verwiesen[34]. Anders als das Merkmal der schöpferischen Eigenart, das ein wichtiges Kriterium zur Beurteilung eines Eingriffs in ein Werk darstellen kann, ist der künstlerische Rang von eher fragwürdiger Aussagekraft. Eine künstlerische Bewertung und damit einhergehende subjektive Beurteilungen des Werkes sollten nicht von Gerichten getroffen werden[35].

Die Interessenabwägung muss immer eng an den Umständen des Einzelfalls orientiert sein. Allgemein festgehalten werden kann jedoch, dass das Urheberrechtsgesetz keinen systematischen Vorrang ideeller Interessen erkennen lässt. Unter diesem Gesichtspunkt sind sowohl das Integritätsinteresse des Urhebers als auch das Änderungsinteresse eines Theaters/Produzenten werthaltig. Rechtsprechung und Literatur sind sich allerdings in der Frage eines Rangverhältnisses zwischen Interessen von Urhebern und Werknutzern nicht einig[36]. Z.T. wird von einer grundsätzlichen Vorrangwirkung des Urheberpersönlichkeitsrechts aufgrund der absoluten Wirkung des Integritätsinteresses ausgegangen, da auf der Gegenseite „nur" wirtschaftliche Interessen im Raum stehen[37]. Andere Stimmen[38] vertreten eine Gleichrangigkeit, die mit den realen Verhältnissen im Theaterbetrieb eher im Einklang steht[39], da z.B. ein kurzfristiges Aufführungsverbot eines choreografischen Werkes im Eilverfahren unabsehbare wirtschaftliche und immaterielle Nachteile für das Theater und die beteiligten Künstler haben kann.

c) *Integritätsschutz im Einzelnen*

(1) *Nutzungen ohne Bearbeitungscharakter*

Beim Integritätsschutz ist im Verhältnis zum berechtigten Nutzer[40] zwischen Nutzungen ohne Bearbeitungscharakter und Nutzungen mit Bearbeitungscharakter zu

---

[34] Schricker/Dietz § 14 Rn. 31 m.w.N.; Wandtke/Bullinger/*Bullinger* § 14 Rn. 17, allerdings kritisch bzgl. des künstlerischen Ranges.

[35] Vgl. auch 2. Kapitel 1. Abschnitt I. 1 zum Werkbegriff. Ebenso Wandtke/Bullinger/*Bullinger* § 14 Rn. 17; a.A. BGH GRUR 1989, 106, 107 – Oberammergauer Passionsspiele II.

[36] Ausführlich zum Meinungsstand Schricker/*Dietz* § 14 Rn. 29 m.w.N.

[37] BGHZ 17, 266, 281 – Grundig Reporter; Fromm/Nordemann/*Dustmann* § 14 Rn. 21 gehen tendenziell von einem Vorrang aus; Dreyer/Kotthoff/Meckel/*Dreyer* § 14 Rn. 62.

[38] Schricker/*Dietz* § 14 Rn. 29; Loewenheim/*Dietz* § 16 Rn. 110f.

[39] Diese Aussage kann auch allgemeiner getroffen werden, denn bei Annahme eines Vorranges der Interessen des Urhebers stände das Ergebnis der Interessenabwägung praktisch in jeden Fall bereits vorher fest.

[40] Im Fall eines gesetzlich Nutzungsberechtigten aufgrund der Schrankenregelungen der §§ 45ff. UrhG ändert sich an der Maßgabe einer Interessenabwägung nach §§ 14 und 39 UrhG nichts, da § 62 UrhG eine entsprechende Verweisung auf § 39 UrhG enthält.

unterscheiden[41]. In ersterem Fall verbleibt es nach Maßgabe des § 39 UrhG ohne besondere Vereinbarungen bei den nach Treu und Glauben zulässigen Eingriffen in das Werk, deren Berechtigung im Rahmen der Interessenabwägung nach § 14 UrhG zu untersuchen ist. Das Tatbestandmerkmal „Treu und Glauben" wird von der Rechtsprechung[42] und h.M. in Rechtsliteratur[43] so verstanden, dass eine konkrete und einzelfallbezogene Interessenabwägung vorzunehmen ist, ohne ein von vornherein bestehendes Rangverhältnis der einzelnen betroffenen Interessen anzunehmen[44]. Nicht außer Acht gelassen werden darf auch der Vertrags- oder Verwertungszweck. D.h. für choreografische Werke wird das Recht auf Werkintegrität nicht durch Änderungen beeinträchtigt, wie sie z.B. durch veränderte Bühnenmaße beim Gastspiel einer Tanzkompanie erforderlich werden. Die Änderungsbefugnis kann jedoch nicht soweit gehen, dass prägende Teile des Werkes gegen den Willen oder ohne ein Einverständnis des Choreografen abgeändert werden[45]. Eine derartige Praxis würde den Umfang des Gestaltungsspielraumes, der den Theatern mit der Entscheidung des BGHs im Fall „Maske in Blau"[46] zugestanden wurde, fehl interpretieren. D.h. Änderungen an wesentlichen Zügen des Werkes oder seines wesentlichen Aussagegehaltes führen zu Nutzungen mit bearbeitenden Charakter, die einer vertraglichen Vereinbarung i.S.d. § 39 Abs. 1 UrhG bedürfen.

Darüber hinaus ist bzgl. choreografischer Werke zu beachten, dass trotz der gesetzlichen Verankerung des Werkintegritätsrechts für den Choreografen im deutschen Urheberrecht die Gefahr besteht – insbesondere bei langfristigen Aufführungsverträgen, die auch Wiederaufnahmen ermöglichen – dass die Werktreue nicht gewahrt wird bzw. nicht gewahrt werden kann. Empfehlenswert für den Choreografen ist daher die Aufnahme einer vertraglichen Regelung, wonach ihm gegen Kostenerstattung Kontrollbesuche ermöglicht werden, wenn nicht nur unerhebliche Teile des Ensembles oder wichtige Solisten wechseln bzw. eine Wiederaufnahme stattfindet. Damit muss der Anspruch verbunden sein, entsprechende Proben zur Nacharbeit oder Überarbeitung durchzuführen. Qualitätskontrollen bzw. so genannte „brush up rehearsals" (Proben) gehören inzwischen nicht nur in den USA zu den vertraglichen Standardvereinbarungen[47]. In den USA sind sie oft sogar als

---

41 Loewenheim/*Dietz* § 16 Rn. 90.

42 BGH GRUR 1971, 35, 37 – Maske in Blau.

43 Schricker/*Dietz* § 39 Rn. 14 m.w.N.

44 Die Mindermeinung (Möhring/Nicolini/*Spautz* § 39 Rn. 10), versteht § 39 Abs. 2 UrhG als eng auszulegende Schutznorm zugunsten des Urhebers.

45 Für Regiearbeiten: OLG Dresden ZUM 2000, 955 – Csárdásfürstin; OLG München ZUM 1996, 598 – Iphigenie in Aulis; Grunert ZUM 2001, 210ff.

46 BGH GRUR 1971, 35ff.

47 Interview mit Dr. Christiane Theobald vom 2.2.2009.

ausdrückliche Pflicht des Choreografen ausgestaltet, die bei Nichteinhaltung zur Kürzung von Lizenzgebühren führen kann[48].

Für den Choreografen, der regelmäßig neben der Schöpfung der Choreografie auch die Inszenierung übernimmt oder die Wiederaufnahme eines Werkes verantwortet, ist der Grundsatz des Änderungsverbotes auch im Hinblick auf seine Regieleistung von Bedeutung. Zwar wird die Urheberrechtsfähigkeit einer Regiearbeit noch nicht endgültig anerkannt[49], unter der Prämisse eines Urheberrechtsschutzes dieser Leistung gilt jedoch, dass eine Abwägung der Interessen des Choreografen mit denen des Theaters als Werknutzer erfolgen muss[50].

(2) Nutzungen mit Bearbeitungscharakter – vertragliche Änderungsmöglichkeiten gemäß § 39 UrhG

Im Falle einer Nutzung mit Bearbeitungscharakter sind zu dem bisher Gesagten folgende Gesichtspunkte zu ergänzen: Derartige Nutzungen eines Werkes bedürfen von vornherein zumindest einer konkludenten Erlaubnis des Urhebers des Ausgangswerkes i.S.d. § 39 Abs. 1 UrhG zu den damit verbundenen Änderungen[51]. Bei der Auslegung konkludenter Änderungsvereinbarungen ist auf die allgemeinen Regelungen, insbesondere §§ 133, 157 BGB, abzustellen. D.h. es ist der wirkliche Wille der Parteien unter Berücksichtigung von Treu und Glauben sowie Verkehrssitte zu ermitteln. Soll also ein sehr unkonventioneller Choreograf mit der Inszenierung eines choreografischen Werkes betraut werden und ist dies dem Urheber des choreografischen Werkes bekannt, kann im Abschluss des Aufführungsvertrages mit der Bühne die Zustimmung des Urhebers zu einer dem Regiestil entsprechenden Fassung des choreografischen Werkes gesehen werden[52].

Z.T. wird auch der Entstellungsschutz des § 14 UrhG als Grenze konkludenter Änderungsvereinbarungen angesehen[53]. Die Möglichkeit einer Vereinbarung entstellender Änderungen ist nicht unumstritten[54]. Ausgangspunkt der Betrachtung

---

48 S. z.B. Muster von Charles Grippo, Business and Legal Forms for Theater, 158. Broadway Tarifvertrag Regelung XIX.

49 Vgl. zu dieser Problematik 3. Kapitel 2. Abschnitt.

50 OLG Frankfurt GRUR 1976, 199, 201f. – Götterdämmerung.

51 Vgl. h.M. in Rechtsprechung (BGH JZ 1986, 1014, 1015 – Oberammergauer Passionsspiele) und Literatur (Rehbinder, Rn. 246; Schack, Rn. 351; Schricker/*Dietz* § 39 Rn. 9; Ulmer, 217.) ist der Auffassung, dass Änderungsvereinbarungen wie andere Rechtsgeschäfte auch stillschweigend möglich sind. Als Argument für die h.M. mag ein Blick in die Theaterpraxis dienen. Dort sind ausdrückliche Änderungsvereinbarungen nicht gängig.

52 Vgl. für das Sprechtheater: Grunert, Werkschutz contra Inszenierungskunst, 190.

53 Schack, Rn. 351; Ulmer, 217.

54 Für die Möglichkeit entstellender Änderungsvereinbarungen: in den Grenzen der Kernbereichstheorie Dreier/Schulze/*Schulze* § 39 Rn. 3; Schack Rn. 343; Schricker/*Dietz* § 14

dieser Problematik ist die Feststellung, dass § 14 UrhG die ideellen Interessen der Urheber schützt und kein – etwa allgemeines – Interesse an der Unversehrtheit urheberrechtlicher Werke[55]. D.h. es ist dem Urheber grundsätzlich zuzugestehen, dass er nicht zwingend an der Integrität seines Werkes festhalten muss. Der BGH geht in ständiger Rechtsprechung allerdings davon aus, dass ein stillschweigendes Einverständnis des Urhebers zu Änderungen seines Werkes dort seine Grenzen findet, wo die „Änderung auf Werkentstellung hinausläuft"[56]. Das OLG München spricht mit seinen Ausführungen in der Entscheidung „Unendliche Geschichte" jedoch eine etwas andere Sprache[57]. Zwar sei der Entstellungsschutz aus § 14 UrhG unverzichtbar, gegebenenfalls komme jedoch eine dem Erlassvertrag angenäherte Einwilligung als verfügender Vertrag über den künftigen Anspruch in Betracht, so dass im Rahmen der Einwilligung liegende Beeinträchtigungen von vornherein keine Ansprüche aus § 14 UrhG auslösen[58]. Allerdings ist zum Schutz des Urhebers zu fordern, dass darüber ausdrückliche und konkrete Vereinbarungen getroffen werden. Anderenfalls vermag die Änderungsvereinbarung im Rahmen der Prüfung des § 14 UrhG nicht die Indizwirkung einer objektiv vorliegenden Entstellung bzw. Beeinträchtigung zu beseitigen und es verbleibt Raum für die Anwendung der Interessenabwägung im Rahmen der Prüfung des § 14 UrhG[59]. Eine vollständige Beseitigung der Schutzwirkung des Integritätsrechts kann daher aufgrund des nicht verzichtbaren Kerns eines jeden Urheberpersönlichkeitsrechts nur bedingt durch vertragliche Vereinbarung erfolgen, so dass es dem Urheber quasi zu seinem eigenen Schutz nicht offen steht, pauschal auf seine kompletten Befugnisse aus § 14 UrhG zu verzichten[60]. Im umgekehrten Fall vermag die unbefugte Nutzung einer Bearbeitung auch einen Verstoß gegen das Integritätsrecht darstellen.

Rn. 19 m.w.N.; Wandtke/Bullinger/*Wandtke/Grunert* § 39 Rn. 16. Ähnlich BGH GRUR 1986, 458f. – Oberammergauer Passionsspiele für stillschweigende Änderungsvereinbarungen.

55 Grunert führt zu Recht Unsicherheiten für die Theater an, wenn erst entsprechende Änderungsvereinbarungen mit dem Urheber getroffen werden, das Theater jedoch trotzdem befürchten muss, späteren Unterlassungsansprüchen ausgesetzt zu sein (Grunert, Werkschutz contra Inszenierungskunst, 191).

56 BGH GRUR 1986, 458, 459 – Oberammergauer Passionsspiele.

57 OLG München GRUR 1986, 460.

58 OLG München GRUR 1986, 460, 463.

59 Dietz sieht zu Recht Raum für eine Interessenabwägung, wenn dem Urheber die Tragweite der Änderungsbefugnis zum Zeitpunkt der Vereinbarung aufgrund sachlicher Gründe oder wegen der Pauschalität der Vereinbarung nicht erkennbar war (Schricker/*Dietz* § 39 Rn. 3).

60 S. BGH GRUR 1971, 269, 271 – Das zweite Mal, für den Fall einer unbeschränkten Änderungsmöglichkeit eines Fernsehmanuskripts; Fromm/Nordemann/*Dustmann* § 14 Rn. 23; Schricker/*Dietz* § 39 Rn. 3.

5. Rückrufsrecht

Mit dem Veröffentlichungsrecht gemäß § 12 UrhG korrespondiert das Rückrufsrecht wegen gewandelter Überzeugung gemäß § 42 UrhG als Urheberpersönlichkeitsrecht im weiteren Sinne. Dieses Recht dient dazu, mit Hilfe des Rückrufs bereits eingeräumter Nutzungsrechte oder eine bereits erfolgte Erstveröffentlichung eines Werkes so weit wie möglich wieder rückgängig zu machen, falls sich die Überzeugung des Urhebers geändert hat. Das Rückrufsrecht ist also ebenso wie das Veröffentlichungsrecht Ausdruck des Gedankens, dass der Urheber eines Werkes das Bestimmungsrecht darüber besitzt, wie sein Werk in der Öffentlichkeit präsentiert werden soll. Im Gegensatz zum französischen Recht[61], wo keinerlei Begründung abgegeben werden muss, hat der Choreograf als Urheber im deutschen Recht seine gewandelte Überzeugung darzulegen. D.h. das Werk darf der Überzeugung des Urhebers nicht mehr entsprechen und ihm ist aus diesem Grund nicht mehr zuzumuten, dass das Werk noch weiterhin verwertet wird. An den Nachweis des Überzeugungswandels, der jegliche Art von geänderter Auffassung beinhalten kann, sind jedoch keine erhöhten Anforderungen zu stellen, so dass eine durch Tatsachen belegte Darstellung des Widerspruchs zwischen der jetzigen und früheren Überzeugung des Urhebers genügen soll[62].

In Deutschland kann das Rückrufsrecht für den Choreografen oder andere Urheber am Theater aufgrund der Entschädigungspflicht des § 42 Abs. 3 UrhG nur dann praktische Bedeutung gewinnen, solange noch keine Produktionskosten angefallen sind. Da dieser Fall in der Praxis kaum eintritt, fällt die Rezeption in der Rechtsliteratur zu § 42 UrhG vergleichsweise kurz aus.

§ 41 UrhG gewährt dem Choreografen/Urheber zwei Jahre nach Ablieferung des Werkes die Möglichkeit des Rückrufs eines ausschließlich gewährten Nutzungsrechtes wegen Nicht- oder nicht ausreichender Ausübung, soweit dadurch berechtigte Interessen des Urhebers erheblich verletzt werden und der Urheber die mangelnde Verwertung des Werkes nicht selbst zu verantworten hat. Vor dem Rückruf ist dem Inhaber des Nutzungsrechts eine angemessene Nachfrist zur Ausübung zu setzen, die nur dann entfällt, wenn die Nutzung verweigert wird, unmöglich ist oder dadurch überwiegende Interessen des Urhebers gefährdet werden. Für den Choreografen kommt das Rückrufsrecht des § 41 UrhG dann in Betracht, wenn das Werk zwar abgenommen, aber nicht zur Premiere zugelassen wird, oder wenn es unvertretbar selten auf dem Spielplan erscheint[63].

---

[61] Vgl. 4. Kapitel 1. Abschnitt II. 5.

[62] Loewenheim/*Dietz* § 16 Rn. 18; Schricker/*Dietz* § 42 Rn. 24; Wandtke/Bullinger/*Wandtke* § 42 Rn. 5.

[63] Kurz, Praxishandbuch, Rn. 65.

6. Zugangsrecht

Choreografische Werke und Inszenierungen fallen, soweit sie nicht notiert oder anderweitig aufgezeichnet wurden, oft der Vergessenheit anheim, wenn sie über längere Zeit nicht auf den Spielplänen der Theater auftauchen. Um sein Werk vor dem endgültigen Vergehen zu bewahren, vermag das Zugangsrecht des § 25 UrhG für den Choreografen daher an Bedeutung gewinnen: Auf seiner Grundlage kann er verlangen, dass ihm sein Werk zugänglich gemacht wird, um die Schöpfung auf Bild- oder Tonträger aufzunehmen. Zum Zugangsrecht gehört auch die Möglichkeit für den Urheber eine bereits bestehende Aufzeichnung zu „vervielfältigen". Dieses Recht kann jedoch nur geltend gemacht werden, wenn keine berechtigten Interessen des Theaters dagegen stehen[64]. D.h. für den Urheber muss z.B. nicht extra eine Sondervorstellung angesetzt werden. Zu beachten ist außerdem, dass der Choreograf für eine Aufzeichnung auf Film oder Video die Einwilligung der ausübenden Künstler (Tänzer) gemäß §§ 83, 53 Abs. 7 UrhG bzw. anderen Urheber gemäß § 53 Abs. 7 UrhG (Komponist, Bühnen-/Kostümbildner) benötigt.

II. Frankreich

1. Einführung

Bzgl. der Wechselwirkungen zwischen materiellen und immateriellen Rechten hat der französische Gesetzgeber eine andere Lösung gewählt als der deutsche. Nach der heute im kontinentaleuropäischen Rechtsraum fast allgemein akzeptierten Erkenntnis hat das Urheberrecht eine Doppelfunktion und deshalb auch eine Doppelstruktur[65]. Ideellen Interessen der Urheber wird durch die Übertragung einer Reihe von persönlichkeitsrechtlichen Befugnissen an den jeweiligen Werken in den nationalen Gesetzgebungen Rechnung getragen, während ihre materiellen Interessen durch die Gewährung von ausschließlichen Verwertungsrechten und gesetzlichen Vergütungsansprüchen abgesichert werden. Für das Verhältnis dieser beiden Interessensphären zueinander hat sich jedoch keine einheitliche Auffassung herausgebildet, lediglich die zueinander bestehenden Wechselwirkungen sind sowohl in Deutschland als auch in Frankreich unbestritten.

Während sich der deutsche Gesetzgeber bei der Reform von 1965 für die so genannte monistische Theorie entschieden hat, so dass sämtliche Urheberbefugnisse

---

[64] Kurz, Praxishandbuch, Rn. 66.

[65] Dietz, Das Urheberrecht in der Europäischen Gemeinschaft, 104.

einem einheitlichen Stammrecht zugeordnet werden[66], ging der französische Gesetzgeber 1957 einen anderen Weg. Er wählte die dualistische Konzeption, nach der das droit moral[67] und die Vermögensrechte (droits patrimoniaux) von Anfang bis Ende ein selbstständiges rechtliches Schicksal haben[68]. Der Unterschied wird an einem praktischen Beispiel deutlich: nach monistischer Auffassung erlöschen Vermögensrechte und Urheberpersönlichkeitsrechte grundsätzlich gemeinsam. Das französische Urheberrecht kennt jedoch keine zeitliche Grenze für das droit moral. Art. L. 121-1 Abs. 3 CPI, der nach Ansicht der Lehre trotz seines engen Wortlauts eine Regelung für alle mit dem droit moral zusammenhängenden Befugnisse enthält, nennt es ausdrücklich „perpétuel"[69]. Allerdings wurde im französischen Urheberrecht nicht eindeutig geregelt, wer Träger dieses ewig währenden Rechts sein soll. Art. L. 121-1 Abs. 4 und Abs. 5 CPI klären diese Fragen nur bruchstückhaft. Die dadurch auftretenden problematischen Konstellationen sind jedoch nicht Gegenstand des Themas dieser Arbeit und werden daher im folgenden Abschnitt nicht angerissen.

Wie im deutschen Urheberrecht gilt auch im französischen Urheberrecht der Grundsatz der Unübertragbarkeit der Urheberpersönlichkeitsrechte. Die „inaliénabilité" gemäß Art. L. 121-1 Alt. 3 CPI ist jedoch ebenfalls wie im deutschen Recht nicht absolut im Sinne eines Verbots jeglicher Dispositionen im Bereich des droit moral zu verstehen[70]. Verboten ist jedoch ein Totalverzicht[71]. Mögliche Rechtsgeschäfte über das droit moral werden auch in diesem Abschnitt an entsprechender Stelle vorgestellt. Es entspricht der französischen klassischen Lesart und der dualistisch geprägten Auffassung des französischen „droit d'auteur", dass die Art. L. 121-1ff. CPI die persönlichkeitsrechtlichen Befugnisse des Urheberrechts den vermögensrechtlichen voranstellen, um damit die „Vorherrschaft" der ideellen Interessen des Urhebers über die vermögensrechtlichen Aspekte zu betonen[72]. Kritische Stimmen weisen allerdings darauf hin, dass „der Ton der französischen Urheberrechtsautoren angesichts des droit moral mitunter ein wenig feierlich gerät.[73]"

---

66 Hilty, Unübertragbarkeit urheberrechtlicher Befugnisse: Schutz des Urhebers oder dogmatisches Ammenmärchen?, FS Rehbinder, 259, 261; Rehbinder, Rn. 31; Ulmer, 112f.

67 Zur Rechtsnatur der Urheberpersönlichkeitsrechte s. Metzger, 142ff.

68 Colombet, Proprieté littéraire et artistique et droits voisins, 205ff., 212ff.

69 Vgl. Dietz, Das Droit moral des Urhebers im neuen französischen und deutschen Urheberrecht, 22 m.w.N.

70 Metzger, 146.

71 Metzger, 148.

72 S. Lucas-Schloetter, Die Interessenabwägung bei der Ausübung des Urheberpersönlichkeitsrechts, GRUR 2002, 2.

73 Metzger, 129.

2. Veröffentlichungsrecht (droit de divulgation)

Der Urheber genießt im französischen Recht im Rahmen seines droit moral das Recht der Erstveröffentlichung gemäß Art. 121-2 S. 1 CPI. Er kann also darüber entscheiden, ob und auf welche Art und Weise er sein Werk veröffentlichen will[74]. Das „droit de divulgation" des französischen Urheberrechts ist also inhaltlich mit dem deutschen Veröffentlichungsrecht des § 12 UrhG gut vergleichbar und beinhaltet die Möglichkeit für den Choreografen zu entscheiden, wann sein Werk bühnen- bzw. aufführungsreif ist. Er hat also grundsätzlich die Kontrolle darüber zu bestimmen in welcher Form sein Werk in der Öffentlichkeit kommuniziert wird. Dieser Grundaussage steht nicht entgegen, dass Theater oder Produzenten Spielpläne erstellen und Aufführungs- bzw. Premierendaten vorgeben. D.h. auch eine vertragliche Verpflichtung ein choreografisches Werk zu einem bestimmten Zeitpunkt aufführungsreif zu erstellen, ändert nichts daran, dass der Urheber über den Zeitpunkt der Erstveröffentlichung bestimmen kann. Die französische Rechtsprechung und Literatur halten obligatorische Verträge über das Veröffentlichungsrecht für wirksam[75], allerdings bleibt dem Urheber auch bei einer gegenteiligen vertraglichen Zusicherung die Möglichkeit ein bestelltes Werk nicht abzuliefern – mit diesem Recht korrespondiert jedoch auch eine Schadenersatzpflicht[76], die nicht allein dadurch entfällt, dass auf Seiten des Schöpfers ästhetisch-moralische Bedenken gegen eine Veröffentlichung sprechen[77]. An dieser Stelle wird also die rechtmäßige Ausübung eines droit moral mit einer Ersatzpflicht sanktioniert, um die Interessen des Vertragspartners eines Urhebers zu wahren[78].

---

74 Dieser Grundsatz gilt auch über den Tod hinaus. Auch wenn der Urheber verstorben ist, trägt das französische Urheberrechtsgesetz der persönlichkeitsrechtlichen Bindung des Veröffentlichungsrechts Rechnung. Hat der Urheber keinen Testamentsvollstrecker benannt, legt Art. L. 121-2 Abs. 2 CPI eine Erbfolge fest, durch die eine möglichst authentische Ausübung des Rechts nach dem Willen des Verstorbenen gewährleistet werden soll.

75 Grundsatzentscheidung ist in diesem Zusammenhang immer noch das Urteil des Cour de Cassation im Fall Eden v. Whistler, Recueil Dalloz 1900, 497. Nach Auffassung des Cour de Cassation verbleibt das Veröffentlichungsrecht beim Urheber auch wenn er sich vertraglich verpflichtet ein bestelltes Werk abzuliefern.

76 Allgemeine Ansicht ist, dass die Pflicht zum Schadenersatz grundsätzlich besteht, wenn sich der Urheber weigert, das Werk zu veröffentlichen (s. z.B. Gautier, 192; Lucas/Lucas, Traité, 2. Auflage, 318; Poullaud-Dulian, RIDA Juli 1990, 127).

77 Metzger, 153 m.w.N.

78 Lucas-Schloetter, GRUR 2002, 2, 5.

3. Recht auf Achtung des Namens und der Urheberschaft (droit au respect de sa qualité et droit au respect de son nom)

Obwohl Art. L. 121-1 CPI das Recht des Urhebers auf Achtung seines Namens und seiner Eigenschaft als Urheber getrennt aufführt, werden diese beiden Einzelaspekte von der französischen Rechtsliteratur meist als einheitliches Recht auf Anerkennung der „paternité" („Vaterschaft") verstanden[79]. Das Namensnennungsrecht des Art. L. 121-1 CPI gibt dem Urheber das Recht, dass er mit seinem vollen Namen und seinen Titeln aufgeführt wird. Dieses Recht geht ihm auch dann nicht verloren, wenn er zunächst eine anonyme oder pseudonyme Veröffentlichung bevorzugt hat[80]. Für den Choreografen beinhaltet dies, ähnlich wie im deutschen Urheberrecht, das Recht auf Namensnennung in Ankündigungen, Programmheften oder sonstigen (Werbe)Materialien zur Aufführung eines choreografischen Werkes. Mit Hilfe dieses Urheberpersönlichkeitsrechts wird also in Frankreich ebenso wie in Deutschland sichergestellt, dass die Leistung eines Urhebers respektiert wird. Im Falle der Choreografen ist dies umso wichtiger, da Veranstaltungsplakate oder -programme oft die beste Eigenwerbung für diese Urheber sind. Konsequenterweise entschied daher der Pariser Cour d'Appel, dass die ungenehmigte Vervielfältigung von Choreografien auf Videokassetten, ohne den Namen des Choreografen zu nennen auch einen Verstoß gegen das droit moral darstellt[81].

Jedoch stellt sich die Rechtslage bzgl. des Namensnennungsrechts im französischen Urheberrecht bei weitem nicht immer eindeutig dar. In mehreren, auch jüngeren Entscheidungen, wurde jegliche Disposition über das Namensnennungsrecht für unwirksam gehalten[82]. Allerdings erachtete dagegen eine Entscheidung des Cour de Cassation den Verzicht auf die Nennung als Urheber für wirksam[83]. Das Tribunal de Grande Instance Paris präzisierte bereits im Jahr 1970, dass der Verzicht stets widerrufbar sei[84]. Einen extremeren Standpunkt nahm dasselbe Gericht 1978 ein, als es urteilte, dass auf das Recht auf Anerkennung der „paternité" wirksam verzichtet wurde, wenn man es 46 Jahre lang toleriert, dass das Werk einem anderen Urheber zugeschrieben wird[85]. Zusammenfassend muss also festgehalten werden, dass das Spektrum der Meinungen und Stellungnahmen bzgl. Verfügungen

---

[79] Z.B. Gautier, 180; Poullaud-Dulian, RIDA Juli 1990, 127; vgl. auch Metzger, 132.
[80] Dies ergibt sich aus der Gesamtbetrachtung mit Art. L. 113-6 CPI.
[81] CA Paris 1995, JurisData 1995-020045.
[82] Z.B. CA Paris, RIDA Juli 1987, 193 (Montpezat v. Flammarion).
[83] Cour de Cassation, RIDA Oktober 1991, 125 (Boyer v. Béart).
[84] TGI Paris RIDA April 1971, 217 (Guino v. Renoir).
[85] TGI Paris, RIDA April 1979, 209 (Casadeus v. Pathé Marconi über die Urheberschaft am Concerto Adelaïde).

über dieses droit moral von der Verneinung der Wirksamkeit eines Verzichts bis zur Anerkennung von Dispositionen über die Namensnennung reicht. Es kommt also für die Beurteilung der Rechtmäßigkeit einer Disposition über das droit de paternité im Ergebnis – ähnlich wie im deutschen Recht – auf die Umstände des Einzelfalles an.

4. Recht auf Achtung des Werkes – Integritätsrecht (droit au respect de l'œuvre)

a) *Allgemeine Grundsätze*

Der Werkschutz des CPI beschränkt sich auf den ersten Blick auf die knappe Aussage des Art. L. 121-1 CPI: „Der Urheber genießt das Recht auf Achtung seines Werkes." Eine mit dem § 14 UrhG vergleichbare Interessenabwägung zwischen Urheber und Werknutzer ist vom Gesetzestext nicht vorgesehen. Davon ausgehend erscheint die Rechtsposition einer urheberrechtlich geschützten Schöpfung in Frankreich im Hinblick auf Werkänderungen viel unantastbarer als im deutschen Recht. Ein Blick in die Rechtspraxis zeigt jedoch, dass differenziert wird.

Das Integritätsrecht aus Art. L. 121-1 CPI ist nach Auffassung von Rechtsprechung und Lehre dann verletzt, wenn in der Öffentlichkeit durch die Änderungen am Werk ein verfälschter Eindruck entsteht[86]. D.h. mit den vertraglichen Regelungen zu den Nutzungsrechten legen Choreograf und Verwerter, zumindest implizit, auch ein Ziel oder einen Zweck fest, zu dem das choreografische Werk genutzt werden soll. Wird dagegen verstoßen, steht dem Choreograf als Urheber die Möglichkeit offen, sein Recht aus Art. L. 121-1 CPI durchzusetzen[87]. Im französischen Urheberrecht herrscht also zumindest theoretisch das apodiktische Prinzip vor, dass Art. L. 121-1 CPI grundsätzlich jegliche Veränderung am Werk verbietet. Für die Praxis ist mit diesem Ansatz jedoch nicht viel gewonnen. Von der Rechtsprechung und Literatur wurden daher z.T. differenziertere Lösungsansätze entwickelt[88]. Allerdings wird das Integritätsrecht des Urhebers gegenüber dem Werknutzer in der Praxis oft streng angewendet, so dass z.B. von einem Theaterregisseur strenge Texttreue erwartet wird[89]. Bestehen jedoch konkrete vertragliche Absprachen, deren

86 Dumas-Parmentier, 120.

87 Gautier, 250.

88 Sirinelli (Anmerkung zu Cour de Cassation, RIDA Januar 1992, 275, 288) schreibt z.B., dass der vom Gesetzgeber verwendete Begriff „respect" ein auslegungsbedürftiges Merkmal darstellt, also durch den Gesetzeswortlaut nicht von vornherein jegliche Änderung am Werk untersagt ist. Vgl. auch die Ausführungen unter 6.) in diesem Abschnitt.

89 TGI Paris, RIDA Juli 1986, 166; TGI Paris, RIDA Januar 1993, 225; Poullaud-Dulian, RIDA Juli 1990, 127, 207.

Tragweite für den Urheber überschaubar ist, werden diese für wirksam erachtet und der Urheber kann sich in Bezug auf die Umsetzung dieser vertraglichen Regelungen nicht mehr auf sein Integritätsrecht berufen.

b) Änderungen mit Bearbeitungscharakter

Der Grundsatz eines umfänglichen Schutzes gegen Veränderungen stößt regelmäßig bei Bearbeitungen an seine Grenzen. Bearbeitungsspezifischen Änderungen kann sich der Urheber nicht immer widersetzen[90]. Wann ist jedoch die Grenze überschritten, wo der Choreograf bzw. der Urheber eine Verletzung des Integritätsrechtes geltend machen kann? Im französischen Urheberrechtsgesetz finden sich dazu keine konkreten Anhaltspunkte, so dass es Aufgabe von Rechtsprechung und Rechtsliteratur wurde, einen entsprechenden Maßstab herauszuarbeiten, welche Änderungen der Urheber nach Treu und Glauben tolerieren muss. Ob ein Verstoß gegen das Integritätsrecht vorliegt, wird in abstracto für jedes Werk untersucht – untechnisch gesprochen stellt man sich die Frage: Werden die Schöpfungen „gut" genutzt[91]. Daneben ist in concreto zu prüfen, ob werkspezifisch ein Verstoß festzustellen ist, z.B. indem auf die Intention der Parteien keine Rücksicht genommen wurde, oder ob Besonderheiten der Persönlichkeit des Urhebers zu berücksichtigen sind bzw. die spezielle Qualität seines Werkes[92]. Bei bearbeitungsspezifischen Änderungen ist die besondere Problematik gegeben, eine Grenzziehung zwischen der künstlerischen Freiheit eines Bearbeiters und der Entstellung des Ausgangswerkes interessengerecht durchzuführen. Von der Rechtsprechung wird zur Beurteilung, ob ein Verstoß vorliegt, regelmäßig ein Vergleich zwischen beiden Werken vorgenommen. Eine frühere Strömung in der Rechtsprechung räumte dem Bearbeiter einen sehr großzügigen kreativen Spielraum ein. Die von ihm erwartete Werktreue würde in einer Skala betrachtet einen mittleren Wert ausmachen. D.h. es lag am Urheber des Ausgangswerkes den Verstoß bzw. die Entstellung seines Werkes nachzuweisen[93]. Später ersetzten die Gerichte diesen Maßstab durch strengere Anforderungen an den Bearbeiter, die jedoch auch nicht weniger subjektiven Charakter hatten. Nach Auffassung der Rechtsprechung ist eine Entstellung dann gegeben, wenn die Substanz des Ausgangswerkes verändert wurde, weil durch diese Änderung auch ge-

---

90 Möhring/Schulze/Ulmer/Zweigert, Quellen des Urheberrechts, Gesetzestexte aller Länder, Band 2, Frankreich/I, 20.

91 Gautier, 251.

92 A.a.O.

93 So z.B. Tribunal Civil de la Seine, Recueil Dalloz 1957, 698; TGI Paris, Recueil Dalloz 1968, 742.

gen die Würde des Urhebers verstoßen wird[94]. Nicht jede Substanzänderung im Rahmen von Bearbeitungen darf jedoch mit einem Verstoß gegen das Integritätsrecht gleichgesetzt werden, sondern nur substanzielle Entstellungen sollten Konsequenzen nach sich ziehen. Bei urheberrechtlich geschützten Choreografien wird diese Voraussetzung zu bejahen sein, wenn das Werk in einen Zusammenhang gestellt wird, der vom ursprünglichen Urheber nicht gewollt war.

Für den Choreografen als Urheber besteht ein gewisses Spannungsfeld zur Arbeit eines Regisseurs bzw. eines Choreografen, der „nur“ die Inszenierung eines bereits bestehenden Werkes übernimmt, da letzterem ein gewisser künstlerischer Freiraum zur Interpretation eines Werkes gegeben werden soll, ohne jedoch die Integrität des umzusetzenden Werkes zu beeinträchtigen. Durch die eben dargestellten Grundsätze werden der Interpretationsfreiheit des Regisseurs recht enge Grenzen gezogen, insbesondere da die französischen Gerichte dazu tendieren, für eine mögliche Verletzung des Integritätsrechts den Maßstab nicht zu streng anzusetzen[95].

Soweit an einen Produzenten, Theater oder sonstigen Dritten durch den Choreografen auch das Bearbeitungsrecht übertragen wird, ist darauf zu achten, dass letzterer keine (de facto) Verzichtsklausel unterschreibt, damit sein Integritätsrecht nicht leer läuft. Er wird jedoch auch durch den französischen Gesetzgeber für den Fall einer solchen Blankettklausel geschützt. Da auf das droit moral durch den Urheber gemäß Art. L. 121-1 CPI nicht (komplett) verzichtet werden kann, ergibt sich für derartige vertragliche Regelungen im französischen Recht die relative Unwirksamkeit, d.h. die Klausel ist in ihrer Fassung nicht anwendbar[96]. Schon 1950 hat der Cour d’Appel Paris festgestellt, dass der Urheber nicht en bloc oder blanko in jedwede Veränderung einwilligen kann[97].

c) Änderungen ohne Bearbeitungscharakter

Anders sieht es in dem Fall aus, dass Änderungen an der Choreografie z.B. bedingt durch die speziellen Gegebenheiten der Bühne, auf der das Werk aufgeführt werden soll, notwendig werden. In den seltensten Fällen werden diese Anpassungen ein Ausmaß erreichen, dass eine Verletzung des Integritätsrechts oder auch des Bearbeitungsrechtes bejaht werden kann, so dass der Choreograf als Urheber gewisse Anpassungen tolerieren muss. Damit Veranstalter (speziell im Fall der choreografi-

---

94 Z.B. TGI Paris, RIDA April 1969, 169; CA Paris, RIDA Oktober 1982, 172; TGI Avignon RIDA Juli 1989, 278.

95 Vgl. Edelman, Le Droit moral du Metteur en Scène de Théâtre, Recueil Dalloz 1997, Rn. 17f.

96 Gautier, 266 (Rn.142).

97 CA Paris, Recueil Dalloz 1951, Jurisprudence, 9.

schen Werke auch Theater) dieses Argument nicht dazu missbrauchen, um Aufführungen in einem technisch unzulänglichen Rahmen durchzusetzen, wurde die Vorschrift des Art. L. 132-22 CPI eingeführt, die im deutschen Recht keine Entsprechung findet. Einen vergleichbaren Zweck wie Art. L. 132-22 CPI verfolgt die Vorschrift des Art. L. 132-19 Abs. 4 CPI, die ein Zustimmungs- und Schriftformerfordernis für den Veranstalter im Fall der Weiterübertragung der Rechte normiert. Das Integritätsrecht für bühnenmäßige Aufführungen eines (choreografischen) Werkes ist im französischen Recht also noch umfassender abgesichert als im deutschen.

d) Rechtsprechung bzgl. choreografischer Werke

Zum Integritätsrecht eines Choreografen hat sich in einer frühen Entscheidung auch die französische Gerichtsbarkeit geäußert. Im Fall *Chasles v. Soutzo*[98] befand das Tribunal Civil de la Seine, dass der Austausch eines Pas in der Choreografie durch die Ballerina einen Verstoß gegen das droit moral der Choreografin darstellt. Das Urteil führt dazu aus: „Attendu que ce faisant, au risque de créer dans l'esprit des spectateurs une confusion entre l'œuvre annoncée et les pas différent introduit par elle, la demoiselle *Soutzo* a porté atteinte au droit moral de la demandresse, l'auteur d'un ballet comme celui d'une œuvre littéraire, dramatique ou musicale ayant le droit absolu de s'opposer à toute altération … susceptible de dénaturer sa pensée …“[99]. Das Urteil stellt somit klar, dass sowohl der Veranstalter als auch in besonderem Maß die ausübenden Künstler (Tänzer), die das Werk dem Publikum präsentieren, eine Verpflichtung zur Werktreue haben. Ihre Rolle ist die eines Vermittlers, der eine Schöpfung der Öffentlichkeit zugänglich macht[100]. Mit dieser frühen Entscheidung wurde für den Choreografen bereits ausdrücklich das Integritätsrecht als Teil des droit moral anerkannt – sogar noch bevor choreografische Werke explizit in die Liste geschützter Werkarten des Urheberrechtsgesetzes von 1957 aufgenommen wurden. Die Fallstricke in der Praxis zeigt eine jüngere Entscheidung des Cour d'Appel Brussels, wo in der Choreografie einer Ballettversion *Béjarts* von

98 S. hierzu die Darstellung im 1. Kapitel 2. Abschnitt III. 2. c).

99 Tribunal Civil de la Seine, Le Droit d'Auteur 1926, 53. Übersetzung: In Erwägung, dass zu berücksichtigen ist, dass eine Verwechslung zwischen angekündigtem Werk und der durch sie eingeführten unterschiedlichen Schritte im Geiste des Zuschauers riskiert wird, hat das Fräulein Soutzo das Urheberpersönlichkeitsrecht der Klägerin verletzt, der Autor eines Balletts hat wie der eines literarischen, dramatischen oder musikalischen Werkes das uneingeschränkte Recht jeder Veränderung (Entstellung) entgegenzutreten …, die geeignet für die falsche Wiedergabe (Entstellung) seiner Gedanken ist.

100 Dumas-Parmentier, 121.

der „lustigen Witwe“ *Lehars* eine Verletzung der Urheberpersönlichkeitsrechte *Lehars* gesehen wurde, weil die Operette in einen ungeeigneten politischen Kontext gestellt wurde[101].

5. Rückruf- bzw. Rücktrittsrecht (droit de repentir ou de retrait)

Gemäß Art. L. 121-4 CPI steht dem Urheber unbeschadet einer etwaigen Übertragung der Verwertungsrechte auch nach dem Erscheinen des Werkes ein Rückruf- bzw. Rücktrittsrecht zu, das anders als sein deutsches Pendant ausdrücklich Teil des droit moral ist. Da die Ausübung dieses Rechtes mit einschneidenden Konsequenzen verbunden ist, hat sich der französische Gesetzgeber, wie auch der deutsche, entschlossen, das Rückruf- bzw. Rücktrittsrecht dahingehend zu präzisieren, dass es nur vom Urheber selbst ausgeübt werden kann und z.B. nicht von seinen Erben. Ein Urheber muss sich also noch zu Lebzeiten entscheiden, wie mit seinen Werken verfahren werden soll. Übt er das Rücktritts- bzw. Rückrufsrecht aus, ist dieser Wille grundsätzlich zu respektieren[102]. Zwar wird keine gewandelte Überzeugung wie im deutschen Urheberrecht gefordert, allerdings verwehren Rechtsprechung und Schrifttum dem Urheber die Berufung auf das Rücktrittsrecht als rechtsmissbräuchlich, wenn sie sich allein auf pekuniäre Interessen stützt und nicht ideell oder künstlerisch motiviert ist[103]. Die Ausübung des Rechtes aus Art. L. 121-4 CPI setzt außerdem voraus, dass im Falle der Übertragung der Verwertungsrechte, der Erwerber seinen Nachteil ausgeglichen erhält, der ihm durch den Rückruf bzw. Rücktritt entstehen kann[104].

Die öffentlich geäußerten Ansichten des im Jahr 2007 verstorbenen weltberühmten Choreografen *Maurice Béjart* eröffnen die Möglichkeit einer praktischen Illustration dieses Urheberpersönlichkeitsrechts. *Béjart* brachte zu Lebzeiten immer wieder zum Ausdruck, dass seine Werke ihn nicht überleben sollen, wobei er allerdings auch immer wieder Tendenzen hatte, seine Meinung dazu zu ändern. Nach seiner Auffassung waren seine choreografischen Werke vergänglicher Natur[105]. Er stellte jedoch klar, dass er im Hinblick auf diese Angelegenheiten keine testamen-

---

101 Rey de Villette v. Huisman (1966), JurisClasseurPratique II 14820.

102 Vgl. Bozzoni, 218.

103 Ausführlich zum Rechtsmissbrauch im folgenden Abschnitt.

104 Im deutschen wie auch im französischen Urheberrecht wird darunter der durch den Werknutzer zu erwartende Gewinn verstanden (Colombet, Rn. 167).

105 Dieser Gedankengang ist unter dem Aspekt auch interessant, dass viele Künstler sich mit ihren Werken auch ein Denkmal für die Zeit nach ihrem Tod setzen wollen – ihre Werke also der Vergänglichkeit bzw. Vergesslichkeit entgehen sollen.

tarischen Bestimmungen[106] treffen würde[107]. Nichtsdestotrotz untersagte er schon zu Lebzeiten Aufführungen seiner Werke „Boléro“ und „Le Sacre du Printemps“, wobei er dem Tokyo Ballet die Aufführungen dieser Choreografien weiterhin gestattete[108]. Das Rückrufs- bzw. Rücktrittsrecht eröffnet einem Urheber die Möglichkeit, die Verwertung seiner Werke zu unterbinden, soweit er um seine Reputation als Künstler fürchtet. Diese Gedanken mögen auch *Béjart* beschäftigt haben, denn er war offenbar der Auffassung, dass nur er bzw. von ihm autorisierte Dritte die Fähigkeit besitzen, seine choreografischen Werke nach seinem Willen auf die Bühne zu bringen.

Allerdings spielt das Rückrufsrecht auch in der französischen Urheberrechtspraxis nur eine untergeordnete Rolle[109], die sich wie im deutschen Urheberrecht auf die finanzielle Entschädigungspflicht zurückführen lässt.

6. Lehre vom Rechtsmissbrauch (abus de droit) bei der Ausübung des droit moral

In der französischen Rechtsliteratur wird, besonders im Zusammenhang mit dem Integritäts- und dem Rückrufsrecht, die Frage aufgeworfen, ob und in wiefern dem droit moral Grenzen gesetzt werden können/müssen. Die Möglichkeit einer Berufung auf das Rechtsinstitut des Rechtsmissbrauchs ist jedoch aufgrund des Wortlauts des französischen Gesetzes dogmatisch nicht unumstritten[110]. Bei Konflikten des Urhebers und Werkverwerters über Änderungen am urheberrechtlich geschütz-

---

[106] Diese Einstellung zeigt sich jetzt als immenser Nachteil für die Nachwelt. Innerhalb seiner Kompanie ist man nicht sicher, wie mit seinem choreografischen Erbe umgegangen werden soll, so dass auch die Frage von Lizenzierungen seiner choreografischen Werke nicht befriedigend beantwortet werden kann. Ähnlich wie der bereits diskutierte Fall über das Erbe Martha Grahams verdeutlicht auch die Situation zu Béjarts Werk wie wichtig es ist, dass Choreografen entsprechende Verfügungen treffen.

[107] Etwas anders geht William Forsythe mit dieser Frage um. Er will testamentarisch regeln, dass seine Werke nach seinem Tod nicht mehr aufgeführt werden. Forsythe sagte dazu: „ It's in my will … that when I die, my works won't be performed. Because ballet is a living art.“ (Zitat aus Brendan McCarthy, Preserving Forsythe?, Ballet Maganzine November 2001, erhältlich unter http://www.ballet.co.uk/magazines/yr_01/nov01/bmc-preserving_forsythe.htm). Auch der kürzlich verstorbene Merce Cunningham hat entsprechend vorgesorgt. Seine Werke sollen noch mal auf einer 2 Jahre angesetzten Abschiedstour von seiner Kompanie präsentiert werden, bevor sie sich auflöst (Schlagenwerth, Berliner Zeitung vom 28.7.2009, 24).

[108] Genaueres zu den Aussagen Béjarts bei Bozzoni, 218.

[109] Vgl. Colombet, Rn. 166. Es existieren nur wenige Entscheidungen über das Rückrufsrecht, wie z.B. Cour de Cassation, Revue trimestrielle de droit commercial 1980, 549 (Masmondet v. Théâtre du Gymnase Marie Bell); TGI Seine, RIDA Januar 1970, 235 (Sartre v. Nagel).

[110] Ausführlich dazu Lucas-Schloetter, GRUR 2002, 2, 4.

ten Werk oder der Ausübung des Rückrufsrechtes dient die Lehre vom Rechtsmissbrauch als Motor eines Interessenausgleichs. Der „reichlich schillernde Begriff"[111] des „abus de droit" präsentiert sich also als Instrument einer Billigkeitskontrolle, welche unbillige Ergebnisse verhindern soll, die sich aus der Anwendung des Gesetzeswortlauts ergeben. Damit würden also z.B. zwischen Integritätsrecht und anderen berechtigten Interessen die Wechselwirkungen geklärt, die sich im deutschen Urheberrecht bereits aus dem Gesetz bzw. dem Spannungsverhältnis zwischen § 14 und § 39 UrhG ergeben.

Die Voraussetzungen für die Annahme eines Rechtsmissbrauchs sind im französischen Recht nicht eindeutig ausgestaltet, so dass viel von der Beurteilung des jeweiligen Einzelfalles durch die Gerichte abhängt. Gewisse Eckdaten lassen sich jedoch für die Annahme von Rechtsmissbrauch anhand der Rechtsliteratur festhalten, da die Rechtsprechung noch keinen einheitlichen Standpunkt festgelegt hat[112]. In zwei Grundsituationen besteht die Möglichkeit zur Annahme von Rechtsmissbrauch: zum einen wenn ein Exzess vorliegt, und zum anderen wenn der Wille zu schädigen existiert[113]. Beiden Konstellationen wohnt ein subjektives Element inne, das die Abgrenzung im Einzelfall komplizierter gestalten kann. Problematisch erscheint insbesondere die Variante, in der ein Exzess angenommen werden soll, denn wie bzw. wann könnte dieser existieren, wenn ein Urheber ein Recht, das ihm zusteht, ausübt? Dem Grunde nach wurde z.B. das Rückrufs- bzw. Rücktrittsrecht gerade als subjektives Recht des Urhebers geschaffen, das ihm eine Änderung der Rechts- und Sachlage erlaubt, ohne auf Dritte Rücksicht zu nehmen, soweit er sie finanziell für entstehende Nachteile entschädigt. Das „egoistische" Verhalten des Urhebers, im Falle des Rückrufs von Werken, einer Nation Kulturgüter zu ihrer Verwertung zu entziehen, wohnt dem Recht also praktisch inne. *Colombet* lehnt deshalb die Beschränkung urheberpersönlichkeitsrechtlicher Befugnisse ab[114].

Trotz aller dogmatischen Bedenken will ein nicht unerheblicher Teil der französischen Rechtsliteratur dem droit moral dennoch Grenzen setzen und gestützt auf die Entscheidung des Cour de Cassation (Civ) von 1945 im Fall *Canal v. Jamin*[115] konnte sie einen entsprechenden Rahmen erarbeiten. *Lucas/Lucas* führen unter Be-

---

111 Metzger, 137.

112 Ferid/Sonnenberger, Das französische Zivilrecht Band I/1. Teil: Allgemeine Lehren des französischen Zivilrechts, 245.

113 Bozzoni, 222.

114 Kommentar Colombets, Recueil Dalloz 1985, Sommaire Commentaires, 312.

115 Cour de Cassation, 14. Mai 1945, Juris Classeur Pratique.II.2835. Übersetzung: Es ist herkömmlicherweise zugelassen, was übrigens nur die Anwendung eines allgemeinen Prinzips ist, dass das Urheberpersönlichkeitsrecht für den Missbrauch empfänglich ist und dass seine Ausübung vom Gericht überprüft werden kann.

zugnahme auf dieses Urteil aus: „il est admis traditionnellement, ce qui n'est d'ailleurs que l'application d'un principe général, que le droit moral est susceptible d'abus et que son exercice peut être contrôlé par les tribunaux“[116]. Diese Einschätzung läuft darauf hinaus, dass das droit moral zwar ein Recht mit Ermessenspielraum ist, aber die Rechtmäßigkeit der Ausübung in einem gewissen Rahmen von den Gerichten überprüft werden kann. Eine Situation, in der eine Überprüfung angenommen werden könnte, weil die Ausübung urheberpersönlichkeitsrechtlicher Interessen nicht im Mittelpunkt steht, ist der Fall, dass die finale Ausübung des Rücktritts- oder Rückrufsrechts nur deshalb angedroht wird, um finanzielle Interessen zu schützen bzw. zu verbessern. Angewendet auf die Äußerungen *Béjarts* wären ihm keine Grenzen bei der Ausübung des Rechts gesetzt gewesen, da er keine finanziellen Interessen, sondern seine Reputation als Künstler bei seinen Aussagen im Hinterkopf hatte. Das Fazit der Diskussion lautet also, dass die Annahme von Missbrauch bei der Ausübung von Urheberpersönlichkeitsrechten keinen Rückhalt im Gesetz und nur bedingt in der Rechtsprechung und Rechtsliteratur findet. Nur in Ausnahmesituationen wird also die Berufung auf Rechtsmissbrauch vor einem französischen Gericht in einem urheberrechtlichen Fall Aussicht auf Erfolg haben.

III. USA

1. Einführung

Anders als das deutsche oder französische Urheberrecht betont das amerikanische Urheberrecht insbesondere die kommerziellen Aspekte einer Verwertung und befasst sich nicht ausführlicher mit den persönlichen Aspekten der Urheberschaft[117]. Aus diesem Grund ist nach traditioneller amerikanischer juristischer Sichtweise im Gegensatz zum kontinentaleuropäischen Rechtsraum, eine urheberpersönlichkeitsrechtliche Bindung zwischen dem Urheber und seinem Werk auch nicht anerkannt[118]. Vereinzelt schimmerten zwar in einigen Entscheidungen amerikanischer

[116] Lucas/Lucas, Traité, 2. Auflage, 379.

[117] In der Entscheidung Gilliam v. American Broadcasting Co., 538 F. 2d 14 (2d Circ. 1976) führten die Richter aus: „American Copyright law, as presently written, does not recognize moral rights or provide a cause of action for their violation, since the law seeks to vindicate the economic, rather than the personal, rights of authors.“; vgl. auch Nimmer on Copyright § 8D.02 8D-09ff.; Jimmy A. Frazier, On Moral Rights, Artist centered Legislation, and the Role of the State in Art Worlds: notes on Building a Sociology of Copyright Law, 70 Tulane Law Review 1995, 313, 315.

[118] S. Geisel v. Poynter Products Inc. 295 F. Supp. 331, 339f. In der frühen einzelstaatlichen amerikanischen Urheberrechtsgesetzgebung finden sich noch naturrechtliche Aspekte, die jedoch durch den rein wirtschaftlichen Ansatz der Bundesverfassung verdrängt wurden (vgl. auch Schack, UFITA Bd. 136 (1998), 219, 222ff.).

Gerichte Ansätze von Urheberpersönlichkeitsrechten durch[119]. Diese wurden jedoch zumeist unter andere Rechtsfiguren, wie z.B. Verleumdung/Beleidigung, Vertragsbruch oder unlauteren Wettbewerb, subsumiert. Im amerikanischen Rechtsverständnis steht der Terminus „moral rights" für ein Urheberrechtskonzept, das Eigentumsrechte an der Werksubstanz von persönlichkeitsrechtlichen Befugnissen trennt[120]. Insofern orientiert man sich in den USA eher an der dualistischen Theorie Frankreichs.

Erst in jüngerer Zeit gab es einige Ansätze, das Konzept eines „droit moral" in das amerikanische Urheberrecht einfließen zu lassen[121]. Auf föderaler wie staatlicher Ebene verabschiedete man einzelne Gesetze, die sich mit Aspekten von moral rights beschäftigten[122]. Allerdings favorisierten diese, wie z.B. der Visual Artists Rights Act (VARA), allein die bildenden Künstler. Allen anderen Werkkategorien blieb bis jetzt ausdrücklicher gesetzlicher Schutz der Urheberpersönlichkeitsrechte verwehrt[123]. An dieser Position änderte sich auch nichts Grundsätzliches durch den Beitritt der USA zur RBÜ im Jahre 1989 und dem dazu verabschiedeten Berne Convention Implementation Act (BCIA).

Bei der Diskussion inwieweit Art. 6 bis RBÜ ins amerikanische Urheberrecht integriert werden sollte, erhitzten sich die Gemüter[124]. Die größten Verfechter des Beitritts zur RBÜ erwiesen sich auch als größte Gegner einer ausdrücklichen Regelung

---

119 Z.B. Geisel v. Poynter Productions Inc., 295 F. Supp. 331 (S.D.N.Y. 1968): „... the doctrine of moral rights is not part of the law in the United States ... except insofar as parts of this doctrine exist in our law as specific rights such as copyright, libel, privacy and unfair competition."

120 Mersmann, 48f.

121 S. hierzu Peifer, Moral Rights in den USA, ZUM 1993, 325, 339ff. Die Kodifikationen einzelner US-Bundesstaaten werden von ihm kurz vorgestellt

122 Im Zuge dessen wurde im Jahr 1990 der Visual Artists Rights Act (VARA) erlassen, der für bestimmte Werke auf Bundesebene ein Recht auf Anerkennung der Urheberschaft sowie Schutz gegen Entstellung konstituiert. Vgl. hierzu auch Weiche, 66. Der New Yorker Artists Authorship Act oder Cal. Civil Code § 987 sind auf bildende Künstler ausgerichtet. Ähnliche Gesetze existieren auch in Maine, Massachussetts, New Jersey, Pennsylvania, Louisiana, Utah, Rhode Island und Connecticut.

123 S. Nimmer on Copyright § 8D.02(D) 8D-9f.

124 Das U.S. State Department beauftragte eine Expertengruppe – die Ad Hoc Working Group on U.S. Adherence to the Berne Convention – die Kompatibilitätsfrage des amerikanischen Urheberrechts mit den Vorgaben der RBÜ zu überprüfen. Die Expertengruppe bejahte im Großen und Ganzen die Vereinbarkeit: „Given the substantial protection now available fort he real equivalent of moral rights (...) the protection of moral rights in the United States is compatible with the Berne Convention" (Abdruck des Berichts „Final report of the Ad Hoc Working Group on U.S. Adherence to the Berne Convention" in 10 Columbia VLA Journal of Law & the Arts, 513, 547). Die amerikanische Rechtslehre teilte diese Auffassung zwar nicht unbedingt, aber sogar der Generalsekretär der WIPO akzeptierte das Untersuchungsergebnis (Mersmann, 156f.).

zu Urheberpersönlichkeitsrechten[125]. Der ursprüngliche Gesetzentwurf beinhaltete zunächst explizite Regelungen zu Urheberpersönlichkeitsrechten. Die Architekten der Reformgesetzgebung sahen sich jedoch eines so scharfen Gegenwindes ausgesetzt, dass sie diese Vorschriften aufgrund der politischen Realität wieder aufgaben[126]. Die Rechtslage stellt sich daher grundsätzlich wie folgt dar: Art. 6bis RBÜ wird keine unmittelbare Rechtswirkung (self-executing) zugesprochen[127] und der BCIA zeigt sich dementsprechend absolut neutral zu Urheberpersönlichkeitsrechten wie dem Namensnennungs- oder Integritätsrecht[128]. In § 3(b) BCIA wird ausgeführt, dass sowohl der Beitritt zur RBÜ als auch die Verabschiedung des BCIA keine Auswirkung auf die Geltendmachung der eben genannten Rechte durch den Urheber eines Werkes haben[129]. Da die RBÜ von jedem Mitglied erwartet, dass die notwendigen Maßnahmen ergriffen werden, die die Einhaltung der Vorschriften der Konvention absichern, sah sich der Kongress allein zu der Aussage veranlasst, dass das geltende amerikanische Recht auf Bundes- und Staatsebene in Bezug auf Urheberpersönlichkeitsrechte unter Einbeziehung des Common Law den Anforderungen der RBÜ entspricht[130]. Wie die nachfolgenden Abschnitte verdeutlichen werden, war und ist dies eine Aussage, die kaum mit der Rechtswirklichkeit in Einklang zu bringen ist. Die Vorgaben der revidierten Berner Übereinkunft und der Versuch ihrer Umsetzung im amerikanischen Recht sind auch bei großzügiger Auslegung nicht deckungsgleich.

---

[125] Das Unternehmen IBM führte z.B. in den Anhörungen aus: „… for all of these reasons, Mr. Chairman and members of the Subcommittee, IBM strongly supports United States adherance to the Berne Convention. Equally strongly, we believe we should adhere without enactment of specific moral rights provisions in the enabling legislation." (Zitat aus Nimmer on Copyright § 8D.02 8D-13).

[126] 134 Cong. Rec. H3082, H3083 (Ausgabe vom 10. März 1988): „… the political reality that legislation with a moral rights provision simply would not pass."

[127] Sowohl die Ad Hoc Working Group on U.S. Adherence to the Berne Convention als auch der Rechtausschuss des Repräsentantenhauses befassten sich mit der Frage der unmittelbaren Rechtswirkung von Art. 6 bis RBÜ. Sie verneinten die Frage in Hinblick auf die Formulierungen des Art. 36 RBÜ, der regelt, dass jeder Verbandsstaat die notwendigen Maßnahmen treffen muss um die Anwendung der RBÜ zu gewährleisten. Dieser Wortlaut verlangt ein Tätigwerden des Gesetzgebers. In der Tradition der Common Law Länder werden Konventionen nicht als völkerrechtliche Verträge angesehen, die unmittelbare Geltung beanspruchen können, sondern es ist regelmäßig ein Umsetzungsakt erforderlich, wenn die Konventionsbestimmung nicht als unmittelbare Rechtsgrundlage für privatrechtliche Ansprüche angesehen werden kann (Mersmann, 161ff.).

[128] Vgl. Nimmer on Copyright 8D.02(C) 8D-13.

[129] Der Wortlaut lautet auszugsweise im Original: … do not expand or reduce any right of the author…"

[130] BCIA § 2(3); H. Rep. (BCIA), 34.

2. Veröffentlichungsrecht (right of initial dissemination)

In der Entscheidung des US-Supreme Courts im Fall *Harper Row Publishers* drückt sich die US-amerikanische Variante des Erstveröffentlichungsrechts gut aus: „under ordinary circumstances, the author's right to control the first public appearance of his undisseminated expression will outweigh a claim of fair use[131].“ Das heißt, dem Urheber eines unveröffentlichten Werkes steht grundsätzlich das Recht zu, Zeitpunkt, Ort und Art der ersten Veröffentlichung seines Werks zu kontrollieren. Flankiert wird dieses Recht durch die Regelung des 17 U.S.C. § 106 (3) über die Veröffentlichung und Verbreitung von Werken[132]. Verstößt ein Dritter gegen das Veröffentlichungsrecht, kann er sich nach dem Urteil des Supreme Courts auch nicht mit der Fair Use Doctrine[133] verteidigen. Allerdings wirft das Urteil auch Probleme auf, denn es stellt sich die Frage, ob das Gericht sich nicht doch die Möglichkeit offen lassen wollte, ggf. einer Art fair use vor der Erstveröffentlichung zum Durchbruch zu verhelfen. Der Wortlaut „under ordinary circumstances“ legt diese Vermutung nahe. D.h. die Richter zogen durchaus die Situation in Betracht, dass bei Vorliegen außerordentlicher Umstände die Fair Use Doctrine Anwendung finden kann, ohne diese Umstände jedoch genauer zu erläutern[134]. Zusammenfassend ist also festzuhalten, dass grundsätzlich ein unbeschränktes Erstveröffentlichungsrecht existiert, jedoch in Ausnahmesituationen die Möglichkeit besteht, dass eine unerlaubte Erstveröffentlichung noch von der Fair Use Doctrine gedeckt ist. Eine derartige Ausnahmesituation ist für choreografische Werke jedoch kaum denkbar, da sie unter US-amerikanischen federal copyright nur in fixierter Form geschützt sind. Mit der Notation liegt im Regelfall dann auch eine Veröffentlichung vor[135]. D.h. anders als z.B. bei einem unveröffentlichten Buch, das bereits schriftlich fixiert und damit urheberrechtlich geschütztes Werk ist, gilt eine unfixierte Choreografie nicht als geschütztes Werk unter federal copyright[136] und es kann damit nicht zu potentiellen Konfliktsituationen zwischen fair use und Erstveröffentlichungsrecht kommen.

---

131 Harper & Row Publishers Inc. v. Nation Enterprises 471 U.S. 539, 555 (1985). Übersetzung: Unter gewöhnlichen Umständen überwiegt das Recht des Autors das erste öffentliche Erscheinen seines noch nicht veröffentlichten Werkes die Berufung auf fair use.

132 Ausführlich zu dieser Vorschrift in diesem Kapitel 2. Abschnitt III. 5.

133 Dazu mehr in diesem Kapitel im 2. Abschnitt III. 8. a).

134 In einer Reihe von Folgeentscheidungen dazu ging es allerdings allein um die Frage, ob in Biographien auch unveröffentlichtes Material (z.B. Briefe) verwendet werden kann (z.B. Salinger v. Random House Inc., 811 F. 2d 90 (2d Circ. 1987).

135 Zur Problematik Fixierung-Veröffentlichung vgl. die Ausführungen zum Common Law Copyright im 2. Kapitel 2. Abschnitt III. 2.

136 Zum Common Law Copyright vgl. Kapitel 2. Abschnitt III. 2.

Das amerikanische Recht der initial dissemination ist also zu großen Teilen dem französischen droit de divulgation oder dem deutschen Veröffentlichungsrecht vergleichbar – trotz der möglichen Einschränkungen durch das Urteil des Supreme Courts in *Harper Row Publishers.* Zumindest dieses Urheberpersönlichkeitsrecht hat also recht unbeschadet den weiten Weg von Europa in die USA geschafft.

3. Recht auf Anerkennung der Urheberschaft (right of attribution/right of paternity)

Grundsätzlich gilt, dass der Urheber, der sein Werk verkauft oder lizenziert, kein automatisches Recht auf Namensnennung besitzt[137]. Bundesgesetzlich ist, anders als in Deutschland oder Frankreich, nichts explizit zum Namensnennungsrecht geregelt. Eine vereinzelte Gerichtsentscheidung[138], die forderte, dass der Name des Urhebers zu nennen ist, bildet eine absolute Mindermeinung, die sich nicht durchsetzen konnte. Dementsprechend stellt es keine Rechtsverletzung dar, wenn ein ordnungsgemäß lizenziertes Werk durch einen Dritten ohne Nennung des Urhebers wiedergegeben wird[139]. Diese Grundregel findet jedoch nur solange Anwendung, wie keine entgegenstehenden vertraglichen Abreden zum Namensnennungsrecht bestehen. So eine vertragliche Gestaltung wäre also z.B. eine Fallgruppe, auf die mit der Regelung des BCIA angespielt wurde, die besagt, dass moral rights durch den Beitritt zur RBÜ weder erweitert noch beschränkt werden. Konsequenz für die Choreografen und anderen Urheber ist es daher, ihr Augenmerk bei der vertraglichen Gestaltung darauf zu richten, dass ein Namensnennungsrecht vereinbart wird. In der Praxis der vertraglichen Gestaltung wird dem Lizenznehmer in Bezug auf das Namensnennungsrecht oftmals auch auferlegt, dass dieses zu gewährleisten ist, wenn eine spätere Produktion auf dem Werk des Urhebers basiert[140].

Neben einer vertraglichen Regelung eröffnete zunächst die Entscheidung *Smith v. Montoro*[141] für die Fälle, in denen der Urheber eines Werkes nicht korrekt bezeichnet wurde, die Anwendung der Rechtsfigur des so genannten „passing off" aus dem Deliktsrecht in Verbindung mit einem Verstoß gegen § 43(a) des Lanham Acts,

---

[137] Kennedy v. National Juvenile Detention Association, 187 F. 3d 690, 696 (7th Circ. 1999).

[138] Clemens v. Press Publishing Co., 122 N.Y.S. 206, 207f. (1910).

[139] Graham v. James, 144 F. 3d 229, 236 (2d Circ. 1998).

[140] Z.B. King v. Innovation Books, 976 F. 2d 824, 829 (2d Circ. 1992). Bzgl. der Abgrenzung ob ein späteres Werk noch auf dem vorangegangenen basiert, wenden die Gerichte den so genannten „substantial similarity Standard" zur Feststellung von Urheberrechtsverletzungen entsprechend an.

[141] 648 F.2d 602 (9th Circ. 1981).

der Markenrechtsverletzungen regelt. Durch eine Supreme Court Entscheidung[142] wurde diese Möglichkeit jedoch wieder eingeschränkt, so dass praktisch kaum noch ein Anwendungsbereich dafür im Urheberrecht verblieben ist, der auch von Choreografen genutzt werden könnte, die sich durch unrichtige Kennzeichnungen der Urheberschaft verletzt fühlen und keine vertraglichen Absprachen vorweisen können. Die Richter machten zunächst deutlich, dass die Anwendung des § 43(a) des Lanham Acts keinen Auffangtatbestand für jegliche Praxis unlauteren Handels (unfair trade) beinhaltet[143]. Nach ihrer Auffassung hat der Gesetzgeber durch Verabschiedung des Visual Artists Rights Act 1990 klargestellt, für welche Werkarten in welchem Umfang er Urheberpersönlichkeitsrechte geregelt wissen möchte. Aus dieser beschränkten gesetzgeberischen Gewährleistung von moral rights kann daher nicht geschlossen werden, dass die großzügigere Einräumung von Urheberpersönlichkeitsrechten durch die Entscheidung *Smith v. Montoro* noch von den Intentionen des Gesetzgebers gedeckt ist[144].

Die vorangegangenen Ausführungen zur Namensnennung verdeutlichen im Hinblick auf die Rechtsnatur dieses Urheberpersönlichkeitsrechts einen wesentlichen Unterschied zum französischen oder deutschen Recht. Während letztere auf einem Naturrecht beruhen, basieren die US-amerikanischen Ausprägungen auf positiven Regelungen – sei es eine vertragliche Absprache oder der Rückgriff auf die deliktsrechtliche Figur des „passing-off". Durch diese Qualifizierung zeigen sich die engeren Grenzen mit denen amerikanische Urheber bzgl. der Durchsetzung ihres paternity rights konfrontiert sind. Darüber hinaus wird es einem Urheber aufgrund der Fokussierung des amerikanischen Urheberrechts auf die kommerziellen Aspekte sowieso schwer fallen, einen immateriellen Schaden ausgeglichen zu erhalten[145].

Diese im Vergleich zum deutschen oder französischen Recht äußerst schwache Gestaltung des Namensnennungsrechts und Rechts der Anerkennung der Urheberschaft hat verschiedene Autoren in der amerikanischen Rechtsliteratur[146] zu der Aussage veranlasst, dass neben unzulänglicher Vergütung bzw. materieller Absicherung der Choreografen, unzureichende Urheberpersönlichkeitsrechte das größte Manko im amerikanischen Rechtssystem darstellen. Die Choreografen als Urheber sehen sich im Hinblick auf die öffentliche Anerkennung ihrer kreativen Leistung juristisch in eine schwache Position gedrängt. Vertrauen können sie allein auf ein

---

142 Dastar Corp. v. Twentieth Century Fox Film Corp., 539 U.S. 23 (2003).
143 Dastar Corp. v. Twentieth Century Fox Film Corp., 539 U.S. 23, 29 (2003).
144 Dastar Corp. v. Twentieth Century Fox Film Corp., 539 U.S. 23, 35 (2003).
145 Es wurde von einem Gericht nicht als Schaden anerkannt, dass der Kläger nicht mehr in der Lage war seinen eigenen Song entsprechend zu vermarkten, da er nicht „in a commercial sense" verletzt war (Santrayll v. Burrell, 39 U.S.P.Q.2d 1052, 1055 (S.D.N.Y. 1996).
146 Lopez de Quintana, 139, 172; Singer, 1287.

gewisses „Gewohnheitsrecht“ in der Tanzszene, dass dem Künstler, der ein choreografisches Werk schafft, die Anerkennung seiner Leistung durch Nennung des Namens ermöglicht[147].

4. Integritätsrecht (right of integrity)

Gesetzliche Regelungen zum Integritätsrecht sind im Copyright Act – anders als in seinem deutschen oder französischen Pendant – ebenfalls nicht enthalten. Es existiert jedoch einschlägiges Fallrecht. Bei der Beurteilung der Rechtslage für den Choreografen spielen im Rahmen des Integritätsrechts die Fallgruppen der Verzerrung/Entstellung (distortion), Verschandelung (mutilation) und Kürzung (truncation) eine Rolle. Mit der Grundsatzentscheidung *Gilliam v. American Broadcasting Companies*[148] wurde das Recht des Urhebers dagegen vorzugehen richterrechtlich verankert. In dem zu entscheidenden Fall ging es darum, dass von einer 90minütigen Aufzeichnung der klägerischen TV-Show „Monty Python's Flying Circus“ nur 24 Minuten gezeigt wurden. Da das Recht Änderungen vorzunehmen nicht von den Autoren an den Nutzer gewährt wurde, sahen die Richter die Kürzungen als Urheberrechtsverletzung an[149]. Aber auch vor dieser Entscheidung waren Urheber im Hinblick auf die Integrität ihrer Werke nicht gänzlich rechtlos gestellt. Es stand dem Urheber frei, in einer Lizenz auch das Recht zu gewähren, Änderungen vorzunehmen. Dies konnte allerdings bis zur Verkürzung oder Verzerrung gehen[150]. Ebenso war es möglich, dieses Recht in Lizenzen auszuschließen, wobei die Klausel, dass keine Kürzungen oder Änderungen ohne Einverständnis des Autors vorgenommen werden können, nicht so verstanden wurde, dass auch minimale Anpassungen, wie z.B. die Vorführung auf einer Bühne mit anderen Ausmaßen, davon abhängig waren[151].

Uneinigkeit bzgl. des Integritätsrechts herrschte jedoch bei den Gerichten in den Fällen, wo keine vertraglichen Absprachen getroffen wurden. Das Urteil im Fall *Gilliam* stellte klar, dass nicht autorisierte Änderungen an einem Werk, die so umfangreich sind, dass sie die Integrität des Originalwerks beeinträchtigen, eine Verletzung des Urheberrechts darstellen[152]. Die Entscheidung des Gerichts ist auch

---

147 Vgl. Singer, 287, 292. Bzgl. der von Singer in ihrem Aufsatz als Gewohnheitsrecht bezeichneten Regelungen speziell innerhalb der New Yorker Tanzszene ist kritisch anzumerken, dass ihrer Arbeit die empirischen Daten fehlen, denn sie hat zwar einige Interviews geführt, diese können jedoch nicht eine Art Allgemeingültigkeit vermitteln.

148 538 F. 2d 14 (2d Circ. 1976).

149 S. 538 F. 2d 14, 22 (2d Circ. 1976).

150 Nimmer on Copyright § 8 D.04 (A)(1) 8D-55.

151 A.a.O.

152 538 F.2d 14 (2d Circ. 1976).

unter einem dogmatischen Blickwinkel interessant. Aufgrund der Feststellung, dass das Integritätsrecht nicht per Lizenz übertragen wurde, müssen die Richter mittelbar davon ausgegangen sein, dass ein derartiges Recht dem Urheber überhaupt zustehen kann, obwohl es nicht explizit im US-amerikanischen Urheberrechtsgesetz aufgeführt wird. Da das Urteil zur genauen Rechtsverletzung schweigt, interpretiert *Nimmer* die Entscheidung dahingehend, dass die Lizenz das Werk aufzuführen bzw. zu vervielfältigen nur die Form des Werks umfasst, die der Urheber geschaffen hat und deshalb wesentliche Abweichungen davon über die gewährte Lizenz hinausgehen und damit die vorgenannten Verwertungsrechte verletzen[153]. Alternativ wäre es auch möglich zu argumentieren, dass durch substantielle Änderungen das Bearbeitungsrecht verletzt ist, soweit darüber keine entsprechende Lizenzvereinbarung zwischen Urheber und Drittem besteht. Die dogmatischen Eckpfeiler zur Begründung eines Integritätsrechts sind im US- amerikanischen Recht also noch nicht eindeutig eingeschlagen.

Um wirklich Rechtssicherheit bzgl. der künstlerischen Kontrolle über das Werk zu erlangen, ist auch für das Integritätsrecht dem Choreografen zu empfehlen, entsprechende vertragliche Absprachen mit dem Theater, dem Produzenten oder sonstigen berechtigten Dritten festzulegen. Die Society for Stage Directors and Choreographers (SDC) trifft in ihren Kollektivverträgen daher ausführliche Regelungen bzgl. der Aufführung der jeweiligen Werke. Regelungsgegenstand ist z.B. die Anzahl von Proben zur Einstudierung des Werkes incl. so genannter „stylistic rehearsals“[154]. Es ist in der amerikanischen Tanzszene auch üblich, dass Choreografen vor der Lizenzierung ihrer Werke an eine Tanzkompanie einen Ballettmeister bestimmen, der die Einstudierung überwacht und dafür sorgt, dass sie im Einklang mit den Vorstellungen des Choreografen erfolgt[155]. Alternativ versucht der Choreograf, dessen Werk durch einen Dritten aufgeführt werden soll, zu überprüfen ob die jeweilige Kompanie technisch in der Lage ist sein Werk originalgetreu umzusetzen, bevor er einen Lizenzvertrag schließt[156]. Auch in diesem Zusammenhang wird in den USA oft von einer Art Gewohnheitsrecht innerhalb der Tanzszene gesprochen[157].

---

153 Nimmer on Copyright § 8 D.04 (A)(1) 8D-56.1.

154 Vgl. hierzu auch Singer, 287, 294f.

155 So geht z.B. der Balanchine Trust bei der Lizenzierung von Werken des verstorbenen Choreografen Georges Balanchine vor. Auch die Choreografin Twyla Tharp wählt diesen Weg (vgl. Lakes, A pas de Deux for Choreography and Copyright, New York University Law Review 2005, 1829, 1833. Der Trust, der die Werke von Jerome Robbins lizenziert, verfährt ebenso (Interview mit Dr. Christiane Theobald vom 2.2.2009).

156 S. Lopez de Quintana, 139, 163.

157 Conelly, 837, 877f.; Singer, 287, 318; Lopez de Quintana, 139, 161 (Die Werthaltigkeit der Argumentation in den beiden zuletzt genannten Aufsätzen hält einer genaueren Prüfung

IV. Zwischenergebnis der Rechtsvergleichung

Deutsches und französisches Urheberpersönlichkeitsrecht teilen nicht nur wesentliche Grundüberzeugungen, sondern auch in Einzelfragen finden sich viele Übereinstimmungen. Die Einzelbefugnisse sind im Wesentlichen deckungsgleich, allerdings ist ihre Ausgestaltung besonders in dem für Choreografen relevanten Bereich des Integritätsrechts nicht übereinstimmend. Eine dem § 14 UrhG vergleichbare Interessenabwägung existiert im französischen Urheberrecht nicht, da der Urheber und seine Interessen im Mittelpunkt der gesetzgeberischen Überlegungen stehen. Der Wortlaut des Art. L. 121-1 CPI sieht insofern keine Einschränkungen vor. Durch das Fehlen einer dem § 39 UrhG vergleichbaren Regelung im französischen Urheberrecht wird die Exklusivität des Urheberpersönlichkeitsrechts ebenfalls betont. Allerdings wird das droit moral durch die Rechtspraxis eingeschränkt. Mit der Lehre vom „abus de droit" und dem Grundsatz von Treu und Glauben werden die Fälle korrigiert, in denen die buchstabengetreue Anwendung des Gesetzes unbillig wäre. Ins Visier der Billigkeitskontrolle gerät also der Choreograf/Urheber, der sich rechtsmissbräuchlich auf sein Urheberpersönlichkeitsrecht beruft. Das deutsche Urheberrecht hat an dieser Stelle den systematisch vorzugswürdigeren Weg gewählt und den Interessenausgleich direkt im Gesetz verankert, ohne einen Umweg über die Lehre vom Rechtsmissbrauch zu benötigen, deren Anwendungsbereich auch innerhalb der französischen Rechtsprechung und Literatur umstritten ist. Die Dispositionsfreiheit der französischen Urheber über ihre Urheberpersönlichkeitsrechte stellt sich im Ergebnis im Vergleich zu den deutschen etwas enger dar, auch wenn die konkrete Rechtsanwendung im französischen Recht oftmals sehr nuanciert erfolgt. Besonders deutlich wird dies wiederum am Integritätsrecht.

Das französische Recht und die Rechtspraxis treffen weitergehende Vorsorge als ihr deutsches Pendant, um den Urheber vor Blankettermächtigungen über Veränderungen seines Werkes zu schützen. An dieser Stelle würde es sich aus deutscher Sicht durchaus lohnen einen Blick über die Grenze zu werfen. Da die Struktur der Urheberpersönlichkeitsrechte weitgehend übereinstimmend ist, können die von den französischen Gerichten in praktischer Erfahrung gewonnenen Rechtsregeln auch vom deutschen Rechtsanwender berücksichtigt werden. Bedenkenswert wäre die

---

jedoch nicht wirklich stand, da allein aufgrund einiger Interviews noch keine wirklich gesicherte empirische Basis der Aussage gegeben ist). Beide Autoren argumentieren sogar, dass der Choreograf durch „gewohnheitsrechtliche Regelungen" besser geschützt sei als mit den gesetzlichen Vorgaben (so Singer, a.a.O.; Lopez de Quintana, a.a.O). Diese Auffassung trifft zu Recht auf Kritik. Abitabile/Picerno sind der Auffassung, dass gerade die informellen Standards der Tanzszene einen effektiven Schutz behindern können (Abitabile/Picerno, 39, 40).

Einführung einer Art. L. 132-22 CPI vergleichbaren Norm im deutschen Recht, um die Authentizität von Aufführungen choreografischer Werke sicherzustellen. Zwar dürften sich aufgrund der Gestaltung des Integritätsrechtes keine größeren Abweichungen in der Rechtsanwendung zwischen Deutschland und Frankreich ergeben. Mit einer ausdrücklichen Regelung wäre die Position der Choreografen und anderer Urheber gegenüber den Veranstaltern jedoch klarer abgesichert.

Der genauere Blick ins System des amerikanischen Copyrights hat gezeigt, dass weder im Gesetz noch im Fallrecht eine dem kontinentaleuropäischen Verständnis vergleichbare Verankerung von Urheberpersönlichkeitsrechten existiert. Besonders der Mangel an gesetzlichen Regelungen ist im amerikanischen Recht kritisch einzuschätzen. Um ihre künstlerischen Rechte zu wahren, müssen Choreografen in den USA vertragliche Absprachen treffen oder auf ein „Gewohnheitsrecht" innerhalb der Dance Community hoffen. Dies gilt z.B. für das Namensnennungsrecht. Durch diese strukturbedingten Schwächen des gesetzlichen Schutzes ist der Choreograf/Urheber auf sich gestellt, um für die Anerkennung seiner Rechte vertraglich Sorge zu tragen. Durch diese rechtliche Ausgangslage finden sich zwar in den USA, anders als in Deutschland, viel mehr Muster- und Tarifverträge für Choreografen, die sich u.a. auch mit Urheberpersönlichkeitsrechten auseinandersetzen. Es wäre jedoch zuviel gesagt, dass durch vertragliche Regelungen oder die „customs of the dance community" für die Choreografen eine vergleichbare Position in Bezug auf ihre Urheberpersönlichkeitsrechte wie in Deutschland oder Frankreich besteht. Der Verweis einiger Autoren darauf, dass die Traditionen innerhalb der Tanzszene wirksamen oder sogar besseren Schutz bedeuten[158], hält einer genaueren Prüfung nicht stand, denn diese Aussagen basieren auf einer nicht repräsentativen Anzahl von Interviews, die keine empirisch gesicherte Basis bilden können. Und so wird von amerikanischer Seite von den Betroffenen und ihnen wohl gesonnenen Juristen immer wieder betont, dass das Fehlen einer gesetzlichen Regelung zu Urheberpersönlichkeitsrechten eine der größten Schwächen des Copyrights für die Urheber bzw. Urheberrechtsinhaber ist[159].

---

[158] Connelly, 837, 877f.; Lopez de Quintana, 139, 161; Singer 287, 318.
[159] Z.B. Singer, 287.

2. Abschnitt: Verwertungsrechte

Der folgende Abschnitt widmet sich den kommerziellen Aspekten des Urheberrechts. Exemplarisch werden die einzelnen Verwertungsrechte vorgestellt, die für den Choreografen einschlägig bzw. von Bedeutung sind. Die jeweiligen Schrankenregelungen bilden in allen drei Rechtssystemen eine komplexe Regelungsmaterie, da sie in besonderem Maß teilweise politisch motivierten nationalen Wertungen Raum geben. In dieser Arbeit werden nur die Schranken berücksichtigt, die für choreografische Werke größere Bedeutung erlangen können.

I. Deutschland

1. Einführung

Verwertungsrechte schützen den Urheber bei der Nutzung seines Werkes indem sie ihm als Ausschließlichkeitsrechte das alleinige Recht gewähren, Dritten die Nutzung zu untersagen oder in einem bestimmten Rahmen zu gestatten[160]. Außerdem besteht ihr Zweck darin sicherzustellen, dass der Urheber bei mehrstufiger Nutzung auf jeder Stufe entsprechend beteiligt wird[161]. D.h. die Aufführung eines choreografischen Werkes unterliegt dem Aufführungsrecht gemäß § 19 Abs. 2 UrhG, ihre Aufzeichnung dem Vervielfältigungsrecht gemäß § 16 UrhG und eine Fernsehübertragung dem Senderecht gemäß § 20 UrhG. Der Katalog der im deutschen Urheberrecht aufgeführten Verwertungsrechte ist nicht abschließend, d.h. neue Formen der Werknutzung lassen sich entsprechend als unbenannte Rechte eingliedern[162]. Choreografische Werke gehören, wie dramatische oder dramatisch-musikalische Werke, zu den Bühnenwerken. Damit wird jedoch keine besondere Werkgattung bezeichnet, sondern allein auf die Verwertungsform der öffentlichen Aufführung i.S.v. § 19 Abs. 2 UrhG hingewiesen[163].

---

160 Loewenheim/*Loewenheim* § 19 Rn. 1.

161 Ständige Rechtsprechung, s. nur BGH GRUR 2002, 605f. – Verhüllter Reichstag.

162 Dies verdeutlicht die Formulierung des Gesetzes mit dem Wort „insbesondere". Loewenheim/*Loewenheim* § 19 Rn. 4.

163 Schricker/*Loewenheim* § 2 Rn. 128.

2. Wiedergabe in unkörperlicher Form

Das Recht der öffentlichen Wiedergabe wird zum Teil noch in Erst- und Zweitverwertungsrechte unterteilt[164]. Von der amtlichen Begründung wurden als Zweitverwertungsrechte alle „Rechte an Verwertungsarten, denen jeweils eine dem Urheber vorbehaltene Werkverwertung bereits vorausgegangen ist" bezeichnet[165]. Da diese Einteilung nur bedingt zielführend ist[166], werden an dieser Stelle die für den Choreografen in seiner Position als Urheber besonders interessanten Verwertungsrechte ohne weitere Einteilung vorgestellt.

a) Aufführungsrecht

(1) Begriff der Öffentlichkeit

Zum Recht der öffentlichen Wiedergabe gehört gemäß § 15 Abs. 2 UrhG, dass der Urheber das ausschließliche Recht hat, über die Wiedergabe in unkörperlicher Form zu bestimmen. Dabei ist § 15 Abs. 2 UrhG als Generalklausel zu verstehen, die alle Formen der unkörperlichen Verwertung erfassen soll, solange das Merkmal „Öffentlichkeit" erfüllt ist[167]. Bestimmte Möglichkeiten der öffentlichen Wiedergabe in unkörperlicher Form werden in §§ 19–22 UrhG geregelt, so auch in § 19 Abs. 2 UrhG das Aufführungsrecht.

Die Voraussetzung der „Öffentlichkeit" ist in § 15 Abs. 3 UrhG legaldefiniert. Gemessen daran ist eine Wiedergabe öffentlich, wenn sie für eine Mehrzahl von Personen bestimmt ist und dieser Personenkreis nicht dadurch abgegrenzt werden kann, dass gegenseitige persönliche Beziehungen untereinander oder persönliche Beziehungen zum Veranstalter bestehen. Bzgl. der Merkmale „Mehrzahl" und „Bestimmtheit" gilt, dass bereits zwei Personen[168] genügen und auf alle Personen abgestellt wird, an die sich die Wiedergabe richtet[169]. An die Verneinung des Merkmals „Öffentlichkeit" werden hohe Anforderungen gestellt, damit es dem Urheber nicht praktisch verwehrt wird über die unkörperliche Verwertung seines Werkes zu bestimmen[170]. Der Regel-Ausnahmecharakter des § 15 Abs. 3 UrhG bedeutet also,

---

[164] Z.B. Fromm/Nordemann/*Dustmann* § 21, Rn. 1 und § 22 Rn. 1.

[165] UFITA 45 (1965), 240, 261.

[166] Zu Recht kritisch zu dieser Einteilung Schricker/*Loewenheim*/*v. Ungern-Sternberg*, § 15 Rn. 50.

[167] Loewenheim/*Hoeren* § 21, Rn. 4; Wandtke/Bullinger/*Heerma* § 15 Rn. 2.

[168] Allerdings offengelassen durch den BGH in der Entscheidung GRUR 1996, 875, 876 – Zweibettzimmer.

[169] Schricker/*von Ungern-Sternberg* § 15 Rn. 58.

[170] Unter Bezugnahme auf die aktuelle BGH Rechtsprechung s. Schricker/*v. Ungern-Sternberg* § 15 Rn. 54.

dass die Gerichte im Zweifel Öffentlichkeit annehmen müssen. Daraus resultiert auch, dass zur Bejahung von Nichtöffentlichkeit an die persönliche Verbundenheit hohe Anforderungen zu stellen sind[171]. Von Rechtsprechung und Lehre wurden dazu einige Indikatoren erarbeitet. Dazu gehört zum einen die Größe des Personenkreises[172]. Je größer der Teilnehmerkreis ausfällt, umso geringer die Wahrscheinlichkeit einer persönlichen Verbindung des Publikums. Zum anderen kann anhand der Art der Beziehung zwischen den Personen eine Aussage bzgl. der persönlichen Verbundenheit getroffen werden. Die Beziehung muss nicht unbedingt persönlich oder familiär sein, allerdings genügen noch keine gleichartigen sachlichen oder beruflichen Interessen[173]. Als Beispiel wird in der Rechtsliteratur der Tanzkurs, der aus einer Schulklasse gebildet wird, im Vergleich zum Tanzkurs, der aus Personen besteht, die vorher nicht miteinander bekannt waren, angeführt. Nur bei letzterem soll das Merkmal „Öffentlichkeit" erfüllt sein[174]. Die Abgrenzung öffentlich-nichtöffentlich kann also durchaus komplexer ausfallen, so dass der Verwerter gut beraten ist, den Regel-Ausnahmecharakter des § 15 Abs. 3 UrhG zu beachten. Unproblematisch ist jedoch die Einordnung einer Probe, denn sie hat regelmäßig nicht eine Wiedergabe eines Werkes i.S.d. 15 Abs. 3 UrhG zum Zweck. Etwas anderes muss allerdings für den Fall gelten, dass die Probe der Öffentlichkeit zugänglich gemacht wird bzw. Karten für die Teilnahme an der Probe verkauft werden. Auch die geschlossene Vorstellung für eine Theatergemeinde erfüllt die Voraussetzung der Öffentlichkeit, da ihr jedermann beitreten kann[175].

(2) Aufführungsrecht bei choreografischen Werken

In Bezug auf choreografische Werke beinhaltet das Aufführungsrecht, dass dem Urheber das ausschließliche Recht gewährt wird, sein Werk bühnenmäßig darzustellen. Zu einer bühnenmäßigen Aufführung gemäß § 19 Abs. 2, 2. Alt. UrhG gehört bewegtes Spiel im Raum[176]. Mithilfe der Voraussetzung der Räumlichkeit wird die Abgrenzung zur live Darstellung mittels Bild- und Tonträger ermöglicht. Keiner besonderen Einwilligung des Urhebers bedarf ein Gastspiel des vertraglich berechtigten Theaters. In diesem Fall gastiert der Werkverwerter bei einer anderen Bühne und bringt ein ihm bereits zur Nutzung überlassenes Werk zur Aufführung.

---

171 Loewenheim/*Hoeren* § 21, Rn. 24.
172 A.a.O.
173 Loewenheim/Hoeren § 21, Rn. 25.
174 A.a.O. S. auch Rechtsprechungsnachweise bei Fromm/Nordemann/*Dustmann* § 15 Rn. 36.
175 Kurz, Praxishandbuch, Rn. 78.
176 Rehbinder, Urheberrecht, Rn. 215; Loewenheim/*Hoeren* § 21 Rn. 36; Schricker/*von Ungern-Sternberg* § 19 Rn. 18.

Es ist durchaus üblich, dass bei neu geschaffenen choreografischen Werken die Einräumung des Aufführungsrechtes für einige Jahre (oftmals ca. 3–5 Jahre) exklusiv erfolgt und danach eine einfache räumliche und zeitlich unbeschränkte Lizenz vereinbart wird[177]. Bei älteren Werken erhalten die Theater meist für Spielzeiten von 2 bis 3 Jahren ein einfaches oder für Deutschland exklusives Aufführungsrecht mit Verlängerungsoption, allerdings sind für Tourneen zumeist extra Einwilligungen erforderlich[178].

Der Aufführungsvertrag hat im deutschen Recht Werkvertragscharakter, da die Choreografie vom Urheber oder dessen Vertreter (in der Regel ein anderer Choreograf oder Ballettmeister, bei Vorliegen von Notationen auch ein Choreologe) mit dem Tanzensemble einstudiert werden muss. Eine neue Choreografie entsteht als Auftragswerk zumeist im Ballettsaal unter Einbeziehung der Tänzer. Anders als z.B. in den USA verfügen Choreografen in Deutschland nur sehr selten über eine eigene Tanztruppe[179], so dass sie auf die am Theater angestellten Tänzer und die dort existierenden Probenräume angewiesen sind. Aufgrund dieser Besonderheiten im Schöpfungsprozess enthalten Aufführungsverträge über choreografische Werke einige Sonderregelungen. Regelmäßig wird statt der Übergabe besonderen Aufführungsmaterials eine (formlose) Fertigstellungserklärung des Choreografen vereinbart. Änderungen sind bis zur (Ur)aufführung durchaus in der Praxis üblich[180]. Weiterhin müssen Absprachen bzgl. einer eventuellen Festlegung des Werkes in Notation oder durch Film bzw. Video getroffen werden. Damit einher gehen nicht nur Regelungen zur Kostentragung von Fixierungen, sondern auch Bestimmungen zu deren Rechtsinhaberschaft, soweit ein eigener Werkcharakter bejaht werden kann[181].

Nicht außer Acht gelassen werden darf die Vorschrift des § 19 Abs. 3 UrhG, die regelt, dass es zum Aufführungsrecht eines Urhebers auch gehört, Aufführungen außerhalb des Raumes, in dem sie stattfinden, durch Bildschirm oder andere technische Einrichtungen öffentlich wahrnehmbar zu machen. § 37 Abs. 3 UrhG bestimmt jedoch für den Nutzungsberechtigten, dass er im Zweifel nicht berechtigt ist, die Wiedergabe „außerhalb der Veranstaltung, für die sie bestimmt ist" durch Bildschirm oder andere technische Einrichtungen wahrnehmbar zu machen. Diese

---

177 Interview mit Dr. Christiane Theobald vom 2.2.2009; s. auch Loewenheim/*Schlatter* § 72 Rn. 51.

178 Interview mit Dr. Christiane Theobald vom 2.2.2009; s. auch Loewenheim/*Schlatter* § 72 Rn. 51.

179 Ausnahmen sind z.B. Pina Bausch oder John Forsythe.

180 Interview mit Dr. Christiane Theobald vom 2.2.2009.

181 Film- oder Videofixierung kann Schutz als Laufbild oder Filmwerk genießen. Notationen sind in ihrer Qualifikation Musiknoten vergleichbar (Loewenheim/*Schlatter* § 72 Rn. 50).

Norm wird von der h.M. so verstanden, dass im Zweifel eine ausdrückliche Rechtseinräumung erforderlich ist, auch wenn die Wortwahl des § 19 Abs. 3 UrhG durchaus suggeriert, dass dieses Recht als Annex zu § 19 Abs. 1 und 2 UrhG erscheint[182]. Praktische Bedeutung erlangt das Zusammenspiel dieser beiden Normen, wenn ein Theater die Aufführung für zu spät kommende Besucher ins Foyer übertragen will. Fraglich ist, ob dafür eine besondere Genehmigung der Berechtigten erforderlich ist. Die Bildschirmübertragung würde zwar außerhalb des Darbietungsraumes erfolgen, allerdings kann ein Theaterfoyer, das nur für berechtigte Gäste, d.h. die für die Veranstaltung gezahlt haben, auch zur Veranstaltung gezählt werden[183]. In § 8 Abs. 2 NV-Bühne ist sogar ausdrücklich geregelt, dass der Urheber die Aufnahme der Veranstaltung und ihre Wiedergabe für theatereigene Zwecke dulden muss. Davon sind auch Monitore im Foyer erfasst[184].

b) Senderecht

§ 15 Abs. 2 Nr. 3 i.V.m. § 20 UrhG regelt, dass es dem Urheber (eines choreografischen Werkes) frei steht darüber zu entscheiden, ob sein Werk der Öffentlichkeit durch Funk zugänglich gemacht wird[185]. Unter Funk wird nach der h.M. „jede Übertragung von Zeichen, Tönen oder Bildern durch elektromagnetische Wellen, die von einer Sendestelle ausgesandt werden und an anderen Orten von einer Mehrzahl von Empfangsanlagen aufgefangen und wieder in Zeichen, Töne oder Bilder zurückverwandelt werden können“ verstanden[186]. D.h. charakteristisch ist die Ausstrahlung der Programmsignale, die allein vom Willen des Sendenden bestimmt ist. Maßgeblich für das Senderecht ist weiterhin, dass der Öffentlichkeit der Empfang möglich gemacht wird[187]. Sendetechnik oder der Charakter der Sendung (z.B. Live-

---

182 Vgl. Wandtke/Bullinger/*Ehrhardt* § 19 Rn. 46 m.w.N.

183 So Kurz, Praxishandbuch, Rn. 79. Von den Bühnenverlagen wurde das Recht aus § 19 Abs. 3 UrhG in der Regelsammlung den Theatern nicht eingeräumt, gestattet wurde allerdings eine Übertragung ins Theater für zu spät kommende Besucher.

184 Nix/Hegemann/Hemke/*Nix*/*Fischer* § 8 Rn. 8.

185 Beim Senderecht wird diskutiert, ob der Grundsatz der Erschöpfung des § 17 Abs. 2 UrhG auch für dieses Verwertungsrecht Anwendung finden kann. Eine Entscheidung des BGH signalisierte die Anwendbarkeit, da der Erschöpfungsgrundsatz von den Richtern als allgemeine Rechtsregel die im gesamten Bereich des gewerbliches Rechtsschutzes und Urheberrecht gilt, angesehen wurde (BGHZ 79350, 357ff.; BGH GRUR 1988, 206, 210). Diese Auffassung wurde von der Rechtsliteratur kritisiert, da der Erschöpfungsgrundsatz speziell für das Verbreitungsrecht zugeschnitten ist (z.B. Rehbinder, Urheberrecht, Rn. 218; Wandtke/Bullinger/*Ehrhardt* §§ 20-20b, Rn. 16).

186 Begründung BT-Drucks. IV/270, 50; BGH, BGHZ 79, 350, 353 – Kabelfernsehen; Loewenheim/*Schwarz*/*Reber*, § 21 Rn. 75.

187 BGH GRUR 1996, 875, 876 – Zweibettzimmer im Krankenhaus.

sendung, Wiederholung) spielen keine Rolle für die Frage, ob eine Nutzung das Senderecht des § 20 UrhG betrifft oder nicht. Dasselbe gilt für Nutzungen im Internet – auch beim Streaming wird der Nutzer direkt mit den Inhalten vom Anbieter im Netz versorgt und ist damit auch nicht aktiver als ein Empfänger einer digitalen oder analogen Funksendung[188].

An das Senderecht gemäß § 20 UrhG knüpft das Recht der Wiedergabe von Funksendungen durch Bildschirm, Lautsprecher bzw. sonstige technische Einrichtungen aus § 22 UrhG an. Dieses Verwertungsrecht setzt voraus, dass mindestens eine Verwertungshandlung vorausgegangen ist – die der Funksendung. Seine Berechtigung für den Choreografen/Urheber findet es darin, dass er bei einer Erweiterung des Nutzerkreises, die die öffentliche Wahrnehmbarmachung des (choreografischen) Werkes nach sich zieht, angemessen partizipieren soll[189]. Zentraler Punkt des § 22 UrhG ist die öffentliche Wiedergabe einer Funksendung an einem Ort, d.h. der Verwerter ist nicht selbst Sender[190].

3. Wiedergabe in körperlicher Form

a) *Vervielfältigungsrecht*

Zunehmend werden durch Ballettkompanien Film- und Videoaufzeichnungen zur Aufnahme von Proben und Vorstellungen genutzt, um diese Hilfsmittel zur Verbesserung der künstlerischen Qualität oder für Aufführungen zu verwenden. Die kommerzielle Nutzung von Videokassetten, DVDs oder Blue Ray Disks nimmt bei der Verwertung choreografischer Werke (noch) eine eher untergeordnete Stellung ein. Durch das Vervielfältigungs- und Verbreitungsrecht gemäß §§ 16 und 17 UrhG werden die Hauptfälle körperlicher Verwertung eines Werkes erfasst, die das jeweilige Werk einem größeren Personenkreis erschließen. Der Begriff der Vervielfältigung ist vom europäischen Recht[191] beeinflusst und erfasst sowohl dauerhafte als auch vorübergehende Vorgänge auf jede Art und Weise und in jeder Form. D.h. der Begriff der Vervielfältigung muss weit gefasst werden. Unter einer Vervielfältigung ist dementsprechend jede körperliche Festlegung zu verstehen, die dazu geeignet ist, das Werk unmittelbar oder mittelbar wahrnehmbar zu machen[192]. Erforderlich ist

---

188 Loewenheim/*Schwarz*/*Reber* § 21 Rn. 76.

189 Loewenheim/*Schwarz*/*Reber* § 21 Rn. 106.

190 Zu den Besonderheiten wenn der Verwerter auch für den Sendevorgang verantwortlich ist s. Loewenheim/*Schwarz*/*Reber* § 21 Rn. 108.

191 Z.B. Art. 2 und 5 der Richtlinie zur Harmonisierung bestimmter Aspekte des Urheberrechts und der verwandten Schutzrechte in der Informationsgesellschaft.

192 Amtl. Begründg. BT-Drucks. IV/270, S. 47; BGH GRUR 2001, 51, 52 – Parfumflakon.

also eine materielle Fixierung[193], wobei vom Vervielfältigungsrecht nicht nur die wiederholte sondern auch die erstmalige Festlegung erfasst wird[194]. Im deutschen Urheberrecht betrifft bei choreografischen Werken bereits die erste Fixierung ein Verwertungsrecht, was so im französischen oder amerikanischen Urheberrecht nicht möglich sein kann, weil das Fixierungserfordernis für Choreografien gesetzlich normiert wurde und zumindest im amerikanischen Recht auch Schutzvoraussetzung für das Federal Copyright ist[195]. Die Art und Weise der Fixierung ist ebenso irrelevant wie das dabei verwendete Verfahren[196]. Choreografische Werke können also manuell durch Notation vervielfältigt werden, aber auch die Festlegung in einem anderen Format, wie z.B. Film, fällt unter das Vervielfältigungsrecht.

Aber nicht nur ein anderes Format tangiert das Vervielfältigungsrecht, sondern auch Bearbeitungen oder Umgestaltungen, denn im deutschen Recht umfasst die Vervielfältigung nicht nur die identische Wiedergabe, sondern auch eine Fixierung des Werkes in veränderter Form[197]. D.h. Bearbeitungen oder Umgestaltungen sind dann streng genommen Vervielfältigungen, wenn durch sie eine materielle Festlegung des Originalwerks erfolgt. Soweit kein Fall des § 23 S. 2 UrhG vorliegt, betrifft allerdings erst die Veröffentlichung oder Verwertung dieser geänderten Fassung des Originalwerkes das Verbotsrecht des Urhebers. D.h. § 23 UrhG enthält eine Privilegierung für die Bearbeitung einiger Werkarten – zu denen auch choreografische Werke gehören. Selbst wenn also die Festlegung in Form einer Bearbeitung eine Vervielfältigung ist, richtet sich die Zulässigkeit dieser Erstfixierung allein nach § 23 UrhG[198]. Da auch eine Vervielfältigung von Teilen eines Werkes bereits dem § 16 UrhG unterliegt, muss für urheberrechtlich geschützte Choreografien im Einzelfall bestimmt werden, wie groß der Teil des Werkes ausfallen muss, um eine Urheberrechtsverletzung darzustellen. Zwar fällt auch die Vervielfältigung von kleinsten Teilen des Werkes unter § 16 UrhG[199], eine Urheberrechtsverletzung

---

[193] Dazu ist jeder Träger für Informationen geeignet, also z.B. Film- und Videoband oder DVDs.

[194] BGHZ 17, 266, 269f. – Grundig Reporter; BGH GRUR 1986, 634, 635 – Bob Dylan; KG GRUR 2000, 49 – Mitschnitt Angebot; Fromm/Nordemann/*Dustmann* § 16, Rn. 10; Loewenheim/*Loewenheim* § 20 Rn. 4; Wandtke/Bullinger/*Heerma* § 16 Rn. 5.

[195] Vgl. zur Fixierung im französischen Recht 2. Kapitel 2. Abschnitt II. 4. b) und im amerikanischen Recht 2. Kapitel 2. Abschnitt 1. d) (1).

[196] OLG Frankfurt CR 1997, 275, 276 – D-Info.

[197] BGH GRUR 1963, 441, 443 – Mit Dir allein; BGH GRUR 1988, 533, 535 – Vorentwurf II; BGH GRUR 1991, 529, 530 – Explosionszeichnungen; Schricker/*Loewenheim* § 16 Rn. 8; Schack, Rn. 378.

[198] BGHZ 26, 52, 56 – Sherlock Holmes; Schricker/*Loewenheim* § 16 Rn. 8; Wandtke/Bullinger/*Heerma* § 16 Rn. 6.

[199] S. z.B. Entscheidung OLG Köln, GRUR 2001, 97, 98 – Suchdienst für Zeitungsartikel.

kann darin aber nur liegen, wenn der vervielfältigte Teil urheberrechtlich geschützt ist[200]. Besonders bei sehr kleinen Teilen wird sich die Frage der Schutzfähigkeit stellen.

b) Verbreitungsrecht

Mit dem Verbreitungsrecht des § 17 UrhG werden die Handlungen erfasst, durch die Originale oder Vervielfältigungsstücke eines Werkes der Öffentlichkeit zugänglich gemacht werden. Zum Verbreitungsrecht gehört auch das Vermietrecht[201]. Das Verbreitungsrecht kann nur durch ein Zugänglichmachen körperlicher Werkstücke tangiert werden. D.h. für den Choreografen gilt, dass Vervielfältigungen seiner Werke auf einem körperlichen Träger unter das Verbreitungsrecht fallen. Eine Wiedergabe in unkörperlicher Form stellt keine Verbreitung i.S.d. § 17 UrhG dar[202]. Zum Verbreiten gehören sowohl ein Inverkehrbringen[203] körperlicher Vervielfältigungen choreografischer Werke als auch deren Angebot[204] an die Öffentlichkeit. Der Begriff der Öffentlichkeit orientiert sich wiederum an der Legaldefinition des § 15 Abs. 3 UrhG[205]. Ein Erfolg des Anbietens ist nicht erforderlich[206], die Aufforderung zum Eigentums- oder Besitzerwerb genügt[207]. Auch wenn der Interessentenkreis nur begrenzt ist, wird dadurch die Anwendbarkeit des Verbreitungsrechts nicht ausgeschlossen[208]. Eine vergleichbare Debatte wie im amerikanischen Recht[209], ob auch ein begrenztes Angebot das Verbreitungsrecht tangieren kann, existiert im deutschen Rechtskreis nicht. D.h. auch im Zusammenhang mit diesem Recht sind Ausnahmen vom Grundsatz der Öffentlichkeit kaum denkbar.

Vereinzelt diskutiert wurde die Frage, ob für die Inszenierung eines Werkes ein Verbreitungsrecht bestehen kann, auch wenn es im Sinne des Gesetzes dafür in kör-

200 BGH GRUR 1988, 533, 535 – Vorentwurf II; OLG München ZUM 1998, 417, 420 – Brechttexte; Schricker/Loewenheim § 16 Rn. 14; Wandtke/Bullinger/*Heerma* § 16 Rn. 4.

201 Loewenheim/*Loewenheim* § 20, Rn. 18. Im Raum der EU wird das Verbreitungsrecht durch den in § 17 Abs. 2 UrhG geregelten Erschöpfungsgrundsatz eingeschränkt, von dem jedoch nicht das Vermietrecht erfasst ist.

202 H.M., s. z.B. Schricker/*Loewenheim* § 17, Rn. 4.

203 Zum Begriff des Inverkehrbringen ausführlich Schricker/*Loewenheim* § 17 Rn. 12; Wandtke/Bullinger/*Heerma* § 17 Rn. 11.

204 Zur Diskussion inwieweit durch das Anbietungsrecht über den durch Mutlimediarichtlinie gebotenen Schutz hinausgeht vgl. Wandtke/Bullinger/*Heerma* § 17 Rn. 7.

205 Vgl dazu auch die Ausführungen im 4. Kapitel 2. Abschnitt I. 2. a) (1).

206 BGH GRUR 1991, 316, 317 –Einzelangebot.

207 KG GRUR 1983, 174 – Videoraubkassetten; OLG Düsseldorf GRUR 1983, 760, 761.

208 BGH GRUR 1982, 102, 103 – Masterbänder. Bejahend auch für eine Einzelperson BGH GRUR 1991, 316, 317 – Einzelangebot.

209 S. dazu im 4. Kapitel 2. Abschnitt III. 5.

perlicher Form verwertet werden muss. *Kurz* hält die Annahme eines Verbreitungsrechtes durchaus denkbar[210]. Das (inszenierte) choreografische Werk ist eine Schöpfung, die sich durch körperliche Darstellung der einzelnen Bewegungen auszeichnet, und kann als solche direkt an andere Theater oder Agenturen lizenziert werden. D.h. will ein Theater ein (inszeniertes) choreografisches Werk weiter verkaufen, müsste es sich nach dieser Auffassung vom Choreografen und ggf. den anderen beteiligten Urhebern (Komponist, Bühnen-/Kostümbildner) das Recht zur Verbreitung einräumen lassen. Diese Auslegung des Verbreitungsrechtes lässt sich allerdings kaum mit der Legaldefinition in § 17 UrhG in Einklang bringen[211]. Unter das Verbreitungsrecht können nur Vorgänge fallen, durch die körperliche Werkstücke, also die das Werk verkörpernde Sache, verbreitet werden[212]. Für die in der Praxis nicht untypischen Fälle, dass eine Inszenierung eines Werkes an ein anderes Theater samt Bühnenbild und Kostümen gegen Entgelt weitergegeben wird, ist für den Choreografen also das Aufführungsrecht gemäß § 19 Abs. 2 UrhG und nicht das Verbreitungsrecht einschlägig.

4. Bearbeitungsrecht

Die rechtlichen Rahmenbedingungen für Bearbeitungen oder Umgestaltungen werden in Deutschland, wie auch in den USA, im Bereich der Verwertungsrechte des Urheberrechtsgesetzes normiert[213]. Allerdings enthält das UrhG in § 23 kein eigentliches Verwertungsrecht, sondern definiert lediglich den Schutzumfang des Urheberrechts[214]. Gemäß § 37 Abs. 1 UrhG verbleibt dem Urheber trotz der Einräumung von Nutzungsrechten im Zweifel die Berechtigung der Einwilligung zu einer Veröffentlichung oder Verwertung einer Bearbeitung. Die Vergabe von Nutzungsrechten führt also nicht automatisch zur Erlaubnis ein Werk nicht in seiner Originalform zu nutzen. D.h. der Bearbeiter darf die von ihm erstellte Fassung des Werks nicht ohne Zustimmung des Urhebers des Originalwerks verwerten. Zu beachten ist, dass in der Zustimmung des Urhebers des Originalwerks zur Vornahme einer

---

210 Praxishandbuch, Rn. 72.

211 Diskutiert wurde allerdings im Zusammenhang mit digitalen Medien, ob auch unkörperliche Verbreitung in den Anwendungsbereich des § 17 UrhG fallen können. Durch den § 19a UrhG hat diese Diskussion jedoch ein Ende gefunden (vgl. Wandtke/Bullinger/*Heerma* § 17 Rn. 5).

212 Wandtke/Bullinger/*Heerma* § 17 Rn. 5.

213 § 23 UrhG gehört zu Unterabschnitt 4 mit der Überschrift „Verwertungsrechte", der wiederum zu Abschnitt 4 „Inhalt des Urheberrechts" zählt.

214 H.M: z.B. Schricker/*Loewenheim* § 23 Rn. 1; Wandtke/Bullinger/*Bullinger* § 23 Rn. 1; a. A. Fromm/Nordemann/*Axel Nordemann* §§ 23/24 Rn. 2, die von einem besonderen Verwertungsrecht ausgehen.

Bearbeitung noch nicht ohne weiteres eine Zustimmung zur Verwertung der Bearbeitung liegt[215]. Die alleinige Zustimmung des Bearbeiters zur Verwertung ist also nur für den Fall ausreichend, wenn das bearbeitete Werk gemeinfrei ist[216]. Daraus folgt für den Choreografen, der kein gemeinfreies Werk bearbeiten will, dass er sich neben der Zustimmung des Originalurhebers zur Bearbeitung auch vertraglich die entsprechenden weiteren Verwertungsrechte ausdrücklich übertragen lassen muss.

Umstritten ist, ob den Begriffen „Bearbeitung und andere Umgestaltungen" des § 23 S. 1 UrhG unterschiedliche Anwendungsbereiche zukommen. Die Auseinandersetzung in Wissenschaft und Praxis dreht sich insbesondere um die Frage, ob auch einer Bearbeitung i.S.d. § 23 UrhG schöpferische Qualität zukommen muss. Die Rechtsprechung zeigt keine eindeutige Richtung. In neueren Entscheidungen wurde eine „andere Umgestaltung" i.S.d. § 23 S. 1 UrhG als die Art von Veränderung am Originalwerk charakterisiert, die keine persönliche Schöpfung darstellt und nicht dem vorbestehenden Werk dient[217]. Der BGH nutzte in einer älteren Entscheidung den Begriff der Umgestaltung zur Abgrenzung von § 23 UrhG zu § 24 UrhG[218]. Umgestaltungen sollten also die Fälle erfassen, in denen die Veränderungen des Ausgangswerkes im Grenzbereich zur freien Benutzung liegen. In einer jüngeren Entscheidung wird die Bearbeitung als Umgestaltung eines als Vorlage benutzten Werkes verstanden[219]. Auch in der Literatur sind die Meinungen geteilt. Während eine Auffassung unter Bearbeitungen i.S.d. § 23 S. 1 UrhG nur Änderungen mit schöpferischen Charakter verstehen will[220] und alle anderen Vorgänge als Umgestaltungen erfasst, setzt die Gegenauffassung nicht voraus, dass diese Bearbeitungen auch Schöpfungen gemäß § 2 Abs. 2 UrhG darstellen müssen[221]. Die Einordnung wird damit begründet, dass der Gesetzestext zwar unterschiedliche Anwendungsbereiche für Bearbeitungen und Umgestaltungen innerhalb des § 23 UrhG nahe lege, die jeweilige Zuordnung auf der Rechtsfolgenseite nicht zu unterschiedlichen Ergebnissen führt. Dieser Ansicht ist im Ergebnis zuzustimmen, da Sinn und Zweck des § 23 UrhG ist, einen umfänglichen Schutz vor Veränderungen zu ermöglichen und dieses Ziel nicht unnötig kompliziert erreicht werden sollte –

---

215 BGHZ 15, 338, 345 – Indeta; Schricker/*Loewenheim* § 3 Rn. 35.

216 Zum Streit, ob in diesem Fall überhaupt eine Bearbeitung angenommen werden kann s. 3. Kapitel 1. Abschnitt I. 4. b).

217 OLG Düsseldorf, GRUR 1990, 263, 266 – Automaten Spielplan; KG GRUR-RR 2004, 129, 131.

218 BGH GRUR 1972, 143, 146 – Biografie: ein Spiel.

219 BGH GRUR 1990, 669, 673 – Bibelreproduktion.

220 Fromm/Nordemann/*A. Nordemann* § 23 Rn. 10; Hertin, KUR 2004, 101, 103; Loewenheim/*Hoeren* § 9, Rn. 216; Wandtke/Bullinger/*Bullinger* § 23 Rn. 4.

221 Schricker/*Loewenheim* § 23, Rn. 4; Dreier/Schulze/*Schulze* § 23, Rn. 5; Ulmer, 163, 273.

zumal die Grenze zwischen schöpferischen und nicht schöpferischen Änderungen am Werk letztendlich fließend ist. Eine einheitliche Begriffsbestimmung für Bearbeitungen hat sich nicht herausgebildet, allerdings kennt der Bearbeitungsbegriff des § 23 UrhG zweierlei Wertungsebenen: zum einen handwerkliche Anpassungsveränderungen und zum anderen Veränderungen des Gesamteindrucks des Werks. Bei Bearbeitungen choreografischer Werke, die auch vom § 3 UrhG erfasst werden, ist § 23 UrhG unproblematisch einschlägig, da der Bearbeitungsbegriff des § 3 UrhG enger ist als der des § 23 UrhG. Für die durch einen Regisseur vorgenommene Werkinterpretation ist zu differenzieren. Eine pauschale Verneinung der Eröffnung des Anwendungsbereiches von § 23 UrhG wäre nicht mit dessen eben geschilderten Sinn und Zweck vereinbar. D.h. handelt es sich um eine Interpretation mit einer gewissen kreativen Eigenart, besteht sehr wohl die Möglichkeit, dass der Anwendungsbereich von § 23 UrhG eröffnet ist[222].

5. Schrankenregelungen

a) *Einführung*

Das Urheberrecht als „geistiges Eigentum" unterliegt im deutschen Recht wie auch das Sacheigentum einer Sozialbindung[223]. Aus diesem Grund wurden die Schranken des Urheberrechts nach den Wertungen des Gesetzgebers zur Wahrung der Interessen spezieller Gruppen normiert. Vom BVerfG wurden diese Grenzen des Urheberrechts nicht beanstandet, da dem Berechtigten die aus dem Eigentum resultierenden Befugnisse im deutschen Recht grundsätzlich nur innerhalb der vom Gesetzgeber gezogenen Grenzen zustehen[224]. Bei der Schrankenziehung gilt der Grundsatz der Verhältnismäßigkeit[225]. D.h. es sind die Belange aller Beteiligten auszutarieren und ein angemessener Interessenausgleich[226] zu finden. Insbesondere bei letzterem Punkt steht die Rechtsprechung des BVerfG in der Kritik der Literatur, da sie als inkonsistent und z.T. widersprüchlich angesehen wird[227].

---

[222] Dazu können Gedanken zur Abgrenzung aus dem musikalischen Bereich entlehnt werden. Für Musikwerke hat der BGH entschieden, dass eine notengetreue Wiedergabe nicht § 23 UrhG tangiert (BGH GRUR 1998, 376 – Coverversion und BGH GRUR 2006, 319, 321 – Alpensinfonie). Dagegen kann eine nicht notengetreue Darbietung sehr wohl § 23 UrhG betreffen (BGH GRUR 2006, 319, 321f. – Alpensinfonie). Transportiert man diese Gedanken auf choreografische Werke, würden die Interpretationen die sich eins zu eins am Bewegungsablauf des Ausgangswerkes orientieren nicht unter § 23 UrhG fallen.

[223] So schon RGZ 140, 264, 270; Loewenheim/*Götting* § 30 Rn. 1.

[224] BVerfGE 31, 229, 241 – Kirchen- und Schulgebrauch.

[225] BVerfGE 50, 290, 388ff.

[226] Loewenheim/*Götting* § 30 Rn. 1.

[227] Bsp. dazu bei Loewenheim/*Götting* § 30 Rn. 2.

Im Unterschied zum amerikanischen Recht wurde im deutschen Recht keine generalklauselartige Schranke des „fair use“ integriert, sondern eine nicht unerhebliche Reihe an fest umrissenen Einzeltatbeständen geschaffen[228]. Sie sind nach ständiger Rechtsprechung des BGH eng auszulegen[229] und grundsätzlich als abschließend anzusehen[230], so dass für eine analoge Anwendung praktisch kein Raum ist[231].

Voraussetzung der Anwendung der Schrankenregelungen ist, dass durch ihre Anwendung weder die normale Auswertung des Werks beeinträchtigt noch die berechtigten Interessen des Urhebers unzumutbar beeinträchtigt werden. Dieser Test wird als Auslegungs- und Gestaltungsregel von der Rechtsprechung[232] angewandt und hat seine Basis in europäischen[233] und internationalen Vorgaben[234].

b) Vervielfältigung zum eigenen oder sonstigen Gebrauch[235]

Das Vervielfältigungsrecht unterliegt den in §§ 44a ff. UrhG geregelten Schranken des Urheberrechts, wobei vor allem das Recht der Vervielfältigung zum privaten oder sonstigem eigenen Gebrauch gemäß § 53 Abs. 1 und Abs. 2 UrhG von besonderer Bedeutung ist. Für den Choreografen als Urheber ist diese Schranke dann nicht unerheblich, wenn sein Werk oder Auszüge davon bereits auf irgendeine Art fixiert worden ist (z.B. auf einem materiellen Datenträger) und vervielfältigt bzw. (kommerziell) verwertet werden soll. Die Regelungen des § 53 UrhG bezwecken zusammen mit den Vorschriften zur Vergütungspflicht der §§ 54–54h UrhG einen Interessenausgleich zwischen Allgemeinheit und Urhebern herbeizuführen. D.h. systematisch ist die Möglichkeit der Vervielfältigung über § 53 UrhG so zu ver-

---

228 Für das Vervielfältigungsrecht und das Recht der öffentlichen Wiedergabe ist das System der urheberrechtlichen Schranken durch das europäische Recht abschließend geregelt (Erwägungsgrund 32 der Informationsgesellschafts Richtlinie).

229 BGHZ 50, 147, 152 – Kandinsky; BGHZ 116, 305, 308 – Altenwohnheim; BGHZ 144, 232, 235 – Parfümflakon; BGH GRUR 2002, 605 – Verhüllter Reichstag.

230 BGH GRUR 1985, 874, 876 – Schulfunksendungen; Fromm/Nordemann/*Jan-Bernd Nordemann*/*Wilhelm Nordemann* Vor §§ 44a ff. Rn. 3.

231 Sie wird nur in ganz besonderen Ausnahmefällen für zulässig erachtet, wie z.B. bei der Anerkennung von Filmzitaten aufgrund einer analogen Anwendung des § 51 Nr. 2 UrhG (BGH GRUR 1987, 362 – Filmzitat).

232 Z.B. BGHZ 141, 13, 34 – Kopienversanddienst.

233 Art. 5 Abs. 5 Informationsgesellschaft Richtlinie.

234 Art. 9 Abs. 2 RBÜ für das Vervielfältigungsrecht; Art. 10 Abs. 1 WCT und Art. 16 Abs. 2 WPPT.

235 Um den Rahmen dieser Arbeit nicht zu überspannen wird an dieser Stelle auf die Darstellung möglicher Einschränkungen der Schrankenregelungen durch technische Schutzmaßnahmen verzichtet.

stehen, dass eine erlaubnisfreie Nutzung für die in § 53 UrhG genannten Arten des Gebrauchs gestattet wird, die wiederum mit einem Vergütungsanspruch korrespondiert, der als Abgabe von den Herstellern der Vervielfältigungsgeräte erhoben wird. Im § 53 UrhG werden verschiedene privilegierte Nutzungen aufgeführt. Als Zielmedium der Vervielfältigung bzw. Kopie kommt grundsätzlich jeder beliebige Träger in Betracht – digitale und analoge Techniken werden also gleichbehandelt[236]. Die Schrankenregelung des § 53 Abs. 1 UrhG kann bzgl. Vervielfältigungen zum eigenen Gebrauch jedoch nur greifen, wenn es sich nicht um offensichtlich rechtswidrig hergestellte Vorlagen handelt. Das Kriterium der Offensichtlichkeit ist dabei nach allgemeingültigen, objektiven Kriterien zu bestimmen und nicht subjektiv vom Standpunkt des jeweiligen Benutzers[237].

Unter einer Vervielfältigung[238] zum privaten Gebrauch gemäß § 53 Abs. 1 UrhG wird die Situation verstanden, wenn persönliche Bedürfnisse durch die eigene Person oder durch Angehörige des Familien- bzw. Freundeskreises verwirklicht werden[239]. D.h. auf diese Schranke können sich nur natürliche Personen berufen, die einzelne Vervielfältigungen nicht direkt oder indirekt zu Erwerbszwecken nutzen wollen. Daher sollte auch der Zweck der Vervielfältigung – die Nutzung in der Privatsphäre – bei der Prüfung, ob § 53 Abs. 1 UrhG einschlägig ist, nicht außer Acht gelassen werden[240]. Schon für den sonstigen eigenen Gebrauch gemäß § 53 Abs. 2 UrhG gilt diese Begrenzung des Gebrauchszwecks nicht. Der Begriff „einzeln“ wurde durch die Rechtsprechung mit der Umschreibung „einige wenige“ wenig aussagekräftig ausgelegt[241].

Je nachdem um welche Variante des § 53 UrhG es sich bei der einzelnen jeweils in Rede stehenden Nutzung handelt, ist zu unterscheiden, ob für die Vervielfältigung zwingend ein eigenes Werkstück genutzt werden muss. Falls also z.B. die DVD eines choreografischen Werkes kopiert werden soll, ist dafür eine eigene Vorlage entbehrlich, wenn es sich um eine gemäß § 53 Abs. 1 UrhG privilegierte Nutzung handelt[242].

---

[236] Dies wurde durch die Änderungen des § 53 UrhG durch das Gesetz zur Regelung des Urheberrechts in der Informationsgesellschaft klargestellt, vgl. auch Wandtke/Bullinger/*Lüft* § 23 Rn. 12.

[237] Schricker/*Loewenheim* § 53 Rn. 14c; Jani, Was sind offensichtlich rechtswidrig hergestellte Vorlagen?, ZUM 2003, 842, 850ff.

[238] Der Begriff der Vervielfältigung orientiert sich am § 16 UrhG. S. dazu auch die Ausführungen in diesem Kapitel 2. Abschnitt I. 3. a).

[239] Amtl. Begründung zur Urheberrechtsnovelle von 1985, BT-Drucks. 10/837, 9, 16; BGH GRUR 1997, 459, 461 – CB-Infobank.

[240] Wandtke/Bullinger/*Lüft* § 31 Rn. 7.

[241] BGH GRUR 1978, 474, 476 – Vervielfältigungsstücke. In der Praxis wird von 7 Vervielfältigungsstücken gesprochen, in der Rechtsliteratur werden nur 3 als angemessen angesehen (Loewenheim/*Loewenheim* § 31 Rn. 22.)

[242] S. aber die Entscheidung KG GRUR 2000, 49 – Mitschnitt-Einzelangebot.

Dies ergibt sich im Umkehrschluss zu § 53 Abs. 2 Nr. 2 UrhG, der ausdrücklich ein eigenes Werkstück erwähnt[243]. Die Herstellung des Vervielfältigungsstücks kann auch durch andere erfolgen, allerdings ist in verschiedenen Fällen Unentgeltlichkeit Voraussetzung (wie z.B. § 53 Abs. 1 S. 2 UrhG; § 53 Abs. 2 S. 2 und 3 UrhG).

Abschließend sei angemerkt, dass § 53 Abs. 7 UrhG darauf hinweist, dass Aufführungen urheberrechtlich geschützter Werke stets nur mit der Einwilligung des Berechtigten aufgenommen werden dürfen. Erfasst vom Verbot der Aufnahme ist nur die Erstfixierung. D.h. z.B. der Mitschnitt eines im Fernsehen gesendeten Livemitschnitts eines choreografischen Werkes ist bei Vorliegen der weiteren Voraussetzungen des § 53 UrhG zulässig. Diese Klarstellung ist für den Urheber choreografischer Werke trotzdem von Bedeutung, da der Geltungsbereich des § 53 UrhG zu seinen Lasten durch diese Ausnahme immerhin nur eingeschränkt Anwendung finden kann.

c) Zitatrecht

Das in § 51 UrhG geregelte Zitatrecht erfasst auf den ersten Blick keine choreografischen Werke, da sich der Gesetzeswortlaut nur auf Sprachwerke bezieht. Allerdings wendet die ganz h.M. das Zitatrecht des § 51 Nr. 2 UrhG analog für Filme und Fernsehsendungen, pantomimische und choreografische Werke sowie auch alle anderen Werkarten, in denen ein Zitieren nach Natur der Dinge in Betracht kommt, an[244]. Hintergrund ist, dass in der Praxis nicht zwischen den Medien Presse und Rundfunk unterschieden werden soll, da beide den gleichen Schutz durch Art. 5 GG genießen und es daher nicht gerechtfertigt erscheint, bzgl. des Bestehens eines Zitatrechtes zu differenzieren[245]. Gemessen am Zweck des Zitatrechts, einen Ausgleich zwischen dem Grundrechtsschutz des Urheberrechts in Art. 14 GG und den Kommunikationsgrundrechten zu schaffen, erscheint eine Beschränkung auf Sprachwerke nicht angemessen.

Das Gesetz unterscheidet zwischen einem Großzitat, das auch das gesamte Werk umfassen kann, und einem Kleinzitat, das nur eine auszugsweise Wiedergabe ermöglicht. Großzitate werden gemäß § 51 Nr. 1 UrhG nur für wissenschaftliche Werke erlaubt – allerdings werden sie von Rechtsprechung und Literatur auch dann ausnahmsweise für möglich gehalten, wenn ein sinnvolles Zitieren anders nicht möglich ist[246]. Bei „bewegten Bildern", wie in einem choreografischen Werk, ist je-

---

[243] Schricker/*Loewenheim* § 53 Rn. 11; Wandtke/Bullinger/*Lüft* § 53 Rn. 15.

[244] Zum Diskussionsstand s. Schricker/*Schricker* § 51 Rn. 41.

[245] Schricker/*Schricker* § 51 Rn. 41.

[246] BGH, NJW 1994, 2891; KG UFITA 54 (1969), 296, 299; LG Berlin ZUM 1989, 473ff.; Kurz, Praxishandbuch, 561; Schricker/*Schricker* § 51 Rn. 45.

doch immer eine Reduktion möglich, so dass in jedem Fall die Berufung auf die Schranke des § 51 Nr. 2 UrhG verwehrt ist, wenn eine vollständige Tanzaufführung „zitiert“ werden soll.

Unabhängig davon ist für Theateraufführungen die Möglichkeit eines Kleinzitats streng am Einzelfall zu prüfen. Denkbar wäre die Situation, dass ein choreografisches Werk durch Vervielfältigung auf Bild- oder Tonträger zitiert werden soll. Entsprechend des § 51 Nr. 2 UrhG muss das entsprechende Werk bereits veröffentlicht sein. Eine vor der Premiere stattfindende Film- und Fotoprobe erfüllt diese Anforderung nicht. Außerdem wird das Werk den Vertretern der Medien regelmäßig nur zur aktuellen Tagesberichterstattung im Rahmen des § 50 UrhG zugänglich gemacht, so dass eine allgemeine Erlaubnis zur Verwendung in weitergehenden Reportagen davon regelmäßig nicht gedeckt ist[247]. Auch eine Veröffentlichung bei einer Premiere reicht für die Ausübung des Zitatrechts nicht unbedingt aus, weil diese Schranke voraussetzt, dass der Zitierende über das choreografische Werk überhaupt entsprechend verfügen, d.h. es vervielfältigen, kann. Es existiert jedoch keine Pflicht für den Urheber oder sonst Berechtigen das Werk zur Vervielfältigung bereitzustellen. Hält man sich außerdem vor Augen, dass in den allermeisten Theatern aufgrund des Hausrechts das Filmen und Fotografieren ohne entsprechende Erlaubnis verboten ist, bleibt kaum ein praktischer Anwendungsspielraum für das Zitatrecht bei choreografischen Werken.

d) Bild- und Tonberichterstattung über Tagesereignisse

Auch die Schrankenregelung des § 50 UrhG, die es erlaubt, dass u.a. zur Bild- und Tonberichterstattung über Tagesereignisse, Werke in einem durch den Zweck gebotenen Umfang vervielfältigt, verbreitet und öffentlich wiedergegeben werden dürfen, kann für die Verwertung von choreografischen Werken eine Rolle spielen. Mit Hilfe dieser Vorschrift soll eine anschauliche Berichterstattung über aktuelle Ereignisse im öffentlichen Interesse ermöglicht werden[248]. In Bezug auf choreografische Werke ist die Schranke so zu verstehen, dass es sich bei einem Tagesereignis um etwas von herausragender Bedeutung, wie z.B. eine Premiere oder sogar eine Uraufführung handeln muss. Dieser Umstand beinhaltet jedoch keinen Freibrief für eine komplette Übertragung des jeweiligen Werkes[249], sondern es darf sich nur

---

247 So zu Recht Kurz, Praxishandbuch Theaterrecht, 561.
248 Kurz, Praxishandbuch Theaterrecht, 560.
249 So für Österreich OGH, GRUR Int. 1971, 411 – Bad Ischler Operettenwochen zu einer kompletten Operettenübertragung; OLG Frankfurt NJW 1985, 2140 – Operneröffnung zur Übertragung einer 40 minütigen Ouvertüre im Rahmen einer Operneröffnung.

um Auszüge daraus handeln[250]. Ist der Urheber mit einer die gesetzlichen Schranken überschreitenden Berichterstattung (konkludent) einverstanden, ergibt sich daraus nicht, dass keine Vergütungspflicht entsteht. Ausgeschlossen ist allein eine Urheberrechtsverletzung gemäß § 97 UrhG[251].

II. Frankreich

1. Einführung

Ausdrücklich normiert sind im französischen Urheberrecht gemäß Art. L. 122-1 CPI das Wiedergabe- bzw. Darbietungsrecht (droit de représentation) und das Vervielfältigungsrecht (droit de reproduction). Die in der deutschen Lehre zum Teil vorgenommene Aufteilung des Wiedergaberechts unter wirtschaftlichen Aspekten in Erst- und Zweitverwertungsrechte[252] korrespondiert im französischen Recht weitgehend mit der Unterscheidung zwischen „communication directe" und „communication indirecte". Zur Unterscheidung wird allerdings nicht auf die Tatsache einer vorangegangenen Werknutzung abgestellt, sondern auf die Existenz wiedergabefähiger Vervielfältigungen des Werkes[253].

Beide Verwertungsrechte sind im Rechtsverkehr gemäß Art. L. 122-7 CPI von einander unabhängig. Soweit vertraglich die vollständige Abtretung eines der beiden Rechte vereinbart wird, ist die Tragweite der Abtretung auf die im Vertrag vorgesehenen Verwertungsarten beschränkt. Unter das Zustimmungserfordernis des Rechtsinhabers fallen gemäß Art. L. 122-4 CPI u.a. auch die Bearbeitung oder die Übertragung.

2. Recht der Wiedergabe (droit de représentation)

In Frankreich wird der Oberbegriff „droit de représentation" (Art. L. 122-2 CPI) genutzt, der in etwa dem deutschen Begriff der öffentlichen Wiedergabe in unkörperlicher Form des § 15 Abs. 2 UrhG entspricht. Das französische Urheberrechts-

---

250 Der NV-Bühne definiert in § 59 Abs. 3 Reportagesendungen, für die keine gesonderte Vergütungspflicht für Solo-Bühnenmitglieder besteht. Dabei handelt es sich um Sendungen, die eine Wiedergabezeit von 6 Minuten nicht überschreiten und in denen nicht mehr als ein Viertel des Werkes wiedergegeben wird.

251 OLG Frankfurt, NJW 1985, 2140, 2142-Operneröffnung; Kurz, Praxishandbuch Theaterrecht, 560.

252 S. kritisch hierzu Schricker/*v. Ungern-Sternberg*, § 15 Rn. 50.

253 Schwab, 101.

gesetz versteht unter Wiedergabe die direkte oder indirekte Kommunikation des Werkes an die Öffentlichkeit, wobei das gewählte Verfahren irrelevant ist[254]. Wie in Deutschland wird auch in Frankreich im Urheberrechtsgesetz umfassend, aber nicht abschließend aufgezählt, welche Sachverhalte vom Recht der öffentlichen Wiedergabe in unkörperlicher Form erfasst sind. Die Aufzählung des Art. L. 122-2 CPI nennt als Darbietung u.a. den öffentlichen Vortrag, musikalische Aufführung, dramatische Aufführung, öffentliche Ausstellung, öffentliche Vorführung und Übertragung des gesendeten Werkes an einem öffentlichen Ort und die Sendung. Der Choreograf als Urheber hat also das Recht, die öffentliche Vorführung seines Werkes zu autorisieren bzw. zu untersagen. Da sich an dieser Stelle bzgl. des Aufführungs- und Senderechts für choreografische Werke keine Besonderheiten im Vergleich zum deutschen Recht ergeben, wird auf die entsprechenden Ausführungen im vorangegangenen Abschnitt I. 2. verwiesen.

Auf eine interessante Regelung des französischen Urhebervertragsrechts sei jedoch noch verwiesen. Art. L. 132-19 CPI trifft einige nennenswerte Feststellungen zum Aufführungsvertrag. Der Veranstalter darf die Nutzungsrechte zum einen nicht auf einen Dritten übertragen ohne ein formelles schriftliches Einverständnis des Urhebers einzuholen. Zum anderen ist eine exklusive Lizenz im Regelfall nur zeitlich begrenzt möglich. Der Wortlaut des Gesetzes lässt jedoch eine Hintertür offen. Art. L. 132-19 CPI spricht nur davon, dass die Wirksamkeit einer exklusiven Lizenz durch den Urheber eines dramatischen Werkes 5 Jahre nicht überschreiten soll. D.h. wenn es um eine reine Choreografie ohne eine Verbindung mit Musik geht, die als nicht dramatisches Werk verstanden werden kann, ist es möglich eine andere zeitliche Beschränkung zwischen den Parteien zu verhandeln.

3. Vervielfältigungs- und Verbreitungsrecht (droit de reproduction et droit de destination)

Die Vervielfältigung besteht gemäß Art. L. 122-3 CPI in der körperlichen Festlegung des Werkes durch alle Verfahren, die seine Mitteilung an die Öffentlichkeit auf indirekte Weise erlauben[255]. Dazu gehören z.B. mechanische, filmische, magnetische oder fotografische Aufnahmen. In seinen Voraussetzungen ähnelt das französische Urheberrecht dem deutschen – auch bedingt durch die in diesem Abschnitt unter I. 3. angesprochenen europarechtlichen Vorgaben, so dass an dieser Stelle auf die entsprechenden Ausführungen verwiesen wird.

---

[254] Möhring/Schulze/Ulmer/Zweigert, Quellen des Urheberrechts, Gesetzestexte aller Länder, Band 2, Frankreich/I, 13.

[255] Lucas/Lucas, Traité, 201.

Durch Art. L. 122-4 wird klargestellt, dass jede Vervielfältigung, auch von Teilen des Werkes, von der Zustimmung durch den Urheber abhängig ist. So wurde bereits durch den Cour d'Appel von Paris entschieden, dass die ungenehmigte Vervielfältigung choreografischer Werke auf Videokassetten einen Verstoß darstellt, der Schadenersatz hinsichtlich der nicht erteilten Zession des Verwertungsrechtes und der nicht erhobenen Lizenzgebühren nach sich zieht[256]. Auch darin ähnelt das französische Urheberrecht den deutschen Regelungen.

Bedingt durch den im französischen Urheberrecht weit gefassten Begriff der Vervielfältigung[257] wird z.T. versucht, daraus auch ein „droit de destination" (Verbreitungsrecht) zu begründen[258], das im französischen Urheberrecht nicht explizit normiert ist. Gesetzlich stützt man sich dazu außerdem auf Art. L. 131-3 Abs. 1 CPI und Art. L. 332-1 CPI. Mit der Theorie eines quasi in das Vervielfältigungsrecht integrierten Verbreitungsrechtes soll erreicht werden, dass der Urheber nicht nur die Reproduktion seines Werkes sondern auch dessen Zirkulation kontrollieren kann[259]. Wird also z.B. die Notation eines choreografischen Werkes von einem Theaterdirektor ohne Zustimmung des Berechtigten an einen Dritten zur Nutzung der Choreografie weitergegeben, stellt dies einen Verstoß dar[260]. Die Herleitung und Einführung eines Verbreitungsrechts sind allerdings nicht ohne Kritik geblieben, die sich besonders auf seine rechtliche Basis bezieht[261]. Festzuhalten ist deshalb, dass sich der französische Urheber bzgl. eines Verbreitungsrechts nicht einer vergleichbaren gesetzlich abgesicherten Stellung wie ein deutscher Urheber befindet.

4. Bearbeitungsrecht

Das Bearbeitungsrecht ist im französischen Urheberrecht nicht explizit geregelt. Art. L. 122-1 CPI spricht lediglich vom Darbietungs- und Vervielfältigungsrecht. Mit den rechtlichen Folgen, die Modifikationen an einem urheberrechtlichen Werk auslösen können, beschäftigte sich jedoch schon die französische Rechtsliteratur des 19. Jahrhunderts. *Blanc* schrieb bereits 1855, dass den Regisseur eines Theater-

---

256 Cour d'Appel de Paris 1995, JurisData 1995-020045.

257 Eine großzügigere Interpretation wurde durch das Voranschreiten der Entwicklung von Informationstechnologien notwendig.

258 S. Lucas/Lucas, Traité, 2. Auflage, 236; Möhring/Schulze/Ulmer/Zweigert, Quellen des Urheberrechts, Gesetzestexte aller Länder, Band 2, Frankreich/I, 14.

259 Lucas/Lucas, Traité, 206.

260 So entschieden für den Fall, dass ein Theaterdirektor die Partitur eines Musikwerkes an einen Dritten weitergegeben hat (Cour de Cass. Crim., Urteil vom 28.1.1888 in Lucas/Lucas, Traité, 208).

261 S. Lucas/Lucas, Traité, 213.

spektakels die gleichen Verpflichtungen träfen wie einen Editor. Modifikationen des Werkes, die er ohne Zustimmung des Urhebers vornimmt, stellten nach Auffassung *Blancs* zwar noch keine ungenehmigte Aufführung dar, sie sind jedoch als Verletzung des Lizenzvertrages zur Aufführung des jeweiligen Werkes zu qualifizieren[262].

Heute ist das Bearbeitungsrecht auch für die französischen Urheber allgemein anerkannt[263]. Aus Art. L. 122-4 CPI geht hervor, dass jegliche Art der Bearbeitung eines Werkes von der Zustimmung des Urhebers abhängig ist. In der französischen Rechtsliteratur gibt es Stimmen, die eine Einwilligung des Urhebers bereits vor Beginn einer Bearbeitung für erforderlich halten[264]. Vom Cour de Cassation wurde allerdings ein liberalerer Weg gewählt, der der deutschen Herangehensweise ähnelt: Eine Bearbeitung, die ohne Einwilligung des Urhebers erstellt wurde, stellt solange keine Urheberrechtsverletzung dar, wie sie nicht vor der Öffentlichkeit präsentiert wird[265].

5. Schranken bzw. Grenzen der Nutzungsrechte

a) Private unentgeltliche Aufführungen

Art. L. 122-2 CPI stellt trotz seines Charakters als Schrankenregelung für die Verwertungsrechte klar, dass das „droit de représentation" nur für die Kommunikation des Werkes an die Öffentlichkeit gewährt wird. Anders als im systematisch vergleichbaren § 15 Abs. 3 UrhG ist der Begriff „Öffentlichkeit" nicht der Kernpunkt bei der Bestimmung der Reichweite des Rechts der Darbietung. Durch Art. L. 122-5 CPI wird vielmehr der Kreis von Personen, der die Schwelle zur Öffentlichkeit noch nicht überschreitet, präzisiert: „... l'auteur ne peut interdire: 1. Les représentations privées et gratuites effectuées exclusivement dans un cercle de famille"[266]. Systematisch ist im französischen Urheberrechtsgesetz also die Möglichkeit einer privaten, kostenfreien Aufführung als Schranke des Darbietungsrechts normiert. In der Lehre wird daher vertreten, dass der Begriff „Öffentlichkeit" überlagert ist, sobald die Anforderungen des Art. L. 122-5 CPI Nr. 1 erfüllt

---

262 Blanc, 224.
263 Pollaud-Dulian, Le Droit d'Auteur, Rn. 396.
264 A.a.O.
265 Cour de Cassation, Recueil Dalloz 1983, 92 (Sté Fauves Puma v. Choueka).
266 Die Übersetzung der genannten Vorschrift lautet nach Dreier/Krasser, Das französische Gesetzbuch des geistigen Eigentums, Anhang wie folgt: Der Urheber kann nicht verbieten: Nr. 1 Aufführungen, die privat und kostenfrei ausschließlich im Familienkreis stattfinden ...

sind[267]. Allerdings wird aus dem Wortlaut des Gesetzes („cercle de famille") nicht ganz deutlich, wann diese Anforderungen erfüllt sind. Die Rechtsprechung zeigte lange keine klaren Konturen. Der Cour de Cassation war zwar bereits mit der Begrifflichkeit befasst, durch die Eigenheit des zu entscheidenden Falles bekam das Gericht jedoch keine Gelegenheit eine klare Definition abzugeben[268]. In der jüngeren Rechtsprechung wird der Begriff wie folgt ausgelegt: „il est admis traditionellement, ce qui n'est d'ailleurs que l'application d'un principe général, que le droit moral est susceptible d'abus et que son exercice peut être contrôlé par les tribunaux"[269]. Die Literatur favorisiert allgemein mit dem Argument, dass das Gesetz eine strenge Anwendung durch die Verwendung des Begriffes „exclusivement" vorgegeben hat, eine restriktive Auslegung, die lediglich die Gegenwart einiger Bekannter der Familie zulässt[270]. Damit versteht sich die französische Schranke etwas strenger als ihr deutsches Pendant, das allerdings nicht als Schrankenregelung ausgestaltet ist, sondern bereits den Tatbestand der öffentlichen Wiedergabe selbst betrifft[271]. Aufgrund der restriktiven Anwendung dieser Schrankenregelungen muss festgehalten werden, dass Aufführungen choreografischer Werke oder Auszüge davon im Ballettunterricht oder in Ballettschulen kaum von der Schranke privater Aufführungen erfasst werden können[272].

b) Privatkopie

In Art. L. 122-5 CPI ist in Nr. 2 die Ausnahme für Privatkopien geregelt. In der Schrankenregelung wird deutlich herausgehoben, dass die Kopie nur für den Privatgebrauch desjenigen erlaubt ist, der die Vervielfältigung vorgenommen hat und nicht für eine kollektive Benutzung bestimmt ist[273]. Der Wortlaut der Vorschrift zur

---

[267] Desbois, Le droit d'auteur en France, 354; Lucas/Lucas, Traité, 306.

[268] Cour de Cass. 1972, Receuil Dalloz Jurisprudence 1972, 659.

[269] Lucas/Lucas, Traité, 2. Auflage, 379.

[270] Colombet, 244.

[271] Vgl. 4. Kapitel 2. Abschnitt I. 2. a) (1).

[272] Ein Treffen, das im Rahmen eines Sportturniers von einem Sportverband organisiert wurde, erfüllte nicht das Merkmal „cercle de famille" (Tribunal d'Instance Reims. Gazette du Palais, 1961, 1, 36; s. auch Lucas/Lucas, Traité, 307). Das Gleiche gilt z.B. auch für eine Weihnachtsfeier von Schulkindern (CA Bordeaux, Juris-Data Nr. 046171).

[273] Der Ausschluss einer kollektiven Nutzung wirft allerdings auch Fragen auf. Lucas/Lucas (Traité, 289) bringen das Beispiel der Nutzung eines Werkes für pädagogische Zwecke. D.h. streng genommen könnte der Lehrer keine Kopien für den Unterrichtsgebrauch fertigen, sondern jeder Schüler müsste sein eigenes Recht auf Privatkopien realisieren, indem er eine Kopie erstellt. Die Rechtsprechung hat diese Voraussetzung aber z.T. nicht so streng ausgelegt (s. z.B. TGI Paris, Recueil Dalloz 1974, 337 mit Anmerkung von Henri Desbois).

Privatkopie wird von der Rechtsliteratur als unglücklich gewählt kritisiert[274] – insbesondere das Wort „copiste" verdeutlicht, dass die Wortwahl nicht unbedingt an die modernen Formen der Vervielfältigung angepasst ist. Daher wird auch immer noch eine Klarstellung der Regelung gewünscht[275]. Über die folgenden Feststellungen herrscht jedoch weitgehend Einigkeit in der Rechtsliteratur: Soweit eine natürliche Person etwas für ihren eigenen privaten Gebrauch vervielfältigt, ist für das Eingreifen der Schrankenregelung sowohl das verwendete Verfahren irrelevant als auch die Feststellung, ob das gesamte Werk oder nur Teile davon kopiert wurden[276]. Damit ist diese französische Schrankenregelung in der Anwendung etwas restriktiver ausgelegt als ihr deutsches Pendant. Durch die französische Schrankenregelung zur Privatkopie ist nicht nur jeder kommerzielle Gebrauch von einer Privilegierung ausgeschlossen. Von der Möglichkeit zu privaten Kopien wird auch die Situation nicht erfasst, in der das vervielfältigte Material nur dem internen Gebrauch, also z.B. zur Verwendung innerhalb einer Ballettschule, dienen soll. Im französischen Recht geht man an dieser Stelle also auch wie im deutschen UrhG soweit, die Schranke streng auf den persönlichen Gebrauch zu beschränken[277].

Allerdings trifft das französische Urheberrechtsgesetz keine klaren Aussagen zur Qualität einer Quelle für eine Privatkopie. Insofern könnte man zu dem Schluss gelangen, dass z.B. auch eine rechtswidrig hergestellte Ballett-DVD taugliches Objekt für eine Anwendung der Schranke zum privaten Kopieren ist. In diese Richtung ging ein aktuelles Urteil des Tribunal Grande Instance Rodez[278], wo sich die Richter indifferent gegenüber der Herkunft der Vorlage zur Vervielfältigung zeigten. Die Entscheidung wurde in der Berufung bestätigt[279] und erst in der Revision[280] – jedoch aus anderen Gründen – aufgehoben. Viele Stimmen in der Rechtsliteratur favorisieren allerdings eine legal hergestellte Vorlage[281]. *Pierre Sirinelli* schrieb: „... qu'un original illicite entrâine a fortiori une copie illicite, donc une contrefaçon de contrefaçon ..."[282]. Kritiker dieser Auffassung führen jedoch dagegen an, dass mit der Voraussetzung eines legalen Originals eine Bedingung in das Gesetz interpretiert

---

274 Desbois, Le Droit d'Auteur en France, Rn. 242; Lucas/Lucas, Traité, 282.

275 A.a.O.

276 Lucas/Lucas, Traité, 282.

277 Lucas/Lucas, Traité, 287.

278 Communication Commerce électronique 2004, 152.

279 CA Montpellier, Communication Commerce électronique 2005, 77.

280 Cour Cass. Criminal, Juris Classeur Périodique Édition Générale 2006, II, 10124.

281 Gautier, 379; vgl. Lucas/Lucas, Traité, 284 m.w.N.; Pierre Sirinelli, Anmerkung zu TGI Vannes, Propriétés Intellectuelles 2004, 782.

282 Sirinelli, Anmerkung zu TGI Vannes, Propriétés Intellectuelles 2004, 782. Übersetzung: dass ein sittenwidriges (unerlaubtes) Original und mehr noch eine unerlaubte Kopie, also eine Fälschung der Fälschung.

wird, die so nicht enthalten ist[283]. Angesichts stetig steigender privater Vervielfältigungen scheint es aus Sicht der Berechtigten angemessen, den Anwendungsspielraum dieser Schrankenregelung zu begrenzen. Da der französische Gesetzgeber auch die letzte Änderung urheberrechtlicher Vorschriften nicht zum Anlass nahm, eine Klarstellung der Regelung zur Privatkopie herbeizuführen, bleibt die Rechtslage für französische Urheber weiterhin unbefriedigend.

c) Zitatrecht

Anders als im deutschen Recht wird in Art. L. 122-5 CPI Nr. 3 a) das Zitatrecht nicht nur für bestimmte Werkarten explizit normiert. Auch ihren Voraussetzungen sind deutsche und französische Schrankenregelung nicht ganz deckungsgleich. Kurze Zitate sind unter dem Vorbehalt der Nennung des Namens des Urhebers und der Quelle dann erlaubt, wenn sie durch den kritischen, polemischen, pädagogischen, wissenschaftlichen oder informatorischen Charakter des Werkes gerechtfertigt sind, in das sie eingefügt wurden. Vom Wortlaut des Gesetzes werden also durchaus auch choreografische Werke erfasst. Da sich Art. 122-5 Nr. 3a CPI ausdrücklich auf kurze Zitate beschränkt, ist der Umfang des zitierfähigen Materials mit dem Anwendungsbereich des deutschen Kleinzitats vergleichbar. Der Wortlaut des Gesetzes impliziert also nicht nur, dass lediglich Auszüge eines Werkes zitiert werden können, sondern es ist auch unbestritten, dass dem Umfang der zitierten Passagen ebenfalls Grenzen gesetzt sind. Die Rechtsprechung und Literatur verweist in diesem Zusammenhang gern auf das Kriterium der „propotionalité“[284], das in seiner Basis mit den Voraussetzungen der amerikanischen Fair-Use Doctrine vergleichbar ist[285]. Für den Bereich der Druckwerke wurde das Kriterium in Kürze auch wie folgt charakterisiert: „La loi n'autorise pas un recueil de citacions, mais l'illustration par des citations.[286]“ Mag dieser Hinweis noch nicht wirklich aussagekräftig zum Umfang des Zitatrechts bei choreografischen Werken sein, lassen sich jedoch genauere Schlüsse aus gerichtlichen Feststellungen zu audiovisuellen Werken ziehen. Die Übertragung von Auszügen eines Fußballspiels, die jeweils ca. zweieinhalb und gut drei Minuten dauerten, trafen aus Sicht der Richter die Grenzen für Kleinzitate[287]. Das Tribunal de Grande Instance Paris stellte ebenfalls aus-

---

[283] S. Lucas/Lucas, Traité, 284.

[284] Lucas/Lucas, Traité, 311 m.w.N.

[285] Die Voraussetzung im US-Recht lautet: amount and substantiality of the portion used in relation of the copyrighted work as a whole. Ausführlich dazu in diesem Kapitel 2. Abschnitt III. 8. a).

[286] TGI Paris, Recueil Dalloz 1972, 628.

[287] CA Paris, Revue Trimestrielle de Droit Commercial 1990, 210.

drücklich auf den Zeitfaktor bei der Beurteilung des Zitatrechts ab[288]. Es setzte Zitatdauer und Gesamtdauer ins Verhältnis und befand, dass 17einhalb Minuten bei einer Gesamtdauer der Sendung von 58 Minuten die Grenzen eines kurzen Zitats sprengt. Der Vergleich der Zeitdauer des Zitats mit der Gesamtdauer wurde als taugliches Abgrenzungskriterium auch vom Cour de Cassation bestätigt[289].

Bei der Beurteilung, ob eine Nutzung noch vom Zitatrecht gedeckt ist, wird auch die Art des Werkes einbezogen[290]. Allerdings stellt sich diese Frage nur in aller Schärfe bei Werken der bildenden Kunst, die praktisch nur in ihrer Gesamtheit „zitiert" werden können. Für choreografische Werke bleibt es daher bei der Feststellung, dass ein Zitat nur in Auszügen möglich ist[291]. Das französische Urheberrecht stellt außerdem explizit darauf ab, ob das zitierte Werk in ein weiteres urheberrechtlich schutzfähiges Werk integriert wurde, das z.B. informatorischen, kritischen oder pädagogischen Charakter hat. Der Einschnitt in das Monopol des Autors wird also aus französischer Sicht mit dem Recht auf Information oder dem Ziel der Verbreitung von Wissen gerechtfertigt[292]. Denkbar wäre also im französischen Recht die Situation, dass Auszüge eines choreografischen Werkes in der Tagesberichterstattung oder in sonstigen Fernsehformaten vorkommen, die den oben genannten Charakter erfüllen.

Auf den ersten Blick unkompliziert, aber in der Praxis nicht unbedingt immer einfach umzusetzen, ist schließlich die Voraussetzung, Urheber und Quelle des zitierten Werkes zu nennen, damit das droit moral des Zitierten gewahrt bleibt. Bei der Integration von Passagen eines choreografischen Werkes in ein anderes sollte es genügen, entsprechende Referenzen in Programmen und Ankündigungen zu vermerken. Für audiovisuelle Werke ist bereits richterrechtlich geklärt, dass eine Nennung in Vorspann oder Abspann genügt[293].

d) Fazit

Bzgl. choreografischer Werke bedeuten die vorangegangenen Ausführungen, dass Aufführungen ohne Lizenzerteilung durch den Urheber oder sonstigen Berechtigten kaum durch Schrankenregelungen abgefedert werden können. Ähnliches gilt für Vervielfältigungen von Fixierungen choreografischer Werke. Für Ballettunterricht

---

288 Gazette du Palais 1995, 3.

289 Beschluss des Cour des Cassation vom 4. Juli 1995, Recueil Dalloz 1996, 4.

290 Lucas/Lucas, Traité, 312.

291 Ebenso Bozzoni, 236.

292 So schon CA Paris, Recueil Dalloz 1903, 2, 273; vgl. auch Lucas/Lucas, Traité, 314.

293 Tribunal de Commerce Paris, RIDA, 2, 1995, 407.

bzw. Examina an Ballettschulen bzw. Theatern besteht eine vergleichbare Situation, da auch der Unterrichtsgebrauch nicht vom französischen Gesetzgeber explizit als Schranke geregelt wurde.

III. USA

1. Einführung

Ein wichtiger Grundsatz im amerikanischen Copyright Law ist die vollständige Übertragbarkeit der Rechte, die im Copyright enthalten sind. Dieser fundamentale Unterschied im Vergleich zum deutschen oder französischen Urheberrecht beruht darauf, dass im amerikanischen Recht das Copyright vor allem als wirtschaftliches Recht anzusehen ist, welches im Interesse der Allgemeinheit gewährt wird[294]. Konsequenz dieser Rechtsauffassung ist, dass sich der Urheber vollständig aus seiner Rechtsposition herauslösen kann. 17 U.S.C. § 201 (d) (2) i.V.m. 17 U.S.C. §§ 101, 204 (a) regelt, dass jede schriftliche Übertragung eines ausschließlichen Verwertungsrechts einen „transfer of ownership" mit der Konsequenz darstellt, dass der neue Rechtsinhaber auch zum „owner" wird[295]. Exklusive Lizenzen[296] bilden also eine neue Zuweisung des Rechts, da sie einen verwertbaren Teil aus dem Copyright vollständig übergehen lassen[297]. Aus der Möglichkeit einer vollständigen Übertragbarkeit des Urheberrechts folgt, dass die Terminologie der Verwertungsrechte stets neutral an den „copyright owner" und nicht explizit an den Urheber anknüpft. Der Schutzstandard bleibt ebenfalls immer gleich – unabhängig davon, ob der Rechtsinhaber der Urheber oder derivative Erwerber einer ausschließlichen Lizenz ist.

Der copyright owner eines choreografischen Werkes genießt die Rechte, die ihm 17 U.S.C. § 106 gewährt. Im Gegensatz zum deutschen Urheberrecht, das dem Urheber in § 15 UrhG umfassend alle gegenwärtigen und zukünftigen Verwertungs-

---

294 Die Grundlage für diese Sichtweise bildet die Intellectual Property Clause, die in der US Verfassung in Art. 1 § 8 (8) verankert ist. Vgl. auch Dieselhorst, Das Ende des „amoralen" Copyrights?, GRUR Int. 1992, 902, 903, W. Nordemann, Das neue Copyright, AfP 1978, 116, 117.

295 Nimmer (Nimmer on Copyright § 10.02 (C) (2)) gelangt zu dem Ergebnis, dass 17 U.S.C. § 201 (d) (2) so verstanden werden muss, dass die Teilbarkeit der Verwertungsrechte angenommen wird, aber nicht des Copyrights. Daraus folgt für ihn, dass der Inhaber einer ausschließlichen Lizenz ebenso wie der Urheber in den Genuss aller Rechte und aller Regelungen zu seinem Schutz kommt.

296 Das amerikanische Urheberrecht spricht dann von einem „assignment" der Rechte.

297 Nimmer on Copyright § 10.02 (C) (2); Goldmann, Die kollektive Wahrnehmung musikalischer Rechte in den USA und Deutschland, 20.

rechte zugesteht[298], beinhaltet 17 U.S.C. § 106 einen abschließenden Katalog von Rechten. Neue Nutzungsarten können in den USA also erst dann erfasst werden, wenn der Gesetzgeber sich – im Einklang mit dem verfassungsmäßigen Sinn und Zweck des Copyrights – für einen urheberrechtlichen Schutz entschieden hat.

2. Aufführungsrecht (performance right)

Aus dem Strauß der Rechte, die 17 U.S.C. § 106 dem Choreografen als Urheber gewährt, ist das Aufführungsrecht, das in Absatz 4 geregelt ist, sicherlich am wichtigsten. Das performance right umfasst sowohl (theatrale) Aufführungen eines Werkes als auch Sendevorgänge, denn nach dem Wortlaut des Gesetzes ist eine öffentliche Aufführung dadurch gekennzeichnet, „ein Werk (1) an einem der Öffentlichkeit zugänglichen Ort aufzuführen bzw. vorzuführen, oder an einem Ort, an dem eine erhebliche Zahl von Personen außerhalb des Familien- und Bekanntenkreises versammelt ist[299]; oder (2) eine Aufführung oder Vorführung zu senden oder anderweitig zu übertragen“. Trotz dieser wenig übersichtlichen Definition liegt der Schluss nahe, dass im amerikanischen Urheberrecht das Öffentlichkeitserfordernis von ähnlichen Anforderungen wie im deutschen oder französischen Recht getragen ist, denn auch hier wird zur Abgrenzung auf die persönliche Verbundenheit der der Aufführung beiwohnenden Personen abgestellt[300]. Noch in den achtziger Jahren des vergangenen Jahrhunderts sah sich die amerikanische Rechtssprechung allerdings genötigt klarzustellen, dass das Merkmal „open to the public“ auch erfüllt wird, wenn nur zahlende Interessenten zugelassen werden[301].

17 U.S.C. § 101 definiert den Begriff aufführen bzw. „perform“ in Bezug auf Choreografien als Tanzen eines Werkes „ either directly or by means of any device or process“[302]. Zu den Geräten bzw. Prozessen gehören alle Arten von Übertragungssystemen, also nicht nur die, die bereits im Gebrauch sind, sondern auch

---

298 Rehbinder, Urheber- und Verlagsrecht, Rn. 195. Allerdings war noch im LUG eine enumerative Aufzählung der Verwertungsrechte enthalten.

299 Der Originalwortlaut lautet auszugsweise: „... at a place open to the public or at any place where a substantial number of persons outside of a normal circle of family and social acquaintances is gathered ...“.

300 Vgl. Nimmer on Copyright, § 8.14.

301 Columbia Pictures Industries Inc. v. Redd Horne Inc., 749 F.2d 153 (3rd Circ. 1984); Columbia Pictures Industries Inc. v. Aveco Inc., 800 F.2d 59, 63 (3rd Circ. 1986).

302 Den Boden für die Gestaltung des Aufführungsrechtes bereitete der Supplementary Report des Copyright Office (Reg. Supp. Rep., 22), der einen ersten Vorschlag für die Definition des Begriffs „aufführen“ unter Einbeziehung choreografischer Werke, enthielt. S. Taubman, Unpegged, 235.

solche, die noch nicht einmal erfunden wurden[303]. Konsequenz dieser weiten Definition ist, dass auch die Sendung eines choreografischen Werkes eine Aufführung bzw. performance darstellt[304]. Werden die Bilder eines choreografischen Werkes nicht in der eigentlichen Abfolge gezeigt, kann allerdings auch das Vorführrecht (public display) zum Tragen kommen[305].

3. Ausstellungsrecht/Vorführrecht (display right)

Durch den Copyright Act von 1976 wurde erstmalig das display right in Absatz 5 des Kataloges von 17 U.S.C. § 106 aufgenommen. Gemäß der Definition umfasst dieses Recht „to display a work means to show a copy[306] of it, either directly or by means of a film, slide, television image or any other device or process[307].“ Dieses Verwertungsrecht bezieht sich also sowohl auf öffentliche Vorführungen als auch Ausstellungen[308]. Nicht zu Unrecht stellt sich die Frage, wie das Ausstellungs-/Vorführrecht vom Aufführungsrecht bei choreografischen Werken abgegrenzt werden soll. Durch die gesetzliche Definition ist klargestellt, dass es sich um die Kopie eines Werkes handeln muss. Allerdings sollten kaum Zweifel daran bestehen, dass z.B. einzelne Fotografien, Dias oder Filmausschnitte von Choreografien noch keine Kopien dieser Werke darstellen können[309]. D.h. für choreografische Werke, insbesondere die, die in Laban oder einer anderen Tanzschrift notiert wurden, ist das Ausstellungs-/Vorführrecht dann von Bedeutung, wenn es um Handlungen geht, mit denen das schriftlich fixierte choreografische Werk z.B. über Computer oder

303 H. Rep., 63.

304 An dieser Stelle sei auch auf eine Entscheidung des britischen High Court, Chancery Division (GRUR Int 1999, 889) verwiesen. Darin wurde entschieden, dass die Filmaufnahme eines Werkes der Tanzkunst urheberrechtsfähig sein kann, wobei der Film die Aufzeichnung eines dramatischen Werkes darstellt. In § 1 (1) des Copyright, Design and Patents Acts 1988 ist geregelt, dass unter einem dramatischen Werk ein Werk des Tanzes oder der Pantomime verstanden wird. Wenn durch Schnitttechniken der Filminhalt von keiner Person getanzt bzw. aufgeführt werden kann, handelt es sich bei der Aufzeichnung jedoch nicht um ein dramatisches Werk.

305 Dazu sogleich unter 4.

306 Damit ist nach der gesetzgeberischen Regelung des 17 U.S.C. § 101 auch die materielle Form gemeint, in der ein Werk fixiert wurde. D.h. das display right kann sowohl auf die Originale als auch auf Vervielfältigungen eines Werkes Anwendung finden.

307 17 U.S.C. § 101.

308 Watkins, 437, 454.

309 Der Fall, dass aus einzelnen Bildern bzw. Ausschnitten eines Werkes das Gesamtwerk rekonstruiert oder der wesentliche Inhalt entnommen werden kann, ist eigentlich eher theoretischer Natur, nichtsdestotrotz war diese Konstellation Gegenstand einer Gerichtsentscheidung zur Verletzung von Urheberrechten bei choreografischen Werken. Das Urteil im Fall Horgan v. MacMillan Inc. wird im 5. Abschnitt dieses Kapitels genauer dargestellt.

sonstige elektronische Geräte zum Lesen zugänglich gemacht werden soll, denn dadurch wird im amerikanischen Recht weder das Aufführungsrecht noch das Vervielfältigungsrecht an einem choreografischen Werk verletzt[310].

4. Vervielfältigungsrecht (reproduction right)

Das Vervielfältigungsrecht aus 17 U.S.C. § 106 (1) gewährt dem Urheber einer Choreografie das Recht, unautorisierte Film- oder Videoaufnahmen bzw. das Notieren des Werks zu untersagen. Positiv ausgedrückt beinhaltet das so genannte reproduction right das ausschließliche Recht, das geschützte Werk in Kopien zu vervielfältigen (to reproduce). Unter Kopien versteht man auch im amerikanischen wie im deutschen oder französischen Urheberrecht körperliche Objekte, auf denen ein Werk festgehalten bzw. fixiert werden kann. Der Schutzbereich des Vervielfältigungsrechts bewegte *Traylor*, die ein choreografisches Werk bereits für fixiert hält, wenn die Bewegungsabfolgen in den Köpfen der Tänzer verinnerlicht sind, zu der Aussage: „Section 106 (1) allows the choreographer alone to reproduce the copyrighted work. Therefore this section empowers the choreographer to control the dancer in whose memories the work is set through legitimate, legal methods. Written notation or visual recordation can also be maintained under the control of the choreographer. A choreographer would have at his disposal legal recourse against a performer in whose memory the choreographic work is fixed“[311]. Diese Auslegung *Traylors* geht nach Sinn und Zweck von 17 U.S.C. § 106 (1) zu weit. Es ist sicher richtig, dass die genannte Vorschrift eine unautorisierte Fixierung des choreografischen Werks in „Kopien“ verhindert. Der Anwendungsbereich wird jedoch zu weit gefasst, wenn davon auch die unautorisierte Vorführung des Werks bzw. die Einfügung nicht genehmigter Änderungen durch die Tänzer, in deren Gedächtnis sich die Choreografie befindet, umfasst sein soll[312]. Ein Mensch kann kaum als ein materieller Objektträger (material object) bezeichnet werden. Allerdings vermag eine nicht genehmigte Aufführung bzw. die Vornahme von Änderungen die Rechte des Urhebers aus 17 U.S.C. § 106 (4) und (2) verletzen.

---

310 Vgl. Nimmer on Copyright § 8.20(B) 8-284.

311 Traylor, Revision, 227, 249. Übersetzung: § 106 Abs. 1 erlaubt dem Choreografen allein das urheberrechtlich geschützte Werk zu vervielfältigen. Deshalb berechtigt diese Vorschrift den Choreografen den Tänzer zu kontrollieren, in dessen Gedächtnis das Werk mit legitimen, legalen Methoden gespeichert ist. Geschriebene Notation oder visuelle Aufnahmen können auch unter der Kontrolle des Choreografen gehalten werden. Für einen Choreografen würde die Möglichkeit bestehen rechtlichen Beistand gegen den Künstler in Anspruch zu nehmen, in dessen Gedächtnis das Werk fixiert ist.

312 Fisher, Technical Analysis, 145, 184.

5. Verbreitungsrecht (distribution right)

17 U.S.C. § 106 (3) gewährt das Recht die öffentliche Verbreitung eines Werks zu kontrollieren. Davon umfasst ist die Möglichkeit das geschützte Werk, das in irgendeiner Form körperlich fixiert wurde[313], öffentlich zu verkaufen, zu verleihen oder zu vermieten. Der wachsende Markt für Filmaufnahmen jeglicher Art zeigt, dass die Choreografen auch dieses Verwertungsrecht nicht ganz aus den Augen verlieren sollten.

Nimmer beschreibt das Recht wie folgt: „In essence, it is a right to control publication of the work. The term distribution rather than publication was used merely „for the sake of clarity"[314]. Dreh- und Angelpunkt der Diskussion um dieses Recht ist die Bedeutung des Terminus *öffentliche* Verbreitung. Es existieren Stimmen in der amerikanischen Rechtsliteratur[315], die vertreten, dass eine begrenzte Verbreitung (z.B. der Verkauf an eine spezielle Personengruppe zu einem besonderen Zweck) den Schutzbereich dieses Rechts nicht tangiert. Durch diese Art der beschränkten Verbreitung soll das Merkmal „öffentlich" nicht erfüllt sein, da das Werk nicht dem allgemeinen Publikum zugänglich gemacht wird. Begründet wird diese Auffassung mit dem Argument, dass für den Fall, dass jede Art von Verbreitung erfasst werden soll, das Merkmal „öffentlich" jegliche Bedeutung verliert[316]. Die Rechtsprechung folgt dieser Argumentation jedoch zu Recht nicht und beruft sich dabei u.a. auf die Auslegung des Copyright Acts von 1909, unter dem jegliche Art von Verkauf erfasst werden sollte[317].

6. Bearbeitungsrecht (adaptation right)

Neben der Klarstellung in 17 U.S.C. § 103, das auch Bearbeitungen urheberrechtsfähige Werke darstellen können[318], führt die Liste des 17 U.S.C. § 106 in Absatz 2 ausdrücklich das Recht des Urhebers Bearbeitungen zu erlauben als Verwertungsrecht an. Eine besondere Bedeutung kann das Bearbeitungsrecht dann gewinnen, wenn der Lizenznehmer eines Werkes (z.B. einer Choreografie) sich zwar das Aufführungsrecht übertragen ließ, nicht aber ausdrücklich auch das Bearbeitungsrecht.

---

313 Vgl. hierzu auch die Ausführungen zum Vervielfältigungsrecht im vorangegangenen Abschnitt.

314 Nimmer on Copyright, § 8.11 (A) 8-148.

315 A.a.O.

316 Vgl. Ford Motor Co. v. Summit Motor Products Inc., 502 U.S. 939 (1991).

317 Z.B. Williams & Wilkins v. United States, 420 U.S. 376 (1975).

318 Vgl. 3. Kapitel 1. Abschnitt III. 3.

In einer Reihe von Fällen wurde von amerikanischen Gerichten entschieden, dass die Gewähr eines Nutzungsrechts durch den Urheber an einen Dritten mittels Lizenz nicht das Recht von ersterem beschränkt, sich auf die weiteren Rechte des 17 U.S.C. § 106 zu berufen[319]. Wird diese Rechtsprechung konsequent weitergeführt, muss man zu dem Ergebnis kommen, dass ohne die ausdrückliche Gewähr des Bearbeitungsrechts auch keine Änderungen am jeweiligen Werk vorgenommen werden dürfen, denn soweit ein (choreografisches) Werk trotz der vorgenommenen Änderungen noch „substantially similar" zu dem Ausgangswerk ist, wäre in diesem Fall das Bearbeitungsrecht verletzt. Zu dieser Art der Auslegung des Bearbeitungsrechts existieren allerdings noch keine Leitentscheidungen der Gerichte und *Nimmer* führt aus, dass diese Theorie höchstwahrscheinlich auf Widerstand stoßen würde – insbesondere bei Gerichten, die auch Urheberpersönlichkeitsrechten wenig abgewinnen können[320]. In jedem Fall empfiehlt es sich also eine ausdrückliche vertragliche Regelung zu treffen, um die Interessen beider Seiten – sowohl des Urhebers als auch des Lizenznehmers – adäquat abzusichern.

7. Schrankenregelungen

In der Einleitung zu 17 U.S.C. § 106 wird bereits auf die Grenzen der Verwertungsrechte verwiesen, denn sie werden nur „subject to §§ 107 through 118" gewährt. D.h. der eigentliche Umfang der jeweiligen Rechte erschließt sich nur bei Betrachtung der Schrankenregelungen, von denen einige ausgewählte im folgenden Abschnitt vorgestellt werden sollen.

a) Fair Use Doctrine

Eine besonders wichtige Schranke ist in 17 U.S.C. § 107 geregelt und betrifft den so genannten „fair use" eines geschützten Werkes. Anders als im deutschen Recht, wo ein ganzer Strauß von erlaubnisfreien Nutzungen im UrhG aufgezählt ist, werden viele dieser Werkverwertungen im amerikanischen Urheberrecht unter dem Begriff „fair use" gesammelt. Bei einer Copyrightverletzung ist nach Billigkeitsgesichtspunkten die Frage zu beantworten, ob die fragliche Nutzung einen „fair use" darstellt. Inhalt und Umfang der fair use Regelung wurde von der Rechsprechung für andere Werkarten relativ genau ausdifferenziert. Für choreografische Werke existiert aufgrund der wenigen gerichtlichen Entscheidungen kein klarer roter Faden

---

[319] Z.B. Interstate Hotel Co. v. Remick Music Corp., 157 F. 2d 744 (8th Circ. 1946); Schwartz v. Broadcast Music Inc., 180 F.Supp. 322 (S.D.N.Y. 1959).

[320] Nimmer on Copyright § 8.09(A) 8-142.15f.

zur Anwendung der fair use doctrine. Mit Hilfe eines bekannten vom Second Circuit entschiedenen Falles lassen sich jedoch die Eckpunkte der fair use Regelung genauer verdeutlichen. In der gerichtlichen Auseinandersetzung *Horgan v. MacMillan Inc.*[321] ging es um die angebliche Urheberrechtsverletzung der Choreografie *Georges Balanchines* für das Ballett „Der Nussknacker" durch ein Kinderbuch der Beklagten über das Ballett. In dem Kinderbuch waren etwa 60 Fotografien enthalten, die Ausschnitte aus dem Ballett zeigten. Nachdem der District Court[322] bereits die Urheberrechtsverletzung abgelehnt hatte, hob das Berufungsgericht dieses Urteil auf und verwies die Sache an das Eingangsgericht zurück. An dieser Stelle soll nicht die äußerst zweifelhafte Annahme des Second Circuit, dass durch die Fotos eine Urheberrechtsverletzung der Choreografie vorliegen könnte, diskutiert werden[323]. Interessant ist in der Urteilsbegründung der Hinweis der Richter, dass die Fotografien des Ballettes als fair use qualifiziert werden könnten[324]. Das Gericht musste allerdings keine abschließende Bewertung treffen, da sich die Parteien schließlich außergerichtlich geeinigt haben.

In 17 U.S.C. § 107 wird „fair use" nicht definiert, sondern das Gesetz listet vielmehr eine nicht abschließende Reihe von Faktoren[325], die dazu dienen sollen festzustellen, ob die unerlaubte Nutzung eines Werkes noch als fair use qualifiziert werden kann. Zu den vom Gesetzgeber vorgesehenen Faktoren gehören:

(1) Zweck und Charakter der Nutzung (purpose and character of the use)

Der Anwendungsbereich von Faktor (1) ist allein aus dem Gesetz nicht ersichtlich. In der Präambel zu 17 U.S.C. werden aber einige Nutzungen, wie z.B. Kritik/Kommentar, Forschung oder Lehre aufgeführt, die potentiell als fair use angesehen werden – insbesondere auch deswegen, weil sie als nicht-kommerziell eingeschätzt werden. Die reine Einteilung in kommerzielle und nicht kommerzielle Nutzungen erweist sich jedoch nur bedingt als praxistauglich. Der Supreme Court kam in der Entscheidung *Sony Corp. v. Universal City Studios Inc.* zu der Einschätzung, dass „every commercial use of copyrighted material is presumptively an unfair exploitation of the monopoly privilege that belongs to the owner of the copyright ...[326]. Diese kategorische Beurteilung führte zu Folgeentscheidungen, die sich ohne ge-

---

[321] 789 F. 2d 157 (2nd Circ 1986).
[322] 621 F. Supp. 1169 (S.D.N.Y. 1985).
[323] Dazu mehr in diesem Kapitel im 2. Abschnitt unter IV. 2.
[324] 789 F. 2d 157, 163 (2nd Circ 1986).
[325] Vgl. Castle Rock Enterprise v. Carol Publishing Group Inc., 150 F. 3d 132, 141 (2nd Circ. 1998).
[326] 464 U.S. 417, 451 (1984).

nauere Prüfung am Wortlaut des Supreme Court Urteils orientiert haben. So gelangte das Berufungsgericht im Fall *Campbell v. Acuff-Rose Music Inc.* zu dem Ergebnis, dass auch die Parodie eines anderen Werkes (an dieser Stelle eines Songs) keinen fair use darstellen kann, weil die Nutzung insgesamt als kommerziell anzusehen ist (im konkreten Fall Veröffentlichung auf einer CD)[327]. Der Supreme Court musste erneut korrigierend eingreifen indem die Richter feststellten, dass der kommerzielle Charakter nur ein Element bei der Abwägung sein kann, ob fair use vorliegt[328]. Das Merkmal „kommerzielle Nutzung" wird von den Gerichten sehr weit verstanden[329] und deshalb wäre es angebracht, den Gerichten einen größeren Beurteilungsspielraum im Einzelfall zuzubilligen um festzustellen, ob fair use vorliegt. Insofern sollte die Entscheidung des Supreme Courts im Fall *Sony* dahin gehend abgeschwächt werden, dass eine kommerzielle Nutzung tendenziell die Qualifizierung als fair use ausschließt. Angewendet auf den Fall *Horgan v. MacMillan Inc.* wäre es dem Buchverlag bereits schwer gefallen, diese Hürde zu nehmen, da die Veröffentlichung eines Kinderbuches natürlich auch von einem kommerziellen Hintergedanken getragen ist. Damit würde die Tendenz gegen einen „fair use" sprechen.

Im Zusammenhang mit Faktor (1) ist für die Beurteilung einer Nutzung als fair use außerdem herauszuarbeiten, ob es sich um eine produktive Nutzung handelt, denn eine reine Wiederholung oder Wiedergabe des jeweiligen urheberrechtlichen Werkes spricht gegen die Annahme von fair use[330]. Diese Hürde hätte das Kinderbuch aber sicherlich genommen. Zum Teil wird außerdem noch auf das Verhalten desjenigen abgestellt, der sich für seine Nutzung auf fair use berufen will. Nur demjenigen, der eine „weiße Weste" hat, steht diese Möglichkeit offen.

(2) Nature of the copyrighted work

Auch dem Kriterium „nature of the copyrighted work" steht seine Bedeutung nicht auf die Stirn geschrieben. Von den Gerichten wird diese Anforderung dahingehend verstanden, dass je höher der kreative Funke bzw. kreative Gehalt eines geschützten Werkes ist, es auch umso stärker vor dem Kopieren geschützt werden muss[331]. Die Regel lässt sich natürlich genau so gut umdrehen, falls es sich um ein eher funktionales urheberrechtlich geschütztes Werk handelt. *Balanchine* war ohne Zweifel einer der besonders bedeutenden Choreografen des 20. Jahrhunderts, so dass mit Fug

---

327 972 F.2d 1429, 1437 (6th Circ. 1992).
328 Campbell v. Acuff-Rose Music Inc., U.S. 584 (1994).
329 Vgl. Nimmer on Copyright § 13.05 (A)(1)(c) 13-172.
330 Twin Peaks Productions Inc. v. Publications International Ltd., 996 F. 2d 1366, 1374ff. (2nd Circ 1993).
331 Z.B. Hustler Magazine v. Moral Majority Inc., 796 F. 2d 1148 (9th Circ 1986).

und Recht gesagt werden kann, dass seine Werke vor dem massenhaften unautorisierten Kopieren geschützt werden müssen. Allerdings plante *MacMillan Inc.* mit dem Kinderbuch über das Ballett „Der Nussknacker" eine wertvolle Nutzung, da Kinder auf spielerische Art und Weise an den Tanz herangeführt werden sollten.

(3) Umfang und Menge des verwendeten Materials (amount and substantiality of the portion used)

In 17 U.S.C. § 107 (3) wird klargestellt, dass Umfang und Menge des verwendeten urheberrechtlich geschützten Materials sich an dem geschützten Werk in seiner Gesamtheit messen lassen müssen. Dieses Kriterium steht im Zusammenhang mit dem „substantial similarity" Test, der der Bestimmung dient, ob eine Urheberrechtsverletzung vorliegt. D.h. es geht nur in zweiter Linie um die quantitative Menge des Materials, das einem anderen urheberrechtlich geschützten Werk entspringt. Viel wichtiger ist der qualitative Gehalt, der von einem anderen Werk übernommen wird[332]. Es zählt also nicht mehr zum fair use, wenn das „Herzstück" eines Werkes übernommen wird, auch wenn es nur einen quantitativ kleinen Teil des gesamten Werkes selbst ausmacht[333]. Dieses Kriterium wäre für *MacMillan Inc.* nicht zu einem größeren Problem geworden, denn die Verwendung – auch einer größeren Anzahl von Fotos – trifft unzweifelhaft nicht das Herz eines choreografischen Werkes, das von der Bewegung lebt und nicht von statischen Momentaufnahmen auf Fotos.

(4) Effect upon the plaintiff's potential market

Der vierte Faktor ist dadurch charakterisiert, dass mit ihm eine Abwägung getroffen werden soll zwischen dem Vorteil, den die Öffentlichkeit erlangt, wenn die in Rede stehende Nutzung als fair qualifiziert wird, und dem persönlichen Vorteil, den der Urheberrechtsinhaber erlangt, wenn die fair use Schranke abgelehnt wird[334]. Auch diese beiden Abwägungskriterien korrelieren miteinander, denn je weniger die persönliche Erwartung des Urheberrechtsinhabers einen Vorteil zu erhalten betroffen ist, desto geringer muss auch der Nutzen für die Öffentlichkeit ausfallen[335]. Bei der Abwägung darf jedoch nur das urheberrechtlich geschützte Material des verwendeten Werks miteinbezogen werden. Reine Fakten oder Werkteile, die in die public domain fallen, sind nicht relevant. D.h. es gilt im Rahmen der Abwägung des

---

332 Nimmer on Copyright § 13.05 (A) (3) 13-192.
333 Harper & Row Publishers v. Nation Enterprises, 471 U.S. 539, 566 (1985).
334 Nimmer on Copyright § 13.05 (A) (4) 13-193.
335 A.a.O.

vierten Faktors herauszuarbeiten, welche Erst- bzw. Zweitverwertungsrechte des Urhebers durch die Nutzung betroffen sind und diese gegen ein mögliches öffentliches Interesse abzuwägen. Aufgrund der Natur des US-amerikanischen Copyrights, die kommerziellen Rechte der Urheber zu definieren und zu schützen, kommt diesem fair use Faktor besondere Bedeutung zu[336].

Das vierte Kriterium erweist sich – auch wenn die Abgrenzungskriterien auf den ersten Blick eindeutig erscheinen mögen – für denjenigen, der sich auf fair use berufen will, nicht ohne Fallstricke. Insbesondere wird ihm der Beweis schwer fallen, inwiefern der Markt des Urheberrechtsinhabers potentiell beeinträchtigt wird. An dieser Stelle wäre auch für den Buchverlag im Fall *Horgan v. MacMillan* der Beweis nur schwer zu erbringen gewesen, dass die Klägerin als Berechtigte nicht auch auf dem Buchmarkt tätig werden will. Natürlich liegt es in ihrem primären Interesse, die Aufführungsrechte an der Nussknackerchoreografie an Dritte zu lizenzieren. Es wäre aber kaum auszuschließen, dass sie nicht im Bereich des merchandising tätig werden will, um die Choreografie auch in Tanzbüchern zu vermarkten.

Anhand der in diesem Abschnitt zitierten Rechtsprechung wird deutlich, wie dehnbar die Auslegung der Faktoren von 17 U.S.C. § 107 im Einzelfall ausfallen kann. Auch wenn es lediglich Sinn und Zweck dieser Vorschrift ist, einen nicht abschließenden Katalog von Kriterien vorzustellen, die den Rahmen für die Beurteilung einer Nutzung als fair bilden sollen, bleibt die Frage offen, ob die sehr allgemeine, unkonkrete Sprache des Gesetzes diesen Anspruch erfüllen kann[337]. Die Situation, dass sich im Einzelfall für jeden der vier fair use Faktoren starke Argumente dafür und dagegen finden lassen werden, erscheint alles andere als ein rein rechtstheoretisches Problem.

b) Weitere Schrankenregelungen

Für choreografische Werke kommt darüber hinaus noch das Lehrerprivileg aus 17 U.S.C. § 110 (1) in Betracht. Es kommt zur Anwendung, wenn ein choreografisches Werk durch eine non-Profit Lehreinrichtung im Unterrichtsraum zur Aufführung gebracht wird bzw. für den Unterricht genutzt wird. Dabei muss es sich nicht um eine live Performance handeln. Genauso gut kann z.B. Film- oder Videomaterial verwendet werden. Aus dem Tatbestandsmerkmal „non profit" ergibt sich, dass kommerziell operierende Tanzschulen oder Studios nicht von dieser Schranke des Urheberrechts erfasst werden sollen[338]. Es würde jedoch sicherlich zu weit

---

336 Vgl. auch Gennerich, Brooklyn Law Review 1987, 379, 405.
337 *Nimmer* zieht dies ganz offen in Zweifel (Nimmer on Copyright § 13.05 (A) (5) 13-203ff.).
338 Vgl. Nimmer on Copyright § 8.15 (B)(3) 8-192.17.

führen, diese Schrankenregelung auch dann nicht zur Anwendung zu bringen, wenn die Tanzschule allein Teilnehmerentgelte in der Höhe erhebt, um ihre laufenden Kosten zu decken[339]. Der Anwendungsbereich dieser Schranke beschränkt sich außerdem auf Aufführungen durch den Lehrer und die Schüler. Werden außen stehende Dritte für die Aufführung in die Schule geholt, greift diese Regelung nicht mehr[340].

Weiterhin fällt auf, dass choreografische Werke so gut wie nicht in die Schrankenregelungen des 17 U.S.C. § 110 (2)–(4) und (6)–(8) einbezogen sind. Im Regelfall werden davon nur „nicht dramatische Werke der Literatur und Musik (non-dramatic literary or musical works)" erfasst. Mit Hilfe dieser Schrankenregelungen sind bestimmte Aufführungen von urheberrechtlichen Werken, die durch Schulen, Kirchen, soziale Einrichtungen oder non-profit Lehreinrichtungen durchgeführt werden bzw. gesponsert sind, vom Erfordernis der Aufführungserlaubnis durch den Urheber ausgenommen. Die eben genannten Abschnitte des 17 U.S.C. § 110 bilden die gesetzliche Grundlage, auf die die o.g. Organisationen in erster Linie bauen, wenn sie eine Lizenzerteilung vermeiden wollen. Für die Aufführung choreografischer Werke wäre die „non profit Performance" Schranke des 17 U.S.C. § 110 (4) sicherlich von besonderer Bedeutung. Da die Aufführung eines choreografischen Werkes vor Publikum bei weitem die häufigste Art ist, dieses Werk der Öffentlichkeit zu präsentieren, verwundert die gesetzgeberische Entscheidung, Choreografien nur bedingt bzw. nicht mit in den Anwendungsbereich des § 110 (2) –(4) bzw. (6)–(8) aufzunehmen. Der Gesetzesbegründung lassen sich keine klaren Gründe für diese Entscheidung entnehmen. Der House Report führt zur Auslassung choreografischer Werke in 17 U.S.C. § 110 (4) allein an, dass diese Schrankenregelung immer noch für die gleichen Verwertungshandlungen und Werkarten Anwendung finden soll, die von der „for profit" Regelung der Section 1 (c) und (e) Urheberrechtsgesetzes von 1909 umfasst waren: unlizenzierte öffentliche Aufführungen von nicht dramatischen literarischen oder musikalischen Werken[341]. Sie verletzten die Rechte des Urhebers nach damaligem Recht nur dann, wenn die Aufführung „for profit" war. Daher liegt der Gedanke nahe, dass der Gesetzgeber schlicht vergessen hat, die Schrankenregelungen entsprechend anzupassen, da choreografische Werke vor dem

---

339 In einer Entscheidung zum Copyright Act von 1909 wurde das Merkmal „non profit" jedoch sehr eng ausgelegt. Eine Radiostation, die sich nur in einem Programmdrittel mit Werbung finanzierte um ihre laufenden Kosten zu decken, durfte sich nach Meinung des Gerichts nicht als „non profit" bezeichnen (Associated Music Publishers Inc. v. Debs Memorial Radio Fund Inc., 141 F. 2d 852 (2d Circ. 1944).

340 Nimmer on Copyright § 8.15 (B)(3) 8-192.18.

341 H. Rep., 85.

Copyright Revision Act von 1976 noch nicht als eigene Werkart im Urheberrechtsgesetz anerkannt waren[342].

Durch die Reform des so genannten TEACH Acts von 2002 wurde der Anwendungsbereich von 17 U.S.C. § 110 (2) für non-profit Lehreinrichtungen erweitert. Allerdings können auch weiterhin nur nichtdramatische musikalische oder literarische Werke unbegrenzt in Umfang oder Länge aufgeführt werden. Alle weiteren Werkarten werden jetzt zwar auch von der eben genannten Vorschrift erfasst, es dürfen jedoch nur „reasonable and limited portions" aufgeführt werden. Aus den Gesetzgebungsmaterialien lässt sich zum einen entnehmen, dass dieser Wortlaut bzgl. des Umfangs einer Aufführung immer weniger als das ganze Werk meint[343], zum anderen wird an anderer Stelle des Reports ausgeführt, „what constitutes a „reasonable and limited" portion should take into account both the nature of the market for that type of work and the pedagogical purposes of the performance"[344]. Es ist deshalb anzunehmen, dass für komplette Aufführungen choreografischer Werke durch die bereits genannten non-profit Organisationen versucht wird, entweder aus dem Wortlaut der Gesetzgebungsmaterialien die Anwendung des 17 U.S.C. § 110 (2) herzuleiten, oder die Fair Use Doctrine als Auffangregelung anzuwenden. Bei Anwendung letzterer Variante würde ein Gericht wahrscheinlich prüfen, ob die in Streit stehende Nutzung, handelte es sich nicht um ein choreografisches Werk, sonst in den Anwendungsbereich von 17 U.S.C. § 110 gefallen wäre[345]. Natürlich wäre auch der Gegenschluss möglich, dass der Kongress gerade keine breite Ausnahmeregelung für (choreografische) Werke schaffen wollte. Dies scheint aufgrund von Sinn und Zweck der Schrankenregelung jedoch kein zwingendes Argument zu sein.

---

342 Fisher, Technical Analysis, 145, 189. Damit lässt sich zwar die Auslassung choreografischer Werke begründen, für andere Werkarten, die ebenfalls nicht unter diese Schrankenregelung fallen und bereits im Copyright Act von 1909 geschützt waren, gilt dieses Argument jedoch nicht. Die Auslassung, insbesondere der dramatischen Werke, wurde damals damit begründet, dass eine non-profit Aufführung dieser Werke das potentielle Publikum für darauf folgende kommerzielle Aufführungen entscheidend reduzieren würde (vgl. Nimmer on Copyright § 8.15 (A) 8-192.14). Die Durchschlagskraft dieser Argumentation ist sicherlich sehr zweifelhaft und liefert keine wirkliche Begründung, warum diese Schranken des Urheberrechts nicht auch für die anderen Werkarten gelten sollen. Insgesamt gehört dieses Kapitel sicherlich zu den Kuriositäten der amerikanischen Urheberrechtsgeschichte.

343 S. Rep., 7.

344 S. Rep., 7-8. Übersetzung: was einen angemessenen Ausschnitt bildet, sollte sowohl die Art des Marktes als auch die pädagogischen Zwecke der Aufführung berücksichtigen.

345 Fisher, Technical Analysis, 145, 189.

IV. Exkurs: Urheberrechtsverletzung durch die ungenehmigte Verwendung von Fotografien aus Choreografien?

Sowohl in Deutschland als auch in den USA hatten sich Gerichte mit der Frage zu beschäftigen, ob die kommerzielle Verwendung von Fotografien einzelner Szenen aus choreografischen Werken eine Urheberrechtsverletzung darstellen kann. Diese Problematik ist nach hiesigem Erkenntnisstand in der französischen Rechtsprechung noch nicht diskutiert worden, so dass kein gesonderter Abschnitt zu Frankreich erfolgt. In Deutschland und den USA wurde die oben genannte Frage unterschiedlich beantwortet und im Interesse einer umfassenden Darstellung der Rechtsposition von Choreografen, die auch durch die Rechtsanwendung vor Gericht geprägt wird, sollen die Entscheidungen an dieser Stelle vorgestellt werden.

1. Darstellung und Bewertung der Entscheidung „Godspell"

Mit der Tanzgruppe „Brasiliana" war nicht nur das OLG München 1974 befasst[346], sondern das LG München hatte 1979 ebenfalls Gelegenheit sich wieder mit dem Schutz für choreografische Werke zu befassen. Anlass für den Rechtsstreit war diesmal eine Fotografie von der Gruppe, die auf der von der Beklagten herausgegebenen Schallplatte „Godspell" verwendet wurde. Nach Auffassung des Gerichtes wurde mittels des Fotos nicht das choreografische Werk in seiner originalen Form wiedergegeben, da es sich bei Schöpfungen der Tanzkunst in erster Linie um die Darstellung eines Geschehens mittels Körperbewegungen handele. Der geistige Gehalt des Werkes wird also durch die Bewegungs- und Gebärdensprache ausgedrückt. Durch eine Fotografie, die eine Momentaufnahme des Bewegungsablaufes statisch wiedergibt, kann daher ein choreografisches Werk nicht wahrnehmbar gemacht werden. Nach Auffassung des Gerichtes bezieht sich bei Werken der Tanzkunst der Urheberrechtsschutz weder auf solche Momentaufnahmen noch auf die Kostüme, Maske oder Gestaltung der Bühne[347]. Führt man diesen Gedanken konsequent zu Ende, kann das Fotografieren eines choreografischen Werkes auch keine Bearbeitung desselben darstellen oder eine Vervielfältigung gemäß § 16 UrhG sein. Es fiele außerdem im Zusammenhang mit choreografischen Werken bereits schwer den Begriff einer Vervielfältigung als erfüllt anzusehen, denn dafür muss das Werk in seiner Formgestaltung den menschlichen Sinnen mittel- oder unmittelbar wahrnehmbar gemacht werden. Wie in diesem Kapitel im 2. Abschnitt I. 3. a) dargestellt,

---

[346] Vgl. 2. Kapitel 2. Abschnitt I. 2. c) (2).

[347] LG München, GRUR 1979, 852, 853.

kann das Vervielfältigungsrecht auch durch Werkauszüge tangiert werden – allerdings ist dafür eine gewisse Erheblichkeit erforderlich, damit man noch davon sprechen kann, dass die Vervielfältigung ein gegenständliches Werkexemplar bildet. Genau diese Anforderung erfüllt die fotografische Momentaufnahme nicht. Es ist der Bruchteil eines Augenblicks aus einer Choreografie dargestellt, anhand dessen nicht mit Sicherheit rekonstruiert werden kann, wie der Bewegungsablauf davor oder danach ausgefallen ist.

Anderer Auffassung ist *Wandtke*, der die Möglichkeit einer Vervielfältigung dann bejaht, wenn das Foto eine Bewegung oder Sprungvariation zeigt, die über genügend Originalität verfügt[348]. Dies ist insofern problematisch, weil damit ein Schritt in die Richtung getan wird, einzelnen Körperbewegungen urheberrechtlichen Schutz zuzusprechen, obwohl das Bewegungsvokabular eines Choreografen grundsätzlich gemeinfrei bleiben soll[349]. Ein Ausschnitt aus einer Choreografie, der auf einem Foto dargestellt wird, kann außerdem, wie eben bereits erläutert, kaum eine Bewegungsabfolge einfangen[350]. Bereits in Kapitel 2 wurde jedoch als charakteristisches Merkmal für choreografische Werke herausgearbeitet, dass sie sich gerade durch ihren Bewegungsfluss auszeichnen.

2. Darstellung der Entscheidung Horgan v. MacMillan Inc.

In den USA wurde der Fall *Horgan v. MacMillan Inc.* in erster und zweiter Instanz entschieden. Den Urteilen lagen die folgenden Fakten zu Grunde: Die Autorin *Ellen Switzer* plante ein Kinderbuch über das Ballett „Der Nussknacker" mit dem Verleger *MacMillan Inc.*, das in einem Teil auch die jährliche Nussknackeraufführung des New York City Ballets (NYCB) beschreiben sollte. Das NYCB wurde vom Choreografen *Georges Balanchine* geformt. Im Jahr 1981 registrierte *Balanchine* seine Nussknackerchoreografie beim Copyright Office. Sein Antrag auf Registrierung stellte nicht klar, dass Teile der Choreografie aus der Arbeit des russischen Choreografen *Lew Iwanov*[351] entnommen waren, der den „ersten" Nussknacker 1892 im Marijinsky Theater in St. Petersburg uraufführte. Nach *Balanchines* Tod 1983 erbte *Barbara Horgan* die Verwertungsrechte an dieser Choreografie. Die Buchautorin erhielt vom NYCB die Erlaubnis Tänzer der Ballettkompanie zu

---

348 Wandtke, 741, 752. Ähnlich Loewenheim/*Loewenheim* § 20 Rn. 8, der die Momentaufnahme eines bewegten Geschehensablaufes genügen lassen will.

349 Vgl. dazu 2. Kapitel 2. Abschnitt I. 2. e).

350 S. hierzu auch die Bewertung zum Urteil Horgan v. MacMillan in diesem Abschnitt unter c).

351 Ihm wurde damals die Arbeit von Marius Petipa übertragen, der zu krank war um die Choreografie selbst auszuführen.

interviewen und die offiziellen Fotografen des NYCB schufen mit dessen Erlaubnis die ungefähr 60 Bilder für das geplante Kinderbuch. Vom künstlerischen Direktor des NYCB wurden die *Balanchine*-Erben über das Projekt informiert. *Horgan* ließ mitteilen, dass sie gegen die Buchpublikation vorgehen will, weil sie nach ihrer Auffassung eine unautorisierte Bearbeitung des choreografischen Werkes „Der Nussknacker“ darstellt. Der District Court[352] konnte in dem geplanten Kinderbuch keine Urheberrechtsverletzung erkennen. Der mit dem Fall befasste Richter führte aus, dass eine Choreografie sich durch „the flow of steps in a ballet“ auszeichnet und Fotografie die Tänzer nur in „various attitudes at specific instants of time“ einfängt[353]. Diese Einschätzung wurde vom Second Circuit als Berufungsinstanz nicht geteilt[354]. Das Gericht befand, dass es für die Prüfung, ob eine Urheberrechtsverletzung vorliegt, nicht relevant ist, ob die Choreografie, d.h. die Abfolge der Bewegungen anhand der Fotos nachgeahmt werden kann. Entscheidend ist allein, ob sich die Kopie als „substantially similar“ zum choreografischen Werk herausstellt[355]. Der Test dafür ist: „... whether the ordinary observer, unless he set out to detect the disparties, would be disposed to overlook them, and regard their aethetic appeal as the same.[356]“ Dieser Test wird jedoch zu Recht dafür kritisiert, dass er „amorph und schwer anzuwenden“[357] ist, da die Änderung des Mediums (statt einer bühnenmäßigen Aufführung die Verwendung von Bildern) bei der Betrachtung außen vor zubleiben hat. Nach Meinung des Gerichts „may a snapshot of a single moment in a dance sequence communicate a great deal.[358]“ Damit wurde der Fall an die Eingangsinstanz zurückverwiesen, die sich auch mit der Validität von *Balanchines* Urheberrecht in Bezug auf ein „derivative work“ (Bearbeitung) und der „fair use“ Schranke[359] auseinandersetzen sollte.

---

[352] 621 F. Supp. 1169 (S.D.N.Y. 1985).

[353] 621 F. Supp. 1169, 1170 (S.D.N.Y. 1985).

[354] 789 F. 2d 157 (2d Circ. 1986)

[355] 789 F. 2d 157, 162 (2d Circ. 1986).

[356] A.a.O. Übersetzung: ob der durchschnittliche Zuschauer, wenn er sich nicht darauf konzentriert Unterschiede zu entdecken, sie übersehen würde und den ästhetischen Eindruck beider Werke gleich ansehen würde.

[357] Hilgard, Choreography and Copyright, UC Davis Law Review 1994, 757, 773. Das Zitat lautet im Original: „The substantial similarity test is amorphus and difficult to apply.“

[358] 789 F. 2d 157, 163 (2d Circ. 1986).

[359] Vgl. hierzu 4. Kapitel 2. Abschnitt III. 8 a).

3. Bewertung des „Horgan"-Urteils

Die Entscheidung des Berufungsgerichts ist unter verschiedenen Aspekten interessant. Zunächst verdient der Hinweis Beachtung, dass die Choreografie als Bearbeitung qualifizierbar ist. Im amerikanischen Recht muss die Bezugnahme auf vorangegangene Werke offen gelegt werden[360]. Der Bearbeiter erhält allein für die von ihm eigens erschaffenen Teile des Werks ein eigenes Urheberrecht[361]. D.h. nach amerikanischem Rechtsverständnis stand *Balanchine* also nicht für das gesamte Werk Urheberrechtsschutz zu.

Nicht nachvollziehbar ist, wie das Berufungsgericht zu der Auffassung gelangen konnte, dass Fotografien von einem choreografischen Werk ein urheberrechtsverletzendes Kopieren darstellen können. Das Gericht führt dazu in wenig überzeugender Art und Weise aus, dass ein Foto einen Teil der Choreografie durch die abgebildete Pose im Raum einfangen kann, auch ohne direkt die Bewegung festzuhalten[362]. Diese Herangehensweise widerspricht dem generellen Postulat im amerikanischen Urheberrecht, dass einzelne Schritte/Bewegungen nicht urheberrechtsfähig sind[363]. Sie ignoriert auch das nicht zu unterschätzende Element Zeit beim choreografischen Schaffen, d.h. die zeitliche Abfolge der Bewegungen.

Die Erwägung, den oben erwähnten „substantial similarity Test" in Bezug auf choreografische Werke allein durch die Vorlage – auch einer größeren Anzahl – von Fotografien statischer Tanzposen als erfüllt anzusehen, setzt die Schwelle für die Annahme einer Urheberrechtsverletzung viel zu niedrig an[364].

Wäre der Rechtsstreit ohne die außergerichtliche Einigung der Parteien vor der Eingangsinstanz erneut zu entscheiden gewesen, hätte sich das Gericht außerdem noch mit zwei weiteren Problemen befassen müssen. Aus der Beurteilung, ob eine Urheberrechtsverletzung vorliegt, wären zum einen all die Fotos rauszurechnen gewesen, die kein von *Balanchine* geschaffenes Material zeigen. Bei der Prüfung der „substantial similarity" mit Hilfe des „ordinary observer Tests" hätte zum anderen alles Material der Bühnendekoration und Ausstattung außer Betracht bleiben müssen, da dies nicht zum Schaffen von *Balanchine* gehörte. Die Bewertung eines Durchschnittsbetrachters hätte also auf einer sehr abstrakten Ebene stattfinden

---

[360] Gennerich, 379, 389.

[361] Zum Bearbeiterurheberrecht s. 3. Kapitel 1. Abschnitt III. 3.

[362] 789 F. 2d 157, 162 (2d Circ. 1986).

[363] Vgl. hierzu 2. Kapitel 2. Abschnitt III. 1. a) (1) und (2).

[364] A. A. ist Alcalbes, die in Bezug auf Theaterproduktionen den substantial similarity test wie die Richter im Fall Horgan v. MacMillan Inc. verstanden wissen will (Unauthorized Photographs of Theatrical Works: Do they Infringe the Copyright?, 87 Columbia Law Review 1987, 1032, 1042ff.)

müssen. Ein derartiger Transfer ist für einen normalen Betrachter aber kaum zu schaffen, so dass nur wenig verlässliche Ergebnisse möglich erscheinen[365]. Der „ordinary observer" Test erscheint daher insgesamt für eine Überprüfung von Urheberrechtsverletzungen bei choreografischen Werken ungeeignet, da bis auf ganz offenkundige Verstöße ein geschultes Auge notwendig ist, um die Ähnlichkeit zwischen zwei Choreografien zu beurteilen. Es wäre daher in solchen Fällen empfehlenswert über die Nutzung von Sachverständigengutachten nachzudenken, die die Werkqualität und „substantial similarity" bei Choreografien bestimmen.

V. Zusammenfassung und Zwischenergebnis des Rechtsvergleichs

Ergebnis der Betrachtung der durch das amerikanische Federal copyright gewährten Nutzungsrechte für choreografische Werke ist die Feststellung, dass dieser Werkart vom Gesetzgeber der breiteste Schutz gewährt wurde. Alle fünf in 17 U.S.C. § 106 gelisteten Rechte sind für urheberrechtlich geschützte Choreografien anwendbar. Fühlen sich Choreografen bei der Durchsetzung ihrer kommerziellen Verwertungsrechte benachteiligt, handelt es sich also eher um ein Rechtsbefolgungs- denn ein Rechtssetzungsproblem.

Das amerikanische Copyright ist außerdem durch die vollständige Übertragbarkeit sämtlicher Rechtspositionen des Urhebers gekennzeichnet. Nach deutschem oder französischem Urheberrecht ist eine derart vollständige Herauslösung des Urhebers aus seiner Rechtsposition nicht möglich. Das deutsche Recht unterscheidet zwischen Verwertungsrechten und Nutzungsrechten als deren Ausprägung, allein letztere sind übertragbar. Die vergebenen Nutzungsrechte sind also von den Verwertungsrechten abgeleitete Tochterrechte, die das beim Urheber verbleibende Verwertungsrecht lediglich ähnlich einem Nießbrauch belasten[366]. Inhaltlich sind die gewährten Rechte in allen drei Ländern vergleichbar. Unterschiede zeigen sich aber sowohl in der Struktur als auch dem Umfang der Gewährung. Als Beispiel kann das Erfordernis einer öffentlichen Wiedergabe eines (choreografischen) Werkes dienen. Während das deutsche und amerikanische Recht die Verwertungsrechte so aufbauen, dass „Öffentlichkeit" zur Tatbestandsvoraussetzung wird, brachte der französische Gesetzgeber diesen Gedanken in den Schrankenregelungen unter, indem er formulierte, dass private, unentgeltliche Aufführungen nicht das Aufführungsrecht verletzen. Strukturell betrachtet hat sich das amerikanische Gesetz im Vergleich zum deutschen Urheberrechtsgesetz einiges an Flexibilität genommen, indem eine

---

365 Vgl. auch die entsprechenden Ausführungen von Gennerich, 379, 396ff.

366 S. Ulmer, Urheber- und Verlagsrecht, 358f.

abschließende Liste von Verwertungsrechten kodifiziert wurde. In Frankreich ist, anders als in Deutschland oder den USA, kein Verbreitungsrecht explizit gesetzlich normiert – über eine mögliche Herleitung eines droit de destinationen aus dem weit gefassten Begriff der Vervielfältigung herrscht wohl noch kein breiter Konsens in der Rechtspraxis. Dem Urheber wird dadurch die Kontrolle des Umlaufs der auf einem materiellen Träger fixierten Kopien seines Werks erschwert.

Deutliche Unterschiede zeigen sich auch beim Umgang des Gesetzgebers mit Bearbeitungen. Aufgrund der urheberpersönlichkeitsrechtlichen Aspekte, die in diesem Zusammenhang nicht außer Betracht gelassen werden können, fällt der Ansatz im amerikanischen Urheberrecht anders aus als in den beiden kontinentaleuropäischen Urheberrechtsordnungen.

Sowohl in Frankreich als auch in Deutschland ist der (Choreograf als) Urheber durch die Regelungen des Urhebervertragsrechts besser abgesichert über die Verwertung seines Werkes die Kontrolle zu behalten. Insbesondere das französische Urheberrecht zeichnet sich durch detaillierte Regelungen im Urhebervertragsrecht aus, deren Zweck es ist, für den Urheber eine angemessene Kontrolle und Beteiligung an der Verwertung seines Werkes zu sichern. Zumindest theoretisch werden damit auch die Weichen gestellt, dass der Schöpfer angemessen an den kommerziellen Nutzungen beteiligt wird. Inwieweit diese Aussage auch in der Praxis zutrifft, soll im fünften Kapitel gesondert betrachtet werden. Die mangelnden gesetzlichen Regelungen werden in den USA zumeist durch entsprechend formulierte Verträge ausgeglichen[367]. Allerdings erweist sich dieser Weg insbesondere für die Choreografen in der Praxis als erfolgversprechend, die über einen entsprechenden Namen bzw. Bekanntheit verfügen und damit eine gewisse Verhandlungsmacht bei der Vertragsgestaltung geltend machen können. Denkbar ist auch, Schwächen des gesetzlichen Schutzes durch kollektiv ausgehandelte Verträge auszugleichen. Diesem Aspekt widmet sich ebenfalls Kapitel 5 detaillierter.

[367] So wird es z.B. beim Georges Balanchine oder Jerome Robbins Trust gehalten. Interview mit Dr. Christiane Theobald vom 2.2.2009.

5. Kapitel
Der Vergütungsanspruch des Choreografen sowie Möglichkeiten der Rechtswahrnehmung

„Der Schritt verrät, ob einer schon auf seiner Bahn schreitet …
Wer aber seinem Ziele nahe kommt, der tanzt."
Friedrich Nietzsche, Philosoph (1844–1900)

1. Abschnitt: Vergütungsanspruch

I. Einführung

Der erste Abschnitt dieses Kapitels widmet sich dem pekuniären Aspekt choreografischen Schaffens. Die Möglichkeit sich mit seiner schöpferischen Arbeit eine angemessene Lebensgrundlage aufzubauen, ist ein Punkt, der die meisten Choreografen aufgrund der recht engen Budgets für Tanzproduktionen immer wieder beschäftigt. Im ersten Kapitel dieser Arbeit wurde bereits darauf hingewiesen, dass die Quellenlage zu rechtlichen Aspekten choreografischer Werke recht überschaubar ausfällt. Da sich das 5. Kapitel zwei in der Praxis imminent wichtigen Fragen widmet, werden die hier herausgearbeiteten Erkenntnisse der Abschnitte 1 und 2 durch ausgewählte Umfragen und Interviews in einen praktischen Kontext gestellt. Repräsentative Umfragen oder Studien, die sich den im Anschluss an die Einführung geschilderten Themen widmen, existierten zum Zeitpunkt des Entstehens dieser Arbeit (noch) nicht. Die Befragungen gingen z.T. über die in dieser Arbeit verglichenen Länder hinaus, da die getroffenen Aussagen das Bild jedoch abrunden, werden sie an der jeweiligen Stelle ergänzend herangezogen.

II. Die Stimme aus der Praxis[1] – Umfrageergebnisse

1. Unterscheidung von Gage und Tantiemen

Die interviewten Choreografen haben die Erfahrung gemacht, dass in Deutschland, Irland und Rumänien nur selten zwischen dem Honorar bzw. der Gage und Tantiemen unterschieden wird. In Spanien trennt man nicht immer genau. Differenziert wird in Frankreich, den Niederlanden, Ungarn, Italien und der Schweiz.

2. Pauschale oder prozentuale Vergütung

Im Regelfall wird nach Aussage der befragten Choreografen in Deutschland, den Niederlanden, Irland und Rumänien pauschal abgerechnet. Prozentuale und pauschale Vergütung ist in Spanien, Frankreich und Italien üblich.

III. Deutschland

Vom BGH wurde die Beteiligung des Urhebers am wirtschaftlichen Ertrag, der aus seiner Schöpfung gezogen wird, als der das ganze Urheberrecht beherrschende Leitgedanke bezeichnet[2]. Der folgende Teil soll sich daher der Frage widmen, ob dieser Anspruch des Gesetzes sich für den Choreografen in der Praxis niederschlägt.

1. Allgemeine Praxis zur Urhebervergütung des Choreografen

Im Vergleich zu anderen Bühnenwerken ist die Tantiemenpraxis für choreografische Werke abweichend ausgestaltet. Ein Produktionshonorar fällt für die Werkschöpfung bzw. Einstudierung an. Zu den sonstigen Aufwendungen, die vertraglich geregelt werden können, gehören Probenhonorare, die über das Produktionshonorar hinaus anfallen. Bzgl. der laufenden Tantiemen für die Aufführung des Werkes gilt nicht die vom Deutschen Bühnenverein und dem Verband der Bühnenverleger verhandelte Regelsammlung, da sie nicht für choreografische Werke anwendbar ist. D.h. zwischen den Vertragsparteien muss eine individuelle Abrede über die Aufführungstantiemen getroffen werden, die üblicherweise als Fixsumme vereinbart

---

[1] Die an dieser Stelle dargestellten Ergebnisse stammen aus der Umfrage, die in Kapitel 2 im 1. Abschnitt unter I. vorgestellt wurde.

[2] BGHZ 11, 135, 143.

wird[3]. Im Falle einer Aufführung mehrerer nicht abendfüllender Werke wird z.T. in entsprechender Anwendung der Vorgabe aus der Regelsammlung von den Bühnen gern vereinbart, dass die Aufteilung der kalkulatorischen Gesamttantieme aus dem Verhältnis der einzelnen Stücklänge zur Gesamtspieldauer ermittelt wird[4].

2. Urhebervergütung im Fall von verbundenen Werken

Die Aufführungstantiemen für Choreografen und Komponisten fallen regelmäßig sehr unterschiedlich und zum Nachteil des Choreografen aus[5]. Bei der Aufführung von choreografischen Werken mit Musik wird die Urhebervergütung nur für den Komponisten nach der zwischen dem Verband deutscher Bühnenverleger und dem deutschen Bühnenverein ausgehandelten Regelsammlung festgesetzt, soweit er nicht über einen Individualaufführungsvertrag über seinen Musikverlag verfügt. Die regelmäßig geringer ausfallenden Aufführungstantiemen für den Choreografen werden stets individuell an ihn ausgezahlt[6]. Es besteht natürlich immer Raum für anders lautende Vereinbarungen zur Erlösaufteilung aus der gemeinsamen Verwertung eines verbundenen Werkes, die in den Aufführungsvertrag aufgenommen und von den Bühnen bei der Abrechnung berücksichtigt werden können. Aufgrund der begrenzten Budgets der Theater und des dementsprechend engen finanziellen Rahmens für Lizenzzahlungen würde eine Verschiebung der Tantiemenquoten allerdings höchstwahrscheinlich zu Einbußen an Lizenzgebühren für den Komponisten führen. Daher kommen dementsprechende Vereinbarungen in der Praxis eher selten vor. D.h. bei der Aufführung choreografischer Werke mit Musik gilt zumeist, dass zweierlei Abrechnungsmodalitäten zur Anwendung kommen und der Komponist im Regelfall höhere Einnahmen erzielt.

3. Urhebervergütung für angestellte Ballettmeister, Ballettdirektoren und Choreografen

a) *Allgemeine Grundsätze*

In der Praxis findet sich immer wieder die Auffassung, dass die Abgeltung der übertragenen Nutzungsrechte für das Schaffen choreografischer Werke mit der jeweiligen Gage erfolgt ist – und das gilt nicht nur für die Fälle, in denen es arbeitsver-

---

[3] Vgl. Loewenheim/*Schlatter* § 72 Rn. 51.

[4] S. auch Loewenheim/*Schlatter* § 72 Rn. 51.

[5] Assises Européennes du Droit d'Auteur du Chorégraphe, 20–23 Septembre 1992, 8.

[6] Vgl. Loewenheim/*Schlatter* § 72 Rn. 68.

traglich zur Aufgabe gehört, schöpferisch tätig zu werden. Das Interesse des Arbeitnehmer-Urhebers an einer angemessenen Vergütung für die Nutzung seiner Werke durch den Arbeitgeber ist gesetzlich nicht abgesichert[7]. Es liegt also in erster Linie in seiner Hand, sich eine angemessene finanzielle Beteiligung zu verschaffen. Dabei steht ihm in erster Linie § 32 Abs. 1 S.1 und S.3 UrhG zur Seite, der für den Urheber eine angemessene Vergütung sichern soll. Diese Norm ist auch für den Arbeitnehmerurheber anwendbar, da § 43 UrhG auf den gesamten Unterabschnitt zu Nutzungsrechten verweist, der auch § 32f. UrhG erfasst[8].

Die h.M. in der Rechtsliteratur nimmt an, dass das Arbeitsentgelt im Regelfall auch die Vergütung für die Einräumung der Nutzungsrechte umfasst[9] (so genannte Abgeltungstheorie), allerdings werden abweichende Regelungen für zulässig erachtet[10]. Vertreter dieser Auffassung betonen jedoch, dass die Vorschrift des § 43 UrhG

---

[7] Es existiert neben § 32 UrhG zwar auch die Anpassungsvorschrift des § 32a Abs. 1 UrhG, die unter außergewöhnlichen Umständen eine Ertragsbeteiligung für den Arbeitnehmer-Urheber ermöglicht, wenn der Arbeitgeber so hohe Erträge mit dem Werk erzielt, die in keinem Verhältnis mehr zu seiner gezahlten Vergütung stehen. Die praktische Relevanz ist jedoch begrenzt, da sie vom Gesetzgeber als Ausnahmevorschrift gestaltet wurde (s. Ullmann, Das urheberrechtlich geschützte Arbeitsergebnis-Verwertungsrecht und Vergütungspflicht, GRUR 1987, 6, 14). Für den Choreografen hat sie deshalb kaum einen realen Wert, da an einem Theater nur sehr selten die Chance besteht, dass aus den Aufführungen so große Gewinne erwirtschaftet werden, die es rechtfertigen über eine Anwendung dieser Norm nachzudenken.

[8] Ganz h.M., so z.B. Dreyer/Kotthoff/Meckel/*Kotthoff* § 43 Rn. 22f; Fromm/Nordemann/*Axel Nordemann* § 43 Rn. 59; Hilty/Peukert, Das neue deutsche Urhebervertragsrecht im internationalen Kontext, GRUR Int 2002, 643, 648; Schack, Urhebervertragsrecht im Meinungsstreit, GRUR 2002, 853, 855; Schricker/*Rojahn* § 43 Rn. 64; Wandtke/Bullinger/*Wandtke* § 43 Rn. 145ff. Die Anwendbarkeit der §§ 32, 32a UrhG für den angestellten Urheber wird mit dem Argument angenommen, dass § 32 Abs. 4 UrhG eine Abgrenzung zu tarifvertraglichen Regelungen beinhaltet und damit implizit auch die Anerkennung der Regelungen bei Arbeitsverhältnissen erfolgt. A.A. vertreten Ory, Das neue Urhebervertragsrecht, AfP 2002, 93, 95; C. Berger, Zum Anspruch auf angemessene Vergütung (§ 32 UrhG) und weitere Beteiligung (§ 32a UrhG) bei Arbeitnehmer-Urhebern, ZUM 2003, 173ff. mit dem Hinweis auf die Entstehungsgeschichte in der Reform des Urhebervertragsrechts.

[9] BT-Drucks. 14/8058, 44; Begründung RegE BT-Drucks. 14/6433, 18; Kraßer, FS Schricker, 2000, 77, 96, Möhring/Nicolini/*Spautz*, § 43 Rn. 11; Schricker/*Rojahn* § 43 Rn. 64 m.w.N.; a.A. Wandtke/Bullinger/*Wandtke* § 43 Rn. 137.

[10] Z.B. Ulmer, 405. Ulmer hält die gesetzliche Regelung aus dem Arbeitnehmererfindungsrecht, die für den Fall einer Inanspruchnahme einer Erfindung, die im Arbeitsverhältnis entstanden ist, eine gesonderte Vergütung vorsieht, nicht auf das Urheberrecht übertragbar. Der Forscher ist zwar zum Forschen verpflichtet, allerdings ist nicht klar, ob daraus auch eine wirtschaftlich verwertbare Erfindung resultiert. Bei urheberrechtlichen Schöpfungen im Arbeitsvertrag kann nach Ulmers Auffassung allerdings eine vertragliche Verpflichtung zur Schaffung von Werken angenommen werden. Gegen eine analoge Anwendung des Arbeitnehmererfindungsgesetzes auch Ullmann, Das urheberrechtlich geschützte Arbeitsergebnis-Verwertungsrecht und Vergütungspflicht, GRUR 1987, 6, 7. Für eine Sondervergütung, wenn

in erster Linie bezweckt, dem Arbeitgeber alle Nutzungsrechte zu sichern, auf die er nach dem Arbeitsvertrag Anspruch hat, ohne dass eine gesonderte Vergütung gezahlt werden muss[11]. Ein weiteres Entgelt wird nur dann für möglich gehalten, wenn sich der Arbeitgeber über den Betriebszweck hinausgehende Rechte vertraglich sichern will und mit dem Arbeitnehmer eine zusätzliche Vergütung vereinbart[12]. Eine solche Situation wäre nach dieser Auffassung für choreografische Werke z.B. denkbar, wenn ein Theater ein Ballett nicht nur aufführen, sondern auch umfassend auf DVD auswerten lassen will[13].

Der Frage nach einer zusätzlichen Vergütung ist jedoch eine weitere Problematik vorgelagert: zuerst muss geklärt werden, ob dem Arbeitgeber für die Nutzung außerhalb des Betriebszwecks auch die entsprechenden Rechte zustehen[14], denn nach der Zweckübertragungstheorie wurden ihm regelmäßig nur die Rechte (stillschweigend) übertragen, die er für seine betrieblichen Zwecke benötigt[15]. Für die Vergütung des Arbeitnehmer-Urhebers hat dies folgende Konsequenzen: eine Sondervergütung für eine Sonderleistung, so wie sie z.T. von der Rechtsliteratur angenommen wird[16], gibt es nicht. Entweder hat der Arbeitnehmer dem Arbeitgeber die zusätzlich erforderlichen Rechte übertragen und dann steht ihm dafür auch ein Vergütungsanspruch zu, oder der Arbeitgeber nutzt das Werk rechtsgrundlos und verletzt die Urheberrechte des Arbeitnehmers[17].

Um in den Fällen, in denen die Kreation choreografischer Werke arbeitsvertraglich vereinbart ist, eine klare Regelung für den Urheber zu finden, schlägt *Wandtke*

arbeitsvertraglich keine schöpferische Tätigkeit vereinbart war: BGH, GRUR 1978, 244 – Ratgeber für Tierheilkunde.
Himmelmann (GRUR 1999, 897, 900f.) weist jedoch darauf hin, dass die Situation zwischen Arbeitnehmer-Erfinder und Arbeitnehmer-Urheber nicht so grundverschieden ist. Arbeitnehmer-Erfinder arbeiten heute größtenteils in Teams, in denen dem Einzelnen nicht mehr als eine durchschnittliche Leistung und das durchschnittliche Können eines Fachmanns abverlangt wird. Bahnbrechende Erfindungen oder Innovationssprünge sind außerdem heute eher selten. Es werden größtenteils Verbesserungserfindungen getätigt. Dementsprechend ist nach seiner Auffassung die vergütungsrechtliche Ungleichbehandlung zwischen Arbeitnehmer-Erfinder und Arbeitnehmer-Urheber nicht mehr haltbar.

11 So z.B. Kraßer, FS Schricker 2000, 77, 96; Schricker/*Rojahn* § 43 Rn. 64.

12 Kraßer, FS Schricker 2000, 77, 96f.

13 Falls entsprechende vertragliche Vereinbarungen existieren, könnte man als mögliches Szenario auch annehmen, dass das choreografische Werk umfangreicher als vereinbart genutzt wird – z.B. durch eine längere Laufzeit oder eine erhöhte Vorstellungszahl.

14 Etwas anderes kann gelten, wenn ein wirksamer Buy-out Vertrag geschlossen wurde, der alle Nutzungsarten ausdrücklich bezeichnet. Zur Wirksamkeit eines Buy-out Vertrages s. Jani, Der Buy-Out Vertrag im Urheberrecht, 84ff.

15 Vgl. 3. Kapitel 1. Abschnitt I. 6.; Wandtke/Fischer/Reich, 124.

16 Schricker/*Rojahn* § 43 Rn. 67ff. m.w.N.

17 So schon zu Recht Himmelmann, GRUR 1999, 897, 898.

vor, dass zwischen dem Erschaffen eines Werkes und seiner Nutzung zu unterscheiden ist[18]. Die Schöpfung des Werkes ist mit der vereinbarten Gage abgegolten, die Tantiemen für die Nutzung des Werkes sind jedoch jeweils gesondert zu vereinbaren[19] bzw. der Nutzer müsse nachweisen, inwieweit der Lohn auch den urheberrechtlichen Vergütungsanspruch abdecken sollte[20] (so genannte Trennungstheorie). D.h. einem angestellten Choreografen würden grundsätzlich zwei Vergütungsansprüche zur Seite stehen. Dieser Ansatz wurde mit dem Argument kritisiert, dass durch die Geltendmachung von Lizenzgebühren dem Arbeitgeber das ihm zustehende und von ihm mit dem Lohn bezahlte Arbeitsergebnis vorenthalten würde[21]. Damit wird jedoch nicht ausreichend berücksichtigt, dass auch der angestellte Urheber – wie jeder andere Arbeitnehmer – im Austauschverhältnis für seinen Lohn nur verpflichtet ist seine Arbeitskraft zur Verfügung zu stellen[22]. Auch wenn ein Werk geschaffen wird, das nicht oder nur schlecht kommerziell nutzbar ist, muss der Arbeitgeber trotzdem die vereinbarte Vergütung zahlen. Daraus folgert *Wandtke*, dass die Urhebervergütung nicht vom Arbeitslohn erfasst ist[23]. Es ist ein zutreffender Gedanke, zwischen dem Lohnanspruch des Arbeitnehmers und dem Nutzungsentgeltanspruch des Urhebers zu trennen[24]. Unterstützung für eine getrennte Betrachtung von Arbeitslohn und der Vergütung für die Einräumung von Nutzungsrechten lässt sich aus § 32 Abs. 4 UrhG herleiten. Dieser regelt den Anwendungsvorrang von Tarifverträgen, soweit sie eine Bestimmung zum Nutzungsentgelt für die Verwertung von urheberrechtlich geschützten Werken enthalten. In dieser Formulierung steckt ein Indiz für eine getrennte Betrachtungsweise, denn Tarifverträge befassen sich meist nur mit Fragen des Arbeitsentgeltes und enthalten nur vereinzelt gesonderte Regelungen zu Lizenzgebühren. Im Ergebnis ist daher der Trennungstheorie zu folgen. Allerdings darf dem Arbeitgeber nicht die Möglichkeit verwehrt werden, seine Zahlungsverpflichtungen mit einer (monatlichen) Pauschal-

---

18 Wandtke, ZUM 1991, 115, 121f.; ders. GRUR 1999, 390, 398; grundsätzlich zustimmend auch B. Schwab, Warum kein Arbeitnehmerurheberrecht? – Zur Unzulänglichkeit des § 43 UrhG, ArbuR 1993, 134. Eine Unterteilung in Arbeitsentgelt und Nutzungsentgelt nimmt auch Grunert (Was folgt aus dem Urheberrecht des Theaterregisseurs, KUR 2000, 128, 143) vor.

19 Wandtke, ZUM 1991, 115, 122; Wandtke/Fischer/Reich, Rn. 291.

20 Wandtke GRUR 1992, 139, 143.

21 Kraßer, FS Schricker 2000, 77, 108.

22 Wandtke/Bullinger/*Wandtke* § 43 Rn. 137.

23 Wandtke/Bullinger/*Wandtke* § 43 Rn. 138.

24 So auch Fromm/Nordemann/*Axel Nordemann* § 43 Rn. 58, der aber betont, dass aufgrund der unterschiedlichen Schutzbedürftigkeit von freischaffenden und angestellten Urhebern durch das Arbeitsentgelt praktisch die Entlohnung für beide Ansprüche erfolgt.

summe zu regeln[25]. Der Arbeitsvertrag hat in diesem Fall jedoch eindeutige Regelungen zum Umfang der Vergütung enthalten. Ansonsten muss bis zum Beweis des Gegenteils vermutet werden, dass das Entgelt nur den Arbeitslohn und nicht die Vergütung für die Einräumung der Nutzungsrechte umfasst.

Handelt es sich bei dem neu geschaffenen choreografischen Werk um eine Schöpfung, die nicht in den Pflichtenkreis aus dem Arbeitsvertrag fällt, korreliert mit der Einräumung der Nutzungsrechte auch ein entsprechender Vergütungsanspruch des Choreografen[26]. Wenn eine Vergütung nicht ausdrücklich vereinbart wurde und die Einräumung der Nutzungsrechte konkludent erfolgt ist, hat der BGH geurteilt, dass sich eine entsprechende Anwendung des § 632 BGB anbietet, d.h. das die übliche Vergütung als stillschweigend vereinbart gilt, wenn die Einräumung der Nutzungsrechte den Umständen nach nur gegen Entgelt zu erwarten war[27]. Eine ausdrückliche Regelung ist aus Klarstellungsgründen jedoch immer vorzuziehen[28].

Auch in Frankreich und den USA bestehen Tendenzen, Choreografen für ihre Arbeit pauschal zu vergüten. Die den beiden Ländern gewidmeten Abschnitte werden verdeutlichen, dass es in beiden Ländern – insbesondere durch eine aktive Interessenvertretung für die Protagonisten – in der Praxis (zumindest teilweise) gelungen ist, die Produzenten bzw. Theater für Vergütungsmodelle, die ein Entgelt für das Tätigwerden sowie für die Nutzungsrechte vorsehen, zu sensibilisieren.

b) *Tarifvertragliche Regelungen im Normalvertrag Bühne*

Für den angestellten Choreografen bzw. Ballettmeister/Ballettdirektor findet der Normalvertrag-Bühne (NV-Bühne)[29] Anwendung, wenn die Vertragsparteien in den Bereich der Tarifbindung fallen, also Tarifparteien sind, oder wenn die Geltung des Tarifvertrags im Individualarbeitsvertrag vereinbart wird[30]. Vom persönlichen Geltungsbereich des NV-Bühne sind gemäß § 1 Abs. 5 Gastspielverträge ausge-

---

25 So ist es z.B. in § 59 Abs. 1 NV-Bühne geregelt.

26 BAG GRUR 1961, 491 – Nahverkehrschronik; Dreier/Schulze/*Dreier* § 43 Rn. 31; weitergehend Wandtke/Bullinger/*Wandtke* § 43 Rn. 131 und 136f.

27 BGH GRUR 1985, 129 – Elektrodenfabrik.

28 Dies gilt schon unter dem Aspekt, dass Rechtsstreitigkeiten weitestgehend vermieden werden sollten. Beispielhaft sei nur auf die Entscheidung des BAG verwiesen, die befand, dass für ein außerhalb der Pflichten aus dem Arbeitsverhältnis geschaffenes Werk, dass freiwillig der betrieblichen Nutzung zugeführt wurde, kein gesonderter Vergütungsanspruch besteht, wenn sich der Urheber diesen nicht ausdrücklich vorbehalten hat (BAG, GRUR 1984, 429, 432 – Statikprogramme).

29 Der NV-Bühne ist anders als vorangegangene Bühnentarifverträge nicht mehr gemäß § 3 TVG für allgemeinverbindlich erklärt worden.

30 Kurz, Praxishandbuch Theaterrecht, 258; Schaub, ArbRHdb/*Schaub* § 208 Rn. 3, 8ff.

nommen. Als Gastspielverträge werden solche Verträge bezeichnet, die das Theater oder der Produzent zur Ausgestaltung des Spielplanes mit Solomitgliedern schließt, ohne dass sie zu ständigen Mitgliedern des Ensembles werden[31]. Innerhalb des NV-Bühne gehören alle drei oben genannten Berufsgruppen gemäß § 1 Abs. 2 zu den Solobühnenmitgliedern. § 8 Abs. 5 NV-Bühne regelt, dass mangels Individualvereinbarung für im Anstellungsverhältnis geschaffene Werke, die Nutzungsrechte daran dem Arbeitgeber zustehen und die Vergütung dafür mit der Gage abgegolten ist[32]. Die in § 8 Abs. 1–4 NV Bühne geregelten Rechteinräumungen erfassen in erster Linie Leistungsschutzrechte und sind daher nicht einschlägig[33]. Eine derart pauschale Regelung, wie sie der § 8 Abs. 5 NV-Bühne darstellt, stößt in ihrer Formulierung an die Grenzen des im Rahmen von § 32 Abs. 2 UrhG Angemessenen. Jedoch wird einem angestellten Urheber, der mit seiner tarifvertraglichen Regelung zum Nutzungsentgelt nicht einverstanden ist, kein Anspruch auf Vertragsanpassung zugebilligt. Er entfällt gemäß § 32 Abs. 4 UrhG, da der Gesetzgeber mit dem Tarifvorrang zum Ausdruck bringen wollte, dass er die Tarifautonomie unberührt lässt[34]. Auf den ersten Blick scheint es für den angestellten Choreografen nur einen Ausweg bzgl. der Vergütung für Pflichtwerke zu geben: eine nach § 8 Abs. 5 S. 1 NV-Bühne mögliche Individualabsprache zu treffen. Bei genauerem Hinsehen

---

[31] Nix/Hegemann/Hemke/*Nix* § 1 Rn. 6. Bzgl. der Abgrenzung zwischen freiem und fest angestelltem Künstler hat sich das BAG (Az: 5 AZR 270/2006) im Jahr 2007 zum Merkmal der persönlichen Abhängigkeit neu positioniert: Die Bewertung der persönlichen Abhängigkeit darf nicht mehr allein nach dem zeitlichen Umfang der Tätigkeiten erfolgen, die grundsätzlich als einheitlicher Lebenssachverhalt gewertet werden. Wird ein Choreograf nur für ein Werk an einem Theater oder durch einen Produzenten verpflichtet, bestehen für diesen Gastspielwerkvertrag keine Abgrenzungsprobleme ggü. NV-Bühne.

[32] Trotz Vereinheitlichungsbestrebungen differiert die Mindestvergütung zwischen einzelnen Künstlergruppen am Theater aufgrund der verschiedenen Tarifverträge. Vergleicht man die durchschnittlichen Ausgaben pro Tänzer und Orchestermusiker zeigt sich folgendes Bild: Bspw. im Land Berlin entstanden in der Spielzeit 2009/2010 Personalausgaben durchschnittlich in Höhe von 49.871 Euro pro Tänzer und in Höhe von 68.445 Euro pro Orchestermusiker (Quelle: Deutscher Bühnenverein, Theaterstatistik 2009/2010, Summentabellen erhältlich unter http://www.buehnenverein.de/de/publikationen-und-statistiken/statistiken/theaterstatistik.html (zuletzt besucht am 12.2.2012). Zum Reformbedarf und zur Stellung der Orchestermusiker s. Hemke, Nach der Reform ist vor der Reform, Theater der Zeit 2/2003, 31f.

[33] Die Systematik des § 8 NV-Bühne. § 8 Abs. 4 NV-Bühne weist darauf hin, dass unbeschadet der Rechtsübertragungen der Absätze 1–3 die von den Verwertungsgesellschaften wahrgenommenen Ansprüche nach §§ 73ff. UrhG bestehen bleiben.

[34] Von Seiten des Gesetzgebers wurde insofern kein Regelungsbedarf gesehen, da die Tarifparteien nach seiner Auffassung selbst für angemessene Vertragsbedingungen sorgen können (BT-Drucks. 14/8058, 44). S. auch Loewenheim/*v. Becker* § 29 Rn. 56; Wandtke/Bullinger/*Wandtke/Grunert* § 32 Rn. 46.

ist jedoch auch den Choreografen, für den der NV-Bühne einschlägig ist, die Anwendung des § 32 Abs. 1 S. 3 UrhG nicht versperrt. Als Solo-Bühnenmitglied ist für ihn die Gage frei verhandelbar. Durch §§ 12 Abs. 1, 58 NV-Bühne wird für sie nur die tarifliche Mindestvergütung festgelegt. Im Tarifvertrag ist in § 8 Abs. 5 NV-Bühne „lediglich" bestimmt, dass in Ermangelung von abweichenden Regelungen der Vertragsparteien die Nutzungsrechte mit der Gage abgegolten sind. § 8 NV-Bühne regelt also für Urheber und ausübende Künstler allgemein die Rechtseinräumung, die Rechtsabgeltung bleibt den jeweiligen Sonderbestimmungen für die Bühnenmitglieder überlassen[35]. Es existiert also für die Solo-Bühnenmitglieder im Tarifvertragswerk keine verbindliche Summe, die i.S.d. des § 32 Abs. 1 UrhG auf ihre Angemessenheit untersucht werden könnte, sondern die Vergütung ist Teil des jeweils mit dem Choreografen abzuschließenden Individualarbeitsvertrages[36]. Für diesen Vertrag ist nicht grundsätzlich der Anspruch auf Vertragsanpassung gemäß § 32 Abs. 1 S. 3 UrhG ausgeschlossen. Die Prüfung der Angemessenheit der Vergütung hat nach den Vorgaben des § 32 Abs. 2 UrhG zu erfolgen[37]. Erfüllt die Vergütungsregelung für den angestellten Choreografen im Hinblick auf die Entgeltzahlung der Nutzungsrechte die Anforderungen des § 32 Abs. 2 UrhG nicht, steht der Weg zu einer Vertragsanpassung gemäß § 32 Abs. 1 S. 3 UrhG offen. Außerdem ist auch eine Billigkeitskontrolle zur Gagenhöhe vor dem Bühnenschiedsgericht möglich[38]. Folgt man im Übrigen streng der Trennungstheorie[39], sind Gage und Nutzungsrechtsabgeltung getrennt zu betrachten. Insofern zweifeln *Nix/Fischer*[40], *Schlatter*[41] und *Wandtke*[42] nicht ohne Grund an, dass durch die Gage eine nach § 32 UrhG angemessene Vergütung der Nutzungsrechte erreicht werden kann.

Es wird zu Recht vertreten, dass tarifvertragliche Regelungen grundsätzlich nur Werke betreffen können, zu denen der Arbeitnehmer vertraglich verpflichtet ist[43]. D.h. der Vorrang des Tarifvertrages kann nur Bestand haben, wenn der sachliche und persönliche Anwendungsbereich des Tarifvertrages eröffnet ist. Bei außer-

---

35 Nix/Hegemann/Hemke/*Nix/Fischer* § 8 Rn. 1.

36 Vgl. Nix/Hegemann/Hemke/*Otto* § 58 Rn. 1, die sich auch zur Gehaltsbandbreite an deutschen Bühnen äußern.

37 Ausführlich zur Prüfungsabfolge im Rahmen des § 32 Abs. 2 UrhG: Wandtke/Bullinger/*Wandtke/Grunert* § 32 Rn. 22ff. S. zur Angemessenheit auch Schricker/*Rojahn* § 32 Rn. 30.

38 S. Nix/Hegemann/Hemke/*Otto* § 58 Rn. 2.

39 Dazu ausführlicher im vorangegangenen Abschnitt.

40 Nix/Hegemann/Hemke/*Nix/Fischer* § 8 Rn. 11.

41 Loewenheim/*Schlatter* § 72 Rn. 49. Sie argumentiert, dass die Vergütungsregel des § 8 Abs. 5 NV-Bühne nicht als gemeinsame Vergütungsregel gemäß § 36 UrhG angesehen werden kann und in ihrer Pauschalität nicht dem § 32 UrhG genügt.

42 Wandtke/Bullinger/*Wandtke* § 43 Rn. 138f.; Wandtke, ZUM 2004, 509f.

43 Schricker/*Schricker* § 32 Rn. 23; Wandtke/Bullinger/*Wandtke* § 43 Rn. 145f.

betrieblichen Nutzungen und freien Werken, zu denen der Arbeitnehmer nicht vertraglich verpflichtet ist, wird dies in der Regel nicht gelten. Für eine wirksame Einbeziehung aller außerbetrieblichen Nutzungen ist eine explizite Regelung zu fordern. Bzgl. freier Werke stellt sich die Rechtslage zum Vergütungsanspruch noch deutlicher dar: Nach dem Wortlaut des § 8 Abs. 5 NV-Bühne werden nur die Werke erfasst, die vom Arbeitnehmer in Erfüllung seiner arbeitsvertraglichen Verpflichtungen geschaffen werden. § 8 Abs. 5 NV-Bühne ist also für die Situationen nicht anwendbar, in denen z.B. ein angestellter Ballettmeister oder Ballettdirektor schöpferisch tätig wird, ohne dazu vertraglich verpflichtet zu sein.

Die Höhe der Vergütung ist frei verhandelbar. In Bezug auf außerbetriebliche Nutzungen oder freie Werke kann § 8 Abs. 5 NV-Bühne auch nicht als eine Art gemeinsame Vergütungsregelung i.S.d. § 36 UrhG[44] ausgelegt werden[45], die den Vergütungsanspruch der Höhe nach deckelt. Anders als Tarifverträge dienen gemeinsame Vergütungsregeln der allgemeinen Rechtspraxis und sind nicht mit vertraglichen Anwendungsverpflichtungen für die beteiligten Parteien verbunden[46]. Für außerbetriebliche Nutzungen und freie Werke ist also zum einen ein entsprechender Vergütungsanspruch für die Gewährung von Nutzungsrechten zu bejahen. Zum anderen ist die Höhe der Vergütung nicht automatisch durch die Regelung des § 8 Abs. 5 NV-Bühne begrenzt. Es besteht außerdem die Möglichkeit der Kontrolle der Angemessenheit der Vergütung bzw. der Anspruch auf Vertragsanpassung gemäß § 32 Abs. 1 S. 3 UrhG.

Als Empfehlung für den Choreografen hat daher zu gelten, dass möglichst individuell vereinbart wird, was für die Aufführungsrechte und weitere Nutzungsarten seines choreografischen Werkes zu zahlen ist. Die Konstellation, das der Choreograf neben seiner schöpferisch-gestaltenden Tätigkeit zumeist auch die Inszenierung verantwortet und daher auch einen Anspruch auf Vergütung für die Regiearbeit geltend machen kann, mag als zusätzliches Argument für eine individuelle Vereinbarung angeführt werden[47].

---

[44] Zu verfassungsrechtlichen und arbeitsrechtlichen Fragestellungen in diesem Bereich s. Thüsing, Tarifvertragliche Chimären-verfassungsrechtliche und arbeitsrechtliche Überlegungen zu den gemeinsamen Vergütungsregelungen nach § 36 UrhG n.F., GRUR 2002, 203ff.

[45] Vgl. Loewenheim/*Schlatter* § 72 Rn. 49.

[46] Schricker/*Dietz* § 36 Rn. 15.

[47] Wandtke, 741, 752; ders. ZUM 2004, 507.

4. Urhebervergütung für Tänzer-Choreografen im Anstellungsverhältnis

Die Ausführungen des vorangegangenen Abschnitts haben auch für den Tänzer-Choreografen grundsätzlich Gültigkeit. In Deutschland ist im NV-Bühne für Tänzer nunmehr geregelt, dass sowohl Leistungsschutz- als auch Urheberrechte erfasst werden[48]. D.h. ein Tänzer, der auch choreografisch arbeitet[49], kann mit beiden Rechten in den Anwendungsbereich des NV-Bühne fallen. Es ist jedoch in seinem Interesse, dass für seinen schöpferischen Beitrag ein gesonderter Vertrag geschlossen wird, der eine Vergütung für diese Leistung enthält sowie für spätere Nutzungen an anderen Theatern entsprechende Tantiemenzahlungen regelt. Junge Choreografen bzw. Choreografen zu Beginn ihrer Karriere arbeiten häufig noch als Tänzer in einem festen Anstellungsverhältnis. Es ist sicher positiv, wenn ein Tänzer durch seinen Arbeitgeber die Möglichkeit erhält, sich choreografisch auszuprobieren. Damit einhergehen darf jedoch nicht die Situation, dass diese Leistung bzw. die Übertragung der Aufführungs- und sonstigen Nutzungsrechte an dem geschaffenen Werk durch den Arbeitgeber nicht mit einer entsprechenden Vergütung gewürdigt wird. Die Kreation des choreografischen Werkes durch den Tänzer-Choreografen wurde nicht im Rahmen seines Anstellungsverhältnisses geschaffen, d.h. sie konnte nicht unter seine vertraglichen Pflichten fallen und dementsprechend ist die Nutzung durch den Arbeitgeber auch nicht mit der Gage abgegolten. Eine vertragliche Regelung ist für einen Tänzer-Choreografen also dringend zu empfehlen, denn er wird mit seiner schöpferischen Leistung grundsätzlich nicht durch den Schutz der Verwertungsgesellschaft GvL für ausübende Künstler erfasst[50].

5. Das Staatsballett Berlin – ein positives Beispiel aus der Praxis[51]

Der folgende Abschnitt widmet sich einem Beispiel, das zeigt, wie die eben in der Theorie geschilderten Eckpunkte zur Vergütung in der Praxis funktionieren können. Das Staatsballett Berlin versteht sich als Leistungszentrum. Um diesem Anspruch gerecht zu werden, genügt es nicht nur auf tänzerische und choreografische Leistungen Acht zu geben. Dazu gehört nach Aussage *Theobalds* auch, die Rechte

---

48 Vgl. nur § 8 NV-Bühne.
49 Vgl. zu denkbaren Konstellationen im 3. Kapitel 1. Abschnitt I 2. und Abschnitt 3.
50 Mehr zur GvL unter www.gvl.de.
51 Die folgenden Ausführungen basieren auf dem Interview mit Dr. Christiane Theobald vom 2.2.2009. Sie ist stellv. Intendantin u. Betriebsdirektorin des Staatsballetts Berlin.

der Choreografen finanzieller und urheberrechtlicher Art zu respektieren. Aus diesem Grund wird bei Verträgen, so wie unter III. 2. gefordert, zwischen Honorar bzw. Gage für das Schaffen eines choreografischen Werkes und Tantiemen für dessen Nutzung unterschieden. Das Honorar wird regelmäßig in 2 Raten gezahlt. Die erste Rate ist mit Vertragsunterzeichnung, die zweite Rate zur Premiere fällig. Die Abgeltung der Tantiemen variiert und wird z.T. auch von den Wünschen der Choreografen abhängig gemacht. Entweder erfolgt eine pauschale Abgeltung oder es werden 2–7 % der Abendeinnahmen an den Choreografen als Lizenzgebühr gezahlt. Bei freischaffenden Choreografen achtet man bei der Lizenzierung von Auftragswerken für das Staatsballett darauf, dass für 3 bis 5 Jahre eine exklusive Lizenz und danach eine einfache Lizenz vereinbart werden.

Das Muster der Vergütung für nicht angestellte Choreografen findet sich auch dann wieder, wenn ein Ensemblemitglied schöpferisch als Choreograf tätig wird. Auch in diesem Fall wird mit dem Tänzer ein gesonderter Vertrag über seine choreografische Tätigkeit geschlossen, der sowohl das Element der Vergütung für die Einräumung von Nutzungsrechten als auch eine Honorierung seiner schöpferischen Tätigkeit enthält. Ein Praxisbeispiel aus der jüngeren Geschichte ist die Kooperation des Staatsballetts mit *Warner Music Inc.* über die Präsentation der CD „And Winter Came“ von *Enya.* Das Staatsballett verpflichtete sich gegenüber *Warner Music Inc.* zu diesem Anlass eine Choreografie zu schaffen. Diese Aufgabe übernahm ein Tänzer der Kompanie, der dafür einen gesonderten Vertrag mit dem Staatsballett erhielt.

IV. Frankreich

1. Allgemeine Grundsätze

Art. L. 131-4 CPI regelt die Art der Vergütung, die der Urheber für die Einräumung seiner Rechte zu erhalten hat. Dabei gilt gem. Art. L. 131-4 Abs. 1 CPI der Grundsatz einer verhältnismäßigen Beteiligung an den Erträgen, die sich durch die jeweilige Verwertung ergeben. Sinn und Zweck dieser Regelung ist es den Urheber vor Pauschalvereinbarungen zu schützen, die in keinem Verhältnis zu den durch die Verwertung entstandenen Erträgen stehen[52]. Allerdings enthält das Gesetz keine Vorgaben über die Höhe der prozentualen Beteiligung, so dass es den Vertragsparteien überlassen bleibt, den Vergütungssatz zu bestimmen. Von dem Grundsatz der

52 de Jonquéres, Rn. 1034.

prozentualen Beteiligung des Urhebers darf nur in Ausnahmefällen durch die Vereinbarung eines Pauschalhonorars abgewichen werden. Das Gesetz nennt in Art. L. 131-4 Abs. 2 CPI sechs Fallkonstellationen, in denen pauschale Vergütungsvereinbarungen zulässig sind. Für den Choreografen am wichtigsten ist die erste Alternative der genannten Vorschrift. Diese Regelung ist dann anwendbar, wenn sich die Berechnungsgrundlage der verhältnismäßigen Beteiligung praktisch nicht bestimmen lässt. Damit sind die Fälle gemeint, wo die Zahl der Zuschauer nicht ermittelt werden kann, wie z.B. bei Radio- oder Fernsehübertragungen[53]. Eine weitere bedeutende Ausnahme enthält Art. L. 131-4 Abs. 3 CPI. Auf Verlangen des Urhebers ist eine Umwandlung der aus bestehenden Verträgen stammenden Vergütungsansprüche in Jahrespauschalabfindungen über eine von den Vertragsparteien zu bestimmende Zeitdauer zulässig. Damit sollen die Fälle erfasst werden, in denen die Verwertung eines Werkes nicht den erhofften Erfolg bringt und eine proportionale Beteiligung des Urhebers sich als nachteilig für ihn erweisen würde[54].

Auch für einige Konstellationen, in denen der Urheber mit seiner Vergütung nicht einverstanden ist, hat das französische Urheberrecht vorgesorgt. Gemäß Art. L. 131-5 CPI kann der Urheber im Falle einer Abtretung des Verwertungsrechts die Änderung der vertraglichen Vergütungsbedingungen verlangen, wenn er einen Nachteil von mehr als 7/12 infolge einer unangemessenen Vergütungsberechnung oder ungenügender Voraussicht über die Erträge des Werkes erlitten hat. Diese Regelung über die Anpassung der Vergütung ist allerdings auf die Verträge begrenzt, in denen Pauschalhonorare vereinbart wurden. Das Gesetz gibt auch gleich noch einen Maßstab zur Beurteilung der Unangemessenheit der Vergütungsberechnung vor. Art. L. 131-5 Abs. 3 CPI regelt, dass unter Berücksichtigung der vom Abtretungsempfänger vorgenommenen Gesamtverwertung der Werke des Urhebers, der sich geschädigt fühlt, die Unangemessenheit der Vergütung gewürdigt wird.

Der urheberfreundliche Charakter des französischen Rechts kommt in einer weiteren Norm des CPI zum Ausdruck. Gerät der Verwerter in finanzielle Schwierigkeiten, enthält Art. L. 131-8 CPI eine Bevorzugung für die Vergütungsansprüche von Urhebern. Sie werden als privilegierte Gläubiger geführt, d.h. sie genießen gemäß Art. 2101 Code Civil den zweiten Rang bei der Verwertung von unbeweglichen Gütern und gemäß Art. 2104 Code Civil den vierten Rang bzgl. beweglicher Habe ihrer Verwerter-Schuldner. Dieses Privileg ist allerdings begrenzt auf die Zahlungen, die den Urhebern für die letzten drei Jahre aus Anlass der Abtretung, Verwertung oder Benutzung ihrer Werke zustehen.

---

53 de Jonquéres, Rn. 1045.

54 S. auch de Jonquéres, Rn. 1055.

2. Urheber gemeinschaftlicher Werke

Vom Gesetzgeber gibt es keine weiteren Vorgaben über das „Wie“ der Tantiemenaufteilung. Von den Miturhebern wird erwartet, dass sie sich über die proportionale Aufteilung einigen. Im Fall einer fehlenden Einigung wurde sowohl auf eine egalitäre Beteiligung aller Urheber[55] als auch auf eine proportionale Verteilung je nach schöpferischem Anteil der Leistung und seiner Bedeutung für das Werk erkannt[56]. Art. 113-3 Abs. 3 CPI weist die Zuständigkeit einer Entscheidungsfindung für die Situation, dass sich die Miturheber nicht einigen können, den Zivilgerichten zu.

3. Urheber im Anstellungsverhältnis

Auch in Frankreich existierte wie in Deutschland lange das Problem der Bestimmung der Vergütung für angestellte Choreografen oder Ballettmeister, die schöpferisch tätig wurden. In der Entscheidung „La Fête chez Thérèse“[57] trafen die Richter die Feststellung, dass der angestellte Ballettmeister seine Möglichkeiten der Vergütung mit dem Gehalt ausgeschöpft hat. Diese Entscheidung ist denkwürdig, da der Ballettmeister in dieser Situation zwei Tätigkeiten ausübt: das Trainieren und Einstudieren mit den Tänzern und die choreografische Arbeit. Seit der Weiterentwicklung des französischen Urheberrechts hat sich dieses Problem in Frankreich mit der Festlegung einer prozentualen Beteiligung an den Einnahmen entschärft. Allerdings findet sich auch heute noch die Tendenz, dass in den Arbeitsverträgen, die die Theater mit den Choreografen abschließen, eine pauschale Vergütung vereinbart wird, mit der sowohl die Tätigkeit als Choreograf als auch die Tantiemen für die Nutzungsrechte an den choreografischen Werken abgegolten sind[58]. Als Empfehlung für die Choreografen gilt also auch in Frankreich, darauf zu achten, dass die Vergütung für die Einräumung von Nutzungsrechten getrennt erfolgt.

---

55 TGI Paris, Recueil Dalloz, Sommaire, 375.
56 Pollaud-Dulian, Le Droit d’Auteur, Rn. 329.
57 S. 1. Kapitel 2. Abschnitt III. 2. c).
58 Boitte, Couton, Sinéphro, Wahrnehmung der Choreografenrechte durch die SACD in: Choreografenrechte in Europa, 21.

V. USA

1. Ausgestaltung des Vergütungsanspruchs

Die Konzeption des amerikanischen Copyrights als ein vom Kongress verliehenes Recht mag der Hintergrund für die Einschätzung des Supreme Court in der Entscheidung *Mazer v. Stein* gewesen sein, dass die Entlohnung des Urhebers nur eine zweitrangige Erwägung ist[59], da die Copyright Clause der Verfassung in erster Linie der Förderung von Wissenschaft und Kultur dient. Gleichzeitig kommt das Gericht aber auch zu der Überzeugung, dass „die Schaffung von Anreizen für das persönliche Gewinnstreben der beste Weg ist, um das öffentliche Wohl durch talentierte Autoren und Erfinder im Bereich der Wissenschaft und Künste zu fördern“[60], so dass dadurch dem Ziel aus der Verfassung gedient werden kann. Der Vergütungsanspruch des Urhebers ist im amerikanischen Urheberrechtsgesetz jedoch nur rudimentär abgesichert. Es liegt also in erster Linie in der Hand des einzelnen Choreografen sich eine angemessene wirtschaftliche Beteiligung an den Erträgen seines Werkes abzusichern. Positiv fällt auf, dass in Musterverträgen meist genau zwischen dem Honorar für das Tätigwerden des Choreografen und seinen Lizenzgebühren für die Verwertung des Werkes unterschieden wird[61]. Pauschale Vergütungsregelungen werden bevorzugt im low-budget bzw. non-profit Bereich verwendet[62]. Choreografen und Regisseure haben ihre wirtschaftlich schwächere Stellung im Vergleich zu Theatern und Produzenten erkannt und Interessengemeinschaften gegründet. Der Tätigkeit der Society for Stage Directors and Choreographers (SDC) und der American Guild of Musical Artists (AGMA) ist ein gesonderter Abschnitt in diesem Kapitel gewidmet.

Bei ausschließlichen und nicht ausschließlichen Lizenzen und auch einem gesamten „transfer of ownership“ gibt 17 U.S.C. § 203 dem Urheber bzw. dessen Erben ein unverzichtbares Recht, nach 35 Jahren die Lizenz bzw. die Übertragung der Urheberrechte aufzukündigen bzw. über die Lizenzgebühren neu zu verhandeln. Mit dieser Vorschrift soll sichergestellt werden, dass der Urheber am wirtschaftlichen Erfolg seines Werkes angemessen beteiligt wird. Diese Norm entspricht von der ratio legis dem deutschen § 32a UrhG.

---

[59] 347 US 201 (1954): „The copyright law, like the patent statutes, makes reward to the owner a secondary consideration ...“.

[60] A.a.O.

[61] Z.B. Grippo, Business and Legal Forms for Theatre, 151.

[62] Diese Feststellung spiegelt sich auch in den Tarifverträgen der SDC wider (s. dieses Kapitel 2. Abschnitt IV. 3. d)).

Aufgrund der Konzeption des amerikanischen Copyrights stellt sich Frage nach einer besonderen Vergütung des angestellten Urhebers für die Verwertung der von ihm geschaffenen Werke nicht mit der Schärfe wie in Deutschland oder Frankreich. Lizenzgebühren fallen nach dieser Systematik grundsätzlich nicht an, da der Arbeitgeber als Urheber des Werkes angesehen wird[63]. Seine Leistung wird dementsprechend mit dem Lohn abgegolten. Will ein Choreograf dieser Situation entgehen, muss er entsprechende vertragliche Vorsorge treffen – so wie es z.B. die SDC in ihren Tarifverträgen getan hat.

2. Tarifvertragliche Regelungen

a) Grundsätze

In den USA sind Künstler zu einem großen Teil von Guilds bzw. Gewerkschaften repräsentiert, die u.a. Vergütung und Arbeitsbedingungen in Tarifverträgen mit den Verwertern aushandeln[64]. Zu den Gruppierungen, die auch die Interessen von Choreografen wahrnehmen, gehören sowohl die SDC als auch AGMA[65], wobei sich letztere mehr auf die ausübenden Künstler, d.h. die Tänzer konzentriert, auch wenn Choreografen teilweise genannt werden[66]. Charakteristisch für die amerikanischen Tarifverträge, die auch für Choreografen Anwendung finden, ist der Grundsatz, der sich auch im deutschen NV-Bühne findet: Es werden lediglich die Minimum Standards festgelegt[67]. Gerade bzgl. der Vergütung steht es den Vertragsparteien offen, individualvertraglich für den Choreografen günstigere Absprachen zu treffen.

Von der SDC werden u.a. Tarifverträge für Broadway und off Broadway Shows, Stock und Dinner Theatres sowie Resident Theatres ausgehandelt. SDC Mitglieder sind aufgefordert, mit Theatern, die keinen der Tarifverträge unterschrieben haben, den von der SDC bereitgehaltenen so genannten Special Contract zu nutzen, der ihnen ein gewisses Minimum an Rechten gewährt. In den Tarifverträgen selbst unterscheiden sich die Vergütungsregelungen erheblich, wie der nächste Abschnitt verdeutlichen wird.

---

63 Ausführlich dazu 3. Kapitel 1. Abschnitt III. 4.

64 Bartlett, Lights, Camera, Action! Arbitration in the Entertainment Industry, Dispute Resolution Journal Nr. 42, 42, 45.

65 Nähere Informationen finden sich unter www.musicalartists.org.

66 AGMA hat z.B. mit den folgenden Kompanien Vereinbarungen geschlossen: Alvin Ailey, Boston Ballet, Kansas City Ballet, Colorado Ballet, Houston Ballet, New York City Ballet; San Francisco Ballet, Pennsylvania Ballet. Eine vollständige Liste findet sich unter www.musicalartists.org.

67 S. z.B. Klausel III (c) des Vertrages der SDC mit der League of American Theatres and Producers zu Broadway Produktionen.

b) *Vorstellung der tarifvertraglichen Regelungen*

Wöchentliche Lizenzgebühren stehen den Choreografen für Broadway und off Broadway Shows zu. Die Tantiemen berechnen sich entweder prozentual aus den wöchentlichen Abendeinnahmen (gross weekly box office receipts)[68] oder dem Nettobetriebsgewinn (net operating profits)[69]. Etwas variabler wird mit den New Yorker non- Profit Theatern umgegangen. Sie müssen ersten ab der 7. Vorstellungswoche prozentual errechnete Lizenzgebühren zahlen[70]. Für Stock und Dinner Theatre Produktionen (Verhandlungspartner der SDC sind CORST und COST[71]) bzw. Outdoor Musical Stock Theatres muss eine wöchentliche Pauschale bezahlt werden und bei Resident Theatre Produktionen (Verhandlungspartner der SDC ist LORT) gibt es aufgrund der non-Profit Orientierung dieser Theater und dementsprechender geringerer Ticketeinnahmen nur eine einzige Tantiemenzahlung, deren Höhe von der Klassifizierung des Theaters abhängt[72] oder generell festgelegt ist[73].

Neben den Lizenzgebühren steht den Choreografen auch regelmäßig ein Honorar für ihr Tätigwerden zu, wobei auch hier die Regel gilt, dass der Tarifvertrag nur das Minimum vorgibt. Die Honorare werden in vielen Fällen (z.B. Broadway, Off-Broadway, Outdoor Musical Stock Theatres) in drei Raten gezahlt. Die erste Rate wird mit Vertragsunterzeichnung fällig, die zweite mit Beginn der Proben und die dritte Rate variabel, z.B. in der letzten Probenwoche, der dritten Probenwoche oder vor der ersten Vorstellung, ausgezahlt.

Sämtliche Vergütungsregelungen sind in den Tarifverträgen in Anhängen (schedules) konkretisiert. So legt z.B. Schedule Broadway in Teil A das Honorar fest und in Teil B die Lizenzgebühren[74]. Von der Gage und den Lizenzgebühren sind

---

68 Klausel IV. (e) definiert es wie folgt: von den Einnahmen am Box Office werden Steuern, Abgaben für Renten- und Krankenkassen, Rabatte und ähnliche Nachlässe abgezogen.

69 Die prozentuale Verteilung im 2011 abgelaufenen Tarifvertrag wurde nach Klausel IV. folgendermaßen vorgenommen: Choreografen erhalten ein Prozent. Choreografen-Regisseure bekommen 2,5 Prozent im Fall der Abrechnung nach dem Nettobetriebsgewinn (net operating profits). Werden wöchentliche Abendeinnahmen (gross weekly box office receipts) zu grunde gelegt, erhalten Choreografen 0,5 % und Regisseure-Choreografen 0,75 %. Dabei gilt auch, dass der Tarifvertrag nur Minimumstandards setzt. Ein guter Choreograf kann seine Tantiemen erheblich erhöhen (vgl. Keller, 891, 922, Fn. 148).

70 Klausel XI des Vertrages zwischen SDC und ANTC.

71 Erläuterungen der Akronyme im 5. Kapitel 2. Abschnitt IV. 3.

72 Die SDC klassifiziert LORT Theater in 5 Kategorien: A, B, C1, C2 und D, wobei die Einteilung auf einer kombinierten Formel aus den potentiellen Box Office Roheinnahmen und der Anzahl der Sitzplätze des Theaters basiert.

73 Schedule C zum Vertrag zwischen Outdoor Stock Musical Theatres und der SDC.

74 Die jeweils aktuellen Regelungen zu Vergütung und Lizenzgebühren können im Internet unter www.SDC.org/contracts.php abgerufen werden.

z.T. prozentuale Anteile an die SDC bereits durch das Theater bzw. den Produzenten abzuführen. Im Rahmen des CORST Vertrages gebührt der SDC z.B. ein Anteil von 2,5 %[75]. Der Tarifvertrag zwischen SDC und Broadway League ist am 31. August 2011 ausgelaufen. Seitdem finden Verhandlungen zwischen beiden Seiten statt. Für alle Broadway Produktionen, deren erste Proben nach dem 31. August 2011 beginnen, gilt, dass nach Abschluss des neuen Tarifvertrages die Differenz zwischen der gezahlten Vergütung und der neuen tarifvertraglich vereinbarten Vergütung zu zahlen ist.

Da alle aktuellen Tarifverträge mit den entsprechenden Gebührentabellen im Internet unter http://sdcweb.org/index.php?option=com_content&task=view&id=40&Itemid=96[76] verfügbar sind, wird an dieser Stelle auf eine Nennung der einzelnen Beträge in den verschiedenen Kategorien der Theater verzichtet. Bzgl. des Tarifvertrages über Broadway sei noch auf eine interessante Regelung hingewiesen. Unter der Überschrift „Waiver/Reduction of Royalties" regelt Klausel VII des bisherigen Tarifvertrages, dass die SDC grundsätzlich keinen Verzicht oder Reduzierung von Tantiemen zulässt. Für den Fall, dass ein Choreograf sich mit geringeren Lizenzgebühren zufrieden geben will, ist die vorherige Zustimmung der SDC erforderlich, um entsprechenden vertraglichen Absprachen zwischen Produzent und Choreograf Wirksamkeit zu verleihen, es sei denn die Reduzierung betrifft einen maximalen Zeitraum von 4 Wochen, die nicht aufeinander folgen müssen. Falls die SDC einer längeren zeitlichen Reduzierung der Lizenzgebühren zugestimmt hat, muss der Produzent für eine weitere Verlängerung die Notwendigkeit darlegen, z.B. dass durch den Verzicht auf Tantiemen die Produktion länger gespielt werden kann.

VI. Zwischenergebnis der Rechtsvergleichung

Es ist ein offenes Geheimnis innerhalb der Theaterszene, dass, von wenigen Ausnahmen abgesehen, Choreografen und Tänzer zu den am schlechtesten bezahlten Künstlern zählen[77]. Der vorangegangene Abschnitt hat verdeutlicht, dass die finanzielle Absicherung im Hinblick auf eine angemessene Beteiligung der Urheber am Ertrag aus der Werknutzung in Deutschland aber auch in den USA, sowie in ge-

---

[75] Regelungen XIII und XIV.

[76] Zuletzt besucht am 12.2.2012.

[77] Vgl. hierzu die Ergebnisse insgesamt und zu einzelnen Ländern im Research Report von Baumol/Jeffri/Throsby, Making Changes, Facilitating the Transition of Dancers to Post-Performance Careers.

ringerem Maß in Frankreich z.T. auf tönernen Füßen steht. Es hängt in Deutschland viel vom Verhandlungsgeschick und der Verhandlungsmacht des einzelnen Choreografen ab, wie seine Vergütung ausfällt. Auch den unerfahrenen Choreografen schützende Standard- oder Normverträge sind für den deutschen Rechtsraum nicht vorhanden. Es mangelt außerdem an einer nationalen oder auch international gut organisierten Interessengemeinschaft für Choreografen, die den in Deutschland wirkenden Vertretern dieses Berufsstandes unterstützend zur Seite stehen könnte. Die Genossenschaft Deutscher Bühnenangehöriger (GDBA)[78] widmet sich in erster Linie nur den ausübenden Künstlern[79] und kommt daher nur bedingt als Partner in Betracht.

Sowohl in Frankreich[80] als auch in den USA erfolgt, anders als es in Deutschland in vielen Fällen die Regel ist, die Tantiemenzahlung ebenfalls auf prozentualer Basis. Da pauschale Rechtsabgeltungen tendenziell nachteiliger bzgl. der Höhe der Vergütung der Choreografen sind, erscheint eine prozentuale Beteiligung der gerechtere Weg. Eine pauschale Vergütung könnte systematisch als Minimum für die Rechtsabgeltung festgelegt werden. Allerdings darf dabei nicht außer Acht gelassen werden, dass eine prozentuale Beteiligung an den Roheinnahmen[81] in Deutschland nur bei Privattheatern umfassend erfolgversprechend ist[82], denn von der öffentlichen Hand finanzierte oder unterstützte Bühnen sind z.T. in einem hohen Maß von Subventionen abhängig. D.h. die Kasseneinnahmen an diesen Theatern sind oftmals gesunken, während die entsprechenden Subventionen betragsmäßig anstiegen[83]. Daher wurde in der Regelsammlung vom Verband Deutscher Bühnenverleger und dem Deutschen Bühnenverein eine Urheberabgabe pro Zuschauer und Vorstellung vereinbart. Der Festbetrag variiert je nach Subventionshöhe, Bedeutung und Größe des Theaterunternehmens. Für die Gesamtvergütung gelten 13–17 % der Roheinnahmen als Obergrenze. Vergleichbare Regelungen wären auch für die Vergütung von Nutzungsrechten an choreografischen Werken in Deutschland wünschenswert. Die Vorarbeit der Interessenvertreter für dramatische Werke

---

78 Weitere Informationen zur GDBA unter www.buehnengenossenschaft.de. Die GDBA widmet sich in erster Linie Tarif- und Kulturpolitik. Gemeinsam mit dem Arbeitgeberverband Deutscher Bühnenverein trägt sie die Bühnenschiedsgerichtsbarkeit.

79 Sie vertritt 4 Berufsgruppen: Solo, Tanz, Opernchor und Ausstattung/Technik/Verwaltung.

80 Ausführlich zu den Raten in Frankreich in Kapitel 5 II 2. zur SACD.

81 Roheinnahmen werden in der Regelsammlung der Deutschen Bühnenverlegern und des Deutschen Bühnenvereins in Nr. 5.7.1. als Kasseneinnahmen pro Vorstellung zuzüglich Einnahmen aus dem Verkauf von Steuerkarten und anteiliger Erträge aus Platzmiete und Platzzuschüssen verstanden.

82 Sie beträgt in der Regelsammlung gemäß Ziffer 5.3. 10 %.

83 Vgl. zu dieser Entwicklung Loewenheim/*Schlatter* § 72 Rn. 56.

könnte auch für den Bereich der choreografischen Werke sinnvoll als Basis genutzt werden.

In Deutschland muss sich der angestellte Choreograf immer wieder darauf verweisen lassen, dass auch die Nutzungsrechte bereits mit dem Arbeitslohn abgegolten sind. Dass diese Deutung keineswegs zwingend ist, beweist ein Blick in die USA. Die SDC vertritt regelmäßig Choreografen, deren Arbeit als „work made for hire" zu qualifizieren wäre[84], trotzdem wird in den Tarifverträgen sauber zwischen dem Honorar für das Tätigwerden des Choreografen und den Lizenzgebühren getrennt. Letztere mögen zwar teilweise als Pauschale ausfallen, aber auch eine pauschale Vergütung der Nutzungsrechte zusätzlich zur Gage würden sicherlich nicht wenige Choreografen in Deutschland als Fortschritt werten.

---

[84] S. zu dieser Problematik auch 5. Kapitel 2. Abschnitt IV. 2.

2. Abschnitt: Individuelle und kollektive Rechtswahrnehmung – Verschiedene Wege und Möglichkeiten in Deutschland, Frankreich und den USA

I. Die Stimme aus der Praxis – Traditionen der kollektiven Rechtswahrnehmung[85]

Anfang der 90er Jahre des 20. Jahrhunderts wurde auf internationaler Ebene eine Initiative zur Evaluation der Rechte von Choreografen initiiert. Unter der Schirmherrschaft von CISAC[86] startete man eine Umfrage, deren Ergebnisse 1995 präsentiert wurden. Von den weltweit angefragten Verwertungsgesellschaften haben 36 geantwortet[87], von denen 15 auch mit der kollektiven Rechtswahrnehmung von Verwertungsrechten an choreografischen Werken befasst sind. Auf der Weltkarte sind sie schwerpunktmäßig auf das Gebiet der EU und Osteuropa, Afrika und Lateinamerika verteilt. In den meisten Verwertungsgesellschaften, die auch für Choreografen offen stehen, ist die Zahl der jährlich aufgenommenen Choreografen als Mitglieder begrenzt. Eine Ausnahme bilden in diesem Zusammenhang die französische SACD und die russische RAO. Positiv zu bemerken ist, dass aus der Umfrage hergeleitet werden konnte, dass alle Verwertungsgesellschaften die Choreografen als gleichwertige Mitglieder betrachten und keine diskriminierenden Regelungen in Kraft sind, die ihren Beitritt erschweren – diese Feststellung gilt allerdings nicht für die Höhe der Vergütung. Nur in Frankreich und Italien werden Choreografen gleichwertig wie anderen Urhebern dramatischer Werke Tantiemen gezahlt. Aber auch in diesen Ländern sind noch einige Fragen offen, da die Komponisten aufgrund ihrer stärkeren Repräsentanz meist noch bessere Lizenzgebühren aushandeln können.

Die 1995 vorgelegten Zahlen sind zwar bescheiden, aber trotz ihres Alters nicht ohne Relevanz – demonstrierten sie doch zum einen, dass die kollektive Rechtswahrnehmung von choreografischen Werken größtenteils ein Schattendasein führt. Zum anderen beweisen sie aber auch, dass Choreografen und ihre Rechte immerhin bereits punktuell wahrgenommen werden. Sie lassen deshalb hoffen, dass in Zukunft auch in weiteren Ländern Methoden bzw. Möglichkeiten einer effektiven Wahrnehmung der Verwertungsrechte an choreografischen Werken gefunden werden.

---

85 Alle folgenden Aussagen beruhen auf der Umfrage, die unter dem Titel Compte-Rendu de l'Enquete sur la Condition du Chorégraphe, CIADL (Conseil International des Auteurs Dramatiques et Littèraires), Paris 1995, veröffentlicht ist.

86 CISAC ist eine internationale Organisation von Verwertungsgesellschaften. Sie hat rund 200 Mitglieder aus etwa 100 Staaten.

87 Für Deutschland hat sich die GEMA gemeldet.

II. Deutschland

1. Status quo der individuellen und kollektiven Rechtswahrnehmung

In Deutschland schließen Choreografen historisch bedingt direkte Aufführungsverträge mit den Theatern oder Tourneeveranstaltern ab. Bühnenverlage sind regelmäßig nicht zwischengeschaltet. Wie in 1. Kapitel 1. Abschnitt I. zur Entwicklung des Tanzes dargestellt wurde, fristete das Ballett als Kunstform lange ein Schattendasein an den Bühnen. Aufgrund dessen existierte nur eine geringe Anzahl von Choreografen, die in Deutschland tätig waren. Zudem war die Rechtswahrnehmung von Rechten an Choreografien durch Bühnenverlage wegen der mangelnden künstlerischen Anerkennung für diese wirtschaftlich uninteressant. Bis heute ist es den Choreografen in Deutschland nicht gelungen, eine der Dramatiker Union oder dem Komponistenverband vergleichbare Berufs- oder wenigstens Interessenvertretung gegenüber dem Verband deutscher Bühnenverleger oder dem Deutschen Bühnenverein zu gründen. Bedingt durch diese Situation entstanden auch keine Musteraufführungsverträge für Choreografen[88]. In den folgenden Abschnitten soll daher untersucht werden, inwieweit Choreografen sich die Dienste von Verwertungsgesellschaften in Deutschland zu Nutze machen können. Zu diesem Zweck wird das System der Verwertungsgesellschaften in aller Kürze vorgestellt. Zunächst soll jedoch noch ein kurzer Blick auf die Tätigkeit der Bühnenverlage geworfen werden.

2. Bühnenverlage

Die Wahrnehmung von Rechten durch Bühnenverlage ist eine Form der individuellen Rechtsverwertung. Die Verlage schließen dazu Verträge mit den Urhebern ab, in denen letztere den Bühnenverlagen die Wahrnehmung der Nutzungsrechte für Rechnung der Urheber gegen eine prozentuale Beteiligung an den Erträgen übergeben[89]. Zur Wahrnehmung der Rechte der Urheber erhalten die Bühnenverlage meistens ausschließliche Nutzungsrechte, aufgrund derer sie im eigenen Namen Verträge mit den Theatern und Veranstaltern abschließen. Für die Verlage besteht eine Wahrnehmungspflicht dahingehend, dass sie sorgfältig mit den Rechten der Urheber umgehen müssen. Dazu gehört auch die Pflicht zur Werbung für die Werke und die Überwachung der Aufführungen[90]. Gegenstand der Wahrnehmung sind in

---

[88] S. Loewenheim/*Schricker* § 72 Rn. 47.
[89] Ulmer, Urheber- und Verlagsrecht, 406.
[90] Ulmer, Urheber- und Verlagsrecht, 408.

erster Linie die Aufführungsrechte an Bühnenwerken. Weitere Rechte, wie das Sende- oder Verfilmungsrecht, können ebenfalls in die Hände eines Bühnenverlages gegeben werden. Historisch bedingt bleibt die Wahrnehmung auf die so genannten „großen Rechte“ beschränkt[91]. Dazu gehören das Recht zur bühnenmäßigen Aufführung sowie das Senderecht, sofern es der vollständigen Wiedergabe oder der Wiedergabe von größeren Teilen dient. Die „kleinen“ Rechte[92] werden hingegen von den Verwertungsgesellschaften wahrgenommen.

3. Verwertungsgesellschaften

a) *Historische Entwicklung der Verwertungsgesellschaften in Deutschland*

Die ersten deutschen Verwertungsgesellschaften orientierten sich an ihren französischen Vorbildern. Auf dem Gebiet der Musik entstand die erste Verwertungsgesellschaft kurz nach Anerkennung des öffentlichen Aufführungsrechtes im LUG von 1901[93]. Mehrere Autorenvereinigungen zur Verwertung musikalischer Aufführungsrechte machten sich in den folgenden Jahren gegenseitig Konkurrenz[94]. Der Zusammenschluss einiger Verwertungsgesellschaften für musikalische Urheberrechte ging 1933 in der staatlich genehmigten Gesellschaft zur Verwertung musikalischer Urheberrechte (STAGMA) auf. Durch das Reichskulturkammergesetz vom 22. September 1933 wurde der staatliche Einfluss weiter vergrößert. Autorenvereinigungen mussten jetzt als Körperschaften öffentlichen Rechts errichtet werden[95]. 1947 wurde die STAGMA durch Verfügung des Alliierten Kontrollrats in die „Gesellschaft für musikalische Aufführungs- und mechanische Vervielfältigungsrechte“ (GEMA) umbenannt. In der Folgezeit entfielen das gesetzliche Monopol[96] und die 1933 eingeführte Erlaubnispflicht für Verwertungsgesellschaften. Nach dem Zweiten Weltkrieg bildeten sich weitere Verwertungsgesellschaften heraus. 1958 wurde die Gesellschaft zur Verwertung von Leistungsschutzrechten mbH (GVL) errichtet und 1968 die VG Bildkunst gegründet. Bereits 1965 trat das UrhWG in Kraft, das der Arbeit der Verwertungsgesellschaften einen gesetzlichen Rahmen verleiht.

---

91 Ulmer, Urheber- und Verlagsrecht, 406.
92 Vgl. zu diesem Terminus auch 4. Kapitel 2. Abschnitt I.
93 E. Schulze, Geschätzte und geschützte Noten: zur Geschichte der VGen, 22 ff.
94 Schack, Urheber- und Urhebervertragrecht, Rn. 1157.
95 Z.B. die Reichsmusikkammer, deren Präsident zunächst Richard Strauss wurde.
96 BGHZ 15, 338, 350ff.

b) Wahrnehmungsgrundsätze der Verwertungsgesellschaften

(1) Wahrnehmungszwang

Der Abschluss von Wahrnehmungsverträgen steht den Verwertungsgesellschaften nicht frei, denn § 6 Abs. 1 UrhWG regelt den so genannten Wahrnehmungszwang. Dem Wahrnehmungszwang des § 6 Abs. 1 UrhWG unterliegen alle Verwertungsgesellschaften, da der Urheber auf ihre Dienstleistung aus faktischen und bei verwertungsgesellschaftspflichtigen Ansprüchen auch aus rechtlichen Gründen angewiesen ist. Allen Wahrnehmungsberechtigten ist deshalb zu ermöglichen, dass ihre Rechte zu „angemessenen Bedingungen" gemäß § 6 Abs. 1 UrhWG wahrgenommen werden. Durch den Gesetzgeber erfolgte keine Definition von „angemessen". Der amtlichen Begründung lässt sich jedoch entnehmen, dass die Bedingungen für angemessen gehalten werden, „die die Verwertungsgesellschaft auch allgemein ihren Mitgliedern auferlegt"[97]. Angemessen sind demnach Bedingungen, die als Äquivalent für die vom Urheber eingebrachten Rechte und Vergütungsansprüche angesehen werden können[98].

(2) Abschlusszwang

Dem Wahrnehmungszwang aus § 6 Abs. 1 UrhWG steht der in § 11 Abs. 1 UrhWG normierte Abschlusszwang gegenüber. Er soll sicherstellen, dass die Verwertungsgesellschaft „ jedermann zu angemessenen Bedingungen" Nutzungsrechte einräumt oder Einwilligungen erteilt. Durch § 11 Abs. 2 UrhWG werden Nutzer weiter privilegiert, da dem Verwerter die Aufnahme von Nutzungshandlungen erlaubt ist, auch wenn er sich noch nicht mit der Verwertungsgesellschaft geeinigt hat, solange er nur den geforderten Betrag unter Vorbehalt gezahlt oder hinterlegt hat. D.h. aufgrund des Abschlusszwangs verliert der Urheber praktisch die Kontrolle darüber, von wem das Werk genutzt wird. Um angemessene und gleichförmige Lizenzbedingungen zu garantieren, ist die Verwertungsgesellschaft gemäß § 13 Abs. 1 UrhWG verpflichtet, Tarife für die einzelnen Nutzungsarten zu erstellen. Der Begriff der angemessenen Bedingungen wird allerdings nicht weiter definiert[99]. Die Konzeption des § 11 UrhWG legt nahe, dass durch die Verwertungsgesellschaften einfache Nutzungsrechte eingeräumt werden, da sie ansonsten dem Abschlusszwang bei wiederholter identischer Nutzung nicht nachkommen können[100].

---

[97] RegE BTDr IV/271, 15f.

[98] Schack, Rn. 1198.

[99] Wandtke/Bullinger/*Gerlach* § 11 UrhWG Rn. 3.

[100] Kreile/Becker/Riesenhuber/*Riesenhuber*/*v. Vogel*, Recht und Praxis der GEMA, 646, Rn. 41.

(3) Wahrnehmungsvertrag und Verteilung der Einnahmen

Der Wahrnehmungsvertrag wird als urheberrechtlicher Nutzungsvertrag eigener Art qualifiziert[101], so dass neben den zivilrechtlichen Bestimmungen der §§ 133, 157, 305ff. BGB auch Bestimmungen des Urhebervertragsrechts, wie z.B. § 31 Abs. 5 UrhG, zur Anwendung kommen. Beim Berechtigungsvertrag handelt es sich um bundesweit angewandte allgemeine Geschäftsbedingungen[102], die einer entsprechenden AGB Kontrolle unterfallen können. Charakteristisch ist die treuhänderische Stellung der Verwertungsgesellschaft. Neben urheberrechtlichen Vorschriften können vor allem die Bestimmungen zur Geschäftsbesorgung (§§ 665ff. BGB) Bedeutung bei der Auslegung dieser Verträge erlangen. Mit Beendigung des Wahrnehmungsvertrages erlöschen auch die der Verwertungsgesellschaft durch den Urheber gewährten Nutzungsrechte, ohne dass es einer gesonderten Rückübertragung bedarf[103].

Gemäß § 7 S. 1 UrhWG sind die Verwertungsgesellschaften verpflichtet, Verteilungspläne aufzustellen, nach denen die Einnahmen ausgeschüttet werden. Bei der Sollvorschrift des § 7 S. 2 UrhWG und des § 8 UrhWG handelt es sich allerdings eher um einen Appell, dass kulturelle Leistungen und soziale Zwecke zu fördern sind. Die Verteilung der Einnahmen muss sich ebenfalls am Grundsatz der Angemessenheit gemäß § 6 Abs. 1 UrhWG messen lassen. Ziel der Ausschüttungsmodalitäten ist es, eine individuelle Verteilungsgerechtigkeit zu erreichen[104].

(4) Möglichkeiten der Rechtswahrnehmung choreografischer Werke in der Praxis

Im Jahr 2000 wurde durch den BGH erneut bestätigt, dass aufgrund der Berechtigungsverträge Verwertungsgesellschaften nicht zur Wahrnehmung für das Recht der bühnenmäßigen Aufführung berechtigt sind[105]. Dadurch sind der Attraktivität einer kollektiven Rechtswahrnehmung choreografischer Werke durch Verwertungsgesellschaften Grenzen gesetzt. Im 4. Kapitel 2. Abschnitt I. wurde jedoch deutlich, dass auch andere Rechte Bedeutung erlangen können, die von den Verwertungsgesellschaften sehr wohl wahrgenommen werden. Es gilt also einen Blick darauf zu werfen, ob für Choreografen Verwertungsgesellschaften offen stehen. Dabei fällt der Blick auf die VG Bildkunst und die GvL. Trotzdem in der VG Bildkunst durchaus Raum für Choreografen wäre, werden sie bzw. ihre Werke nach derzeitigem

---

101 BGH GRUR 1982, 308, 309 – Kunsthändler.
102 BGH GRUR 2006, 319, 321 – Alpensinfonie.
103 BGH GRUR 1966, 567, 569 – Gelu, BGH GRUR 1982, 308, 309 – Kunsthändler.
104 Vgl. BVerfG ZUM 1997, 555f. – Bandübernahmeverträge.
105 BGH WRP 2000, 205 – Musical Gala.

Sachstand praktisch nicht erfasst[106]. In der VG Bildkunst können aufgrund der derzeitigen Satzung choreografische Werke nur administriert werden, wenn sie im Zusammenhang mit einem Filmwerk stehen. Gemäß § 6.1. dritter Unterpunkt der Satzung steht die Mitgliedschaft in der Verwertungsgesellschaft den Urhebern offen, die Film- und Fernsehwerke schaffen[107]. In der GvL sind zwar die Tänzer als Berufgruppe vertreten. Diese Verwertungsgesellschaft ist jedoch für Choreografen nicht interessant, da sie die kollektive Rechtswahrnehmung allein für diejenigen offeriert, die Leistungsschutzrechte gemäß § 73ff. UrhG erwerben.

4. Fazit für Deutschland

Choreografen sehen sich also in Deutschland der Situation gegenüber, dass ihnen nach dem derzeitigen status quo weder für die „großen" noch für die „kleinen" Rechte eine effektive Möglichkeit der Verwertung ihrer Rechte durch Dritte offen steht. Aber selbst wenn sich für sie eine Verwertungsgesellschaft in Deutschland finden würde, wäre immer noch kein Mechanismus vorhanden, der sie bei der Wahrnehmung des für Choreografen so wichtigen Rechts zur bühnenmäßigen Aufführung unterstützt. Dafür müssten aufgrund der historischen Zweiteilung der Rechtswahrnehmung in Deutschland Theaterverlage begeistert werden. D.h. Choreografen sind bei der Durchsetzung ihrer Rechte in Deutschland praktisch auf sich allein gestellt.

III. Frankreich

1. Historische Entwicklung der Société des Auteurs et Compositeurs Dramatiques (SACD)

In Frankreich steht den Choreografen die Verwertungsgesellschaft SACD zur Seite. Sie blickt bereits auf eine recht lange Historie zurück. Im 19. Jahrhundert mussten die dramatischen Autoren feststellen, dass sie angesichts der oft rücksichtslos auf Gewinnmaximierung bedachten Verleger auf eine wirksame Wahr-

---

[106] Telefonat mit der VG Bildkunst am 14.1.2009.

[107] § 6 der Satzung lautet auszugsweise: „Mitglieder können werden die Urheber und die Gesamtrechtsnachfolger von Urhebern, … – von Film- und Fernsehwerken einschließlich der Werke, die ähnlich wie Film- und Fernsehwerke geschaffen werden, sowie von vorbestehenden, für den Film bestimmten schutzfähigen Werken insbesondere der Bildenden Kunst und Architektur."

nehmung ihrer rechtlichen Interessen angewiesen waren[108]. Ein wesentlicher Schritt in diese Richtung erfolgte am 7. März 1829. An diesem Tag fand in Paris eine Vollversammlung der Autoren dramatischer Werke statt. Auf diesem Treffen wurde einstimmig beschlossen, die zwischenzeitlich fast eingeschlafene Tätigkeit der auf *Beaumarchais* zurückgehenden Autorengemeinschaft wieder aufzunehmen[109]. Eine neue Vereinigung, die den Namen „Société des Auteurs et Compositeurs Dramatiques" (kurz SACD) erhielt, löste die Vorgängerorganisation von *Beaumarchais* ab[110]. Die SACD erhielt allerdings erst acht Jahre nach ihrer Gründung auch das Rechtsstatut einer Gesellschaft. Davor waren ihre Mitglieder durch Mandatsverträge an sie gebunden[111]. Treibende Kraft bei der Gründung dieser Verwertungsgesellschaft war der Librettist *Augustin-Eugène Scribe*. Er erkannte, dass allein eine große bühnen- und genremäßige Organisation effektiv in der Lage war, die von den Autoren gewünschten Rechtsverbesserungen durchzusetzen[112]. In dieser Richtung formulierte die SACD auch ihre ersten wichtigen Ziele: Durchsetzung der Rechte ihrer Mitglieder sowie Schaffung einer Renten- und Sozialkasse für Mitglieder und ihre Angehörigen. Die SACD handelte in den Jahren nach ihrer Gründung nicht nur einheitliche Rahmenverträge mit den Direktoren aller Pariser Theater aus, sondern führte für ihre Mitglieder auch zahlreiche Musterprozesse[113]. Bereits 1869 wurde die Tätigkeit der SACD folgendermaßen eingeschätzt: „Dies ist das erste Beispiel eines auf legalem Wege organisierten Widerstandes gegen die Überlegenheit des Kapitals, und es ist keine geringe Ehre für die *Lettres*, diese Initiative ergriffen zu haben.[114]" In den ersten Prozessen, die die Autorenvereinigungen für ihre Mitglieder führten, wurde die Frage diskutiert, ob eine solche *Société* überhaupt prozessführungsbefugt sein kann[115].

---

108 Die bereits vorher existierenden Agenturen für die Urheber empfanden ihre Tätigkeit mehr als Angebot an die künstlerisch Schaffenden. Die von ihnen ausgehandelten Tarife nahmen die Urheber nur selten als Fixum hin. Gerade Autoren, die den künstlerischen Durchbruch noch nicht geschafft hatten, verhandelten direkt mit dem Theater und höhlten dadurch das Tarifsystem aus. Der Fehler in diesem System war seine mangelnde Verbindlichkeit, vgl. Schwab, 29f.

109 Bayet, 111f.

110 A.a.O.

111 Bayet, 111.

112 Sprang, 50.

113 Bayet, 112f.; Sprang, 51.

114 Übersetzung durch Sprang auf S. 51. Der Ausspruch von Gustave Chaudey heißt im Original: „C'est le premier exemple d'une résistance légalement organisée du travail contre la domination de l'argent, et ce n'est pas un mince honneur pour les lettres que d'avoir eu cette initiative." Zitiert nach Despatys, 26.

115 Vgl. Gazette des Tribunaux vom 15. September 1838; Sprang, 71. Es handelte sich um einen Rechtsstreit zwischen der Gesellschaft *Gens des lettres* und zwei Verlegern, die nicht bereit waren die von der *Société* vorgeschriebenen Tarife für Zeitungsartikel zu zahlen.

Noch grundsätzlicher war der Einwand, den die Direktoren des Théâtre du Gymnase gegenüber der SACD erhoben. Sie argumentierten, dass die SACD keiner der im damaligen französischen *Code du Commerce* zulässigen Art einer *Société* entsprachen, sondern allenfalls einer so genannten *Association*, die einem frei widerruflichen Genehmigungsvorbehalt unterlag[116]. Ein anonymer Theaterdirektor schrieb 1838 an die Zeitschrift *Le Droit*: „Die Kommission (der SACD) ist wahrhaft mächtig, sie verfügt über enorme Ressourcen, aber die Gerichte sind dafür da, den wenigen isolierten Unternehmern Gerechtigkeit zuzusichern gegenüber so zahlreichen und starken Gegnern.[117]" Versuche, Standardverträge der SACD durch Einzelverträge mit den Autoren zu umgehen, endeten damit, dass die betroffenen Autoren aus der Verwertungsgesellschaft ausgeschlossen wurden[118]. Die damit verbundenen Nachteile waren für die Autoren so erheblich, dass eine große Zahl der in Frankreich tätigen Bühnenautoren gegen Ende des 19. Jahrhunderts in der SACD Mitglied waren. Um ihren Alleinvertretungsanspruch gegenüber den Verwertern durchzusetzen wurde – wenn nötig – auch ein Theater bestreikt. Diese Vorgehensweise ist nicht nur von den Gerichten toleriert worden, sie erkannten auch die Prozessführungsbefugnis der *Sociétes* an[119]. Auch dadurch wuchsen die Autorenvereinigungen im 19. Jahrhundert zu den wichtigen Institutionen heran, die sie im 20. Jahrhundert geblieben sind. Die SACD ist weltweit nicht nur die älteste Verwertungsgesellschaft, sondern auch dadurch etwas Besonderes, dass sie bis heute ausdrücklich die Choreografen vertritt[120]. 1973 räumte *Maurice Béjart* der SACD das Recht ein, sein Repertoire im Ausland zu verwerten. Die Vertretung dieses berühmten Choreografen durch die SACD führte zu der positiven Entwicklung, dass auch seine Kollegen zunehmend von den Regelungen und Vorteilen, die ihnen die Verwertungsgesellschaft bieten konnte, profitierten[121].

---

116 Vgl. Sprang, 72.

117 Zeitschrift *Le Droit* vom 15. Februar 1838, Übersetzung bei Sprang, 72. Der Originalwortlaut ist: „La Commission est bien puissante, elle dispose de ressources énormes, mais les Tribunaux sont là pour assurer justice à quelques entrepreneurs isolés contre des adversaires si nombreux et si forts."

118 Sprang, 72.

119 Vgl. Gazette des Tribunaux vom 31. Dezember 1842 und 8. November 1843.

120 Bois/Le Covec: Droit d'Auteur du Chorégraphe: les Droits du Chorégraphe résidant en France.

121 Boncompain, Rechte der Choreografen in Europa, 14.

2. Rechtliche Stellung der Verwertungsgesellschaften, insbesondere der SACD

a) *Einführung*

Das Urheberrechtsgesetz in der Fassung von 1957 enthielt nur ganz sporadisch Bestimmungen über Verwertungsgesellschaften, obwohl diese in der französischen Urheberrechtspraxis schon immer eine wichtige Rolle spielten[122]. So erwähnte Art. 42 Abs. 2 Loi 1957 den allgemeinen Vertrag über Darbietungen aus den Repertoires von „organismes professionels d'auteurs", Art. 65 Abs. 2 Loi 1957 enthielt die Klagebefugnis („qualité pour ester en justice" von „organismes de défense professionelle") und Art. 75 Loi 1957 regelte die Entsendung von vereidigten Beauftragten der Verwertungsgesellschaften zur Feststellung von Urheberrechtsverletzungen. Mit der großen Urheberrechtsreform von 1985 sollte auch der Status der Verwertungsgesellschaften endlich gesetzlich geregelt werden. Die Gründe für die Kodifizierung waren mannigfaltig. Ausgangspunkt war die gestiegene Bedeutung der Verwertungsgesellschaften durch die größere Vielfalt der Verwertungsmöglichkeiten urheberrechtlicher Werke. Diese Entwicklung hatte allerdings auch zur Folge, dass es für die einzelnen Berechtigten immer schwieriger wurde den Überblick über die Nutzungen ihrer Leistungen zu behalten. Dieser komplexeren Situation passten sich die Verwertungsgesellschaften selbst durch Kooperationen an, die rechtlich gefasst werden sollten. Daneben wurden den Verwertungsgesellschaften in Art. 19f, 23f, 34 des Reformgesetzes von 1985 auch neue Aufgaben übertragen, indem ihnen die Vertretungsbefugnis für Urheber- und Leistungsschutzberechtigte bei den neuen kollektiven Vergütungsmechanismen zugewiesen wurden.

b) *Status*

Art. L. 321-1 CPI bestimmt, dass die Verwertungsgesellschaften einheitlich die Rechtsform einer „Gesellschaft des Zivilrechts" haben[123]. Er unterscheidet sich damit wesentlich von § 1 UrhWG im deutschen Recht, der hinsichtlich der Rechtsform von Verwertungsgesellschaften völlige Gestaltungsfreiheit lässt. Die „société civile" ist materiellrechtlich rechtsfähig und prozessual im Rahmen ihres satzungsmäßigen Gegenstandes aktiv und passiv legitimiert[124]. Darüber hinaus regelt Art. 331-1

---

122 Vgl. hierzu die Ausführungen im 5. Kapitel 2. Abschnitt III. 2.

123 Im Wortlaut heißt es: „Les sociétés de perception et de répartition des droits d'auteurs et des droits des artistes-interprétes, des producteurs de phonogrammes et de videogrammes sont constituées sous forme de sociétés civiles."

124 Baucks, 175.

Abs. 2 CPI, dass „organismes de défense professionelle" der Urheber für die Durchsetzung ihrer satzungsgemäß wahrgenommenen Rechte klagebefugt sind, also stets die Prozessvoraussetzung des „intérèt personnel et direct" erfüllen. Der Status einer „société civile" beinhaltet für die Verwertungsgesellschaften gegenüber dem Status einer „société commerciale" erhebliche Vorteile. Sie unterliegen nicht den strengeren handelsrechtlichen Bestimmungen und werden wesentlich geringer besteuert als Handelsgesellschaften[125].

c) *Übertragung und Wahrnehmung der Rechte*

(1) *Einführung*

Im Bereich der dramatisch-musikalischen Werke, zu denen auch die Choreografien gehören, nimmt die SACD die Aufführungsrechte, auch große Rechte („grands droits") genannt, wahr. Der Umfang der bei Eintritt in die Gesellschaft zu übertragenden Rechte hängt von der Art der Nutzungsrechte ab. Soweit es das Bearbeitungsrecht und das Recht zur bühnenmäßigen Aufführung eines Werkes betrifft, lässt sich die SACD nur eine Art Verwaltungsbefugnis einräumen, die sich in der Vereinbarung finanzieller Mindestbedingungen und Garantien für das Mitglied durch das jeweilige Theater sowie durch die Einziehung und Verteilung der Gebühren niederschlägt, d.h. der Urheber trifft immer noch selbst die Entscheidung, ob er die Erlaubnis zur Bearbeitung bzw. bühnenmäßigen Aufführung erteilt[126]. Alle anderen Arten der Nutzungsrechte werden regelmäßig vollständig an die SACD abgetreten[127]. Daneben können die zuerst genannten Rechte auch territorial begrenzt werden[128].

Durch die Urheberrechtsreform von 1985 wurde der Charakter der von den Verwertungsgesellschaften zu tätigenden Rechtsgeschäfte klargestellt. Insbesondere im Hinblick auf kollektive Vergütungsvereinbarungen und „contrats generaux" nach dem ehemaligen Art. 43 Abs. 2 Loi 1957 regelt Art. L. 321-2 CPI, dass auch die von den Verwertungsgesellschaften mit ihren Nutzern abgeschlossenen Verträge nur „actes civiles" und keine Handelsgeschäfte sind. Auch die Mitgliedschaft von Kaufleuten (z.B. Ton- und Bildtonträgerhersteller) in Verwertungsgesellschaften führt nicht dazu, handelsrechtliche Vorschriften auf diese Verwertungsgesellschaften anzuwenden[129].

---

[125] Baucks, 176.

[126] Art. 1 Statut der SACD (Statuten der SACD sind online unter www.sacd.fr erhältlich).

[127] Die Gründe für diese verschiedenartige Übertragung vermögensrechtlicher Befugnisse beruhen auf der Verschiedenheit der Werke und Verwertungsarten, vgl. dazu auch Schwab, 158f.

[128] Art. 8 Statut der SACD.

[129] So schon vor der Reform die Rechtsprechung, vgl. Cass. Civ. vom 5.11.1985, RIDA 129; Joubert, 188; Baucks, 184.

Anders als im deutschen Recht unterliegen die Verwertungsgesellschaften in Frankreich keinem Abschlusszwang für Repertoire- oder Einzelnutzungsverträge[130]. Insofern ist die Repertoirepflicht des Art. L. 321-7 CPI etwas missverständlich formuliert. Die Vorschrift lautet: „... doivent tenir à la disposition des utilisateurs éventuels le repertoire complet." Sie beinhaltet jedoch nur eine Pflicht zur Auskunft über die wahrgenommenen Rechte[131]. Der Gesetzgeber hielt das Kartellrecht und die Aufsicht über die Verwertungsgesellschaften für ausreichend, um im Verhältnis zwischen Benutzern und den Verwertungsgesellschaften Missbräuche der Quasi-Monopolstellung zu verhindern. Er zog eine Konstruktion, die das deutsche Recht in § 6 UrhWG kennt, daher nicht einmal in Erwägung[132].

(2) Wahrnehmungsverträge

Der Wahrnehmungsvertrag zwischen dem Berechtigten und der Verwertungsgesellschaft findet im Buch III Titel II des CPI keine ausdrückliche Regelung. Aufgrund des gesetzlichen Status der Verwertungsgesellschaften als „société civile" sind die angeschlossenen Berechtigten Mitglieder der jeweiligen Gesellschaft. Dieser Status sagt jedoch noch nichts über die Qualität und den Inhalt des Wahrnehmungsvertrages aus.

Das bedeutet in der Konsequenz, dass der „acte d'adhesion aux Statuts" (Beitritt zur Verwertungsgesellschaft) eine doppelte Funktion erfüllt. Zum einen bewirkt er die Rechtsübertragung auf die Verwertungsgesellschaft, zum anderen beinhaltet er den Eintritt des Rechtsinhabers in die jeweilige Verwertungsgesellschaft.

(3) Übertragung der Rechte auf die Verwertungsgesellschaft

In der Praxis sind zwei Formen der Übertragung von Verwertungsrechten bekannt: die vollständige Einräumung der Rechte bzw. eines Ausschnitts derselben im Wege einer Zession und das so genannte „mandat". Letzteres ist ein Auftragsverhältnis gemäß Art. 1984ff. Code Civile. Der seltenere Typ des „mandat" verpflichtet die Verwertungsgesellschaft im Wege eines Geschäftsbesorgungsvertrages zu Inkasso und Verteilung der Vergütungen[133]. Er kann auch das Aushandeln von Bedingungen oder konkreten Tarifen mit den Verwertern beinhalten. Das „mandat" ent-

---

130 Baucks, 182.

131 A.a.O. Übersetzung: Sie verpflichten sich, in ihren separaten Vereinbarungen ... keine konträren (gegensätzlichen) Verfügungen, keine finanziellen Bedingungen, keine niedrigeren Garantien oder Sanktionen als die im allgemeinen Abkommen (Gesamtabkommen) vereinbarten, aufzunehmen.

132 Baucks, 186.

133 Baucks, 185.

spricht in dieser Ausgestaltung inhaltlich in etwa dem nach deutschem Recht gesondert geregelten Wahrnehmungsvertrag. Zeitlich erstrecken sich sowohl Zession als auch Auftragsverhältnis über den gesamten Zeitraum der Existenz der Gesellschaft. Bezüglich der Rechtsübertragung wurde in der französischen Lehre diskutiert, ob es sich dabei um eine Übertragung des Eigentums oder einen Nießbrauch handelt. Da die Übertragung zwar zeitlich auf die Existenz der Gesellschaft beschränkt ist, aber trotzdem Exklusivität beinhaltet, wollte die französische Rechtsliteratur ernsthaft nur erstere Lösung in Betracht ziehen[134]. Es wird dabei von der französischen Lehre nicht übersehen, dass eine Verwertungsgesellschaft auch Beschränkungen unterliegt – namentlich den Urhebern oder Leistungsschutzberechtigten gegenüber, jedoch existiert im französischen Recht kein Rechtsbegriff, der diese Situation zutreffend zum Ausdruck bringt[135]. Trotzdem wurde in der Literatur teilweise die Auffassung zum Ausdruck gebracht, dass es sich bei der Übertragung von Vermögensrechten um eine „cession fiduciaire" handelt, die mit dem angloamerikanischen Rechtsinstitut „trust" vergleichbar ist[136]. Insgesamt ist die Konzeption französischer Wahrnehmungsverträge jedoch mit den deutschen Strukturen vergleichbar[137].

(4) Kein Wahrnehmungszwang

Im französischen Recht wurde keine dem § 6 Abs. 1 UrhWG vergleichbare Vorschrift eingeführt. Durch den Erlass des Code Civile wurde zwar die Vertragsfreiheit teilweise eingeschränkt, allerdings sind solche Eingriffe als Ausnahme zu verstehen. Aus dieser Rechtstradition heraus ist auch die Intention des Gesetzgebers zu verstehen, die Vertragsfreiheit im Bereich der kollektiven Rechtswahrnehmung nicht zu beschränken. Da es im Interesse der Verwertungsgesellschaften liegt, so viele Rechtsinhaber wie möglich zu vertreten, um so die Verwaltungskosten für das einzelne Mitglied zu vermindern, ist die Situation, dass eine Verwertungsgesellschaft sich der Möglichkeit einer Übernahme angebotener Rechte entziehen will, schwer vorstellbar.

Neben dem Wahrnehmungszwang beinhaltet der § 6 Abs.1 UrhWG auch noch die Zusicherung der Wahrnehmung der Rechte zu angemessenen Bedingungen. Auch hierfür findet sich im französischen Recht keine vergleichbare Bestimmung. Da die französischen Verwertungsgesellschaften alle Rechtsinhaber bzw. Wahrneh-

[134] Schmidt, Les Sociétés d'Auteurs SACEM-SACD; Contrats de Représentation, 140.
[135] Schwab, 160.
[136] Vgl. Schmidt, Les Sociétés d'Auteurs SACEM-SACD; Contrats de Représentation, 140f.
[137] So auch Schwab, 161.

mungsberechtigten als Mitglieder aufnehmen, können diese zumindest theoretisch gesellschaftsintern ihre Kontrollbefugnisse ausüben und auf die Angemessenheit der Wahrnehmungsbedingungen einwirken. Zudem existiert die Problematik, dass Urheberrechte gegen Pauschalentgelt von Dritten erworben und wirtschaftlich genutzt werden, nicht mit der Schärfe wie im deutschen Recht. Art. L. 131-4 Abs. 1 CPI regelt den Grundsatz der anteilsmäßigen Vergütung[138].

d) Verteilung der Einnahmen

Die von den Verwertungsgesellschaften unmittelbar von den Benutzern bzw. mittelbar durch Inkasso eingenommenen Beträge werden nach Verteilplänen an die Mitglieder ausgezahlt. Die Gesamteinnahmen werden aus den Verwertungsarten nach Berechtigten aufgeteilt. Diese Stufe der „répartition" ist zu einem Teil durch gesetzliche Vorgaben, zum anderen Teil durch stark differenzierende Bestimmungen im jeweiligen „règlement général" der Verwertungsgesellschaften vorgegeben. Insgesamt erlegt das französische Gesetz den Verwertungsgesellschaften nur wenige Auflagen bzgl. der Verteilung der Einnahmen auf. Es fehlt ein dem § 7 UrhWG vergleichbares Gebot zur Aufstellung fester Verteilungspläne.

Aber der Gesetzgeber greift auch unmittelbar in die Verteilung der Einnahmen ein:

e) Verwendungsbestimmung gemäß Art. L. 321-9 CPI

Anders als der deutsche Gesetzgeber mit der Sollvorschrift des § 7 S.2 UrhWG verhielt sich der französische Gesetzgeber weitaus dirigistischer in der Frage des kulturellen und sozialen Engagements der Verwertungsgesellschaften. Art. L. 321-9 CPI bestimmt u.a., dass 25 % des Gesamtbetrags aus der gesetzlichen Lizenz zugunsten privater Vervielfältigung für Maßnahmen zur Förderung kulturellen Schaffens, von Live Darbietungen und zur Kunstausbildung verwendet werden müssen. Diese Reinvestition in die „Kulturindustrie" wurde im Gesetzgebungsverfahren mit der wesentlichen Verschlechterung der Situation des kulturellen Schaffens durch die neuen (audiovisuellen) Verbreitungsmöglichkeiten urheberrechtlicher Werke begründet[139]. Vor diesem Hintergrund erschien es also konsequent, dass auch Beträge aus dem audiovisuellen Sektor für Theater- und Konzertveranstaltungen genutzt werden können.

---

[138] Vgl. hierzu auch 5. Kapitel 1. Abschnitt III. 1.

[139] Baucks, 188.

f) *Rechtsbeziehungen zu den Verwertern – Contrat général de représentation oder individueller Nutzungsvertrag*

Aus der damaligen Fassung des Art. 43 Loi 1957 lassen sich die Unterschiede zwischen einem individuellen Nutzungsvertrag und einer gemeinsamen Rechtsverwertung gut nachvollziehen. Abs. 2 der Vorschrift definiert den contrat général de représentation wie folgt: „ le contrat par lequel un organisme professionnel d'auteur confère à un entrepreneur de spectacle la faculté de représenter, pendant la durée du contrat, les oeuvres actuelles ou futures, constituant le répertoire dudit organisme aux conditions déterminées par l'auteur ou ses ayants droits.[140]". Aus dem Gesetz geht hervor, dass für den Verwerter keine Pflicht existiert, von der erworbenen Befugnis (faculté) auch Gebrauch zu machen. Wird ein ganzes Repertoire übertragen, ist im französischen Sprachgebrauch von einer „clause forfaitaire" die Rede[141]. Sie ist nicht zu verwechseln mit der in Art. L. 131-4 Abs. 2 CPI ausnahmsweise vorgesehenen pauschalen Berechnung der Urhebervergütung.

3. Aufgaben und Ziele der SACD

Das Règlement Général der SACD weist u.a. als Ziele der Gesellschaft aus:

- die Rechte der Gesellschafter gegenüber allen Verwertern zu verteidigen,
- in möglichst allen Ländern alle Rechte auszuüben und zu verwalten, die sich auf die öffentliche Aufführung und die Vervielfältigung beziehen, insbesondere die aus der Rechtsverwertung stammenden Gebühren einzuziehen,
- materielle und persönlichkeitsrechtliche Interessen ihrer Mitglieder zu verteidigen.

Im Interesse aller Mitglieder wacht die SACD also darüber, dass trotz freien Wettbewerbs und der Möglichkeit individueller Regelungen der Urheber mit den Theatern gewissen Grundregeln gefolgt wird. Hintergrund dieser Vorgehensweise sind Erfahrungen der Verwertungsgesellschaft mit den Urhebern, die oftmals versuchen, von der SACD mit den Theatern ausgehandelte Mindestgebühren zu unterlaufen, damit ihre Werke gespielt werden[142]. Darüber hinaus versucht die SACD zu verhindern, dass Urheber, die gleichzeitig leitende Funktionen in Theatern

---

[140] Es ist „ein Vertrag durch den eine professionelle Organisationen von Autoren (Anm. Verf. Verwertungsgesellschaft) einem Produzenten (Anm. Verf. Verwerter) die Befugnis einräumt während der Vertragslaufzeit die aktuellen oder zukünftigen Werke, die das Repertoire der Organisation bilden, zu dem vom Autor oder seinen Rechtsnachfolgern bestimmten Konditionen zu nutzen."

[141] S. Schwab, 172.

[142] S. auch Schwab, 40.

innehaben, nichts anderes aufführen als eigene Werke. Man ist zwar vom strengen Verbot als Theaterleiter eigene Stücke aufzuführen, das noch bis 1913 galt[143], abgerückt, aber die SACD versucht trotzdem über die Repertoirevielfalt zu wachen. Durch die Umwälzungen in der Kultur- und Medienlandschaft hat sich auch der Charakter der SACD verändert. Die Dramatiker haben ihre dominierende Position inzwischen eingebüßt, schon 1980 betrug der Anteil der aus dem Theaterbereich stammenden Einnahmen am Gesamtaufkommen nur noch rund 36 %, während der Rest durch den audiovisuellen Bereich bestritten wurde. Aufgrund der neuen technischen Entwicklung hat er sich weiter zu Gunsten des letzteren Gebiets verschoben.

Im Rahmen ihrer politischen Funktion hat die SACD 1973 auf Initiative von *Jaques Boncompain*, der von *Maurice Béjart* angesprochen wurde, mit gezielter Lobbyarbeit zur Wahrung der Interessen von Choreografen begonnen. Dazu war es auch nötig, dass sie entsprechend in der Administration der SACD vertreten waren. Die Choreografin *Suzan Buirge* nahm als Erste einen Sitz im Verwaltungsrat ein[144]. Zum 200. Geburtstag der SACD wurde außerdem eine Kommission für den Bereich Tanz geschaffen. *Boncompain* begann mit der Verfassung eines Mustervertrages, der von der CISAC angenommen wurde[145]. CISAC gab 1995 auch die Empfehlung ab, dass Komponisten nicht mehr als 50 % der Tantiemen für Aufführungen choreografischer Werkes erhielten[146].

Neben diesen internationalen Initiativen wurde man auch auf nationaler Ebene tätig. Die Choreografen in Frankreich sahen sich einer ähnlichen Situation ausgesetzt wie diejenigen, die in Deutschland und den USA arbeiteten: Komponisten waren besser durch Verwertungsgesellschaften vertreten und erhielten den Löwenanteil an Lizenzgebühren bei Aufführungen choreografischer Werke. Da die Theater in den wenigsten Fällen mehr zu verteilen hatten, musste also eine Einigung mit der SACEM gefunden werden. Die SACEM ließ sich schließlich darauf ein, dass für Komponisten bei Live-Aufführungen Tantiemen in Höhe von 5 $^1/_2$ Prozent eingezogen werden, nachdem sie vorher 12 % erhielten[147]. Für angestellte Choreografen galt auch das, was in Deutschland meist die Regel ist: Man fand immer wieder die Auffassung bei Theatern vor, dass mit dem Gehalt alles an Vergütung für die Nutzungsrechte eines choreografischen Werks abgedeckt war – dem wurde und wird gezielt entgegengearbeitet. Auch in dieser Hinsicht versucht die SACD auf-

---

[143] Vgl. Schmidt, Les Sociétés d'auteurs SACEM-SACD, Contrats de répresentation, 25f.
[144] Interview mit Jaques Boncompain vom 26.10.2007.
[145] Interview mit Jaques Boncompain vom 26.10.2007.
[146] Interview mit Jaques Boncompain vom 26.10.2007.
[147] Interview mit Jaques Boncompain vom 26.10.2007.

klärend zu wirken. Der Effekt dieser ständigen Aufklärungsbemühungen ist, dass die Rechte der Choreografen heute in Frankreich recht gut akzeptiert sind. Wie *Boncompain* jedoch betonte, ist die Anerkennung von ständiger Lobbyarbeit abhängig, die auch heute noch geführt werden muss[148].

4. Aspekte der Teilhabe für den Choreografen an der kollektiven Rechtsverwertung der SACD

Die SACD ist grundsätzlich für die Choreografen offen, die ihre Werke in Frankreich zeigen. Trotzdem können auch Choreografen[149], deren Werke nicht unbedingt in Frankreich aufgeführt werden, Mitglied der SACD werden[150]. Nachdem der Choreograf seinen Beitritt zur Verwertungsgesellschaft erklärt hat, muss er in einem nächsten Schritt das jeweilige Werk deklarieren. Im so genannten „bulletin de déclaration" sind der Titel der Choreografie, Ort und Zeitpunkt der ersten öffentlichen Aufführung, Name des Komponisten und des Librettisten, ein Resumée der Handlung sowie die Qualifizierung als gemeinschaftliches oder zusammengesetztes Werk anzugeben. Außerdem haben sich die Urheber zur Verteilung der Tantiemen zu erklären. Die SACD übernimmt nicht die Aufgabe einen Verteilungsschlüssel mit den Urhebern eines Werkes auszuarbeiten. Sie kann bestenfalls als Mediatorin bei Uneinigkeiten angerufen werden[151]. Die Frage der Tantiemenverteilung erweist sich insbesondere bei zusammengesetzten Werken problematisch, wenn das Musikwerk noch nicht gemeinfrei ist. Die Konsequenzen lassen sich an einem praktischen Beispiel verdeutlichen[152]. *Maurice Béjart* schuf die weltbekannte Choreografie „Le Sacre du Printemps" zur Musik von *Igor Strawinsky*. Dieses Werk wollte *Béjart* bei der SACD anmelden und musste das entsprechende Bulletin ausfüllen. Mit dem Argument, dass bereits eine „Originalchoreografie" von *Nijinsky* existierte und bei der SACD angemeldet war, weigerte sich *Strawinsky* jedoch das Bulletin zu unterschreiben. Dieses Bulletin war unabänderbar und *Strawinsky* wollte seine Tantiemen mit einem neuen Bulletin nicht noch mal reduziert wissen. D.h. soweit es sich um ein œuvre composite in der Kombination urheberrechtlich geschützte Musik und Choreografie handelt, sieht sich der Choreograf in Frankreich teilweise der Situation ausgesetzt, dass er zwar vom Urheber/Rechts-

---

148 Interview vom 26.10.2007.

149 Diesen Weg hat z.B. auch Pina Bausch beschritten.

150 Interview mit Jaques Boncompain vom 26.10.2007.

151 Interview mit Jaques Boncompain vom 26.10.2007.

152 Der Fall ist dokumentiert in Bois/Le Covec: Droit d'Auteur du Chorégraphe: les Droits du Chorégraphe résidant en France.

inhaber des Musikwerkes die Erlaubnis erhält die Musik zu nutzen, aber keine Möglichkeit erhält über die SACD auch Tantiemen zu bekommen, wenn der Urheber des Musikwerkes sich weigert ein entsprechendes Bulletin zu unterschreiben. Es sei noch angemerkt, dass die SACD für die Rechtswahrnehmung der Aufführung ganzer Werke verantwortlich ist, kurze Teilabschnitte (bis zu 15 min., in Ausnahmefällen 20 min.) gehören in den Wahrnehmungsbereich der SACEM[153].

Im Idealfall läuft die Rechtswahrnehmung durch die SACD wie folgt ab: Einen Monat vor dem gewünschten Aufführungstermin hat sich die Tanzkompanie bzw. das Theater, das das jeweilige Werk zeigen möchte, bei der SACD zu melden. Oftmals wird die SACD aber erst später informiert. Dabei ist der Verwertungsgesellschaft mitzuteilen, wann, wo und wie oft das Werk aufgeführt werden soll. Falls es sich um eine Tournee handelt, ist auch der Ticketpreis anzugeben. Nach dem Ende der Aufführungen erhält die SACD den jeweiligen Anteil an den Lizenzgebühren. Dabei hat sich die SACD auch an den Grundsatz der prozentualen Vergütung des Art. L. 131-4 CPI zu halten. Grundsätzlich gelten folgende Abrechnungsmodalitäten mit der SACD: Von den Ticketpreisen oder den Roheinnahmen sind in Paris 12 %, in der Provinz 10 % für subventionierte und 9,5–11,15 % für private Theater jeweils plus 2 % für die Altersversorgung von den Veranstaltern zu zahlen. Im Ausland liegt die Lizenzgebühr grundsätzlich bei 10 %, wobei aufgrund der zum Teil schwierigeren Rechtswahrnehmung auch gewisse Verhandlungsspielräume existieren[154]. Einige Institutionen profitieren auch von wesentlich geringeren Raten, allerdings sind diese oftmals auch „Hauptabnehmer“ von choreografischen Werken, so dass im Endergebnis für die Choreografen wieder eine Art Ausgleich stattfindet[155]. Von den eingenommen Lizenzgebühren behält die SACD 9 % aus Paris und 14 % aus der Provinz für ihren Verwaltungsaufwand. Ist das choreografische Werk Bestandteil einer Oper, Operette oder eines Musicals wird ein prozentualer Anteil für den Choreografen ermittelt. Eine von der SACD verwendete Formel setzt die Dauer der Choreografie ins Verhältnis mit der Gesamtdauer der Aufführung des jeweiligen Bühnenwerkes, wobei der Anteil des Choreografen an den oben genannten Gesamtquoten auf 4 % gedeckelt ist[156].

---

[153] Bois/Le Covec: Droit d’Auteur du Chorégraphe: les Droits du Chorégraphe résidant en France.

[154] Für Deutschland dokumentiert im Interview mit Rainer Witzenbacher vom Desch Theaterverlag vom 15.2.2007, der die Rechte der SACD in Deutschland wahrnimmt.

[155] Vgl. Bozzoni, 247.

[156] Boitte/Couton/Sinéphro, Wahrnehmung der Choreografenrechte durch die SACD in: Choreografenrechte in Europa, 22.

Steht die Vergütung für Fernsehübertragungen im Raum, erfolgt zunächst eine pauschale Vergütung bei den Fernsehsendern aufgrund allgemeiner Verträge. Die Aufteilung der Pauschale zwischen den in der Fernsehsendung präsentierten Werken wird nach einer Tabelle vorgenommen, die die Minutenwerte auf Basis verschiedener Kriterien (z.B. Grad der Originalität, Anzahl der Sendungen, Sendungszeit) berücksichtigt[157].

Letztlich mit dem Zweck die Urheber zu schützen ist es für die Mitglieder der SACD untersagt mit den Veranstaltern individuelle Absprachen zu treffen, die unter den von der SACD ausgehandelten liegen. Sie sind allerdings frei bessere Abschlüsse zu tätigen. Art. 12 des réglement général der SACD führt dazu aus: „... ils s'engagent à ne pas introduire dans leur conventions particuliéres... des dispositions contraires, des conditions pécuniaires, garanties ou sanctions inférieures à celles des traités généraux. Il est au contraire permis aux auteurs de stipuler des conditions pécuniaires supérieures à celles des traités généraux, ainsi que des sanctions ou des garanties plus favorables ...". Diese Praxis führt allerdings zu der auf den ersten Blick etwas seltsam anmutenden Situation für Choreografen, die Mitglieder der SACD sind, dass die Theater einen Teil der Lizenzgebühren direkt an den Urheber zahlen und ein weiterer Teil an die SACD fließt, die ihrerseits dann die Verteilung an den Berechtigten vornimmt[158]. In so einem Fall der direkten Rechtswahrnehmung durch den Choreografen wäre es durchaus sinnvoller, die Lizenzgebühren in toto direkt an den Berechtigten auszukehren.

Nicht so leicht für die SACD sind die Situationen zu fassen, in denen ausländische Kompanien an französischen Theatern auftreten bzw. französische Ensembles auswärts gastieren. Auf der rechtlich sicheren Seite befindet man sich nur, wenn vorher die Rechte geklärt werden. Seit 2000 besteht daher zwischen der SACD und der Pariser Opéra ein Abkommen über die internationalen Gastspiele dieser Kompanie. Ansonsten wird darauf aber leider seitens der Verantwortlichen der Tanzkompanien teilweise zu wenig Augenmerk gerichtet[159]. Zum Teil werden mit den Veranstaltern Verträge geschlossen, die festlegen, dass mit dem Honorar alle Urheberrechte abgegolten sind[160]. Für die Einziehung der Tantiemen im Ausland bestehen teilweise Gegenseitigkeitsverträge[161]. In den Fällen, wo die SACD auf diesem

---

157 Boitte/Couton/Sinéphro, Wahrnehmung der Choreografenrechte durch die SACD in: Choreografenrechte in Europa, 22.

158 Die Opèra von Paris hat seit 1996 eine Vereinbarung, die Tantiemenzahlungen an den Choreografen bestimmt (Interview mit Jaques Boncompain vom 26.10.2007).

159 Interview mit Jaques Boncompain vom 26.10.2007.

160 Interview mit Rainer Witzenbacher vom 15.2.2007.

161 So z.B. mit der SABAM, dem belgischen Pendant zur SACD. Aber auch mit den in Israel, Spanien, Argentinien, Italien, Portugal und Polen ansässigen Verwertungsgesellschaften bestehen Gegenseitigkeitsverträge.

Weg nicht die Möglichkeit hat, die Aufführungsrechte wahrzunehmen, müssen andere Lösungen gefunden werden. Für Deutschland wird z.B. der Desch Theaterverlag tätig[162]. Im Falle ausländischer Produktionen in Frankreich akzeptiert die SACD die Tantiemeneinziehung dann, wenn die Ballettkompanie die Garantie des französischen Theaters beibringt, im Fall von Ausfällen bei der Zahlung durch die ausländische Produktion einzuspringen[163].

Der Einfluss der SACD und ihre Bedeutung für die Wahrnehmung der Rechte der Choreografen darf bis heute nicht unterschätzt werden[164]. Bei der SACD werden aktuell 2.200 Choreografen als Urheber geführt[165]. Allein im Jahr 2010 wurden 640 neue Bulletins für choreografische Werke registriert bei einer Gesamtzahl von 5.130 Werken aus dem Bereich der „spectacle vivant". Die Nettoeinnahmen aus den „großen Rechten" (bühnenmäßige Aufführung), die an die Choreografen ausgeschüttet wurden, betrugen für das Geschäftsjahr 2010 5.308.000 Euro.

5. Fazit für Frankreich

In Frankreich besteht für Choreografen die Möglichkeit ihre Rechte durch eine Verwertungsgesellschaft wahrnehmen zu lassen, die auch Aufgaben der Interessenvertretung übernimmt. Damit existieren im Vergleich zu Deutschland wesentlich bessere Strukturen einer kollektiven Rechtswahrnehmung. Anzumerken ist jedoch: Auch in Frankreich mussten die Choreografen lange Jahre dafür kämpfen als eigene künstlerische Sektion innerhalb der SACD anerkannt zu werden. Können sich die verschiedenen Beteiligten an einer choreografischen Schöpfung (Choreograf und Komponist) nicht auf eine Tantiementeilung einigen, bietet auch die SACD nur die Möglichkeit einer Streitbeilegung – Quoten werden durch sie nicht vorgegeben.

---

162 Interview mit Rainer Witzenbacher vom 15.2.2007. Der Desch Theaterverlag ist für die SACD seit über 10 Jahren im deutschsprachigen Raum tätig.

163 Interview mit Jaques Boncompain vom 26.10.2007.

164 Alle folgenden Daten stammen aus einer Mitteilung der SACD an die Verfasserin vom August 2011.

165 Eine vergleichbar herausragende Stellung in Bezug auf die Wahrnehmung von Rechten an choreografischen Werken nimmt nur die russische Verwertungsgesellschaft RAO ein. Im Zuge einer internationalen Umfrage für CISAC im Jahr 1995 wurden bei der RAO jährlich steigende Zahlen an registrierten Choreografien und Choreografen als Mitgliedern vermeldet. 1990 waren 50 Choreografen registriert, 1991 120 Choreografen und 250 deklarierte Choreografien, 1992 260 Choreografen und 600 Choreografien, 1994 569 Choreografen und 1096 deklarierte Choreografien (Quelle: Compte-Rendu de l'Enquete sur la Condition du Chorégraphe, CIADL Paris 1995).

IV. USA

1. Der „Balanchine Trust" – ein Beispiel[166] für die gezielte individuelle Verwaltung und Lizenzierung von Rechten an Choreografien

Die Möglichkeit eines Trusts ist für Choreografen bzw. seine Erben eine Chance, Verwertungsrechte auf individueller Basis wahrzunehmen. Da in den USA, wie der nächste Abschnitt zeigen wird, keine der SACD vergleichbare Verwertungsgesellschaft für Choreografen existiert, wird die Möglichkeit einer Treuhand immer wieder diskutiert. Wie so etwas funktionieren kann, soll am Beispiel des Balanchine Trusts illustriert werden. Der Choreograf *Georges Balanchine* schuf während seiner rund 60 Jahre andauernden Karriere etwa 400 Choreografien. Die Verwertungsrechte an 113 Balletten erbten nach seinem Tod 1983 14 verschiedene Personen[167], da *Balanchine* der Auffassung war, dass Tanz schon immer durch persönlichen Kontakt geschaffen und weitergegeben wurde[168]. Der „Balanchine Trust" wurde geschaffen, um drei Ziele zu verfolgen: 1) die vereinfachte Lizenzierung von Aufführungsrechten für *Balanchines* Ballette, 2) die Verbreitung seiner Schöpfungen weltweit und 3) die Sicherstellung von Authentizität und Qualität der Aufführung von *Balanchines* Choreografien[169]. Der Anstoß für die Einrichtung des Trusts kam von 2 der Erben, die die Rechte nicht durch weitere Erbfälle auf noch mehr Personen aufgeteilt sehen wollten. Sie boten die Mitgliedschaft allen Rechtsinhabern von *Balanchines* Choreografien an. Allerdings ist der Trust als unwiderrufliche Treuhand ausgestaltet, d.h. sobald die Mitgliedschaft erklärt wurde und die Rechte in den Trust eingebracht waren, konnte diese Handlung nicht mehr rückgängig gemacht werden[170]. Der Trust ist als non-profit Organisation konzipiert, dessen Basis die eingebrachten Rechte der Vermächtnisnehmer bildeten. Die Erben erhalten Zeit ihres Lebens die Lizenzgebühren und sonstigen Zahlungen für die Verwertungsrechte an den von ihnen eingebrachten Balletten[171]. Der Trust selbst wird von einer Reihe von Treuhändern verwaltet, die auch Vermächtnisnehmer *Balanchines* sein

---

166 Für einen Trust zur Verwertung der Rechte an seinen Choreografien entschied man sich z.B. auch im Fall vom Jerome Robbins.

167 Balanchines Assistentin Barbara Horgan, seine enge Freundin Karin von Aroldingen und seine frühere Frau und ehemalige Ballerina Tanaquil Le Clerc erbten 70 % der Rechte, die verbleibenden 30 % erhielten 11 weitere Kollegen Balanchines vom New York City Ballet.

168 Hunt, The Balanchine and Ashton Inheritance Part I: The Balanchine Trust, The Dancing Times, April 1993, 668.

169 Swack, 266, 267.

170 Swack, 266, 271.

171 Hunt, 668.

können[172]. Mit der Teilnahme am „Balanchine Trust“ verbleibt dem einzelnen Erben trotzdem die Kontrolle über die Choreografien, deren Verwertungsrechte ihm in *Balanchines* Testament zugefallen sind[173]. D.h. wenn eine Tanzkompanie die Lizenz für die Aufführung eines speziellen Ballettes erhalten will, führt der Trust nur die administrativen Aufgaben durch, die Entscheidung, ob die Rechte vergeben werden, trifft der jeweilige Vermächtnisnehmer selbst. Durch den Tod eines Vermächtnisnehmers verlieren dessen Erben jedoch die Kontrolle über die jeweiligen Werke und erhalten „nur“ noch die Einnahmen aus der Verwertung der Ballette[174]. Falls ein Erbe sich entschließt nicht der Treuhand beizutreten, kann er trotzdem die Rechte durch die Treuhand verwalten lassen[175]. Neben dem als Treuhand strukturierten „Balanchine Trust“ wurde auch die „Georges Balanchine Stiftung“ geschaffen, da im US-Recht eine Treuhand nur für einen bestimmten Zeitraum zugunsten der Beteiligten operieren kann[176]. Mit Ablauf der Treuhand sollen die Rechte an den Choreografien *Balanchines* auf die Stiftung übertragen werden.

Soll eine Lizenz erteilt werden, tritt der Trust als Lizenzgeber auf. Mit dem potentiellen Lizenznehmer wird durch den Trust ein Treffen mit dem Erben der Verwertungsrechte des gewünschten Ballettes arrangiert, um die Bedingungen einer Aufführung zu diskutieren[177]. Dazu gehört u.a. auch die Festlegung, wer die Einstudierung beim Lizenznehmer übernehmen soll. Falls die Tanzkompanie nicht in der Lage ist das von ihnen vorgeschlagene Werk in der gewünschten Qualität aufzuführen, werden durch den Trust Alternativen aus dem Repertoire *Balanchines* vorgeschlagen[178].

Soweit sich beide Seiten einig werden, kommt die standardisierte Lizenzvereinbarung des Trusts zum Tragen. Im Regelfall wird eine auf 2 Jahre nach der ersten Aufführung begrenzte nicht exklusive Lizenz zur Nutzung der Choreografie erteilt. Lizenzgebühren sind verhandelbar und variieren von 1.000 bis 10.000 $ Dollar pro Ballett[179]. Der Lizenznehmer verpflichtet sich weiterhin den „Balanchine Stil“ und die „Balanchine Technik“ einzuhalten indem er zustimmt, dass die Einstudierung durch eine vom Lizenzgeber benannte Person vorgenommen wird, der die jeweilige Choreografie sehr vertraut ist[180]. Der Lizenzgeber hat außerdem das Recht von Zeit

[172] Hunt, a.a.O.
[173] Hunt, a.a.O.
[174] Hunt, a.a.O.
[175] Swack, 266, 271.
[176] Swack, 266, 271.
[177] Taper, Choreographing the Future, Ballet Review, 1995, 26, 27.
[178] A.a.O.
[179] Taper, Choreographing the Future, Ballet Review, 1995, 26.
[180] Swack, 266, 288.

zu Zeit zu überprüfen, ob das Ballett durch den Lizenznehmer immer noch adäquat aufgeführt wird[181]. Falls dies nicht der Fall ist, kann die Lizenz widerrufen werden. Von den weiteren Regelungen des Lizenzvertrages verdienen noch zwei genauere Aufmerksamkeit[182]. Zum einen wird klargestellt, dass bei Änderungen oder Kürzungen des Balletts die Lizenz beendet werden kann[183]. Vergleichbare Möglichkeiten bestehen auch bei einer geänderten künstlerischen Leitung oder Organisationsstruktur des Lizenznehmers. Zum anderen bedient sich der Trust keiner Verwertungsgesellschaft um seine Rechte wahrzunehmen, d.h. alle Zahlungen müssen an die Treuhand geleistet werden[184].

Der „Balanchine Trust" ist ein gutes Beispiel dafür, dass eine kollektive Rechtswahrnehmung durch Verwertungsgesellschaften nicht immer der einzige Weg sein muss, seine Rechte an urheberrechtlichen Werken effektiv wahrzunehmen. Allerdings ist auch für diese Teuhand eine „Kollektivierung" auf kleiner Ebene kennzeichnend. Der Trust gewinnt schließlich dadurch an Bedeutung, dass in ihm die Verwertungsrechte für den größten Teil an *Balanchines* Choreografien vereinigt sind.

2. Verwertungsgesellschaften

a) *Einführung*

Die Verleihung des Copyrights durch den Staat versorgt den Urheber bzw. sonstigen Berechtigten mit einer zeitlich begrenzten Monopolstellung, die ihm unter Ausschluss der Allgemeinheit die ausschließliche wirtschaftliche Nutzung der jeweiligen Schöpfung gestattet. Dieses Verständnis vom Urheberrecht als Monopol prägt in den USA grundlegend die Haltung gegenüber den Verwertungsgesellschaften[185]. Deren Rechtsstellung ist von einer seit mehr als 50 Jahre andauernden Auseinandersetzung mit den Kartellbehörden geprägt[186]. Die Ausübung des Urheberrechts durch den Individualberechtigten kollidiert zwar noch nicht mit dem Kartellrecht; Monopolrechte in der Hand wirtschaftlich starker Verwertungsgesellschaften, die anderen Marktteilnehmern Preise vorschreiben können, stellen nach

181 Swack, 266, 288.
182 Ausführlicher zu den Bestandteilen des Lizenzvertrages Swack, 265, 287ff.
183 Swack, 266, 289.
184 Swack, 266, 289.
185 Goldmann, 15.
186 A.a.O.

dem amerikanischen Marktverständnis jedoch eine Gefahr dar[187]. Der amerikanische Markt, der sich mit Aufführungsrechten befasst, wird insbesondere von drei Verwertungsgesellschaften beherrscht – ASCAP, BMI und SESAC.

b) Amerikanische Verwertungsgesellschaften

In den USA existieren mehrere Verwertungsgesellschaften, die sich mit der Vergabe von „performing rights" beschäftigen. ASCAP[188] wurde Anfang des 20. Jahrhunderts von einer Gruppe von Komponisten und Musikverlegern gegründet, die sich von den Aussagen des italienischen Komponisten *Giacomo Puccini* leiten ließen, der die Dienste der bereits existierenden italienischen Verwertungsgesellschaft SIAE rühmte. Bei ASCAP handelt es sich um einen nichtwirtschaftlichen Verein ohne Gewinnerzielungsabsicht, der nach Abzug aller Verwaltungskosten die gesamten Einnahmen nach festen Verteilungsprinzipien an seine Mitglieder ausschüttet. ASCAP ist die bedeutendste amerikanische Verwertungsgesellschaft, die sich jedoch ausschließlich in der Hand von Komponisten, Dichtern und Bühnenverlegern befindet[189]. Die Mitgliedschaft steht grundsätzlich jedem Musikschaffenden offen. Da Choreografen nicht dazu zählen, kommt diese Verwertungsgesellschaft nicht für eine kollektive Wahrnehmung ihrer Rechte in Betracht.

Die Broadcast Music Inc. (BMI)[190] ist als Aktiengesellschaft strukturiert und die zweitgrößte amerikanische Verwertungsgesellschaft. Sie wurde 1939 gegründet und ist besonders auf das Geschäft mit Rundfunk und Fernsehen spezialisiert. Allerdings beschränkt sie sich auch auf die Musiksparte und wird von Radiosendern betrieben und gehalten, so dass ebenfalls der Status als „affiliate" in dieser Verwertungsgesellschaft nicht für Choreografen in Betracht kommt.

Auch die SESAC Inc. (Society of European Stage Authors and Composers)[191] ist seit ihrer Gründung im Jahr 1930 allein dem Musikgeschäft verhaftet. Sie unterscheidet sich in ihrem Repertoire jedoch von den beiden vorangegangenen Verwertungsgesellschaften dahingehend, dass sie sich zunächst nur dem europäischen Repertoire widmete. Heute umfasst ihr Angebot aber auch amerikanische und lateinamerikanische Musik. Wie das Repertoire der SESAC Inc. beweist, bietet auch sie keinen Platz für Choreografen.

---

[187] Der amerikanische Wirtschaftswissenschaftler Wilcox äußerte sich wie folgt über die US Verwertungsgesellschaft ASCAP: „By monopolizing thousands of legal monopolies it acquired and exploits market power that goes far beyond those accorded by a single copyright …" (zitiert nach Goldmann, 15).

[188] Mehr Informationen unter www.ascap.com.

[189] Goldmann, 75.

[190] Weitere Informationen unter www.bmi.com.

[191] Genauere Informationen über diese Verwertungsgesellschaft unter www.sesac.com.

c) *Wahrgenommene Rechte*

Die großen Verwertungsgesellschaften in den USA, die sich mit dramatischen oder Musikwerken beschäftigen, nehmen in erster Linie das „right of public performance“[192] wahr. Sowohl deutsche als auch amerikanische Verwertungsgesellschaften sind sich im Unterschied zur SACD darin ähnlich, dass sie grundsätzlich nur das nicht-dramatische „kleine“ Aufführungsrecht verwerten[193], so dass die Unterscheidung zwischen dramatischer und nicht-dramatischer Aufführung von Bedeutung ist. Der verschiedene Charakter bühnenmäßiger und nicht-bühnenmäßiger Aufführung erklärt auch in den USA, so wie in Deutschland, deren unterschiedliche rechtliche Beurteilung. Für eine bühnenmäßige Aufführung erwerben die Produzenten in den USA das jeweilige Recht direkt von den Urhebern oder von Bühnenverlegern. Fazit für die in den USA wirkenden Choreografen ist also, dass für sie keine Möglichkeit der kollektiven Rechtswahrnehmung durch Verwertungsgesellschaften besteht, da (noch) keine performing rights society existiert, die sich mit ihren Werken beschäftigt.

3. Society for Stage Directors and Choreographers (SDC)

a) *Einführung*

Ein strukturelles Problem der verschiedenen amerikanischen Künstlerverbände und Künstlergewerkschaften ist, dass sie nicht den Status einer echten Verwertungsgesellschaft haben. Sie wollen zwar eine angemessene Beteiligung der Schöpfer an ihren Werken sicherstellen, echte kollektive Wahrnehmungsaufgaben erfüllen sie damit jedoch nicht. Ihr wichtigster Beitrag liegt in erster Linie darin eine angemessene Versorgung der Urheber sicherzustellen, indem vertraglich die finanziellen Beteiligungen festgeschrieben werden. Damit ergänzen sie auf bedeutende Art und Weise die Arbeit der Verwertungsgesellschaften. Da sich u.a. für Theater und Film keine Verwertungsgesellschaften in den USA etabliert haben, bilden sie die einzigen Organisationen zur Interessenwahrnehmung für die Künstler.

Im Gegensatz zu den Verwertungsgesellschaften lassen sich die Künstlerverbände und Gewerkschaften keine Verwertungsrechte übertragen, sondern sie handeln mit den Theatern und Produzenten Standardverträge aus, die sich dann auch in individuellen Verträgen widerspiegeln. Bis ins Detail werden die Beteiligungen der Urheber auch für Folgenutzungen geregelt. Damit gehen die amerikanischen

---

[192] Genaueres zu diesem Recht im 4. Kapitel 2. Abschnitt II. 2.

[193] Vgl. dazu auch Goldmann, 31.

Verbände über ihre deutschen Pendants hinaus. Durch die Regelung von Lizenzgebühren begeben sie sich in die Nähe der Tätigkeit einer Verwertungsgesellschaft, so dass sich der Übergang zwischen einer berufsständischen Organisation und einer Verwertungsgesellschaft zuweilen als fließend darstellt. Diese Art der Arbeitsauffassung ist für die Rechtswahrnehmung der betroffenen Künstler sicherlich begrüßenswert, sie nimmt nur dann problematische Züge an, wenn zwischen Künstlerverbänden bzw. -gewerkschaften und Verwertern über Verwertungsrechte Kollektivverträge geschlossen werden, die den Verbänden bzw. Gewerkschaften von den Urhebern in dieser Form nicht wirklich übertragen wurden.

b) Organisation der SDC

Obwohl 2009 der 50. Geburtstag der SDC gefeiert wurde, ist sie erst seit dem Jahr 1962 als Union in den USA vollwertig anerkannt. Als Gegenleistung für die Anerkennung als einziger, exklusiver Verhandlungspartner für Regisseure und Choreografen verzichtete die SDC für 20 Jahre bis 1982 darauf, über die künstlerische Kontrolle (artistic control) und Nebenrechte (subsidiary rights) zu verhandeln[194]. *Bob Fosse* schuf 1962 einen Präzedenzfall indem er den ersten SDC Vertrag unterschrieb, der ihn verpflichtete, im Musical „Little Me“ von *Neil Simon/Cy Coleman/Carolyn Leigh* Regie zu führen[195].

In *Julien v. Society of Stage Directors and Choreographers Inc.*[196] wurde der Status der SDC auf den Prüfstand gestellt, als der Produzent *Jay Julien* argumentierte, dass das mit der SDC ausgehandelte collective bargaining agreement Section 1 des Sherman Acts als horizontale Preisabsprache verletzt. Das Gericht folgte dieser Argumentation nicht und entschied, dass die SDC die Anforderungen an eine Gewerkschaft erfüllt, da sie den Common Law of Agency Test besteht. Es sind nach Ansicht des Gerichtes die Produzenten, die die letzte Kontrolle über Besetzung, Bühnenbild, Kostüme und Änderungen der Aufführung haben. Die SDC hat damit aber auch praktisch anerkennen müssen[197], dass ihre Mitglieder unter die works-made-for-hire Doctrine i.S.d. „Reid Tests“[198] fallen, denn ansonsten bestünden für die Organisation Probleme ihren Status als Gewerkschaft zu behalten.

Innerhalb der USA ist die SDC zuständig für die folgenden Bereiche, die mittels Verträgen abgedeckt sind:

---

194 Litman, Copyright in the Stage Direction of a Broadway Musical, Columbia Journal of Art and the Law, 1982–1983, 309, 310 Fn. 11.

195 Grippo, Business and Legal Forms for Theater, 149.

196 1975 WL 957 (S.D.N.Y. 1975).

197 Vgl. Leichtman, 683, 694.

198 Ausführlich zu den Kriterien eines work made for hire im 3. Kapitel 1. Abschnitt III. 4.

- Broadway und nationale Theatertourneen (Verhandlungspartner League of American Theatres and Producers Inc.)
- Off- Broadway
- Off-Off Broadway (Verhandlungspartner ANTC[199])
- Resident Theatres (Verhandlungspartner LORT[200])
- Resident Summer Stock Companies (Verhandlungspartner CORST[201])
- Summer Stock and civic light Opera (Verhandlungspartner COST[202])
- Dinner Theatres
- Regional Music Theatres
- Outdoor Musical Stock
- Non Equity Tours.

Der Mehrwert der SDC schlägt sich für ihre Mitglieder aber nicht nur in den tariflich geregelten Vergütungen und Lizenzgebühren nieder. *Mark Brokaw*, ehemaliger SDC Vize Präsident, betonte, dass für ihn in dem Moment, wo der Gewerkschaftsmitglied wurde, die Möglichkeit einer Krankenversicherung und Pensionskasse sehr wichtig war[203]. Mit steigender Bedeutung der SDC in den USA[204] wird versucht, dass aus jeder Region ein Vertreter im Vorstand sitzt, damit alle landesweiten Interessen innerhalb der Gewerkschaft angemessen vertreten sind. Hinsichtlich der Mitgliedschaft in der SDC wird zwischen voller und assoziierter Mitgliedschaft unterschieden. Für die Künstler schlägt sich der Unterschied insbesondere in dem Fakt wieder, dass Associates keine Verträge an die Gewerkschaft schicken müssen, während die volle Mitgliedschaft dazu verpflichtet, jeden Vertrag bei der SDC zu hinterlegen.

c) *Politische und praktische Zielsetzungen*

Vor der Gründung der SDC 1959 hatten Regisseure und Choreografen keine einheitliche Stimme bei der Durchsetzung ihrer Rechte[205]. Als Gewerkschaft nimmt

---

[199] Association of non-profit Theatre Companies New York.

[200] League of Resident Theatres.

[201] Council of Resident Stock Theatres.

[202] Council of Stock Theatres.

[203] „I became a Member of SDC in 1991, and like most new Members, was overjoyed that I could finally obtain health insurance and maybe – if the world didn't fall apart and Wall Street still stood some years down the line – even receive a modest pension when the time arrived …" (veröffentlicht auf der Homepage der SDC unter www.SDC.org/articles.php?id=452, zuletzt besucht am 4. April 2009).

[204] Seit 1996 hat sich die Zahl der ordentlichen Mitglieder um 61 % erhöht und seit 1999 die Zahl der bei der Gewerkschaft hinterlegten Verträge um 72 % gesteigert (Mark Brokaw, www.SDC.org/articles.php?id=452, zuletzt besucht am 4. April 2009).

[205] Grippo, Business and Legal Forms for Theater, 149.

die SDC ihre Aufgabe sehr ernst, die Rechte ihrer Mitglieder nicht nur zu verhandeln, sondern sie in einem zweiten Schritt auch zu schützen. Daher wird auch gebeten, dass alle von den Choreografen bzw. Regisseuren geschlossenen Verträge der SDC zur Kenntnis gegeben bzw. übersandt werden. Falls es zu Disputen zwischen den Vertragsparteien kommt, bietet die SDC auch die Möglichkeit von Schiedsgerichtsverfahren. Urheberrechtliche Fragen stehen im besonderen Fokus der Arbeit der SDC[206]. Aus diesem Grund setzt man sich aktiv mit den neuen Medien auseinander und deren Nutzungen von Werken der SDC Mitglieder (Internet, DVD etc.). Die SDC versteht sich natürlich nicht als Arbeitsvermittlungsagentur. Trotzdem wird durch die Mitglieder und Associates ein Service angeboten, der der (Weiter)Vermittlung von Arbeitsangeboten dient.

d) *Tarifvertragliche Regelungen*[207]

Im Blickpunkt der Betrachtungen sollen an dieser Stelle nur die urheberrechtliche Regelungen und Mitspracherechte der Choreografen stehen. Die verschiedenen Tarifverträge ermöglichen es den Choreografen am Casting der Tänzer mitzuwirken[208]. Er darf bspw. den Dance Captain und die Kostüme der Tänzer bestätigen[209]. Nach der Premiere der Produktion dürfen Änderungen regelmäßig nicht mehr ohne Absprache mit dem Choreografen vorgenommen werden[210]. Das Namensnennungsrecht wird soweit geregelt, dass sogar z.T. Größenverhältnisse für Poster, Pressemappen, Programme etc. festgeschrieben sind[211].

Die urheberrechtlichen Regelungen im engeren Sinne beschäftigen sich sowohl mit den so genannten elektronischen Rechten[212] als auch den Eigentumsrechten[213]. Zu ersteren regelt der Broadwayvertrag recht allgemein, dass bei Aufzeichnungen oder elektronischer Verwertung der Produktion der Choreograf finanziell zu entschädigen ist, wobei detailliert beschrieben wird, nach welchem Maßstab zu zahlen

---

206 Statement von Mark Brokaw, www.SDC.org/articles.php?id=452, zuletzt besucht am 4. April 2009.

207 Alle Ausführungen in diesem Abschnitt basieren auf den geltenden Fassungen der Tarifverträge, die bis zum 12. Februar 2012 Geltung hatten. Sie sind unter http://sdcweb.org/index.php?option=com_content&task=view&id=40&Itemid=96 abrufbar (zuletzt besucht am 10.2.2012). Aktuell wird über die Neufassung des Broadway Vertrages verhandelt.

208 Bspw. Regelung XXI CORST Vertrag.

209 Z.B. Regelung XXI Off-Broadway Vertrag; Regelung XII ANTC Vertrag.

210 Ausführlich z.B. im Broadway Vertrag Regelung XIX geregelt.

211 Regelung XVII Broadway Vertrag; Regelung XXII Off-Broadway Vertrag; Regelung XXII CORST Vertrag; Regelung XVII LORT Vertrag; Regelung XX Outdoor Musical Stock Theatre Vertrag; Regelung 28 Dinner Theatre Vertrag.

212 Z.B. Regelung XVI LORT Vertrag; Regelung XXV. CORST Vertrag.

213 Z.B. Regelung XV LORT Vertrag; Regelung XXVI CORST Vertrag.

ist[214]. Ohne eine entsprechende Vereinbarung mit dem Choreografen kann das Theater z.B. im CORST oder Outdoor Musical Stock Theatre Vertrag eine Vorstellung der Produktion nicht filmen oder für das Fernsehen aufnehmen bzw. auf sonst eine andere Art und Weise wiedergeben. Die Vereinbarung mit dem Choreografen muss eine Vergütung von mind. 5 % der an das Theater gezahlten Gebühren enthalten. Ist die persönliche Anwesenheit des Choreografen bei den Aufnahmen erforderlich, fällt auch dafür ein Honorar an. Ausnahmen von diesen Regelungen sind nur für Werbezwecke, Promotion oder Nachrichten möglich, wenn die Gesamtdauer der Wiedergabe des Werkes 5 Minuten[215] nicht übersteigt[216]. Eine Variation dieser Vorgaben findet sich im ANTC Vertrag[217]. LORT und Dinner Theatre Verträge[218] gestatten eine Aufnahme der Produktion, die elektronische Wiedergabe und Verbreitung des Werkes ist jedoch von einer Lizenzgebühr in Höhe der Vertragsgebühr abhängig. Davon ausgenommen sind wiederum die Fälle, in denen nur für Werbezwecke Ausschnitte der Produktion von 3–15 Minuten[219] elektronisch verwertet werden. Abweichend davon wird im Off-Broadway Vertrag die Lizenzgebühr prozentual bestimmt.

Bzgl. der Eigentumsrechte wird aufgrund der Vorgaben aus der „works made for hire“ Doktrin zunächst die Feststellung getroffen, dass dem Choreografen die Stellung als Urheber gebührt. Schritt 2 beinhaltet dann die Gewährung einer zeitlich unbefristeten und unwiderruflichen Lizenz des Aufführungsrechtes für die Bühnenproduktion, für die der Choreograf Gage und Lizenzgebühren erhält[220]. Bzgl. der Choreografie wird im Broadway, Off-Broadway und CORST Vertrag nochmals extra festgestellt, dass sie nicht in anderen Produktionen des Theaters genutzt werden darf[221]. Dem Choreografen steht im Broadway, ANTC, Dinner Theatre und CORST Vertrag auch das Recht zu, seine Choreografie mit dem Copyright zu versehen[222]. D.h. er ist berechtigt sie körperlich zu fixieren und zu registrieren. Nicht ohne Relevanz ist daher auch die Verpflichtung des Verwerters dem Choreografen eine Kopie der Videoaufzeichnung seines choreografischen Werkes zur Verfügung

[214] Regelung XII Broadway Vertrag.
[215] Im Outdoor Musical Stock Theatre Vertrag sind es 3 Minuten pro Sequenz, bis maximal 15 Minuten aus mehreren Sequenzen des Werkes.
[216] Regelung XXIII Outdoor Musical Stock Theatre Vertrag.
[217] Regelung XVI ANTC Vertrag.
[218] Regelung XVI LORT Vertrag; Regelung 29 Dinner Theatre Vertrag.
[219] Dinner Theatre 5–8 Minuten gemäß Regelung 29 (E) Dinner Theatre Vertrag.
[220] Exemplarisch s. Regelung XVIII (A) Broadway Vertrag.
[221] Regelung XVIII (B) Broadway Vertrag; Regelung XIV Off-Broadway Vertrag; Regelung XXVI (C) CORST Vertrag.
[222] Regelung XVIII (B) Broadway Vertrag; Regelung XV (B) ANTC Vertrag; Regelung 28 (B) Dinner Theatre Vertrag; Regelung XXVI (C) CORST Vertrag.

zu stellen, sollte eine gefertigt werden[223]. Damit wird ihm auf Kosten sparende Weise ermöglicht, sein Werk beim U.S. Copyright Office zu registrieren. Der LORT Vertrag bestimmt in etwas abgewandelter Form zu den eben genannten Tarifverträgen, dass die Notation der Choreografie bzw. die Choreografie selbst nicht ohne die Zustimmung des Choreografen veröffentlicht werden darf[224].

Im Broadway, Off-Broadway und ANTC Vertrag sind außerdem Regelungen enthalten, die sich mit Nebenrechten (subsidiary rights) beschäftigen. Wollen Produzenten/Theater eine Broadway Produktion an Dritte lizenzieren, behält sich die SDC vor, dafür eine entsprechende finanzielle Entschädigung für die Choreografen bzw. Regisseure zu verhandeln[225]. Damit nimmt die SDC zwar nicht die Rechte von Choreografen auf kollektiver Ebene wahr, sie bemüht sich jedoch in größerem Rahmen auf Lizenzierungen in soweit Einfluss zu haben, dass eine angemessene finanzielle Beteiligung der Choreografen und Regisseure gewahrt wird. Die Klauseln des Off-Broadway und ANTC Vertrages bestimmen im Unterschied zum Broadway Vertrag bereits die Höhe der Lizenzgebühren für Choreografen, wenn die Produktion von Dritten verwertet werden soll[226]. Wie eingangs angedeutet, bewegt sich die SDC mit diesen vertraglichen Regelungen im Spannungsfeld zwischen Gewerkschaft – Verwertungsgesellschaft.

4. Dance Notation Bureau

Das Dance Notation Bureau (DNB) ist eine gemeinnützige Organisation, die Laban-Notationen anfertigt und sammelt, das System lehrt und bekannt macht[227]. Es wurde 1940 gegründet und verfügt in seiner Hauptniederlassung in New York über eine Bibliothek von notierten choreografischen Werken, die von Tanzkompanien für ihr eigenes Repertoire genutzt werden kann. Zur Zeit seiner Gründung hatte das Büro 3 Mitglieder – die Mitgliedschaft ist inzwischen auf über 300 angestiegen. Teil der Organisation sind rund 80 akkreditierte Lehrer für die Labanschrift. Ca. 40–50 Mal im Jahr gibt das DNB Unterstützung bei der Rekonstruktion von Choreografien. Ein Problem bei der Verbreitung der Laban Notation sind die fehlenden finanziellen Mittel von amerikanischen Tanzkompanien[228] choreo-

---

[223] So z.B. in Regelung 28 (C) Dinner Theatre Vertrag.
[224] Regelung XV B LORT Vertrag.
[225] Regelung XIV Broadway Vertrag.
[226] Regelung XIII Off-Broadway Vertrag; Regelung XVIII ANTC Vertrag.
[227] Weitere Informationen zu dieser Institution unter www.dancenotation.org.
[228] Sie leben im Wesentlichen von Publikumseinnahmen und durch Mäzenatentum, da Subventionen praktisch nicht existieren.

grafische Werke auf diese Art zu fixieren. Auch dafür bietet das DNB Unterstützung an[229].

Seine Aufgaben lassen sich wie folgt charakterisieren:

- Zentrum für Recherchen, Dokumentation und Archivierung von Choreografien,
- Institution zur Anerkennung von Partituren: Eine vom DNB genehmigte Partitur ist exakt auf die Musik abgestimmt und enthält umfassende Angaben zum choreografischen Werk,
- Professionelle Organisation von Choreologen,
- Verwalter eines Fonds zur Finanzierung von Notationen choreografischer Werke, nachdem ein Antrag auf Fixierung von einem Komitee genehmigt wurde,
- Administration zur Durchführung von Lizenzverträgen über choreografische Werke.

Das DNB versendet nach Zahlung einer Lizenzgebühr Kopien der notierten Choreografie. Die Gebühr setzt sich aus dem Aufwendungsersatz für das DNB sowie der Tantieme für den Choreografen zusammen, die das DNB für ihn einzieht[230]. Die Höhe der Tantieme für die Nutzung der Choreografie sowie deren Nutzungsbedingungen legt jedoch allein der Choreograf fest[231]. Daher ist das DNB keine Art Agentur, die über die Einhaltung der Urheberrechte der bei ihm gesammelten Choreografien wacht, auch wenn der erste Eindruck etwas anderes suggerieren mag.

5. Fazit für die USA

Insgesamt fehlt für den Bereich der choreografischen Werke in den USA eine zentrale Organisation, die die klassischen Aufgaben einer Verwertungsgesellschaft wahrnimmt.

Für den Bereich des Theaters haben sich die Choreografen durch die SDC abgesichert. Als weitere Variante zu Sicherung ihrer urheberrechtlichen Rechte wird auch die Möglichkeit vertraglicher Sonderregelungen genutzt, allerdings sehen sich die Choreografen im Regelfall in einer schwächeren Verhandlungsposition als die jeweiligen Produzenten oder Theater. Im Moment mangelt es in den USA noch an einer Organisation, die dafür Sorge trägt, dass Urheberrechtsverletzungen durch unlizenzierte Nutzungen bzw. Kopien unterbleiben bzw. verfolgt werden. Im Be-

[229] Das DNB hat auch bei der Entwicklung des Programms „Laban Writer" mitgewirkt, das die Notation durch einen Computer ermöglicht.

[230] Fisher, 145, 162.

[231] Fisher, 145, 162.

reich der Musik nehmen diese Aufgabe die Verwertungsgesellschaften wahr. Es wäre also zu empfehlen, dass die Choreografen eine ähnliche Organisation für sich schaffen, bzw. versuchen sich einer bestehenden Verwertungsgesellschaft anzuschließen. Die Vertretung durch die Gewerkschaft allein ist eine gute aber noch keine perfekte Lösung zur Sicherung der Stellung der Choreografen[232].

V. Zwischenergebnis der Rechtsvergleichung

Eine ausgeprägte Tradition einer kollektiven Rechtswahrnehmung für Choreografen lässt sich nur in Frankreich nachweisen. Die französische Lösung erweist sich überwiegend als vorteilhaft für die Choreografen. Schwierigkeiten bestehen in Bezug auf die Tantiementeilung zwischen Komponist und Choreograf. Es fehlt ein verbindlicher Mechanismus für all die Fälle, in denen sich beide Seiten nicht auf eine Aufteilung der Lizenzgebühren einigen können.

Allerdings ist der Weg über die Verwertungsgesellschaften nicht die einzige Route zu einer effektiven kommerziellen Verwertung der Nutzungsrechte an choreografischen Werken. Wie die Vorstellung der SDC aus den USA gezeigt hat, lässt sich auch mit Hilfe von Tarifverträgen Einiges bewirken. Gewerkschaften oder Guilds sind allerdings eigentlich nicht dazu berufen, Verwertungsrechte kollektiv wahrzunehmen. Daher bildet die französische Lösung den effektivsten Weg für eine angemessene (finanzielle) Teilhabe von Choreografen an der Nutzung ihrer Werke, denn der Geltungsbereich von Tarifverträgen ist regelmäßig nicht umfassend bzw. muss vertraglich für anwendbar erklärt werden, während die Mitgliedschaft in einer Verwertungsgesellschaft und die damit verbundene Rechtswahrnehmung grundsätzlich für jeden Urheber, der aufgrund des Wirkungsbereiches der Verwertungsgesellschaft vertreten werden kann, offen steht – unabhängig davon, ob er angestellt oder freischaffend arbeitet. Vor diesem Hintergrund ist auch die Aussage *Taubmans* zu werten, dass eine Verwertungsgesellschaft, die sich der Rechtswahrnehmung von Choreografen widmet, in den USA wünschenswert wäre[233].

In Deutschland besteht für Choreografen praktisch kein institutioneller Schutz. Es gibt weder eine effektive mustervertragliche Regelung zur Rechtswahrnehmung, noch existiert eine optimale Wahrnehmungsmöglichkeit durch eine Verwertungsgesellschaft, da diese aufgrund der historisch bedingten Teilung der Rechtswahrnehmung durch Bühnenverlage und Verwertungsgesellschaften nicht in der Position

---

232 Vgl. auch Taubman, 219, 255.

233 Taubman, 219, 255.

sind, das Recht zur bühnenmäßigen Aufführung eines choreografischen Werkes wahrzunehmen. Aufgrund dieser mangelnden effektiven Interessenvertretung finden Tantiemenzahlungen an Choreografen nur langsam in der Praxis Anerkennung. Zu den ersten Häusern, die Lizenzgebühren zahlen, gehörten u.a. das Berliner Staatsballett und Hebbeltheater, die bayrische Staatsoper, das württembergische Staatstheater und das Frankfurter Künstlerhaus Mousonturm[234]. Ein weiterer Grund für die mangelnde Anerkennung von Choreografenrechten ist die gut organisierte Gebühreneinziehung für musikalische Rechte durch die GEMA, die seitens der Theater manchmal zu der Argumentation führt, dass für Nutzungsrechte bereits gezahlt wurde[235].

Auf lange Sicht wäre es auch für Deutschland wünschenswert über eine starke Interessenvertretung oder Verwertungsgesellschaft wie die SACD zu verfügen, die sich der Rechte von Choreografen annimmt. Die Gründung einer Verwertungsgesellschaft bzw. eines Bühnenverlages nur für choreografische Werke ist allerdings nicht unproblematisch. So könnten z.B. die Kosten der Administration einen nicht unerheblichen Teil der Tantiemen verbrauchen. Auch müsste sich für die Gründung einer Verwertungsgesellschaft einiges an den deutschen Strukturen zur Rechtswahrnehmung ändern. Als kurz- oder mittelfristiges Ziel sollte daher gefordert werden, für choreografische Werke einen Mustervertrag ähnlich der von dem Verband Deutscher Bühnenverleger und dem Deutschen Bühnenverein ausgehandelten Regelsammlung zu schaffen. Auch dafür muss aber von den betroffenen Urhebern Druck aufgebaut werden und dies setzt eine organisierte Interessenvertretung voraus. Sie fehlt jedoch ebenfalls in Deutschland[236]. Schritt 1 sollte deswegen lauten, eine ähnliche Struktur wie z.B. den Verband deutscher Bühnenverleger für Choreografen zu schaffen, denn eine effektive Durchsetzung von Verwertungsrechten lebt auch von der Lobbyarbeit[237].

---

234 Interview mit Rainer Witzenbacher vom 15.2.2007.

235 Interview mit Rainer Witzenbacher vom 15.2.2007, der über Erfahrungen zur Einziehung von Lizenzgebühren für die SACD berichtete.

236 Im Jahr 1998 hat sich zwar die Bundesdeutsche Ballett- und Theaterdirektorenkonferenz (BBTK) gegründet, in der sich Ballett- und Tanztheaterdirektoren zusammengefunden haben um gemäß § 1 ihrer Satzung die Leistungsfähigkeit der Tanzsparte an den Theatern zu erhalten und zu fördern. Die BBTK vertritt aber auch wieder nur einen Teil der Choreografen und kann insofern nicht die Rolle einer Interessenvertretung für diese Künstler einnehmen.

237 Für alle drei Länder mangelt es trotz aller Unterschiede in der Rechtswahrnehmung an einer Organisation bzw. Institution oder Interessengemeinschaft, die ganz speziell die Rechte von Choreografen wahrnimmt. Aus der bereits mehrfach zitierten Umfrage lässt sich entnehmen, dass für die beteiligten europäischen Länder von den Choreografen nur für Spanien und Rumänien so etwas existiert und genannt wurde.

Zusammenfassung der Ergebnisse der Arbeit

An erster und wichtigster Stelle muss die Feststellung stehen, dass der urheberrechtliche Schutz für choreografische Werke in allen drei hier betrachteten Rechtsordnungen gewährleistet wird. Allerdings zeigt ein Blick in die Praxis, dass der Schutz manchmal eher theoretischer Natur ist. Für den Rechtsanwender stellt sich die teilweise ungenügende Akzeptanz choreografischer Werke als Teil der vom Urheberrecht geschützten Werkarten und die damit einhergehende Vergütungspflicht für deren Nutzung daher weniger als ein Rechtssetzungs- sondern vielmehr als ein Rechtsbefolgungsproblem dar. Die Gründe für diese Situation sind auf beiden Seiten zu finden. Bei Theatern und sonstigen Veranstaltern hat sich, sicherlich auch diktiert durch finanzielle Erfordernisse, noch nicht überall die Erkenntnis durchgesetzt, dass die Nutzung eines choreografischen Werkes vergleichbar mit der eines musikalischen Werkes ist, und der Choreograf in diesem Fall – wie ein Komponist – die Position eines Urhebers genießt. Auf der anderen Seite sind sich auch die Choreografen über ihre Rechte und Pflichten als Urheber nicht unbedingt im Klaren. Zu den Pflichten gehört es z.B. auch, dass Choreografen die Arbeiten und Rechte anderer respektieren und bspw. in ihre eigenen Werke nicht ungefragt Bestandteile anderer Choreografien integrieren. Zur Beseitigung dieser Defizite ist das Urheberrecht jedoch nicht geeignet. Abhilfe schafft Aufklärung und Lobbyarbeit, wie sie in der Zusammenfassung zu Kapitel 5 vorgeschlagen wurde.

Aber damit sind noch nicht alle Problemfelder angerissen, die als Gründe für die eher zögerliche Anerkennung der Choreografen als Urheber angeführt werden können. Werke der Tanzkunst zeichnen sich durch ihre Flüchtigkeit bzw. die immaterielle Natur der Bewegung aus. Die Vergänglichkeit des Tanzes trägt zu seinem besonderen Zauber bei, wirft aber zugleich die Frage auf, wie seine flüchtige Gestalt bewahrt und festgehalten werden kann. Das urheberrechtliche Kriterium der Fixierung stand einem effektiven Schutz allerdings lange im Weg[1], denn das „lückenhafte Gedächtnis des Tanzes“[2] ist nur unzureichend auf technische Art erfassbar. Eine allgemein gebräuchliche bzw. verbindliche Tanzschrift existiert, anders als bei

---

[1] Mit dieser Problematik beschäftigt sich ausführlich Kapitel 1.

[2] Brandstetter, Bewegte Geschichte, Tagesspiegel vom 17.12.2007, 25.

Musikwerken, nicht. Film- und Videoaufnahmen können eine Choreografie nicht aus jedem Blickwinkel oder in jedem Detail einfangen. Diese Grenzen der Reproduzierbarkeit müssen akzeptiert werden. Sie sind zugleich aber auch eine Chance für die Weiterentwicklung dieser Kunst, da in besonderem Maß Raum für Interpretationen bzw. Inspirationen besteht. *Brandstetter* schreibt zutreffend: „Der Körper ist der Ort des Gedächtnisses, und der ganze Mensch ist an der Aneignung, Vermittlung, Übertragung von Bewegungen beteiligt. ... In diesem körperlichen Prozess werden Tänzer und Choreografen oft zu Forschern ...[3]“ Das Recht sollte sich also daran orientieren, dieser Werkart den Schutz nicht durch übertriebenen Formalismus zu erschweren.

Eine weitere Ursache der zögerlichen Anerkennung der Stellung des Choreografen als Urheber in der Praxis besteht in der Komplexität der Arbeit eines Choreografen, der in vielen Fällen zusätzlich noch Regisseur, Ballettdirektor oder Ballettmeister bzw. Choreologe ist. Das heißt, seine Arbeit bewegt sich oftmals über sein besonderes künstlerisches Wirkungsfeld des choreografischen Schaffens hinaus. Besonders deutlich wird diese Problematik bei dem Versuch Choreografie und Regie voneinander abzugrenzen – wie es in Kapitel 3 dargestellt wurde. Streng genommen leistet der Choreograf, der beide Aufgaben übernimmt, auch zwei Beiträge. Die Frage nach der praktischen Relevanz lässt sich leicht verdeutlichen: Zum einen ist die urheberrechtliche Schutzfähigkeit der gesamten Leistung zu klären. Für das Wirken eines Regisseurs ist Urheberrechtsschutz in Deutschland weder gesetzlich, noch eindeutig durch die Rechtsprechung anerkannt. Daran anknüpfend ist für den als Regisseur arbeitenden Choreografen bspw. die Frage zu beantworten, ob ihm Urheberpersönlichkeitsrechte zustehen können. Praxisbeispiele verdeutlichen, dass gerade die mangelnde Konsultation der Schöpfer bei weiterer Verwertung oder Adaption ihrer Werke sowie die mangelnde Anerkennung als Urheber von den Choreografen beklagt werden[4]. Zum anderen gilt es den Vergütungsanspruch zu bestimmen. Er hat sich an den entsprechenden Beiträgen des Schöpfers zu orientieren. Da allein durch das Urheberrechtsgesetz noch keine befriedigende Antwort auf diese Fragen gegeben wird, ist den Choreografen zu empfehlen, entsprechende vertragliche Regelungen zu treffen, die ihre Rechte konkretisieren.

Wenn ein Choreograf durch Arbeitsvertrag fest an eine Bühne oder Kompanie gebunden wird, besteht seine Entlohnung in nicht wenigen Fällen in einer pauschalen Vergütung, die auch den Erwerb der Nutzungsrechte an seinen Werken einschließen soll. Auf diese Weise sichert sich der Arbeitgeber sehr kostengünstig die

---

[3] Brandstetter, Bewegte Geschichte, Tagesspiegel vom 17.12.2007, 25.

[4] Materialien zur Europäischen Konferenz über Urheberrechte für Choreografen, 20.–23.9.1992 Abbaye des Prémontrés, 5f.

Möglichkeit zur Verwertung. Direktoren von Ballettkompanien verzichten z.T. auch auf die Durchsetzung ihrer Rechte, damit ihre Kompanie überleben kann oder z.B. Gastspiele möglich werden[5]. D.h., es finden sich ganz vielschichtige Gründe für die unzureichende (finanzielle) Anerkennung choreografischer Werke. In der Praxis zeigt die Vergütung von Choreografen immer noch erhebliche Unterschiede zu der Vergütung von Komponisten. Man mag darin ein Zeichen für unterschiedliche Wertschätzung künstlerischen Arbeitens sehen – es ist jedoch auch Ausdruck eines anderen Problems: der unzureichenden kollektiven Repräsentanz von Choreografen, die sich negativ auf die Verhandlungsmacht bei der Bestimmung der Höhe der Vergütung auswirkt.

Der steinige Weg der Choreografen bei der Anerkennung ihrer Rechte lässt sich seit den Anfängen des Urheberrechts beobachten. Bereits der Blick im ersten Kapitel in die Rechtsgeschichte hat verdeutlicht, dass der Gesetzgeber in allen drei Ländern, die einem Rechtsvergleich unterzogen wurden, lange zögerte, dieser Werkart expliziten urheberrechtlichen Schutz einzuräumen. Formale Erwägungen spielten neben moralisch-sittlichen oder künstlerischen Bedenken eine nicht unerhebliche Rolle. Das Erfordernis einer Fixierung erwies sich sowohl in Frankreich als auch den USA als eine Hürde auf dem Weg der rechtlichen Anerkennung, die nicht leicht zu nehmen ist bzw. war. Der deutsche Gesetzgeber ist an dieser Stelle einen konsequenteren Weg gegangen, hat auf jegliche formale Schutzvoraussetzung verzichtet und dadurch Werken der Tanzkunst den Weg zu rechtlicher Anerkennung besonders glatt geebnet. Die Praxis zeigt jedoch auch in Deutschland, dass sich Choreografen bei der Anerkennung ihrer Rechte nicht leicht tun – ein starkes Indiz für die Feststellung, dass effektiver Rechtsschutz nicht nur von den Buchstaben des Gesetzes lebt, sondern auch von Aufklärung und einer starken Interessenvertretung.

Deutschland und Frankreich wählen bei der Einordnung, ob eine Choreografie die jeweiligen Schutzvoraussetzungen des Urheberrechtsgesetzes erfüllt, mit dem Schöpferprinzip andere Anknüpfungspunkte als die USA, für die der Investitionsschutzgedanke im Vordergrund steht. Diese systemimmanenten Unterschiede, die im 2. Kapitel detailliert vorgestellt wurden, betreffen jedoch nicht speziell choreografische Werke sondern alle Werkarten. Unterschiede zwischen beiden Modellen ergeben sich insbesondere bzgl. der Anforderungen an die schöpferische Leistung, die gerade im amerikanischen Copyright System minimal ausfallen. Die Bestimmung einer urheberrechtsschutzfähigen choreografischen Leistung ist jedoch in allen drei Rechtssystemen mit einem gewissen wertenden Element verbunden. Zur Beurteilung der Werkqualität einer Choreografie wurden im 2. Kapitel folgende

[5] S. Boncompain, Rechte der Choreografen in Europa, Beiträge zum Tanz/Band 1, 12.

Charakteristika angeboten: Gestaltung der Bewegungsabläufe sowie Umgang mit den Elementen Rhythmus, Zeit und Raum. Mittels seiner choreografischen Werke versucht der Schöpfer eine Idee zu kommunizieren. Die Materialisierung dieser Idee ist mit der Organisation der Bewegungsabläufe in Raum und Zeit verbunden.

Besonders deutliche Unterschiede zwischen Copyright und den Systemen eines „droit d'auteur" zeigen sich bei der rechtlichen Behandlung von Urheberpersönlichkeitsrechten. Das deutsche und französische Urheberrecht teilen in dieser Hinsicht nicht nur wesentliche Grundüberzeugungen; auch die einzelnen Persönlichkeitsrechte sind in ihrem Ansatz vergleichbar ausgestaltet. Nuancierungen ergeben sich insbesondere in der Rechtspraxis zum – für die Choreografen besonders bedeutsamen – Integritätsrecht. Das französische Urheberrecht stellt an dieser Stelle den Werkschöpfer und seine Interessen in den Mittelpunkt, während das deutsche Recht über den § 14 UrhG eine Interessenabwägung vornimmt. In stärkerem Kontrast dazu steht das amerikanische Copyright, das sich bzgl. choreografischer Werke durch einen vollständigen Mangel an gesetzlichen Regelungen zum Urheberpersönlichkeitsrecht auszeichnet. Das amerikanische Fallrecht kann diese Lücke nur sehr begrenzt auffangen. In den USA stehen Choreografen und auch andere Urheber daher vor der Aufgabe ihre Urheberpersönlichkeitsrechte vertraglich abzusichern.

Wichtige Ergebnisse dieser Arbeit über den Schutz choreografischer Werke lassen sich wie folgt in Thesen zusammenfassen:

1. Charakteristika choreografischer Werke

Choreografische Werke zeichnen sich durch rhythmische, Tempo gebende Körperbewegungen im Raum, die zu Bewegungsfolgen verbunden werden und für das Auge des Betrachters objektiv wahrnehmbar sind, aus. Tanzschritte und Tanzmethoden fallen aus dem urheberrechtlichen Schutzbereich heraus.

2. Kein Erfordernis eines Gedanken- oder Sinngehalts für die Anerkennung von Choreografien als urheberrechtlich geschützten Werken

Für die Anerkennung einer Choreografie als urheberrechtlich geschütztes Werk ist es nicht erforderlich, dass die Schöpfung über einen besonderen Gedanken- bzw. Sinngehalt verfügt. Auch „Tanz als Selbstzweck" ist urheberrechtsschutzfähig, weil sich der geistige Gehalt in Form von Körperbewegungen bzw. Bewegungsabläufen ausdrückt.

3. Verzicht auf das Fixierungserfordernis als Schutzvoraussetzung

Zur Bewahrung und Dokumentation der Tanzgeschichte ist jede Art der Fixierung choreografischer Werke wünschenswert. Für den urheberrechtlichen Schutz sollte jedoch gelten, dass er mit der Werkschöpfung entsteht und nicht an Formalien gebunden ist.

4. Respekt vor dem Werk anderer Choreografen und Wahrung des Integritätsrechts

Seitens der Choreografen gilt es die Werke anderer Vertreter dieser Kunst mit Respekt zu behandeln und ebenso das weltweit vorhandene Repertoire an Choreografien. Natürlich können und sollen bereits existierende choreografische Werke als Inspirationsquelle dienen. Dies darf jedoch nicht dazu führen, dass urheberrechtlich geschützte Werke/-teile ohne Erlaubnis und ggf. finanzielle Kompensation des Berechtigten genutzt und/oder bearbeitet werden. Nur wenn die Schöpfer den Werken ihrer Art Wertschätzung entgegenbringen und entsprechend sensibilisiert sind, wird sich auch gegenüber den Verwertern effektiv ein Integritätsrecht durchsetzen lassen. Das Recht ist in diesem Zusammenhang gefragt, für die Schöpfer das Integritätsrecht abzusichern und dessen Eckpunkte plastisch aufzuzeigen.

5. Respekt vor der Arbeit eines Choreografen – Anerkennung des Anspruchs auf Tantiemen für die Nutzungsrechte an choreografischen Werken, die im Anstellungsverhältnis geschaffen wurden

Die geltenden Vorschriften der jeweiligen Urheberrechtsgesetze stellen nur ungenügend den Vergütungsanspruch eines (angestellten) Choreografen sicher. In der Praxis ist dieser Urheber auf sich gestellt, um seine Rechte zu wahren – es sei denn, seine Verhandlungsmacht wird durch eine Gewerkschaft oder Verwertungsgesellschaft gestärkt.

6. Schaffung einer Organisation zur Wahrung der Interessen von Choreografen

Akzeptanz und Durchsetzung von Rechten leben von Aufklärung und Öffentlichkeitsarbeit. Dieser allgemeine Grundsatz gilt auch für Choreografen, die für eine Anerkennung ihrer Rechte werben wollen und einen angemessenen finanziellen Gegenwert für ihre Arbeit anstreben.

Annex

Annex 1: Übersicht ausgewählter Gesetzestexte zum Schutz choreografischer Werke

Frankreich

Loi 1957, Sec. 3 „Sont considérés notamment comme des œuvres de l'esprit aus sens de la présente loi: (...) les œuvres chorégraphiques et les pantomimes, dont la mise en œuvres est fixée par écrit ou autrement.

CPI, Art. L. 112-2 „Sont considérés notammemt comme des œuvres de l'esprit au sens du présent code: (...) No. 4 Les œuvres chorégraphiques, les numéros et tours de cirques, les pantomimes, dont la mise en œuvres est fixeée par écrit ou autrement (...)."

USA

Copyright Act, section 102 (a) (4) „(a) Copyright subsists, in accordance with this title, in original works of authorship fixed in any tangible medium of expression, now known or later developed, from which they can perceived, reproduced or otherwise communicated, either directly or with the aid of a machine or device. Works of authorship include the following categories:

(4) pantomimes and choreographic works (...)."

Andere Länder

Kanada

Copyright Act 1956, section 48 (1) „dramatic work includes a choreographic work or entertainment in dumb show if reduced to writing in the form in which the work is to be presented, but does not include a cinematograph film, as distinct from a scenario or script for a cinematograph film; (...)."

Copyright Act 1988, section 3 (1) „dramatic work includes a work of dance or mime (...)."

Australien

Copyright Act 1968, section 10 „dramatic works includes (a) a choreographic show or other dumb show if described in writing in the form in which the show is to be presented (...)."

Annex 2: Übersicht über die Werke Martha Grahams

Werk	Geschaffen	Veröffentlicht
Flute of Krishna		1923
Tanagra	1926	
Three Gopi Maidens	1926	
Heretic	1929	1930
Lamentation	1930	1930
Harlequinade	1930	
Primitive Mysteries	1931	
Serenade	1931	
Satyric Festival Song	1932	
Celebration	1934	1934
Dream	1934	
Saraband	1934	
Frontier	1935	1935
Panorama (Themes of Dedication/Imperial Theme/ Popular Theme)	1935	1935
Imperial Gesture	1935	
Chronicle/Steps in the Street	1936	1936
Deep Song	1937	
American Document	1938	1938
Every Soul is a Circus	1939	
El Penitente	1940	1991
Letter to the World	1941	
Punch and the Judy	1941	
Salem Shore	1943	
Deaths and Entrances	1943	
Herodiade	1944	1991
Appalachian Spring	1944	1959
Dark Meadow	1946	
Cave of the Heart	1946	1976
Errand into the Maze	1947	1984
Night Journey	1947	1960
Diversion of Angels	1948	1976
Eye of Anguish	1950	
Judith	1950	
Canticle for Innocent Comedians	1952	

Werk	Geschaffen	Veröffentlicht
Ardent Song	1954	
Seraphic Dialogue	1955	1969
Clytemnestra	1958	1979
Embattled Garden	1958	
Episodes: Part I	1959	
Acrobats of God	1960	1969
Phaedra	1962	
Secular Games	1962	
Legend of Judith	1962	
Circe	1963	vor 1993
The Witch of Endor	1965	
Part Real-Part Dream	1965	
Cortege of Eagles	1967	1969
Plain of Prayer	1968	
Mandicants of Evening	1973	
Jacob's Ladder	1974	
Lucifer	1975	
The Scarlett Letter	1975	
Adorations (Classical Guitar)	1975	
O Thou Desire Who Art About to Sing	1977	
Shadows	1977	
The Own and the Pussycat	1978	
Ecuatorial	1978	
Frescoes	1978	
Judith	1980	
Acts of Light	1981	1984
Andromache's Lament	1982	
Phaedra's Dream	1983	
The Rite of Spring	1984	vor 1993
Song (Song of Songs)	1985	
Tempations of the Moon	1986	vor 1993
Tangled Night	1986	
Persephone	1987	
Night Chant	1988	vor 1993
Maple Leaf Rag	1990	1991
The Eyes of the Goddess	1991	

Annex 3: Tanzszene in Deutschland, Frankreich und den USA[1]

Um das Bild abzurunden, soll an dieser Stelle ein kurzer Überblick über die Tanzszene in den 3 Ländern, die Gegenstand der Rechtsvergleichung waren, gegeben werden.

Deutschland

Aufgrund der föderalen Struktur und Zuständigkeit ist in Deutschland die Unterstützung für Kulturprojekte sehr dezentralisiert. Sie wird in hohem Maß durch die Bundesländer wahrgenommen. Allerdings sind auch Kommunen bzw. Städte mit mehr als 50.000 Einwohnern aktiv.

Viele Tanzensembles sind traditionell an staatlich subventionierte Theater gebunden. In den letzten Jahren ist allerdings die Zahl von unabhängigen Tanzkompanien gestiegen, die an kein Haus gebunden sind. Im Jahr 2004 gab es etwa 86 Tanzensembles, die an Theater gebunden waren – sowohl an 2 Sparten Häuser (Oper und Ballett) als auch 3 Sparten Häuser (Oper, Ballett und Drama). Etwa 100 freie Tanzkompanien bzw. Gruppen in Deutschland erhalten keine staatliche Unterstützung. Auf der Homepage von Dance Germany haben sich gegenwärtig 38 Ensembles aller Sparten registriert[2]. Neben einer hohen Anzahl an modernem/zeitgenössischen Tanz gibt es in Deutschland eine steigende Zahl von Musical Tänzern.

Der Dachverband Zeitgenössischer Tanz Berlin e.V. gibt den freien Künstlern eine Plattform. Außerdem existier(t)en noch überregionale Initiativen wie z.B. Tanzplan Deutschland (zentrales Projektende 2011) oder Dance Germany (www.dancegermany.org). Dieses Zentrum für Choreografie und Tanz basiert auf einer Initiative der Kulturstiftung des Bundes mit dem Ziel der Tanzkunst breitere Anerkennung zu verschaffen. Es ist inzwischen in verschiedenen Bundesländern vor Ort präsent und von regionalen Förderern unterstützt. Es offeriert neben Raum- und Bühnenangeboten auch technische und organisatorische Unterstützung sowohl für regionale Tanzkünstler als auch Gäste und außerdem Projekte zur Aus- und Weiterbildung.

Es bestehen in Deutschland zwar verschiedene Programme zur Ausbildung als Tanzpädagoge, aber das Angebot für angehende Choreografen ist nicht noch nicht ganz so breit gefächert. Bspw. an der Palucca Schule Dresden – Hochschule für

---

[1] Ausführungen basieren auf der Studie „Making Changes" von Baumol, Jeffri, Throsby.

[2] www.dance-germany.org (zuletzt besucht am 13.2.2012).

Tanz oder in Berlin an der Universität der Künste besteht die Möglichkeit eines (postgradualen) Abschlusses als „Choreograf“. Voraussetzung sind u.a. mehrjährige Bühnenerfahrungen als Tänzer. Im Jahr 2007 wurde im Hochschulübergreifenden Zentrum Tanz Berlin der Pilotstudiengang Zeitgenössischer Tanz, Kontext, Choreografie (BA) gestartet.

Frankreich

Seit 1998 bestehen in Frankreich Bestrebungen, die staatliche Unterstützung von Kulturprojekten zu dezentralisieren. Bspw. gab im Jahr 2001 das französische Ministerium für Kultur und Kommunikation rund 4.3 Millionen EUR aus, um damit etwa 32% aller französischen Tanzkompanien zu unterstützen. Das entsprach etwa 17% des gesamten Budgets für Kultur in diesem Jahr. Das Ministerium hat aber inzwischen Verfahrensabläufe geschaffen, die eine stärkere regionale Bearbeitung ermöglichen. In der Region Ile-de-France, zu der auch Paris gehört, sind rund 30% der französischen subventionierten Tanzkompanien ansässig, die etwa 34% der staatlichen Unterstützung erhalten. Die regionale Umverteilung der Mittel der letzten Jahre ist inzwischen auch im restlichen Frankreich angekommen. Z.B. gibt es in der Region Languedoc-Roussillon insgesamt rund 13% der staatlich unterstützten Tanzkompanien, die etwa 9% der Subventionen erhalten, und in der Region Provence-Alpes Côtes d’Azur sind es rund 8% der Tanzkompanien mit etwa 12% der staatlichen Mittel. Sponsoring existiert zwar in Frankreich, aber nicht in dem Ausmaß wie man es aus anderen Ländern, wie z.B. Großbritannien oder USA, kennt.

Mehr als 80% der in Frankreich ansässigen Tanzkompanien zählen zur Sparte moderner/zeitgenössischer Tanz. Es gibt 19 nationale Zentren für Choreografie in Frankreich, die in 15 der 22 französischen Regionen ansässig sind. Sie werden von Choreografen geleitet. Zur Mission der Zentren gehört es, die Schöpfung choreografischer Werke, ihre Verbreitung sowie das Training zu unterstützen. Einige dieser Zentren werden auch als „accueil studios“ geführt. Sie halten für unabhängige Kompanien eine große Bandbreite an Dienstleistungen vor. Dazu gehören z.B. logistische Unterstützung, Unterkunft, Unterstützung bei der Ausrüstung, die Möglichkeit für Co-Produktionen. Bereits 2001 kündigte die damalige Kulturministerin besondere Unterstützung für choreografische Notationen an.

USA

In den USA existieren aufgrund der Größe des Landes und der Vielzahl an Künstlern nicht immer übereinstimmende Zahlen, die sich auf den Tanz beziehen. Verschiedene Quellenaussagen werden daher entsprechend angeführt.

Folgende Trends können festgestellt werden:
- neue Genres im Tanz wachsen und gewinnen Publikum in den amerikanischen Communities (z.B. ethnische Gruppen),
- staatliche Unterstützung sinkt,
- wirtschaftliche Situation Tanzes zeigt parallele Tendenzen zur allgemeinen Wirtschaft; beide weisen ein größeres Auseinanderklaffen der Entwicklung zwischen größeren und kleineren Unternehmen auf.

Etwa 42% des Einkommens von Tanzkompanien im Jahr 2000 wurde durch die Einnahmen an der Abendkasse generiert. Rund 23% basierte auf individueller Unterstützung. Dazu kamen z.T. noch staatliche Subventionen. Ballettkompanien erhielten generell höhere Unterstützung als andere Tanzgruppen.

Die Anzahl der Tanzkompanien in den USA, die auf etwa 650[3] geschätzt wird, erhöhte sich von 1987 bis 1997 um 97%. Tanz ist eine relativ junge Sparte innerhalb der USA. 1965 listete die NEA (National Endowment for the Arts) gerade 37 professionelle Tanzkompanien. Zu den ältesten gehören die Metropolitan Opera (1895), die Martha Graham Dance Company (1926), das Atlanta Ballet (1929) und das San Francisco Ballet (1933). Nur 72 Kompanien geben an vor 1970 gegründet worden zu sein[4]. Der ökonomische Zensus der US Regierung erbrachte etwas andere Zahlen: danach existierten 1997 363 Tanzkompanien, von denen etwa die Hälfte zur Sparte des Balletts zählen. Die Zahl der non-profit Gruppen stieg zwischen 1987 und 1997 um 93% mit der größten Konzentration im Nordosten und Westen. Eine hohe Anzahl dieser Tanzkompanien findet sich in New York, Kalifornien, Florida und Massachusetts.

Laut der National Dance Association (2003) werden in den USA u.a. Abschlüsse als Bachelor of Arts, Bachelor of Fine Arts, Master of Arts und Master of Fine Arts in Choreografie und Darstellung, Tanzpädagogik und Tanz- und Bewegungstherapie angeboten.

---

[3] Dance/USA, Dance in America: SnapFacts, Washington 2000.

[4] A.a.O.

Literaturverzeichnis

Abitabile, Kathleen/Picerno, Jeanette, Dance and the Choreographer's Dilemma: a legal and cultural Persepctive on Copyright Protection for Choreographic Works, Campbell Law Review 2004, 39 (zitiert Abitabile/Picerno).

Akademie für Deutsches Recht (Hrsg. *W. Schubert*), Bd. IX, 1999.

Alcalbes, Elisa A., Unauthorized Photographs of Theatrical Works: Do they Infringe the Copyright?, 87 Columbia Law Review 1987, 1032.

Allfeld, Philipp, Kommentar betreffend das Urheberrecht an Werken der Literatur und der Tonkunst, 1902 (zitiert Allfeld).

Alsne, Marianne, La Chorégraphie et le Droit d' Auteur en France, RIDA Nr. 161, 1994, 2 (zitiert Alsne).

Australian Copyright Council, Protecting Indigenous Intellectual Property: A Discussion Paper, 1998.

Bartlett, Linda, Lights, Camera, Action! Arbitration in the Entertainment Industry, Dispute Resolution Journal 42, Nov. 2006–Jan. 2007, 42.

Baucks, Eckhard, Die französische Urheberrechtsreform von 1985, 1992 (zitiert Baucks).

Baudin, Georges, Le Droit des Compositeurs de Musique sur l'Exécution des leur Œuvres, 1906.

Baumol, William J./Jeffri, Joan/Throsby, David, Making Changes, Facilitating the Transition of Dancers to Post-Performance Careers, 2004.

Bayet, Jean, La Société des Auteurs et Compositeurs Dramatiques, 1908 (zitiert Bayet).

Berger, C., Zum Anspruch auf angemessene Vergütung (§ 32 UrhG) und weitere Beteiligung (§ 32a UrhG) bei Arbeitnehmer-Urhebern, ZUM 2003, 173.

Berger, Klaus-Peter, Auf dem Weg zu einem europäischen Gemeinrecht der Methode, ZEuP 2001, 4.

Bergström, Svante, Erster Bericht über die Arbeiten der Hauptkommission I der Stockholmer Konferenz von 1967 über geistiges Eigentum (materiell-rechtliche Bestimmungen in der Berner Übereinkunft – Art. 1–20), Archiv für Urheber-, Film und Theaterrecht 1969, Heft 53, 196.

Bie, Oscar, Der Tanz als Kunstwerk, Bd. 43 der Sammlung illustrierter Monographien über die Kunst.

Blanc, Ètienne, Traité de la Contrefaçon, 1855.

Bois, Mario/Le Covec, Olivier, Droit d'Auteur du Chorégraphe: les Droits du Chorégraphe résidant en France, Publication du Comité de la Danse Nr. 5, 1984.

Boitte, Geneviève/Couton, Muriel/Sinéphro, Josette, Wahrnehmung der Choreografenrechte durch die SACD in: Choreografenrechte in Europa, 21.

Boncompain, Jaques, Le Chorégraphe sur la Pointe des Pieds, Assises Européennes du Droit d'Auteur du Chorégraphe, 1992.

ders., Notateur et Notation Chorégraphique: Raison d'Etre, Description, Nature, Conse-quences, Propositions Concretes, 1993.

ders., Rechte der Choreografen in Europa, Beiträge zum Tanz/Band 1, 2002, 12.

Borchardt, Wilhelm, Das Aufführungsrecht an dramatischen und musikalischen Werken, 1917.

Bozzoni, Olivia, Le Droit d'Auteur du Chorégraphe 1997 (zitiert Bozzoni).

Brandstetter, Gabriele, Bewegte Geschichte, Tagesspiegel vom 17.12.2007, 25.

Braveman, Anne W., Duet of Discord: Martha Graham and her non-profit battle over work for hire, Loyola of Los Angeles Entertainment Law Review 2005, 471, 473 (zitiert Brave-man).

Bryde, Brun-Otto, Zur Einführung: Afrikanische Rechtssysteme, JuS 1982, 8.

von Büren, Roland, Gedanken zum Werkbegriff in der Praxis des Bundesgerichts und im Entwurf für eine Totalrevision des schweizerischen Urheberrechtsgesetzes, GRUR Int. 1985, 385.

van Camp, Julie, Copyright of Choreographic Works in Entertainment in Publishing and the Arts Handbook, (Hrsg.: Stephen F. Breimer, Robert Thorne, John David Viera), 1994–1995, 60 (zitiert van Camp).

Carrière, Laurent, Choreography and Copyright.

Cocteau, Jean, La Difficulté d'être, 1993.

Coing, Helmut, Aufgaben der Rechtsvergleichung in unserer Zeit, NJW 1981, 2601.

Colombet, Claude, Proprieté Littéraire et Artistique et Droits Voisins, 9. Auflage 1999.

ders., Recueil Dalloz 1985, Sommaire Commentaires, 312.

Connelly, Sharon, Authorship, Ownership and Control: balancing the economic and artistic issues raised by the Martha Graham copyright case, Fordham Intellectual Property, Media and Entertainment Law Journal 2005, 837.

Cook, Melanie, Moving to a New Beat: Copyright Protection for Choreographic Works, UCLA Law Review 1977, 1287 (zitiert Cook, Moving).

Cramer, Lauren B., Copyright Protection for Choreography: Can it ever be en pointe?, Syra-cuse Journal of Legislation and Policy 1995, 145.

Das, Proloy K., Offensive Protection: The potential Application of Intellectual Property Law to scripted Sports Plays, Indiana Law Journal 2000, 1073 (zitiert Das).

Daude, Paul, Das Urheberrecht an Werken der Literatur und Tonkunst und das Verlags-recht, 1910 (zitiert Daude).

Desjeux, Xavier, La Mise en Scène est-elle une Œuvre de l' Esprit?, RIDA Januar 1973, 43.

Depenheuer, Frank, Gegen den Urheberrechtsschutz des Theaterregisseurs, ZUM 1997, 734.

Dernburg, Heinrich Lehrbuch des deutschen Privatrechts, Bd. 2, 3. Auflage 1893.

Desbois, Henri, Chroniques de Legislation et Jurisprudence Française II, Revue Trimestrielle de Droit Commercial 1958, 776.

ders., Le Droit d'Auteur en France, 3. Auflage 1978.

ders., Commentaire, Recueil Dalloz 1957, 350.

ders., Commentaire, Revue Trimestrielle de Droit Commercial 1966, 943.

Dieselhorst, Jochen, Das Ende des „amoralen" Copyrights?, GRUR Int. 1992, 902.

Dietz, Adolf, Urheberrechtsprobleme der neueren Kunstentwicklung, Film und Recht 1978, 90.

ders., Das Droit Moral des Urhebers im neuen französischen und deutschen Urheberrecht, 1968.

ders., Das Urheberrecht in der Europäischen Gemeinschaft, 1978.

ders., Zum neuen Urheberrechtsgesetz der VR China – Eine Einführung, GRUR Int. 1990, 905.

ders., Die neuen Durchführungsvorschriften im chinesischen Urheberrechtsgesetz- Eine Einführung, GRUR Int. 1991, 703.

Despatys, Pierre, Du Droit de Représentation des Œuvres Dramatiques, 1897 (zitiert Despatys).

Dock, Marie.Claude, Étude sur le Droit d'Auteur, 1963.

Donat, Gregory S., Fixing Fixation: A Copyright with Teeth for Improvisational Performers, Columbia Law Review 1997, 1363. (zitiert Donat, Fixing Fixation).

Dreier, Thomas/Krasser, Rudolf, Das französische Gesetzbuch des geistigen Eigentums,1994 (zitiert Dreier/Krasser).

Dreier, Thomas/Schulze, Gernot, Urheberrechtsgesetz Kommentar, 3. Auflage 2008 (zitiert Dreier/Schulze/*Bearbeiter*).

Dreyer, Gunda/Kotthoff, Jost/Meckel, Astrid (Hrsg.), Urheberrecht Kommentar, 2. Auflage 2008 (zitiert Dreyer/Kotthoff/Meckel/*Bearbeiter*).

Dumas-Parmentier, Simone-Marie, Les Œuvres Chorégraphiques et le Droit d'Auteur, 1953 (zitiert Dumas-Parmentier).

Edelman, Bernard, Actualité Législative Dalloz 1987, 14.

ders., Commentaire de la loi du 3 juillet 1985, Actualité législative Dalloz, numéro speziale, 1987, 14.

ders., Anmerkung zum Urteil des Cour d'Appel Paris vom 5. Oktober 1994, Recueil Dalloz 1996, 53.

ders., Le Droit Moral du Metteur en Scène de Théâtre, Recueil Dalloz 1997, 357.

Elster, Alexander, Gewerblicher Rechtsschutz, 1921.

Ferid, Murad/Sonnenberger, Hans Jürgen, Das französische Zivilrecht Band I/1. Teil: Allgemeine Lehren des französischen Zivilrechts, 2. Auflage 1994.

Flatow, Sheryl, The Balanchine Trust: Guardian of Legacy, Dance Magazine 1990, 58.

Fisher, Kathleen Anne, The Copyright in Choreographic Works: A technical Analysis of the Copyright Act 1976, 31 ASCAP Copyright Law Symposium 1984, 145 (zitiert Fisher, Technical Analysis).

Fiskin, William J., Next on Floor Exercise, Dominique Dawes (C): The Difficulties in Copyrighting Athletic Routines, 331 (zitiert Fishkin).

Françon, André, Cours de Propriété littéraire, artistique et industrielle, 1996/1997.

Frazier, Jimmy A., On Moral Rights, Artist centered Legislation, and the Role of the State in Art Worlds: notes on Building a Sociology of Copyright Law, 70 Tulane Law Review 1995, 313.

von Gamm, Otto F., Urheberrechtsgesetz, 1968.

Gautier, Pierre-Yves, Propriété litteraire et artistique, 5. Auflage 2004 (zitiert Gautier).

Gautier, Théophile, Voyage en Russie, Neuauflage 2007.

Gendreau, Yves, Le critère de fixation en droit d'auteur, RIDA Januar 1994, 111.

Gennerich, Patricia Solan, One Moment in Time: The Second Circuit Ponders Choreographic Photography as a Copyright Infringement, 53 Brooklyn Law Review 1987, 379 (zitiert Patricia Solan Gennerich).

Gibaux, Louis, De l'Exploitation des Œuvres Musicales par l'Execution Publique, 1900 (zitiert Gibaux).

von Gierke, Otto, Deutsches Privatrecht, Band 1, 706.

Goldmann, Bettina C., Die kollektive Wahrnehmung musikalischer Rechte in den USA und Deutschland, 2001 (zitiert Goldmann).

Goldstein, Paul, Goldstein on Copyright, 3. Auflage 2005.

Gordley, James, Common law and civil law: eine überholte Unterscheidung?, ZEuP 1993, 498.

Grente, Marcel, La Protection des Œuvres Dramatiques, 1925 (zitiert Grente).

Grippo, Charles, Business and Legal Forms for Theater, 2004.

Großfeld, Bernhard, Sprache und Recht, JZ 1984, 1ff.

Großfeld, Bernhard/Theusinger, Ingo, Josef Kohler, Brückenbauer zwischen Jurisprudenz und Rechtsethnologie, RabelsZeitung 64 (2000), 696.

Grosswald Curran, Vivian, Cultural Immersion, Difference and Categories in U.S. Comparative Law, 46 American Journal of Comparative Law (1998), 43.

Grunert, Eike Wilhelm, Was folgt aus dem Urheberrecht des Theaterregisseurs, KuR 2000, 128.

ders., Götterdämmerung, Iphigenie und die amputierte Csárdásfürstin – Urteile zum Urheberrecht des Theaterregisseurs und die Folgen für die Verwertung seiner Leistung, ZUM 2001, 210.

ders., Werkschutz contra Inszenierungskunst- der urheberrechtliche Gestaltungsspielraum der Bühnenregie, 2002.

Guillot, François, Les Œuvres de la Collaboration, 1972 (zitiert Guillot).

Gunderson, Jeanette, An unaccountable Familiarity: A Dual Solution to the Problem of Theft in Theatrical Productions, 31 Seattle University Law Review 2008, 667.

Haight Farley, Christine, Protecting Folklore of Indigenous Peoples: Is Intellectual Property the Answer?, Connecticut Law Review 1997, 1.

Heiss, Helmut, Hierarchische Rechtskreiseinteilung. Von der Rechtskreislehre zur Typologie der Rechtskulturen?, ZVglRWiss 2001, 396.

Hemke, Rolf C., Nach der Reform ist vor der Reform, Theater der Zeit 2/2003, 31.

Hertin, Paul W., Zur Lizenzierung von Klingeltonrechten, KUR 2004, 101.

Hieber, Thomas, Urheberschutz des Theaterregisseurs – die Inszenierung als persönliche geistige Schöpfung, ZUM 1997, 17.

Hilgard, Adaline J., Can Choreography and Copyright Waltz together in the Wake of Horgan v. MacMillan Inc.?, 27 U.C. Davies Law Review 1994, 757 (zitiert Hilgard).

Hilty, Reto, Unübertragbarkeit urheberrechtlicher Befugnisse: Schutz des Urhebers oder dogmatisches Ammenmärchen?, FS für Manfred Rehbinder, Recht im Wandel seines sozialen und technologischen Umfeldes (Hrsg. Jürgen Becker u.a.) 2002, 259.

Hilty, Reto M./Peukert, Alexander, Das neue deutsche Urhebervertragsrecht im internationalen Kontext, GRUR Int 2002, 643.

Himmelmann, Ulrich, Vergütungsrechtliche Ungleichbehandlung von Arbeitnehmer-Erfinder und Arbeitnehmer-Urheber, GRUR 1999, 897 (zitiert Himmelmann).
Hinschius, Paul, Über die Schutzberechtigung von Pantomimen und Balletten gegen unbefugte öffentliche Aufführung, Jherings Jahrbücher 1888 (zitiert Hinschius).
Hoffmann, Willy, Die Berner Übereinkunft zum Schutze von Werken der Literatur und Kunst, Berlin 1935.
ders., Der Urheberrechtsschutz der Tanzkunst, Schrifttanz, Jahrgang 2 (1929).
Hörnig, Andreas, Das Bearbeitungsrecht und die Bearbeitung im Urheberrecht unter besonderer Berücksichtigung von Werken der Literatur, UFITA 99 (1985), 13.
Hunt, Marilyn, The Balanchine and Ashton Inheritance Part I: The Balanchine Trust, The Dancing Times, April 1993, 668 (zitiert Hunt).
Hunziker, Manfred, Urheberrecht nach beendetem Arbeitsverhältnis, UFITA 101 (1985), 49.
Hutchinson, Ann, Labannotation, 1970.
Jabbour, Alan, Folklore Protection and National Patrimony: Developments and Dilemmas in the Legal Protection of Folklore, Copyright Bulletin XII.1 1983, 10 (zitiert Jabbour).
Jani, Oli, Der Buy-Out Vertrag im Urheberrecht, Berlin, 2003, 84.
ders. Was sind offensichtlich rechtswidrig hergestellte Vorlagen?, ZUM 2003, 842.
von Jayme, Erik, Die kulturelle Dimension des Rechts – ihre Bedeutung für das internationale Privatrecht und die Rechtsvergleichung, RabelsZeitung (67) 2003, 211.
Jeschke, Claudia, Tanzschriften, Ihre Geschichte, Ihre Methode, 1983.
Jesien, Karolina, Don't sweat it: Protection for Yoga ... Are Exercise Routines next?, Cardozo Public Law, Policy and Ethics Journal, 2007, 623.
Johnson, Jason A., Martha Graham's Legacy: Analysis of the Intellectual Property Law Protection for Dance, 2003.
Jonquères, Jean, Rapport, Revue du Droit de la Propriété Industrielle 1986, 191.
de Jonquères, Pascale, Les Droits D'Auteur, 1994.
Joyce, Craig/Patry, William/Leaffer, Marshall/Jaszi, Peter, Copyright Law, 5. Auflage 2000.
Junker, Abbo, Rechtsvergleichung als Grundlagenfach, JZ 1994, 921ff.
Keller, Susan Etta, Collaboration in Theater: Problems and Copyright Solutions, 33 UCLA Law Review 1986, 891.
Kéréver, André, Anmerkung zum Urteil TGI Paris, RIDA Oktober 1990, Nr. 190, 315.
ders., Un Aspect de la Loi du 3 Juillet 1985: la Modernisation de la Loi du 11 Mars 1957, RIDA Nr. 127, 1986, 17.
Kieser, Klaus/Schneider, Katja, Reclams Ballettführer, 2006 (zitiert Kieser/Schneider).
Kim, Nancy S., Martha Graham, Professor Miller and the „work for hire doctrine": undoing the judicial bind created by the legislature, Journal of intellectual Property Law 2006, 337, 339.
Kohler, Josef, Das Autorenrecht-eine zivilistische Abhandlung, 1880.
ders., Das literarische und artistische Kunstwerk und sein Autorschutz- eine juristisch-ästhetische Studie, 1892.
Kötz, Hein, Abschied von der Rechtskreislehre, ZEuP 1998, 493.
ders., Alte und neue Aufgaben der Rechtsvergleichung, JZ 2002, 257ff.

Kraßer, Rudolf, Urheberrecht in Arbeits-, Dienst- und Auftragsverhältnissen; FS Schricker 2000, 77 (zitiert Kraßer).

Kreile, Reinhold/Becker, Jürgen/Riesenhuber, Karl, Recht und Praxis der GEMA, 2005.

Kroeschell, Karl, Deutsche Rechtsgeschichte Band 1, 12. Auflage 2005.

Kuhlenbeck, Ludwig, Urheberrecht, 1901.

Kummer, Max, Das urheberrechtlich schützbare Werk, 1968.

Kunstadt, Robert M., Kieff, F. Scott, Kramer, Robert G., Recent Copyright and Trademark Law Developments could suggest novel IP Uses, The National Law Journal Nr. 38 vom 20. Mai 1996.

Kuruk, Paul, Protecting Folklore under Modern Intellectual Property Regimes: A Reappraisal of the Tensions between Individual and Communal Rights in Africa and the United States, 48 American University Law Review 1999, 769 (zitiert Kuruk).

Kurz, Hanns, Praxishandbuch Theaterrecht, 1999 (zitiert Kurz, Praxishandbuch).

Kutty, Valsala G., National Experiences with the Protection of Expressions of Folklore/Traditional Cultural Expressions: India, Indonesia and the Philippines, 1999, www.wipo/int/tk/en/studies/cultural/expressions/study/kutty.pdf (zitiert Kutty).

von Laban, Rudolf, Tanz, Tanzschrift und Urheberrecht, UFITA 2 (1929), (zitiert Laban).

Lakes, Joi Michelle, A Pas de Deux for Choreography and Copyright, New York University Law Review 2005, 1829.

Le Chevalier, Philippe, Le Statut juridique du Metteur en Scène, 1989.

Lee, Mark S., Entertainment and Intellectual Property Law Database, Stand Oktober 2010.

Leichtman, David, Most unhappy Collaborators: an Argument against the Recognition of Property Ownership in Stage Directions, 20 Columbia-VLA Journal of Law & the Arts 1996, 683 (zitiert Leichtman).

von Lewinski, Silke, Traditional Knowledge, Intellectual Property and Indigenous Culture, 11 Cardozo Journal of International and Comparative Law, 2003, 747 (zitiert von Lewinski).

Liechtenhan, Rudolf, Vom Tanz zum Ballett, 1983 (zitiert Liechtenhan).

Litman, Jessica, Copyright in the Stage Direction of a Broadway Musical, Columbia Journal of Art and the Law, 309.

Lopez de Quintana, Krystina, The balancing Act: how Copyright and Customary Practises protect large Dance Companies over pioneering Choreographers, Villanova Sports and Entertainment Law Journal 2004, 139 (zitiert Lopez de Quintana).

Loewenheim, Ulrich (Hrsg.), Handbuch des Urheberrechts, 2. Auflage 2009 (zitiert Loewenheim/*Bearbeiter*).

Lubman, Stanley, Studying Contemporary Chinese Law: Limits, Possibilities, and Strategies, 39 American Journal Comparative Law (1991), 293.

Lucas André/Lucas H.-J., Traité de la Propriété Littéraire et Artistique, 3. Auflage 2008 (zitiert Lucas/Lucas, Traité).

Lucas, André/ Sirinelli, Pierre, Droit d'Auteur, Droits Voisins, Propriétés Intellectuelles, Nr. 10, 2004, 537.

Lucas André/ Sirinelli Pierre, L'Originalité en Droit d'Auteur JCP 93, I, 3681.

Lula, Katie, The Pas de Deux between Dance and Law, Chicago-Kent Journal of Intellectual Property 2006, 177.

Lucas-Schloetter, Agnès, Die Interessenabwägung bei der Ausübung des Urheberpersönlichkeitsrechts, GRUR 2002, 2.

Machan, Kathrine, Bending over backwards for Copyright Protection: Bikram Yoga and the Quest for Federal Copyright Protection of an Asana Sequence, UCLA Entertainment Law Review Herbst 2004, 29.

von Mandry, Gustav, Das Urheberrecht an literarischen Erzeugnissen und Werken der Kunst, 1867.

Mann, Larisa, If it ain't broke ... Copyright's Fixation Requirement and Cultural Citizenship, 34 Columbia Journal of Law and the Arts (2011), 202.

Mansel, Heinz-Peter, Rechtsvergleichung und europäische Rechtseinheit, JZ 1991, 529.

Masouyé, Claude, Kommentar zur Berner Übereinkunft (Pariser Fassung von 1971), 1981.

Mattei, Ugo, Three Patterns of Law, 45 American Journal for Comparative Law (1997), 5.

McCarthy, Brendan, Martha Graham Court Case, Ballet Magazine September 2002, www.ballet.co.uk/magazines/yr_02/sep02/bmc_martha_graham.htm.

ders., Preserving Forsythe?, Ballet Maganzine November 2001, erhältlich unter http://www.ballet.co.uk/magazines/yr_01/nov01/bmc-preserving_forsythe.htm.

McDonald, Ian, Indigenous Communal Moral Rights, Australian Intellectual Property Rights Law Bulletin, 16.3.2003, www.copyright.org.au/pdf/acc/articles/A03n24.pdf.

McPershon, Susan, Dictionary of Dance, 1. Auflage 1996.

Mersmann, Ruth, Die Entwicklung des Urheberpersönlichkeitsrechts in den Vereinigten Staaten von Amerika, 2002 (zitiert Mersmann).

Mestmäcker, Ernst-Joachim/Schulze, Erich, Kommentar zum deutschen Urheberrecht, (Hrsg. von Hertin, Paul W./Schulze, Marcel/Walter, Michel), Loseblattsammlung (zitiert Mestmäcker/Schulze/*Bearbeiter*).

Metzger, Axel, Rechtsgeschäfte über das droit moral im deutschen und französischen Urheberrecht, München 2002 (zitiert Metzger).

Mirrell Leon I., The Legal Protection for Choreography, 27 New York University Law Review 1952, 793 (zitiert Mirrell).

Möhring, Philipp/Nicolini, Käte, UrhG Kommentar, 2. Auflage 2000 (zitiert Möhring/Nicolini/*Bearbeiter*).

Möhring, Philipp/Schulze, Erich/Ulmer, Eugen/Zweigert, Konrad, Quellen des Urheberrechts, Gesetzestexte aller Länder, Loseblattsammlung.

Müller, Ernst, Das deutsche Urheber- und Verlagsrecht, 1901.

Münchner Kommentar (Hrsg), 5. Auflage 2010 (zitiert MüKo BGB/*Bearbeiter*).

Münzer, Georg, Entwurf des neuen Urheberrechtsgesetzes liegt vor, Erfindung- und Vorschlagswesen (Ausgabe B), 1959.

Nehring, Elisabeth, Der Meister des Zufalls, Tagesspiegel 28.7.2009, 20.

Nesnidal, William, The story of the National Basketball Association v. Motorola, DePaul Journal of Sports Law and Contemporary Problems 2011, 99.

Ness, Agnes, Sinn für Geschichte, ballettanz Nr. 1/2008.

Ngombe, Laurier Yvon, Protection of African Folklore by Copyright Law: Questions that are Raised in Practise, 51 Journal of the Copyright Society of the USA, 2004, 437, (zitiert Ngombe).

Nimmer, Melville B. (fortgeführt von David Nimmer), Nimmer on Copyright, Losblattsammlung.

Nix, Christoph/Hegemann, Jan/Hemke, Rolf C., Nomos Handkommentar Normalvertrag Bühne (zitiert Nix/Hegemann/Hemke/*Bearbeiter*).

Nix, Christoph/Tietje, Rolf, Der NV-Bühne – kein großer Schritt in die Zukunft, Theater der Zeit 2/2003, 35.

Nordemann, Axel/ Nordemann, Jan Bernd/Nordemann, Wilhelm (Hrsg.), Urheberrecht Kommentar, 10. Auflage 2008 (zitiert Fromm/Nordemann/*Bearbeiter*).

Nordemann, Wilhelm, Zur Abgrenzung des Geschmacksmusterschutzes vom Urheberschutz, UFITA Bd. 50 (1967), 906.

ders., Das neue Copyright, AfP 1978, 116.

Nordmann, Matthias, Rechtsschutz von Folkloreformen, UFITA Schriftenreihe Bd. 195, 2001 (zitiert Nordmann).

Obergfell, Eva Inés, Tanz als Gegenwartskunstform im 21. Jahrhundert, Urheberrechtliche Betrachtungen einer vernachlässigten Werkart, ZUM 2005, 621 (zitiert Obergfell).

Oehmke, Helmut, Studien zum künstlerischen Urheberrecht-Motiv-Regie-darstellerische Kunst, 1920.

Ordway, Gary D., Choreography and Copyright; Bulletin of the Copyright Society Vol. 13, 1965–1966.

Ory, Stephan, Das neue Urhebervertragsrecht, AfP 2002, 93.

Overton, Thomas J., Unraveling the Choreographer's Copyright Dilemma, 49 Tennessee Law Review 1982, 594 (zitiert Overton).

Pakuscher, Ernst Karl, Arbeitgeber und Arbeitnehmer im Spiegel des Urheberrechts – Zur Problematik des § 43 UrhG, FS für Alfred-Carl Gaedertz 1992, 441 (zitiert Pakuscher).

Palandt, Bürgerliches Gesetzbuch, 68. Auflage 2009 (zitiert Palandt/*Bearbeiter*).

Panzer, Marianne, Tanz und Recht, Bd. 32 der Reihe Deutsche Forschungen, 1938 (zitiert Panzer).

Peifer, Karl Nikolaus, Moral Rights in den USA, ZUM 1993, 325.

Perkins Spyke, Nancy, The Joint Work Dilemma: the separately copyrightable contribution requirement and co-ownership principles, Journal of the Copyright Society of the USA 1993, 463.

Pohlmann, Hansjörg, Die Frühgeschichte des musikalischen Urheberrechts (ca. 1400–1800, 1962 (zitiert Pohlmann, Frühgeschichte).

Pouillet, Eugéne, Traité théorique et pratique de la propriété littéraire et artistique et du droit de représentation, Paris 1894, 3. Neuauflage 1908 (zitiert Pouillet).

Pollaud-Dulian, Frédéric, Le Droit d'Auteur, 2005 (zitiert Pollaud-Dulian).

Poussin, Alexandre & Sonia, Afrika zu Fuß, 2007.

Puri, Kamal, Preservation and Conservation of Expressions of Folklore: The Experience of the Pacific Region in UNESCO/WIPO (Hrsg.), UNESCO-WIPO World Forum on the Protection of Folklore, 1998, 39.

Püschel, Heinz (Hrsg.), Urheberrecht der DDR, Berlin 1969 (zitiert Püschel).

Raschèr, Andrea F. G., Werktreue und Werkqualität von Bühneninszenierungen aus der Sicht der analytischen Theaterwissenschaft, UFITA 117 (1991), 21.

Rehbinder, Manfred, Urheberrecht. Ein Studienbuch, 14. Auflage 2005 (zitiert Rehbinder).

Rheinstein, Max, Einführung in die Rechtsvergleichung, 2. Auflage 1987.

Rid, Claudia, Leistungsschutzrechte ausübender Künstler im französischen Recht (unter Berücksichtigung des Rom Abkommens), 1992 (zitiert Rid).

Röthlisberger, Ernst, Die Berner Übereinkunft zum Schutz von Werken der Literatur und Kunst und die Zusatzabkommen, 1906.

Roth, Jeffrey I., Common Law Protection for Choreographic Works, 5 Performing Arts Review, 1975, 75 (zitiert Roth).

Säcker, Franz Jürgen/Rixecker, Roland (Hrsg.), Münchner Kommentar zum Bürgerlichen Gesetzbuch, 5. Auflage 2008 (zitiert Münchner Kommentar/*Bearbeiter*).

Schack, Haimo, Urheber- und Urhebervertragsrecht, 5. Auflage 2010 (zitiert Schack).

ders., Urhebervertragsrecht im Meinungsstreit, GRUR 2002, 853.

ders., Die ersten Urheberrechtsgesetze in den Vereinigten Staaten von Amerika, UFITA 136 (1998), 219.

Schlagenwerth, Michaela, Kein Anfang, kein Ende, aber die ganze Freiheit, Berliner Zeitung 28.7.2009, 24.

Schlatter-Krüger, Sibylle, Zur Urheberrechtsfähigkeit choreografischer Werke in der Bundesrepublik Deutschland und der Schweiz, GRUR Int 1985, 299 (zitiert Schlatter-Krüger).

Schmieder, H.-H., Geistige Schöpfung als Auswahl und Bekenntnis, UFITA 52 (1969), 107.

Schmidt, André, Les Sociétés d'Auteurs SACEM-SACD; Contrats de Représentation, 1971.

Schmidt, Karsten, Urheberrechtlicher Werkbegriff und Gegenwartskunst- Krise oder Bewältigung eines gesetzlichen Konzepts, UFITA 77 (1976), 1.

Schneider, Albrecht, Traditional, Entlehnung, Werkbegriff: Anmerkungen zu den Entscheidungen Brown Girl II/ Brown Girl II des BGH; GRUR 1991, 82.

Schricker, Gerhard, Urheberrecht Kommentar, 4. Auflage 2010 (zitiert Schricker/*Bearbeiter*).

ders., Abschied von der Gestaltungshöhe im Urheberrecht, FS Reinhold Kreile, Wanderer zwischen Musik, Politik und Recht, (Hrsg. Jürgen Becker/Peter Lerche/Ernst-Joachim Mestmäcker), 715 (zitiert Schricker, FS Kreile).

Schroedter, Stefanie, Vom „Affect" zur „Action", Quellenstudien zur Poetik der Tanzkunst vom späten Ballet de Cour zum frühen Ballet en Action, 2004 (zitiert Schroedter).

Schulze, Erich, Geschätzte und geschützte Noten: zur Geschichte der VGen, 1995.

Schulze, Gernot, Werturteil und Objektivität im Urheberrecht, GRUR 1984, 400.

ders., Die kleine Münze und ihre Abgrenzungsproblematik bei den Werkarten des Urheberrechts, 1983 (zitiert Schulze).

Schunke, Sebastian, Das Bearbeitungsrecht in der Musik und dessen Wahrnehmung durch die GEMA, 2008.

Schwab, B., Warum kein Arbeitnehmerurheberrecht? – Zur Unzulänglichkeit des § 43 UrhG, ArbuR 1993, 134.

Schwab, Roland, Recht und Praxis der Urheberverwertungsgesellschaften in Frankreich, 1989 (zitiert Schwab).

Singer, Barbara, In Search of adequate protection for choreographic works: legislative and judicial alternatives v. the custom of the dance community, University of Miami Law Review 1984, 287 (zitiert Singer).

Sirinelli, Pierre, Anmerkung zu Cour de Cassation, RIDA Januar 1992, 275.

ders., Anmerkung zu TGI Vannes, Propriétés Intellectuelles 2004, 782.

Sprang, Christian, Grand Opéra vor Gericht, UFITA Schriftenreihe Bd. 105, (zitiert Sprang).

Stahl, Christoph, Die Regie im Urheberrecht, 1997.

Staro, Rebecca, The Recording of the Time Element in the Laban System of Notation, http://www.muspe.unibo.it/period/ictm/articles/staro.htm.

Steiner, Adrian, Urheberrechtliche Schutzfähigkeit der Zirkus- und Varietékunst, 1998 (zitiert Steiner).

Susman, Jordan, Your Karma ran over my Dogma-Bikram Yoga and the (Im)possibilities of Copyrighted Yoga, Loyola Los Angeles Entertainment Law Review 2004–2005, 245. (zitiert Susman).

Swack, Cheryl, The Balanchine Trust: Dancing through the Steps of Two-Part Licensing, Villanova Sports and Entertainment Law Journal 1999, 266 (zitiert Swack).

Taper, Bernhard, Choreographing the Future, Ballet Review, Herbst 1995, 26.

Taubman, Joseph, Performing Arts Management & Law, New York 1972.

ders., Choreography under Copyright Revision: The Square Peg in the Round Hole Unpegged, 10 Performing Arts Review 1980 (zitiert Taubman).

Thüsing, Gregor, Tarifvertragliche Chimären-verfassungsrechtliche und arbeitsrechtliche Überlegungen zu den gemeinsamen Vergütungsregelungen nach § 36 UrhG n.F., GRUR 2002, 203.

Tobenas, Castan, Contemporary Legal Systems of the Western World, 25 Comparative Jurical Review (1988), 105.

Torsen, Molly, „Anonymous, Untitled, Mixed Media“: Mixing Intellectual Property Law with other Legal Philosophies to Protect Traditional Cultural Expressions, 53 Journal of the Copyright Society of the USA 2005–2006, 287.

Traylor, Martha M., Choreography, Pantomime and the Copyright Revision Act of 1976, 16 New England Law Review 1981, 227 (zitiert Traylor).

Ullmann, Eike, Das urheberrechtlich geschützte Arbeitsergebnis-Verwertungsrecht und Vergütungspflicht, GRUR 1987, 6.

Ulmer, Eugen, Urheber- und Verlagsrecht, 1980 (zitiert Ulmer).

ders., Der Schutz der industriellen Formgebung, GRUR Int. 1959, 1.

ders., Rechtsvergleichung und Grundlagenforschung im Urheberrecht und gewerblichen Rechtsschutz, GRUR Int. 1968, 1.

US Copyright Office (Hrsg.), Compendium II: Compendium of Copyright Office Practises, 1984.

Varmer, Borge, Study Nr. 13 Works Made for Hire and on Commission, Studies on Copyright 1958 (Hrsg. Copyright Society of the USA), ed. 1963.

Vaunois, Albert, Lettre de France, Le Droit d'Auteur 1922.

Vogel, Martin, Kollektives Urhebervertragsrecht unter besonderer Berücksichtigung des Wahrnehmungsvertrages, FS Schricker, Urhebervertragsrecht (Hrsg. Friedrich Karl Beier u.a.) 1995, 117.

Wallis, Leslie Erin, The different Art: Choreography and Copyright, UCLA Law Review 1986, 1442 (zitiert Wallis).

Wandtke, Artur-Axel, Einige Aspekte zur Urheberrechtsreform im Dritten Reich, UFITA Bd. 2002/II, 451.

ders., Zur Entwicklung der Urhebergesellschaften in der DDR bis zur Wiedervereinigung Deutschlands, FS Reinhold Kreile, Wanderer zwischen Musik, Politik und Recht (Hrsg. Jürgen Becker/Peter Lerche/Ernst-Joachim Mestmäcker), 789 (zitiert: Wandtke, FS Kreile).

ders., Der Schutz choreografischen Schaffens im Urheberrecht der ehemaligen DDR und der Bundesrepublik Deutschland, ZUM 1991, 115 (zitiert Wandtke).

ders., Zum Vergütungsanspruch des Urhebers im Arbeitsverhältnis, GRUR 1992, 139.

ders., Zum Bühnentarifvertrag und zu den Leistungsschutzrechten der ausübenden Künstler im Lichte der Urheberrechtsreform 2003, ZUM 2004, 505.

ders., Choreografische und pantomimische Werke und deren Urheber, FS für Peter Raue (Hrsg. Jacobs/Papier/Schuster), 2006, 745 (zitiert Wandtke, FS Raue).

Wandtke, Artur-Axel/Bullinger, Winfried (Hrsg.), Praxiskommentar zum Urheberrecht, 3. Auflage 2009 (zitiert Wandtke/Bullinger/*Bearbeiter*).

Wandtke, Artur-Axel/Fischer, Hermann J./Reich, Steven A., Theater und Recht, 1994.

Watkins, Edwina M., May I Have this Dance: Establishing a liability Standard for infringement of choreographic works, Journal of Intellectual Property Law Association, 437.

Weber, Loren J., Something in the Way She moves: The Case for applying Copyright Protection to Sports Moves, Columbia-VLA Journal of Law and the Arts 2000, 317 (zitiert Weber).

Weiche, Jens, US-amerikanisches Urhebervertragsrecht, 2002 (zitiert Weiche).

Weinhardt, Anne K., Copyright Infringement of Choreography: the legal Aspects of Fixation, Journal of Corporation Law 1988, 839.

Wieacker, Franz, Privatrechtsgeschichte der Neuzeit, 2. Auflage 1967.

Wild, Gregor/Salagean, Emil, Das Zusammenfallen von Werkschöpfung und Werkdarbietung, *ZUM* 2008, 580.

WIPO (Hrsg.), Livre du Centenaire de Berne: 1886–1986.

Yellin, Talia, New Directions for Copyright: The Property Rights of Stage Directors, 21 Columbia VLA Journal of Law and the Arts 2001, 317.

Zweigert, Konrad/Kötz, Hein, Einführung in die Rechtsvergleichung, 3. Auflage, 1996 (zitiert Zweigert/Kötz, Einführung in die Rechtsvergleichung).

Sachregister

Änderungsbefugnis 215f., 219
Aleatorische Mittel 63
Anstellungsverhältnis 42f., 151ff., 169ff., 287ff., 292, 295, 298
Arbeitnehmer 2, 51, 151ff., 169ff., 182ff., 287ff.
Aufführungsrecht 23, 26, 35, 66, 214, 245ff., 268f., 271, 276, 283, 294, 307, 314, 323ff.
Auftragswerke 153, 181, 183, 184f.

Balanchine, George 17, 49, 62, 67, 70, 273f., 280ff., 324ff.
Balanchine Trust 324ff.
Ballett 13ff., 22, 27f., 36ff., 49f., 74f., 141, 147ff., 157f, 162ff., 192, 273, 280ff.
Ballettdirektor, Ballettmeister 1, 35, 42f., 153, 241, 247, 287, 291, 294, 298, 338
Bausch, Pina 18, 192
Bearbeitung 43, 70, 121f., 145ff., 162, 166, 167ff., 177ff., 194, 198, 200, 204, 208, 209, 218ff., 228ff., 250, 279, 281,
Bearbeitungsrecht 194, 241, 252ff., 261f., 271f., 314
Béjart, Maurice 82, 165, 196, 230ff., 312, 319f.
Berner Übereinkunft 22f.
Bühnenverlag 306f., 335

Choreografie, Choreografisches Werk, Definition 55ff., 117, 340
Choreologe (notateur) 159f., 247, 334
Common Law Copyright 46, 103f., 106ff.
Copyrightvermerk 99, 103, 105
Cranko, John 148f.
Cunningham, Merce 17, 63, 67, 102

Dramatische Handlung 22, 28, 39, 46, 96f., 110f.
Dance Notation Bureau 333f.
Dreispitz (Tricorne) Urteil 161ff.

EG Vertrag 7
Eigentümlichkeit 37, 41, 60, 71ff., 78ff., 85, 114, 121, 159, 169, 202
Eiskunstlauf, Eistanzen 64, 66, 86, 93, 128f., 131, 136f.

Fair use 136, 179, 272ff.
Federal Copyright 90ff., 111f., 283
Fête chez la Thérèse (Urteil) 42f. , 51, 162, 170, 298
Film 24, 29f., 32, 46, 49, 54, 89, 100ff., 146, 160, 166, 168, 175, 180, 204, 223, 250, 257f., 260, 269f., 307, 310, 328
Fixierung, Festlegung 24f., 29ff., 44, 51, 53f., 75f., 78, 87ff., 99ff., 106ff., 112, 116, 121, 159, 180, 184, 206f., 250f., 270, 334, 337, 341
Freie Benutzung 70, 149ff.
Fokine, Michail 16,
Folklore 32, 65f., 118ff.
Form(gebung) 41, 64, 67, 68ff., 77, 98
Forsythe, William 18
Fotografie 32, 269, 273, 279ff.
Fuller, Loie 47f., 94

Gage 153, 286ff., 290ff., 296, 301, 304, 332
Gedanken- und Sinngehalt 26, 64, 66f., 69, 129f., 340
Gemeinschaftlich geschaffene Werke 160ff., 173ff.
Geistige Schöpfung 59f., 91, 113, 145, 147f.
Geistiger Gehalt 59, 62, 64ff., 76, 199
Gesellschaftstanz 19, 74f., 95, 119
Gestaltungshöhe, Schöpfungshöhe 32, 60, 71f., 93, 114f., 148, 150f., 217
Gestaltungsspielraum 63, 71, 73, 75, 115, 129, 137, 142, 151, 192, 215, 219
Graham, Martha 1, 17, 75, 115, 186ff., 211

Grüner Tisch (Urteil) 32, 69, 116
GvL 295, 307, 309, 310

Horgan (Urteil) 133, 273f., 280ff.

Improvisation 24, 30, 36, 44, 76, 89f., 112f., 121, 143, 192, 203
Interpretation (eines Werkes) 20, 57f., 89, 130, 149, 198, 203, 229, 254, 338
individuelle Gestaltung 70f.

Joos, Kurt 32, 69, 116

Kinetographie 18, 20ff.
Kleine Münze 71ff., 74, 80,
Kollektive Rechtswahrnehmung 305ff.
Kunst 20, 28, 54, 60, 197
(Künstler)gewerkschaft 205, 328ff., 341

Laban, Rudolf von 18, 20ff., 159, 269, 333
Libretto, Librettist 35f., 68, 77, 149, 150, 161f., 167, 202, 214
Lissabon Vertrag 7
LUG 24, 28ff., 32, 66, 75

Massine, Leonide 163ff.
Miturheber, Miturheberschaft 2, 39f., 42f., 76, 77, 140ff., 144, 157, 160ff., 173ff., 192, 193, 208, 298
Moderner Tanz 17

Namensnennung, Recht auf 39, 42, 164, 205, 210, 214f., 226f., 236, 238ff., 243, 265, 331
Neuheit 41, 70, 80f., 91
Nussknacker 273, 275f., 280ff.
NV-Bühne 154f., 248, 291ff.

Öffentlichkeit einer Aufführung 213f., 262f., 268f., 283
Originalität 53, 71, 73, 75, 78ff., 91ff., 95f., 101, 114f., 121, 127, 130, 135ff., 168f., 177, 180, 201f., 208f., 280, 322

Pantomime, pantomimisch 22, 24, 39, 41, 55f., 61, 85, 180
Pauschalhonorar 35, 286f., 297
Persönliche Schöpfung 59, 62f., 70f., 76, 253
Petipa, Marius 16, 40f., 45, 148
Petit, Roland 157f.
Pose 23, 29, 74, 93, 95, 109, 167, 206, 282

RBÜ 7, 24f., 32, 44, 45, 51, 88, 99, 118ff., 235f.
Rechtsmissbrauch 231ff., 242
Rechtsvergleichung, rechtsvergleichend 2ff.
Rechtsverletzung 30f., 32, 82, 84, 88, 98, 101, 105, 133, 177f., 181, 238, 240, 250, 259, 262, 273, 275, 279ff., 313, 334
Regisseur 23, 28, 54, 58, 196ff., 229, 254
Romeo und Julia 148f.
Rückrufsrecht 212, 222, 231ff.

SACD 42, 44, 157f., 162, 204, 305, 310ff.
SCD 191, 328ff.
Schranken(regelungen) 244, 254ff., 262ff., 272ff.
Schwanensee 56, 148, 169
Soziologie, soziologisch 8
Sport, sportliche Leistung 38, 84, 86, 117, 127ff.
Stadionrecht 137

Tantiemen 28, 39, 42f., 77, 110, 158, 170, 188, 286f., 290, 295f., 298, 301ff, 305, 319ff., 335f.
Tanz als Selbstzweck 66f., 340
Tänzer (als Urheber) 47, 76, 192f.
Tanzgeschichte 2, 11ff., 341
Tanzmethode 74, 115
Tanzschrift 2, 13, 18ff., 55, 159, 337
Tanzschritt 38, 67, 74f., 83, 93ff., 98, 115, 135, 340
Tier(dressur), Schutz von 38, 62f., 85, 92
TRIPS 25

Urheberpersönlichkeitsrecht 2, 43, 75, 141, 164, 205, 212ff., 338, 340

Verbreitungsrecht 251f., 260f., 271, 284
Vergütung(sanspruch) 2, 197, 154, 209, 223, 255f., 285ff., 337ff.
Veröffentlichung(srecht) 213f., 225, 237f.
Vervielfältigungsrecht 249ff., 255, 260f., 270, 280, 307
Verwertungsgesellschaft 9, 44, 307ff., 310ff., 341
VG Bildkunst 307, 309f.

Video(aufnahmen) 53f., 89, 100f., 143, 210, 249, 261, 270, 276
Volkstanz 19, 65, 74, 120ff.
Vorführungsrecht 269f.

Wahrnehmungsvertrag 308f., 315f.
Wahrnehmungszwang 308, 316
Werkbegriff 7, 32, 59ff., 76ff., 91ff.
Werkintegritätsrecht 215ff., 227ff., 240f., 242
Werkverbindung, verbundene Werke 2, 143ff., 193
Wiederaufnahme 147, 168f., 209, 219f.
Wiedergabe, Recht der 1, 179, 245ff., 259ff.
WIPO 25
Work for hire 181ff.

Yoga 134ff.

Zirkusdarbietungen, zirzensische Werke 38, 45, 62f., 85f., 93
Zitat, Zitatrecht 257f., 265f.
Zugangsrecht 223
Zusammengesetzte Werke 166f.

FSC
www.fsc.org
MIX
Papier | Fördert
gute Waldnutzung
FSC® C083411

Kolibri 360 GmbH
Ferdinand-Jühlke-Straße 7
99095 Erfurt, Deutschland
produktsicherheit@kolibri360.de